Elterliche Sorge im deutschen und im polnischen Recht mit dem Schwerpunkt der Rechtslage bei nicht miteinander verheirateten Eltern

Magdalena Dittmann

Elterliche Sorge im deutschen und im polnischen Recht mit dem Schwerpunkt der Rechtslage bei nicht miteinander verheirateten Eltern

Bibliografische Information der Deutschen Nationalbibliothek
Die Deutsche Nationalbibliothek verzeichnet diese Publikation
in der Deutschen Nationalbibliografie; detaillierte bibliografische
Daten sind im Internet über http://dnb.d-nb.de abrufbar.

Zugl.: Kiel, Univ., Diss., 2013

Gedruckt auf alterungsbeständigem,
säurefreiem Papier.

D 8
ISBN 978-3-631-64648-9 (Print)
E-ISBN 978-3-653-04078-4 (E-Book)
DOI 10.3726/978-3-653-04078-4

© Peter Lang GmbH
Internationaler Verlag der Wissenschaften
Frankfurt am Main 2015
Alle Rechte vorbehalten.
PL Academic Research ist ein Imprint der Peter Lang GmbH.

Peter Lang – Frankfurt am Main · Bern · Bruxelles · New York ·
Oxford · Warszawa · Wien

Diese Publikation wurde begutachtet.

www.peterlang.com

Inhaltsverzeichnis

Abkürzungsverzeichnis

A. Englische Abkürzungen

CRC   Convention on the Rights of the Child

B. Polnische Abkürzungen

Dz. U.	Dziennik Ustaw (Gesetzblatt)
KC	Kodeks Cywilny (Zivilkodex)
KCKP	Kodeks Cywilny Królestwa Polskiego (Zivilkodex des Königreichs Polen)
KPC	Kodeks postepowania cywilnego (Zivilverfahrenskodex)
KR	Kodeks rodzinny (Familienkodex)
KRO	Kodeks Rodzinny i Opiekuńczy (Familien- und Vormundschaftskodex)
KRP	Konstytucja Rzeczpospolitej Polskiej (Verfassung der Republik Polen)
MoP	Monitor Prawniczy (Rechtsmonitor)
OSN	Orzecznictwo Sądu Najwyższego (Rechtsprechung des Höchsten Gerichts)
OSNC	Orzecznictwo Sądu Najwyższego Izba Cywilna (Rechtsprechung der Zivilkammer des Höchsten Gerichts)
PM	Prawo małżeńskie (Eherecht)
pod red.	pod redakcją (unter der Redaktion)
poz.	Pozycja (Position)
PR	Prawo rodzinne (Familienrecht)
r.	rok (Jahr)
SN	Sąd Najwyższy (Höchstes Gericht)
TK	Trybunał Konstytucyjny (Verfassungsgerichtshof)
Ust.	Ustawa (Gesetz)

C. Deutsche Abkürzungen

a. A.	andere Auffassung
AGBG	Allgemeines Bürgerliches Gesetzbuch (Österreich)
A. F.	alte Fassung
AG	Amtsgericht
Alt.	Alternative

Anm.	Anmerkung
Art.	Artikel
Abs.	Absatz
Aufl.	Auflage
BayObLG	Bayerisches Oberstes Landesgericht
BayOblGZ	Entscheidungen des BayOblG in Zivilsachen
BeistandschG	Beistandschaftsgesetz
BezG	Bezirksgericht
BGB	Bürgerliches Gesetzbuch
BGBl	Bundesgesetzblatt
BGH	Bundesgerichtshof
BGHSt.	Entscheidungen des Bundesgerichtshofs in Strafsachen
BGHZ	Entscheidungen des Bundesgerichtshofs in Zivilsachen
Bl.	Blatt
BMJ	Bundesministerium für Justiz
BPräs.	Bundespräsident
BRAGebO	Bundesgebührenordnung für Rechtsanwälte
BReg.	Bundesregierung
BT	Bundestag
BT-Drucks.	Bundestags-Drucksache
BVerfG	Bundesverfassungsgericht
BVerfGE	Entscheidungen des Bundesverfassungsgerichts
BVerfGG	Bundesverfassungsgerichtsgesetz
CDU	Christlich Demokratische Union Deutschlands
DAV	Deutscher Anwalts Verein
DAVorm	Der Amtsvormund
DFGT	Deutscher Familiengerichtstag
DJI	Deutsches Jugendinstitut
DR	Der Rechtsberater
EGBGB	Einführungsgesetz zum Bürgerlichen Gesetzbuche
EGMR	Europäischer Gerichtshof für Menschenrechte
EheG	Ehegesetz
EheRG	Erstes Gesetz zur Reform des Ehe- und Familienrechts
Einf.	Einführung

EMRK	Europäische Konvention zum Schutz der Menschenrechte
EU	Europäische Union
EuGRZ	Europäische Grundrechte-Zeitschrift
FamFG	Gesetz über das Verfahren in Familiensachen und in den Angelegenheiten der freiwilligen Gerichtsbarkeit
FamGerMKindwG	Gesetz zur Erleichterung familiengerichtlicher Maßnahmen bei Gefährdung des Kindeswohls
FamRÄndG	Gesetz zur Vereinheitlichung und Änderung Familienrechtlicher Vorschriften
FamRB	Der Familienrechtsberater
FamRZ	Zeitschrift für das gesamte Familienrecht
FDP	Freie Demokratische Partei
FF	Forum Familienrecht
FGG	Gesetz über die Angelegenheiten der freiwilligen Gerichtsbarkeit
FGG-RG	Gesetz zur Reform des Verfahrens in Familiensachen und in den Angelegenheiten der freiwilligen Gerichtsbarkeit
FPR	Familie Partnerschaft Recht
FuR	Familie und Recht
GABl	Gemeinsames Amtsblatt
GG	Grundgesetz
GKG	Gerichtskostengesetz
GleichberG	Gesetz über die Gleichberechtigung von Mann Und Frau auf dem Gebiet des bürgerlichen Rechts (Gleichberechtigungsgesetz)
GVG	Gerichtsverfassungsgesetz
i. d. F.	in der Fassung
JA	Juristische Arbeitsblätter
JR	Juristische Rundschau
JuS	Juristische Schulung
JW	Juristische Wochenschau
KG	Kammergericht
KindRG	Gesetz zur Reform des Kindschaftsrechts (Kindschaftsreformgesetz)

KindUG	Gesetz zur Vereinheitlichung des Unterhaltsrechts minderjähriger Kinder (Kindesunterhaltsgesetz)
KonkO	Konkursordnung
KostO	Kostenordnung
KRK	Kinderrechtskonvention
LG	Landgericht
MDR	Monatsschrift für Deutsches Recht
MüKo	Münchener Kommentar
m. w. N.	mit weiteren Nachweisen
NEhelG	Gesetz über die rechtliche Stellung der nichtehelichen Kinder (Nichtehelichengesetz)
NJW	Neue Juristische Wochenschrift
NZFam	Neue Zeitschrift für Familienrecht
OLG	Oberlandesgericht
PA	Parlamentsarchiv
PStG	Personenstandsgesetz
Reg. Entw.	Regierungsentwurf
Rn.	Randnummer
Rspr.	Rechtsprechung
SGB	Sozialgesetzbuch
SJZ	Süddeutsche Juristen-Zeitung
SorgeRG	Gesetz zur Neuregelung des Rechts der elterlichen Sorge (Sorgerechtsgesetz)
StenProt.	Stenographisches Protokoll
VAMV	Verband alleinerziehender Mütter und Väter
Verf.	Verfassung
VerschG	Verschollenengesetz
Vorbem.	Vorbemerkung
WeimRV	Weimarer Reichsverfassung
ZfJ	Zentralblatt für Jugendrecht
ZGB	Zivilgesetzbuch (Schweiz)
ZPO	Zivilprozessordnung

Einleitung

Das Familienrecht war seit dem Inkrafttreten des BGB am 1.1.1900 wiederholt Gegenstand gesetzgeberischer Reformaktivitäten. Die jeweiligen Anpassungen setzten jedoch nur langsam die gesellschaftlichen Veränderungen und verfassungsrechtliche Vorgaben um.[1] Besonders betroffen von einer auffällig verzögerten gesetzgeberischen Initiative ist die rechtliche Entwicklung im Bereich der nichtehelichen Kinder,[2] die zugleich plakativ den gesellschaftlichen Wandel im Umgang mit einem Tabubruch illustriert.[3]

Als ein wichtiger Teil dieser Problematik war das Sorgerecht von nicht miteinander verheirateten Eltern besonders häufig Gegenstand der Kontrolle auf verfassungsrechtlicher Ebene[4] und es wurde mehrfach reformiert.[5] Bedingt durch den nicht konsequent genug verwirklichten Gleichberechtigungsgedanken und unmittelbar veranlasst durch höchstrichterliche Rechtsprechung steht dieser Bereich ganz aktuell erneut im Fokus der gesetzgeberischen Reformbestrebungen: Der EMGR entschied am 3.12.2009,[6] dass die deutsche Regelung, wonach die Teilhabe des nichtehelichen Vaters an der elterlichen Sorge nur mit Zustimmung

---

1 Vgl. hierzu z. B. Schwab, FamRZ 1995, 513, 514.
2 Der im Zuge des KindRG von 1998 forcierte Begriff „Kinder, deren Eltern nicht miteinander verheiratet sind" wird von der Verfasserin als sprachliches Ungetüm abgelehnt und in dieser Arbeit nicht verwendet. Stattdessen wird in Übereinstimmung mit dem sprachlichen Gebrauch in der aktuellen Rechtsprechung des BVerfG (vgl. zuletzt Urteil vom 21.07.2010, 1 BvR 420/09, www.bverfg.de/entscheidungen/rs20100721_1bvr042009.html = FamRZ 2010, 1403) auf den bisherigen – nach Auffassung der Autorin keineswegs diskriminierenden – Ausdruck „nichteheliche Kinder" zurückgegriffen. Es sei in diesem Zusammenhang darauf hingewiesen, dass in Art. 6 Abs. 5 GG sogar nach wie vor von „unehelichen" Kindern die Rede ist; ebenfalls ablehnend: Schumann, FamRZ 2000, 389; FF 2010, 222.
3 Buske, S. 48, dort Fn. 3.
4 Vgl. z.B. BVerfG, FamRZ 1981, 429 ff.; 1991, 913 ff.; FamRZ 2003, 285 ff.; FamRZ 2003, 1147 ff.; FamRZ 2010, 1403 ff.
5 Z.B. durch das NEhelG vom 19.8.1969, SorgeRG vom 18.7.1979, KindRG vom 16.12.1997; vgl. hierzu weiter unten.
6 EGMR Urteil v. 3.12.2009, Zaunegger ./. Bundesrepublik Deutschland, Nr. 22028/04, in Originalsprache (englisch) veröffentlicht auf www.echr.coe.int = Auszüge auf Deutsch in FamRZ 2010, 103 ff.

der Mutter möglich ist, den nichtehelichen Vater diskriminiert und deswegen gegen die Europäische Konvention für Menschenrechte[7] verstößt.

Hiervon unabhängig,[8] jedoch zumindest in einem engen zeitlichen Zusammenhang änderte auch das BVerfG seine bisherige Rechtsprechung und urteilte am 21.7.2010[9] im Sinne der Verfassungswidrigkeit der §§ 1626 a, 1672 BGB.

Im Zuge der auf diese Weise erzwungenen Aktivität des Gesetzgebers werden zurzeit unterschiedliche Modelle diskutiert,[10] die die Umsetzung des Grundsatzes der Gleichberechtigung beider Elternteile und des Kindeswohls bestmöglich gewährleisten sollen; ein politischer Konsens konnte bis zum Abschluss der vorliegenden Arbeit noch nicht gefunden werden.

Ausgehend von dem aktuellen Reformbedarf konzentriert sich die nachfolgende Untersuchung auf die elterliche Sorge von nicht miteinander verheirateten Eltern und deren mögliche Neuregelung.

In den Rechtsordnungen innerhalb der EU wird die Frage, unter welchen Voraussetzungen ein Vater das Sorgerecht für sein nichteheliches Kind erlangen kann, unterschiedlich beantwortet. Mehrheitlich wird allerdings von einer ex lege Beteiligung des Kindesvaters am Sorgerecht ausgegangen, wobei die Ausgestaltung des Sorgerechtserwerbs im Einzelnen variiert.[11]

Das in Deutschland geltende gesetzgeberische Konzept, wonach der Erwerb der elterlichen Sorge für ein nichteheliches Kind an die Zustimmung der Mutter gekoppelt ist und an ihrem Veto scheitern kann, findet sich ansonsten nur noch in Norwegen, Österreich und in der Schweiz.[12]

Die Menschenrechtskonvention und die Rechtsprechung des EGMR hierzu, aber auch die von allen Mitgliedern des Europarates ratifizierte Kinderrechtskonvention[13] schaffen Richtlinien für die gesetzliche Regelung des Sorgerechts

---

7 Europäische Konvention zum Schutze der Menschenrechte und Grundfreiheiten (EMRK) vom 4.11.1950.

8 Hohmann-Dennhardt, FF 2011, 181, 187.

9 BVerfG, FamRZ 2010, 1147 ff.

10 Auch wenn die Diskussionen und das öffentliche Interesse wegen der eher geringen Unterschiede zwischen den Modellen zum Zeitpunkt des Abschlusses der Arbeit deutlich abgenommen haben dürften, vgl. auch Finger, FuR 2011, S. 649, 650.

11 Vgl. Übersicht bei Jurczyk/Walper, Vorgezogener Endbericht für das Projekt „Gemeinsames Sorgerecht nicht miteinander verheirateter Eltern" vom 30.11.2010, S. 68 ff., im Internet abrufbar unter http://www.bmj.de/SharedDocs/Downloads/DE/pdfs/Endbericht_Sorgerecht_final.pdf?__blob=publicationFile.

12 Jurczyk/Walper, S. 69.

13 Das Übereinkommen über die Rechte des Kindes, kurz UN-Kinderrechtskonvention, (englisch *Convention on the Rights of the Child*, CRC) wurde am 20. November 1989

für nichteheliche Kinder durch die nationalen Gesetzgeber in der EU. Bei aller gesetzgeberischen Freiheit gilt es hier, klare Vorgaben zu erfüllen. Es liegt deshalb nahe, bei der Umsetzung dieser Aufgabe einen rechtsvergleichenden Blick auf die Lösungen anderer Länder zu werfen.

Ein bedeutender Wert der Rechtsvergleichung liegt in der Verbesserung des nationalen Rechts durch eine Orientierung an fremden Regelungsmodellen.[14] Es ist anzunehmen, dass die Entwicklung des nationalen Rechts durch die Rechtsvergleichung beschleunigt wird, weil diese die Zirkulation der Modelle begünstigt.[15]

Als relativ aktuelle Beispiele für die selektive Aufnahme ausländischer Lösungen im Bereich des Familienrechts können die Eingliederung des deutschen Umgangsrechtsmodells sowie des elterlichen Erziehungsplans nach dem Vorbild der USA in das polnische Familien- und Vormundschaftsgesetz im Jahr 2008 genannt werden.[16]

Der hier gewählte rechtsvergleichende Blick nach Polen eignet sich in dem untersuchten Kontext besonders gut, weil dort – bei vergleichbarer Gesellschaftsordnung – im Bereich der elterlichen Sorge für nichteheliche Kinder seit geraumer Zeit eine andersartige normative Lösung existiert, die den Vorgaben des EGMR vollständig entspricht.

Die polnische Rechtslage und deren vergleichende Wertung sind auch deshalb interessant, weil die dort vorgesehene ex lege Beteiligung des nichtehelichen Vaters am Sorgerecht auch hierzulande als eines der möglichen Reformmodelle diskutiert wird.[17]

Das Sorgerecht der nicht miteinander verheirateten Eltern lässt sich jedoch kaum aus dem Gesamtkontext „elterliche Sorge" im Sinne einer isolierten Betrachtung herauslösen. Die rechtsgeschichtliche Entwicklung in diesem Bereich orientierte sich stets an dem „Normalfall" der verheirateten Eltern[18] und auch heute können die noch vorhandenen Besonderheiten und Unterschiede nur in

---

von der UN-Generalversammlung angenommen und trat am 2. September 1990 in Kraft.

14 So auch Sacco S. 25, Rn. 21.

15 Sacco, S. 25, Rn. 21.

16 Vgl. hierzu weiter unten, S. 219 f., 299 ff.

17 Sog. Widerspruchs- oder automatisches Modell, vgl. Fragen-Antworten-Katalog des BMJ v. 13.1.2011, abrufbar unter www.bmj.de/SharedDocs/Downloads/DE/pdfs/ Fragen_und_Antworten_zum_Sorgerecht_nicht _miteinander_verheirateter_Eltern. pdf?_blob=publicationFile; Peschel-Gutzeit, FF 2011, 105, 108 f.

18 Vgl. z.B. BVerfG, FamRZ 1991, 913, 917.

Beziehung zu der diesbezüglichen Rechtslage in einer Ehe verständlich nachvollzogen werden. Die nachfolgende Arbeit behält deshalb zwar stets die elterliche Sorge der nicht miteinander verheirateten Eltern als Schwerpunkt im Fokus, liefert zugleich jedoch notwendigerweise eine Skizze des gesamten Rechtsgebiets. Es werden folglich neben der Entstehung der elterlichen Sorge bei verheirateten und nichtverheirateten Eltern auch deren Inhalte beleuchtet und verglichen. Unter dem Blickwinkel der Praktikabilität erscheint des Weiteren nicht minder wichtig die Frage, welche Lösungen für den Fall der Trennung der gemeinsam sorgeberechtigten Eltern in den beiden Rechtsordnungen gefunden wurden.

Die Darstellung der jeweiligen Regelung in ihrer Gesamtheit ist für die Rechtsvergleichung von zentraler Bedeutung, da diese der Kenntnis der Modelle folgt.[19] Die Rechtsvergleichung, also – nach der von der Verfasserin gewählten Methode – die Suche nach dem funktionalen Gegenpart in der jeweils anderen Rechtsordnung[20] ist bei nur partieller Beleuchtung nicht mit der erforderlichen Zuverlässigkeit möglich.

Die hieraus resultierende Uferlosigkeit der Materie erfordert jedoch wiederum die Setzung von klaren Schwerpunkten, weshalb ein Anspruch auf Vollständigkeit realistischerweise nicht erhoben werden kann.

Mit Blick auf die geringe Praxisrelevanz der Vermögenssorge als Bestandteil des Sorgerechts wird deshalb auf eine diesbezügliche Darstellung verzichtet; das Gleiche gilt für den Sorgerechtserwerb durch Adoption sowie beispielsweise die Einzelheiten der Verfahren zur Statusklärung.

Für die Arbeit wurde ein viergliedriger Aufbau gewählt: Im ersten Teil findet sich der deutsche Länderbericht, der die Darstellung der rechtsgeschichtlichen Entwicklung bis hin zu der (noch) aktuellen Rechtslage und dem derzeitigen Reformbedarf beinhaltet. Die Einbeziehung des geschichtlichen Entwicklungsprozesses ist dabei sowohl für ein umfassendes Verständnis der aktuellen Problematik als auch im Kontext der Rechtsvergleichung wichtig.

Im zweiten Teil erfolgt eine analoge Untersuchung des polnischen Rechts. Dem Eindruck einer lediglich parallelen Darstellung soll jedoch von vornherein entgegengewirkt werden: Die betreffenden Rechtsnormen des aktuellen polnischen Familien- und Vormundschaftsgesetzbuches[21] werden unmittelbar nach ihrer jeweiligen Erörterung in Beziehung zu ihrem funktionalen Gegenpart im BGB gesetzt, verglichen und bewertet.

---

19 Sacco, S. 21, Rn. 15.
20 Zweigert/Kötz, S. 33.
21 Kodeks rodzinny i opiekuńczy vom 25.6.1964, Dz. U. Nr. 45, poz. 234, in Kraft getreten am 1.1.1965, im Folgenden: KRO.

Im dritten Teil der Untersuchung werden die Ergebnisse der Rechtsvergleichung im Kontext der aktuellen Diskussion in Deutschland beleuchtet und ausgewertet. Das Ziel der Arbeit liegt – im Sinne der Ziele der Rechtsvergleichung – hauptsächlich darin, herauszufinden, inwieweit die beiden Rechtsmodelle identisch und inwieweit sie verschieden sind. Darüber hinaus soll mit Blick auf die aktuellen Reformbestrebungen untersucht werden, ob das polnische Modell auch hierzulande eine vorzugswürdige Lösung sein könnte.

Der vierte Teil wurde nachträglich ergänzt, um dem Aktualitätsanspruch der Arbeit Rechnung zu tragen: Da das im Rahmen dieser Arbeit mit Spannung verfolgte Reformvorhaben zwischen der Abgabe des Manuskripts und der Veröffentlichung der Dissertation beendet wurde, konnte nicht nur das Gesetzgebungsverfahren abschließend skizziert sondern auch die Inhalte des Gesetzes zur Reform der elterlichen Sorge der nicht miteinander verheirateten Eltern vom 16.4.2013 dargestellt und im Lichte der zuvor gewonnenen Erkenntnisse kritisch gewürdigt werden.

Erster Teil: Sorgerecht in Deutschland

1. Abschnitt: Historische Entwicklung des Sorgerechts in Deutschland

Bedingt durch die steten Veränderungen in der Gesellschaft unterliegt der Familienbegriff einem fortlaufenden Wandel.[22] Diese Wandlungsprozesse spiegeln sich auch in der Entwicklung des Sorgerechts wider, dessen gesetzliche Regelung im Wandel der Zeit und in Abhängigkeit von dem Verständnis der Ehe, der Eltern-Kind-Beziehung sowie der Stellung des jeweiligen Geschlechts in der Gesellschaft bedeutende Veränderungen erfuhr.[23] Wichtigstes Ansinnen bei den jeweiligen Reformen war die Herstellung der Gleichberechtigung der Geschlechter sowie die Stärkung der Rechte und Interessen der Kinder.[24] Eine zentrale Rolle spielte dabei das Bundesverfassungsgericht, das in seinen Entscheidungen immer wieder auf die fehlerhafte oder unvollständige Umsetzung der verfassungsrechtlichen Vorgaben hinwies und den Gesetzgeber zu weiteren Aktivitäten zwang.[25] Ein tiefgreifendes Verständnis der heutigen Rechtslage im Bereich der elterlichen Sorge von nicht miteinander verheirateten Eltern ist isoliert von der rechtsgeschichtlichen Entwicklung kaum möglich, weshalb nachfolgend deren wichtigsten Eckpunkte dargestellt werden.[26] Eine vollständige Abkoppelung des Sorgerechts von der traditionell ehelichen Familie ist jedoch ebenfalls nicht denkbar, weil sich die Entwicklung der Rechtsstellung der nichtehelichen Kinder und deren Eltern stets an dem „Normalfall" der Ehe orientierte und Verbesserungen durch immer weiter gehende Angleichung an die Rechtspositionen der verheirateten Eltern und ihrer Kinder erreicht wurden. Aus diesem Grund wird nachfolgend in gebotener Kürze auch die Entwicklung des Sorgerechts in der Ehe zu beleuchten sein.

Beginnend mit der Rechtslage zum Zeitpunkt des Inkrafttretens des BGB am 1.1.1900 werden deshalb alle das Sorgerecht berührenden Familienrechtsreformen

---

22 Schwab, Familienrecht, Rn. 2; vgl. auch Übersicht bei Wagenitz/Barth, FamRZ 1996, S. 577 ff.

23 Reitz, S. 121; vgl. hierzu auch Jurczyk/Walper, S. 51, 65 ff.

24 Schwab, Familienrecht, Rn. 9.

25 Schwab, FamRZ 1995, 514, 515.

26 Mit Blick auf den Fokus der Arbeit wird auf die Darstellung der Rechtslage in der DDR verzichtet.

und bedeutende Entscheidungen des BVerfG bis hin zum aktuellen Reformbedarf dargestellt.

A. Zum Zeitpunkt des Inkrafttretens des BGB am 1.1.1900

Als Ausgangspunkt der Darstellung eignet sich der Zeitpunkt des Inkrafttretens des BGB[27], als eine Zeit, die mit einer dynamischen Modernisierung aller Lebensbereiche einher ging, besonders gut.[28]

Die ursprüngliche Version des BGB verstand sich als Ausfluss bürgerlicher Familiensicht.[29] Mit dem Ehemann als Oberhaupt der Familie, der ihr seinen Namen gab,[30] alle wichtigen Entscheidungen traf[31] sowie das Vermögen der Ehefrau verwaltete und nutzte[32] war die auf Lebenszeit geschlossene[33] Ehe von institutionellen und deutlich patriarchalischen Zügen geprägt.[34]

Der Inhalt der elterlichen Gewalt in dieser und der nachfolgenden Zeit war – was nicht zuletzt auch in dem Begriff selbst zum Ausdruck kommt – von einer Dominanz des Elternrechtes gekennzeichnet, hinter dem subjektive Rechte des Kindes nahezu vollständig zurücktraten. Erst mit der Neuregelung des Sorgerechts im Jahr 1980 sollte die Betrachtung des Kindes als Objekt subjektiver Rechte seiner Eltern aufgegeben werden.[35]

---

27 Bürgerliches Gesetzbuch vom 18.8.1896, RGBl. S. 195.

28 Wagenitz/Barth, FamRZ 1996, S. 577.

29 Wagenitz/Barth, FamRZ 1996, S. 577; Schwab, FamRZ 1981, 1151, 1155.

30 § 1355 BGB 1896 lautet: „Die Frau erhält den Familiennamen des Mannes."

31 § 1354 BGB 1896 lautet: „Dem Manne steht die Entscheidung in allen das gemeinschaftliche Eheliche leben betreffenden Angeleigenheiten zu; er bestimmt insbesondere Wohnort und Wohnung. Die Frau ist nicht verpflichtet, der Entscheidung des Mannes Folge zu leisten, wenn sich die Entscheidung als Mißbrauch seines Rechtes darstellt."

32 § 1363 BGB 1896 lautet: „Das Vermögen der Frau wird durch die Eheschließung der Verwaltung und Nutznießung des Mannes unterworfen (eingebrachtes Gut)."

33 Gem. §§ 1564 ff. BGB 1896 war die Scheidung nur ausnahmsweise und nur bei schweren Verschulden möglich, wie z. B. Ehebruch oder bestimmte Straftaten (§§ 1565, 1566), „bösliche Verlassung" (§ 1567), schwere Verletzung der ehelichen Pflichten, ehrloses oder unsittliches Verhalten (§ 1568) oder aber auch eine über drei Jahre anhaltende Geisteskrankheit (§ 1569); vgl. auch Wagenitz/Barth, FamRZ 1996, 577, 579.

34 Wagenitz/Barth, FamRZ 1996, 577, 579.

35 Reitz, S. 127; Braun, S. 65.

I. Begriff des Sorgerechts im BGB 1896

Gem. § 1626 BGB 1896 standen minderjährige Kinder unter elterlicher Gewalt.[36] Sie umfasste das Recht und die Pflicht, für die Person und das Vermögen des Kindes zu sorgen, § 1627 BGB 1896.[37] Die Personen- und Vermögenssorge beinhaltete wiederum auch die Vertretung des Kindes, § 1630 BGB 1896.[38] Die Personensorge umfasste das Recht und die Pflicht, das Kind zu erziehen, zu beaufsichtigen und seinen Aufenthalt zu bestimmen, § 1631 BGB 1896.[39] Bis auf die noch nicht erwähnte Pflege des Kindes war der Wortlaut der Norm identisch mit der heutigen Fassung des § 1631 Abs. 1 BGB. Allerdings umfasste das Erziehungsrecht ausdrücklich auch die Anwendung körperlicher Züchtigung – auf Antrag sogar mit Hilfe des Vormundschaftsgerichts, das den erziehungsberechtigten Vater „durch Anwendung geeigneter Zuchtmittel zu unterstützen" hatte, § 1631 S. 3 BGB 1896.

Schließlich enthielt die Personensorge auch ein Herausgaberecht, § 1632 BGB 1896, dessen Wortlaut mit der heutigen Fassung des § 1632 Abs. 1 BGB identisch war.

II. Regelung bei verheirateten Eltern

1. Elterliche Gewalt bei bestehender Ehe

Die elterliche Gewalt war als eine originär väterliche ausgestaltet, § 1627 BGB 1896.[40] In einer bestehenden Ehe hatte nur der Vater außer der Personensorge auch die Vermögenssorge und das Vertretungsrecht inne.

---

36   § 1626 BGB 1896 lautet: „Das Kind steht, solange es minderjährig ist, unter elterlicher Gewalt."

37   § 1627 BGB 1896 lautet: „Der Vater hat kraft der elterlichen Gewalt das Recht und die Pflicht, für die Person und das Vermögen des Kindes zu sorgen."

38   § 1630 BGB 1896 lautet: „Die Sorge für die Person und das Vermögen umfasst die Vertretung des Kindes. Die Vertretung steht dem Vater insoweit nicht zu, als nach §. 1795 ein Vormund von der Vertretung des Mündels ausgeschlossen ist. Das Vormundschaftsgericht kann dem Vater nach §. 1796 die Vertretung entziehen."

39   § 1631 BGB 1896 lautet: „Die Sorge für die Person des Kindes umfasst das Recht und die Pflicht, das Kind zu erziehen, zu beaufsichtigen und seinen Aufenthalt zu bestimmen. Der Vater kann kraft des Erziehungsrechts angemessene Zuchtmittel gegen das Kind anwenden. Auf seinen Antrag hat das Vormundschaftsgericht ihn durch Anwendung geeigneter Zuchtmittel zu unterstützen."

40   Reitz, S. 124; zum Wortlaut der Norm vgl. oben Fn. 37.

Für die Dauer der Ehe stand der Mutter neben dem Vater lediglich die Personensorge für das gemeinsame Kind zu, § 1634 BGB 1896.[41] Zur Vertretung des Kindes war sie ausdrücklich nicht berechtigt. Bei Meinungsverschiedenheiten ging die Auffassung des Vaters vor.[42] Im Rahmen der Erziehung des Kindes blieb auch das Recht zur Anwendung angemessener Zuchtmittel dem Vater vorbehalten, § 1631 S. 2 BGB 1896.

Dieser verwirkte seine elterliche Gewalt allerdings, wenn er wegen einer an dem Kind verübten Straftat zu einer Freiheitsstrafe von mindestens sechs Monaten verurteilt wurde, § 1680 BGB 1896.[43] In diesem Fall bekam die Mutter „wegen der Abhängigkeit vom Manne" die elterliche Gewalt nicht, sondern es war ein Vormund zu bestellen.[44] Eine Ausnahme bildete der Fall, wenn zusätzlich die Ehe der Eltern aufgelöst wurde, § 1684 BGB 1896. Ansonsten stand der Mutter die elterliche Sorge nur dann zu, wenn der Vater gestorben oder für tot erklärt wurde.[45] Daneben übte sie die elterliche Sorge für die Dauer der tatsächlichen Verhinderung an der Ausübung oder des Ruhens der Sorge des Vaters aus, § 1685 BGB 1896.[46]

---

41 § 1634 BGB 1896 lautet: „Neben dem Vater hat während der Dauer der Ehe die Mutter das Recht und die Pflicht, für die Person des Kindes zu sorgen; zur Vertretung des Kindes ist sie nicht berechtigt, unbeschadet der Vorschrift des §. 1685 Abs. 1. Bei einer Meinungsverschiedenheit zwischen den Eltern geht die Meinung des Vaters vor."

42 Vgl. § 1634 BGB 1896.

43 § 1680 BGB 1896 lautet: „Der Vater verwirkt die elterliche Gewalt, wenn er wegen eines an dem Kinde verübten Verbrechens oder vorsätzlich verübten Vergehens zu Zuchthausstrafe oder zu einer Gefängnißstrafe von mindestens sechs Monaten verurtheilt wird. Wird wegen des Zusammentreffens mit einer anderen strafbaren Handlung auf eine Gesammtstrafe erkannt, so entscheidet die Einzelstrafe, welche für das an dem Kinde verübte Verbrechen oder Vergehen verwirkt ist. Die Verwirkung der elterlichen Gewalt tritt mit der Rechtskraft des Urtheils ein."

44 Lauterbach in Palandt, 11. Aufl. 1953, § 1680 Ziff. 1.

45 § 1684 BGB 1896 lautet: „Der Mutter steht die elterliche Gewalt zu: 1. wenn der Vater gestorben oder für tot erklärt ist; 2. wenn der Vater die elterliche Gewalt verwirkt hat und die Ehe aufgelöst ist. Im Falle der Todeserklärung beginnt die elterliche Gewalt der Mutter mit dem Zeitpunkte, der als Zeitpunkt des Todes des Vaters gilt."

46 § 1685 BGB 1896 lautet: „Ist der Vater an der Ausübung der elterlichen Gewalt thatsächlich verhindert oder ruht seine elterliche Gewalt, so übt während der Dauer der Ehe die Mutter die elterliche Gewalt mit Ausnahme der Nutznießung aus. Ist die Ehe aufgelöst, so hat das Vormundschaftsgericht der Mutter auf ihren Antrag die Ausübung zu übertragen, wenn die elterliche Gewalt des Vaters ruht und keine Aussicht besteht, daß der Grund des Ruhens wegfallen werde. Die Mutter erlangt in diesem Falle auch die Nutznießung an dem Vermögen des Kindes."

2. Elterliche Gewalt nach der Scheidung

Die Vermögenssorge und das Vertretungsrecht des Vaters blieben auch nach der Scheidung von der Mutter des Kindes unberührt, unabhängig von seinem Verschulden an dem Zerfall der Ehe. Die Regelung hinsichtlich der Personensorge knüpfte indessen an das Verschulden für die Zerrüttung der Ehe an: gem. § 1635 BGB 1896 stand die Sorge für die Person des Kindes dem nicht schuldigen Elternteil zu.[47] Für den Fall, dass beide Ehegatten für schuldig erklärt wurden, war eine starre, alters- und geschlechtsabhängige Lösung vorgesehen. Danach erhielt die Mutter die Personensorge für Töchter unabhängig von deren Alter. Für Söhne bekam sie die Personensorge nur, solange diese das sechste Lebensjahr noch nicht vollendet hatten. Waren die Söhne älter als sechs Jahre alt, so hatte der Vater die Personensorge inne. Eine hiervon abweichende Regelung konnte das Vormundschaftsgericht treffen, wenn die Interessen des Kindes es erforderlich machten. Auch konnte das Vormundschaftsgericht eine Anordnung zur Personensorge aufheben, wenn sie nicht mehr erforderlich war.[48]

Eine etwaige Wiederheirat der Mutter hatte – anders freilich als die Wiederheirat des Vaters[49] – den Verlust der elterlichen Sorge zur Folge, § 1697 BGB 1896.[50]

III. Regelung bei nicht verheirateten Eltern

Zum Zeitpunkt des Inkrafttretens des BGB waren alle europäischen Rechtsordnungen durch eine deutliche Tendenz zur Isolierung des unehelichen Kindes

---

47 § 1635 BGB 1896 lautet: „Ist die Ehe aus einem der in §§. 1565 bis 1568 bestimmten Gründen geschieden, so steht, solange die geschiedenen Ehegatten leben, die Sorge für die Person des Kindes, wenn ein Ehegatte allein für schuldig erklärt ist, dem anderen Ehegatten zu; sind beide Ehegatten für schuldig erklärt, so steht die Sorge für einen Sohn unter sechs Jahren oder für eine Tochter der Mutter, für einen Sohn, der über sechs Jahre alt ist, dem Vater zu. Das Vormundschaftsgericht kann eine abweichende Anordnung treffen, wenn eine solche aus besonderen Gründen im Interesse des Kindes geboten ist; es kann die Anordnung aufheben, wenn sie nicht mehr erforderlich ist. Das Recht des Vaters zur Vertretung des Kindes bleibt unberührt.“

48 Vgl. Wortlaut des § 1635 BGB 1896, oben Fn. 47; Reitz, S. 125.

49 § 1669 BGB 1896 sah für den Vater lediglich die Verpflichtung vor, die beabsichtigte Heirat dem Vormundschaftsgericht anzuzeigen, ein Vermögensverzeichnis vorzulegen und ggf. eine Auseinandersetzung des Kindesvermögens herbeizuführen.

50 § 1697 BGB 1896 lautet: „Die Mutter verliert die elterliche Gewalt, wenn sie eine neue Ehe eingeht. Sie behält jedoch unter den im § 1696 bestimmten Beschränkungen das Recht und die Pflicht, für die Person des Kindes zu sorgen.“

geprägt.[51] In manchen Rechtsordnungen wurde es sogar als „Niemandskind" betrachtet, womit gemeint war, dass eine Rechtsbeziehung weder zum Vater noch zur Mutter bestand.[52] Das französische Recht ließ zwar eine gerichtliche Mutterschaftsfeststellung und damit ein verwandtschaftliches Verhältnis zwischen Mutter und Kind zu. Für die Rechtsbeziehung zum Vater war im Code Civil allerdings der Satz „la recherche de la paternité est interdite" vorgesehen.[53] Das Verbot der Nachforschung der Vaterschaft sollte dem Umstand Rechnung tragen, dass der Nachweis der biologischen Vaterschaft seinerzeit nicht möglich war und hatte den Zweck, brisante gerichtliche Verfahren und die Verurteilung unschuldiger Männer zu vermeiden.[54] Daneben sollte jedoch auch die Moral in der Gesellschaft gestärkt werden, indem die Frauen durch Vorenthaltung von Ansprüchen zu mehr Sittlichkeit motiviert wurden.[55]

1. Kein Verwandtschaftsverhältnis zwischen Kind und Vater

Ganz so rigide war die Regelung des deutschen BGB nicht: § 1589 BGB 1896 bestimmte, dass ein uneheliches Kind und dessen Vater (rechtlich) als nicht miteinander verwandt galten. Immerhin ließ jedoch § 1705 BGB 1896 ein vollverwandtschaftliches Verhältnis des unehelichen Kindes zu seiner Mutter und deren Verwandten entstehen.[56]

Diese Regelung war auf die klassische Konstellation zugeschnitten, in der sich ein junger Mann aus gutem Hause standeswidrig mit einem Dienstmädchen eingelassen hatte, deren uneheliches Kind weder im persönlichen noch vermögensrechtlichen Bereich an der Vaterfamilie teilhaben sollte. Konsequenterweise wurde das Kind rechtlich vollständig der Mutter zugeordnet.[57] Gem. § 1706 BGB 1896 erhielt das uneheliche Kind den Familiennamen seiner Mutter. Der

---

51 Brötel, NJW 1991, 3119; Zweigert, JuS 1967, 241.
52 So etwa das Common Law in England und den USA, vgl. darüber Überblick Boehmer, Verhandlungen des 44. Deutschen Juristentags, S. 76 ff.
53 „Die Erforschung der Vaterschaft ist untersagt", Bestimmung des Code Civil (Art. 340 in der ursprünglichen, bis 1912 geltenden Fassung), demzufolge die Klage eines unehelichen Kindes gegen den Erzeuger auf Anerkennung der Vaterschaft und Gewährung von Unterhalt ausgeschlossen war.
54 Lochner, S. 101.
55 Lochner, S. 101.
56 § 1705 BGB 1896 lautet: „Das uneheliche Kind hat im Verhältnisse zu der Mutter und zu den Verwandten der Mutter die rechtliche Stellung eines ehelichen Kindes."; vgl. auch Planck, S. 456, Ziff. 4.
57 Peschel Gutzeit, Herbsttagung der Arbeitsgemeinschaft Familienrecht im DAV, vom 25.-27. 10.2010 in Hannover, S. 3 = FF 2011, 105, 106.

Vater des Kindes nahm an der Erziehung, Pflege und Versorgung des Kindes nicht teil.[58] Die elterliche Gewalt stand ihm naturgemäß nicht zu. Im Gegensatz zu einem geschiedenen Elternteil hatte er auch nicht das Recht, mit dem Kind persönlich zu verkehren.

2. Pflichten des biologischen Vaters

Die Frage nach der Vaterschaft eines unehelichen Kindes regelte § 1717 BGB 1896. Danach galt im Rahmen des Vaterschaftsfeststellungsverfahrens als Vater, wer der Kindesmutter im Empfängniszeitraum beigewohnt hat. Dies galt allerdings nur dann, wenn nicht auch ein anderer der Mutter im gleichen Zeitraum beigewohnt hat.[59] Diese sog. „Mehrverkehrseinrede" – auch als „Dirneneinwand" bezeichnet – erschwerte die Lage der Mutter und des Kindes in bedeutender Weise und schwächte ihre jeweils ohnehin defizitäre Rechtsposition. Der im Vaterschaftsfeststellungsprozess beklagte Mann konnte das Verfahren gewinnen, wenn er weitere Männer angeben konnte, mit denen die Kindesmutter angeblich Verkehr hatte.[60] Eine Auswertung von Gerichtsakten zu Vaterschafts- und Unterhaltsprozessen in Bayern aus der Zeit von 1910 bis 1965 brachte die Erkenntnis, dass die Mehrverkehrseinrede in der überwiegenden Anzahl der Fälle als prozesstaktischer Zug eingesetzt wurde. Sie erwies sich dabei als probates Mittel für den beklagten Mann, die Glaubwürdigkeit der Frau in Zweifel und sich selbst aus der Affäre zu ziehen.[61]

Stand die Vaterschaft fest, war der Vater gem. § 1708 BGB 1896 verpflichtet, dem Kind bis zur Vollendung des 16. Lebensjahres den der Lebensstellung der Mutter entsprechenden Unterhalt zu zahlen. Der Unterhalt umfasste den gesamten Lebensbedarf, die Kosten der Erziehung sowie einer Berufsausbildung.

Der Kindesmutter gegenüber war der Vater des unehelichen Kindes gem. § 1715 BGB 1896 zur Zahlung von Unterhalt für die Zeit der ersten sechs

---

58 Peschel Gutzeit, Herbsttagung der Arbeitsgemeinschaft Familienrecht im DAV, vom 25.-27. 10.2010 in Hannover, S. 2 = FF 2011, 105, 106.
59 § 1717 BGB 1896 lautet: „Als Vater des unehelichen Kindes im Sinne der §§. 1708 bis 1716 gilt, wer der Mutter innerhalb der Empfängnißzeit beigewohnt hat, es sei denn, daß auch ein Anderer ihr innerhalb dieser Zeit beigewohnt hat. Eine Beiwohnung bleibt jedoch außer Betracht, wenn es den Umständen nach offenbar unmöglich ist, daß die Mutter das Kind aus dieser Beiwohnung empfangen hat. Als Empfängnißzeit gilt die Zeit von dem einhunderteinundachtzigsten bis zu dem dreihundertundzweiten Tage vor dem Tage der Geburt des Kindes, mit Einschluß sowohl des einhunderteinundachtzigsten als des dreihundertundzweiten Tages."
60 Buske, S. 48, 52.
61 Buske, S. 48, 52.

Wochen nach der Entbindung und zum Ersatz der Entbindungskosten sowie ggf. weiterer im Zusammenhang mit der Schwangerschaft und der Entbindung stehender Kosten verpflichtet. Eine darüber hinausgehende Unterhaltspflicht bestand nicht.

3. Keine elterliche Gewalt der unehelichen Mutter

Die rechtliche Zuordnung des unehelichen Kindes zur Mutter hatte jedoch mitnichten ihre volle elterliche Gewalt zur Folge. Das uneheliche Kind wurde in allen persönlichen und vermögensrechtlichen Angelegenheiten durch einen Vormund (Amts- oder Einzelvormundschaft) vertreten. § 1707 BGB 1896 regelte ausdrücklich, dass der Mutter des unehelichen Kindes nicht die elterliche Gewalt, sondern lediglich die Personensorge zusteht.[62] Insoweit war der Vormund nur Beistand, § 1707 S. 2 BGB 1896. Die Vormundschaft wurde für erforderlich gehalten, weil man davon ausging, dass sich die Mutter um das uneheliche Kind nur unzureichend kümmern und dessen Ansprüche gegen den Erzeuger nicht durchsetzen könne.[63] Abweichend von den oben dargestellten Regelungen für die geschiedene Mutter sah das Gesetz für die uneheliche Mutter keine Möglichkeit vor, die volle elterliche Gewalt für ihr Kind zu bekommen.

4. Elterliche Gewalt des Vaters durch Legitimation

Anders gestaltete sich die rechtliche Situation des Vater des Kindes, der nicht gezwungen war, sich mit seiner Position als Erzeuger ohne Rechte, jedoch mit Unterhaltspflichten abzufinden: Durch Legitimation des unehelichen Kindes konnte er das Verwandtschaftsverhältnis herstellen und dadurch die elterliche Gewalt erlangen.

Eine Legitimation des Kindes konnte auf zwei Wegen erfolgen: durch die nachfolgende Ehe, §§ 1719 ff. BGB 1896 und durch die Ehelichkeitserklärung, §§ 1723 ff. BGB 1896. Beide Arten unterschieden sich sehr in ihren Voraussetzungen und Wirkungen: Während die Legalisierung durch die Heirat der Mutter des Kindes kraft Gesetzes mit Wirkung ab dem Zeitpunkt der Eheschließung eintrat,[64] war bei der Ehelichkeitserklärung der Antrag des Kindesvaters sowie

---

62 § 1707 BGB 1896 lautet: „Der Mutter steht nicht die elterliche Gewalt über das uneheliche Kind zu. Sie hat das Recht und die Pflicht für die Person des Kindes zur Sorgen; zur Vertretung des Kindes ist sie nicht berechtigt. Der Vormund des Kindes hat, soweit der Mutter die Sorge zusteht, die rechtliche Stellung eines Beistandes."

63 Lauterbach in Palandt, 28. Aufl. 1969, Einf. vor § 1705, Ziff.1, Ziff. 2, der 1969 immerhin einräumt, dass ersteres wohl nicht mehr zutreffend sein dürfte.

64 Planck, S. 475, Ziff. II und III.

die Einwilligung des Kindes und ggf. der Ehefrau des Kindesvaters notwendig.[65] Auch die Einwilligung der Kindesmutter war erforderlich, solange das Kind das 21. Lebensjahr noch nicht vollendet hatte, § 1726 BGB 1896. Eine gegebenenfalls verweigerte Einwilligung konnte jedoch auf Antrag des Kindes vom Vormundschaftsgericht ersetzt werden, wenn „das Unterbleiben der Ehelichkeitserklärung dem Kinde zu unverhältnismäßigem Nachteile gereichen würde", § 1727 BGB 1896.

Die Ehelichkeitserklärung war zum einen für Fälle vorgesehen, in denen die Heirat zum Beispiel wegen des Todes der Mutter ausgeschlossen war.[66] Sie war jedoch nicht auf diese Fälle beschränkt, sondern insbesondere auch auf Konstellationen zugeschnitten, in denen die Heirat zwar möglich, „dem Vater des Kindes aber nicht zugemutet werden kann, z. B. weil die Mutter sich später einem lüderlichen Lebenswandel ergeben hat oder in denen aus sonstigen Gründen die Eheschließung als angemessen nicht erachtet werden kann."[67]

Die Ehelichkeitserklärung erfolgte durch Verfügung der Staatsgewalt, § 1723 BGB 1896.[68] Durch § 1734 BGB 1896 wurde die Ausgestaltung als Gnadenakt mit Ausnahmecharakter herausgestellt.[69] Danach bestand kein Rechtsanspruch auf die Ehelichkeitserklärung, die auch dann verweigert werden konnte, wenn alle gesetzlichen Vorrausetzungen vorlagen.[70]

Gem. § 1736 BGB 1896 erlangte das uneheliche Kind durch die Ehelichkeitserklärung die rechtliche Stellung eines ehelichen Kindes.[71] Dies bedeutete auch die automatische elterliche Gewalt des Kindesvaters gem. § 1627 BGB 1896 sowie sein Vertretungsrecht gem. § 1630 BGB 1896.[72] Gleichzeitig bestimmte § 1738 BGB 1896, dass mit der Ehelichkeitserklärung die Mutter das Recht

---

65 Planck, S. 478, Ziff. 2.

66 Planck, S. 478, Ziff. 1.

67 Planck, S. 478, Ziff. 1.

68 § 1723 BGB 1896 lautet: „Ein uneheliches Kind kann auf Antrag seines Vaters durch eine Verfügung der Staatsgewalt für ehelich erklärt werden. Die Ehelichkeitserklärung steht dem Bundesstaate zu, dem der Vater angehört; ist der Vater ein Deutscher, der keinem Bundesstaat angehört, so steht sie dem Reichskanzler zu. Über die Ertheilung der einem Bundesstaate zustehenden Ehelichkeitserklärung hat die Landesregierung zu bestimmen."

69 § 1734 BGB 1896 lautet: „Die Ehelichkeitserklärung kann versagt werden, auch wenn ihr ein gesetzliches Hinderniß nicht entgegensteht."

70 Planck, S. 478 Ziff. 3.

71 § 1736 BGB 1896 lautet: „Durch die Ehelichkeitserklärung erlangt das Kind die rechtliche Stellung eines ehelichen Kindes."

72 Planck, S. 486 f., Ziff. 1 c.

und die Pflicht verliert, für die Person des Kindes zu sorgen.[73] Die Mutter eines nichtehelichen Kindes, der die elterliche Gewalt grundsätzlich nicht zustand, verlor also unter Umständen durch die Ehelichkeitserklärung des Kindesvaters auch noch gegen ihren Willen die Personensorge, sofern ihre fehlende Einwilligung durch das Vormundschaftsgericht gem. § 1727 BGB 1896 ersetzt wurde.

Den Voraussetzungen für diese Ersetzung kam deshalb besondere Bedeutung zu. Wegen der massiven Folgen des § 1738 BGB 1896 für die Kindesmutter ging man immerhin davon aus, dass das Erfordernis der Einwilligung in ihrem Interesse aufgestellt wurde.[74] Eine Ersetzung durch das Vormundschaftsgericht konnte demgemäß nur erfolgen, wenn das Unterbleiben der Ehelichkeitserklärung mit einem so unverhältnismäßigen Nachteil für das Kind verbunden wäre, dass das gesetzliche Recht der Mutter zurückzustehen hatte.[75] Dies war nicht bereits dann der Fall, wenn die Ehelichkeitserklärung für das Kind vorteilhaft war[76] oder im Interesse des Kindes stand[77], solange die Lebensverhältnisse der Mutter geordnet und die Erziehung und Ausbildung des Kindes – wenn auch im bescheidenen Rahmen – gewährleistet waren.[78] Anders konnte es jedoch im Fall einer körperlichen oder sittlichen Gefährdung des Kindes bei der Mutter sein.[79] In jedem Fall hatte vor einer Abwägung eine umfassende Prüfung der Verhältnisse des Kindesvaters zu erfolgen, insbesondere, wenn er wieder verheiratet war.[80]

B. Ehegesetz vom 6.12.1938

Im Zusammenhang mit dem sogenannten „Anschluss" Österreichs an das Deutsche Reich wurden die §§ 1303 bis 1352 (Eingehung der Ehe, Nichtigkeit und Anfechtbarkeit der Ehe, Wiederverheiratung im Falle der Todeserklärung), §§ 1564 bis 1587 (Scheidung der Ehe), § 1608 Abs. 2 (Verwandtenunterhalt), §§ 1635 bis 1637 (Regelung der elterlichen Sorge für den Fall der Scheidung),

---

73 § 1738 BGB 1896 lautet: „Mit der Ehelichkeitserklärung verliert die Mutter das Recht und die Pflicht, für die Person des Kindes zu sorgen. Hat sie dem Kinde Unterhalt zu gewähren, so treten Recht und Pflicht wieder ein, wenn die elterliche Gewalt des Vaters endigt oder wenn sie wegen Geschäftsunfähigkeit des Vaters oder nach § 1677 ruht."
74 Lauterbach in: Palandt, 28. Aufl. 1969, Einf. v § 1727, Ziff. 2.
75 OLG Hamm, JR 1950, 274.
76 AG Neustadt, FamRZ 1964, 459.
77 Planck, Bürgerliches Gesetzbuch, 1. u. 2. Aufl., Berlin 1901, S. 481, Ziff. 1 b.
78 KG, DR 1939, 2078.
79 Lauterbach in: Palandt, 28. Aufl. 1969, Einf. v § 1727, Ziff. 2.
80 OLG Stuttgart, JW 1934, 1372.

§§ 1699 bis 1704 (rechtliche Stellung der Kinder aus nichtigen Ehen) sowie § 1771 Abs. 2 S. 2 BGB 1896 (Wirkungen der Heirat mit dem Adoptivkind) aus dem BGB herausgelöst und durch das vom nationalsozialistischen Gedankengut bestimmte Ehegesetz[81] ersetzt[82] Im Übrigen verblieb es bei den Vorschriften des BGB in der Fassung von 1896. Die Regelungen zur elterlichen Gewalt sowie zur rechtlichen Stellung der nichtehelichen Kinder (§§ 1705 bis 1740 BGB 1896) galten also unverändert fort.

Neuerungen brachte das EheG 1938 indessen im Bereich der Sorgerechtsregelung für den Fall der Scheidung: Hier löste man sich von der schematischen, schuldabhängigen Regelung des § 1635 BGB 1896 zugunsten einer am Kindeswohl orientierten Einzelfallprüfung. Auch traten die Rechtsfolgen nicht mehr automatisch mit der Scheidung ein. § 81 EheG 1938 sah vor, dass das Vormundschaftsgericht bei jeder geschiedenen Ehe von Amts wegen eine Bestimmung hinsichtlich der Personensorge treffen muss.[83] Zwar enthielt § 81 EheG 1938 im Gegensatz zu § 1635 BGB 1896 nicht mehr den ausdrücklichen Hinweis auf die

---

81 Gesetz zur Vereinheitlichung des Rechts der Eheschließung und Ehescheidung im Lande Österreich und im übrigen Reichsgebiet vom 6. Juli 1938, Reichsgesetzblatt I 1938, S. 807. In Österreich gilt das EheG (mit Änderungen) fort.

82 § 84 EheG 1938 lautet: „Die §§ 1303 bis 1352, 1564 bis 1587, 1608 Abs. 2 und die §§ 1635 bis 1637, 1699 bis 1704, 1771 Abs. 2 Satz 2 des Bürgerlichen Gesetzbuchs, Artikel II §§ 1 und 2 des Gesetzes gegen Mißbräuche bei der Eheschließung und der Annahme an Kindes Statt vom 23. November 1933 (Reichsgesetzbl. I S. 979) und Artikel 1 des Gesetzes über die Änderung und Ergänzung familienrechtlicher Vorschriften und über die Rechtsstellung der Staatenlosen vom 12. April 1938 (Reichsgesetzbl. I S. 380) treten außer Kraft, soweit sich nicht aus den folgenden Vorschriften etwas anderes ergibt."

83 § 81 EheG 1938 lautet: „(1) Ist die Ehe geschieden, so bestimmt das Vormundschaftsgericht, welchem Ehegatten die Sorge für die Person eines gemeinschaftlichen Kindes zustehen soll. Maßgebend ist, was nach Lage der Verhältnisse dem Wohl des Kindes am besten entspricht. (2) Sind mehrere gemeinschaftliche Kinder vorhanden, so soll die Sorge für die Person aller Kinder dem gleichen Elternteil übertragen werden, sofern nicht eine abweichende Regelung aus besonderen Gründen geboten und mit dem Wohl des Kindes vereinbar ist. (3) Einem Ehegatten, der allein oder überwiegend für schuldig erklärt ist, soll die Sorge nur übertragen werden, wenn dies aus besonderen Gründen dem Wohl des Kindes dient. (4) Das Vormundschaftsgericht kann die Sorge einem Pfleger übertragen, wenn dies aus besonderen Gründen zum Wohl des Kindes erforderlich ist. (5) Das Vormundschaftsgericht kann die Anordnung jederzeit ändern, wenn das Wohl des Kindes es erfordert. (6) Vor der Entscheidung sind die geschiedenen Ehegatten zu hören. Die Anhörung kann unterbleiben, wenn sie untunlich ist."

von der Personensorge unberührte Vermögenssorge sowie das Vertretungsrecht des (geschiedenen) Kindesvaters. Da sich der Wortlaut des § 81 EheG 1938 jedoch ausdrücklich nur auf „die Sorge für die Person des gemeinschaftlichen Kindes" bezieht, ist davon auszugehen, dass diese Bestandteile beim Vater blieben.

Gem. § 81 I EheG 1938 war für die Frage, welchem der geschiedenen Ehegatten die Personensorge für das gemeinsame Kind zustehen soll, erstmals das Kindeswohl als entscheidendes Kriterium maßgebend. Das Verschulden an der Zerrüttung der Ehe verlor jedoch keineswegs ganz an Bedeutung: Gem. § 81 Abs. 3 EheG 1938 war dem allein oder überwiegend schuldigen Ehegatten die Sorge nur dann zu übertragen, wenn dies „aus besonderen Gründen dem Kindeswohl dient". Hierbei ließ man sich von der Überzeugung leiten, dass das Scheidungsverschulden gewisse Rückschlüsse auf die Erziehungsfähigkeit zulässt.[84]

C. Ehegesetz vom 20.2.1946

Nach dem Ende des zweiten Weltkrieges wurde das EheG von 1938 durch das am 20.2.1946 von dem Alliierten Kontrollrat erlassene neue Ehegesetz ersetzt,[85] das am 1.3.1946 in allen vier Besatzungszonen und in Berlin in Kraft trat. Dabei hat man sich nicht für den Weg entschieden, die Geltung des BGB in seiner ursprünglichen Fassung wiederherzustellen, sondern das EheG von 1938 überarbeitet. Die das typisch nationalsozialistische Gedankengut widerspiegelnden Rechtsnormen wurden gestrichen; im Übrigen erfuhr das Gesetz nur geringfügige Modifizierungen. Sowohl die Systematik als auch der Wortlaut des EheG 1938 wurden weitgehend beibehalten.

Eine der wenigen Neuerungen betraf die Personensorge für gemeinschaftliche Kinder nach der Scheidung: § 74 EheG 1946 eröffnete erstmals die Möglichkeit einer diesbezüglichen Einigung der Eltern.[86] Haben die geschiedenen Ehegatten

---

84 Braun, S. 63.
85 Kontrollratsgesetz Nr. 16, Ehegesetz, in Kraft getreten am 1.3.1946.
86 § 74 EheG 1946 lautet: „Sorge für die Person des Kindes. 1. Ist die Ehe geschieden, so bestimmt das Vormundschaftsgericht, falls eine Einigung der Ehegatten nicht zustande gekommen ist, welchem von ihnen die Sorge für die Person des oder der gemeinschaftlichen Kinder zustehen soll. Die Einigung der Ehegatten ist in einem schriftlichen Vorschlag binnen einer Frist von zwei Wochen nach Rechtskraft des Scheidungsurteils dem Vormundschaftsgericht zur Genehmigung vorzulegen. 2. Ist der Vorschlag innerhalb der in Absatz 1 bestimmten Frist nicht vorgelegt worden oder findet er nicht die Billigung des Vormundschaftsgerichts, so hat dasselbe diejenige Regelung zu treffen, die dem wohlverstandenen Interesse des oder der Kinder unter Berücksichtigung der gesamten Verhältnisse am besten entspricht. Es kann dabei

keinen Konsens erzielt oder ihren schriftlichen Vorschlag nicht binnen der vorgesehenen Frist von zwei Wochen nach Rechtskraft des Scheidungsurteils vorgelegt, so traf das Vormundschaftsgericht von Amts wegen eine am Kindeswohl orientierte Entscheidung. Erstmals konnte es dabei gem. § 74 Abs. 2 S. 2 EheG 1946 „mit den Kindern persönlich Fühlung nehmen", also eine Kindesanhörung durchführen.

Nach wie vor durfte dem überwiegend oder allein an der Zerrüttung der Ehe schuldigen Ehegatten die Personensorge nur dann zugesprochen werden, wenn dies aus besonderen Gründen dem Kindeswohl diente, § 74 Abs. 4 EheG 1946.

Die Rechtslage hinsichtlich der elterlichen Gewalt im Übrigen, mithin auch die Regelung für nichteheliche Kinder blieb vom EheG 1946 unberührt. Hier galt das BGB 1896 fort.

D. Inkrafttreten des GG und Urteil des BVerfG vom 18.12.1953

I. Inkrafttreten des GG und der Grundsatz der Gleichberechtigung zwischen Mann und Frau

Am 23.5.1949 trat das Grundgesetz der Bundesrepublik Deutschland (GG) in Kraft, in dessen Art. 3 Abs. 2 nach erregten Debatten[87] die Gleichberechtigung zwischen Mann und Frau statuiert wurde. Gleichzeitig bestimmte Art. 117 Abs. 1 GG vorausschauend, dass das mit dem Gleichberechtigungsgrundsatz kollidierende Recht spätestens am 31.3.1953 außer Kraft treten müsse.

Die Auswirkungen der Einführung des Gleichberechtigungsgrundsatzes zeigten sich vor allem im Bereich des Familienrechts: Der Gesetzgeber war nunmehr

---

auch mit den Kindern persönlich Fühlung nehmen. 3. Vor der Entscheidung sind die geschiedenen Ehegatten persönlich zu hören. Von der Anhörung soll nur abgesehen werden, wenn sie unmöglich ist. 4. Einem Ehegatten, der allein oder überwiegend für schuldig erklärt worden ist, soll die Sorge nur übertragen werden, wenn dies aus besonderen Gründen dem Wohl des oder der Kinder dient. 5. Das Vormundschaftsgericht kann die Sorge einem Pfleger übertragen, wenn dies aus besonderen Gründen für das Wohl des oder der Kinder erforderlich ist. 6. Das Vormundschaftsgericht kann die Regelung jederzeit ändern, wenn es dies im Interesse des Wohls des oder der Kinder für angezeigt hält."

87 Wesel, S. 554: die ausdrückliche Statuierung der Gleichberechtigung von Mann und Frau ist der Sozialdemokratin Elisabeth Selbert zu verdanken, die mit der Unterstützung von Frauenverbänden und Gewerkschaften einen zähen Kampf gegen die konservative Kreise führte, zwei Mal in Abstimmungen unterlag um schließlich im Januar 1949 einen großen Sieg zu erringen.

aufgerufen, innerhalb einer Legislaturperiode das überholte, patriarchalische Ehe- und Sorgerecht entsprechend anzupassen.

Daneben bestimmte Art. 6 Abs. 5 GG, dass der Gesetzgeber gleiche Bedingungen für uneheliche wie eheliche Kinder zu schaffen habe.

II. Gesetzloser Zustand in der Zeit vom 1.4.1953–3.6.1958

Trotz des unmissverständlichen Auftrages an den Gesetzgeber wurde von der Bundesregierung unter Konrad Adenauer erst am 23.10.1952 ein Gesetzesentwurf vorgelegt.[88] Die dem Bundestag in Art. 117 GG bis zum 31.3.1953 gesetzte Frist lief ungenutzt ab, weshalb zum 1.4.1953 ein gesetzloser Zustand eintrat.[89]

III. Urteil des BVerfG vom 18.12.1953

Das OLG Frankfurt am Main vertrat im Rahmen eines einstweiligen Anordnungsverfahrens wegen Prozesskostenvorschusses die Auffassung, dass Art. 117 Abs. 1 GG nichtig sei, weil er gegen die übergeordneten Grundsätze der Rechtssicherheit und der Gewaltenteilung verstoße, da den Gerichten die wesensfremde Aufgabe übertragen würde, die entstandene Gesetzeslücke durch richterliche Entscheidungen zu füllen.[90] Es hat deshalb das Verfahren ausgesetzt und dem Bundesverfassungsgericht die Frage nach der Nichtigkeit des Art. 117 Abs. 1 GG auf dem Gebiet Ehe und Familie zur Entscheidung vorgelegt.

Das BVerfG bestätigte hierauf in seinem Urteil vom 18.12.1953 allerdings eindeutig, dass nach Ablauf der in Art. 117 Abs. 1 GG gesetzten Frist Mann und Frau auch im Bereich von Ehe und Familie gleichberechtigt seien.[91] Die Verfassungsrichter sahen in Art. 3 Abs. 2 GG eine echte Rechtsnorm und nicht bloß einen nicht justiziablen Programmsatz. Die entstandenen Rechtslücken seien durch die Rechtsprechung mit ihren Mitteln zu füllen. Dem stünde weder der Grundsatz der Rechtssicherheit noch derjenige der Gewaltenteilung entgegen. In den meistumstrittenen Fragen der Entscheidungsbefugnis des Ehemannes und Vaters würden die Entscheidungen ohnehin von den Erwägungen getragen werden, was aus der gegenseitigen Verpflichtung zur Lebensgemeinschaft

---

88 „Entwurf eines Gesetzes über die Gleichberechtigung von Mann und Frau auf dem Gebiete des Bürgerlichen Rechts und über die Wiederherstellung der Rechtseinheit auf dem Gebiete des Familienrechts (Familienrechtsgesetz)" vom 23.10.1952, BT-Drucks. I/3802.

89 Wesel, S. 572 f.

90 OLG Frankfurt am Main, 3 W 87/53.

91 BVerfGE 3, 225 ff.

heraus oder im Sinne des Kindeswohls geboten ist, ohne dass zur Frage der Entscheidungsbefugnis selbst Stellung bezogen werden müsse. Die Möglichkeit, dass eine solche Stellungnahme in Einzelfällen doch notwendig und dann von der politisch-weltanschaulichen Haltung des Richters beeinflusst werden könnte, rechtfertige die Sorge einer unerträglichen Rechtsunsicherheit nicht.[92]

Die Rechtsprechung hatte also die Aufgabe, jeweils zu prüfen, ob eine Bestimmung mit Art. 3 Abs. 2 GG im Einklang stand. Dabei war auch Art. 6 Abs. 1 GG zu beachten, wonach die Ehe und Familie unter dem besonderen Schutz des Staates steht. Stand eine Norm ganz oder teilweise nicht im Einklang mit dem Gleichberechtigungsgrundsatz, war es Aufgabe der Rechtsprechung, die Lücke unter Heranziehung von Art. 3 Abs. 2 und Art. 6 Abs. 1 GG sowie des übrigen Rechts zu schließen.[93]

Das Verhältnis der beiden Grundrechte zueinander war sehr strittig, was insbesondere bei der Frage, ob dem Mann bei Meinungsverschiedenheiten in Angelegenheiten der Ehe und Familie das letzte Wort belassen werden sollte, zu heftigen Auseinandersetzungen geführt hat.[94] Zum Teil wurde Art. 6 Abs. 1 GG für vorrangig gehalten und die Streichung des sog. Gehorsamsparagraphen[95] gefordert. Andere haben die ausdrückliche Bestimmung einer gemeinsamen Entscheidung als Gefahr für die abendländische Familie erkannt, weil sie „zur Verselbständigung von Mann und Frau führen würde."[96]

---

92 BVerfGE 3, 225.

93 Lauterbach in: Palandt, 11. Aufl. 1953, Einl. Vor § 1297, Ziff. 7 A.

94 Lauterbach in: Palandt, 11. Aufl. 1953, Einl. Vor § 1297, Ziff. 7 B.

95 § 1354 BGB 1896 lautet: „Dem Manne steht die Entscheidung in allen das gemeinschaftliche eheliche Leben betreffenden Angelegenheiten zu; er bestimmt insbesondere Wohnort und Wohnung. Die Frau ist nicht verpflichtet, der Entscheidung des Mannes Folge zu leisten, wenn sich die Entscheidung als Missbrauch seines Rechtes darstellt."

96 Lauterbach in: Palandt, 11. Aufl. 1953, Einl. vor § 1297, Ziff. 7 B; vgl. auch Begründung zum (zweiten) Entwurf eines „Gleichberechtigungsgesetzes", BT-Drucks. II/224 vom 29.1.1954, S. 29, wo es zur Rechtfertigung der Beibehaltung des § 1954 BGB 1896 hieß: „Der Grundsatz der Gleichberechtigung verbietet es nicht, die funktionelle Verschiedenheit der Geschlechter zu berücksichtigen. Es gehört zu den Funktionen des Mannes, dass er grundsätzlich der Erhalter und Ernährer der Familie ist, während die Frau es als ihre vornehmste Aufgabe ansehen muß, das Herz der Familie zu sein."

IV. Auswirkungen im Bereich der elterlichen Sorge

Auch im Bereich des Sorgerechts entfaltete Art. 3 Abs. 2 GG naturgemäß weitgehende Wirkungen: Durch die sich aus der Gleichberechtigung der Frau ergebende Gleichberechtigung der Mutter stand die elterliche Gewalt nunmehr beiden Elternteilen gemeinsam zu.[97] Die Interpretation des Gleichberechtigungsgrundsatzes im Sinne der vollen Geleichberechtigung war zu der damaligen Zeit jedoch noch nicht allgemein selbstverständlich: Zwar wurde in der Literatur in den Jahren zwischen dem Inkrafttreten des Gleichberechtigungsgrundsatzes und des Gleichberechtigungsgesetzes[98] überwiegend von dem vollen Gleichrang der Eltern in der Familie ausgegangen.[99] Der vorwiegend in der Literatur vertretenen Auffassung schlossen sich die Praxis sowie die Rechtsprechung an und fassten das Grundgesetz im Sinne der vollen Gleichberechtigung der Eltern auf. In der Rechtsprechung wurde deshalb überwiegend die gemeinsame Entscheidungsbefugnis und Vertretung des Kindes für erforderlich gehalten.[100] Es sind nur wenige abweichende Entscheidungen bekannt geworden.[101]

Daneben gab es jedoch durchaus auch andere Stimmen: die gegenteilige Meinung wurde vor allem damit begründet, dass die eigenständige Ordnung der Familie grundsätzlich die Entscheidungskompetenz des Vaters notwendig mache.[102]

---

97 OLG Hamm, NJW 1953, 1354; LG Kassel, NJW 1953, 989; LG Hamburg, NJW 1953, 1106.

98 Gesetz über die Gleichberechtigung von Mann und Frau auf dem Gebiet des bürgerlichen Rechts (Gleichberechtigungsgesetz, GleichberG), BGBl. I S. 609, in Kraft getreten am 1.7.1958.

99 Diese Meinung vertraten z. B. Dölle, JZ 1953, 353 (361) und in: Festgabe für Erich Kaufmann, 1950, 19, 29 f., 38 f.; Lauterbach in: Palandt, 15. Aufl. 1956, Vorbem. A zu § 1627; Siebert, NJW 1955, 1, 3 ff.; Scheuner in: Familienrechtsreform, S. 42, 54, 56; Zweigert, JZ 1951, 90 f.

100 BGHZ 20, 313; BGH, FamRZ 1958, 178; BGH MDR 1957, 52; BayObLGZ 1953, 372; 1954, 275; 1956, 8; OLG Frankfurt, FamRZ 1954, 21; NJW 1955, 1725; FamRZ 1957, 55; OLG Hamm, NJW 1953, 1226, 1354; OLG Karlsruhe, NJW 1956, 672; OLG Stuttgart, NJW 1955, 1721.

101 Z.B. BayObLG, FamRZ 1958, 52, das unter Aufgabe seiner bisherigen Auffassung nach Verkündung des Gleichberechtigungsgesetzes die alleinige Vertretung des Kindes durch den Vater und sein Entscheidungsrecht nunmehr als verfassungskonform ansah.

102 In diesem Sinne: Bosch, SJZ 1950, 626 ff.; Dürig, FamRZ 1954, 2, 4 f.; Finke, NJW 1953, 606, 607.

Generell umstritten war indessen die Handhabung bei Meinungsverschiedenheiten der Eltern. Konsens bestand darin, dass eine Einigung unter Berücksichtigung der Argumente des jeweils anderen versucht werden und als Maßstab das Kindeswohl gelten sollte.[103] Für den Fall jedoch, dass eben dies nicht gelang, beriefen sich diejenigen, die den Stichentscheid des Vaters für vorzugswürdig hielten, auf Art. 6 Abs. 1 GG, weil durch die Übertragung der Entscheidung auf das Vormundschaftsgericht die Gegensätze zwischen den Ehegatten noch vertieft würden und somit der Bestand von Ehe und Familie gefährdet würde.[104] Andere sahen darin keine derartige Gefährdung, da nach ihrer Auffassung die Anrufung des Vormundschaftsgerichts ohnehin nur in Ehen vorkommen dürfte, in denen das Wohl der Familie vor der eigenen Meinung und der Notwendigkeit einer Einigung zurückstehen müsse. In solchen Ehen aber sei ein Eingriff eines staatlichen Organs mit dem Familien- und insbesondere auch Kindeswohl durchaus vereinbar.[105]

E. Gleichberechtigungsgesetz vom 18.6.1957 und Urteil des BVerfG vom 29.7.1959

Der Regierungsentwurf des Gleichberechtigungsgesetzes von 1952 wurde in der zweiten Legislaturperiode in einer gekürzten und überarbeiteten Fassung[106] in den Bundestag eingebracht und führte zur Verabschiedung des Gleichberechtigungsgesetzes vom 18.06.1957.[107]

Im Ergebnis wurde schließlich der „Gehorsamsparagraph" 1354 BGB 1896 nach heftigen Debatten mit nur knapper Mehrheit[108] aufgehoben. Ansonsten wurden die persönlichen Ehewirkungen eher halbherzig dem Gleichberechtigungsgrundsatz angepasst. Gem. § 1355 BGB 1957 wurde Ehename weiterhin derjenige des Mannes. Vor allem blieb das BGB dem Leitbild der Hausfrauenehe verhaftet: Der Ehefrau wurde zugebilligt, den Haushalt in eigener Regie zu führen, § 1356 BGB 1957. Ein Recht auf Berufstätigkeit hatte sie jedoch nur, soweit „dies mit ihren Pflichten in Ehe und Familie vereinbar" war, § 1356 Abs. 1 S. 2 BGB 1957.

---

103 Lauterbach in: Palandt, 11. Aufl. 1953, Vorbem. A zu § 1627.
104 Strauss, JZ 1952, 449, 456; Finke, NJW 1953, 606.
105 Lauterbach in: Palandt, 11. Aufl. 1953, Vorbem. A zu § 1627 BGB.
106 BT-Drucks. II/224.
107 Gesetz über die Gleichberechtigung von Mann und Frau auf dem Gebiet des bürgerlichen Rechts, BGBl. I S. 609, in Kraft getreten am 1.7.1958.
108 50 Jahre Gleichberechtigungsgesetz, http://www.knigge.de/archiv/artikel/-jahre-gleichberechtigungsgesetz-7269.htm.

Im Bereich der elterlichen Gewalt wurde die vollständige Umsetzung des Gleichberechtigungsgrundsatzes verfehlt.

I. Regelung der elterlichen Gewalt bei bestehender Ehe

Gem. § 1627 BGB 1957 haben die Eltern die elterliche Gewalt nunmehr gleichrangig nebeneinander ausgeübt.[109] Entsprechend wurden alle betroffenen Paragraphen sprachlich neu gefasst und „der Vater" wurde durch „die Eltern" ersetzt. Eine Reihe von Bestimmungen wurde gestrichen, wie z.B. §§ 1650–1663, 1665 BGB 1896, die die Nutznießung des Vaters am Vermögen des Kindes betrafen. Auch der Verlust der elterlichen Sorge der Mutter bei Wiederverheiratung ist weggefallen.

Allerdings behielt der Vater bei Meinungsverschiedenheiten das Letztentscheidungsrecht über die Kinder, § 1628 BGB 1957[110] und blieb der einzige, der sie gesetzlich vertrat, § 1629 Abs. 1 BGB 1957.[111] Die Vertretung des Kindes oblag der Mutter nur, soweit sie die elterliche Gewalt allein ausübte oder ihr die

---

109 § 1627 BGB 1957 lautet: „Die Eltern haben die elterliche Gewalt in eigener Verantwortung und in gegenseitigem Einvernehmen zum Wohle des Kindes auszuüben. Bei Meinungsverschiedenheiten müssen sie versuchen, sich zu einigen."

110 § 1628 BGB 1957 lautet: „(1) Können sich die Eltern nicht einigen, so entscheidet der Vater; er hat auf die Auffassung der Mutter Rücksicht zu nehmen. (2) Das Vormundschaftsgericht kann der Mutter auf Antrag die Entscheidung einer einzelnen Angelegenheit oder einer bestimmten Art von Angelegenheiten übertragen, wenn das Verhalten des Vaters in einer Angelegenheit von besonderer Bedeutung dem Wohle des Kindes widerspricht oder wenn die ordnungsgemäße Verwaltung des Kindesvermögens dies erfordert. (3) Verletzt der Vater beharrlich seine Verpflichtung, bei Meinungsverschiedenheiten den Versuch einer gütlichen Einigung zu machen und bei seinen Entscheidungen auf die Auffassung der Mutter Rücksicht zu nehmen, so kann das Vormundschaftsgericht der Mutter auf Antrag die Entscheidung in den persönlichen und vermögensrechtlichen Angelegenheiten des Kindes übertragen, wenn dies dem Wohle des Kindes entspricht."

111 § 1629 Abs. 1 BGB 1957 lautet: „(1) Die Vertretung des Kindes steht dem Vater zu; die Mutter vertritt das Kind, soweit sie die elterliche Gewalt allein ausübt oder ihr die Entscheidung nach § 1628 Abs. 2, 3 übertragen ist. (2) Der Vater und die Mutter können das Kind insoweit nicht vertreten, als nach § 1795 ein Vormund von der Vertretung des Kindes ausgeschlossen ist; ein Elternteil kann jedoch Unterhaltsansprüche des Kindes gegen den anderen Elternteil geltend machen, wenn die Eltern getrennt leben. Das Vormundschaftsgericht kann dem Vater und der Mutter nach § 1796 die Vertretung entziehen."

Entscheidung in einer bestimmten Angelegenheit durch das Vormundschaftsgericht übertragen wurde, §§ 1629 Abs. 1, 1628 BGB 1957.

Zur Begründung dieser bemerkenswerten Regelung wurde angeführt, dass ein Verzicht auf eine Regelung für den Fall von Meinungsverschiedenheiten der Eltern mit dem Kindeswohl grundsätzlich nicht vereinbar wäre.[112]

Die Übertragung der Entscheidungskompetenz auf das Vormundschaftsgericht scheide jedoch als „möglichst zu vermeidendes Übel" aus, weil sie dem Familienfrieden abträglich und zudem zu langwierig sei.[113]

Vielmehr sei im Sinne des Kindeswohls die Belassung der Entscheidungskompetenz in der Familie und die Übertragung der Entscheidungsbefugnis auf einen Elternteil unumgänglich.[114] Dann wiederum jedoch könne die Aufgabe „nach natürlichen und christlichen Ordnungsbegriffen nur dem Vater zufallen."[115] Die Regelung der gesetzlichen Vertretung des Kindes folge als logische Konsequenz der Entscheidungsbefugnis des Vaters, dessen besserer Rechtsposition allerdings auch die verstärkte Verantwortung gegenüber stehen würde.[116]

II. Urteil des BVerfG vom 29.7.1959

Das Letztendscheidungsrecht des Vaters sowie dessen alleiniges Vertretungsrecht wurden von den Gegnern von Anfang an für verfassungswidrig erachtet; der Verweis der Konservativen auf die Funktionsteilung von Mann und Frau in der Ehe und Familie wurde nicht akzeptiert.[117] Bald schon hatte das BVerfG deshalb über drei Verfassungsbeschwerden von Frauen sowie zwei Vorlagen der Amtsgerichte Köln und Bensberg in einem verbundenen Verfahren zu entscheiden.

Das BVerfG sah es im Sinne der Kläger und erklärte in seinem Urteil vom 29.07.1959 die §§ 1628 und 1629 BGB 1957 für nichtig.[118] Die Verfassungsrichter stellten dabei unmissverständlich klar, dass die Gleichberechtigung der Frau auch die Gleichberechtigung der Mutter bedeutet. Der Grundgesetzgeber sei von der Vereinbarkeit von Art. 3 Abs. 2 und Art. 6 GG ausgegangen. Das BVerfG habe bereits entschieden, dass sich die Gleichberechtigung von Mann und Frau

---

112 BT-Drucks. II/224, S. 57.
113 BT-Drucks. II/224, S. 58.
114 BT-Drucks. II/224, S. 58.
115 BT-Drucks. II/224, S. 59.
116 BT-Drucks. II/224, S. 59.
117 Stötzel/Wengeler, S. 465.
118 BVerfGE 10, 59 = FamRZ 1959, 416.

auch auf die Ehe und Familie beziehe.[119] Das Gleichberechtigungsgebot entfalte seine volle Bedeutung nicht nur im Verhältnis der Ehegatten zueinander, sondern auch im Verhältnis der Eltern zu ihren Kindern. Bereits aus der zwischen den Eltern bestehenden engen Beziehung und ihrer gemeinsamen Verantwortung für das Kind folge die uneingeschränkte Gleichstellung von Mutter und Vater, da die Verantwortung nicht teilbar sei und beide Eltern zu gleichen Teilen treffe.[120] Eine andere Auslegung lasse sich weder über die biologischen Unterschiede zwischen Mann und Frau noch aus übergreifenden verfassungsrechtlichen Gesichtspunkten, nämlich dem Schutz der Familie und dem Kindeswohl, herleiten, da diese Unterschiede die jeweilige Beziehung zum Kind nicht entscheidend prägen.[121] Dann jedoch würden die §§ 1628 und 1629 Abs. 1 BGB 1957 die Mutter benachteiligen. Zwar sei die väterliche Gewalt nicht mehr wie früher ein Herrschafts-, sondern ein mit Verantwortung und Pflicht verknüpftes Recht; gleichwohl bedeute die größere Zuständigkeit des Vaters ein Vorrecht, das auf Seiten der Mutter nicht kompensiert werde und damit verfassungswidrig sei.[122]

Durch die vom BVerfG erklärte Nichtigkeit der §§ 1628 und 1629 Abs. 1 BGB 1957[123] trat erneut ein gesetzloser Zustand ein. Die entstandene Gesetzeslücke war bis zum Eingreifen des Gesetzgebers von der Rechtsprechung zu schließen.

III. Regelung im GleichberG für den Fall der Scheidung

Die bis dahin nach dem § 74 EheG 1946 geltende Regelung der elterlichen Gewalt für den Fall der Scheidung wurde unter der Berücksichtigung des GleichberG neu gefasst und als § 1671 wieder in das BGB zurückgeführt.[124]

---

119   BVerfGE 10, 59, 67 unter Bezugnahme auf BVerfGE 3, 225, 242.
120   BVerfGE 10, 59, 67.
121   BVerfGE 10, 59, 75 f., 80 ff.
122   BVerfGE 10, 59, 76 f.
123   BVerfGE 10, 59, 88.
124   § 1671 BGB 1957 lautet: „(1) Ist die Ehe der Eltern geschieden, so bestimmt das Vormundschaftsgericht, welchem Elternteil die elterliche Gewalt über ein gemeinschaftliches Kind zustehen soll.(2) Von einem gemeinsamen Vorschlag der Eltern soll das Vormundschaftsgericht nur abweichen, wenn dies zum Wohle des Kindes erforderlich ist. (3) Haben die Eltern innerhalb von zwei Monaten nach Rechtskraft des Scheidungsurteils keinen Vorschlag gemacht oder billigt das Vormundschaftsgericht ihren Vorschlag nicht, so trifft es die Regelung, die unter Berücksichtigung der gesamten Verhältnisse dem Wohle des Kindes am besten entspricht. Ist ein Elternteil allein für schuldig erklärt und sprechen keine schwerwiegenden Gründe

Gegenüber der bisherigen Regelung, wonach nur über die Personensorge eine Einigung der Eltern erzielt bzw. vom Vormundschaftgericht entschieden wurde, weil die Vermögenssorge und das Vertretungsrecht ohnehin beim Vater blieb, wurde nun die elterliche Gewalt in ihrem gesamten Umfang auf einen Elternteil allein übertragen, § 1671 Abs. 1 BGB 1957. Von dieser Regelung durfte im Sinne einer Verteilung der einzelnen Bestandteile der elterlichen Gewalt nur dann abgewichen werden, wenn das Kindeswohl es erforderte, § 1671 Abs. 4 BGB 1957.

Nach wie vor hatten die Eltern die Möglichkeit, sich zu einigen und dem Gericht einen gemeinsamen Vorschlag zu unterbreiten, § 1671 Abs. 2 BGB 1957. Dieser Vorschlag konnte allerdings nur dahin gehen, dass entweder einem Elternteil die gesamte elterliche Gewalt zufallen oder die Personensorge auf den einen und die Vermögenssorge auf den anderen Elternteil nebst dem jeweiligen Vertretungsrecht übergehen soll. Die Möglichkeit einer genehmigungsfähigen Einigung dahingehend, dass die elterliche Gewalt auch nach der Scheidung beiden Eltern zustehen soll, gab die gesetzliche Regelung zu diesem Zeitpunkt noch nicht her.[125]

Das Gewicht der Einigung der Eltern wurde allerdings verstärkt. Der nunmehr vorrangige Vorschlag der Eltern musste nicht mehr wie bisher gebilligt werden, sondern war für das Vormundschaftsgericht bindend, solange das Kindeswohl nicht eine andere Regelung der elterlichen Gewalt erforderte, § 1671 Abs. 2 BGB 1957.

Auch die Bedeutung der Frage des Verschuldens an der Zerrüttung der Ehe wurde etwas geringer. Während § 74 EheG 1946 nicht nur dem *allein*, sondern auch dem *überwiegend* schuldigen Ehegatten die elterliche Gewalt nur zubilligte, wenn hierfür gewichtige Kindeswohlgründe sprachen, war der

---

dafür, ihm die elterliche Gewalt zu übertragen, so soll das Vormundschaftsgericht sie dem schuldlosen Teil übertragen. (4) Die elterliche Gewalt soll in der Regel einem Elternteil allein übertragen werden. Erfordert es das Wohl des Kindes, so kann einem Elternteil die Sorge für die Person, dem anderen die Sorge für das Vermögen des Kindes übertragen werden. (5) Das Vormundschaftsgericht kann die Sorge für die Person und das Vermögen des Kindes einem Vormund oder Pfleger übertragen, wenn dies erforderlich ist, um eine Gefahr für das geistige oder leibliche Wohl oder für das Vermögen des Kindes abzuwenden. (6) Die vorstehenden Vorschriften gelten auch, wenn die Ehe der Eltern für nichtig erklärt worden ist. Der Schuldigerklärung steht es gleich, wenn einem der Ehegatten die Nichtigkeit der Ehe bei der Eheschließung bekannt war."

125 OLG Celle, NJW 1960, 151; OLG Stuttgart, FamRZ 1960, 365; BayObLG, FamRZ 1964, 523.

Schuldspruch nun lediglich für den allein schuldigen Ehegatten maßgeblich, § 1671 Abs. 3 BGB 1957. Waren beide Ehegatten oder einer von ihnen überwiegend schuldig, blieb der Schuldspruch bei der Verteilung der elterlichen Gewalt außer Betracht.

IV. Neu: Regelungsmöglichkeit für den Fall der Trennung

Neu eingeführt wurde darüber hinaus erstmals eine Regelung für den Fall der Trennung der Eheleute. § 1672 BGB 1957 sollte dem Umstand Rechnung tragen, dass die nicht nur vorübergehende Trennung der Ehegatten häufig zu Konflikten bei der gemeinsamen Ausübung der elterlichen Gewalt führe.[126] Die neue Regelung beseitigte diese Schwierigkeiten, indem sie in entsprechender Anwendung des § 1671 Abs. 1–4 BGB 1957 die Übertragung der elterlichen Gewalt auf einen Elternteil ermöglichte.[127]

V. Regelungen bei unehelichen Kindern

Die unehelichen Kinder und ihre Eltern wurden – aus heutiger Sicht kaum verständlich – bei der Gestaltung des GleichberG bewusst ausgeklammert.

Es wurde diesbezüglich die Auffassung vertreten, dass die Umsetzung des Grundsatzes der Gleichberechtigung von Mann und Frau die gesetzlichen Regelungen bezüglich unehelicher Kinder nicht berühre, weil hier die jeweils unterschiedliche Stellung der ehelichen und der nichtehelichen Mutter betroffen sei, die eine unterschiedliche Behandlung rechtfertigte und notwendig machte.[128]

Es wurde dabei durchaus die Ungleichheit zwischen Mann und Frau erkannt, die daraus resultierte, dass der Mann nach dem geltenden Recht die Möglichkeit des Erwerbs der elterlichen Gewalt durch Ehelichkeitserklärung hatte, während die uneheliche Mutter weder für ehelich erklären noch die elterliche Gewalt erlangen konnte. Allerdings ging man bei aller Reformbedürftigkeit davon aus, dass es sich um ein Sondergebiet handele, dem man nicht mit der Anlegung des Gleichberechtigungsmaßstabs gerecht werden könnte.[129]

---

126 Lauterbach in: Palandt, 28. Aufl. 1969, § 1672, Ziff. 1.
127 § 1672 BGB 1957 lautet: „Leben die Eltern nicht nur vorübergehend getrennt, so gelten die Vorschriften des § 1671 Abs. 1 bis 4 entsprechend. Das Vormundschaftsgericht entscheidet nur auf Antrag eines Elternteils."
128 Lauterbach in: Palandt, 28. Aufl. 1969, Einf. v. § 1705 Ziff. 2; Finke, NJW 1953, 606, 613; genauso: OLG Celle, NJW 1953, 829; OLG Hamm, FamRZ 1962, 437.
129 Finke, NJW 1953, 606, 613.

F. Familienrechtsänderungsgesetz vom 11.8.1961

Das FamRÄndG vom 11.8.1961,[130] das am 1.1.1962 in Kraft trat, brachte zahlreiche Änderungen vor allem im Bereich des Abstammungs- und Kindesannahmerechts. Im Bereich der rechtlichen Stellung der unehelichen Kinder erfolgten nur wenige Änderungen, die sich auf die Regelungen der §§ 1707, 1708 und 1710 sowie 1723 und 1734 BGB 1957 bezogen.

I. Erstmals elterliche Gewalt der unehelichen Mutter

Bemerkenswert im Kontext der vorliegenden Untersuchung ist der durch das FamRÄndG neu eingeführte § 1707 Abs. 2 BGB 1961, der jedenfalls der volljährigen Mutter erstmals die Möglichkeit gab, einen Antrag bei dem Vormundschaftsgericht auf Übertragung der elterlichen Gewalt für ihr uneheliches Kind zu stellen.[131]

Eine automatische Übertragung der elterlichen Gewalt wurde von den meisten Mitgliedern der Rechtsausschüsse mit der Begründung abgelehnt, dass nicht alle unehelichen Mütter über die „erforderlichen Eigenschaften" verfügen würden und dem Kind somit mit einer derartigen Regelung schlecht gedient wäre.[132]

Freilich prüfte das Vormundschaftsgericht deshalb bei einem solchem Antrag sorgfältig, ob die Übertragung dem Kindeswohl entsprach, also ob die Mutter über die erforderlichen geistigen und charakterlichen Fähigkeiten verfügte.[133] Dies konnte unter Umständen (selbst dann) der Fall sein, wenn sie mit dem Erzeuger ihres Kindes in einer nichtehelichen Gemeinschaft lebte.[134] Andererseits konnte bereits die Weigerung der Mutter, den Namen des Vaters dem zuständigen Jugendamt mitzuteilen, ausreichend sein, um ihr die erforderliche Erziehungskompetenz abzusprechen.[135] Nicht entscheidend war indessen, ob die Mutter in der Lage war, alle Angelegenheiten des Kindes selbst zu besorgen, da

---

130 Gesetz zur Vereinheitlichung und Änderung familienrechtlicher Vorschriften (Familienrechtsänderungsgesetz – FamRÄndG) vom 11.8.1961, in Kraft getreten am 1.1.1962, BGBl. I 1221.

131 § 1707 Abs. 2 BGB 1961 lautet: „Das Vormundschaftsgericht kann einer volljährigen Mutter auf Antrag die elterliche Gewalt über das Kind übertragen. Das Gericht kann einzelne Angelegenheiten oder einen bestimmten Kreis von Angelegenheiten von der Übertragung ausnehmen."

132 Vgl. Buske, S. 48, 54.

133 BayObLG, NJW 1963, 1359; OLG Stuttgart, FamRZ 1963, 303; OLG Hamm, FamRZ 1963, 302, 303; BayObLG, FamRZ 1963, 306.

134 BayObLG, MDR 1964, 327.

135 OLG Stuttgart, FamRZ 1963, 527.

das Vormundschaftsgericht einzelne Bereiche von der Übertragung ausnehmen konnte, was sich z.B. bei der Beitreibung von Unterhaltsforderungen oder bei einem laufenden Abstammungsverfahren aufdrängte.[136]

Im Fall der lediglich partiellen Übertragung der elterlichen Gewalt wurde für die übrigen Bereiche gem. § 1909 BGB 1961 eine Ergänzungspflegschaft eingerichtet.

II. Verbesserung des Unterhaltsanspruchs des unehelichen Kindes

Eine Verbesserung der rechtlichen Stellung des unehelichen Kindes erfolgte durch den neu gefassten § 1708 BGB 1961. Die Unterhaltspflicht des Vaters für sein uneheliches Kind wurde um zwei Jahre, nämlich auf die Zeit bis zur Vollendung des 18. Lebensjahres verlängert, § 1708 Abs. 1 S. 1 BGB 1961.[137]

Eine uneingeschränkte Verlängerung bis zum 18. Lebensjahr wurde jedoch für unbillig gehalten, weil eine bedeutende Anzahl der Eltern von unehelichen Kindern verheiratete Arbeiter waren, deren eheliche Kinder ab dem 16. Lebensjahr Geld verdienen mussten.[138]

Ab dem 16. Lebensjahr wurden deshalb etwaige eigene Einkünfte des Kindes bei der Bemessung des Unterhalts berücksichtigt, allerdings nur soweit es der Billigkeit entsprach und nur auf Verlangen des Vaters, § 1708 Abs. 1 S. 2 BGB 1961.

Es dürfte aus heutiger Sicht bemerkenswert erscheinen, dass dieser Unterhaltsanspruch jedenfalls bis zum 16. Lebensjahr des Kindes weder an seine Bedürftigkeit noch an die Leistungsfähigkeit des Vaters geknüpft war.[139] Auch der

---

136 Lauterbach in: Palandt, 28. Aufl. 1969, § 1707 Ziff. 3.

137 § 1708 BGB 1961 lautet: „(1) Der Vater des unehelichen Kindes ist verpflichtet, dem Kinde bis zur Vollendung des achtzehnten Lebensjahrs den der Lebensstellung der Mutter entsprechenden Unterhalt zu gewähren. Der Unterhalt umfaßt den gesamten Lebensbedarf sowie die Kosten der Erziehung und der Vorbildung zu einem Berufe. Hat das Kind das sechzehnte Lebensjahr vollendet, so ist auf Verlangen des Vaters eigenes Einkommen des Kindes zu berücksichtigen, soweit dies der Billigkeit entspricht. (2) Ist das Kind zur Zeit der Vollendung des achtzehnten Lebensjahrs infolge körperlicher oder geistiger Gebrechen außerstande, sich selbst zu unterhalten, so hat ihm der Vater auch über diese Zeit hinaus Unterhalt zu gewähren; die Vorschrift des § 1603 Abs. 1 findet Anwendung."

138 Schwarzhaupt, FamRZ 1961, 329, 330.

139 Vgl. schon Planck, § 1708, S. 461, Ziff. 3 a; Baur, FamRZ 1962, 508, 512; LG Wuppertal, NJW 1963, 958; OLG Stuttgart, FamRZ 1963, 307.

Bezug des staatlichen Kindergeldes durch die Mutter minderte den Unterhaltsanspruch des Kindes nicht.[140]

III. Antragsmodalitäten bei Ehelichkeitserklärung

Das FamRÄndG brachte auch Neuerungen im Bereich der bis dahin als Gnadenakt des Staates mit Ausnahmecharakter ausgestalteten Ehelichkeitserklärung.
Der sich immer mehr durchsetzende Gedanke der Fürsorge für das Kind im
Bereich der staatlichen Mitwirkung[141] wurde durch zwei Änderungen verwirklicht. Zum einen wurde gem. § 1723 BGB 1961 nunmehr das Vormundschaftsgericht zuständig. [142]

Daneben setzte die Ehelichkeitserklärung gem. § 1734 BGB 1961 voraus, dass
sie dem Kindeswohl entspricht und keine triftigen Gründe dagegen sprechen.[143]

G. Gesetz über die Gleichstellung der nichtehelichen Kinder vom 19.8.1969

I. Verfassungsrechtliche Vorgaben

Bereits mit Inkrafttreten des Grundgesetzes 1949 wurde der Gesetzgeber
durch die Regelung des Art. 6 Abs. 5 GG in die Pflicht genommen, gleiche
Bedingungen für die leibliche und seelische Entwicklung sowie die gesell-
schaftliche Stellung von unehelichen und ehelichen Kindern herzustellen.
Völlig neu war die Regelung nicht, sondern sie entsprach dem inhaltsgleichen
Art. 121 WeimRV vom 11.8.1919, der allerdings den Charakter einer bloßen
Richtlinie hatte.

Entsprechend wurde auch Art. 6 Abs. 5 GG nicht als unmittelbar geltendes
Recht im Sinne einer rechtlichen und wirtschaftlichen Gleichstellung verstanden; streng am Wortlaut orientiert wurde darin ebenfalls eher eine Richtlinie
für den Gesetzgeber gesehen, für annähernd gleiche Entwicklungschancen der
ehelichen und unehelichen Kinder zu sorgen.[144]

---

140 BayObLG, NJW 1963, 1359; a. A. LG Verden, FamRZ 1964, 378.
141 Schwarzhaupt, FamRZ 1961, 329, 330.
142 § 1723 BGB 1961 lautet: „Ein uneheliches Kind kann auf Antrag seines Vaters vom
     Vormundschaftsgericht für ehelich erklärt werden."
143 § 1734 BGB 1961 lautet: „Ein Kind soll nur für ehelich erklärt werden, wenn die
     Ehelichkeitserklärung dem Wohle des Kindes entspricht und ihr keine triftigen
     Gründe entgegenstehen."
144 Neumann-Duesberg, NJW 1950, 14, 17.

Durch Rechtsprechung des BVerfG musste deshalb geklärt werden, dass es sich bei Art. 6 Abs. 5 GG nicht bloß um einen höflichen Wunsch der Verfassung, sondern um einen verbindlichen Befehl an den Gesetzgeber handelte, dessen Befolgung nicht in seinem Belieben stand[145] und dass er die Verfassung verletzte, wenn er den Auftrag nicht binnen einer angemessenen Frist umsetzte[146] oder die Umsetzung dem verfassungsrechtlichen Gebot nicht entsprach.[147]

Weiter stellte das BVerfG klar, dass Art. 6 Abs. 5 GG Ausdruck einer verfassungsrechtlichen Wertentscheidung ist, die die Verwaltung und die Rechtsprechung im Rahmen ihres Ermessens binde und die schon vor der Änderung des einfachen Rechts zu berücksichtigen sei.[148] Mit diesem Inhalt sei Art. 6 Abs. 5 GG bereits vor der vollen Umsetzung des Verfassungsauftrages ein Grundrecht, das als Ausprägung des allgemeinen Gleichheitsgrundsatzes anzusehen sei.[149]

Weil der Gesetzgeber trotz dieser Hinweise untätig blieb, hatte sich das BVerfG in seinem Beschluss vom 29.01.1969[150] mit der Frage zu befassen, ob Art. 6 Abs. 5 GG inzwischen eine unmittelbare Geltung erlangt habe, also die mit der verfassungsrechtlichen Vorgabe unvereinbaren Normen außer Kraft getreten und die entstandene Gesetzeslücke von der Rechtsprechung zu füllen sei. Dabei sind Parallelen zu der Regelung der Gleichberechtigung von 1949 und zu dem gesetzlosen Zustand ab dem 01.04.1953 gezogen worden. Wegen der – im Gegensatz zur Gleichberechtigung – fehlenden Befristung im Grundgesetz[151] entschied das BVerfG gegen eine bereits vorhandene Gesetzeslücke zum Zeitpunkt der Beschlussfassung, stellte jedoch in Aussicht, dass diese eintreten werde, sofern der Gesetzgeber nicht bis zum Ablauf der laufenden (5.) Legislaturperiode eine Reform des Unehelichenrechts auf dem Gebiet des Bürgerlichen Rechts durchführte.[152] Mit Blick auf das Ende der 5. Legislaturperiode am 19.10.1969 und der Veröffentlichung des Urteils Mitte Februar 1969 blieben dem Gesetzgeber etwa acht Monate Zeit, den seit rund 20 Jahren bestehenden Verfassungsauftrag umzusetzen.[153]

---

145 BVerfGE 8, 210, 216; vgl. auch BVerfGE 17, 148, 155.
146 BVerfGE 8, 210, 216.
147 BVerfGE 17, 148, 155; 22, 163, 172.
148 BVerfGE 8, 210, 217.
149 Vgl. BVerfGE 8, 210, 221; 17, 280, 283, 286.
150 BVerfGE 25, 167.
151 Dort Art. 117 GG.
152 BVerfGE 25, 167, s. Leitsatz der Entscheidung.
153 Dieckmann, FamRZ 1969, 297, 300.

II. Gesetzgebungsverfahren: Wesentliche Standpunkte

1. Grundsätzliches

Mit den Vorarbeiten für eine Reform des Nichtehelichenrechts wurde im Bundesjustizministerium Anfang der 60er Jahre begonnen.[154] Bereits zu Beginn wurden die Arbeiten quer durch die Institutionen von hitzigen Debatten begleitet.[155] Die im 19. Jahrhundert geprägten Vorstellungen von einer geistigen und moralischen Minderwertigkeit der ledigen Mütter wirkten sowohl im gesellschaftlichen Bewusstsein als auch in der Familienpolitik und der Rechtsprechung bis weit in die Bundesrepublik hinein.[156] Das Gesetz über die Stellung des nichtehelichen Kindes von 1969 ist in diesem Zusammenhang von großer gesellschaftspolitischer Bedeutung, weil es die Rechtsstellung der unehelichen Mutter neu regelte und damit endlich Voraussetzungen für die Ablösung von lange gepflegten Vorurteilen schuf.

2. Elternrechte der unehelichen Mutter

Im Rahmen der geführten Diskussionen war vor allem die Ausgestaltung der Rechtsposition der nichtehelichen Mutter umstritten. Die dabei ins Feld geführten Argumente entspringen zwei Grundpositionen:[157]

Die Vertreter der ersten, konservativen Auffassung stellten sich im Wesentlichen auf den Standpunkt, dass eine Chancengleichheit von ehelichen und unehelichen Kindern nur bei Beibehaltung der Amtsvormundschaft und restriktiver Handhabung der Übertragung der elterlichen Gewalt an die uneheliche Mutter verwirklicht werden könne.[158] Die Beschneidung der Rechte der unehelichen Mutter, der a priori unsittlicher Lebenswandel, Erziehungsunfähigkeit und Überforderung unterstellt wurde, wurde zur wichtigen Bedingung einer Besserstellung der unehelichen Kinder gemacht.[159]

Im Gegensatz hierzu wurde von Anhängern der zweiten Richtung die Meinung vertreten, dass die Umsetzung des Verfassungsauftrags nur über die

---

154 Buske, S. 48, 55.
155 Buske, S. 48, 55.
156 Buske, S. 48 f.
157 Buske, S. 48, 55.
158 Buske, S. 48, 55.
159 Buske, S. 48, 56; in diesem konservativen Sinne Bosch, Verhandlungen des Deutschen Juristentages, S. 87, Boehmer, ebd., S.104; Schlosser, FamRZ 1963, 14, 18; Neuhaus, FamRZ 1963, 326, 328; radikal konservativ Schulz, MDR 1968, 112,113; Stellungnahme des Deutschen Caritasverbandes zum Regierungsentwurf, FamRZ 1968, 304.

Aufwertung der rechtlichen Stellung der unehelichen Mutter möglich sei, da die Stellung des Kindes untrennbar mit dieser zusammenhänge.[160]

Die liberale Position setzte sich im Laufe der Zeit immer mehr durch.[161] Der im Mai 1966 vom Justizministerium veröffentlichte erste Referentenentwurf[162] erwies sich jedoch trotzdem als äußerst konservativ und begegnete deshalb harscher Kritik der Öffentlichkeit.[163] Unter anderem wurde die darin nach wie vor enthaltene Amtsvormundschaft als „gesetzliches Misstrauensvotum" strikt abgelehnt[164] und der Entwurf als solcher als untauglich kritisiert.[165]

Einer neuen politischen Mehrheit war es zu verdanken, dass die starke konservative Prägung des zweiten Entwurfs[166] liberale Züge erhielt und auf Abschaffung der Amtsvormundschaft gerichtet war.[167] Der Schwerpunkt der staatlichen Tätigkeit sollte nunmehr nicht auf Überwachung, sondern auf Beistand und Unterstützung liegen.[168]

Die beabsichtigte Abschaffung der Amtsvormundschaft erregte wiederum heftigen Unmut des Deutschen Instituts für das Vormundschaftswesen,[169] das mit seinem Protest jedoch letztlich ungehört bleiben sollte. Die Vorstellung von dem Amtsvormund als notwendigem „Ersatzvater" für das uneheliche Kind wurde in der Zwischenzeit von der Auffassung ersetzt, dass staatliche Hilfe in

---

160 Buske, S. 48, 56; progressiv Knur, FamRZ 1967, 245, 252; Zweigert, JuS 1967, 241, 245; Bechthold/Kopf, FamRZ 1969, S. 256 ff.

161 Exemplarisch hierfür die Beschlüsse des 44. Deutschen Juristentages, FamRZ 1962, 401 ff., wo für eine ex lege elterliche Gewalt gestimmt wurde (B II).

162 Text abgedruckt bei Schubert, S. 224 ff.

163 Buske, S. 48, 58 f.

164 Buske, S. 48, 59.

165 „Der Spiegel", Nr. 39, 1966, S. 82: „Was für das Volk Bankerte und Bastarde sind, bleiben für Bonns Juristen Bürger zweiter Klasse. Der Gesetzesentwurf, durchwoben von Moralvorstellungen vergangener Jahrhunderte, versagt den unehelichen Kindern (...) die volle Anerkennung in der Gesellschaft. (...) Das Wohl des Kindes auf den Lippen, haben die Reformer Familie und Ehe im Biedersinn".

166 BT-Drucks. V/2370.

167 BT-Drucks. V/2370, S. 61 ff.

168 Jansen/Knöpfel, S. 258.

169 Deutsches Institut für Vormundschaftswesen an BMJ, 12.1.1968, BA, B 141/25284, Bl. 38: „Die Ersetzung der Beistandschaft durch die Pflegschaft bedeutet die Zerstörung des Kernstücks eines seit 80 Jahren unentbehrlichen Schutzes für uneheliche Kinder. (...) Das Kind braucht den Amtsbeistand als Ersatzvater, wenn auch nicht in allen Lebensbezügen, so in typischen Notständen".

diesem Bereich in der Regel nicht erforderlich, unter Umständen als Bevormundung der ledigen Mutter sogar schädlich sei.[170]

Eine wichtige Rolle bei der Überarbeitung des konservativen Gesetzesentwurfs spielte der Druck der Massenmedien. In den Jahren 1966 bis 1970 wurde die Nichtehelichkeit zu einem in den Medien sehr präsenten Thema, wobei die in Fachkreisen diskutierte Problematik der breiten Bevölkerung zugänglich gemacht wurde.[171]

3. Elternrechte des unehelichen Vaters

Angleichungsbedarf wurde auch im Bereich der Elternrechte des unehelichen Vaters gesehen. Zwar vertrat niemand die Auffassung, dass ihm die elterliche Gewalt oder Personensorge von vornherein zu übertragen sei.[172] Progressiven Vorschlägen zufolge sollte dem Vater jedoch auf Antrag die elterliche Gewalt oder die Personensorge übertragen werden, wenn die Mutter zustimmt, gestorben oder dauerhaft unfähig sei, die elterliche Gewalt auszuüben.[173]

Demgegenüber, von der Besorgnis des schikanösen Missbrauchs etwaiger Rechte ausgehend, sprach man sich – abgesehen von Auskunftsrechten – strikt gegen eine Legalisierung von „Vaterrechten" aus, da sie dem Kind mehr schaden als nützen würden.[174]

III. Inhalte des Gesetzes

Das schließlich am 19.8.1969 erlassene Nichtehelichengesetz[175] brachte nicht nur tiefgreifende Änderungen des BGB (Art. 1), sondern auch Änderungen des EheG (Art. 2), der Höfeordnung (Art. 3), des GVG (Art. 4), der ZPO (Art. 5),

---

170 Buske, S. 48, 60; vgl. auch BT-Drucks. V/2370, S. 61 ff.

171 Buske, S. 48, 60.

172 Schlosser, FamRZ 1963, 14, 18 f.

173 Beschlüsse des 44. Juristentages in Hannover, FamRZ 1963, 401, 402 (B IX); vgl. auch „Hamburger Entwurf" des Arbeitskreises der sozialdemokratischen Juristen, § 1707 c; Entwurf der Akademie für Deutsches Recht, auszugsweise abgedruckt in: Verhandlungen des 44. Juristentags, Hannover 1962, Band I (Gutachten), S. 120 ff.

174 Bosch, Verhandlungen des 44. Juristentages, S. 89 ff., 94; ähnl. Dunz, NJW 1962, 1475 f.; Schlosser, FamRZ 1963, 14, 18f.; s. auch Neuhaus, FamRZ 1963, 326, 328, der bereits ein Umgangsrecht des unehelichen Vaters „nach den schlechten Erfahrungen mit dem Verkehrsrecht geschiedener Eltern" für schädlich hielt; ebenso Vorschläge des Katholischen Arbeitskreises für die Reform des Unehelichenrechts, FamRZ 1967, 1, 2 f., Nr. 69 u. 70.

175 Gesetz über die rechtliche Stellung des nichtehelichen Kindes vom 19.8.1969, in Kraft getreten am 1.7.1970, BGBl. I S. 1243.

der KonkO (Art. 6), des FGG (Art. 7), des PStG (Art. 8), des GKG (Art. 9), der BRAGO (Art. 10) und der KostO (Art. 11). Die nachfolgende Darstellung befasst sich lediglich mit den Änderungen des BGB, wobei insgesamt ein Überblick verschafft, jedoch nur auf die für die zu untersuchende Fragestellung relevanten Änderungen näher eingegangen werden soll.

Das NEhelG gestaltete die Rechtsverhältnisse zwischen dem nichtehelichen Kind, seiner Mutter und seinem Vater grundlegend neu. Sprachlich wurde auf Vorschlag des Rechtsausschusses des Bundestages erstmals der Begriff „nichtehelich" verwendet, weil mit Blick auf die grundlegende Neugestaltung auch eine sprachliche Umstellung angemessen sei.[176]

Materiellrechtlich brachte das NEhelG Änderungen des BGB im Bereich der Vaterschaftsfeststellung, des Unterhaltsrechts, des Namensrechts, der elterlichen Gewalt und des Erbrechts.

Auch der systematische Aufbau des Abschnitts „Verwandtschaft" im IV. Buch des BGB wurde neu strukturiert. Der zusammenfassende Abschnitt „Rechtliche Stellung der unehelichen Kinder" (§§ 1705–1718 BGB 1961) wurde aufgehoben und die Regelungen wurden entsprechend der jeweiligen Teilmaterie im gesamten 2. Abschnitt des IV. Buches verteilt.

1. Vaterschaftsanerkennung, Unterhaltsrecht, Familienname, Erbrecht

Die wohl – jedenfalls für die Praxis – wichtigste Neuerung wurde in der Neugestaltung der Feststellung der Vaterschaft gesehen.[177] Die bisherige Rechtslage sah die Möglichkeit vor, die Vaterschaft im Rahmen eines Unterhaltsprozesses inzidenter festzustellen, § 1717 BGB 1896. Die neue Regelung brachte zum einen die konstitutive Wirkung der Vaterschaftsanerkennung, § 1600 a BGB 1969; zum anderen wurde die Notwendigkeit einer Vaterschaftsfeststellungsklage für den Fall statuiert, dass die Vaterschaft nicht anerkannt wird. Die Möglichkeit einer Inzidentfeststellung entfiel.

Die Voraussetzungen der Vaterschaftsanerkennung wurden in §§ 1600 b ff. BGB 1969 geregelt und entsprachen inhaltlich in etwa der heutigen Regelung der §§ 1594 BGB ff. Bemerkenswerterweise war allerdings – abweichend von dem heutigen § 1595 BGB – zwar die Zustimmung des Kindes, nicht jedoch die seiner Mutter erforderlich. Da die uneheliche Mutter ihr Kind auch nach neuem Recht in Angelegenheiten des Kindes hinsichtlich der Vaterschaftsfeststellung nicht vertrat, sondern die Zustimmung des minderjährigen Kindes zur

---

176   BT-Drucks. V/4179, S. 2.
177   Göppinger, JR 1969, 401, 402.

Anerkennung vom Jugendamt als Pfleger abgegeben wurde, blieb die Mutter am Procedere weitgehend unbeteiligt. Ihr war jedoch gem. § 1600 Abs. 2 BGB 1969 immerhin die beglaubigte Abschrift der Anerkennungserklärung zu übersenden. Nur am Rande sei erwähnt, dass die Kindesmutter zu diesem Zeitpunkt bei einer Vaterschaftsfeststellungsklage ebenfalls noch nicht antragsberechtigt war (gem. § 1600 n BGB 1969 waren nur das Kind und der Vater aktivlegitimiert), sondern dem Rechtstreit nur als Nebenintervenientin beitreten konnte, §§ 640 e, 66, 70 ZPO 1969.[178]

2. Elterliche Gewalt der Mutter

Nach dem bisherigen Recht stand die elterliche Gewalt der unehelichen Mutter nicht zu, § 1707 BGB 1896. Durch das FamRÄndG vom 11.8.1961 ist mit der Einführung des § 1707 Abs. 2 BGB 1961 die Befugnis des Vormundschaftsgerichts, die elterliche Gewalt – nach Ermessen – auf die (volljährige[179]) Mutter zu übertragen, statuiert worden. In konsequenter Fortführung des modernen Reformgedankens ging der Gesetzgeber nunmehr noch einen Schritt weiter: § 1705 BGB 1969 bestimmte, dass das nichteheliche Kind ab Geburt grundsätzlich unter der elterlichen Gewalt seiner Mutter steht.[180] Die automatische Amtsvormundschaft des Jugendamtes entfiel, die Mutter des nichtehelichen Kindes wurde alleinige Inhaberin der elterlichen Gewalt.

Praktisch bedeutete das, dass mit Inkrafttreten des Gesetzes am 1.7.1970[181] alle volljährigen, vollgeschäftsfähigen Mütter erstmals über die Schulausbildung, Berufsausbildung oder einen ärztlichen Eingriff ihrer nichtehelichen Kinder alleine entscheiden durften. Sie waren nun zum Abschluss der entsprechenden

---

178 Die einzige Ausnahme bestand für den Fall, dass das Kind gestorben ist, § 1600 n BGB 1969.

179 Die Volljährigkeit war in § 2 BGB 1896 geregelt und auf 21 Jahre festgelegt. Erst durch das am 1.1.1975 in Kraft getretene Gesetz zur Neuregelung des Volljährigkeitsalters vom 31.7.1974 (BGBl I 1713) ist der Eintritt der Volljährigkeit vom vollendeten 21. Lebensjahr auf die Vollendung des 18. Lebensjahres herabgesetzt worden.

180 § 1705 BGB 1969 lautet: „Das nichteheliche Kind steht, solange es minderjährig ist, unter der elterlichen Gewalt der Mutter. Die Vorschriften über die elterliche Gewalt über eheliche Kinder gelten im Verhältnis zwischen dem nichtehelichen Kinde und seiner Mutter entsprechend, soweit sich nicht aus den Vorschriften dieses Titels ein anderes ergibt."

181 Vgl. Übergangsvorschrift Art. 12 §§ 1, 7, S. 1 zum Gesetz über die rechtliche Stellung der nichtehelichen Kinder (NEhelG).

Verträge oder zur Genehmigung eines von ihrem minderjährigen Kind abge-schlossenen Vertrages befugt.[182]

Dabei wurde keineswegs übersehen, dass „trotz größerer Selbständigkeit der Frau im Zeitalter der industriellen Entwicklung und Gleichberechtigung der Geschlechter (…) die nichteheliche Mutter nicht immer des Schutzes entraten" kann.[183] Gem. § 1706 BGB 1969 wurde ihr deshalb für die Bereiche der Vater-schaftsfeststellung, der Geltendmachung von Unterhaltsansprüchen sowie die Regelung von erbrechtlichen Angelegenheiten ein Pfleger zur Seite gestellt.[184] In den Bereichen, für die Pflegschaft bestand, war die elterliche Gewalt der Mutter eingeschränkt. In seinem Wirkungskreis war der Pfleger alleiniger gesetzlicher Vertreter des Kindes; er war jedoch verpflichtet, mit der Mutter zusammenzu-arbeiten.[185]

Die Pflegschaft konnte auf Antrag der Mutter entfallen, § 1707 S. 1 BGB 1969. Sie war vom Vormundschaftsgericht antragsgemäß aufzuheben, zu be-schränken oder erst am Eintritt zu hindern, wenn dies dem Kindeswohl nicht widersprach.[186] Das Vormundschaftsgericht konnte seine Entscheidung än-dern, wenn dies im Sinne des Kindeswohls notwendig war, § 1707 S. 2 BGB 1969.

---

182 Göppinger JR 1969, 401, 407.

183 Schnitzerling, S. 71.

184 § 1706 BGB 1969 lautet: „Das Kind erhält, sofern es nicht eines Vormundes be-darf, für die Wahrnehmung der folgenden Angelegenheiten einen Pfleger: 1. für die Feststellung der Vaterschaft und alle sonstigen Angelegenheiten, die die Fest-stellung oder Änderung des Eltern-Kindes-Verhältnisses oder des Familienna-mens des Kindes betreffen, 2. für die Geltendmachung von Unterhaltsansprüchen einschließlich der Ansprüche auf eine an Stelle des Unterhalts zu gewährende Abfindung sowie die Verfügung über diese Ansprüche; ist das Kind bei einem Dritten entgeltlich in Pflege, so ist der Pfleger berechtigt, aus dem vom Unter-haltspflichtigen Geleisteten den Dritten zu befriedigen, 3. die Regelung von Erb- und Pflichtteilsrechten, die dem Kind im Falle des Todes des Vaters und seiner Verwandten zustehen."

185 Odersky, S. 301

186 § 1707 BGB 1969 lautet: „Auf Antrag der Mutter hat das Vormundschaftsgericht 1. anzuordnen, daß die Pflegschaft nicht eintritt, 2. die Pflegschaft aufzuheben oder 3. den Wirkungskreis des Pflegers zu beschränken. Dem Antrag ist zu entsprechen, wenn die beantragte Anordnung dem Wohle des Kindes nicht widerspricht. Das Vormundschaftsgericht kann seine Entscheidung ändern, wenn dies zum Wohle des Kindes erforderlich ist."

3. Rechte des Vaters

Das NEhelG berührte die Rechtsstellung des nichtehelichen Vaters im erheblichen Maße im Bereich der Vaterschaftsfeststellung, des Unterhaltsrechts und des Erbrechts. Die jeweiligen Änderungen waren zum großen Teil dem ersatzlosen Wegfall des § 1589 Abs. 2 BGB 1896 geschuldet, der in rechtlicher Hinsicht fiktiv ein fehlendes Verwandtschaftsverhältnis zwischen Vater und seinem unehelichen Kind unterstellte und seit langem als nicht zeitgemäß empfunden wurde.[187]

Im Bereich der elterlichen Gewalt brachte das NEhelG für den nichtehelichen Vater indessen keine Neuerungen. Die „elterliche" Gewalt, unter die das nichteheliche Kind erstmals gestellt wurde, wurde zu einer rein „mütterlichen".

Zwar wurde durchaus Art. 6 Abs. 2 GG gesehen, wonach die Pflege und die Erziehung der Kinder als natürliches Recht und oberste Pflicht beider Eltern definiert werden. Hinsichtlich des nichtehelichen Vaters überwog im Gesetzgebungsverfahren allerdings die Auffassung, dass diesem Elternrechte nicht zuständen. Argumentativ wurde eine systematische Auslegung des Art. 6 GG bemüht. Aufgrund des in Art. 6 Abs. 1 GG statuierten besonderen Schutzes der Ehe und Familie sowie der gesondert in Art. 6 Abs. 5 GG erfolgten Regelung für nichteheliche Kinder gelangte man zu der Folgerung, dass das Grundrecht aus Art. 6 Abs. 2 GG nur Eltern gewährt wird, die mit ihren Kindern in einer – in rechtlicher und tatsächlicher Hinsicht – familiären Gemeinschaft leben. Hieraus wiederum schloss man, dass dem nichtehelichen Vater, der diese Voraussetzung nicht erfüllt, Elternrechte nicht zuzubilligen seien.[188] Das neu zugestandene Verwandtschaftsverhältnis zwischen Vater und Kind vermochte die Kriterien einer familiären Gemeinschaft im Sinne des Zeitgeistes (noch) nicht zu erfüllen.

Mit Blick darauf, dass der nichteheliche Vater meistens getrennt von Mutter und Kind leben und häufig keine Verbindung zu ihm bestehen würde, sei es darüber hinaus aus rein praktischen Gründen sachgerecht, die elterliche Gewalt von der Mutter alleine ausüben zu lassen.[189]

Schließlich wurde der (interessierte) nichteheliche Vater darauf verwiesen, die Mutter zu heiraten, das Kind für ehelich zu erklären oder zu adoptieren, um in den Genuss der elterlichen Gewalt zu kommen.[190]

Im Fall der Ehelichkeitserklärung, wobei dieser Ausdruck vom NEhelG durch das Wort „Ehelicherklärung" ersetzt wurde, konnte der Vater nach wie vor die

---

187 Göppinger, JR 1969, 401, 402, 408.
188 Vgl. Bosch, Verhandlungen des 44. Juristentages, S. 56 u. 90; Odersky, S. 302; a.A. Hahnzog, FamRZ 1971, 334, 338.
189 Odersky, S. 302.
190 Odersky, S. 302.

alleinige elterliche Gewalt erlangen. § 1738 BGB 1969 wurde dahingehend angepasst, dass die Mutter nicht wie früher die Personensorge, sondern nunmehr die gesamte elterliche Gewalt verlor, wenn ihr Kind für ehelich erklärt wurde.[191] Gleichzeitig wurde die Ehelicherklärung erleichtert. Gem. § 1723 BGB 1969 war ein Kind auf Antrag des Vaters für ehelich zu erklären, wenn dies dem Kindeswohl entsprach und keine schwerwiegenden Gründe dagegen sprachen.[192] Im Unterschied zu der früheren Regelung der §§ 1723, 1734 BGB 1961 handelte es sich nicht mehr um eine Ermessensentscheidung, sondern – bei Vorliegen der Voraussetzungen – um eine gebundene Entscheidung des Vormundschaftsgerichts.[193] Daneben wurde die Schwelle herabgesetzt: nicht mehr bloß „triftige", sondern nur noch „schwerwiegende" Gründe konnten eine Ehelicherklärung verhindern.[194]

Das NEhelG brachte dem nichtehelichen Vater zwar noch nicht die elterliche Gewalt, immerhin jedoch erstmals ein Umgangsrecht mit seinem Kind, § 1711 BGB 1969. Er konnte mit seinem Kind allerdings nur dann persönlich verkehren, wenn ihm die Mutter des Kindes nach ihrem Belieben die Möglichkeit hierzu einräumte. Sperrte sich die Kindesmutter, so konnte auf Antrag das Familiengericht entsprechend entscheiden, sofern der Umgang mit dem Vater als dem Kindeswohl dienlich erachtet wurde.[195]

---

191 § 1738 BGB 1969 lautet: „(1) Mit der Ehelicherklärung verliert die Mutter das Recht und die Pflicht, die elterliche Gewalt auszuüben. (2) Das Vormundschaftsgericht kann der Mutter die Ausübung der elterlichen Gewalt zurückübertragen, wenn die elterliche Gewalt des Vaters endigt oder ruht oder wenn dem Vater die Sorge für die Person des Kindes entzogen ist. (3) Das Vormundschaftsgericht hat vor der Übertragung das Kind persönlich zu hören, wenn das Kind das vierzehnte Lebensjahr vollendet hat. § 1729 Abs. 2 gilt entsprechend."

192 § 1723 BGB 1969 lautet: „Ein nichteheliches Kind ist auf Antrag seines Vaters vom Vormundschaftsgericht für ehelich zu erklären, wenn die Ehelicherklärung dem Wohle des Kindes entspricht und ihr keine schwerwiegenden Gründe entgegenstehen."

193 Vgl. jeweiligen Wortlaut des § 1723 BGB 1961 („k a n n auf Antrag (…) für ehelich erklärt werden und von 1969 („i s t auf Antrag (…) für ehelich zu erklären").

194 Vgl. Wortlaut von § 1723 BGB 1969 und § 1734 BGB 1961.

195 § 1711 BGB 1969 lautet: „(1) Derjenige, dem die Sorge für die Person des Kindes zusteht, bestimmt, ob und in welchem Umfange dem Vater Gelegenheit gegeben werden soll, mit dem Kinde persönlich zu verkehren. Wenn ein persönlicher Umgang mit dem Vater dem Wohle des Kindes dient, kann das Vormundschaftsgericht entscheiden. Es kann seine Entscheidung jederzeit ändern. (2) In geeigneten Fällen soll das Jugendamt zwischen dem Vater und dem Sorgeberechtigten vermitteln."

H. Erstes Gesetz zur Reform des Ehe- und Familienrechts vom 14.6.1976

Das Erste Gesetz zur Reform des Eherechts vom 14.6.1976 (EheRG)[196] brachte eine grundlegende Neuregelung des Eherechts, des Scheidungsrechts und des Scheidungsverfahrensrechts. Die – eher marginalen – Auswirkungen auf das Recht der elterlichen Gewalt ergaben sich im Zusammenhang mit der Einführung des Zerrüttungsprinzips: während bislang im Scheidungsfolgenrecht stets an die Frage des Verschuldens für die Zerrüttung der Ehe angeknüpft wurde, war nunmehr – verschuldensunabhängig – das Scheitern der Ehe maßgeblich. Das hatte auch für die bisherige Regelung der elterlichen Gewalt nach Scheidung der Eltern (§ 1671 BGB 1957) Konsequenzen, wonach für den Fall der fehlenden Einigung der Eltern die elterliche Gewalt auf den allein schuldigen Ehegatten nur dann übertragen werden sollte, wenn hierfür schwerwiegende Gründe sprachen.[197] Es erfolgte deshalb eine Änderung des § 1671 BGB, nach dessen Neufassung eine Anknüpfung an das Zerrüttungsverschulden gar nicht mehr vorgesehen war[198] und das Kindeswohl zum einzigen Maßstab wurde.[199] Die zu diesem Zeitpunkt viel diskutierte und bereits teilweise praktizierte[200] Möglichkeit der Ausübung der elterlichen Gewalt durch beide Eltern gemeinsam auch nach der Scheidung brachte das EheRG indessen nicht.[201] Zwar

---

196 BGBl. I 1421, in Kraft getreten am 1.7.1977.

197 Zum Wortlaut der Norm siehe oben S. 26, Fn. 124.

198 Kritisch hierzu Bosch, FamRZ 1977, 569, 575.

199 Vgl. Zweiter Bericht und Antrag des Rechtsausschusses, BT-Drucks. 7/4361, S. 22.

200 LG Wiesbaden, FamRZ 1977, 60 ff; LG Bremen, FamRZ 1977, 402 ff.; beide Gerichte haben unter Rückgriff auf das GG im Sinne einer weiterhin gemeinsamen elterlichen Gewalt nach Scheidung der Eltern entschieden; zustimmend: Evans-von Krbek, FamRZ 1977, 371 ff.

201 § 1671 BGB 1976 lautet: „(I) Wird die Ehe geschieden, so bestimmt das Familiengericht, welchen Elternteil die elterliche Gewalt über ein gemeinschaftliches Kind zustehen soll. (II) Von einem gemeinsamen Vorschlag der Eltern soll das Familiengericht nur abweichen, wenn dies zum Wohle des Kindes erforderliche ist. (III) Haben die Eltern keinen Vorschlag gemacht oder billigt das Familiengericht ihren Vorschlag nicht, so trifft es die Regelung, die unter Berücksichtigung der gesamten Verhältnisse dem Wohle des Kindes am besten entspricht. (IV) 1. Die elterliche Gewalt soll in der Regel einem Elternteil allein übertragen werden. 2. Erfordert es das Wohl des Kindes, so kann einem Elternteil die Sorge für die Person, dem anderen die Sorge für das Vermögen des Kindes übertragen werden. (V) Das Familiengericht kann die sorge für die Person und das Vermögen des Kindes einem Vormund oder Pfleger übertragen, wenn dies erforderlich ist, um eine Gefahr für

wurde im Gesetzgebungsverfahren die Frage des gemeinsamen Sorgerechts nach der Scheidung erörtert. Die grundsätzliche Handhabung, die elterliche Gewalt stets auf einen Elternteil zu übertragen, wurde jedoch schließlich im Sinne einer für das Kind erforderlichen festen Zuordnung zu einem Elternteil beibehalten.[202]

Durch das 1. EheRG erfuhren auch das Gerichtsverfassungs- und Verfahrensrecht tiefgreifende Veränderungen.[203] Gerichtsorganisatorisch wurde das Familiengericht aus der Taufe gehoben, das umfassend für die Ehesachen und andere im engen Zusammenhang mit der Beendigung der ehelichen Lebensgemeinschaft stehenden Angelegenheiten zuständig werden sollte.[204]

In verfahrensrechtlicher Hinsicht ist das Verbundsprinzip von Ehesache und Scheidungsfolgen eingeführt worden, wobei es sich bei der Folgesache elterliche Gewalt – genau wie bei dem neu eingeführten Versorgungsausgleich[205] – sogar um einen Zwangsverbund handelte.[206]

I. Gesetz zur Neuregelung der elterlichen Sorge vom 18.7.1979

Die Verabschiedung des Gesetzes zur Neuregelung der elterlichen Sorge am 18.7.1979[207] brachte das Ende einer – wie schon beim GleichberG von 1957 und dem NEhelG von 1969 – außergewöhnlich langen Phase parlamentarischer Debatten.[208]

I. Ziele der Reform

Die Bundesregierung begann bereits in der 7. Legislaturperiode mit Arbeiten an einem Entwurf zur Neuregelung des Rechts der elterlichen Sorge. Danach ergab sich die Dringlichkeit für die Reform aus der Erforderlichkeit, zum einen dem Kind als Grundrechtsträger die Mitwirkung „an der Durchführung elterlicher

---

das geistige oder leibliche Wohl oder für das Vermögen des Kindes abzuwenden. (VI) Die vorstehenden Vorschriften gelten entsprechend, wenn die Ehe der Eltern für nichtig erklärt oder aufgehoben worden ist."

202 Gesetzesbegründung, BT-Drucks. 7/650, S. 177.
203 Diederichsen, NJW 1977, 601.
204 BT-Drucks. 7/650, S. 78.
205 §§ 1587 ff. BGB 1976.
206 Vgl. oben Wortlaut des § 1671 BGB 1976 („wird die Ehe geschieden, so bestimmt das Familiengericht"); § 623 Abs. 2, 3, 4 i. V. m. § 621 Abs. 1, § 629 ZPO 1976.
207 BGBl. 1979 I 1061 ff., in Kraft getreten am 1.1.1980.
208 Zum Verlauf des Gesetzgebungsverfahrens vgl. Diederichsen, FamRZ 1978, 461; Simon, JuS 1979, 752.

Sorgemaßnahmen" zu ermöglichen und zum anderen Gefahren für das Kindes-wohl abzuwenden[209]

Sowohl die Zielsetzung als auch die Ausgestaltung des Gesetzes ha-ben im Laufe der Zeit große Veränderungen erfahren, wie der Vergleich des Entwurfes der Bundesregierung[210] mit der Beschlussempfehlung des Rechtsausschusses[211] zeigt. Im Vergleich zu der deklarierten Zielsetzung des Regierungsentwurfs wurden seitens des Rechtsausschusses deutlicher die ge-genseitigen Rechte und Pflichten von Eltern und Kindern hervorgehoben. Als Reformziele wurden in der Beschlussempfehlung des Rechtsausschus-ses eine stärkere Rücksichtnahme auf die zunehmende Verantwortlichkeit des heranwachsenden Kindes, verbesserter Schutz gefährdeter Kinder und die stärkere verfahrensrechtliche Einbeziehung des betroffenen Kindes benannt.[212]

II. Neue Begriffe: elterliche Sorge und Umgangsrecht

In sprachlicher Hinsicht wurde der Begriff der „elterlichen Gewalt" durch die Formulierung „elterliche Sorge" ersetzt. Damit sollte der partnerschaftliche Cha-rakter der Eltern-Kind-Beziehung deutlicher zum Ausdruck kommen.[213] Zwar wurde nicht verkannt, dass bereits die Väter des BGB die elterliche Gewalt im Sinne eines pflichtgebundenen, gesetzlichen Schutzverhältnisses verstanden. Gleichwohl hielt man die Aufgabe des Begriffes „elterliche Gewalt" für erforder-lich, um einer missverständlichen Auffassung des rechtsgeschichtlich unkundi-gen juristischen Laien vorzubeugen.[214]

Des Weiteren ist aus dem „Verkehrsrecht" des § 1634 BGB 1969 ein „Umgangsrecht" geworden.

---

209 BT Drucks. 7/2060 vom 2.5.1974, S. 1 unter „Zielsetzung"; geringfügig geändert von den Fraktionen der SPD und der FDP Anfang 1977 neu eingebracht, vgl. BT-Drucks. 8/111.
210 BT Drucks. 7/2060 vom 2.5.1974.
211 Beschlussempfehlung und Bericht des BT-Rechtsausschusses vom 27.4.1979, BT-Drucks. 8/2788.
212 BT-Drucks. 8/2788, S. 1.
213 BT-Drucks. 8/2788, S. 1, 36, 43.
214 BT-Drucks. 8/2788, S. 36.

III. Materiellrechtliche Inhalte

Die Leitgedanken zum Eltern-Kind-Verhältnis wurden gesetzlich fixiert: In dem neu eingeführten § 1618 a BGB 1979[215] ist nach dem schweizerischen Vorbild die allgemeine Beistands- und Rücksichtnahmepflicht als Leitlinie für das Eltern-Kind-Verhältnis formuliert worden.[216] Gem. § 1626 Abs. 2 BGB 1979 wurden die Eltern zur Berücksichtigung der wachsenden Selbstständigkeit des Kindes im Rahmen der Ausübung der elterlichen Sorge angehalten.[217] Zum ersten Mal fand daneben ein explizites Verbot entwürdigender Erziehungsmaßnahmen Eingang in das Gesetz, § 1631 Abs. 2 BGB 1979.[218] Schließlich verpflichtete der neu eingeführte § 1631 a BGB die Eltern, auch in Ausbildungsangelegenheiten verstärkt Rücksicht auf die Begabungen des Kindes zu nehmen.[219]

Verändert wurde auch die Regelung der elterlichen Sorge für den Fall der Scheidung: Während die elterliche Sorge nach der bisherigen Gesetzeslage *in der Regel* auf einen Elternteil übertragen werden sollte und eine durch das Kindeswohl gebotene Aufspaltung in Personen- und Vermögenssorge möglich war[220] sollte dies durch die Neuregelung ausdrücklich verhindert werden.[221] Diese Verschärfung des neu formulierten § 1671 Abs. 4 BGB 1979[222] wurde mit den im Interesse des Kindes notwendigen „klaren Verhältnissen" begründet.[223]

Die Sorgerechtsausgestaltung bei nichtehelichen Kindern blieb indessen bis auf die sprachliche Korrektur unverändert.[224] Auch die Ausgestaltung des

---

215 Es handelt sich um die bis heute geltende Fassung.
216 Vgl. BT-Drucks. 8/2788, S. 43 sowie Art. 272 des schweiz. ZGB, der bis heute wie folgt lautet: „Eltern und Kinder sind einander allen Beistand, alle Rücksicht und Achtung schuldig, die das Wohl der Gemeinschaft erfordert."
217 Es handelt sich um die bis heute geltende Fassung.
218 § 1631 Abs. 2 BGB 1979 lautet: „Entwürdigende Erziehungsmaßnahmen sind unzulässig."
219 Es handelt sich um die bis heute geltende Fassung.
220 Vgl. Wortlaut des § 1671 Abs. 4 BGB 1957 (oben, S. 27, Fn. 125) und – insoweit unverändert – des § 1671 Abs. 4 BGB 1976.
221 BT-Drucks. 8/2788, S. 63.
222 § 1671 Abs. 4 BGB 1979 lautet: „1. Die elterliche Sorge ist einem Elternteil allein zu übertragen. 2. Erfordern es die Vermögensinteressen des Kindes, so kann die Vermögenssorge ganz oder teilweise dem anderen Elternteil übertragen werden."
223 BT-Drucks. 8/2788, S. 63.
224 § 1705 BGB 1979 lautet: „1. Das nichteheliche Kind steht, solange es minderjährig ist, unter der elterlichen Sorge der Mutter. 2. Die Vorschriften über die elterliche Sorge für eheliche Kinder gelten im Verhältnis zwischen dem nichtehelichen Kinde

Umgangsrechts des nichtehelichen Vaters blieb weitgehend die Gleiche.[225] Zwar wurde im Gesetzgebungsverfahren erörtert, das durch den Begriff „Umgangsrecht" ersetzte Verkehrsrecht des nichtehelichen Vaters dem des geschiedenen nichtsorgeberechtigten Elternteils anzugleichen.[226] Schließlich wurde jedoch vom Bundestag die vom Rechtsausschuss vorgeschlagene Fassung des § 1711 BGB angenommen, die die Entscheidung über das Ob und Wie des Umgangs bei dem Sorgeberechtigten – also meist der Mutter – beließ.

J. Entscheidung des BVerfG vom 24.3.1981

In seinem Urteil vom 24.3.1981[227] hatte das BVerfG über drei zu einem Verfahren verbundene Verfassungsbeschwerden von nichtehelichen Vätern und die Verfassungsmäßigkeit der Sorgerechtsregelung für ein nichteheliches Kind (§ 1705 BGB 1979) sowie die Ausgestaltung des Umgangsrechts des nichtehelichen Vaters mit seinem Kind (§ 1711 BGB 1979) zu entscheiden. Im Ergebnis wurden beide angegriffenen Regelungen für verfassungsmäßig erklärt. Gleichwohl entfaltete das Urteil eine direkte Progressionswirkung, weil erstmals ein Elternrecht des nichtehelichen Vaters aus Art. 6 Abs. 2 GG bejaht wurde – wenn auch nur für den Fall einer festen Lebensgemeinschaft mit Mutter und Kind. Die Bedeutung dieses Urteils ist auch deshalb hoch einzustufen, weil es im Kontext der nachfolgenden Entscheidungen des BVerfG hervorragend den gesellschaftspolitischen Wandel dokumentiert. Da darüber hinaus in allen späteren Entscheidungen auf die Begründung dieser Entscheidung zurückgegriffen wird, soll nachfolgend eine ausführliche Darstellung erfolgen.

---

und seiner Mutter entsprechend, soweit sich nicht aus den Vorschriften dieses Titels ein anderes ergibt."

225 § 1711 BGB 1979 lautet: „(1) 1. Derjenige, dem die Personensorge für das Kind zusteht, bestimmt den Umgang des Kindes mit dem Vater. 2. § 1634 Abs. 1 Satz 2 gilt entsprechend. (2) 1. Wenn ein persönlicher Umgang mit dem Vater dem Wohle des Kindes dient, kann das Vormundschaftsgericht entscheiden, daß dem Vater die Befugnis zum persönlichen Umgang zusteht. 2. § 1634 Abs. 2 gilt entsprechend. 3. Das Vormundschaftsgericht kann seine Entscheidung jederzeit ändern. (3) Die Befugnis, Auskunft über die persönlichen Verhältnisse des Kindes zu verlangen, bestimmt § 1634 Abs. 3. (4) In geeigneten Fällen soll das Jugendamt zwischen dem Vater und dem Sorgeberechtigten vermitteln."

226 Deutscher Bundestag, 8. Wahlperiode, 17. Sitzung des Rechtsausschusses, StenProt. S. 158.

227 BVerfGE 56, 363 ff. = FamRZ 1981, 429 ff.

I. Sachverhalt und Argumentation der Beschwerdeführer

Die Väter rügten die Verletzung ihrer Grundrechte aus Art. 1 Abs. 1, Art. 2 Abs. 1, Art. 3, Art. 6 Abs. 2 und 5 GG.

Sie trugen unter anderem vor, die Regelung des § 1705 BGB 1979 würde dem verfassungsrechtlichen Gebot des Schutzes der Familie nicht genügen und dem Phänomen der wachsenden Tendenz zur verantwortungsbewussten und dauerhaften Lebensgemeinschaft ohne Eheschließung nicht Rechnung tragen. Mit Blick darauf, dass eine Eheschließung keineswegs eine größere Stabilität der Beziehung garantiere, sei eine unterschiedliche Behandlung von ehelichen und nichtehelichen Vätern jedenfalls dann nicht gerechtfertigt, wenn die Eltern nach außen erkennbar in einer festen Lebensgemeinschaft leben. Die in Art. 6 Abs. 2 GG garantierten Elternrechte stünden – jedenfalls nach neuem Zeitverständnis – auch dem nichtehelichen Vater zu.[228]

Die Regelung des § 1711 BGB 1979 sei mit dem Grundgesetz nicht vereinbar, da der Vater allenfalls zur Abwendung einer Kindeswohlgefahr von seinem Recht auf Pflege und Erziehung seines Kindes ausgeschlossen werden dürfe. Eine Ungleichbehandlung des nichtehelichen Vaters einerseits und der ehelichen Eltern andererseits sei sachlich nicht gerechtfertigt. Die uninteressierte Haltung einiger dürfe nicht auf alle nichtehelichen Väter projeziert werden. Der völlige Ausschluss des Umgangsrechts führe auf Seiten des Vaters zu einer Verletzung des Rechtes auf freie Entfaltung und der Menschenwürde. Schließlich gebiete auch Art. 6 Abs. 5 GG eine Gleichstellung der ehelichen und nichtehelichen Kinder auch im Bereich des Umgangsrechts, da ein ohne den Vater aufwachsendes Kind in der Gesellschaft nach wie vor stigmatisiert werden würde.[229]

II. Stellungnahme der Regierung

Kaum überraschend, bezog der Bundesminister der Justiz für die Bundesregierung im Sinne einer Verfassungsmäßigkeit der beiden Vorschriften Stellung:

Die Möglichkeit einer Sorgerechtsübertragung auf den nichtehelichen Vater sei verfassungsrechtlich nicht geboten, weil jedes Kind Anspruch auf kontinuierliche, von einheitlicher elterlicher Verantwortung geprägte Sorge habe. Diese Voraussetzung sei jedoch nur in einer ehelichen Lebensgemeinschaft gegeben. Wer die Eingehung einer rechtlichen Beziehung zu seinem Partner scheue, könne nicht die Elternrechte Verheirateter für sich in Anspruch nehmen.[230]

---

228 BVerfG, FamRZ 1981, 429, 431 f.
229 BVerfG, FamRZ 1981, 429, 431 f.
230 BVerfG, FamRZ 1981, 429, 432.

Die Frage, ob auch dem nichtehelichen Vater Elternrechte aus Art. 6 Abs. 2 GG zustehen, könne offenbleiben, denn die bei einer gemeinsamen Ausübung des Sorgerechts zwangsläufigen Konflikte würden verstärkt den Staat in seinem Wächteramt auf den Plan rufen. Dies wiederum würde der Zielrichtung des Art. 6 Abs. 2 und Abs. 5 GG zuwiderlaufen.[231]

Das Gleichberechtigungsgebot des Art. 3 Abs. 2 GG sei schon deshalb nicht verletzt, weil die Zuordnung des Sorgerechts zur Mutter nicht auf geschlechtsspezifischen Unterschieden, sondern auf der Funktion als natürliche Hauptbezugsperson des Kindes basiere.[232]

Daneben ergebe sich kein Vorrecht der nichtehelichen Mutter, weil mit ihren Rechten gesteigerte Pflichten korrespondieren würden.[233]

Auch die unterschiedliche Ausgestaltung des Umgangsrechts des Vaters bei ehelichen und nichtehelichen Kindern sei verfassungsrechtlich nicht zu beanstanden. Die Situation sei nicht vergleichbar, da der Umgang des ehelichen Vaters aus § 1634 BGB 1979 einer bereits bestehenden, gewachsenen Vater-Kind-Bindung Rechnung tragen würde, die im Falle des nichtehelichen Vaters regelmäßig nicht anzunehmen sei.[234]

III. Entscheidungsgründe

Das BVerfG hat sowohl § 1705 BGB 1979 als auch § 1711 BGB 1979 für verfassungsmäßig erklärt.

1. § 1705 BGB 1979

a) Kein Verstoß gegen Art. 6 Abs. 2 GG

Das BVerfG führte zunächst aus, dass die sorgerechtliche Zuordnung zur Mutter keinen Verstoß gegen Art. 6 Abs. 2 GG darstelle. Das in Art. 6 Abs. 2 GG garantierte Elternrecht setze die Bereitschaft und die Fähigkeit der Eltern voraus, ihr Erziehungsrecht im Sinne des Kindes wahrzunehmen. Dabei gehe Art. 6 Abs. 2 GG von dem Regelfall einer intakten Ehe aus, in der die Rechte und Pflichten gegenüber dem Kind gemeinsam von den Eltern wahrgenommen werden.[235]

Da die verfassungsrechtliche Garantie im engen Zusammenhang mit einer verantwortungsvollen Wahrnehmung der erzieherischen Rechte und Pflichten

---

231 BVerfG, FamRZ 1981, 429, 432.
232 BVerfG, FamRZ 1981, 429, 432.
233 BVerfG, FamRZ 1981, 429, 432.
234 BVerfG, FamRZ 1981, 429, 432.
235 BVerfG, FamRZ 1981, 429, 433.

zu sehen sei, könne einem Vater, der sich um die Gestaltung einer Bindung zu seinem Kind nicht kümmert, auch kein Elternrecht aus Art. 6 Abs. 2 GG zugebilligt werden.[236]

Das Elternrecht könne dem nichtehelichen Vater allerdings dann nicht abgesprochen werden, wenn er in einer festen Bindung mit der Mutter seines Kindes lebt und die Verantwortung für das Kind gemeinsam wahrgenommen wird.[237]

In diesem Fall sei der persönliche Einsatz des Vaters allerdings ausreichend im Sinne des Art. 6 Abs. 2 GG dadurch berücksichtigt, dass nach dem Grundsatz der Subsidiarität des staatlichen Eingreifens des Art. 6 Abs. 2 S. 2 GG von einer rechtlichen Reglementierung des Vater-Kind-Verhältnisses abgesehen wird. Während des Zusammenlebens der Eltern sei das nichteheliche Kind einem ehelichen faktisch gleichgestellt. Das Gleiche gelte für den nichtehelichen Vater, der in Abstimmung mit der Mutter seine Vaterrolle leben könne, ohne dass der Staat sich einmische. Seine (lediglich) in rechtlicher Hinsicht defizitäre Stellung korreliere mit dem Umstand, dass sich die Eltern bewusst gegen eine rechtsverbindliche Ausgestaltung ihrer Beziehung entschieden haben und sei nicht ausgleichsbedürftig.[238]

In diesem Zusammenhang sei nämlich der besonderen Schutzbedürftigkeit des nichtehelichen Kindes Rechnung zu tragen. Diese resultiere daraus, dass eine nichteheliche Lebensgemeinschaft – im Unterschied zu einer Ehe – ohne Mitwirkung des Staates und somit ohne die Härteklausel des § 1568 BGB und ohne eine Mindesttrennungsdauer aufgelöst werden könne. Damit gehe eine besondere Belastung für das nichteheliche Kind einher, das mit der jederzeitigen Möglichkeit einer form- und folgenlosen Trennung seiner Eltern leben müsse. Die Annahme des Gesetzgebers, dass eine eindeutige Zuordnung des Kindes zur Mutter- oder Vaterfamilie dem Kindeswohl am besten entspreche, sei an sich nicht zu beanstanden, weil mit der eindeutigen gesetzlichen Regelung Sorgerechtskonflikte nach Trennung der Eltern und damit eine Kindeswohlgefährdung vermieden würden. Die Entscheidung für die Zuordnung des Sorgerechts zur Mutter korreliere mit den Erkenntnissen der Psychologie und der Pädagogik und könne nur dann beanstandet werden, wenn diese Erkenntnisse nachweisbar unrichtig wären. Dies sei indessen derzeit nicht der Fall.[239] Das gegebenenfalls

---

236 BVerfG, FamRZ 1981, 429, 433.
237 BVerfG, FamRZ 1981, 429, 433.
238 BVerfG, FamRZ 1981, 429, 433 f.
239 BVerfG, FamRZ 1981, 429, 434.

noch verbleibende Defizit sei als Kehrseite der Eheverweigerung von den Beteiligten hinzunehmen.[240]

b) Kein Verstoß gegen Art. 3 Abs. 2 GG
§ 1705 BGB 1979 verstoß nach Auffassung des BVerfG auch nicht gegen den Grundsatz der Gleichberechtigung von Mann und Frau. Zwar sei die Anwendung des Art. 3 Abs. 2 GG im Innenverhältnis der nichtehelichen Eltern zueinander nicht ausgeschlossen, da die Spezialnorm des Art. 6 Abs. 5 GG diese Rechtsbeziehungen nicht unmittelbar selbst regelt. Jedoch müsse auch hier davon ausgegangen werden, dass die feste Zuordnung des nichtehelichen Kindes zu einem Elternteil dem Kindeswohl am besten entspreche und mit Art. 6 Abs. 2 i. V. m. Abs. 5 GG im Einklang stehe. Aus diesem Grund sei allenfalls die diesbezügliche Entscheidung des Gesetzgebers für die Mutter einer Überprüfung durch das BVerfG zugänglich.[241]

Der Gleichberechtigungsgrundsatz gebiete es zwar, bei den die ehelichen Kinder betreffenden Sorgerechtsentscheidungen nicht von vornherein von einem Privileg der Mutter auszugehen. Vielmehr seien Kriterien wie Erziehungsfähigkeit und Bindung des Kindes zu dem jeweiligen Elternteil als Entscheidungsgrundlage heranzuziehen.[242]

Für nichteheliche Kinder gelte dies allerdings nicht, weil der Gesetzgeber hier gehalten gewesen war, zum Schutz des Kindes dessen personale Verhältnisse bereits vor der Geburt zu regeln. Entsprechend der Erkenntnisse der Psychologie und der Pädagogik sei die Zuordnung zur Mutter wegen der natürlich engen Bindung nicht zu beanstanden. Im Übrigen sei der Frau bei der Sorgerechtsfrage schon deshalb Vorrang zu gewähren, weil sie sich trotz der bestehenden Möglichkeiten der Schwangerschaftsverhütung bewusst für ein nichteheliches Kind entscheide.[243]

Der Gesetzgeber sei auch nicht in der Pflicht gewesen, die Möglichkeit einer hiervon abweichenden Regelung des Sorgerechts für die Zeit nach der Geburt des Kindes zu schaffen. Der Grundsatz der Gleichberechtigung von Mann und Frau erfahre eine Begrenzung durch das Kindeswohl, das auch hier nicht tangiert werden dürfe. Es sei in diesem Zusammenhang auf das Ergebnis der Prüfung des § 1705 BGB 1979 am Maßstab des Art. 6 Abs. 2 i. V. m. Abs. 5 GG zu verweisen, wonach die generelle Zuordnung des Kindes zu einem Elternteil und wegen der

---

240 BVerfG, FamRZ 1981, 429, 434.
241 BVerfG, FamRZ 1981, 429, 434
242 BVerfG, FamRZ 1981, 429, 434 f.
243 BVerfG, FamRZ 1981, 429, 435.

besonders engen Bindung zur Mutter dem Kindeswohl am besten entspreche. Im Schutzbereich des Art. 3 Abs. 2 GG könne nichts anderes gelten.[244]

Aus dem Gleichberechtigungsgebot könne daher keineswegs ein Anspruch auf die gemeinsame Ausübung des Sorgerechts abgeleitet werden.[245]

2. § 1711 BGB 1979

Auch durch die Entscheidungskompetenz der Mutter, ob und in welchem Umfang dem nichtehelichen Vater persönliche Kontakte mit seinem Kind gestattet werden sollen, würden die Grundrechte des nichtehelichen Vaters nicht verletzt.[246]

Dabei wies das BVerfG zunächst darauf hin, dass die Entscheidungsbefugnis der Mutter ohnehin nur in Fällen eines gestörten Verhältnisses zwischen ihr und dem nichtehelichen Vater zum Tragen kommen würde. In diesen Fällen sei jedoch grundsätzlich davon auszugehen, dass die Verweigerung der Umgangskontakte seitens der Mutter im Interesse des Kindes zu akzeptieren sei. Es sei unbedenklich, die unerfreulichen Erfahrungen von gerichtlichen Umgangsregelungen nach einer Ehescheidung heranzuziehen, und die Bedenken, die von Ärzten, Pädagogen und Jugendpsychologen geäußert würden,[247] zur Begründung einer restriktiven Handhabung des Umgangsrechts des nichtehelichen Vaters heranzuziehen. Art. 6 Abs. 5 GG habe der Gesetzgeber dadurch genüge getan, dass ein Umgangsrecht mit dem Vater vom Vormundschaftsgericht genehmigt werden könne, wenn dies dem Kindeswohl entspreche. Ein darüber hinaus gehendes Recht aus Art. 6 Abs. 2 GG habe der nichteheliche Vater nicht.[248]

Ein Verstoß gegen den allgemeinen Gleichbehandlungsgrundsatz des Art. 3 Abs. 1 GG liege mit Blick auf die nicht vergleichbare Situation des ehelichen und des nichtehelichen Vaters nicht vor.[249]

Wegen der Vereinbarkeit der Regelung des Umgangsrechts des nichtehelichen Vaters mit den Grundrechten aus Art. 6 Abs. 2 S. 1 i. V. m. Abs. 5 und Art. 3 Abs. 1 GG scheide eine Prüfung am Maßstab der allgemeinen Gewährleistung

---

244 BVerfG, FamRZ 1981, 429, 435.
245 BVerfG, FamRZ 1981, 429, 435.
246 BVerfG, FamRZ 1981, 429, 435.
247 BVerfG, FamRZ 1981, 429, 435 unter Bezugnahme auf BVerfGE 31, 194, 209 = FamRZ 1971, 421, 425.
248 BVerfG, FamRZ 1981, 429, 435.
249 BVerfG, FamRZ 1981, 429, 435.

des Art. 1 Abs. 1 und 2 Abs. 1 GG aus, da diese nicht weiter reichen würden als die spezielleren Grundrechte.[250]

K. Entscheidung des BVerfG vom 3.11.1982

In der Entscheidung des BVerfG vom 3.11.1982[251] ging es um die zuvor bereits viel diskutierte[252] Frage der Verfassungsmäßigkeit des § 1671 Abs. 4 S. 1 BGB 1979,[253] der die Sorgerechtsverteilung nach einer Scheidung betraf und bestimmte, dass das Sorgerecht vom Familiengericht stets auf einen Elternteil allein zu übertragen sei.

Die Frage, ob geschiedenen Eltern auch ein gemeinsames Sorgerecht eingeräumt werden könnte, war seit dem Inkrafttreten des Gleichberechtigungsgesetzes von 1957 streitig. Nach der zunächst überwiegenden Auffassung war diese Möglichkeit selbst bei einem dahingehend übereinstimmenden Antrag der geschiedenen Eltern nicht gegeben.[254] Zur Begründung wurde auf den Wortlaut des § 1671 Abs. 4 BGB 1957[255] sowie auf das Verhältnis zwischen dessen Sätzen 1 und 2 verwiesen. Daneben wurde mit dem Kindeswohl argumentiert, das das Heraushalten der Kinder aus jeglichem Streit zwischen den Eltern gebiete.[256]

Nach der immer lauter werdenden Kritik aus der Literatur[257] hatten zunächst einige Amts- und Landgerichte im Sinne eines gemeinsamen Sorgerechts nach der Scheidung entschieden.[258]

Ihnen folgten – insbesondere nach der Abschaffung der verschuldensabhängigen Fassung des § 1671 BGB durch das EheRG von 1976[259] – einige

250 BVerfG, FamRZ 1981, 429, 435 f.
251 BVerfGE 61, 358 = FamRZ 1982, 1179 ff.
252 Vgl. etwa Diederichsen, FamRZ 1978, 461, 473 f.; Fehmel, FamRZ 1979, 380 f.;1980, 758 ff; 1981, 166 f.; 645, 646; Klußmann, FamRZ 1982, 118 ff.
253 Zum Wortlaut vgl. oben S. 44, Fn. 222.
254 Lauterbach in: Palandt, 28. Aufl. 1969, § 1671, Ziff. 2.
255 Zum Wortlaut des § 1671 BGB 1957 vgl. oben, S. 26, Fn. 124.
256 Vgl. Dölle, § 97 III 5 m. w. N.
257 Vgl. Schwoerer in: Staudinger, § 1671 Anm. 79; Schwab, Handbuch des Scheidungsrechts, Rn. 187 m. w. N.
258 LG Mannheim, FamRZ 1971, 185; AG Tübingen, DAVorm 1976, 424; LG Wiesbaden, FamRZ 1977, 60.
259 Zum Wortlaut des § 1671 BGB 1976 vgl. oben S. 41, Fn. 201.

Oberlandesgerichte in Fällen, in denen nach Auffassung der Richter das gemeinsame Sorgerecht dem Kindeswohl entsprach.[260]

Bei dem Gesetzgebungsverfahren zum Gesetz zur Neuregelung des Rechts der elterlichen Sorge von 1979 ist auch die Frage des gemeinsamen Sorgerechts diskutiert, im Ergebnis jedoch zugunsten einer klaren Zuordnung des Kindes nicht Gesetz geworden.[261] Auch nach dieser eindeutigen gesetzgeberischen Entscheidung verstummten die kritischen Stimmen aus der Literatur nicht.[262]

Das BVerfG entschied schließlich, dass § 1671 Abs. 4 S. 1 BGB 1979 die Elternrechte aus Art. 6 Abs. 2 GG jedenfalls dann verletze, wenn die Eltern willens und geeignet seien, das Sorgerecht auch nach der Scheidung weiterhin gemeinsam auszuüben,[263] und erklärte die angegriffene Vorschrift für nichtig. Die immense Bedeutung des Urteils resultiert aus dem auf verfassungsrechtlicher Ebene eingeläutetem Ende der bis dahin vorherrschenden Überzeugung, dass die Zuordnung des Kindes zu nur einem Elternteil im Sinne des Kindeswohls das Beste sei. Wie später noch darzustellen sein wird, entfaltete diese Entscheidung – entgegen der Klarstellung der Verfassungsrichter[264] – zu einem späteren Zeitpunkt eine große Wirkung selbstverständlich auch im Kontext der nichtehelichen Eltern, weshalb ihre ausführliche Beleuchtung lohnenswert ist.

I. Sachverhalt und Argumentation der Gesetzesvorlagen

Das BVerfG hatte über vier Gesetzesvorlagen der Amtsgerichte Königstein, Bielefeld, Bergisch Gladbach und Waiblingen zu entscheiden. Die den Gerichten vorgelegten Vorschläge der vier Akademiker-Ehepaare zielten jeweils dahin, ihnen auch nach der Scheidung die gemeinsame Sorge für die gemeinschaftlichen Kinder zu belassen. Die Amtsgerichte wollten diesem Vorschlag jeweils entsprechen, sahen sich hierbei jedoch durch § 1671 BGB 1979 gehindert. Nach ihrer Auffassung sei diese Norm wegen des Verstoßes gegen Art. 6 Abs. 2 GG verfassungswidrig. Durch diese Regelung sei nicht ausreichend dem Umstand Rechnung getragen, dass die vom Grundgesetz geschützten Elternrechte auch nach einer Ehescheidung weiter bestünden. Auch sei der generelle Ausschluss eines Elternteils von der Ausübung des Sorgerechts nicht vom staatlichen Wächteramt

---

260 OLG Düsseldorf, FamRZ 1978, 266; OLG Schleswig, DAVorm 1978, 796; KG, FamRZ 1979, 340; OLG Hamburg, FamRZ 1979, 540.
261 BT-Drucks. 8/2788, S. 63.
262 Vgl. Diederichsen in: Palandt, 41. Aufl., § 1671 Anm. 2 m. w. N.
263 Vgl. Leitsatz der Entscheidung, BVerfG, FamRZ 1982, 1179.
264 BVerfG, FamRZ 1982, 1179, 1183, siehe hierzu weiter unten, S. 71.

gedeckt. Vielmehr habe der Grundsatz der Verhältnismäßigkeit Anwendung zu finden, wonach nur für das Kindeswohl erforderliche Eingriffe in das Elternrecht geboten seien. Es seien jedoch ohne weiteres Fälle – wie die der zugrundenliegenden Vorlagen – denkbar, in denen die gemeinsame Ausübung der elterlichen Sorge durch die Eltern auch nach der Scheidung dem Kindeswohl am besten entspreche.[265]

Das Amtsgericht Bergisch Gladbach sah darüber hinaus durch § 1671 BGB 1979 Art. 6 Abs. 1 GG verletzt, weil der Schutz des Art. 6 Abs. 1 GG dahingehend zu verstehen sei, dass eine zwischen den Eltern und dem Kind jeweils gewachsene Bindung zu erhalten und zu schützen sei.[266]

Das Amtsgericht Waiblingen hielt § 1671 BGB 1979 auch mit Art. 3 Abs. 1 GG unvereinbar, weil im Unterschied zu in einer intakten Ehe lebenden Eltern in die Rechte geschiedener Eltern ohne die Rechtfertigung durch das Kindeswohl eingegriffen werde.[267]

II. Stellungnahme der Bundesregierung und der Sachverständigen

Der Bundesminister der Justiz hielt im Rahmen seiner Stellungnahme für die Bundesregierung an der Vereinbarkeit des § 1671 Abs. 4 BGB mit Art. 6 Abs. 2 GG fest. Die Vorschrift sei Ergebnis einer sorgfältigen Abwägung von Kindeswohl und Elternverantwortung. Der Gesetzgeber sei durch das Wächteramt des Art. 6 Abs. 2 S. 2 GG verpflichtet, im Sinne des Kindeswohls für eine klare Regelung zu sorgen. Da hierbei lediglich das Verhältnis der Eltern zueinander, nicht jedoch der erzieherische Vorrang der Eltern gegenüber dem Staat tangiert werde, habe er bei der Regelungsgestaltung einen relativ großen Spielraum.[268]

Auch berief sich die Bundesregierung auf die sog. „Verkehrsrechtsentscheidung" des BVerfG,[269] in der die Zuordnung des Sorgerechts nach der Scheidung zu einem Elternteil selbst für den Fall nicht beanstandet wurde, dass kein kindeswohlgefährdender Streit zwischen den Eltern herrschte.[270]

Eine Regelung für Ausnahmefälle sei nicht geboten. Dem übereinstimmenden Willen der Eltern müsse kein gemeinsames Sorgerecht folgen. Es sei dabei zu berücksichtigen, dass nach der Scheidung eben keine von Art. 6 Abs. 2 GG

---

265 BVerfG, FamRZ 1982, 1179, 1180.
266 BVerfG, FamRZ 1982, 1179, 1181.
267 BVerfG, FamRZ 1982, 1179, 1181.
268 BVerfG, FamRZ 1982, 1179, 1181.
269 BVerfGE 31, 194, 205 = FamRZ 1971, 421, 424.
270 BVerfG, FamRZ 1982, 1179, 1181.

vorausgesetzte Familiengemeinschaft mehr bestehe. Die Beständigkeit der gemeinschaftlichen Gesinnung der geschiedenen Eheleute müsse jedenfalls in Zweifel gezogen werden und sei regelmäßig eher nicht gegeben. Eine gerichtliche Entscheidung über das Sorgerecht sei deshalb regelmäßig nur hinausgeschoben. Bei einer Ausnahmeregelung müsse zudem eine Sogwirkung befürchtet werden, die zur Aushöhlung der gesetzlichen Regelung führen würde.[271]

Beide in der mündlichen angehörten Sachverständigen[272] sprachen sich im Ergebnis für die Möglichkeit eines gemeinsamen Sorgerechts der Eltern nach der Scheidung aus.[273]

III. Entscheidungsgründe

Das BVerfG erklärte § 1671 Abs. 4 BGB 1979 für unvereinbar mit Art. 6 Abs. 2 S. 1 GG.

Zur Begründung wies das Gericht darauf hin, dass die grundgesetzliche Gewährleistung des Elternrechts in erster Linie dem Schutz des Kindeswohls geschuldet sei, denn grundsätzlich sei davon auszugehen, dass den Eltern selbst das Wohl ihrer Kinder am meisten am Herzen liege. Das Elternrecht setze naturgemäß die Fähigkeit und den Willen der Eltern voraus, ihrer elterlichen Verantwortung gerecht zu werden.[274]

Art. 6 Abs. 2 GG gehe als Regelfall von einer familiären und häuslichen Gemeinschaft von miteinander verheirateten Eltern und ihren Kindern aus. Diese Konstellation biete mit Blick auf die wissenschaftlichen Erkenntnisse und die Äußerungen der angehörten Sachverständigen die beste Gewähr für eine optimale Entwicklung des Kindes.[275]

Der Fortbestand der emotionalen Bindung des Kindes zu seinen Eltern sei von Trennung und Scheidung unabhängig. Mit dieser Tatsache korrespondiere die Pflicht der Eltern, hinsichtlich der Auswirkungen ihrer Trennung für das Kind Schadensbegrenzung zu betreiben und möglichst ein Mindestmaß an familiären Bindungen zu erhalten.[276]

---

271 BVerfG, FamRZ 1982, 1179, 1181 f.
272 Prof. Dr. Pechstein, Direktor des Kinderneurologischen Zentrums Rheinland-Pfalz sowie des Instituts für soziale Pädiatrie in Mainz und Prof. Dr. Fthenakis, Direktor des Staatsinstituts für Frühpädagogik in München.
273 BVerfG, FamRZ 1982, 1179, 1182.
274 BVerfG, FamRZ 1982, 1179, 1182.
275 BVerfG, FamRZ 1982, 1179, 1182.
276 BVerfG, FamRZ 1982, 1179, 1182.

Durch die Aufhebung der häuslichen Gemeinschaft habe die Scheidung der Eltern jedoch selbst dann gravierende Auswirkungen auf das Kind, wenn die Eltern ihre erzieherische Verantwortung in Eintracht weiterhin gemeinsam ausüben wollen. Aus diesem Grund sei der Gesetzgeber grundsätzlich berechtigt gewesen zu regeln, dass eine Entscheidung über das Sorgerecht im Zwangsverbund mit der Scheidung stets und nicht nur im Ausnahmefall zu erfolgen habe (§ 1671 Abs. 1 BGB, §§ 621 Abs. 1 Nr. 1, 623 Abs. 1 S. 1, Abs. 3 S. 2 ZPO 1976).[277]

Dem Elternrecht aus Art. 6 Abs. 2 GG werde dabei durch § 1671 Abs. 3 S. 1 BGB 1979 Rechnung getragen, wonach das Familiengericht vom gemeinsamen Vorschlag der Eltern nur dann abweichen solle, wenn dies im Sinne des Kindeswohls erforderlich sei.[278]

Für den Fall, dass sich die Eltern nicht einigen können, folge die Befugnis, über den Ausgleich der widerstreitenden Interessen zu entscheiden, bereits aus den allgemeinen Aufgaben des Staates.[279]

Eine solche Befugnis fehle jedoch dort, wo eine Schlichtung der widerstreitenden Interessen nicht nötig sei, weil sich die Eltern über die weiterhin gemeinsame Verantwortung einig seien. Seien sie darüber hinaus willens und in der Lage, ihr Erziehungsrecht im Sinne des Kindeswohls wahrzunehmen, sei für das staatliche Wächteramt und die Ausschaltung eines Elternteils kein Raum.[280]

Sofern dies jedoch ausnahmslos geschehe, handele es sich um einen rechtfertigungsbedürftigen Eingriff in das Elternrecht gem. Art. 6 Abs. 2 S. 1 GG.[281]

Für eine Ausnahmslosigkeit der Regelung des § 1671 Abs. 4 BGB 1979 sei indessen weder unter dem Aspekt des Kontinuitätsprinzips noch der Gefahr sachfremder Motive der Ehegatten ein Grund ersichtlich.

Die vom Gesetzgeber in Zweifel gezogene Beständigkeit des elterlichen Einvernehmens könne zwar nicht abschließend geklärt werden. Indessen könne es jedoch sein, dass selbst die nur zeitweise gemeinsam ausgeübte elterliche Sorge einen entscheidenden Entwicklungsabschnitt im Leben des Kindes betreffe und damit dem Kindeswohl diene. Im Übrigen sei auch bei der Übertragung des Sorgerechts auf nur einen Elternteil keineswegs gewährleistet, dass die Entscheidung des Gerichts mit Ablauf der Zeit zum Schutz des Kindes nicht abgeändert werden müsse.[282]

---

277 BVerfG, FamRZ 1982, 1179, 1182.
278 BVerfG, FamRZ 1982, 1179, 1182.
279 BVerfG, FamRZ 1982, 1179, 1182.
280 BVerfG, FamRZ 1982, 1179, 1182.
281 BVerfG, FamRZ 1982, 1179, 1183.
282 BVerfG, FamRZ 1982, 1179, 1183.

Auch die im Gesetzgebungsverfahren geäußerte Besorgnis, die Möglichkeit des gemeinsamen Sorgerechts könnte ein Anreiz für scheidungswillige Eltern sein, einen diesbezüglichen Konsens vorzutäuschen, um so das Scheidungsverfahren zu beschleunigen, tauge nicht als Rechtfertigung für eine ausnahmslose Übertragung auf einen Elternteil. Es sei hier nicht zulässig, die Missbrauchsvorbeugung unter Inkaufnahme von Grundrechtsverletzungen zu betreiben. Darüber hinaus bestünde die Pflicht des Familienrichters zu einer kindeswohlkonformen Entscheidung unabhängig davon, ob das Sorgerecht auf einen Elternteil übertragen oder bei beiden Eltern belassen werden solle.[283]

Auch weitere Bedenken seien keine Legitimation für den ausnahmslosen Ausschluss eines Elternteils vom Sorgerecht. Namentlich seien allen voran die private Gestaltungsfreiheit der geschiedenen Eltern bei der Handhabung der elterlichen Verantwortung im Innenverhältnis sowie die Möglichkeit einer Vollmachtserteilung zu einer verfassungsrechtlichen Rechtfertigung nicht geeignet.[284]

Gleiches gelte für die Einwände der „Sogwirkung" und des „Aushöhlungseffekts". Die durch gegebenenfalls vermehrt gestellte Anträge der Ehegatten und die notwendige Prüfung des Einzelfalls längere Verfahrensdauer sei hinzunehmen. Eine Aushöhlung sei deshalb nicht zu befürchten, weil die für die Beibehaltung des gemeinsamen Sorgerechts erforderlichen Voraussetzungen ohnehin nur in einer insgesamt geringen Anzahl von Fällen vorliegen dürften.[285]

Schließlich vermöge auch das Argument nicht zu überzeugen, dass die Sorgerechtsentscheidung nicht rechtzeitig abgeändert werden könne, wenn die Voraussetzungen nicht mehr vorhanden seien. Hier sei die Situation nicht anders als bei der Zuordnung des Sorgerechts zu einem Elternteil, bei der ebenfalls eine Abänderung der Entscheidung erforderlich werden könne.[286]

IV. Klarstellung des BVerfG: Keine Übertragbarkeit auf nichteheliche Lebensgemeinschaften

Abschließend ist noch auf die ausdrückliche Klarstellung des BVerfG hinzuweisen, dass die für geschiedene Eltern geltenden Erwägungen nicht auf die nichteheliche Lebensgemeinschaft übertragbar seien. Unter Hinweis auf das Urteil vom 24.3.1981[287] stellte das BVerfG unmissverständlich heraus, dass

---

283 BVerfG, FamRZ 1982, 1179, 1183 f.
284 BVerfG, FamRZ 1982, 1179, 1184.
285 BVerfG, FamRZ 1982, 1179, 1184.
286 BVerfG, FamRZ 1982, 1179, 1184.
287 BVerfGE 56, 363, 385 f. = FamRZ 1981, 429, 433 f.; vgl. hierzu oben, S. 45 ff.

die verfassungsrechtlich nicht zu beanstandende Befugnis des Gesetzgebers, Nichtverheirateten das gemeinsame Sorgerecht zu versagen, in deren bewusten Ablehnung der Ehe begründet sei.[288]

Bemerkenswert erscheint in diesem Zusammenhang die applaudierende Anmerkung der Redaktion der FamRZ im Anschluss an die Publikation des Urteils, wonach jeglicher Gleichbehandlung von Ehe und nichtehelicher Lebensgemeinschaft entschieden entgegengewirkt werden müsse.[289]

L. Entscheidung des BVerfG vom 7.5.1991

Aus der heutigen Sicht erstaunlich spät, nämlich erst im Beschluss vom 7.5.1991[290] beschäftigte sich das BVerfG mit der defizitären Rechtsstellung der nichtehelichen Mutter, die nach wie vor automatisch und ausnahmslos das Sorgerecht verlor, wenn ihr Kind von seinem Vater für ehelich erklärt wurde.

In dieser Entscheidung hatte sich das BVerfG mit einem Aussetzungs- und Vorlagebeschluss des Amtsgerichts Hamburg vom 16.9.1988[291] und der Frage nach der Verfassungsmäßigkeit des § 1738 Abs. 1 BGB 1979[292] zu befassen.

Die Verfassungsrichter sahen einen Verstoß gegen Art. 6 Abs. 2 S. 1 und Abs. 5 GG jedenfalls in den Fällen, in denen die Eltern in einer häuslichen Gemeinschaft lebten sowie willens und in der Lage seien, ihre Erziehungsverantwortung gemeinsam wahrzunehmen und dies mit dem Kindeswohl vereinbar sei. Bei dieser Formel handelte es sich um die vom BVerfG ausgearbeiteten Voraussetzungen des grundgesetzlich garantierten Elternrechts aus Art. 6 Abs. 2 S. 1 GG, das jedoch bislang lediglich bei verheirateten und geschiedenen Eltern

---

288 BVerfG, FamRZ 1982, 1179, 1183.

289 FamRZ 1982, 1179, 1184: „ Anm. d. Red.: (…) Die Darlegungen des BVerfG in Abschnitt B. II (…) zur nichtehelichen Lebensgemeinschaft und zur Versagung der väterlich-elterlichen Sorge betr. Kinder aus solchen Verbindungen verdienen besondere Aufmerksamkeit. Der gelegentlich vertretenen These, Ehen und Nicht-Ehen mehr oder weniger gleich zu behandeln, sollte weiter mit Energie entgegengetreten werden (…)". Die Schriftleiter der Zeitschrift waren seinerzeit Bosch, Kemnade, Luthin und Schwab.

290 BVerfGE 84, 168 ff. = FamRZ 1991, 913 ff.

291 AG Hamburg, FamRZ 1988, 1319 ff.

292 § 1738 BGB 1979 lautet: „(1) Mit der Ehelicherklärung verliert die Mutter das Recht und die Pflicht, die elterliche Sorge auszuüben. (2) Das Vormundschaftsgericht kann der Mutter die Ausübung der elterlichen Sorge zurückübertragen, wenn die elterliche Sorge des Vaters endigt, oder ruht oder wenn dem Vater die Sorge für die Person des Kindes entzogen ist. (3) (weggefallen)."

die Möglichkeit des gemeinsamen Sorgerechts beinhaltete[293] und auf nichteheliche Partnerschaften ausdrücklich für nicht übertragbar erklärt wurde.[294] Der hier erörterte Beschluss steht folglich für einen binnen weniger Jahre vollzogenen vollständigen Meinungswandel der Verfassungsrichter, die sich zudem über die Fragestellung der Vorlage hinaus sehr progressiv zur Rechtsstellung nichtehelicher Kinder äußerten.[295] Die grundlegende Entscheidung des Gesetzgebers, ein Kind außerhalb einer Ehe stets nur einem Elternteil zuzuordnen, wurde nunmehr auch hinsichtlich der nichtehelichen Kinder revidiert.

I. Sachverhalt und Argumentation der Gesetzesvorlage

1. Zugrundeliegender Sachverhalt

Der Vorlage lag der Fall eines nichtehelichen Kindes zugrunde, das von seinen zusammenlebenden Eltern gemeinsam betreut und versorgt wurde. Der Vater erkannte die Vaterschaft an. Auf Antrag der Kindesmutter wurde sodann die Pflegschaft aufgehoben. Der Vater beantragte in einer notariellen Urkunde, das Kind für ehelich zu erklären mit der Maßgabe, dass das Sorgerecht beiden Eltern zusteht. Die Kindesmutter willigte unter der Bedingung der begehrten Rechtsfolge des gemeinsamen Sorgerechts ein. Das am Verfahren beteiligte Jugendamt vertrat ebenfalls die Auffassung, dass die Ehelicherklärung nur bei einem gemeinsamen Sorgerecht der Eltern dem Kindeswohl entspreche.[296]

Das Vormundschaftsgericht setzte das Verfahren aus und legte die Sache dem BVerfG vor, mit der Begründung, dass die Entscheidung von der Verfassungsmäßigkeit des § 1738 Abs. 1 BGB 1979 abhängig sei.[297]

Die begehrte Rechtsfolge sei durch § 1738 Abs. 1 BGB 1979 gerade ausgeschlossen. Vorliegend würde das Kindeswohl jedoch nur gewahrt werden, wenn das Recht der elterlichen Sorge beiden Eltern übertragen werde. Der Verlust des Sorgerechts durch die Mutter begründe die im Sinne des Kindeswohls nicht hinnehmbare Gefahr der Verletzung des Kontinuitätsgrundsatzes.[298]

---

293 Dies allerdings erst seit der Entscheidung des BVerfG vom 3.11.1982, vgl. oben, S. 51 ff.
294 BVerfG, FamRZ 1982, 1179, 1183.
295 Vgl. hierzu auch Bosch, FamRZ 1991, 1121, 1122, der als konservativer Vertreter auf diesen Wandel mit ungläubiger Bestürzung reagierte und die Entscheidung des BVerfG für schlicht fehlerhaft hielt.
296 AG Hamburg, FamRZ 1988, 1319; BVerfG, FamRZ 1991, 913 f.
297 AG Hamburg, FamRZ 1988, 1319; BVerfG, FamRZ 1991, 914.
298 AG Hamburg, FamRZ 1988, 1319; BVerfG, FamRZ 1991, 914.

2. Rechtliche Argumentation

Nach Auffassung des Vormundschaftsgerichts verstieß § 1738 Abs. 1 BGB 1979 gegen Art. 6 Abs. 2 und 5 GG, sei aber auch mit Absatz 1 und 4 dieser Norm sowie mit Art. 2 Abs. 1 i. V. m. 1 Abs. 1 GG nicht vereinbar.[299]

Der Gesetzgeber überschreite die Grenzen des staatlichen Wächteramtes, wenn er zum Zweck der Eindämmung des nichtehelichen Zusammenlebens den Verlust des Sorgerechts durch die Mutter vorsehe.[300]

Diese Rechtsfolge lasse sich auch nicht mit der Notwendigkeit einer klaren Zuordnung des Kindes zu einem Elternteil zum Schutz vor der Folgenlosigkeit der Trennung rechtfertigen. Die erhöhte Schutzbedürftigkeit ergebe sich hier erst dadurch, dass der Gesetzgeber an die Trennung keine Rechtsfolgen knüpfe. Angesichts der Erkenntnisse, dass die häusliche Gemeinschaft des Kindes mit beiden, sich die Erziehungsverantwortung teilenden Eltern am günstigsten für dessen Entwicklung sei, sei die bloße Gefahr der Trennung zur Begründung einer einseitigen Zuordnung nicht geeignet.[301]

Weiter enthalte Art. 6 Abs. 5 GG die Verpflichtung des Gesetzgebers, etwaige Änderungen der Verhältnisse zu berücksichtigen. Seit dem Inkrafttreten des NEhelG sei die Anzahl der Kinder, die mit ihren nichtverheirateten Eltern zusammenleben, deutlich angestiegen. Die Regelung des § 1738 Abs. 1 BGB 1979 verstoße gegen Art. 6 Abs. 5 GG, weil sie den nichtehelichen Kindern den gleichen Schutz für den Fall der Trennung ihrer Eltern versage. Zur Gleichstellung sei es erforderlich, dass nach der Auflösung der nichtehelichen Lebenspartnerschaft im Sinne des Kindeswohls eine (Sorgerechts-) Entscheidung getroffen werden könne.[302]

Auch sei von einem Verstoß gegen den verfassungsrechtlich garantierten Schutz der Mutter gem. Art. 6 Abs. 4 GG auszugehen. Der Schutzverpflichtung sei dabei keineswegs bereits durch die Notwendigkeit der Einwilligung der Mutter in die Ehelicherklärung genüge getan. Mit Blick auf die immer noch erhebliche gesellschaftliche und rechtliche Besserstellung des für ehelich erklärten Kindes ergebe sich für die Mutter ein schwerer Konflikt, da sie sich zwischen dem Kindeswohl und ihrem Interesse an der Ausübung des Sorgerechts entscheiden müsse. Bereits diese Konfliktsituation bedeute einen Verstoß gegen die Schutzgarantie.[303]

---

299   AG Hamburg, FamRZ 1988, 1319; BVerfG, FamRZ 1991, 914.
300   AG Hamburg, FamRZ 1988, 1319, 1120; BVerfG, FamRZ 1991, 913, 914.
301   AG Hamburg, FamRZ 1988, 1319, 1120; BVerfG, FamRZ 1991, 913, 914.
302   AG Hamburg, FamRZ 1988, 1319, 1120; BVerfG, FamRZ 1991, 913, 914.
303   AG Hamburg, FamRZ 1988, 1319, 1120; BVerfG, FamRZ 1991, 913, 914.

Schließlich sei durch § 1738 Abs. 1 BGB 1979 auch das Persönlichkeitsrecht des Kindes verletzt, weil die Förderung eines falschen Ehe- und Familienverständnisses zu einer Vernachlässigung des Kindeswohls führe. Daneben führe eine mittelbare Förderung der Ehe zu Lasten der Familie zu einem Verstoß gegen Art. 6 Abs. 1 GG.[304]

3. Schließung der Lücke durch die Analogie zu § 1671 BGB

Die planwidrige, durch die Verfassungswidrigkeit von § 1738 Abs. 1 BGB 1979 entstehende Lücke sei durch eine Analogie zu § 1671 BGB 1979 zu schließen. Diese Vorschrift, die die Handhabung des Sorgerechts für den Fall der Scheidung regele, ermögliche in analoger Anwendung die Übertragung des Sorgerechts auf beide Eltern. Für den Fall ihrer Trennung sei in Analogie zu § 1696 Abs. 1 BGB 1979[305] auf Antrag eine Abänderungsentscheidung des Vormundschaftsgerichts möglich.[306]

II. Stellungnahme der Bundesregierung

Die Bundesregierung ist dem Vorlagebeschluss erwartungsgemäß nicht beigetreten, sondern hat durch den Bundesminister der Justiz im Sinne einer Verfassungsmäßigkeit des § 1738 Abs. 1 BGB 1979 Stellung beziehen lassen.[307]

Der Gesetzgeber sei gehalten, für einen Ausgleich der sich jeweils aus Art. 6 Abs. 2 GG ergebenden Elternrechte von Mutter und Vater zu sorgen.[308]

Die Regelung betreffe die Ausgestaltung des Innenverhältnisses der Eltern zueinander, weshalb der Vorrang des elterlichen Erziehungsrechts vor staatlichen Maßnahmen nicht tangiert sei. Damit gelte auch nicht der strenge Maßstab, an dem ein Eingriff in das Erziehungsrecht der Eltern zu messen wäre.[309]

---

304   AG Hamburg, FamRZ 1988, 1319, 1120; BVerfG, FamRZ 1991, 913, 914.

305   § 1696 Abs. 1 BGB 1979 lautet: „(1) Das Vormundschaftsgericht und das Familiengericht können während der Dauer der elterlichen Sorge ihre Anordnungen jederzeit ändern, wenn sie dies im Interesse des Kindes für angezeigt halten. (2) Maßnahmen nach den §§ 1666 bis 1667 und nach § 1671 Abs. 5 sind aufzuheben, wenn eine Gefahr für das Wohl des Kindes nicht mehr besteht. (3) Länger dauernde Maßnahmen nach den §§ 1666 bis 1667 und nach § 1671 Abs. 5 hat das Gericht in angemessenen Zeiträumen zu überprüfen."

306   AG Hamburg, FamRZ 1988, 1319, 1120; BVerfG, FamRZ 1991, 913, 914.

307   BVerfG, FamRZ 1991, 913, 914.

308   BVerfG, FamRZ 1991, 913, 914.

309   BVerfG, FamRZ 1991, 913, 914.

Das Kindeswohl erfordere eine klare Zuordnung zu einem Elternteil. Beim Zusammenleben der Eltern könne die Mutter, auch ohne die elterliche Sorge innezuhaben, dem Kind ihre Zuwendung schenken. Ihre rechtlich defizitäre Stellung sei der Verweigerung einer Ehe geschuldet und deshalb hinzunehmen.[310]

III. Stellungnahme des Präsidenten des BGH

Vom Präsidenten des Bundesgerichtshofs[311] wurde die Stellungnahme des Familiensenats übermittelt, wonach klar von der Verfassungsmäßigkeit des § 1738 Abs. 1 BGB 1979 ausgegangen wurde. Vor dem Hintergrund der mit der Ehelicherklärung verbundenen, von Art. 6 Abs. 5 GG noch nicht einmal verlangten Rechtswohltat sei die Forderung, auch noch das gemeinsame Sorgerecht zu erhalten, kaum verständlich.[312]

IV. Entscheidungsgründe

Das BVerfG erkannte, dass § 1738 Abs. 1 BGB 1979 jedenfalls dann gegen Art. 6 Abs. 2 GG verstößt, wenn die Eltern mit dem Kind zusammen leben, bereit und in der Lage sind, die elterliche Verantwortung gemeinsam wahrzunehmen und dies dem Kindeswohl entspricht.[313]

Die bestehende Regelung habe zwangsläufig zur Folge, dass entweder die Ehelicherklärung zu Lasten der Mutter des Kindes erfolge, oder dem Vater die volle Elternstellung verweigert werde, weil der Verlust des Sorgerechts durch die Mutter mit dem Kindeswohl unvereinbar sei.[314]

1. Elternrecht auch in einer nichtehelichen Lebensgemeinschaft
Zwar gehe Art. 6 Abs. 2 GG vom Regelfall einer intakten Ehe aus. Der Schutz dieser Norm erstrecke sich jedoch auch auf Fälle, in denen diese Voraussetzungen nicht vorliegen, und sei deshalb auch der nichtehelichen Mutter zuzubilligen. Ob auch der nichteheliche Vater aus Art. 6 Abs. 2 GG Rechte für sich ableiten könne, sei hier nicht Gegenstand der Entscheidung.[315]

---

310 BVerfG, FamRZ 1991, 913, 914.
311 Prof. Dr. Walter Odersky.
312 BVerfG, FamRZ 1991, 913, 914 f.
313 BVerfG, FamRZ 1991, 913, 915.
314 BVerfG, FamRZ 1991, 913, 915.
315 BVerfG, FamRZ 1991, 913, 915.

2. Verletzung des Elternrechts durch Vorenthaltung rechtlicher Befugnisse

Die Möglichkeit der zusammen lebenden Eltern, ihre Erziehungsrechte und -pflichten in tatsächlicher Hinsicht gemeinsam wahrzunehmen, ohne hieran vom Staat gehindert zu werden, genüge nicht. Vielmehr sei das Grundrecht aus Art. 6 Abs. 2 GG dann schon verletzt, wenn einem Elternteil die zur Ausübung der elterlichen Verantwortung erforderlichen rechtlichen Befugnisse verwehrt werden.[316]

Private Gestaltungsmöglichkeiten der Eltern, dem nichtsorgeberechtigten Elternteil gewisse Befugnisse zum Beispiel durch Vollmachten einzuräumen, könnten den Eingriff selbst nicht rechtfertigen.[317]

3. Strenge Voraussetzungen an einen Eingriff in das Elternrecht

Die ausnahmslose rechtliche Zuordnung des Kindes zu nur einem Elternteil könne auch nicht durch die Erwägung gerechtfertigt werden, es handele sich lediglich um einen notwendigen Ausgleich im Innenverhältnis der Eltern, weshalb die strengen Voraussetzungen für einen Eingriff in das Elternrecht nicht erfüllt sein müssten.[318]

Bei ehelichen und nichtehelichen Kindern sei zwar von unterschiedlichen Voraussetzungen auszugehen. Bei nichtehelichen Kindern könnte weder pauschal eine häusliche Gemeinschaft mit den Eltern noch der übereinstimmende Wille der Eltern, das Sorgerecht gemeinsam auszuüben, angenommen werden. Mit Blick auf den Anspruch des Kindes auf vorgeburtliche Regelung seiner personalen Verhältnisse sei eine Zuordnung zunächst zu nur einem Elternteil deshalb nicht zu beanstanden. Wegen der besonderen, bereits während der Schwangerschaft und Geburt entstandenen Bindung läge wiederum die Zuordnung des Kindes zur Mutter nahe.[319]

Das BVerfG ließ offen, ob der Gesetzgeber angesichts der angestiegenen Anzahl von auf Dauer angelegten nichtehelichen Lebensgemeinschaften von einem

---

316 BVerfG, FamRZ 1991, 913, 915; Zur Verdeutlichung: noch im Urteil vom 24.3.1981, BVerfGE 56, 363 ff = FamRZ 1981, 429 ff. wurden dem nichtehelichen Vater, der mit Mutter und Kind zusammen lebt Rechte aus Art. 6 Abs. 2 GG zwar grundsätzlich zugebilligt, allerdings dadurch als ausreichend berücksichtigt gesehen, dass der Staat im Sinne des Subsidiaritätsgrundsatzes die Vater-Kind-Beziehung nicht reglementiert, *also den Vater an der tatsächlichen Wahrnehmung seiner Vaterrolle nicht hindert,* vgl. oben, S. 48 f.

317 BVerfG, FamRZ 1991, 913, 915.

318 BVerfG, FamRZ 1991, 913, 915.

319 BVerfG, FamRZ 1991, 913, 915.

Konfliktfall als Regelfall ausgehen und den nichtehelichen Eltern die Möglichkeit des gemeinsamen Sorgerechts vorenthalten dürfe.[320]

a) Kein Konfliktfall – keine Rechtfertigung durch staatliche Aufgabe
   zur Wahrung und Wiederherstellung des Rechtsfriedens
Die Verfassungsrichter stellten jedoch klar, dass jedenfalls in den Fällen, in denen der Vater die Ehelicherklärung mit der Maßgabe des gemeinsamen Sorgerechts beantragt, ein der staatlichen Schlichtung bedürfender Konflikt nicht vorliege. Die ohne Ausnahmen vorgesehene Rechtsfolge ließe sich deshalb mangels wiederstreitender Interessen nicht rechtfertigen.[321]

b) Keine Voraussetzungen für den Eingriff in das Elternrecht
   in Ausübung des Wächteramtes
Der ausnahmslose Ausschluss eines gemeinsamen Sorgerechts könne nicht mit dem Kindeswohl begründet werden, da in einigen Fällen gerade dieser Ausschluss dem Kindeswohl eklatant widerspreche.[322]

Bei Eltern, die in häuslicher Gemeinschaft mit dem Kind zusammenleben, die elterliche Verantwortung gemeinsam wahrnehmen wollen und hierzu fähig sind, sei regelmäßig davon auszugehen, dass ein gemeinsames Sorgerecht dem Kindeswohl am besten entspreche. Darüber hinaus könne angenommen werden, dass ein geteiltes Sorgerecht wegen der gemeinsamen Verantwortung zur Stabilisierung der elterlichen Beziehung beitrage.[323]

Unter explizitem Hinweis auf die Rechtsprechungsänderung und die Aufgabe seiner bisherigen Auffassung[324] führte das BVerfG aus, dass sich die ausnahmslose Zuordnung des nichtehelichen Kindes zu nur einem Elternteil nicht mit der Möglichkeit des Scheiterns der Beziehung seiner Eltern rechtfertigen ließe. Ganz im Gegenteil könne das gemeinsame Sorgerecht gerade im Fall der Trennung der Eltern sehr bedeutsam sein. Dem Bestand der gefühlsmäßigen Bindungen des Kindes über das Scheitern der Beziehung seiner Eltern hinaus müsse – genau wie

---

320 BVerfG, FamRZ 1991, 913, 915 f.

321 BVerfG, FamRZ 1991, 913, 916.

322 BVerfG, FamRZ 1991, 913, 916.

323 BVerfG, FamRZ 1991, 913, 916.

324 Vgl. Urteil vom 24.3.1981, BVerfGE 56, 363 ff. = FamRZ 1981, 429 ff., in dem die Verfassungsmäßigkeit der ausnahmslosen Zuordnung des nichtehelichen Kindes zur Mutter gem. § 1705 BGB 1979 mit dessen besonderer Schutzbedürftigkeit wegen der jederzeit folgenlos möglichen Trennung seiner Eltern begründet wurde; vgl. hierzu oben, S. 18 f.

bei ehelichen Kindern – durch die Möglichkeit eines gemeinsamen Sorgerechts auch nach der Trennung Rechnung getragen werden.[325]

Im Übrigen sei die feste, von vornherein festgelegte Zuordnung zu einem Elternteil ohnehin nicht dazu geeignet, eine Beeinträchtigung des Kindes durch die Trennung seiner Eltern zu vermeiden. Ganz im Gegenteil – den persönlichen Bindungen des Kindes könne bei der geltenden Regelung nicht Rechnung getragen werden. Es sei jedoch notwendig, im Falle eines trennungsbedingten Sorgerechtskonflikts eine den konkreten, aktuellen Sachverhalt würdigende, am Kindeswohl orientierte Einzelfallentscheidung zu treffen. Dies könne nicht durch eine starre Prognose gewährleistet werden.[326]

Auch der Wunsch nach Typisierung vermöge die Ausnahmslosigkeit der angegriffenen Regelung nicht zu rechtfertigen, da Typisierung nur dort zulässig sei, wo sie mit keinen Grundrechtsbeeinträchtigungen einhergehe. Vorliegend liege jedoch sowohl ein intensiver Eingriff in das Elternrecht als auch eine gewichtige Beeinträchtigung des Kindeswohls vor.[327]

c) Keine Rechtfertigung der ausnahmslosen Regelung
durch andere Verfassungsnormen
Auch weitere Verfassungsnormen könnten zur Rechtfertigung nicht herangezogen werden. Die aus Art. 6 Abs. 1 GG folgende Pflicht des Staates, Ehe und Familie zu schützen, sei nicht an eine umfassende Schlechterstellung der nichtehelichen Lebensgemeinschaften gekoppelt. Das BVerfG ließ offen, welche gesetzlichen Konsequenzen sich konkret aus Art. 6 Abs. 1 GG für die Regelung von nichtehelichen Lebensgemeinschaften ergeben. Es stellte jedoch fest, dass Art. 6 Abs. 1 GG jedenfalls kein Auftrag zu entnehmen sei, nicht verheirateten Eltern das verfassungsrechtlich garantierte Elternrecht aus Art. 6 Abs. 2 GG zu versagen.[328]

Unter Hinweis auf eine Änderung der bisherigen Rechtsprechung[329] konstatierte das BVerfG, dass die Versagung der rechtlichen Elternbefugnisse keine zulässige Kehrseite der Eheverweigerung durch die Eltern sei. Dies ergebe sich aus dem Charakter der elterlichen Sorge als einem pflichtgebundenen Recht, dessen Versagung nicht zulässig sei, nur weil sich die Eltern gegen eine

---

325 BVerfG, FamRZ 1991, 913, 916.
326 BVerfG, FamRZ 1991, 913, 916.
327 BVerfG, FamRZ 1991, 913, 916.
328 BVerfG, FamRZ 1991, 913, 916.
329 Vgl. BVerfGE 56, 363 ff = FamRZ 1981, 429 ff.; 61, 358 ff. = FamRZ 1982, 1179 ff.

rechtliche Ausgestaltung ihrer Beziehung entschieden haben. Die Auswirkung einer solchen Entscheidung auf das Kindeswohl sei nicht zulässig.[330]

4. Verstoß gegen Art. 6 Abs. 5 GG

Die Regelung des § 1738 Abs. 1 BGB 1979 verstoße zudem gegen Art. 6 Abs. 5 GG. In dieser Norm sei zum einen die Grenze für gesetzgeberische Gestaltungsfreiheit zu sehen, zum anderen die Verpflichtung, durch positive Regelungen die gleichen Entwicklungschancen von nichtehelichen Kindern herzustellen. Das BVerfG betonte dabei, dass es sich insoweit um einen klaren Auftrag an den Gesetzgeber handele, wobei das eheliche, in einer stabilen Ehe aufwachsende Kind den Maßstab für die Gleichstellung bilde.[331]

Eine ungleiche Behandlung der nichtehelichen Kinder bedürfe deshalb stets einer guten Begründung und sei nur dort zulässig, wo eine Gleichstellung der Situation des nichtehelichen Kindes nicht gerecht werden würde.[332]

Die ausnahmslos vorgesehene Rechtsfolge des § 1738 Abs. 1 BGB 1979 benachteilige nichteheliche Kinder, weil sie entweder auf die rechtliche Besserstellung durch die Ehelicherklärung oder auf die Wahrnehmung der elterlichen Sorge durch die Mutter verzichten müssen.[333]

Für diese Schlechterstellung der nichtehelichen Kinder, die in einer häuslichen Gemeinschaft mit ihren Eltern leben sei kein Rechtfertigungsgrund ersichtlich. Die Lebensumstände der nichtehelichen Kinder hinderten eine rechtliche Gleichstellung mit ehelichen Kindern nicht, sondern, umgekehrt, machten sie erforderlich. Es sei eine erhebliche Benachteiligung darin zu sehen, wenn nicht Bindungen des Kindes zu beiden Elternteilen rechtliche Berücksichtigung finden können und im Fall der Trennung der Eltern eine am Kindeswohl orientierte Einzelfallentscheidung nicht möglich sei.[334]

Auch die Verpflichtung des Staates aus Art. 6 Abs. 1 GG, die Ehe und Familie zu schützen, vermag die Rechtsfolge des § 1738 Abs. 1 BGB nicht zu rechtfertigen. Für den Fall, dass der Vater verheiratet sei, würde seine Ehe durch das Erfordernis der Einwilligung seiner Ehefrau ausreichend geschützt sein. Eine Beeinträchtigung des Instituts der Ehe sei indessen nicht zu beobachten.[335]

---

330 BVerfG, FamRZ 1991, 913, 916 f.

331 BVerfG, FamRZ 1991, 913, 917.

332 BVerfG, FamRZ 1991, 913, 917.

333 BVerfG, FamRZ 1991, 913, 917.

334 BVerfG, FamRZ 1991, 913, 917.

335 BVerfG, FamRZ 1991, 913, 917.

5. Konsequenzen

§ 1738 Abs. 1 BGB 1979 wurde nicht für nichtig erklärt; die Beseitigung der Verfassungswidrigkeit in die Hände des Gesetzgebers gelegt.[336] Das BVerfG machte hierzu den Vorschlag, im Fall einer Ehelicherklärung das gemeinsame Sorgerecht vorzusehen. Daneben sei es denkbar, generell die Möglichkeit des gemeinsamen Sorgerechts nichtehelicher Eltern mit ähnlichen erbrechtlichen Folgen zu schaffen oder die rechtliche Stellung der nichtehelichen Kinder insgesamt noch weiter an die Rechtsstellung der ehelichen Kinder anzugleichen.[337]

In jedem Fall sei der Gesetzgeber zu einem schnellen Handeln verpflichtet. Bis zum Inkrafttreten einer Neuregelung sei die Norm, soweit sie verfassungswidrig ist, von den Gerichten und der Verwaltung nicht anzuwenden.[338]

V. Fazit

Das BVerfG nutzte die Vorlage des AG Hamburg für eine – längst überfällige –Anpassung an die gesellschaftlichen Entwicklungen. Die bisherige Rechtsprechung wurde in zweifacher Hinsicht geändert:

Erstens: Unter explizitem Hinweis auf die Aufgabe seiner bisherigen Auffassung führte das BVerfG aus, dass sich die ausnahmslose Zuordnung des nichtehelichen Kindes zu nur einem Elternteil nicht mit der Möglichkeit des Scheiterns der Beziehung seiner Eltern rechtfertigen ließe.[339]

Zweitens: Ebenfalls unter Hinweis auf eine Änderung der bisherigen Rechtsprechung konstatierte das BVerfG, dass die Versagung der rechtlichen Elternbefugnisse keine zulässige Kehrseite der Eheverweigerung durch die Eltern sei. Dies ergebe sich aus dem Charakter der elterlichen Sorge als einem pflichtgebundenen Recht, dessen Versagung nicht zulässig sei, nur weil sich die Eltern gegen eine rechtliche Ausgestaltung ihrer Beziehung entschieden haben. Die Auswirkung einer solchen Entscheidung gegen die Ehe auf das Kindeswohl sei nicht zulässig.[340]

---

336 Steht eine Norm mit dem GG nicht in Einklang, so ist sie grundsätzlich für nichtig zu erklären, § 82 Abs. 1 i. V. m. § 78 S. 1, 95 Abs. 3 BVerfGG. Dies gilt allerdings dann nicht, wenn es mehrere Möglichkeiten gibt, den Verfassungsverstoß zu beseitigen und die Nichtigerklärung in die Gestaltungsfreiheit des Gesetzgebers eingreifen würde, vgl. BVerfGE 39, 316, 332 f.; 308, 337; BVerfG, FamRZ 1991, 913, 917.

337 BVerfG, FamRZ 1991, 913, 917.
338 BVerfG, FamRZ 1991, 913, 917.
339 BVerfG, FamRZ 1991, 913, 916.
340 BVerfG, FamRZ 1991, 913, 916 f.

Über diese Änderungen hinaus äußerte das BVerfG einige progressive Gedanken zur Rechtsstellung der nichtehelichen Kinder und ihrer Eltern – sehr zum Missfallen einiger konservativer Stimmen.[341]

Dieses Urteil dürfte deshalb die Wende im Recht der elterlichen Sorge der nichtehelichen Eltern bedeutet haben. Es hat zunächst zwar nur die defizitäre Rechtsstellung der Mutter eine deutliche Verbesserung erfahren. Nach den Ausführungen des BVerfG ließ sich die noch im Jahr 1981[342] vertretene ablehnende Auffassung hinsichtlich des Sorgerechts des nichtehelichen Vaters, der mit der Mutter zusammenlebt und gemeinsam mit ihr die Elternrechte und -pflichten wahrnehmen möchte, nicht mehr halten. Eine neue Ära war angebrochen. Es dauerte immerhin noch 7 Jahre, bis die Thesen des BVerfG Gesetz wurden. Diese Entscheidung prägte jedoch maßgeblich die Debatten in der Literatur und später im Gesetzgebungsverfahren. Sie wurde vom BVerfG in seinem Beschluss vom 07.03.1995 konsequent bestätigt.

M. Entscheidung des BVerfG vom 7.3.1995

Im Beschluss vom 7.3.1995[343] hatte das BVerfG über drei Verfassungsbeschwerden nichtehelicher Väter zu entscheiden. Sie betrafen Adoptionen minderjähriger Kinder durch die Mutter oder die Mutter und ihren Ehemann. Sie richteten sich gegen § 1747 Abs. 2 BGB 1976,[344] soweit der nichteheliche Vater die Adoption

---

341 Vgl. Bosch, FamRZ 1991, 1121, 1122, der sich fragte, „ob es bei dem begrenzten Thema des Vorlagebeschlusses des Amtsgerichts Hamburg betreffend (nur) die Verfassungsmäßigkeit des § 1738 BGB überhaupt erforderlich war, die Gesamtproblematik der Rechtsstellung der nichtehelichen Kinder und Eltern erneut aufzugreifen und all diese höchst umstrittenen Themen bewußt progressiv zu entfalten", die richtungweisenden Ausführungen des BVerfG über die Vorlage hinaus für überflüssig hielt und bedauerte.

342 Urteil vom 24.3.1981, BVerfGE 56, 363 ff. = FamRZ 1981, 429 ff.

343 BVerfG, FamRZ 1995, 789 ff.

344 § 1747 Abs. 2 BGB i. d. F. des Gesetzes über die Annahme als Kind und zur Änderung anderer Vorschriften (Adoptionsgesetz) vom 2.7.1976, BGBl I 1749, lautet: „Zur Annahme eines nichtehelichen Kindes ist die Einwilligung der Mutter erforderlich. Die Annahme eines nichtehelichen Kindes durch Dritte ist nicht auszusprechen, wenn der Vater die Ehelicherklärung oder die Annahme des Kindes beantragt hat; dies gilt nicht, wenn die Mutter ihr nichteheliches Kind annimmt. Der Vater des nichtehelichen Kindes kann darauf verzichten, diesen Antrag zu stellen. Die Verzichtserklärung bedarf der öffentlichen Beurkundung; sie ist unwiderruflich. § 1570 gilt sinngemäß mit Ausnahme von Absatz 4 Satz 1." Eine Beteiligung des Vaters eines nichtehelichen Kindes am Adoptionsverfahren war grundsätzlich nicht vorgesehen;

durch die Mutter gar nicht und die Drittadoption nur dadurch verhindern konnte, dass er selbst einen Antrag auf Adoption oder auf Ehelicherklärung stellt und
mit seinem Antrag Erfolg hat.[345]

Das BVerfG hielt die Verfassungsbeschwerden für im Wesentlichen begrün-
det und verwies die Verfahren zur erneuten Entscheidung an die jeweiligen
Vormundschaftsgerichte.[346] Die Bedeutung der Entscheidung des BVerfG ging
jedoch über die Konsequenzen für die Rechte des nichtehelichen Vaters bei
Drittadoptionen weit hinaus.[347] Vielmehr hat die Position des nichtehelichen
Vaters insgesamt in einem geradezu revolutionären Ausmaß Stärkung erfahren.
Trotz des fehlenden direkten Bezuges zum Sorgerecht sollen die wesentlichen
Inhalte der Entscheidung wegen dieser Bedeutung in Grundzügen dargestellt
und die Konsequenzen für die weitere Entwicklung des Sorgerechts aufgezeigt
werden.

I. Wesentliche Inhalte der Entscheidung in Bezug auf die Rechte des nichtehelichen Vaters

Die Stärkung der Rechtsstellung des nichtehelichen Vaters ist durch die grund-
sätzliche Anerkennung seiner Person als Träger des Elternrechts aus Art. 6
Abs. 2 S. 1 GG erfolgt.[348] Zwar hatte das BVerfG bereits in vorangegangenen
Entscheidungen anerkannt, dass auch nicht miteinander verheiratete Eltern,
mithin auch der nichteheliche Vater, Träger des Grundrechts aus Art. 6 Abs. 2
S. 1 GG sein können.[349] Hinsichtlich des nichtehelichen Vaters wurde bislang
allerdings danach differenziert, ob er in einer familiären Gemeinschaft mit
Mutter und Kind lebte und sich durch die tatsächliche Wahrnehmung der

---

im Sinne der vorstehenden Vorschrift sollte er die Annahme durch Dritte nur
dann verhindern können, wenn er bereit war, dem Kind die rechtlich gesicherte
Position eines ehelichen Kindes zu geben, vgl. BT-Drucks. 7/3061, S. 37; 7/5087,
S. 11.

345 BVerfG, FamRZ 1995, 789.
346 BVerfG, FamRZ 1995, 789, 792, 795.
347 Vgl. auch Coester, FamRZ 1995, 1245.
348 BVerfG, FamRZ 1995, 789, 792.
349 BVerfGE 24, 119 ff. = FamRZ 1968, 578 ff.; 84, 168 ff. (nichteheliche Mutter),
BVerfGE 56, 363 ff. = FamRZ 1981, 429 ff.; BVerfGE 79, 203 ff. = FamRZ 1989,
143 ff. (nichtehelicher Vater).

Erziehungsverantwortung positiv vom traditionellen Bild des nichtehelichen Vaters[350] abhob.[351]

Diese Differenzierung wurde vom BVerfG nunmehr gänzlich verworfen. Zur Begründung bezogen sich die Verfassungsrichter auf den Wortlaut des Art. 6 Abs. 2 S. 1 GG, speziell auf den dort verwendeten Ausdruck „Eltern".[352] Nach dem allgemeinen Sprachgebrauch seien hierunter auch die leiblichen Eltern eines nichtehelichen Kindes zu verstehen.[353] Nach dem Wortlaut des Art. 6 Abs. 2 S. 1 GG werde das Elternrecht beiden Eltern gemeinsam zugeordnet. Dies wiederum spreche für die Auslegung, dass beide leiblichen Eltern in den Schutzbereich der Norm einbezogen seien.[354]

Zwar setze die gemeinsame Wahrnehmung des Elternrechts ein Mindestmaß an Konsens zwischen den Eltern und jeweils eine soziale Bindung zum Kind voraus. Für den Fall, dass diese Voraussetzungen nicht vorlägen, sei die Übertragung der einzelnen rechtlichen Befugnisse ganz oder überwiegend auf einen Elternteil möglich. Die generelle Zuordnung des Elternrechts zu einem Elternteil unter Ausschluss des anderen sei jedoch selbst bei nichtehelichen Kindern nicht gerechtfertigt – die vollständige Zuordnung zur Mutter schon deshalb nicht, weil inzwischen ein nicht unerheblicher Teil der Väter an der Entwicklung ihrer nichtehelichen Kinder teilnehme.[355]

Bei der Frage nach der Einbeziehung in den Schutzbereich des Art. 6 Abs. 2 S. 1 GG sei die Differenzierung nach der Enge der Beziehung des Vaters zum Kind oder seiner Mutter kein taugliches Kriterium. Die Vielfalt der tatsächlichen Verhältnisse und die Wandelbarkeit der Beziehungen zwischen den Beteiligten könne damit kaum erfasst werden. Dem Wortlaut und Gehalt des Grundrechtes würde deshalb am besten die Auslegung gerecht, alle Väter der nichtehelichen Kinder, deren Vaterschaft feststeht, *generell* in den Schutzbereich der Norm einzubeziehen.[356]

Das BVerfG betonte jedoch, dass dies keineswegs gleiche Rechte beider Eltern im Verhältnis zum Kind bedeuten müsse. Vielmehr sei den unterschiedlichen

---

350 Das NEhelG ging noch vom Modell des „uninteressierten, abwesenden Zahlvaters" aus, vgl. BT-Drucks. V/2370, S. 63 ff.

351 BVerfGE 56, 363, 384 = FamRZ 1981, 429; BVerfGE 79, 203, 210 = FamRZ 1989; 84, 168; vgl. hierzu auch: Coester, FamRZ 1995, 1245.

352 BVerfG, FamRZ 1995, 789, 792.

353 BVerfG, FamRZ 1995, 789, 792.

354 BVerfG, FamRZ 1995, 789, 792.

355 BVerfG, FamRZ 1995, 789, 792.

356 BVerfG, FamRZ 1995, 789, 792.

Verhältnissen auf der Ebene des einfachen Rechts durch differenzierte Ausgestaltung der Rechtsstellung Rechnung zu tragen. Es sei zum einen Aufgabe des Gesetzgebers festzulegen, wie Vaterschaft und Mutterschaft zu bestimmen seien. Es käme neben der biologischen Abstammung die Vaterschaftsanerkennung oder die Ehe der Eltern als Anknüpfungspunkt in Frage.[357] Des Weiteren sei das Elternrecht schon deshalb regelungsbedürftig, weil es beiden Eltern gemeinsam zustehe, die gemeinsame Ausübung jedoch ein Mindestmaß an Übereinstimmung erfordere und am Kindeswohl ausgerichtet sein müsse. Der Gesetzgeber sei deshalb befugt, bei Fehlen der Voraussetzungen die erzieherische Verantwortung einem Elternteil zur alleinigen Ausübung zu übertragen.[358] Bei der Ausgestaltung der Elternbefugnisse der nichtehelichen Väter dürfe der Gesetzgeber ferner dem Umstand Rechnung tragen, dass nicht generell von einer Bindung des nichtehelichen Vaters zu seinem Kind auszugehen sowie danach zu differenzieren sei, ob der Vater an der Entwicklung seines Kindes interessiert sei oder nicht.[359]

II. Auswirkungen und Konsequenzen für das Sorgerecht

1. Generelle Auswirkungen
Die generelle Anerkennung des nichtehelichen Vaters als Träger des Elternrechts brachte einen grundsätzlichen Perspektivenwechsel: Während bis dahin nach dem „ob" gefragt und nach den Voraussetzungen für die Teilhabe des nichtehelichen Vaters am Elternrecht gesucht wurde, konnte im Einklang mit der neuen Auslegung des Art. 6 Abs. 2 S. 1 GG nur noch umgekehrt gefragt werden, ob und ggf. unter welchen Umständen eine Einschränkung seines Elternrechts zulässig sei.[360] Dies wiederum hatte sich nach den allgemeinen Grundsätzen an den strengen Maßstäben für einen Grundrechtseingriff, allem voran an dem Grundsatz der Verhältnismäßigkeit zu orientieren.[361] Die Umkehrung des Regel- und Ausnahmeverhältnisses hatte gleichzeitig zur Folge, dass der Rechtfertigungsdruck von den nichtehelichen Vätern auf den Gesetzgeber verlagert wurde.[362]

---

357 BVerfG, FamRZ 1995, 789, 792.
358 BVerfG, FamRZ 1995, 789, 792.
359 BVerfG, FamRZ 1995, 789, 792.
360 Coester, FamRZ 1995, 1245, 1246.
361 Coester, FamRZ 1995, 1245, 1246.
362 Coester, FamRZ 1995, 1245, 1246.

2. Konsequenzen

Die grundsätzliche und gleichberechtigte Anerkennung des Elternrechts des nichtehelichen Vaters etablierte einen wichtigen Eckpfeiler des künftigen Kindschaftsrechts.[363] Auch für die Ausgestaltung des Sorgerechts ergaben sich dabei wichtige Folgerungen:

Die Regelungen der §§ 1705 ff. BGB 1979 konnten vor dem Hintergrund der neuen Entscheidung offenkundig keinen Bestand haben.[364] Ungeachtet der Befugnis des Gesetzgebers, die Alleinsorge eines Elternteils dort zu bestimmen, wo es das Kindeswohl erfordert,[365] war mit der Anerkennung des nichtehelichen Vaters als Grundrechtsträger im Sinne des Art. 6 Abs. 2 GG klar, dass sein Zugang zur elterlichen Sorge neben der Mutter gesetzlich gewährleistet werden muss.[366] Der bis dahin bereits ausgearbeitete Referentenentwurf für die bevorstehende Kindschaftsrechtsreform musste sich hieran messen lassen und entsprechend überarbeitet werden.[367]

2. Abschnitt: Gegenwärtige Rechtslage

Im zweiten Abschnitt der Arbeit sollen zunächst die Schaffung der aktuellen Rechtslage durch das Kindschaftsreformgesetz nachvollzogen und die dadurch bewirkten wichtigsten Neuerungen im Bereich der elterlichen Sorge dargestellt werden. Es wird weiter aufgezeigt werden, wie sich binnen weniger Jahre ein weiterer, grundlegender Wandel in der Rechtsprechung des BVerfG vollzogen hat und zum aktuellen Reformbedarf führte. Der Abschnitt wird sodann mit der Erörterung der aktuellen Aktivitäten des Gesetzgebers schließen, der trotz der vermeintlichen „Meilensteine" der großen Kindschaftsrechtsreform kaum elf Jahre später zum erneuten Tätigwerden im Bereich des Sorgerechts der nichtehelichen Eltern gezwungen wurde.

---

363 Coester, FamRZ 1995, 1245, 1251.
364 Coester, FamRZ 1995, 1245, 1247.
365 BVerfG, FamRZ 1995, 789, 792.
366 Coester, FamRZ 1995, 1245, 1247.
367 Coester, FamRZ 1995, 1245 unter Bezugnahme auf einen unveröffentlichten Referentenentwurf des BMJ v. 29.5.1995.

A. Kindschaftsreformgesetz von 1997 – Begründung der heutigen Rechtslage

I. Reformbedarf

Seit dem Inkrafttreten am 1.7.1970 blieb das NEhelG, das die Umsetzung des Art. 6 Abs. 5 GG gewährleisten sollte, im Fokus der Kritik.[368] Die Forderungen bezogen sich zum einen auf einzelne Fragen, insbesondere im Bereich des Sorge- und Umgangsrechts.[369] Zum anderen wurden insgesamt die Abschaffung des Nichtehelichenrechts und eine umfassende Kindschaftsreform gefordert.[370]

Zudem haben die oben dargestellten Entscheidungen des Bundesverfassungsgerichts wiederholt die verfassungsrechtliche Dimension des Reformbedarfs aufgezeigt.[371]

Der Gesetzgeber war vom BVerfG aufgerufen, die grundrechtlichen Defizite des bis dahin geltenden Rechts bis zum Ende der 13. Legislaturperiode, also bis Oktober 1998, zu beseitigen und der geschützten Grundrechtsposition des nichtehelichen Vaters Rechnung zu tragen.[372] Konkret konnte der rigide Ausschluss des nichtehelichen Vaters vom Sorgerecht mit Blick auf die Entscheidungen des BVerfG[373] nicht mehr aufrechterhalten werden. Des Weiteren musste die starre Zuordnung des Kindes zu nur einem Elternteil aufgelöst werden und einer flexiblen Regelung mit der Möglichkeit eines gemeinsamen Sorgerechts weichen.[374]

Nicht zuletzt war eine Angleichung des in den alten und neuen Bundesländern geltenden Rechts überfällig.[375]

Nach einer überaus langen Zeitspanne bis zur legislativen Umsetzung wurde schließlich am 16.12.1997 das Kindschaftsreformgesetz (KindRG)[376] verkündet.

---

368 Schwenzer, FamRZ 1992, 121.

369 Schwenzer, FamRZ 1992, 121.

370 Schwenzer, FamRZ 1992, 121; Göppinger, FamRZ 1970, 57, 65.

371 Vgl. auch Peschel-Gutzeit, Bundesrat, Protokoll der 717. Sitzung vom 17.10.1997.

372 BVerfG, FamRZ 1995, 789, 794.

373 BVerfGE 56, 363 ff. = FamRZ 1981, 429 ff.; BVerfGE 79, 203, 210 ff. = FamRZ 1989; 84, 168 ff.; BVerfGE 84, 168 ff. = FamRZ 1991, 913 ff.; BVerfG, FamRZ 1995, 789 ff.

374 Vgl. auch Lipp, FamRZ 1998, 65, 66.

375 BT-Drucks. 13/4899, S. 29.

376 Gesetz zur Reform des Kindschaftsrechts (KindRG) in Kraft getreten am 1.7.1998, BGBl. I S. 2942; der BT hat in seiner 192. Sitzung am 25.9.1997 aufgrund der Beschlussempfehlung und des Berichts des Rechtsausschusses – BT Drucks. 13/8511 – den von der Bundesregierung eingebrachten Entwurf – BT-Drucks. 13/4899 – in

Im Rahmen des umfassenden Reformvorhabens ist am selben Tag das Erbgleichstellungsgesetz[377] verkündet worden, das die nichtehelichen den ehelichen Kindern hinsichtlich der Erbfolge gleichstellte und die bisherigen Sondervorschriften ersatzlos entfallen ließ.[378]

Zu dem Reformpaket gehörten daneben das Beistandschaftsgesetz vom 4.12.1997[379] und das Kindesunterhaltsgesetz vom 6.4.1998.[380] Das Beistandschaftsgesetz schaffte die gesetzliche Amtspflegschaft für nichteheliche Kinder ab und führte die Möglichkeit einer freiwillig bestellten Beistandschaft für die Bereiche der Vaterschaftsfeststellung und der Geltendmachung von Unterhaltsansprüchen ein.[381] Hinsichtlich der letzteren beseitigte das Kindesunterhaltsgesetz die unterschiedliche Behandlung der nichtehelichen und ehelichen Kinder und vereinfachte die Geltendmachung sowie Durchsetzung der Unterhaltsansprüche.[382]

Das KindRG selbst brachte neben den Neuregelungen im BGB[383] auch Änderungen im Bereich des sonstigen Bundesrechts, u.a. des Personenstandsgesetzes, der ZPO und des FGG.[384] Im Bereich des BGB ergaben sich Änderungen im Rahmen des Abstammungsrechts, des Betreuungsunterhalts, des Namensrechts, des Sorgerechts, des Umgangsrechts, der Beistandschaft und des Adoptionsrechts.

Die herkömmliche Aufteilung in das Recht des ehelichen Kindes als Regelfall und das Recht des nichtehelichen Kindes als besonders zu regelnde Anomalität wurde mit dem KindRG zugunsten einer einheitlichen Regelung aufgegeben.[385] Die einzelnen Regelungsbereiche – Abstammung, elterliche Sorge, Umgang, Unterhalt – wurden einheitlich für alle Kinder geregelt, ohne die Differenzierung

---

der Fassung der Beschlussempfehlung angenommen. Der Bundesrat stimmte dem verabschiedeten Gesetz am 17.10.1997 gem. Art. 84 I GG zu, BR-Drucks. 710/97.

377 Gesetz zur erbrechtlichen Gleichstellung nichtehelicher Kinder (ErbGleichG) vom 16.12.1997, BGBl. 1997 I, S. 2968, in Kraft getreten am 1.4.1998.

378 Schwab, Familienrecht, Rn. 532.

379 Gesetz zur Abschaffung der gesetzlichen Amtspflegschaft und Neuordnung des Rechts der Beistandschaft (BeistandschG) vom 4.12.1997, BGBl. I 1997 S. 2846–2850, in Kraft getreten am 1.7.1998.

380 Gesetz zur Vereinheitlichung des Unterhaltsrechts minderjähriger Kinder (KindUG) vom 6. April 1998, BGBl. 1 S. 666, in Kraft getreten am 1.7.1998.

381 Vgl. Schwab, Familienrecht, Rn. 532.

382 Vgl. Schwab, Familienrecht, Rn. 532.

383 Art. 1 KindRG, BT-Drucks. 13/8511.

384 Art. 3, 6 und 8 KindRG, BT-Drucks. 13/8511.

385 Schwab, Familienrecht, Rn. 526.

zwischen ehelich und nichtehelich vorzunehmen.[386] Das Gesetz spricht noch nicht einmal mehr von „nichtehelichen Kindern", sondern versucht den negativ behafteten Ausdruck mehr oder weniger geschickt zu umschiffen („Kind, dessen Eltern bei der Geburt nicht miteinander verheiratet sind").[387]

Freilich ergab sich bei aller Einheitlichkeit der gesetzlichen Regelung im Einzelnen gleichwohl Bedarf für differenzierte Regelungen hinsichtlich der ehelichen und der nichtehelichen Kinder. Diese unterschiedlichen Regelungen wurden jedoch nicht separat, sondern im jeweiligen Kontext verankert.[388]

Insgesamt ist das KindRG als Ausdruck des veränderten gesellschaftlichen Bewusstseins aufzufassen, dessen Bedeutung durch die vorstehende Darstellung der rechtsgeschichtlichen Entwicklung deutlich wird. Neben der längst überfälligen und auffällig verzögerten Gleichstellung der nichtehelichen Kinder[389] wurde erstmals in § 1684 Abs. 1 BGB der Anspruch des Kindes auf Umgang mit beiden Elternteilen statuiert und damit endgültig das Leitbild vom Kind als Träger von Rechten gesetzlich etabliert.

Die nachfolgende Darstellung befasst sich mit der Reform nur insoweit sie das hier behandelte Thema betrifft. Zugleich wird das derzeit (noch) geltende Recht dargestellt.

II. Reformziele

Mit Blick auf die Anstöße und immer deutlicher ausgesprochenen Mahnungen des BVerfG konnte sich der Gesetzgeber dem Reformbedarf nicht auf Dauer verschließen.

Der von der Bundesregierung am 13.6.1996 in den Bundestag eingebrachte Gesetzesentwurf formulierte als primäre Zielsetzung die Verbesserung der Kinderrechte und die bestmögliche Förderung des Kindeswohls. Daneben sollten die Rechtspositionen der Eltern im Verhältnis zum Staat gestärkt werden. Schließlich, an letzter Stelle, formulierte der Entwurf als Ziel die rechtliche Gleichstellung der ehelichen und nichtehelichen Kinder – soweit sie möglich sei.[390]

---

386 Schwab, Familienrecht, Rn. 526.
387 Schwab, Familienrecht, Rn. 526; in einem gewissen Widerspruch zu diesem Bestreben steht die Formulierung des Art. 6 Abs. 5 GG, in dem immer noch der Ausdruck „unehelich" verwendet wird.
388 Schwab, Familienrecht, Rn. 526.
389 Schwab, Familienrecht, Rn. 526.
390 BT-Drucks. 13/4899, S. 1.

Die gesetzgewordene Beschlussempfehlung des Rechtsausschusses formulierte die Probleme sehr ähnlich und schlug als Lösung unter anderem die Stärkung der Stellung des Kindes als Rechtssubjekt, den Abbau der rechtlichen Unterschiede zwischen ehelichen und nichtehelichen Kindern sowie die Stärkung der Elternautonomie vor.[391] Der Rechtsausschuss sah des Weiteren die Möglichkeit der Begründung der gemeinsamen elterlichen Sorge durch nicht verheiratete Eltern sowie die Abschaffung der zwingenden Sorgerechtsentscheidung für den Fall der Scheidung vor.[392]

Erst zum Schluss des legislativen Verfahrens wurde die Gleichstellung des nichtehelichen Kindes mit dem ehelichen Kind klar als „Reformziel Nummer eins", das durch die Reform „überwiegend" erreicht wurde, genannt.[393]

III. Inhalte der Reform im Bereich des Sorgerechts

Durch Art. 1 des KindRG von 1997 wurde – mit wenigen Ausnahmen, auf die jeweils hingewiesen wird – die heutige Rechtslage im Bereich der elterlichen Sorge geschaffen. Sie wird nachfolgend eingehend dargestellt, um später mit den entsprechenden Regelungen im polnischen Recht verglichen werden zu können. Dabei ist zunächst auf die allgemeinen Neuerungen im Sorgerecht einzugehen, um anschließend die einzelnen Regelungen zu beleuchten. Der Fokus ist dabei naturgemäß auf den von den aktuellen Reformbestrebungen betroffenen Normbereich gerichtet: die §§ 1626 a und 1672 BGB. Daneben werden die nicht minder relevanten Regelungen der §§ 1671 und 1687 BGB dargestellt. Mit Blick auf das aktuelle Reformvorhaben erscheint nicht nur die Untersuchung erforderlich, wie in den beiden Rechtsordnungen der Sorgerechtserwerb der nichtehelichen Eltern geregelt ist, sondern auch, wie praktikabel die gemeinsame Sorge gestaltet wurde und unter welchen Voraussetzungen eine Aufhebung zugunsten der Alleinsorge eines Elternteils möglich ist.

1. Allgemeine Neuregelungen im Sorgerecht
a) Formelle Änderungen im 4. Buch des BGB
Das neue Kindschaftsrecht brachte formell einen vollständigen Verzicht auf einen speziellen Titel im BGB über die elterliche Sorge für nichteheliche Kinder. Die §§ 1705–1711 BGB des früheren 6. Titels wurden ersatzlos gestrichen und werden im Gesetz bis heute als weggefallen gekennzeichnet.

---

391 BT-Drucks. 13/8511, S. 2.
392 BT-Drucks. 13/8511, S. 2.
393 Peschel-Gutzeit, Bundesrat, Protokoll der 717. Sitzung vom 17.10.1997.

Stattdessen wurden die Vorschriften über die elterliche Sorge für nichteheliche Kinder im 5. Titel untergebracht, dessen Überschrift vom früher speziellen „Elterliche Sorge für eheliche Kinder" zum allgemeinen „Elterliche Sorge" umformuliert wurde.

Entfallen sind ferner die Regelungen über die Legitimation des nichtehelichen Kindes (§§ 1719–1740 g BGB 1979), da es wegen der rechtlichen Gleichstellung der ehelichen und der nichtehelichen Kinder der „Rechtswohltat" der Ehelichkeit nicht mehr bedurfte.[394]

b) § 1697 a BGB als Generalklausel – das Kindeswohlprinzip

Die neu hinzugefügte Vorschrift – § 1697 a BGB – etablierte das Kindeswohlprinzip als grundsätzlichen Entscheidungsmaßstab und allgemeine Eingriffsvoraussetzung für gerichtliche Sorgerechtsentscheidungen.[395] In der Rechtsanwendung kommt § 1697 a BGB die Rolle einer Auffangregel zu, weil in den wichtigsten Sorgerechtsvorschriften das Kindeswohl als Leitbild ausdrücklich genannt ist.[396] Gleichwohl sah der Gesetzgeber diesbezüglichen Regelungsbedarf, da nicht alle Vorschriften eine Konkretisierung der Eingriffsvoraussetzungen enthielten.[397]

c) Neuformulierung der §§ 1626 Abs. 1 S. 1, 1631 Abs. 1 BGB[398]

Die bereits im Zusammenhang mit dem legislativen Verfahren zum SorgeRG von 1979[399] diskutierte Frage nach der Formulierung der §§ 1626 Abs. 1 S. 1 und 1631 Abs. 1 BGB, namentlich der Reihenfolge der Begriffe „Recht" und „Pflicht" wurde vom Gesetzgeber nunmehr zu Gunsten der Voranstellung der „Pflicht" entschieden. Während es den seinerzeitigen Befürwortern um die Betonung des Pflichtcharakters der elterlichen Sorge in der breiten Öffentlichkeit ging,[400]

---

394 Vgl. auch Bugla, S. 109.
395 BT-Drucks. 13/4899, S. 110.
396 Diederichsen in: Palandt, 72. Aufl. 2013, § 1697 a BGB, Rn. 2.
397 BT-Drucks. 13/4899, S. 110; explizit genannt werden als Beispiele die §§ 1628 (Übertragung der alleinigen Entscheidungsbefugnis) und 1634 Abs. 2 S. 1 (Regelung der Umgangsbefugnis). Der letztere ist durch das KindRG aufgehoben worden.
398 Alle §§ des BGB ohne Jahresangabe verstehen sich als §§ des BGB in der heutigen Fassung.
399 Der Entwurf der Bundesregierung vom 2.5.1974 (BT-Drucks. 7/2060) sah neben der Änderung der „elterlichen Gewalt" zu „elterlicher Sorge" die Voranstellung der „Pflicht" bei der Formulierung des § 1631 I BGB vor; dem letzteren Vorschlag ist der Rechtsausschuss des BT (BT-Drucks. 8/2788) und damit das Parlament jedoch nicht gefolgt; vgl. hierzu zusammenfassend Luthin, FamRZ 1979, 986.
400 Begr. Regierungsentwurf, BT-Drucks. 8/111, S. 13.

überraschte das Parlament nun mit einer eher lapidaren Begründung: mit der aktuellen Reihenfolge „Pflicht und Recht" sollte vor allem der Lebenswirklichkeit Rechnung getragen werden, in der mit der elterlichen Sorge deutlich mehr Pflichten als Rechte einhergingen. Daneben ginge es darum, in sprachlicher Hinsicht der Tendenz, den Ausdruck „Sorgerecht" anstatt des korrekten Begriffs „elterliche Sorge" zu gebrauchen, vorzubeugen.[401] Aus der heutigen (Praxis-) Sicht wird man sagen müssen, dass das zuletzt genannte gesetzgeberische Ziel verfehlt sein dürfte. Auch sonst kann die veränderte Reihenfolge zumindest hinterfragt werden, da die Pflichtgebundenheit bereits durch den Begriff elterliche *Sorge* ausreichend zum Ausdruck kommt[402] und auch das Grundgesetz in Art. 6 Abs. 2 GG im Sinne eines „natürlichen Rechts" und einer „zuvörderst obliegenden Pflicht" formuliert.

Daneben wurde durch eine weitere Neuformulierung des § 1626 Abs. 1 BGB verstärkt zum Ausdruck gebracht, dass es sich bei der Verantwortung für ein Kind – auch nach der Trennung – um eine gemeinsame Aufgabe der Eltern handelt: Seit dem Inkrafttreten des KindRG steht die elterliche Sorge nicht mehr dem Vater und der Mutter, sondern den „Eltern" zu.[403]

d) Eingriffe in die elterliche Sorge – §§ 1666, 1667 BGB

§§ 1666, 1667 BGB wurden durch das KindRG als wichtigste Grundlage für Eingriffe in die elterliche Sorge bei Kindeswohlgefährdung neu strukturiert und übersichtlicher gestaltet.[404] Im Unterschied zu der bis dahin geltenden Fassung[405] wurde in § 1666 Abs. 1 S. 1 BGB 1997 neben Maßnahmen zum Schutz des Kindes

---

401 BT-Drucks. 13/4899, S. 93.

402 So auch die Begründung des mit dem SorgeRG befassten Rechtsausschusses, es bei der bisherigen, „in allen Gesetzen sonst üblichen" Reihenfolge zu belassen, BT-Drucks. 8/2788, S. 44.

403 BT-Drucks. 13/4899, S. 93; vgl. dazu auch Schwab/Wagenitz, FamRZ 1997, 1378, 1379; Haibach/Haibach, S. 31.

404 BT-Drucks. 13/4899, S. 97.

405 § 1666 BGB 1979 lautet: „(1) 1. Wird das körperliche, geistige oder seelische Wohl des Kindes durch mißbräuchliche Ausübung der elterlichen Sorge, durch Vernachlässigung des Kindes, durch unverschuldetes Versagen der Eltern oder durch das Verhalten eines Dritten gefährdet, so hat das Vormundschaftsgericht, wenn die Eltern nicht gewillt oder nicht in der Lage sind, die Gefahr abzuwenden, die zur Abwendung der Gefahr erforderlichen Maßnahmen zu treffen. 2. Das Gericht kann auch Maßnahmen mit Wirkung gegen einen Dritten treffen. (2) Das Gericht kann Erklärungen der Eltern oder eines Elternteils ersetzen. (3) Das Gericht kann einem Elternteil auch die Vermögenssorge entziehen, wenn er das Recht des Kindes auf

vor Gefahren, die sein körperliches, geistiges oder seelisches Wohl betreffen, auch der Schutz seiner Vermögensinteressen konzipiert.[406]

Seine heutige Fassung erhielt § 1666 BGB allerdings erst durch das Gesetz zur Erleichterung familiengerichtlicher Maßnahmen bei Gefährdung des Kindeswohls (FamGerMKindwG) vom 4.7.2008.[407] Die offene Formulierung des § 1666 Abs. 1 BGB 1997 („die zur Abwendung der Gefahr erforderlichen Maßnahmen") verführte die Rechtsprechung dazu, einer Kindeswohlgefährdung auf die Empfehlung der Jugendämter hin meist mit einem vollständigen oder zumindest teilweisen Sorgerechtsentzug zu begegnen. Mit der exemplarischen Auflistung von möglichen Maßnahmen unterhalb der Schwelle der Sorgerechtsentziehung in dem neu gefassten § 1666 Abs. 3 BGB sollte diese unerfreuliche Tendenz eingedämmt und der Ultima Ratio-Charakter des Sorgerechtsentzugs hervorgehoben werden.[408] Ziel war es zugleich, die frühzeitige Anrufung des Familiengerichts dort zu fördern, wo bereits eine niedrigschwellige Maßnahme zur Abwendung der Kindeswohlgefährdung erfolgsversprechend erscheint.[409]

Gleichzeitig wurde das Tatbestandsmerkmal des „elterlichen Erziehungsversagens" (missbräuchliche Ausübung der elterlichen Sorge, Vernachlässigung des Kindes, unverschuldetes Versagen der Eltern) durch das FamGerMKindwG gestrichen. Durch den Wegfall sollte ausdrücklich nicht die Schwelle einer Kindeswohlgefährdung gesenkt, sondern sollten lediglich praktische Schwierigkeiten beseitigt werden. Diese Probleme wurden in der Ermittlung der zutreffenden

---

Gewährung des Unterhalts verletzt hat und für die Zukunft eine Gefährdung des Unterhalts zu besorgen ist."

406 § 1666 BGB 1997 lautet: „(1) Wird das körperliche, geistige oder seelische Wohl des Kindes oder sein Vermögen durch mißbräuchliche Ausübung der elterlichen Sorge, durch Vernachlässigung des Kindes, durch unverschuldetes Versagen der Eltern oder durch das Verhalten eines Dritten gefährdet, so hat das Familiengericht, wenn die Eltern nicht gewillt oder nicht in der Lage sind, die Gefahr abzuwenden, die zur Abwendung der Gefahr erforderlichen Maßnahmen zu treffen. (2) In der Regel ist anzunehmen, daß das Vermögen des Kindes gefährdet ist, wenn der Inhaber der Vermögenssorge seine Unterhaltspflicht gegenüber dem Kind oder seine mit der Vermögenssorge verbundenen Pflichten verletzt oder Anordnungen des Gerichts, die sich auf die Vermögenssorge beziehen, nicht befolgt. (3) Das Gericht kann Erklärungen des Inhabers der elterlichen Sorge ersetzen. (4) In Angelegenheiten der Personensorge kann das Gericht Maßnahmen mit Wirkung gegen einen Dritten treffen."

407 BGBl I S. 1188 (Nr. 28), in Kraft getreten am 12.7.2008.

408 Begr. Regierungsentwurf, BT-Drucks. 16/6815, S. 11.

409 Begr. Regierungsentwurf, BT-Drucks. 16/6815, S. 15.

Variante des elterlichen Versagens durch die Familiengerichte gesehen. Schließlich sollte eine Beeinträchtigung der hilfeorientierten Zusammenarbeit mit den Eltern durch den schwerwiegenden Vorwurf des Versagens vermieden werden.[410]

e) Konkretisierung des Gewaltverbots in der Erziehung

Mit dem bereits im SorgeRG von 1979 normierten Gewaltverbot in der Kindererziehung[411] wurde im Gesetz zwar eine eindeutige Wertung verankert, die Regelung selbst blieb jedoch weitgehend unbestimmt. Das KindRG setzte hier einen programmatischen Akzent, indem der unbestimmte Rechtsbegriff der „entwürdigenden Maßnahmen" im Sinne von körperlichen und seelischen Misshandlungen präzisiert wurde.[412]

Diese Verbesserung stand jedoch als nicht ausreichend von Anfang an in der Kritik. Es wurde diesbezüglich bemängelt, dass die Neuformulierung Körperstrafen immer noch nicht ausschließe, sondern allenfalls auf ein vernünftiges Maß beschränke und die Verankerung des Leitbildes der gewaltfreien Erziehung im Gesetz gefordert.[413]

Die heutige Fassung des § 1631 Abs. 2 BGB ist dem Gesetz zur Ächtung der Gewalt in der Erziehung und zur Änderung des Unterhaltsrechts vom 2.11.2000[414] zu verdanken. Mit Blick auf die nach wie vor weite Verbreitung der körperlichen Gewalt in den Familien und die ewige Diskussion über die Abgrenzung der erlaubten von den verbotenen Erziehungsmitteln[415] wurde ein Verbot von körperlicher Züchtigung eingeführt und durch das korrespondierende Recht des Kindes auf gewaltfreie Erziehung konkretisiert. Das sanktionsfrei gestaltete Verbot und das nicht unmittelbar einklagbare Recht sollten einer Kriminalisierung der Familie vorbeugen und waren hauptsächlich auf die Herbeiführung einer Bewusstseinsveränderung in der Gesellschaft gerichtet.[416]

---

410 Begr. Regierungsentwurf, BT-Drucks. 16/6815, S. 14.

411 § 1631 Abs. 2 BGB 1979 lautet: „Entwürdigende Erziehungsmaßnahmen sind unzulässig." Bis dahin verbürgte § 1631 BGB 1900 ein Recht des Vaters, „angemessene Zuchtmittel" anzuwenden, das mit dem GleichberG von 1957 auch der Mutter zuteil wurde.

412 § 1631 Abs. 2 BGB 1997 lautet: „Entwürdigende Erziehungsmaßnahmen, insbesondere körperliche und seelische Misshandlungen sind unzulässig"; vgl. hierzu Schwab/Wagenitz, FamRZ 1997, 1378, 1379; Gerlach, S. 319 f.

413 Peschel-Gutzeit, Protokoll der 717. Bundesratsitzung vom 17.10.1997, S 454 f.

414 BGBl. I S. 1479, in Kraft getreten am 8.11.2000.

415 Begr. Gesetzesentwurf, BT-Drucks. 14/1247, S. 3 f.

416 Begr. Gesetzesentwurf, BT-Drucks. 14/1247, S. 5 f.; vgl. auch Gerlach, S. 319 f. Bereits fünf Jahre später wurde der Erfolg des Gesetzes von der Bundesregierung gefeiert,

f) Erweiterte Zuständigkeit des Familiengerichts

Der materiellrechtlichen Gleichstellung der ehelichen und nichtehelichen Kinder folgend wurde konsequenterweise auch im Verfahrensrecht Rechnung getragen und eine einheitliche Zuständigkeit des Familiengerichts in Sorgerechtssachen statuiert. Die bis dahin relevante Unterscheidung danach, ob eine Sorgeregelung für ein eheliches (dann Familiengericht) oder nichteheliches Kind (dann Vormundschaftsgericht) begehrt wurde ist entfallen.[417] Die diesbezüglichen Regelungen des KindRG wurden allerdings in der Zwischenzeit von dem FGG-RG[418] vom 17.12.2008 überlagert, dass die Idee vom „großen Familiengericht" noch weiter führte und vollständig umsetzte.

Auf eine weitere wichtige verfahrensrechtliche Neuerung durch das KindRG, nämlich die Aufhebung des Zwangsverbundes der Sorgerechtssache mit dem Ehescheidungsverfahren, wird weiter unten, im Kontext der Regelung des § 1671 BGB einzugehen sein.

2. Der Sorgerechtserwerb allgemein

Nach der durch das KindRG geschaffenen Rechtslage bildet die gemeinsame elterliche Sorge der Eltern den natürlichen Grundfall.[419] Für verheiratete Eltern kann dies ohne weiteres angenommen werden: die gesetzliche Vaterschaftsvermutung hinsichtlich eines in der Ehe geborenen Kindes (§ 1592 Nr. 1 BGB) zieht automatisch das Sorgerecht des Ehemannes nach sich, das ihm gemeinsam mit der Mutter zusteht. Hieran ändert die Trennung oder Scheidung der Eheleute zunächst nichts; die Sorgerechtslage wird nur auf Antrag verändert, § 1671 BGB.

Dieses Regel-Ausnahme-Verhältnis lässt sich jedoch auch nach dem Inkrafttreten des KindRG nicht ohne weiteres auf die Eltern der nichtehelichen Kinder übertragen. Dem Sorgerechtserwerb wurde hier vom Gesetzgeber nämlich eine – häufig kaum überwindbare – Hürde vorgeschaltet: der diesbezügliche Konsens beider Elternteile.

Insgesamt sind unterschiedliche Möglichkeiten des Sorgerechterwerbs vorgesehen. Neben der auch schon vor dem Inkrafttreten des KindRG gegebenen

---

vgl. Ideal einer Erziehung ohne Gewalt setzt sich durch, Pressemitteilung des Bundesministeriums für Justiz, Berlin, 20.10.2005; kritisch hierzu Gerlach, S. 320.

417 Vgl. auch Bugla, S. 159.

418 Gesetz zur Reform des Verfahrens in Familiensachen und in den Angelegenheiten der freiwilligen Gerichtsbarkeit (FGG-Reformgesetz – FGG-RG)vom 17.12.2008, BGBl. I S. 2586 (Nr. 61); zuletzt geändert durch Artikel 8 G. v. 30.07.2009 BGBl. I S. 2449; Geltung ab 01.09.2009.

419 Schwab, Familienrecht, Rn. 618.

Zuordnung kraft Gesetzes (verheiratete Eltern, alleiniges Sorgerecht der nicht-ehelichen Mutter, nachfolgende Heirat der Eltern) ist eine neue hinzugekommen: der Sorgerechtserwerb durch Willenserklärungen der Eltern. Die Möglichkeit der Zuordnung der (alleinigen) elterlichen Sorge kraft gerichtlicher Entscheidung ist durch das KindRG auch auf nichteheliche Eltern ausgeweitet worden, § 1672 BGB.

Weggefallen ist hingegen die Sorgerechtszuordnung kraft Ehelicherklärung.

Nachfolgend sollen speziell die Möglichkeiten des Sorgerechtserwerbs der nicht verheirateten Eltern näher beleuchtet werden. Alle dargestellten Varianten setzen voraus, dass die rechtliche Abstammung von den Eltern jeweils positiv feststeht. Mutter ist dabei seit dem Inkrafttreten des KindRG unanfechtbar und nicht disponibel die Frau, die das Kind geboren hat, § 1591 BGB.[420] Mit dieser Definition wollte der Kindschaftsreformgesetzgeber dem Umstand Rechnung tragen, dass die modernen Methoden der künstlichen Fortpflanzung ein Auseinanderfallen der genetischen von der biologischen Mutterschaft möglich machen. Eine „gespaltene" Mutterschaft in den Fällen, in denen die Gebärende nicht die genetische Mutter des Kindes ist, sollte durch die geschaffene Regelung vermieden werden.[421]

Die Vaterschaft kann indessen – differenzierter – kraft Ehe mit der Mutter (§ 1592 Nr. 1 BGB), kraft Anerkennung (§§ 1592 Nr. 2, 1594–1598 BGB) oder kraft gerichtlicher Entscheidung (§§ 1592 Nr. 3, 1600 d Abs. 1 BGB) feststehen. Bei der Zuordnung des Kindes kraft Ehe gelten Besonderheiten für den Fall, dass die Ehe der Eltern durch den Tod des Vaters aufgelöst wurde, § 1593 BGB. Eine weitere Ausnahme vom strikten Abstellen auf den Zeitpunkt der Geburt des Kindes gilt für den Fall, dass es nach der Anhängigkeit eines Scheidungsantrages, jedoch vor Rechtskraft der Scheidung zur Welt kommt und ein Dritter die Vaterschaft binnen einer bestimmten Frist anerkennt, § 1599 Abs. 2 BGB.

3. Sorgerechtserwerb bei nicht verheirateten Eltern, §§ 1626 a – e, 1672 BGB

Das KindRG brachte erstmals die Möglichkeit für nichteheliche Eltern, ein gemeinsames Sorgerecht für ihr Kind zu begründen, ohne dafür einander heiraten zu müssen. Das war revolutionär und ist gerade einmal 13 Jahre her.[422]

---

420 Brudermüller in: Palandt, 72. Aufl. 2013, § 1591, Rn. 2.
421 BT-Drucks. 13/4899, S. 51 f.
422 Peschel-Gutzeit, FF 2011, 105, 107.

a) Sorgerechtserwerb durch Sorgeerklärung, §§ 1626 a – e BGB

Die durch das KindRG neu eingeführte Vorschrift des § 1626 a BGB ergänzt die Aussage des § 1626 Abs. 1 S. 1 BGB für die Fälle, in denen die Eltern des Kindes bei seiner Geburt nicht miteinander verheiratet sind.[423]

Durch § 1626 a Abs. 1 Nr. 1 BGB wurde nichtehelichen Eltern die Möglichkeit eröffnet, die gemeinsame Sorge für ihr Kind durch Sorgeerklärungen zu begründen.

aa) Gesetzesmotive

Der Gesetzgeber hat sich bewusst gegen eine ex lege eintretende gemeinsame elterliche Sorge der nicht verheirateten Eltern entschieden und folgt damit dem sog. Antragsprinzip, das an sich breite Zustimmung in der Literatur fand.[424] Das Erfordernis übereinstimmender Erklärungen gründete auf der Annahme, dass bei aller gesellschaftlichen Entwicklung eine Vielzahl der nichtehelichen Kinder nach wie vor das Produkt flüchtiger Bekanntschaften oder instabiler Beziehungen sei.[425] Eine aufoktroyierte gemeinsame Sorge gegen den Willen eines Elternteils berge deshalb eine erhebliche Gefahr von Konflikten, die das Kindeswohl beeinträchtigen könnten.[426] Es könne mithin nicht auf den dokumentierten Willen der Eltern, in Kindesbelangen zusammenzuarbeiten, verzichtet werden. Dies ergebe sich aus dem Pflichtcharakter des Elternrechts aus Art. 6 Abs. 2 GG und sei eine dem Sorgerecht vorgeschaltete Bedingung.[427] Sind die Eltern zur Herstellung eines durch Sorgeerklärungen dokumentierten Einvernehmens nicht in der Lage, so habe der Staat in Wahrnehmung seines Wächteramts für eine Regelung

---

423 BT-Drucks. 13/4899, S. 93.
424 Vgl. Lipp, FamRZ 1998, 65, 70; Coester, JZ 1992, 809, 814 f.
425 BT-Drucks. 13/4899, S. 58.
426 BT-Drucks. 13/4899, S. 58, 59.
427 Lipp, FamRZ 1998, 65, 70 unter Bezugnahme auf BVerfGE 24, 119 ff. = FamRZ 1968, 578, 584: „…In Art. 6 Abs. 2 GG sind Recht und Pflicht von vornherein unlöslich miteinander verbunden; die Pflicht ist nicht eine das Recht begrenzende Schranke, sondern ein wesensbestimmender Bestandteil dieses Elternrechts, das insoweit treffender als Elternverantwortung bezeichnet werden kann. Art. 6 Abs. 2 GG schützt danach die freie Entscheidung der Eltern darüber, wie sie dieser natürlichen Verantwortung gerecht werden wollen; er schützt nicht diejenigen Eltern, die sich dieser Verantwortung entziehen…" sowie auf BVerGE 56, 362 ff = FamRZ 1981, 429, 433: „…Das verfassungsrechtlich gewährleistete Elternrecht setzt danach voraus, dass die Eltern bereit und in der Lage sind, ihr Erziehungsrecht zum Wohle des Kindes wahrzunehmen…".

zu sorgen, die das Kind vor den Streitigkeiten seiner Eltern schützt. Das Antragsprinzip sei hierfür ein probates Mittel.[428]

bb) Voraussetzungen der Sorgeerklärungen

Haben die Eltern einen Konsens über die gemeinsame Übernahme der Verantwortung für ihr Kind erzielt, wird der Zugang zum gemeinsamen Sorgerecht niedrigschwellig gestaltet.[429] Erforderlich sind lediglich Erklärungen der Eltern, die elterliche Sorge gemeinsam übernehmen zu wollen, § 1626 a Abs. 1 Nr. 1 BGB. Diese Erklärungen müssen übereinstimmenden Inhalt haben; es ist jedoch weder die gemeinsame noch gleichzeitige Abgabe nötig.[430] Die Wirkungen treten erst bei Vorliegen von Sorgeerklärungen beider Eltern ein. Eine nur von einem Elternteil abgegebene Erklärung bleibt rechtlich wirkungslos. Die Sorgeerklärungen können – streng am Gesetzeswortlaut orientiert – nur den übereinstimmenden Willen der Eltern zum Inhalt haben, das Sorgerecht gemeinsam auszuüben. Alleinige Sorge des Vaters oder ein nur partiell gemeinsames Sorgerecht ist durch Sorgeerklärungen nicht begründbar.[431]

aaa) Formelle Voraussetzungen

Die Sorgeerklärung ist bedingungs- und befristungsfeindlich, § 1626 b Abs. 1 BGB. Sie kann – genau wie eine Vaterschaftsanerkennung, § 1594 Abs. 4 BGB – vorgeburtlich erfolgen, § 1626 b Abs. 2 BGB. Werden beide Erklärungen vor der Geburt des Kindes abgegeben, führt dies zu einer gemeinsamen Sorge der Eltern ex natu, ohne die zwischenzeitliche Alleinsorge der Kindesmutter.[432] Sorgeerklärungen sind allerdings dort nicht möglich, wo bereits eine familiengerichtliche Sorgerechtsentscheidung vorliegt, § 1626 b Abs. 3 BGB.

Es handelt sich weiter um höchstpersönliche Willenserklärungen der Eltern, § 1626 c Abs. 1 BGB. Wegen der Bedeutung der Sorgeerklärungen ist eine Vertretung ausgeschlossen.[433] Die Wirksamkeit der Sorgeerklärung eines beschränkt geschäftsfähigen Elternteils hängt von der höchstpersönlichen Zustimmung seines gesetzlichen Vertreters ab, die ebenfalls pränatal erfolgen kann

---

428 Lipp, FamRZ 1998, 65, 70.

429 Vgl. auch Schwab/Wagenitz, FamRZ 1997, 1377, 1379.

430 Schmid in: Schulz/Hauß, § 1626 a Rn. 2; Gernhuber/Coester -Waltjen, V. Abschnitt C § 57 X Rn. 138, S. 723.

431 Schwab, Familienrecht, Rn. 629.

432 Vgl. Schwab/Wagenitz, FamRZ 1997, 1377, 1379; Diederichsen in: Palandt, 72. Aufl. 2013, § 1626 b Rn. 2.

433 Diederichsen in: Palandt, 72. Aufl. 2013, § 1626 c Rn. 1.

und ausgeschlossen ist, wenn das Sorgerecht bereits gerichtlich geregelt wurde, § 1626 c Abs. 2 S. 1, 2 BGB. Die Zustimmung kann vom Familiengericht ersetzt werden, wenn dies nicht mit dem Wohl des Elternteils nicht kollidiert, § 1626 c Abs. 2 S. 3 BGB.

Schließlich bedürfen die Sorgeerklärungen einer öffentlichen Beurkundung, § 1626 d Abs. 1 BGB. Diese Voraussetzung hielt der Gesetzgeber angesichts der großen Bedeutung der Sache wegen den einer Beurkundung vorausgehenden Belehrungen für unverzichtbar.[434]

Die diesbezügliche Zuständigkeit der Notare ergibt sich aus § 20 Abs. 1 BNotO. Daneben können Sorgeerklärungen vor dem Jugendamt abgegeben werden, § 59 Abs. 1 S. 1 Nr. 8 SGB VIII, weil der Gesetzgeber von der Fähigkeit der Bediensteten zu einer entsprechenden Belehrung ausging. Genau unter diesem Aspekt erfolgte indessen eine Entscheidung des Gesetzgebers gegen die Beurkundungsmöglichkeit vor einem Standesbeamten.[435]

Die beurkundende Stelle teilt die Sorgeerklärung dem für die Geburt des Kindes zuständigen Jugendamt mit, § 1626 d Abs. 2 BGB. Dieses hat im Rahmen von § 58 a SGB VIII den Müttern „Negativatteste"[436] zur Legitimation ihrer alleinigen elterlichen Sorge auszustellen, wenn keine Sorgeerklärungen abgegeben wurden.

§ 1626 e BGB stellt klar, dass es sich bei den §§ 1626 b–1626 d BGB um eine abschließende Sonderregelung der Unwirksamkeitsgründe handelt und soll verhindern, dass insbesondere Willensmängel die Wirksamkeit von Sorgeerklärungen in Frage stellen.[437] Liegt danach eine wirksame Sorgeerklärung vor, scheidet eine Anfechtung nach §§ 104 ff. BGB aus.[438]

Die Veränderung der durch die Sorgeerklärungen geschaffenen Sorgerechtslage ist daher nur im Wege des familiengerichtlichen Verfahrens (auf Antrag eines Elternteils gem. § 1671 oder durch gerichtliche Maßnahme bei Kindeswohlgefährdung gem. § 1666) möglich.

bbb) Materielle Voraussetzungen

Die wirksamen Sorgeerklärungen reichen für die Begründung der gemeinsamen elterlichen Sorge aus. Die durch das KindRG geschaffene Regelung setzt nicht voraus, dass die Eltern zusammen leben. Nach dem Ansinnen des Gesetzgebers

---

434 BT-Drucks. 13/4899, S. 95.
435 BT-Drucks. 13/4899, S. 95.
436 Begriff verwendet von Schwab/Wagenitz, FamRZ 1997, 1377, 1379.
437 Diederichsen in: Palandt, 72. Aufl. 2013, § 1626 e Rn. 1.
438 Vgl. auch Haibach/Haibach, S. 34 f.

könne es nämlich gute Gründe dafür geben, gerade im Sinne des Kindeswohls die Begründung eines gemeinsamen Haushaltes nicht zu überstürzen.[439]

Der gemeinsamen Sorge steht auch nicht entgegen, dass ein oder sogar beide Elternteile (anderweitig) verheiratet sind. Zwar seien nach Auffassung des Gesetzgebers mögliche Konflikte in der jeweiligen Ehe vor dem Hintergrund des entstehenden „Mischverhältnisses" nicht ganz von der Hand zu weisen. Allerdings sei das Interesse des Kindes an einer vom gemeinsamen Sorgerecht geprägten Relation seiner Eltern höher zu bewerten als das Interesse des Ehegatten an einer rechtlich möglichst schwach ausgestalteten Beziehung des anderen Ehegatten zu seinem Kind.[440]

Schließlich hat sich der Gesetzgeber gegen eine generell durch das Familiengericht vorzunehmende Kindeswohlprüfung entschieden, weil eine solche Voraussetzung Ausdruck eines nicht gerechtfertigten Misstrauens gegen die nichtehelichen Eltern wäre. Zudem würde eine solche Lösung zur Ungleichbehandlung im Verhältnis zu verheirateten Eltern führen, bei denen eine Prüfung der Erziehungsfähigkeit eben nicht stattfindet.[441]

b) Sorgerechtserwerb kraft Gesetzes – durch spätere Heirat
Das Rechtsinstitut der Legitimation durch nachfolgende Ehe, die dem Kind den Ehelichkeitsstatus und den Eltern ein gemeinsames Sorgerecht bescherte,[442] wurde durch das KindRG abgeschafft, die sorgerechtliche Folge jedoch beibehalten:[443] Nach wie vor soll der Vater bei einer nachfolgenden Heirat nicht leer ausgehen und erhält automatisch die gemeinsame elterliche Sorge, § 1626 a Nr. 2 BGB. Dies gilt auch dann, wenn die Ehe geschieden wird, ein Elternteil die alleinige Sorge gem. § 1671 BGB erhält und die Eltern später erneut einander heiraten.[444]

c) Alleinsorge der Mutter im Übrigen – § 1626 a Abs. 2 BGB
§ 1626 a Abs. 2 BGB stellt unmissverständlich klar, dass ansonsten – wenn weder Sorgeerklärungen abgegeben werden noch geheiratet wird – die Mutter alleinige Inhaberin der elterlichen Sorge für das Kind ist.

Diese Regelung ist als Konsequenz der oben dargestellten Motivation des Gesetzgebers für eine Antragslösung aufzufassen. Um die Austragung von

---

439 BT-Drucks. 13/4899, S. 58 f.
440 BT-Drucks. 13/4899, S. 59.
441 BT-Drucks. 13/4899, S. 59.
442 §§ 1719 Abs. 1, 1626 Abs. 1, S. 1 BGB 1976.
443 BT-Drucks. 13/4899, S. 70.
444 Oelkers, § 1, Rn. 21.

Streitigkeiten auf dem Rücken des Kindes zu vermeiden und eine eindeutige Zuordnung des Kindes zu gewährleisten, wurde die sorgerechtlich starke Position der Mutter beibehalten und ihre etwaige Willkür grundsätzlich in Kauf genommen.[445]

d) § 1672 BGB: Elterliche Sorge bei Trennung und alleinigem Sorgerecht der Mutter

Anders als bei Eltern, die zusammen leben (hier kann der Vater nur noch die Mutter heiraten, wenn sie die Abgabe der Sorgeerklärung verweigert) bietet § 1672 BGB für den Fall, dass die nichtehelichen Eltern nicht nur vorübergehend voneinander getrennt leben, eine letzte Chance für den nichtehelichen Vater, sogar das alleinige Sorgerecht oder zumindest Teile des Sorgerechts zu erwerben. Auch hier besteht jedoch die Schwierigkeit, dass das Einverständnis der Mutter erforderlich ist; daneben gilt es die Hürde der Kindeswohlprüfung zu überwinden.

Die rechtsgeschichtlichen Wurzeln des neu gefassten § 1672 BGB sind in dem durch das KindRG abgeschafften Rechtsinstitut der Ehelicherklärung auf Antrag des Vaters zu sehen. Im Fall der Ehelicherklärung ging bis zum Inkrafttreten des KindRG die elterliche Sorge von der Mutter auf den Vater über.[446] Die Möglichkeit dieser Rechtsfolge sollte ausdrücklich durch § 1672 BGB beibehalten werden.[447]

aa) Zustimmung der Mutter

Wie schon früher bei der Ehelicherklärung ist gem. § 1672 Abs. 1 S. 1 BGB die Zustimmung der Mutter erforderlich. Diese Zustimmung muss sich bereits auf den Antrag selbst und nicht erst auf die Veränderung der Sorgerechtslage beziehen. Die rechtliche Ausgestaltung der Zustimmung der Mutter als echte Zulässigkeitsvoraussetzung sollte die Möglichkeit der Zurückweisung des Antrags des Vaters als unzulässig gewährleisten.[448] Damit soll wiederum die Belastung des Mutter-Kind-Verhältnisses durch die voreilige Einleitung des Verfahrens durch

---

445 BT-Drucks. 13/4899, S. 59; kritisch hierzu: Lipp, FamRZ 1998, 65, 70, der schon damals vorschlug, bei lediglich einseitiger Sorgeerklärung des Vaters eine familiengerichtliche Prüfung vorzunehmen.

446 §§ 1736, 1738 BGB; vgl. jedoch BVerfG, FamRZ 1991, 913 ff. und die Ausführungen hierzu oben, S. 60 ff.

447 BT-Drucks. 13/4899, S. 70.

448 BT-Drucks. 13/4899, S. 100 f.

den Vater und seinen Versuch, die erforderliche Zustimmung nachzuholen, verhindert werden.[449]

bb) Dauerndes Getrenntleben

§ 1672 Abs. 1 S. 1 BGB lässt einen Wechsel der Alleinsorge ausschließlich im Fall des nicht nur vorübergehenden Getrenntlebens der Eltern zu. Der Gesetzgeber ging bei zusammenlebenden Eltern lebensnah von der hauptsächlichen Ausübung der Sorge durch die Mutter aus und wollte ihr kein Instrument in die Hand legen, sich der rechtlichen Grundlage ihrer Pflichten zu entledigen. Die Beteiligung des Vaters sei besser durch die Herbeiführung der gemeinsamen Sorge (§ 1626 a Abs. 1 Nr. 1 BGB) zu erreichen, weil es für das Kind vorteilhafter sei, einen weiteren Sorgerechtsinhaber zu gewinnen, ohne dass die Pflichten der Mutter wegfielen.[450]

cc) Positive Kindeswohlprüfung

Nach 1672 Abs. 1 S. 2 BGB ist die elterliche Sorge auf den Vater nur dann zu übertragen, wenn dies dem Kindeswohl dient. Die Schwelle wurde vom Gesetzgeber bewusst deutlich höher gesteckt als bei der Übertragung des alleinigen Sorgerechts für den Fall des Getrenntlebens bei einer zuvor bestehenden gemeinsamen Sorge.[451] In diesem Fall reicht gem. § 1671 Abs. 2 Nr. 1 BGB aus, dass der andere Elternteil zustimmt und das über 14 Jahre alte Kind nicht widerspricht, ohne dass eine Kindeswohlprüfung erforderlich wäre. Die Notwendigkeit für diese auffällige Ungleichbehandlung sah der Gesetzgeber in den jeweils grundunterschiedlichen Situationen: Während § 1671 BGB Fälle des gemeinsames Sorgerechts betreffe und deshalb hier die Gefahr bestünde, dass wegen Konflikten der Eltern wichtige Entscheidungen verzögert oder nicht getroffen werden können, sei dies bei § 1672 BGB wegen der alleinigen Sorge der Mutter nicht zu befürchten. Im Sinne des Kindeswohls seien deshalb in den Fällen des § 1672 BGB die strengeren Anforderungen anzulegen und sei eine Kindeswohlprüfung vorzuschalten.[452]

Die konstruiert wirkende Argumentation vermag angesichts der deutlichen Schlechterstellung des nichtehelichen Vaters in den Fällen des § 1672 BGB kaum

---

449 BT-Drucks. 13/4899, S. 100.
450 BT-Drucks. 13/4899, S. 100.
451 BT-Drucks. 13/4899, S. 100 f.
452 BT-Drucks. 13/4899, S. 100 f.

zu überzeugen.[453] Ein weiterer Widerspruch wird im Vergleich zur Begründung der gemeinsamen Sorge der nichtehelichen Eltern durch Sorgeerklärungen deutlich, bei der auf eine Kindeswohlprüfung gänzlich verzichtet wurde.

Der Gesetzgeber verkennt in seiner Begründung nicht, dass die höheren Anforderungen des § 1672 Abs. 1 S. 2 BGB dadurch umgangen werden können, dass die Eltern zunächst Sorgeerklärungen abgeben, um dann einen Antrag nach § 1671 Abs. 2 S. 1 BGB zu stellen.[454] Auf eine sinnvolle, jedoch umgehbare Regelung solle nach seiner Auffassung nur in den Fällen verzichtet werden, in denen die Umgehung mit einer Häufigkeit auftrete, die die umgangene Norm praktisch leer laufen ließe. Dies sei vorliegend jedoch nicht zu befürchten.[455] Hier wird man dem Gesetzgeber beipflichten müssen: die praktische Relevanz des § 1672 BGB ist ohnehin als sehr gering zu bezeichnen, weil die Bereitschaft der Mütter zur Übertragung der alleinigen Sorge auf den Vater noch deutlich weiter als eine Zustimmung zur Begründung der gemeinsamen Sorge im Rahmen des § 1626 a Abs. 1 Nr. 1 BGB geht und eine absolute Ausnahme darstellt.[456]

§ 1672 Abs. 2 S. 1 BGB enthält die Rechtsgrundlage für die Herbeiführung des gemeinsamen Sorgerechts kraft gerichtlicher Entscheidung. Diese Regelung ist für Fälle erforderlich, in denen nach § 1672 Abs. 1 BGB eine Übertragung der Alleinsorge stattfand, weil dann der Weg zum gemeinsamen Sorgerecht durch die Abgabe von Sorgeerklärungen gem. § 1626 b Abs. 3 BGB gesperrt ist. Ist die elterliche Sorge teilweise bei der Mutter geblieben, steht der Weg über die Sorgeerklärungen nach wie vor offen.[457] Da durch die Begründung der gemeinsamen Sorge dem Kind kein Sorgerechtsinhaber verloren geht, sind die Voraussetzungen lockerer als bei § 1672 Abs. 1 BGB.[458] Die erforderliche Zustimmung des anderen Elternteils muss sich nicht mehr auf den Antrag selbst, sondern nur noch auf die Übertragung beziehen. Auch bei der Kindeswohlprüfung wurde die Schwelle niedriger gestaltet: Statt der positiv festgestellten Kindeswohldienlichkeit ist ausreichend, dass die gemeinsame Sorge dem Kindeswohl nicht widerspricht.

---

453 Vgl. hierzu auch Coester, FamRZ 1995, 1245, 1247, der bereits zum damaligen Zeitpunkt auf den „offensichtlichen Konflikt" der beabsichtigten Regelung des § 1672 BGB-E mit dem Elternrecht des Vaters aus Art. 6 Abs. 2 GG hingewiesen hat.
454 BT-Drucks. 13/4899, S. 101.
455 BT-Drucks. 13/4899, S. 101.
456 Ebenso Lipp, FamRZ 1998, 65, 72.
457 BT-Drucks. 13/4899, S. 101.
458 BT-Drucks. 13/4899, S. 101.

4. Elterliche Sorge nach Trennung und Scheidung bei gemeinsamem Sorgerecht – § 1671 BGB

Für den Fall der Scheidung oder Trennung bei einer bis dahin bestehenden gemeinsamen elterlichen Sorge bietet § 1671 BGB die Rechtsgrundlage für eine vollständige oder partielle Übertragung auf einen Elternteil.

a) Gesetzesmotive

Mit Blick auf die klaren Vorgaben des Bundesverfassungsgerichts[459] ging es weder bei ehelichen noch bei unehelichen Eltern um das „ob" eines gemeinsamen Sorgerechts nach der Trennung oder Scheidung, sondern lediglich um das „wie" der Ausgestaltung.[460] Trotzdem handelte es sich bei dieser Regelung um die wohl am meisten umstrittene Materie des Gesetzgebungsverfahrens.[461]

Nachdem das BVerfG mit Urteil vom 3.11.1982[462] § 1671 Abs. 4 S. 1 BGB 1979, also die zwangsweise Übertragung des Sorgerechts auf nur einen Elternteil für verfassungswidrig erklärt hatte, waren auf Beibehaltung der gemeinsamen Sorge nach Scheidung ausgerichtete Entscheidungen der Familiengerichte schon vor dem Inkrafttreten des KindRG möglich. Allerdings erfolgte diesbezüglich – in geographischer Abhängigkeit – eine sehr uneinheitliche Rechtsprechung, die letztlich Rechtsunsicherheit zur Folge hatte.[463]

Die insofern überfällige Reform beschränkte sich jedoch nicht nur darauf, die Rechtsprechung des BVerfG umzusetzen, sondern folgte einem ganz neuen Konzept, nach dem im Sinne des Kindeswohls nicht mehr die Beibehaltung, sondern die Aufhebung der gemeinsamen elterlichen Sorge einer besonderen Rechtfertigung bedarf.[464]

Die weitere Dimension des Reformvorhabens zeigte sich darin, dass die Unterscheidung zwischen ehelichen und nichtehelichen Kindern nicht beibehalten wurde und § 1671 BGB das Sorgerecht für alle Kinder regelt, deren Eltern sich trennen oder scheiden lassen. In § 1671 BGB floss die Regelung des § 1672 BGB 1979 mit ein, der die Regelung für den Fall der Trennung der (verheirateten)

---

459   Vor dem Inkrafttreten des KindRG zuletzt in BVerfG, FamRZ 1995, 789 ff.

460   BT-Drucks. 13/4899, S. 58.

461   Beschlussempfehlung und Bericht des Rechtsausschusses, BT-Drucks. 13/8511, S. 66.

462   BVerfGE 61, 358 ff. = FamRZ 1982, 1179 ff.; vgl. hierzu ausführlich oben, S. 52 ff.

463   BT-Drucks. 13/4899, S. 46.

464   BT-Drucks. 13/4899, S. 62; Schwab, Familienrecht, S. 357.

Eltern enthielt und auf § 1671 BGB 1979 verwies.[465] Da der einzige Unterschied zwischen den beiden Normen (Verfahren von Amts wegen / Antragsverfahren) beseitigt wurde, wurden separate Regelungen nach Trennung und Scheidung überflüssig. Weil wiederum die Scheidung als Anknüpfungspunkt entfiel, sah der Gesetzgeber keine Notwendigkeit unterschiedlicher Vorschriften für eheliche und nichteheliche Kinder.[466]

b) Revolutionärer Ansatz: grundsätzlich Fortbestand der gemeinsamen Sorge
Nach der durch das KindRG geschaffenen Rechtslage ändert weder eine Trennung noch eine Scheidung der Eltern etwas an dem grundsätzlichen Fortbestand der gemeinsamen elterlichen Sorge. Erst auf Antrag eines Elternteils wird durch das Familiengericht geprüft, ob die gemeinsame Sorge zugunsten der Alleinsorge des Antragstellers aufgehoben werden soll.[467] Dies war bis dahin nach einer Trennung bereits der Fall.[468] Neu war allerdings, dass nunmehr auch bei der Scheidung keine gerichtliche Entscheidung von Amts wegen vorgesehen war.

---

465 § 1671 BGB 1979 lautet: „(1) Wird die Ehe der Eltern geschieden, so bestimmt das Familiengericht, welchem Elternteil die elterliche Sorge für ein gemeinschaftliches Kind zustehen soll. (2) Das Gericht trifft die Regelung, die dem Wohle des Kindes am besten entspricht; hierbei sind die Bindungen des Kindes, insbesondere an seine Eltern und Geschwister, zu berücksichtigen. (3) 1. Von einem übereinstimmenden Vorschlag der Eltern soll das Gericht nur abweichen, wenn dies zum Wohle des Kindes erforderlich ist. 2. Macht ein Kind, welches das vierzehnte Lebensjahr vollendet hat, einen abweichenden Vorschlag, so entscheidet das Gericht nach Absatz 2. (4) 1. Die elterliche Sorge ist einem Elternteil allein zu übertragen. (§ 1671 Abs. 4 S. 1 BGB ist vom BVerfG, BVerfGE 56, 363 ff. = FamRZ 1982, 429 ff. für unvereinbar mit Art. 6 Abs. 2 GG und nichtig erklärt worden, vgl. hierzu oben) 2. Erfordern es die Vermögensinteressen des Kindes, so kann die Vermögenssorge ganz oder teilweise dem anderen Elternteil übertragen werden. (5) 1. Das Gericht kann die Personensorge und die Vermögenssorge einem Vormund oder Pfleger übertragen, wenn dies erforderlich ist, um eine Gefahr für das Wohl des Kindes abzuwenden. 2. Es soll dem Kind für die Geltendmachung von Unterhaltsansprüchen einen Pfleger bestellen, wenn dies zum Wohle des Kindes erforderlich ist. (6) Die vorstehenden Vorschriften gelten entsprechend, wenn die Ehe der Eltern für nichtig erklärt worden ist."
§ 1672 BGB 1979 lautet: „(1) Leben die Eltern nicht nur vorübergehend getrennt, so bestimmt das Familiengericht, welchem Elternteil die elterliche Gewalt über ein gemeinschaftliches Kind zustehen soll (2) Das Gericht entscheidet nur auf Antrag eines Elternteils. (3) Die Vorschriften des § 1671 Abs. 2 bis 4 gelten entsprechend."
466 BT-Drucks. 13/4899, S. 98.
467 Vgl. auch Schwab, Familienrecht, Rn. 740.
468 Vgl. oben Wortlaut des § 1672 BGB 1979.

c) Korrespondierend hiermit: Aufhebung des Zwangsverbundes

Die grundsätzliche Beibehaltung der gemeinsamen elterlichen Sorge gründet auf dem Verzicht auf die durch das EheRG von 1976 eingeführte, obligatorische Sorgerechtsentscheidung des Familiengerichts im Zwangsverbund mit der Ehe, § 623 Abs. 1, 3 ZPO 1976.[469]

Neben den zu berücksichtigenden klaren verfassungsrechtlichen Vorgaben des BVerfG argumentierte der Gesetzgeber für die Abschaffung des Zwangsverbundes unter anderem damit, dass die zwangsweise Sorgerechtsentscheidung zur Konfliktverschärfung zwischen den Eltern beitrüge und die Chancen auf die Beibehaltung des gemeinsamen Sorgerechts verringere.[470]

Darüber hinaus wirke der Verlust des Sorgerechts demotivierend auf den betroffenen Elternteil – meist den Vater –, was letztlich zu einer Entfremdung des Kindes führe. Diese Erwägung sah der Gesetzgeber durch eine rechtstatsächliche Untersuchung bestätigt, wonach über die Hälfte der geschiedenen Väter bereits ein Jahr nach der Scheidung ihr Umgangsrecht nicht mehr wahrnehmen und damit keinen Kontakt mehr zu ihren Kindern haben.[471]

Schließlich sei nicht einzusehen, weshalb an die Scheidung ein sorgerechtliches Zwangsverfahren gekoppelt sein soll, während dies in der besonders heiklen und spannungsbelasteten Trennungszeit nicht der Fall ist.[472]

d) Auch bei gemeinsamer Sorge – Aufspaltung nach Trennung, § 1687 BGB

Mit der durch das KindRG neu eingeführten Regelung suchte der Gesetzgeber nach einer Möglichkeit, das gemeinsame Sorgerecht auch nach einer Trennung praktikabel zu gestalten und dem Umstand Rechnung zu tragen, dass das Kind

---

469   § 623 Abs. 1 und 3 ZPO 1976 lautet: „(1) Soweit in Familiensachen des § 621 Abs. 1 eine Entscheidung für den Fall der Scheidung zu treffen ist und von einem Ehegatten rechtzeitig begehrt wird, ist hierüber gleichzeitig und zusammen mit der Scheidungssache zu verhandeln und, sofern dem Scheidungsantrag stattgegeben wird, zu entscheiden (Folgesachen). Wird bei einer Familiensache des § 621 Abs. 1 Nr. 8 ein Dritter Verfahrensbeteiligter, so wird diese Folgesache abgetrennt. (3) Für die Regelung der elterlichen Gewalt über ein gemeinschaftliches Kind und für die Durchführung des Versorgungsausgleichs in den Fällen des § 1587 b des Bürgerlichen Gesetzbuches bedarf es keinen Antrags. Eine Regelung des persönlichen Verkehrs mit dem Kinde soll im allgemeinen nur ergehen, wenn ein Ehegatte dies anregt."

470   BT-Drucks. 13/4899, S. 62.

471   BT-Drucks. 13/4899, S. 62.

472   BT-Drucks. 13/4899, S. 62; zu der Auseinandersetzung mit den im Gesetzgebungsverfahren vorgebrachten Gegenargumenten siehe a.a.O. S. 62 f.

nach der Trennung seiner Eltern meistens bei nur einem Elternteil lebt, von dem es betreut und versorgt wird.[473]

Praxisnah ging er dabei davon aus, dass es sich für den betreuenden Elternteil schwierig gestalten dürfte, auch in Alltagsangelegenheiten im permanenten Austausch mit dem getrenntlebenden Partner zu bleiben. Damit einhergehend seien Konflikte in vergleichsweise belanglosen Angelegenheiten zu befürchten und der Bestand der gemeinsamen Sorge an sich sei gefährdet.[474]

Gem. § 1687 BGB ist das gemeinsame Sorgerecht nach einer nicht nur vorübergehenden Trennung der Eltern deshalb ein gespaltenes: während in wichtigen Angelegenheiten ein Einvernehmen der Eltern erforderlich bleibt, fallen Alltagsdinge in die alleinige Entscheidungskompetenz des betreuenden Elternteils. Es handelt sich folglich um eine Mischung aus Alleinsorge und gemeinsamer Sorge im eigentlichen Sinne. Schwab geht noch einen Schritt weiter, wenn er meint, es sei letztlich die „Alleinsorge mit einer Mitbestimmung des anderen Teils in wichtigen Angelegenheiten".[475]

aa) Angelegenheiten von besonderer Bedeutung
Die Unterscheidung zwischen den Angelegenheiten von besonderer Bedeutung und Alltagsangelegenheiten bezieht sich sowohl auf die Personen- als auch auf die Vermögenssorge und ist nicht immer eindeutig möglich.[476]

Von erheblicher Bedeutung ist z.B. die Wahl des Sorgemodells,[477] die Aufenthaltsbestimmung, religiöse Erziehung, Anmeldung des Kindes in einer bestimmten Kindereinrichtung oder Schule, Berufswahl oder riskante medizinische Eingriffe.[478]

bb) Angelegenheiten des täglichen Lebens
Die Angelegenheiten des täglichen Lebens sind nach der Legaldefinition des § 1687 Abs. 1 S. 3 BGB „in der Regel solche, die häufig vorkommen und die keine schwer abzuändernden Auswirkungen auf die Entwicklung des Kindes haben". Die positive Komponente (Häufigkeit) und die negative Komponente (keine

---

473 BT-Drucks. 13/4899, S. 58.
474 BT-Drucks. 13/4899, S. 58.
475 Schwab, FamRZ 1998, 457, 458.
476 Diederichsen in: Palandt, 72. Aufl. 2013, § 1687 Rn. 4; Schwab/Wagenitz, FamRZ 1997, 1377, 1380.
477 Z.B. abweichend vom sog. Residenzmodell das Nest- oder Wechselmodell.
478 Schmid in: Schulz/Hauß, § 1687 Rn. 2.

schwer abzuändernden Auswirkungen) sollen dabei als entscheidende Kriterien die Abgrenzung erleichtern.[479]

cc) Voraussetzungen für die alleinige Entscheidungskompetenz
Die Alleinentscheidungskompetenz des betreuenden Elternteils setzt zunächst eine nicht nur vorübergehende Trennung der Eltern voraus.[480] Ein Versöhnungsversuch ist abweichend von 1567 Abs. 2 BGB nicht als Getrenntleben zu werten und lässt die Erforderlichkeit des Einvernehmens wieder entfallen.[481]

Zum anderen ist erforderlich, dass der gewöhnliche Aufenthalt des Kindes bei dem betreuenden Elternteil entweder einvernehmlich mit dem anderen Elternteil oder im Wege einer gerichtlichen Entscheidung festgelegt wurde, § 1687 Abs. 1 S. 2 BGB.

§ 1687 Abs. 1 S. 4 BGB räumt dem nicht betreuenden Elternteil, bei dem sich das Kind zeitweise z.B. zur Ausübung des rechtmäßigen Umgangs aufhält, ebenfalls eine Alleinentscheidungsbefugnis ein, die sich hier allerdings lediglich auf die Angelegenheiten der tatsächlichen Betreuung und somit nicht auf Rechtsgeschäfte erstreckt.[482]

Beiden Elternteilen steht gem. §§ 1687 Abs. 1 S. 5 BGB, 1629 Abs. 1 S. 4 BGB die Befugnis zu, bei Gefahr im Verzug alleine zu entscheiden.

e) Tatbestandsvoraussetzungen des § 1671 BGB
Gem. § 1671 BGB kann die alleinige elterliche Sorge vollständig oder teilweise unter bestimmten Voraussetzungen auf einen Elternteil übertragen werden. Durch die vom Gesetzgeber gewählte Formulierung wird bewusst sprachlich verschleiert, dass es sich tatsächlich um einen Sorgerechtsentzug bei dem anderen Elternteil handelt.[483] Die vom Gesetzgeber formulierte „Übertragung der Alleinsorge" ist freilich eigentlich nicht möglich, weil zuvor keine Alleinsorge eines Elternteils bestand und deshalb auch nicht übertragen werden kann. Diese Ungenauigkeit wurde vom Gesetzgeber jedoch bewusst hingenommen, weil eine förmliche Ausgestaltung der Norm als Sorgerechtsentzug angesichts der zu befürchtenden Konfliktverschärfung nicht für sinnvoll gehalten wurde.[484]

---

479 BT-Drucks. 13/8511, S. 67, 74 f.
480 Vgl. Wortlaut des § 1687 Abs. 1. S. 1 BGB.
481 Schwab, Familienrecht, Rn. 768.
482 Schwab, Familienrecht, Rn. 772.
483 BT-Drucks. 13/4899, S. 99.
484 BT-Drucks. 13/4899, S. 99.

aa) *Gemeinschaftliche Kinder, gemeinsames Sorgerecht, dauerndes*
     Getrenntleben, Antrag

Für die Übertragung des Sorgerechts gem. § 1671 BGB ist zunächst ein Antrag zumindest eines Elternteils erforderlich, das Sorgerecht vollständig oder teilweise auf ihn zu übertragen. Der Antrag ist sowohl eine Zulässigkeits- als auch materiellrechtliche Voraussetzung.[485]

Weiter müssen die Eltern zunächst die gemeinsame elterliche Sorge für gemeinschaftliche Kinder inne haben. Die Grundlage der gemeinsamen Sorge ist nicht relevant. Es werden also sowohl Fälle erfasst, in denen verheiratete Eltern nach Trennung, Scheidung oder Aufhebung ihrer Ehe zunächst gemeinsam sorgeberechtigt geblieben sind, als auch Fälle, in denen nichteheliche Eltern ein gemeinsames Sorgerecht durch Sorgeerklärungen gem. § 1626 a Abs. 1 Nr. 1 BGB oder spätere Heirat, § 1626 a Abs. 1 Nr. 2 BGB, begründet haben.[486]

Nach dem Wortlaut der Norm setzt der Antrag schließlich voraus, dass die Eltern nicht nur vorübergehend voneinander getrennt leben. Maßgeblich ist – wie auch bei § 1672 BGB – die Legaldefinition des § 1567 Abs. 1 BGB.[487] Die Trennung muss sich nach außen manifestieren, die bloße Trennungsabsicht ist nicht ausreichend.[488]

Das Familiengericht hat dem Antrag zu entsprechen, wenn entweder der andere Elternteil zustimmt, § 1671 Abs. 2 Nr. 1 BGB, oder zu erwarten ist, dass die Aufhebung der gemeinsamen Sorge und die Übertragung auf den Antragsteller dem Kindeswohl am besten entspricht, § 1671 Abs. 2 Nr. 2 BGB.

bb) *Zustimmung des anderen Elternteils und des*
     Kindes – § 1671 Abs. 2 Nr. 1 BGB

§ 1671 Abs. 2 Nr. 1 BGB entspricht in Teilen dem bis dahin geltenden § 1671 Abs. 3 BGB 1979.[489] Der durch den Antrag des einen und die Zustimmung des anderen Elternteils zum Ausdruck kommende übereinstimmende Wille ist für das Gericht grundsätzlich bindend.[490]

Ausnahmsweise ist dem Antrag trotz der Einwilligung des anderen Elternteils nicht stattzugeben, wenn das mindestens 14-jährige Kind der Übertragung

---

485 Schwab, FamRZ 1998, 457, 460.
486 Diederichsen in: Palandt, 72. Aufl. 2013, § 1671 Rn. 1, 5; Schwab, FamRZ 1998, 457, 461.
487 Schwab, FamRZ 1998, 457, 461.
488 Diederichsen in: Palandt, 72. Aufl. 2013, § 1671 Rn. 6.
489 Zum Wortlaut vgl. oben S. 44, Fn. 222.
490 Schwab, FamRZ 1998, 457, 461.

widerspricht. Der Widerspruch des Kindes ist jedoch nicht als echtes „Vetorecht" ausgestaltet und führt lediglich dazu, dass dann die Voraussetzungen des § 1671 Abs. 2 Nr. 2 zu prüfen sind.[491] Gelangt das Familiengericht danach zu der Überzeugung, dass die Aufhebung der gemeinsamen Sorge und die Übertragung auf den antragstellenden Elternteil dem Kindeswohl am besten entspricht, ist der entgegenstehende Kindeswille unbeachtlich.

cc) Doppelte Kindeswohlprüfung – § 1671 Abs. 2 Nr. 2 BGB
Liegt ein Einverständnis des anderen Elternteils oder des über 14 Jahre alten Kindes nicht vor, so ist vom Familiengericht gem. § 1671 Abs. 2 Nr. 2 eine zweistufige Kindeswohlprüfung vorzunehmen.

aaa) 1. Stufe: Aufhebung der gemeinsamen Sorge
Auf der ersten Stufe ist zu prüfen, ob die Aufhebung der gemeinsamen elterlichen Sorge dem Kindeswohl am besten entspricht.

(1) Mangelnde Kooperationsfähigkeit
Darauf könnte zum einen die fehlende Kooperationsfähigkeit sowie mangelnder Kooperationswille hindeuten. Häufiger Streit in Kindesangelegenheiten, der zur Verzögerung wichtiger Entscheidungen führt, kann ein wichtiges Indiz hierfür sein. Es soll nach dem Willen des Gesetzgebers nicht erst die Schwelle der Kindeswohlgefährdung durch die Konsensunfähigkeit der Eltern und der hierdurch verzögerten Entscheidungen überschritten sein müssen.[492] In der Gesetzesbegründung wird hierzu in einem vielzitierten Satz ausgeführt, dass sich „Gemeinsamkeit nicht verordnen lässt".[493]

Der BGH hat in diesem Zusammenhang in seinem Beschluss vom 29.9.1999 herausgestellt, dass es maßgeblich auf die Auswirkungen der zwischen den Eltern bestehenden Konflikte auf das Kindeswohl ankommt.[494] Es könnten deshalb auch solche Streitigkeiten zu berücksichtigen sein, die nicht die Erziehungsebene, sondern die Partnerschaftsebene der Eltern betreffen, sofern sie einen negativen Einfluss auf das Kind haben.[495]

Anders herum kann es nur dann bei einem gemeinsamen Sorgerecht bleiben, wenn die fehlende Bereitschaft zum Konsens auf einer nicht nachvollziehbaren

---

491 BT-Drucks. 13/4988, S. 99; Schwab, FamRZ 1998, 457, 461.
492 BT-Drucks. 13/4899, S. 99.
493 BT-Drucks. 13/4899, S. 63.
494 BGH, FamRZ 1999, 1646 ff.
495 KG, FamRZ 1999, 616; Schwab, FamRZ 1998, 457, 463.

Verweigerungshaltung eines Elternteils gründet und eine negative Auswirkung auf das Kind ausgeschlossen werden kann. Könne ein negativer Einfluss auf das Kindeswohl nicht ausgeschlossen werden, entspricht die Aufhebung der gemeinsamen elterlichen Sorge dem Kindeswohl in der Regel am besten.[496]

(2) Gleichgültigkeit
Auch nachhaltige Gleichgültigkeit eines Elternteils hinsichtlich der Kindesbelange kann für die Veränderung der Sorgerechtslage zu Gunsten der alleinigen Sorge eines Elternteils sprechen. Mangelndes Interesse am persönlichen Umgang mit dem Kind, schwere Verletzungen der Unterhaltspflicht sowie fehlende Mitwirkung in Erziehungsfragen können in diesem Zusammenhang von Bedeutung sein. Das Erfordernis unzumutbarer Anstrengungen des betreuenden Elternteils, um die Mitwirkung des anderen Elternteils in wichtigen Kindesbelangen zu erreichen, kollidiere dabei generell mit dem Kindeswohl.[497]

(3) Objektive Erschwernisse
Auch durch die Trennung der Eltern einhergehende objektive Erschwernisse können für die Aufhebung der gemeinsamen elterlichen Sorge sprechen. Die räumliche Entfernung allein wird zwar als noch nicht für sich ausreichend angesehen, wohl aber die tatsächliche Unerreichbarkeit des nicht betreuenden Elternteils, wenn sie die Umsetzung der gemeinsamen Sorge praktisch unmöglich macht.[498]

(4) Erziehungsversagen
Das gemeinsame Sorgerecht ist ferner aufzuheben, wenn sich ein Elternteil nachhaltig als erziehungsunfähig erwiesen hat. Dies kann bei gravierenden Verstößen gegen das in § 1631 BGB verankerte Gewaltverbot oder bei schwerer Vernachlässigung des Kindes der Fall sein.[499] Das mit dem Kindeswohl kollidierende Verhalten des Elternteils muss jedoch nicht die Schwelle der Kindeswohlgefährdung überschritten haben, wie es bei § 1666 BGB der Fall sein müsste.[500]

---

496   BGH, FamRZ 1999, 1646 ff; OLG Hamm, FamRZ 1999, 320, 321; FamRZ 1999, 324, 325; OLG Düsseldorf, ZfJ 1999, 111; OLG Frankfurt, FamRZ 1999, 612, 613; KG, FamRZ 1999, 616 und 809.
497   Schwab, FamRZ 1998, 457, 463.
498   Diederichsen in: Palandt, 72. Aufl. 2013, § 1671 Rn. 14.
499   Schwab, FamRZ 1998, 457, 463 f.
500   Schwab, FamRZ 1998, 457, 463 f.

(5) Häusliche Gewalt
Die Gesetzesbegründung stellt zudem die Fälle heraus, in denen das Verhältnis
der Eltern zueinander durch häusliche Gewalt geprägt ist. Angesichts der Erwar-
tungshaltung, dass sich die Gewaltstrukturen auch nach der Trennung fortset-
zen werden, widerspreche es dem Kindeswohl, es bei der gemeinsamen Sorge zu
belassen, weil hieraus weitere Belastungen für das Kind erwachsen.[501]

(6) Kindeswille
Der Kindeswille ist generell im Rahmen der Kindesanhörung, § 159 FamFG, zu
eruieren. Auf der ersten Ebene der Kindeswohlprüfung, mithin der Beantwortung der Frage, ob die gemeinsame Sorge aufgehoben werden soll, spielt er allerdings keine vorrangige Rolle.[502]

bbb) 2. Stufe: Übertragung auf den Antragsteller
Ist das Familiengericht zu der Überzeugung gelangt, dass die Aufhebung der gemeinsamen elterlichen Sorge mit Rücksicht auf das Kindeswohl erforderlich ist, muss in
einem zweiten Schritt geprüft werden, ob die alleinige Sorge des Antragstellers dem
Kindeswohl am besten entspricht. Kommt das Familiengericht zu einem anderen
Ergebnis, verbleibt es – unter Umständen auch gegen den Willen beider Eltern – bei
einem gemeinsamen Sorgerecht. Dies gilt selbst dann, wenn die Übertragung der Alleinsorge auf den Antragsgegner dem Kindeswohl am besten entspricht, solange dieser keinen eigenen Antrag stellt und die Schwelle des § 1666 BGB nicht erreicht ist.[503]
    Bei der Entscheidung, ob die Alleinsorge auf den Antragsteller zu übertragen
ist, handelt es sich häufig um eine schwierige Abwägung. Dem Familiengericht
steht dabei eine Reihe durch die Rechtsprechung herausgearbeiteter Kriterien
zur Verfügung. Es handelt sich dabei um Gesichtspunkte, die bereits vor dem
Inkrafttreten des KindRG für Sorgerechtsstreitigkeiten entwickelt wurden.[504]

(1) Förderungsprinzip
Im Rahmen des Förderungsprinzips ist zu untersuchen, welcher Elternteil die
größere pädagogische Kompetenz aufweist, um dem Kind die nötige Stabilität
und Orientierung zu geben.[505]

---

501   BT-Drucks. 13/4899, S. 99.
502   Schwab, FamRZ 1998, 457, 464.
503   Vgl. hierzu Schwab, FamRZ 1998, 457, 462.
504   Schwab, FamRZ 1998, 457, 464.
505   BVerfG, FamRZ 1981, 124, 126; BGH, FamRZ 1985, 169; FamRZ 1990, 1383, 1384;
       OLG Hamm, FamRZ 1990, 781, 782.

Es geht also um die Frage, wer von den Eltern die zuverlässigere Gewähr für eine optimale seelische, geistige und körperliche Entwicklung des Kindes bietet.[506]

Dabei wird zunächst im Sinne des Grundsatzes der am wenigsten schädlichen Alternative überprüft, ob sich ein Elternteil möglicherweise von vornherein als Sorgerechtsträger disqualifiziert.[507] Mangelndes Bewusstsein der Elternverantwortung, Verstöße gegen das Gewaltverbot des § 1631 BGB oder Gewalttätigkeit gegenüber dem anderen Elternteil, anderweitige schwere Pflichtverletzungen gegenüber dem Kind, gestörte Eltern-Kind-Relation, ungünstige äußere Gegebenheiten oder andere subjektive Defizite können wichtige Indizien in diesem Zusammenhang sein.[508]

Liegen solche Indizien bei beiden Elternteilen nicht vor, ist nach weiteren Kriterien sorgsam abzuwägen.

Dabei können Faktoren wie die Möglichkeit der persönlichen Betreuung,[509] der Erziehungsziele[510] sowie der Erziehungseignung[511] eine wichtige Rolle spielen.

Ein weiteres wichtiges Kriterium für die Beurteilung des Förderungswillens ist auch die sog. Bindungstoleranz, also die Bereitschaft und Fähigkeit des Elternteils, spannungsfreie Kontakte des Kindes zum anderen Elternteil zuzulassen und aktiv zu unterstützen.[512]

Der Kontakt des Kindes zum nicht betreuenden Elternteil wird als besonders wichtig erachtet.[513] Es wird deshalb von dem betreuenden Elternteil nicht nur die

---

506 BVerfG, FamRZ 1981, 124, 126; BGH, FamRZ 1985, 169; OLG Bamberg, FamRZ 1998, 1462; OLG Stuttgart, FamRZ 1997, 51, 53; KG, FamRZ 1990, 1383, 1384; OLG Hamm, FamRZ 1990, 781, 782; OLG Brandenburg, FamRZ 1996, 1095, 1906.

507 Schwab, FamRZ 1998, 457, 464.

508 Schwab, FamRZ 1998, 457, 464.

509 BVerfG, FamRZ 1981, 124, 126; OLG Frankfurt, FamRZ 1990, 550; FamRZ 1984, 296, 297; OLG Bamberg, FamRZ 1988, 750, 751; zur negativen Auswirkung der Trennung von der Hauptbezugsperson während des Tages vgl. ferner OLG Düsseldorf, FamRZ 1995, 1511, 1512; OLG Bamberg, ZfJ 1996, 194, 195. Bei gleicher Erziehungseignung wird in der Rechtsprechung meist dem Elternteil Vorzug gegeben, der das Kind persönlich betreuen kann, vgl. z.B. OLG Bamberg, ZfJ 194, 195, OLG Koblenz, NJW 1989, 2201, 2202.

510 Oelkers, § 1 Rn. 237 m.w.N.

511 Oelkers, § 1 Rn. 239.

512 Oelkers, § 1 Rn. 253.

513 BezG Erfurt, FamRZ 1994, 921; vgl. auch OLG Bamberg, NJW 1995, 1684; OLG Schleswig, FamRZ 1990, 433, 435; OLG Frankfurt, FamRZ 1997, 573, 576.

vorbehaltlose Zustimmung hierzu erwartet, sondern ggf. auch eine aktive Unterstützung durch autoritäre, motivierende Einwirkung auf das Kind.[514]

(2) Bindungen des Kindes
Vor dem Inkrafttreten des KindRG waren die Bindungen des Kindes, insbesondere zu den Eltern und Geschwistern als wichtiger Gesichtspunkt im Rahmen der Kindeswohlprüfung ausdrücklich im Gesetz genannt, § 1671 Abs. 2 BGB 1979.[515] Das KindRG verzichtete konsequent – selbst in der Generalklausel des § 1697 a BGB – auf eine Konkretisierung der Kindeswohlkriterien. Jedoch auch ohne die ausdrückliche Erwähnung ist unverändert von der hohen Relevanz der gewachsenen Bindungen des Kindes auszugehen, die es nach Trennung und Scheidung möglichst aufrechtzuerhalten gilt.[516]

(3) Kontinuitätsprinzip
Der sog. Kontinuitätsgrundsatz gründet auf der Annahme, dass es für das Kind gut sei, wenn ihm nach der Trennung der Eltern zumindest das gewohnte Lebensumfeld erhalten bleibt. Folglich ist eine Zuweisung des Sorgerechts vorzuziehen, bei der möglichst die bisherige Wohnung, Kindergarten bzw. Schule, Freunde usw. erhalten bleibt.[517] In der Praxis spielt erfahrungsgemäß die Fortsetzung der bisherigen Betreuungssituation eine wichtige Rolle. Unter Umständen kann deshalb die alleinige Sorge dem bisher hauptsächlich betreuenden Elternteil trotz eines Umgebungswechsels zugesprochen werden.[518]

(4) Kindeswille
Schließlich ist dem Willen des Kindes besondere Bedeutung im Rahmen einer Sorgerechtsentscheidung gem. § 1671 Abs. 2 Nr. 2 BGB beizumessen. Mit Blick auf die Position des Kindes als Grundrechtsträger und sein Recht auf freie Entfaltung der Persönlichkeit[519] ist der Kindeswille von Verfassung wegen – wenn

---

514 OLG Celle, FamRZ 1994, 924, 925; OLG München, FamRZ 1991, 1343, 1344; FamRZ 1997, 45; OLG Bamberg, FamRZ 1990, 1135, 1137; OLG Hamburg, FamRZ 1997, 1985, 1284; OLG Koblenz, FamRZ 1978, 201.

515 „(...) hierbei sind die Bindungen des Kindes, insbesondere an seine Eltern und Geschwister zu berücksichtigen."

516 Schwab, FamRZ 1998, 457, 464; Diederichsen in: Palandt, 72. Aufl. 2013, § 1671 Rn. 40; Schmid in: Schulz/Hauß, § 1671 Rn. 16.

517 BVerfG, FamRZ 1981, 745, 749 f.; OLG Frankfurt, FamRZ 1990, 550; OLG Nürnberg, FamRZ 1996, 563, 564; Hennemann in: MüKo, § 1671 Rn. 46.

518 OLG Nürnberg, FamRZ 1996, 563, 564; OLG Köln, FamRZ 1999, 181, 182.

519 BVerfG, FamRZ 1989, 769, 772; FamRZ 1968, 578, 583.

auch altersabhängig und bei weitem nicht immer auschlaggebend – als wichtiges Kriterium in die Gesamtabwägung einzubeziehen.[520]

Das zentrale Instrument zur Ermittlung des Kindeswillens in einem Sorgerechtsverfahren ist nach geltendem Recht die Kindesanhörung, § 159 FamFG. Die Regelung trägt dem verfassungsrechtlichen Auftrag Rechnung, bei Sorgerechtsentscheidungen den Willen des Kindes zu berücksichtigen, sofern dies mit seinem objektiv verstandenen Wohl vereinbar ist.[521] Eine Anhörung des über 14 Jahre alten Kindes in Angelegenheiten der Personensorge ist danach zwingend vorgesehen, § 159 Abs. 1 S. 1 FamFG, bei jüngeren Kindern ab drei Jahren[522] dann, wenn es auf den Willen, die Neigungen und Bindungen des Kindes ankommt oder die Anhörung aus sonstigen Gründen angezeigt ist, § 159 Abs. 2 FamFG. Dies wird bei Entscheidungen gem. § 1671 BGB in der Regel angenommen.[523]

dd) Gemeinsame Sorge nach Trennung und Scheidung als normativer Regelfall?
Bei der Frage, unter welchen Voraussetzungen die gemeinsame Sorge beim diesbezüglichen Streit der Eltern zugunsten der Alleinsorge aufzuheben ist, ist bis heute lebhaft umstritten, ob die gemeinsame elterliche Sorge nach Trennung und Scheidung der gesetzlich verankerte Regelfall werden sollte oder nicht.

Nach der ersten hierzu vertretenen Auffassung ist das gemeinsame Sorgerecht auch nach Trennung oder Scheidung der normative Regelfall. Abweichungen hiervon bedürfen im Sinne eines Regel-Ausnahme-Verhältnisses einer besonderen Begründung. Den Eltern würde vom Gesetzgeber die Aufgabe übertragen, in Konfliktsituationen ihre Interessen hintanzustellen und einen Konsens im Sinne des Kindeswohls zu finden. Deshalb seien weder Streitigkeiten in Kindesbelangen noch die Verweigerungshaltung eines Elternteils für sich genommen ausreichend, um die gemeinsame elterliche Sorge aufzuheben.[524]

Nach der anderen Auffassung wird dem im Einklang mit dem Wortlaut der Gesetzesbegründung entgegengesetzt, dass sich Gemeinsamkeit eben nicht

---

520 Oelkers, § 1 Rn. 261.
521 Engelhardt in: Keidel, § 159, Rn. 2 unter Bezugnahme auf BVerfG FamRZ 2008, 1737.
522 BVerfG, FamRZ 2007, 1078; BayObLG, NJW-RR 1997, 1437; KG, FamRZ 1983, 1159; OLG Frankfurt, FamRZ 1997, 571.
523 Engelhardt in: Keidel, § 159, Rn. 8.
524 So z.B. OLG Hamm, FamRZ 1999, 38, 39; KG, FamRZ 1999, 808, 809; FF 1999, 59; OLG Bamberg, FamRZ 1999, 1005; MDR 1998, 1167, 1168; OLG Nürnberg, FamRZ 1999, 1160; AG Chemnitz, FamRZ 1999, 321 ff.; Motzer FamRZ 1999, 1101, 1103; Winkler von Mohrenfels, S. 359, 369 ff.; Finke in: Finke/Garbe, § 4 Rn. 64.

verordnen lasse.[525] Danach sei von einer Gleichwertigkeit beider Modelle auszugehen und die gemeinsame Sorge keineswegs prinzipiell vorzuziehen. Vielmehr
seien Konflikte zwischen den Eltern grundsätzlich dazu geeignet, die Sorgerechtslage zugunsten der Alleinsorge eines Elternteils zu verändern.[526]
Der Gesetzgeber selbst ist nicht von der gemeinsamen Sorge als Regelfall
nach Trennung und Scheidung ausgegangen und hat diesbezüglich auch keinen
Raum für Spekulationen gelassen. Gleich an mehreren Stellen der amtlichen
Gesetzesbegründung wird klarstellt, dass mit der Reform eine Entscheidung für
oder gegen die gemeinsame Sorge gerade nicht getroffen werden soll, kein Regel-
Ausnahme-Verhältnis besteht und keineswegs der Schluss gezogen werden darf,
dass der gemeinsamen Sorge Vorrang einzuräumen sei.[527]

Angesichts dieser klaren Positionierung muss zunächst verwundern, dass
überhaupt divergierende Meinungen zu dieser Frage vertreten werden.

Ein Erklärungsversuch kann auf Widersprüche in der Gesetzesbegründung
zielen.[528] In der Tat wird bei aller vermeintlichen Neutralität die Alleinsorge an
einer anderen Stelle entwertet, weil sie zur Entfremdung des Kindes zu dem anderen Elternteil führe.[529]

§ 1671 Abs. 4 BGB 1979, der die zwingende Übertragung der Alleinsorge auf
einen Elternteil vorsah, war ein klares Bekenntnis des Gesetzgebers gegen die
gemeinsame Sorge. Das BVerfG attestierte dieser Vorschrift mit der Entscheidung vom 3.11.1982[530] Verfassungswidrigkeit und ermöglichte erstmals die

---

525 BT-Drucks. 13/4899, S. 63.
526 BGH, FamRZ 1999, 1646; FamRZ 2008, 592; OLG Dresden, FamRZ 2007, 923; OLG
     Frankfurt, 1999, 392; OLG Rostock, DAVorm 1999, 782; wohl auch OLG Dresden,
     FamRZ 1999, 1156; Niepmann, MDR 1998, 565, 566; Oelkers, FuR 1999, 349, 350;
     ders., Sorge- und Umgangsrecht in der Praxis, § 1 Rn. 46.
527 BT-Drucks. 13/4899, S. 61: „Die künftige Regelung soll keine Festlegung dahin-
     gehend enthalten, dass die gemeinsame Sorge der Regelfall, die Alleinsorge eines
     Elternteils dagegen die Ausnahme sei. Welche Form der elterlichen Sorge in Zu-
     kunft statistisch Übergewicht haben wird, wird in erster Linie vom Verhalten der
     Eltern abhängen" u. S. 63: „Daraus darf aber kein Schluss gezogen werden, dass der
     gemeinsamen Sorge künftig ein Vorrang vor der Alleinsorge eines Elternteils ein-
     geräumt werden soll. Es soll auch keine gesetzliche Vermutung bestehen, wonach
     die gemeinsame Sorge im Zweifel die für das Kind beste Form der Wahrnehmung
     elterlicher Verantwortung sei."
528 So Schwab, FamRZ 1998, 457, 462, der auf Widersprüche hinweist und deshalb von
     einer sprachlichen Verschleierung der wahren Absichten des Gesetzgebers ausgeht.
529 BT-Drucks. 13/4899, S. 62.
530 BVerfGE 61, 358 = FamRZ 1982, 1179 ff.

Beibehaltung des gemeinsamen Sorgerechts auch nach der Scheidung.[531] Das BVerfG selbst ging keineswegs davon aus, dass die Eröffnung dieser Möglichkeit die gemeinsame Sorge zum Regelfall machen würde[532] und behielt zunächst Recht. Nach einer Sondererhebung im Rahmen der Justizstatistik ist es im Zeitraum von Juni 1994 bis Juli 1995 nur in 17,07 % der Fälle bei der gemeinsamen elterlichen Sorge der Eltern nach ihrer Scheidung geblieben.[533]

Heutzutage, 13 Jahre nach dem Inkrafttreten des KindRG hat sich das Verhältnis umgekehrt und die gemeinsame Sorge nach Scheidung ist statistischer Regelfall geworden.[534] Diese Tatsache illustriert deutlich den Bewusstseinswandel und ist dort, wo die Beibehaltung des gemeinsamen Sorgerechts auf einer gemeinsamen Entscheidung der Eltern basiert, grundsätzlich sehr zu begrüßen.

Angesichts der präzise und wiederholt dargestellten Intention des Gesetzgebers kann jedoch nicht davon ausgegangen werden, dass den Eltern im Zweifel im Sinne eines normativen Regelfalls die gemeinsame Sorge aufgezwungen werden darf. Vielmehr ist in jedem Einzelfall zu untersuchen, welche Sorgerechtsform mit dem Kindeswohl besser im Einklang steht. Dabei ist zwingend zu berücksichtigen, inwiefern sich etwaige Konflikte der Eltern auf das Kind negativ auswirken.

ee) § 1671 Abs. 3 BGB – keine antragsgemäße Entscheidung
bei Kindeswohlgefährdung

§ 1671 Abs. 3 spannt den Bogen zu § 1666 und stellt klar, dass eine Antragsgemäße Entscheidung bei einer Kindeswohlgefährdung nicht ergehen kann. Vor dem Inkrafttreten des KindRG bestand bei Gefährdung des Kindeswohls die Möglichkeit des gerichtlichen Einschreitens von Amts wegen, § 1671 Abs. 5, 1672 S. 2 BGB 1979.[535] Diese Befugnis besteht nach der aktuellen Fassung des § 1671 BGB nicht, weshalb eine Regelung notwendig wurde, die einen Rückgriff auf

---

531 Vgl. hierzu oben, S. 54 ff.

532 BVerfG, FamRZ 1982, 1179, 1184.

533 BT-Drucks. 13/4899, S. 37.

534 Statistisches Bundesamt, Wie leben Kinder in Deutschland? Begleitmaterial zur Pressekonferenz am 3. August 2011 in Berlin, S. 10, im Internet Abrufbar unter http://www.destatis.de/jetspeed/portal/cms/Sites/destatis/Internet/DE/Presse/pk/2011/Mikro__Kinder/pressebroschuere__kinder,property=file.pdf; in 94% der Scheidungsfälle verblieb es bei der gemeinsamen Sorge, weil kein Elternteil einen entsprechenden Antrag gestellt hat.

535 Das Familiengericht war befugt, das Sorgerecht auf einen Pfleger oder Vormund zu übertragen.

§ 1666 BGB erlaubt.[536] Ergibt sich danach im Verfahren nach § 1671 BGB, dass Maßnahmen zur Abwendung der Kindeswohlgefährdung erforderlich sind, so hat das Familiengericht entsprechend zu entscheiden. Unter Umständen kann deshalb ein Antrag gem. § 1671 Abs. 2 Nr. 1 BGB auch bei Zustimmung des anderen Elternteils und des Kindes zurückzuweisen sein.[537]

5. Verbessertes subsidiäres Sorgerecht des nichtehelichen Elternteils

Mit subsidiärer elterlicher Sorge ist die Sorge gemeint, die bei dem bislang nicht sorgeberechtigten Elternteil eintritt, wenn sie der bisherige Sorgeinhaber verliert.[538] Dieser Verlust ist dadurch möglich, dass dem Sorgerechtsinhaber die elterliche Sorge entzogen wird, er geschäftsunfähig wird oder verstirbt. Schon nach dem bis zum Inkrafttreten des KindRG geltenden Recht war die elterliche Sorge in den vorbenannten Fällen auf den anderen Elternteil zu übertragen. Dies allerdings nur unter der Voraussetzung, dass es sich um getrenntlebende oder geschiedene Eheleute handelte und die Übertragung des alleinigen Sorgerechts gem. §§ 1671, 1672 BGB 1979 erfolgte.[539]

---

536 Schwab, FamRZ 1998, 457, 465.
537 BT-Drucks. 13/4899, S. 99 f.
538 BT-Drucks. 13/4899, S. 32.
539 § 1678 BGB 1979 lautet: „(1) Ist ein Elternteil tatsächlich verhindert, die elterliche Sorge auszuüben, oder ruht seine elterliche Sorge, so übt der andere Teil die elterliche Sorge allein aus; dies gilt nicht, wenn die elterliche Sorge dem Elternteil nach den §§ 1671, 1672 übertragen war. (2) Ruht die elterliche Sorge des Elternteils, dem sie nach den §§ 1671, 1672 übertragen war, und besteht keine Aussicht, daß der Grund des Ruhens wegfallen werde, so hat das Familiengericht die elterliche Sorge dem anderen Elternteil zu übertragen, es sei denn, daß dies dem Wohle des Kindes widerspricht."
§ 1680 BGB 1979 lautet: „(1) 1.Wird die gesamte elterliche Sorge, die Personensorge oder die Vermögenssorge einem Elternteil entzogen, so übt der andere Elternteil die Sorge allein aus. 2. Das Vormundschaftsgericht trifft eine abweichende Entscheidung, wenn dies das Wohl des Kindes erfordert. 3. Endet die Vermögenssorge eines Elternteils nach § 1670, so hat das Vormundschaftsgericht anzuordnen, daß dem anderen Elternteil die Vermögenssorge allein zusteht, es sei denn, daß dies den Vermögensinteressen des Kindes widerspricht. 4. Vor der Entscheidung des Vormundschaftsgerichts kann der andere Elternteil die Vermögenssorge nicht ausüben. (2) 1.Wird die gesamte elterliche Sorge, die Personensorge oder die Vermögenssorge dem Elternteil entzogen, dem sie nach den §§ 1671, 1672 übertragen war, oder endet seine Vermögenssorge nach § 1670, so hat das Vormundschaftsgericht sie dem anderen Elternteil zu übertragen, es sei denn, daß dies dem Wohle des Kindes widerspricht. 2. Andernfalls bestellt es einen Vormund oder Pfleger."

Eine entsprechende Regelung hinsichtlich der Eltern eines nichtehelichen Kindes kannte das Gesetz nicht. Verlor die Mutter ihre elterliche Sorge, so konnte der Vater des nichtehelichen Kindes allenfalls zum Vormund, § 1779 Abs. 2 S. 3 Hs. 2 BGB 1979, oder zum Pfleger, § 1915 Abs. 1 BGB 1979, bestellt werden.[540] Erst das KindRG brachte für nicht eheliche Väter die generelle Möglichkeit, unter bestimmten Voraussetzungen die elterliche Sorge zu erlangen, wenn die Mutter als Sorgeinhaberin ausfällt. Im Einzelnen:

a) § 1678 BGB – Tatsächliche Verhinderung oder Ruhen der Sorge
Die durch das KindRG herbeigeführte Änderung der Vorschrift hat zur Folge, dass nunmehr sowohl die Fälle des gemeinsamen Sorgerechts nichtverheirateter Eltern als auch der Alleinsorge der Mutter gem. § 1626 a Abs. 2 BGB oder des Vaters gem. § 1672 BGB in den Anwendungsbereich einbezogen werden.

§ 1678 Abs. 1 S. 1 BGB regelt für alle Eltern (verheiratete, nicht verheiratete, getrennt lebende, geschiedene), denen die elterliche Sorge gemeinsam zusteht,

---

§ 1681 BGB 1979 lautet: „(1) 1. Ist ein Elternteil gestorben, so steht die elterliche Sorge dem anderen Teil allein zu. 2. War der verstorbene Elternteil nach den §§ 1671, 1672 sorgeberechtigt, so hat das Vormundschaftsgericht die elterliche Sorge dem überlebenden Elternteil zu übertragen, es sei denn, daß dies dem Wohle des Kindes widerspricht. 3. Eine Vormundschaft oder Pflegschaft nach § 1671 Abs. 5 oder nach § 1672 Satz 1 in Verbindung mit § 1671 Abs. 5 bleibt bestehen, bis sie vom Gericht aufgehoben wird. (2) 1. Das gleiche gilt, wenn die elterliche Sorge eines Elternteils endet, weil er für tot erklärt oder seine Todeszeit nach den Vorschriften des Verschollenheitsgesetzes festgestellt worden ist. 2. Lebt dieser Elternteil noch, so erlangt er die elterliche Sorge dadurch wieder, daß er dem Vormundschaftsgericht gegenüber erklärt, er wolle sie wieder ausüben. 3. Ist seine Ehe durch Wiederverheiratung seines Ehegatten aufgelöst, so gilt § 1671 Abs. 1 bis 5 entsprechend".

540 § 1679 BGB 1979 lautet: „(1) 1. Hat ein Elternteil die elterliche Gewalt verwirkt, so hat das Vormundschaftsgericht anzuordnen, daß die elterliche Gewalt oder die Sorge für die Person oder das Vermögen des Kindes dem anderen Elternteil allein zusteht, soweit dies mit dem Wohle des Kindes vereinbar ist. 2. Andernfalls bestellt es einen Vormund oder Pfleger. 3. Mit der Bestellung verliert auch der andere Elternteil die elterliche Gewalt oder die Sorge für die Person oder das Vermögen des Kindes. 4. Neben dem Vormund oder Pfleger steht ihm nur die tatsächliche Personensorge zu; bei Meinungsverschiedenheiten geht die Meinung des Vormundes oder Pflegers vor. (2) Die elterliche Gewalt geht auf den anderen Elternteil über, wenn der Elternteil sie verwirkt, dem sie nach den §§ 1671, 1672 übertragen war."
§ 1915 Abs. 1 BGB 1896–1998 lautet: „Auf die Pflegschaft finden die für die Vormundschaft geltenden Vorschriften entsprechende Anwendung, soweit sich nicht aus dem Gesetz ein anderes ergibt."

dass im Fall des Ruhens der elterlichen Sorge oder der tatsächlichen Verhinderung des einen Elternteils der andere Elternteil von Gesetzes wegen Inhaber der Alleinsorge wird.

Die elterliche Sorge eines Elternteils ruht bei Geschäftsunfähigkeit, § 1673 Abs. 1 BGB. Bei beschränkter Geschäftsfähigkeit (z.b. bei minderjährigen Eltern) ruht die Vertretungsbefugnis und die Vermögenssorge, die Personensorge steht dem beschränkt geschäftsfähigen Elternteil nur gemeinsam mit seinem gesetzlichen Vertreter zu, § 1673 Abs. 2 BGB. Schließlich ruht die elterliche Sorge auch dann, wenn ein Elternteil auf längere Zeit an der Ausübung tatsächlich verhindert und dies vom Familiengericht festgestellt wurde, § 1674 Abs. 1 BGB. Ruht die elterliche Sorge, ist der betreffende Elternteil nicht befugt, sie auszuüben, § 1675 BGB.

Gleichzeitig stellt § 1678 Abs. 1 BGB ausdrücklich klar, dass die Alleinsorge des anderen Elternteils nicht automatisch eintritt, wenn der verhinderte Elternteil alleiniger Sorgerechtsinhaber nach §§ 1671 oder 1672 BGB wurde oder die Mutter gem. § 1626 a BGB allein sorgeberechtigt blieb. Vielmehr ist in diesen Fällen immer eine gerichtliche Entscheidung erforderlich. Für den letzten Fall wurde direkt im zweiten Absatz des § 1678 BGB eine Regelung vorgesehen: unter den weiteren Voraussetzungen, dass die elterliche Sorge der Mutter ruht (§§ 1673–1675 BGB, s. oben) und das Ende des Ruhens nicht abzusehen ist, kann eine Übertragung der Alleinsorge auf den bisher nicht sorgeberechtigten Vater stattfinden. Mit der grundsätzlichen Möglichkeit sollte dem Umstand Rechnung getragen werden, dass dort, wo den nichtehelichen Eltern keine gemeinsame Sorge für ihr Kind zusteht, immer häufiger trotzdem eine persönliche Bindung zwischen Vater und Kind besteht. Auch in den Fällen, in denen eine belastbare Vater-Kind-Beziehung noch nicht besteht, eine entsprechende Entwicklung jedoch zu erwarten ist, kommt eine Übertragung in Frage.[541] Insgesamt jedoch nur unter der weiteren Bedingung, dass die Alleinsorge des Vaters dem Kindeswohl dient. Etwaige Zweifel sollen dabei nach dem Willen des Gesetzgebers klar zu Lasten des Vaters gehen.[542] Dieser hohen Schwelle der Kindeswohlprüfung liegt die Annahme des Gesetzgebers zugrunde, dass bei Fehlen gemeinsamer Sorgeerklärungen und des dahinter stehenden Konsenses vielfach von einem fehlenden Kontakt zwischen Vater und Kind ausgegangen werden muss.[543]

---

541 BT-Drucks. 13/4899, S. 66.
542 BT-Drucks. 13/4899, S. 66, 102.
543 BT-Drucks. 13/4899, S. 102.

In den Fällen der Alleinsorge des verhinderten Elternteils gem. §§ 1671, 1672 BGB ist eine abändernde Entscheidung des Gerichts nach § 1696 BGB erforderlich und nur dann möglich, wenn dies aus triftigen, das Kindeswohl nachhaltig berührenden Gründen angezeigt ist, § 1696 Abs. 1 S. 1 BGB.

Kommt die Ausübung der elterlichen Sorge durch den bisher nicht Sorgeberechtigten Elternteil nicht in Betracht, wird ein Vormund, § 1773 Abs. 1 BGB, oder Pfleger, § 1909 BGB, bestellt.

b) § 1680 BGB – Tod eines Elternteils oder Entziehung des Sorgerechts
§ 1680 BGB regelt die subsidiäre elterliche Sorge für den Fall des Todes, § 1680 Abs. 1, 2 BGB, oder des Sorgerechtsentzugs beim sorgeberechtigten Elternteil, § 1680 Abs. 3 BGB. Die Regelung ähnelt in Struktur und Inhalt § 1678 BGB:

So geht bei Tod oder Sorgerechtsentzug die Alleinsorge ex lege auf den anderen Elternteil über, sofern zuvor gemeinsame elterliche Sorge bestand, § 1680 Abs. 1, 3 BGB.

Stirbt die bislang gem. § 1626 a Abs. 2 BGB allein sorgeberechtigte Mutter oder wird ihr das Sorgerecht entzogen, kann dem nichtehelichen Vater die elterliche Sorge übertragen werden, wenn dies dem Kindeswohl dient, § 1680 Abs. 2 S. 2, 1680 Abs. 3 BGB. Auch hier gehen diesbezügliche Zweifel zu Lasten des Vaters, da der Gesetzgeber insoweit auf die Begründung zu § 1678 BGB verweist.[544]

Im Gegensatz zu § 1678 enthält § 1680 BGB eine Regelung auch für die Fälle, in denen dem verstorbenen Elternteil die Alleinsorge aufgrund einer Übertragung gem. §§ 1671 oder 1672 BGB zustand. Gem. § 1680 Abs. 2 S. 1 BGB ist die elterliche Sorge auf den anderen Elternteil zu übertragen, wenn dies dem Kindeswohl nicht widerspricht. Die niedrigere Schwelle der Kindeswohlprüfung wird vom Gesetzgeber damit begründet, dass der überlebende oder vom Sorgerechtsentzug nicht betroffene Elternteil bereits einmal Inhaber der elterlichen Sorge war.[545]

Das gegenwärtig geltende Recht enthält indessen im Gegensatz zum früheren § 1680 Abs. 2 BGB 1979[546] keine Regelung für Fälle, in denen die alleinige elterliche Sorge dem Elternteil, dem sie gem. §§ 1671, 1672 BGB zugewiesen wurde, entzogen werden muss. In diesem Fall gilt der Vorrang einer Abänderungsentscheidung des Familiengerichts gem. § 1696 BGB vor einem

---

544   BT-Drucks. 13/4899, S. 103, 66.
545   BT-Drucks. 13/4899, S. 102.
546   Zum Wortlaut vgl. oben, S. 103, Fn. 539.

Sorgerechtsentzug nach § 1666 BGB und der Bestellung eines Vormunds oder (bei Teilentzug) Pflegers.[547]

c) § 1681 BGB – Todeserklärung eines Elternteils

Gem. § 1681 BGB ist die Regelung des § 1680 Abs. 1 und 2 BGB, also im Todesfall des sorgeberechtigten Elternteils, auch auf die Fälle der Todeserklärung oder der Feststellung der Todeszeit nach den Vorschriften des VerschG anwendbar.

§ 1681 Abs. 2 BGB erfuhr eine Änderung im Vergleich zu der bis zum Inkrafttreten des KindRG geltenden Rechtslage. Nach § 1681 Abs. 2 S. 2 BGB 1979[548] erhielt der vermeintlich tote Elternteil das Sorgerecht wieder, wenn er eine entsprechende Erklärung vor dem Vormundschaftsgericht abgab.

Mit Blick auf die lebensnah anzunehmende Entfremdung des Kindes vom vermeintlich toten Elternteil und die mögliche Orientierung an einer neuen Bezugsperson muss nach der Gesetzesbegründung ein Rückfall des Sorgerechts an eine Kindeswohlprüfung gekoppelt sein.[549] Allerdings reicht hier eine niedrigschwellige Prüfung aus,[550] so dass das Sorgerecht bereits dann zurückzuübertragen ist, wenn es dem Kindeswohl nicht widerspricht, § 1681 Abs. 2 BGB.

B. Ursachen für den aktuellen Reformbedarf

Ein gemeinsames Sorgerecht der nichtehelichen Eltern kann es nach der gegenwärtigen Rechtslage gegen den Willen der Mutter nicht geben. Wie bereits dargestellt, handelte es sich um eine bewusste Entscheidung des Gesetzgebers, der zum einen die Austragung von Streitigkeiten auf dem Rücken des Kindes unbedingt vermeiden wollte und zum anderen annahm, dass sich Mütter bei ihrer etwaigen Verweigerungshaltung ausschließlich von Kindeswohlgründen leiten lassen. Diese Begründung überzeugte allerdings nicht alle und die Regelung der §§ 1626 a und 1672 BGB begegnete – zumindest aus der heutigen Perspektive zu Recht – von Anfang an erheblichen verfassungsrechtlichen Bedenken in der Literatur.[551]

---

547 BT-Drucks. 13/4899, S. 103 f.
548 Zum Wortlaut vgl. oben S. 112, Fn. 539.
549 BT-Drucks. 13/4899, S. 104.
550 BT-Drucks. 13/4899, S. 104.
551 Vgl. z.B. Lipp, FamRZ 1998, 65, 70; Diederichsen, NJW 1998, 1977, 1983; Coester, FamRZ 1995, 1245, 1247, Oelkers, § 1, Rn. 25; Schumann, FamRZ 2000, 389 ff; Finger, FamRZ 2000, 1204 ff.; Coester, FamRZ 2007, 1137 ff.

I. Zunächst noch: Bestätigung der Verfassungsmäßigkeit durch das BVerfG

Gleichwohl wurde die Verfassungsmäßigkeit des Muttervorbehalts in den betreffenden Regelungen zunächst noch durch zwei Entscheidungen des BVerfG bestätigt.

1. Urteil des BVerfG vom 29.1.2003

Bereits im Jahr 2003, keine fünf Jahre nach dem Inkrafttreten des KindRG hatte sich das BVerfG mit der Frage der Verfassungsmäßigkeit des § 1626 a Abs. 1 Nr. 1 BGB zu beschäftigen. Im Urteil vom 29.1.2003[552] hatten die Verfassungsrichter über eine Verfassungsbeschwerde und eine Vorlage entschieden. In beiden Fällen waren die Antragsteller nichteheliche Väter, die eine Zeit lang mit der Mutter ihres Kindes zusammenlebten und deren Trennung von der Kindesmutter jeweils vor dem Inkrafttreten des KindRG am 1.7.1998 erfolgte. Sie rügten, dass Ihnen das geltende Recht die Möglichkeit des gemeinsamen Sorgerechts für ihre Kinder nur dann einräumt, wenn die Kindesmutter zustimmt oder die Eltern heiraten.

Das BVerfG bestätigte die Verfassungsmäßigkeit der Regelung des § 1626 a BGB, sah jedoch die Notwendigkeit einer gerichtlichen Überprüfungsmöglichkeit für nichteheliche Eltern, die zunächst in einer häuslichen Gemeinschaft lebten, sich jedoch vor Inkrafttreten des KindRG getrennt haben und forderte den Gesetzgeber auf, eine entsprechende Übergangsregelung zu schaffen.

a) § 1626 a Abs. 2 BGB grundsätzlich verfassungsmäßig

Ein Verstoß gegen das Elternrecht eines nichtehelichen Vaters aus Art. 6 Abs. 2 GG sei in § 1626 a Abs. 2 BGB laut BVerfG nicht zu sehen.

aa) Originäre Zuordnung zur Mutter verfassungsrechtlich nicht zu beanstanden

Nach Auffassung des BVerfG sei die originäre Zuordnung des alleinigen Sorgerechts für ein nichteheliches Kind allein zur Mutter nach wie vor nicht zu beanstanden.[553]

Zwar seien beide Elternteile Träger des Elternrechts aus Art. 6 Abs. 2 GG.[554] Dies habe jedoch nicht zwingend gleiche Rechte beider Eltern im Verhältnis zum Kind zur Folge. Vielmehr sei mit Blick auf die heterogenen Verhältnisse, in die nichteheliche Kinder hineingeboren werden, eine Ausgestaltung des Elternrechts

---

552 BVerfG, FamRZ 2003, 285 ff.

553 BVerfG, FamRZ 2003, 285, 287 unter Bezugnahme auf BVerfGE 56, 363, 389 f. und BVerfGE 84, 168, 181.

554 BVerfG, FamRZ 2003, 285, 287 unter Bezugnahme auf BVerfGE 24, 119, 135 und BVerfGE 92, 158, 177 f.

durch den Gesetzgeber erforderlich. Bei Fehlen einer tragfähigen sozialen Bindung zwischen den Eltern und eines für die Ausübung der gemeinsamen Sorge unabdingbaren Mindestkonsenses sei die Entscheidung des Gesetzgebers für die Hauptverantwortung nur eines Elternteils nicht zu beanstanden.[555]

Anders als bei verheirateten Eltern, deren Eheversprechen den Willen zur geteilten Verantwortung für gemeinsame Kinder mit beinhalte, könne dies – genauso wenig wie eine häusliche Gemeinschaft – bei nichtehelichen Eltern nicht generell unterstellt werden.[556]

bb) Anspruch des Kindes auf klare rechtliche Zuordnung
   ab dem Zeitpunkt der Geburt
Aus Gründen des Kindeswohls sei die klare rechtliche Zuordnung zu einer Person bereits ab dem Zeitpunkt der Geburt angezeigt.[557]

Die sorgerechtliche Entscheidung des Gesetzgebers für die Mutter und nicht für beide Elternteile gemeinsam basiere auf der besonderen biologischen Verbundenheit zwischen Mutter und Kind bereits während der Schwangerschaft und sei verfassungsrechtlich nicht zu beanstanden.[558]

cc) Möglichkeit des gemeinsamen Sorgerechts durch Abgabe der Sorgeerklärungen
Von der Verfassungsmäßigkeit des § 1626 a Abs. 2 BGB sei schließlich auch deshalb auszugehen, weil denjenigen Eltern, die die Verantwortung für ihr Kind gemeinsam tragen wollen, die Möglichkeit der Begründung eines gemeinsamen Sorgerechts ab der Geburt des Kindes durch Abgabe der Sorgeerklärungen gem. § 1626 a Abs. 1 Nr. 1 BGB eingeräumt wurde.[559]

b) § 1626 a Abs. 1 Nr. 1 BGB grundsätzlich verfassungsmäßig
Auch § 1626 a Abs. 1 Nr. 1 BGB verstoße nicht gegen Art. 6 Abs. 2 GG.

aa) Elterlicher Konsens als Voraussetzung verfassungsrechtlich
   nicht zu beanstanden
Das Regelungskonzept des Gesetzgebers, der den elterlichen Konsens zur Voraussetzung einer gemeinsamen elterlichen Sorge macht, sei verfassungsrechtlich nicht zu beanstanden.

---

555 BVerfG, FamRZ 2003, 285, 287 unter Bezugnahme auf BVerfGE 92, 158, 178 f.
556 BVerfG, FamRZ 2003, 285, 288 f.
557 BVerfG, FamRZ 2003, 285, 288.
558 BVerfG, FamRZ 2003, 285, 288.
559 BVerfG, FamRZ 2003, 285, 288.

Der Schutz des Art. 6 Abs. 2 GG, der beiden Eltern gleichermaßen zukommt, umfasse alle wesentlichen Bestandteile des Sorgerechts, die zur Ausübung der elterlichen Verantwortung erforderlich sind. Es handele sich dabei allerdings nicht nur um Rechte der Eltern, sondern auch um die Übernahme von Pflichten dem Kind gegenüber. Die gemeinsame Verantwortung für das Kind setze insoweit den Aufbau einer persönlichen Bindung zum Kind sowie ein Mindestmaß an elterlicher Übereinstimmung voraus.[560] Unter Hinweis auf Ergebnisse wissenschaftlicher Studien führte das BVerfG weiter aus, dass eine Beeinträchtigung des Kindeswohls befürchtet werden müsse, wenn die Eltern zur Kooperation weder bereit noch in der Lage seien und ihre Konflikte auf dem Rücken des Kindes austrügen.[561]

Mit Blick darauf durfte der Gesetzgeber davon ausgehen, dass ein gemeinsames Sorgerecht gegen den Willen eines Elternteils dem Kind mehr Schaden als Nutzen bringen würde.[562]

Im Gegensatz zu Eheleuten, bei denen die Bereitschaft zu sorgerechtlicher Kooperation bereits aufgrund ihrer rechtlichen Verbindung angenommen werde, fehle bei nichtehelichen Eltern ein solcher Anknüpfungspunkt. Mit der Regelung des § 1626 a Abs. 1 Nr. 1 BGB habe der Gesetzgeber unter Berücksichtigung der jeweils unterschiedlichen Situationen ein Äquivalent zur automatischen elterlichen Sorge von Eheleuten geschaffen. Die Anknüpfung des Gesetzgebers an die Eheschließung bzw. den dokumentierten übereinstimmenden Willen der Eltern sei grundsätzlich verfassungsrechtlich nicht zu beanstanden. Diese Auffassung ergab sich für das BVerfG vor allem wegen der vorliegenden wissenschaftlichen Erkenntnisse, wonach die Qualität der Eltern-Kind-Relation sowie die Kooperationsbereitschaft der Eltern in Kindesbelangen für das Kindeswohl von maßgeblicher Relevanz seien.[563]

bb) Annahme des Gesetzgebers nicht zu beanstanden

Das BVerfG führte aus, dass jedenfalls zum Zeitpunkt der Entscheidung eine Verfassungswidrigkeit des gesetzgeberischen Konzepts des § 1626 a Abs. 1 Nr. 1 BGB nicht ersichtlich sei.

Der Gesetzgeber durfte bei der Ausgestaltung der nichtehelichen Eltern dem Umstand Rechnung tragen, dass nicht generell von einer sozialen Bindung

---

560 BVerfG, FamRZ 2003, 285, 288 f. unter Bezugnahme auf BVerfGE 92, 158, 178 f.
561 BVerfG, FamRZ 2003, 285, 288 f.
562 BVerfG, FamRZ 2003, 285, 288 f. unter Bezugnahme auf BT-Drucks. 13/4899, S. 58 ff. und 13/8511, S. 66.
563 BVerfG, FamRZ 2003, 285, 289.

zwischen Vater und Kind auszugehen sei. Die originäre Zuweisung der elterlichen Sorge zur Mutter und die Erforderlichkeit eines konstitutiven Aktes für den Zugang des nichtehelichen Vaters zum Sorgerecht seien vor diesem Hintergrund verfassungsrechtlich nicht zu beanstanden.[564]

Die Abhängigkeit des Zugangs des nichtehelichen Vaters zum Sorgerecht von der Zustimmung der Mutter sei Ausfluss der Überzeugung, dass bei der gemeinsamen Ausübung der elterlichen Sorge auf ein Mindestmaß an Übereinstimmung der Eltern nicht verzichtet werden könne und stünde ebenfalls im Einklang mit der Verfassung. Auch die Mutter könne ja nicht ohne die Zustimmung des Vaters ein gemeinsames Sorgerecht begründen. In der Voraussetzung des übereinstimmenden Willens der Eltern allein sei schon deshalb kein Eingriff in das Elternrecht des Vaters aus Art. 6 Abs. 2 GG zu sehen, weil auch bei verheirateten Eltern die gemeinsame Sorge auf den übereinstimmenden Erklärungen im Eheversprechen basiere.[565]

Der Gesetzgeber durfte darüber hinaus davon ausgehen, dass die Eltern bei vorhandener Kooperationsbereitschaft von der neu geschaffenen Regelung des § 1626 a Abs. 1 Nr. 1 BGB Gebrauch machen und gemeinsame Sorge begründen werden. Diese Annahme gelte insbesondere für die Fälle, in denen die Eltern in einer häuslichen Gemeinschaft mit dem Kind leben und gemeinsam für ihr Kind sorgen. Die Entscheidung der Eltern für das gemeinsame Sorgerecht sei nicht zuletzt auch durch die Regelung des § 1671 BGB erleichtert, die auch unverheirateten Eltern eine gerichtliche Überprüfung für den Fall der Trennung gestattet. Zusätzlich sind die Jugendämter durch § 52 a SGB VIII verpflichtet worden, die Mütter über die Möglichkeit der Begründung einer gemeinsamen elterlichen Sorge aufzuklären.[566]

Der Gesetzgeber habe dabei keineswegs übersehen, dass die Begründung der gemeinsamen Sorge an einer Verweigerungshaltung der Mutter scheitern kann und zwar selbst dann, wenn die Eltern zusammen leben.[567] Die Vermutung des Gesetzgebers, dass es sich um Fälle mit Ausnahmecharakter handele, in denen die Mütter jeweils schwerwiegende, ausschließlich vom Kindeswohl getragene Gründe haben, sei zumindest vertretbar. Unter dieser Annahme war der Gesetzgeber auch nicht verpflichtet, eine gerichtliche Einzelfallüberprüfung zu ermöglichen in den Fällen, in denen die Begründung der gemeinsamen elterlichen Sorge mangels übereinstimmender Sorgeerklärungen gescheitert ist. Denn in diesen

---

564 BVerfG, FamRZ 2003, 285, 289.
565 BVerfG, FamRZ 2003, 285, 289.
566 BVerfG, FamRZ 2003, 285, 290.
567 BVerfG, FamRZ 2003, 285, 287; 290 unter Hinweis auf BT-Drucks. 13/8511, S. 66.

Konstellationen sei unter Kindeswohlaspekten ohnehin nicht zu erwarten, dass die Gerichte im Sinne eines gemeinsamen Sorgerechts entscheiden würden.[568]

cc) Allerdings: Pflicht des Gesetzgebers zur Beobachtung und Prüfung
Das BVerfG stellte allerdings heraus, dass dem Elternrecht des nichtehelichen Vaters nur dann durch § 1626 a Abs. 1 Nr. 1 BGB im ausreichenden Umfang Rechnung getragen werde, wenn sich die Annahmen des Gesetzgebers über die Gründe einer fehlenden Zustimmung der Mütter bestätigen.[569]

Der Hinweis der Verfassungsrichter bezog sich allerdings – entsprechend der dem Urteil zugrunde liegenden Sachverhalte – ausdrücklich nur auf die Konstellationen, in denen dem Vater der Zugang zur gemeinsamen elterlichen Sorge verweigert wird, obwohl er in einer häuslichen Gemeinschaft mit Mutter und Kind lebt und tatsächlich für das Kind gemeinsam mit der Mutter sorgt.

Hinsichtlich der Väter, die keine soziale Bindung zum Kind oder aber zumindest zu dessen Mutter haben, wurde vom BVerfG eine Basis für ein gemeinsames Sorgerecht klar verneint.[570]

Zu der großen Bandbreite im Bereich zwischen einer intakten nichtehelichen Lebensgemeinschaft und dem völlig uninteressierten Vater, der weder vom Kind noch von seiner Mutter etwas wissen will, äußerte sich das BVerfG seinerzeit nicht. Eine verfassungsrechtliche Brisanz sah das BVerfG (vorläufig) lediglich in dem zuerst genannten Fall verankert. Hier gäbe es zum Zeitpunkt der Entscheidung zwar keine Veranlassung, an der gesetzgeberischen Annahme zu zweifeln. Andererseits fehlten jedoch belastbare Erhebungen darüber, wie häufig und aus welchen Gründen die Möglichkeit zur Begründung der gemeinsamen Sorge trotz Zusammenlebens der Eltern nicht genutzt würde.[571]

Der Gesetzgeber sei deshalb verpflichtet, die Entwicklung zu beobachten und zu untersuchen, ob seine Prämissen als erwiesen betrachtet werden können. Sollte dies nicht der Fall sein, sei der Gesetzgeber verpflichtet, durch eine Nachbesserung der geschaffenen Regelung dafür zu sorgen, dass „Vätern nichtehelicher Kinder, die mit der Mutter und dem Kind als Familie zusammenleben, ein Zugang zur gemeinsamen Sorge eröffnet wird, der ihrem Elternrecht aus Art. 6 Abs. 2 GG unter Berücksichtigung des Kindeswohls gerecht wird".[572]

---

568 BVerfG, FamRZ 2003, 285, 290.
569 BVerfG, FamRZ 2003, 285, 290.
570 BVerfG, FamRZ 2003, 285, 290.
571 BVerfG, FamRZ 2003, 285, 290.
572 BVerfG, FamRZ 2003, 285, 291.

c) § 1626 a Abs. 1 Nr. 1 BGB verfassungswidrig in Fällen
   der Trennung vor dem 1.7.1998

§ 1626 a BGB verstoße allerdings insoweit gegen Art. 6 Abs. 2 und 5 GG, als eine Übergangsregelung fehlt, die die Möglichkeit einer gerichtlichen Überprüfung in den Fällen vorsieht, in denen die nicht miteinander verheirateten Eltern in einer häuslichen Gemeinschaft mit dem Kind lebten und ihre Trennung vor dem Inkrafttreten des KindRG am 1.7.1998 erfolgte. [573]

Den von dieser Konstellation betroffenen Vätern sei die Möglichkeit zur gerichtlichen Überprüfung einzuräumen, ob trotz des entgegenstehenden Willens der Mutter unter Berücksichtigung des Kindeswohls eine gemeinsame elterliche Sorge in Frage kommt. Ein Verstoß gegen das Elternrecht des Vaters aus Art. 6 Abs. 2 GG sei gegeben, wenn der Zugang zur gemeinsamen elterlichen Sorge nur dann verwehrt wird, weil es zum Zeitpunkt des Zusammenlebens der Eltern keine Möglichkeit gab, ein gemeinsames Sorgerecht zu begründen. [574]

Diese Beurteilung des BVerfG erweist sich als konsequente Weiterführung der (nicht beanstandeten) Annahme des Gesetzgebers, dass diejenigen Eltern, die in einer nichtehelichen Gemeinschaft leben und ohnehin gemeinsam für ihr Kind sorgen, mehrheitlich von der durch das KindRG geschaffenen Möglichkeit Gebrauch machen und gemeinsame Sorge durch Sorgeerklärungen begründen werden. [575] Die so begründete gemeinsame Sorge bleibt nach der durch das KindRG geschaffenen Rechtslage grundsätzlich auch nach der Trennung der Eltern bestehen, es sei denn, dass ein Elternteil § 1671 BGB bemüht.

Wenn die Eltern trotz einer entsprechenden Möglichkeit während ihres Zusammenlebens keine gemeinsame Sorge begründet haben, durfte der Gesetzgeber nach Auffassung der Verfassungsrichter von einer Konfliktsituation ausgehen, die sich nach der Trennung tendenziell noch verschärfen würde. Einer gerichtlichen Überprüfungsmöglichkeit bedürfe es hier deshalb nicht, zumal durch das gerichtliche Verfahren eine weitere Belastung für das Kind zu befürchten sei. [576]

Anders seien die Dinge jedoch zu bewerten, wenn eine rechtliche Möglichkeit zur Begründung der gemeinsamen Sorge zum Zeitpunkt des Zusammenlebens der Eltern nicht gegeben war. Der Rückschluss auf fehlende Kooperationsbereitschaft sei in diesen Fällen nicht zulässig; auch die inzwischen erfolgte Trennung der Eltern sei kein ausreichendes Indiz. Vielmehr sei – der Annahme des

---

573 BVerfG, FamRZ 2003, 285, 287.
574 BVerfG, FamRZ 2003, 285, 287.
575 BVerfG, FamRZ 2003, 285, 291.
576 BVerfG, FamRZ 2003, 285, 291.

Gesetzgebers folgend – davon auszugehen, dass die Zustimmung der Mutter zur Begründung der gemeinsamen Sorge während des Zusammenlebens vorlag und ihre Bereitschaft lediglich wegen der zwischenzeitlichen Trennung etwas zurückhaltender ausfalle. Dieses – naheliegende – Verhalten rechtfertige nicht die Annahme von kindeswohlgefährdenden Konflikten, die zum Ausschluss einer gemeinsamen Sorge der Eltern führen müssten.[577]

Aus den vorgenannten Gründen sah das BVerfG auch die Rechte des nichtehelichen Kindes aus Art. 6 Abs. 5 GG verletzt, weil hierin eine Benachteiligung zu sehen sei, solange der Weg für eine gerichtliche Einzelfallprüfung und damit gegebenenfalls doch noch zur gemeinsamen Sorge verschlossen sei.[578]

Das BVerfG versäumte es allerdings nicht, darauf hinzuweisen, dass in solchen Fällen keineswegs vermutet werden dürfe, dass die gemeinsame Sorge in der Regel dem Kindeswohl diene. Vielmehr sei im Wege einer familiengerichtlichen Einzelfallprüfung zu klären, ob die Weigerung der Mutter durch Konflikte auf Elternebene motiviert sei, die eine gemeinsame Elternverantwortung im Sinne des Kindeswohls ausschließen.[579]

d) Pflicht des Gesetzgebers zur Schaffung einer Übergangsregelung

Verstößt eine Norm gegen das GG, so ist sie grundsätzlich für nichtig zu erklären (§ 82 Abs. 1 i. V. m. § 78 S. 1, § 95 Abs. 3 BVerfGG). Dies gilt allerdings dann nicht, wenn die Verfassungswidrigkeit einer Norm nicht in deren Regelungsgehalt, sondern im Fehlen einer Übergangsregelung für Altfälle besteht, mehrere Möglichkeiten zur Beseitigung des verfassungswidrigen Zustandes vorhanden sind und eine Nichtigerklärung in die Gestaltungsfreiheit des Gesetzgebers eingreifen würde.[580] Vorliegend wurden vom BVerfG wegen der verschiedenen Möglichkeiten des Gesetzgebers, die Verfassungswidrigkeit zu beheben, die Voraussetzungen für eine Nichtigerklärung verneint.[581]

Mit Blick auf die hohe Bedeutung des Zeitablaufs in Kindschaftssachen wurde dem Gesetzgeber eine vergleichsweise kurze Frist bis zum 31.12.2003 gesetzt. Die Umsetzung des Verfassungsauftrags ist mit dem „Gesetz zur Umsetzung familienrechtlicher Entscheidungen des BVerfG" vom 13.12.2003[582] und der

---

577 BVerfG, FamRZ 2003, 285, 291.
578 BVerfG, FamRZ 2003, 285, 292.
579 BVerfG, FamRZ 2003, 285, 292.
580 BVerfG, FamRZ 2003, 285, 292 unter Hinweis auf BVerfG 84, 168, 186 f. und BVerfGE 92, 158, 186.
581 BVerfG, FamRZ 2003, 285, 292.
582 BGBl I, S. 2547 f.

Schaffung einer Regelung für Altfälle in Art. 224 § 2 Abs. 3–5 EGBGB gerade noch rechtzeitig erfolgt.

2. Beschluss des BVerfG vom 23.4.2003

Kurz darauf hatte sich das BVerfG erneut mit der Verfassungsmäßigkeit der §§ 1626 a Abs. 1 Nr. 1, 1672 BGB zu befassen. Der Entscheidung lag eine Verfassungsbeschwerde eines nichtehelichen Vaters zugrunde, der mit Mutter und Kind bis zur Trennung im Mai 1998 zusammenlebte und der nunmehr – im Unterschied zum Tatbestand der Entscheidung des BVerfG vom 29.1.2003 – kein gemeinsames, sondern das alleinige Sorgerecht für sein nichteheliches Kind begehrte.

Das Gericht nahm die Verfassungsbeschwerde nicht zur Entscheidung an. Der Nichtannahmebeschluss vom 23.4.2003[583] wurde mit einer fehlenden grundsätzlichen verfassungsrechtlichen Bedeutung im Sinne des § 93 a Abs. 2 BVerfGG begründet. Insbesondere sei die Frage der Zuweisung der elterlichen Sorge durch das Urteil des BVerfG vom 29.1.2003 bereits geklärt.[584] Mit Blick auf die Entscheidung des Gerichts im Sinne der Verfassungsmäßigkeit der originären Sorgerechtszuweisung zur Mutter gem. § 1626 a Abs. 2 BGB bestünden auch keine verfassungsrechtlichen Bedenken gegen die Regelung des § 1672 BGB. Die Zustimmung der Mutter sowie die Kindeswohldienlichkeit als Voraussetzungen für einen Sorgerechtswechsel seien nicht zu beanstanden, weil dieser – anders als die Begründung gemeinsamer Sorge – nicht zur Verfestigung des familiären Geflechts des Kindes, sondern zur Entlassung eines Elternteils aus seiner Verantwortung führe.[585]

Coester kritisierte die Entscheidung scharf und warf dem BVerfG „eine unverständliche Fehlbeurteilung" vor.[586] Tatsächlich geklärt sei nach seiner Auffassung durch das Urteil vom 29.1.2003 lediglich, dass die originäre elterliche Sorge der Mutter im Einklang mit dem Grundgesetz steht. Weiter habe sich das BVerfG in dieser Entscheidung mit der Frage befasst, unter welchen Voraussetzungen die originäre Sorge der Mutter durch eine gemeinsame ersetzt, insbesondere ob diese vom elterlichen Konsens abhängig gemacht kann.[587]

Eine ganz andere Frage sei es jedoch, unter welchen Voraussetzungen der – ggf. besser erziehungsgeeignete – Vater das alleinige Sorgerecht für sein Kind erlangen

---

583   BVerfG, FamRZ 2003, 1147.
584   BVerfG, FamRZ 2003, 1147, 1148.
585   BVerfG, FamRZ 2003, 1147, 1148.
586   Coester, FamRZ 2004, 87; zustimmend Schumann, FF 2010, 222, 223.
587   Coester, FamRZ 2004, 87, 88.

kann, ohne dass die Schwelle der Kindeswohlgefährdung gem. § 1666 BGB erreicht ist. Eine verfassungsrechtliche Brisanz habe diese Problematik insbesondere auch durch den Hinweis des BVerfG im Urteil vom 29.1.2003, dass – im Gegensatz zur Auffassung des BGH – der Weg über § 1666 BGB für die Durchsetzung des Elternrechts des nichtehelichen Vaters gerade nicht eröffnet sei.[588]

Die lapidaren Ausführungen des BVerfG zu § 1672 BGB orientierten sich indessen lediglich an der Gesetzesbegründung und würden der Problematik nicht ansatzweise gerecht. Coester sah vorausschauend die Notwendigkeit einer Entscheidung des EGMR, sofern beim § 1672 BGB nicht nachgebessert würde.[589]

II. Begleitforschung

In der Entscheidung des BVerfG vom 29.1.2003 wurde der Gesetzgeber verpflichtet, zu beobachten, ob die von ihm zugrunde gelegten Prämissen die Realität nicht miteinander verheirateter Eltern tatsächlich widerspiegeln. Dieser Auftrag wurde zunächst mit dem „Gesetz zur Umsetzung familienrechtlicher Entscheidungen des BVerfG" vom 13.12.2003[590] erfüllt, durch dessen Art. 2 die Vorschriften des SGB VIII um eine Erhebungspflicht der Jugendämter zu Sorgeerklärungen ergänzt wurden.[591]

---

588 Coester, FamRZ 2004, 87, 88 unter Bezugnahme auf BVerfG FamRZ 2003, 285, 291 und BGH FamRZ 2001, 907, 910.

589 Coester, FamRZ 2004, 87, 88.

590 BGBl. I, S. 2547 f.

591 § 98 Abs. 2 SBG VIII lautet: „Zur Verfolgung der gesellschaftlichen Entwicklung im Bereich der elterlichen Sorge sind im Rahmen der Kinder- und Jugendhilfestatistik auch laufende Erhebungen über Sorgeerklärungen durchzuführen."
§ 99 Abs. 6a SGB VIII lautet: „Erhebungsmerkmal bei den Erhebungen über Sorgeerklärungen ist die gemeinsame elterliche Sorge nicht verheirateter Eltern, gegliedert danach, ob Sorgeerklärungen beider Eltern vorliegen oder eine Sorgeerklärung ersetzt worden ist."; mit der missverständlichen „Ersetzung" ist die Regelung des § 1626 c Abs. 2 3 BGB gemeint, wonach die Zustimmung des gesetzlichen Vertreters zur Sorgeerklärung eines beschränkt geschäftsfähigen Elternteils vom Familiengericht ersetzt werden kann, wenn die Sorgeerklärung dem Wohl dieses Elternteils nicht wiederspricht.
§ 101 Abs. 1 SGB VIII lautet: „Die Erhebungen nach § 99 Abs. 1 bis 7b und 10 sind jährlich durchzuführen, die Erhebungen nach Absatz 1, soweit sie die Eingliederungshilfe für seelisch behinderte Kinder und Jugendliche betreffen, beginnend 2007. Die übrigen Erhebungen nach § 99 sind alle vier Jahre durchzuführen, die Erhebungen nach Absatz 8 beginnend 1992, die Erhebungen nach Absatz 9 beginnend 2006."

Die hieraus seit 2004 gewonnenen Erkenntnisse bezogen sich allerdings lediglich auf die Zahl und die Umstände der abgegebenen Sorgeerklärungen. Die entscheidende Frage, *warum* Sorgeerklärungen *nicht abgegeben* werden, konnte hierdurch schon deshalb keiner Klärung zugeführt werden, weil die Nichtabgabe von Sorgeerklärungen durch die statistischen Erhebungen nicht erfasst wurde.[592]

Im Sommer 2006 fanden des Weiteren auf Veranlassung des BMJ zwei parallele Befragungen der Familienrechtsanwälte und der Träger der öffentlichen Jugendhilfe zu Erfahrungen mit den Sorgeerklärungen in der Beratungspraxis statt.[593] Abschließende Erkenntnisse zu der vom BVerfG herausgestellten Problematik waren auf der Grundlage der Ergebnisse der kaum repräsentativen Umfrage jedoch ebenfalls nicht möglich.[594]

Im September 2008 schrieb das BMJ mit Blick auf den immer noch aktuellen Handlungsbedarf ein Forschungsvorhaben aus.[595]

Im Mai 2009 wurde dann die Studie zur gemeinsamen elterlichen Sorge in Auftrag gegeben. Der sorgerechtliche Fokus der Erhebungen des beauftragten Deutschen Jugendinstituts (DJI), das im Rahmen des Forschungsprojekts eng mit der Ludwig-Maximilians-Universität zu München zusammenarbeitete, wurde auf die Väter gerichtet, die mit der Mutter ihres Kindes zwar nicht verheiratet sind, jedoch in einer häuslichen Familiengemeinschaft zusammenleben.[596]

---

592 Vgl. Coester, FamRZ 2007, 1137, 1138, der die Methode deshalb scharf kritisierte und sofortigen Reformbedarf sah, weil brauchbare Ergebnisse aus einer solchen Beobachtung ohnehin nicht zu erwarten seien.

593 Fragebogen an die Anwaltschaft v. 21.6.2006, vgl. Newsletter AG Familienrecht beim DAV 7/06; Fragebogen an die Träger der Jungendhilfe vom 19.7.2006.

594 Umfrage des Bundesministeriums für Justiz bei Jugendämtern und Rechtsanwälten zur gemeinsamen Sorge nicht miteinander verheirateter Eltern – Zusammenfassung – BT-Drucks. 16/10047 S. 8, 14.

595 Bundesamt für Justiz, Vergabe eines Forschungsvorhabens zum Thema „Gemeinsames Sorgerecht nicht miteinander verheirateten Eltern v. 8.9.2008, Bundesanzeiger Nr. 143 v. 19.9.2008, S. 4315 f.

596 Bundesamt für Justiz, Vergabe eines Forschungsvorhabens zum Thema „Gemeinsames Sorgerecht nicht miteinander verheirateten Eltern v. 8.9.2008 (Bundesanzeiger Nr. 143 v. 19.9.2008, S. 4315 f); In der Ausschreibung heißt es: „Es fehlt eine gesicherte Grundlage für die Einschätzung, wie häufig *zusammenlebende Eltern* in der Regel Sorgeerklärungen abgeben und ob und gegebenenfalls welche Auswirkungen auf das Wohl des Kindes beispielsweise die Verweigerung der Abgabe von Sorgeerklärungen durch die Mutter haben kann. Diese Erkenntnislücken sollen durch die Untersuchung geschlossen werden".

Nach dem Zwischenbericht vom 31.5.2010[597]wurden die abschließenden Ergebnisse der im August 2010 beendeten Studie am 30.11.2010 in einem vorgezogenen Endbericht vorgelegt.[598] Die Ergebnisse der Studie werden im letzten Teil der Arbeit dargestellt und im Lichte der unterschiedlichen Reformmodelle sowie der polnischen Rechtslage diskutiert.

III. Parlamentarische Aktivitäten: Anfragen und Gesetzesinitiativen

Parallel zu den eher zeitverzögerten Bestrebungen der Regierung, die Entwicklung im Bereich der Sorgeerklärung zu beobachten und brauchbar zu erfassen, mangelte es nicht an Aktivitäten der Parlamentarier, die Bundesregierung an diesen Auftrag zu erinnern.

1. Kleine Anfrage vom 27.6.2007

So enthielt die Kleine Anfrage einiger Abgeordneter sowie der Fraktion BÜNDNIS 90/DIE GRÜNEN vom 27.6.2007 einen Katalog von 15 Fragen an die Bundesregierung, die an die Beobachtungspflicht anknüpften und in denen konkrete statistische Angaben sowie u.A. eine rechtliche Einschätzung hinsichtlich des Muttervorbehalts gefordert waren.[599]

Die Bundesregierung zog in ihrer Antwort vom 13.7.2007[600] Erhebungen des Statistischen Bundesamtes heran, die teilweise sehr speziellen Fragen konnten jedoch mangels entsprechender Daten nur unvollständig beantwortet werden. Die Befragung der Jugendämter und Rechtsanwälte war zum damaligen Zeitpunkt noch nicht ausgewertet worden, so dass die Antwort auf die relevante

---

597 Kompakter Zwischenbericht für das Projekt „Gemeinsames Sorgerecht nicht miteinander verheirateter Eltern" vom 31.5.2010.

598 Jurczyk/Walper, Vorgezogener Endbericht für das Projekt „Gemeinsames Sorgerecht nicht miteinander verheirateter Eltern" vom 30.11.2010, im Internet abrufbar unter http://www.bmj.de/SharedDocs/Downloads/DE/pdfs/Endbericht_Sorgerecht_final. pdf?__blob=publicationFile.

599 Kleine Anfrage der Abgeordneten Ekin Deligöz, Volker Beck, Grietje Bettin, Kai Gehring, Katrin Göring-Eckardt, Britta Haßelmann, Priska Hinz, Krista Sager und der Fraktion BÜNDNIS 90/Die Grünen, Gemeinsames Sorgerecht nicht verheirateter Eltern vom 27.06.2007, BT-Drucks. 16/5852.

600 Antwort der Bundesregierung auf die kleine Anfrage der Abgeordneten Ekin Deligöz, Volker Beck, Grietje Bettin, Kai Gehring, Katrin Göring-Eckardt, Britta Haßelmann, Priska Hinz, Krista Sager und der Fraktion BÜNDNIS 90/Die Grünen, Gemeinsames Sorgerecht nicht verheirateter Eltern vom 27.06.2007 – BT-Drucks. 16/5852 – vom 13.07.2007, BT-Drucks. 16/6078.

Frage nach den Gründen der Ablehnung eines gemeinsamen Sorgerechts durch die Mütter ebenfalls noch nicht abschließend beantwortet werden konnte.[601]

2. Antrag „Sorgerechtsregelung für Nichtverheiratete zu reformieren" vom 28.5.2008

Mit dem Antrag „Sorgerechtsregelung für Nichtverheiratete zu reformieren" vom 28.05.2008[602] wandten sich einige Bundestagsabgeordnete und die Fraktion Bündnis 90/DIE GRÜNEN erneut gegen die bestehende Regelung, nach der die gemeinsame Sorge für nichteheliche Kinder zwingend an das Einverständnis der Mutter gekoppelt ist. In dem Antrag wurde die Bundesregierung deshalb aufgefordert, einen Gesetzesentwurf zur Neuregelung des § 1626 a BGB vorzulegen, der für den Fall der Weigerung der Kindesmutter die Möglichkeit einer gerichtlichen Überprüfung durch den Kindesvater vorsieht. Die rechtliche Teilhabe an der Verantwortung für das Kind sollte dem Vater jedenfalls dann ermöglicht werden, wenn feststeht, dass er sich an der tatsächlichen Fürsorge für das Kind – auch in Form von Umgangskontakten und Unterhaltszahlungen – beteiligt oder es zumindest künftig tun will. Die Klage des Vaters sollte nach der Vorstellung der Abgeordneten frühestens mit der Vollendung des ersten Lebensjahres durch das Kind und einer zuvor wahrgenommenen Beratung beim Jugendamt möglich sein. Eine weitere Forderung betraf die wissenschaftliche Begleitung der neu zu schaffenden Regelung.[603]

Der Rechtsausschuss sprach ohne weitere Begründung die Empfehlung aus, den Antrag abzulehnen.[604] Diesem Vorschlag folgten die Parlamentarier in der Bundestagssitzung vom 2.7.2009.[605]

---

601 BT-Drucks. 16/6078, S. 6.

602 Antrag der Abgeordneten Ekin Deligöz, Irmingard Schewe-Gerigk, Priska Hinz (Herborn), Kai Gehring, Katrin Göring-Eckardt, Britta Haßelmann, Krista Sager, Grietje Staffelt, Volker Beck (Köln) und der Fraktion BÜNDNIS 90/DIE GRÜNEN „Sorgerechtsregelung für Nichtverheiratete reformieren" vom 28.5.2008, BT-Drucks. 16/9361.

603 BT-Drucks. 16/9361, S. 2.

604 Beschlussempfehlung und Bericht des Rechtsausschusses (6.Rechtsausschuss) zum Antrag der Abgeordneten Ekin Deligöz, Irmingard Schewe-Gerigk, Priska Hinz (Herborn), Kai Gehring, Katrin Göring-Eckardt, Britta Haßelmann, Krista Sager, Grietje Staffelt, Volker Beck (Köln) und der Fraktion BÜNDNIS 90/DIE GRÜNEN „Sorgerechtsregelung für Nichtverheiratete reformieren -BT-Drucks. 16/9361- BT-Drucks. 16/13446, S. 2.

605 Amtliches Protokoll der 230. Sitzung des Deutschen Bundestages am Donnerstag, dem 2. Juli 2009, im Internet abrufbar unter http://www.bundestag.de/dokumente/protokolle/amtlicheprotokolle/2009/ap16230.html.

3. Schriftliche Frage des Abgeordneten Ekin Deligöz und die Antwort der Bundesregierung vom 18.7.2008

Die schriftliche Anfrage der Abgeordneten Deligöz (BÜNDNIS 90/Die Grünen) betraf konkret das Ergebnis der Auswertung und den Zeitpunkt der Veröffentlichung der Ergebnisse der Befragung der Jugendämter und Rechtsanwälte.[606] Im Rahmen der Antwort der Bundesregierung vom 18.7.2008 wurde die Zusammenfassung der inzwischen vom BMJ ausgewerteten Umfrage beigefügt. Gleichzeitig wurde mitgeteilt, dass mit Blick auf die differenzierten Ergebnisse der Umfrage einerseits und deren mangelnden wissenschaftlichen Anspruch andererseits die Vergabe eines Forschungsprojektes vorbereitet werde.[607] In die Zusammenfassung fand indessen das Ergebnis Eingang, wonach nicht ausschließlich kindeswohlorientierte Motive die Ursache für die Ablehnung der gemeinsamen Sorge durch die Mutter seien. Vielmehr wurden brisanterweise von 80 % bis 90 % der befragten Mütter kindeswohlferne, an den eigenen Befindlichkeiten orientierte Gründe genannt.[608]

IV. Die Trendwende: Urteil des EGMR vom 3.12.2009

Noch bevor verwertbare Ergebnisse der beim DJI in Auftrag gegebenen Studie vorlagen, entschied der Europäische Gerichtshof für Menschenrechte (im Folgenden: EGMR) im Sinne einer Unvereinbarkeit der deutschen Regelungen mit der Europäischen Konvention für Menschenrechte (im Folgenden: EMRK) und zwang den Gesetzgeber zu einer beschleunigten Aktivität.

1. Begriff und Bedeutung der EMRK

Die Entwicklung auf dem Gebiet des Familienrechts wurde neben der Rechtsprechung des BVerfG auch von der Europäischen Konvention zum Schutze der Menschenrechte und Grundfreiheiten vom 4.11.1950 und der Rechtsprechung des Europäischen Gerichtshofs für Menschenrechte hierzu maßgeblich beeinflusst. [609]

---

606   BT-Drucks. 16/10047, S. 6.

607   Antwort des Parlamentarischen Staatsekretärs Alfred Harbenbach vom 18.07.2008, BT-Drucks. 16/10047, S. 7; zu der Vergabe des Forschungsprojektes siehe auch oben, S. 116 ff.

608   Umfrage des Bundesministeriums der Justiz bei Jugendämtern und Rechtsanwälten zur gemeinsamen Sorge nicht miteinander verheirateter Eltern – Zusammenfassung –, BT-Drucks. 16/10047, S. 8, 12 f.

609   Schwab, Familienrecht, Rn. 19; Muscheler, Rn. 222; Huber in: MüKo, vor § 1626 Rn. 22; zum Einfluss auf die deutsche Rechtsprechung vgl. z.B. das hier erörterte Urteil vom 3.12.2009, FamRZ 2010, 103 ff.

a) Geschichte und Funktion

Die Konvention ist ein völkerrechtlicher Vertrag[610] und enthält einen Katalog von Grund- und Menschenrechten. Sie wurde vom Europarat[611] ausgearbeitet und am 3.11.1950 unterzeichnet. Die Ratifizierung durch die Bundesrepublik Deutschland erfolgte am 5.12.1952,[612] am 3.9.1953 trat die EMRK in Kraft. Die Konvention ist in Deutschland als innerstaatliches Recht unmittelbar anwendbar.[613]

Als so genannte geschlossene Konvention kann sie nur von Mitgliedern des Europarats unterzeichnet werden,[614] und wurde inzwischen von allen Mitgliedstaaten des Europarates ratifiziert. Seit ihrem Inkrafttreten erfuhr die EMRK eine Reihe von Änderungen und Ergänzungen durch Zusatzprotokolle. Um die Überwachung der sich aus der Konvention ergebenden Verpflichtungen sicherzustellen, wurde der EGMR errichtet, Art. 19 EMRK.[615]

Die EMRK wird vom EGMR als ein „living instrument" betrachtet, wonach die jeweilige Bestimmung stets auf der Grundlage der aktuellen, sozialen und wirtschaftlichen Bedingungen auszulegen sei.[616]

b) Im Familienrecht relevante Normen: Art. 8 und 14 EMRK

Besondere Bedeutung im Bereich des Familienrechts erlangt in erster Linie Art. 8 EMRK, wonach jeder Mensch ein Recht auf Achtung des Privat- und

---

610   Schwab, Familienrecht, Rn. 19.

611   Der Europarat ist eine im Mai 1949 gegründete europäische internationale Organisation. Die Satzung sieht eine allgemeine Zusammenarbeit der heute 47 Mitgliedstaaten zur Förderung von wirtschaftlichen und sozialen Fortschritt vor, vgl. Art. 1 der Satzung des Europarates. Nicht zu verwechseln ist der Europarat mit dem Europäischen Rat (Organ der Staats- und Regierungschefs) und dem Rat der Europäischen Union (Ministerrat).

612   BGBl. 1952 II S. 686.

613   BGBl. 2002 II S. 1055; Schwab, Familienrecht, Rn. 19.

614   Art. 59 Abs. 1 EMRK.

615   Art. 19 EMRK lautet: „Um die Einhaltung der Verpflichtungen sicherzustellen, welche die Hohen Vertragsparteien in dieser Konvention und den Protokollen dazu übernommen haben, wird ein Europäischer Gerichtshof für Menschenrechte, im folgenden als „Gerichtshof" bezeichnet, errichtet. Er nimmt seine Aufgaben als ständiger Gerichtshof wahr."

616   EGMR, Urteil v. 28.4.1978, Tyrer ./. Vereinigtes Königreich, NJW 1979, 1089 = EuGRZ 1979, 164; EGMR, Urteil v. 13.6.1979, Marckx ./. Belgien, NJW 1979, 2249, 2451.

Familienlebens hat.[617] Bereits im Jahr 1979 hat der EGMR entschieden, dass das Recht auf Achtung des Familienlebens unabhängig davon zu gewährleisten ist, ob es sich um eine „eheliche" oder „nichteheliche" Familie handelt.[618] Der Begriff des Familienlebens im Sinne des Art. 8 EMRK ist insgesamt weit gefasst.[619]

Daneben ist Art. 14 EMRK relevant, der ein Diskriminierungsverbot hinsichtlich der in der Konvention gewährleisteten Rechte statuiert.[620]

c) Verhältnis zur Rechtsprechung des BVerfG

Die Frage nach der Relation der Rechtsprechung des EGMR und des BVerfG zueinander kann nicht im Sinne eines eindeutigen Hierarchieverhältnisses beantwortet werden.[621] Verstößt das deutsche Recht gegen die EMRK und wird dies vom EGMR festgestellt, ist der deutsche Gesetzgeber in jedem Fall verpflichtet, den konventionswidrigen Zustand zu beseitigen.[622] Tut er dies nicht oder nicht schnell genug, läuft Deutschland Gefahr, immer wieder in Einzelfällen mit Sanktionen und Entschädigungsverpflichtungen überzogen zu werden.[623]

---

617 Art. 8 EMRK lautet: „(1) Jede Person hat das Recht auf Achtung ihres Privat- und Familienlebens, ihrer Wohnung und ihrer Korrespondenz. (2) Eine Behörde darf in die Ausübung dieses Rechts nur eingreifen, soweit der Eingriff gesetzlich vorgesehen und in einer demokratischen Gesellschaft notwendig ist für die nationale oder öffentliche Sicherheit, für das wirtschaftliche Wohl des Landes, zur Aufrechterhaltung der Ordnung, zur Verhütung von Straftaten, zum Schutz der Gesundheit oder der Moral oder zum Schutz der Rechte und Freiheiten anderer."

618 EGMR, Urteil v. 13.6.1979, Marckx ./. Belgien, NJW 1979, 2249, 2450.

619 Frowein in: Frowein/Peukert, Art. 8 Rn. 15.

620 Art. 14 EMRK lautet: „Der Genuss der in dieser Konvention anerkannten Rechte und Freiheiten ist ohne Diskriminierung insbesondere wegen des Geschlechts, der Rasse, der Hautfarbe, der Sprache, der Religion, der politischen oder sonstigen Anschauung, der nationalen oder sozialen Herkunft, der Zugehörigkeit zu einer nationalen Minderheit, des Vermögens, der Geburt oder eines sonstigen Status zu gewährleisten."

621 Hohmann-Dennhardt, FF 2011, 181, 182; der Beitrag wurde erstmals veröffentlicht in: Hohmann-Dennhardt/Masuch/Villiger (Hrsg.), Festschrift für Renate Jaeger – Grundrechte und Solidarität, 2011, S. 653–673.

622 Art. 46 EMRK lautet: „(1) Die Hohen Vertragsparteien verpflichten sich, in allen Rechtssachen, in denen sie Partei sind, das endgültige Urteil des Gerichtshofs zu befolgen. (2) Das endgültige Urteil der Gerichtshofs ist dem Ministerkomitee zuzuleiten, dieses überwacht seine Durchführung."

623 Art. 41 EMRK lautet: „Stellt der Gerichtshof fest, dass diese Konvention oder die Protokolle dazu verletzt worden sind, und gestattet das innerstaatliche Recht der Hohen Vertragspartei nur eine unvollkommene Wiedergutmachung für die Folgen

An die Befolgung der Konvention sind auch die Verwaltung und die Rechtsprechung gebunden. Wird ein konventionsmäßiger Rechtszustand unter Berücksichtigung der Rechtsprechung des EGMR nicht hinreichend gewährleistet, kann ein Verstoß gegen die jeweils betroffenen Grundrechte in Verbindung mit dem Rechtsstaatsprinzip vor dem BVerfG moniert werden.[624]

Auf der anderen Seite hat die EMRK in der Normenhierarchie der deutschen Rechtsordnung lediglich den Rang eines Bundesgesetzes, weshalb ihre Bestimmungen für das BVerfG keine Rolle im Sinne eines verfassungsrechtlichen Prüfungsmaßstabs spielen.[625]

Allerdings entfaltet die Konvention insoweit Einfluss auf die Rechtsprechung des BVerfG, als die Entscheidungen des EGMR bei der Bestimmung von Inhalt und Reichweite der Grundrechte herangezogen werden.[626] Die Berücksichtigung der Rechtsprechung EGMR erfolgt jedoch dann nicht, wenn die konventionskonforme Auslegung den Grundrechtsschutz schmälern würde.[627]

Eine unmittelbare Bindung des BVerfG an die Entscheidungen des EGMR besteht also nicht.[628] Dies hindert den EGMR allerdings nicht daran, die Rechtsprechung des BVerfG wegen Verstößen gegen die EMRK zu rügen und die Bundesrepublik gem. Art. 41 EMRK zu Entschädigungszahlungen heranzuziehen.

Das nachfolgend dargestellte Urteil des EGMR erweist sich als Katalysator für die seit langem geforderte Weiterentwicklung des Rechts der elterlichen Sorge für nichteheliche Kinder in der Bundesrepublik Deutschland. Bereits einen Tag nach Bekanntwerden der Entscheidung kündigte die Bundesregierung einen Gesetzesentwurf zur Neuregelung der elterlichen Sorge nicht miteinander verheirateter Eltern noch für die laufende Legislaturperiode an.[629] Etwa sieben Monate später sollte auch die Änderung der Rechtsprechung des BVerfG folgen[630] und den Druck auf den Gesetzgeber noch erhöhen.

---

dieser Verletzung, so spricht der Gerichtshof der verletzten Partei eine gerechte Entschädigung zu, wenn dies notwendig ist."; vgl. auch Hohmann-Dennhardt, FF 2011, 181, 182.

624 BGBl. II 2002, 1054; Hohmann-Dennhardt, FF 2011, 181, 182 unter Hinweis auf BVerfGE 111, 307, 329 f., EuGRZ 2004, 741, 747 f.

625 Hohmann-Dennhardt, FF 2011, 181, 182 unter Hinweis auf BVerfGE 74, 358, 370, EuGRZ 1987, 236, 206; 82, 106, 120; EuGRZ 1990, 329, 333; Gernhuber/Coester-Waltjen, I B § 5 Rn. 1, S. 31; Diwell in: Hauß/Schulz, Art. 6 GG Rn. 10.

626 Hohmann-Dennhardt, FF 2011, 181, 182.

627 Hohmann-Dennhardt, FF 2011, 181, 182.

628 Hohmann-Dennhardt, FF 2011, 181, 182.

629 „Süddeutsche Zeitung" v. 4.12.2009, S. 6.

630 BVerfG, FamRZ 2010, 1403 ff.

2. Entscheidung des EGMR vom 3.12.2009[631]

a) Sachverhalt

Der Beschwerdeführer, Horst Zaunegger aus Pulheim, ist Vater einer 1995 außer-ehelich geborenen Tochter. Mangels Sorgeerklärungen verblieb es gem. § 1626 a Abs. 2 BGB beim alleinigen Sorgerecht der Mutter. Die Trennung der Eltern er-folgte im August 1998. Nach der Trennung lebte das Kind zunächst bei seinem Vater, bis Mutter und Tochter Anfang 2001 gemeinsam verzogen. Mit Hilfe des Jugendamtes wurde eine Umgangsvereinbarung erreicht. Zur Abgabe einer Sor-geerklärung war die Kindesmutter jedoch nicht bereit. Dies nahm der Beschwer-deführer zur Veranlassung, 2001 die gemeinsame elterliche Sorge beim AG Köln zu beantragen. Das Familiengericht wies den Antrag des Beschwerdeführers un-ter Hinweis auf die Grundsatzentscheidung des BVerfG vom 29.1.2003[632] zurück. Die hiergegen eingelegte Beschwerde des Vaters wies das OLG Köln ebenfalls zurück und verwies ergänzend auf die nicht genutzte Möglichkeit, im Zeitraum zwischen dem Inkrafttreten des KindRG am 1.7.1998 und der Trennung des Paa-res im August desselben Jahres, ein gemeinsames Sorgerecht durch Abgabe von Sorgeerklärungen zu begründen.

Die vom Beschwerdeführer beim BVerfG eingelegte Verfassungsbeschwerde wurde ohne weitere Begründung nicht zur Entscheidung angenommen.[633]

Mit seiner im Juni 2004 beim EGMR eingelegten Beschwerde rügte der Kin-desvater einen Verstoß gegen Art. 14 EMRK i.V. mit dem Recht auf Achtung des Familienlebens aus Art. 8 EMRK. Die Verletzung wurde mit einer aus § 1626 a BGB resultierenden Diskriminierung des Beschwerdeführers sowohl aufgrund seines Geschlechts als auch im Vergleich zu geschiedenen Vätern begründet.[634]

b) Entscheidungsgründe

Der EGMR sah Art. 14 i. V. mit Art. 8 EMGR verletzt und entschied mit ei-ner Stimmenmehrheit von 6:1 im Sinne des Beschwerdeführers. Gleichzeitig

---

631 EGMR Urteil v. 3.12.2009, Zaunegger ./. Bundesrepublik Deutschland, Nr. 22028/04, in Originalsprache (englisch) veröffentlicht auf www.echr.coe.int = Auszüge auf Deutsch in FamRZ 2010, 103.

632 BVerfG, FamRZ 2003, 285 ff.

633 EGMR Urteil v. 3.12.2009, Zaunegger ./. Bundesrepublik Deutschland, Nr. 22028/04, in Originalsprache (englisch) veröffentlicht auf www.echr.coe.int Rn. 7–12 = FamRZ 2010, 103.

634 EGMR Urteil v. 3.12.2009, Zaunegger ./. Bundesrepublik Deutschland, Nr. 22028/04, in Originalsprache (englisch) veröffentlicht auf www.echr.coe.int Rn. 28 = FamRZ 2010, 103.

befanden die Richter einstimmig, dass die Feststellung der Verletzung eine ausreichende Entschädigung des Beschwerdeführers im Sinne des Art. 41 EMRK[635]
darstellt.

aa) Anwendungsbereich des Art. 14 EMRK eröffnet
Zu Beginn der Prüfung wies der EGMR darauf hin, dass Art. 14 EMRK nicht
schon für sich genommen, sondern lediglich in Verbindung mit den durch die
Konvention gewährleisteten Rechten und Freiheiten seine Wirkung entfalte.
Dies bedeute, dass der Anwendungsbereich des Art. 14 EMRK nur dann eröff-
net sei, wenn der betreffende Sachverhalt in den Schutzbereich mindestens einer
Bestimmung der EMRK fällt. Eine Verletzung der durch die EMRK geschützten
Rechte sei für die Anwendung des Art. 14 allerdings nicht erforderlich. In dem
vorliegenden Fall sei deshalb vorrangig zu prüfen, ob der in Frage stehende Sach-
verhalt den Tatbestand des Art. 8 EMRK erfülle.[636]
Die Anwendung des Art. 8 EMRK auf den zu entscheidenden Fall wurde vom
EGMR unter Hinweis auf seine bisherige Rechtsprechung bejaht. Insbesonde-
re sei der Familienbegriff im Sinne des Art. 8 EMRK nicht auf eheliche Bezie-
hungen beschränkt, sondern sei als faktische „Familien-Bande" aufzufassen,
die nichteheliche Beziehungen mit einschließe. Auch für ein aus einer solchen
Beziehung hervorgegangenes Kind sei dies grundsätzlich nicht weiter fraglich.
Bei der Frage nach der Anwendbarkeit des Art. 8 EMRK sei im Wesentlichen
auf die tatsächlichen Verhältnisse, mithin die Qualität der Bindungen sowie das
Interesse des Vaters an dem Kind und seine Bereitschaft zur Übernahme der
Erziehungsverantwortung abzustellen.[637]
Mit Blick auf die von Anfang an rechtlich bestehende Vaterschaft des Be-
schwerdeführers, die von ihm seiner Tochter gegenüber erbrachten Versor-
gungsleistungen sowie den Umfang der Umgangskontakte nach Trennung
der Eltern seien die angegriffenen Beschlüsse im Sinne eines Eingriffs in das
Recht des Beschwerdeführers auf Achtung seines Familienlebens zu werten.

---

635 Zum Wortlaut vgl. oben S. 122, Fn. 623.
636 EGMR Urteil v. 3.12.2009, Zaunegger ./. Bundesrepublik Deutschland, Nr. 22028/04,
   in Originalsprache (englisch) veröffentlicht auf www.echr.coe.int, Rn. 35, 36 = Fam-
   RZ 2010, 103.
637 EGMR Urteil v. 3.12.2009, Zaunegger ./. Bundesrepublik Deutschland, Nr. 22028/04,
   in Originalsprache (englisch) veröffentlicht auf www.echr.coe.int, Rn. 37 (unter
   Hinweis auf Keegan ./.Irland, Urt. V. 26.5.1994, Ser. A, Bd. 290, Ziff. 44 = FamRZ
   1995, 110 f. und Lebbink ./. Niederlande, Urt. v. 1.6.2004 – Beschwerde Nr. 45582/99
   – ECHR 2004 – IV, Ziff. 36) = FamRZ 2010, 103 f.

Wegen des eröffneten Anwendungsbereichs des Art. 8 EMRK sei Art. 14 EMRK anwendbar.[638]

bb) Ungleichbehandlung im Vergleich zur Mutter und zu verheirateten Vätern

Der Gerichtshof stellte des Weiteren eine Ungleichbehandlung des Beschwerdeführers sowohl im Vergleich zur Mutter des Kindes als auch im Vergleich zu ehelichen Vätern fest.[639] Diese Ungleichbehandlung resultiere aus den unterschiedlichen gesetzlichen Regelungen, die den angegriffenen Beschlüssen zugrunde liegen. Den verheirateten Vätern stünde danach die gemeinsame elterliche Sorge kraft Gesetzes auch nach der Trennung oder Scheidung der Eltern zu. Die gemeinsame Sorge könne auf Antrag eines Elternteils vom Familiengericht geändert werden, wenn Kindeswohlgründe dies erfordern. Auf der anderen Seite stünde das alleinige Sorgerecht der nichtehelichen Mütter ohne eine gerichtliche Überprüfungsmöglichkeit für den Kindesvater, ob ein gemeinsames Sorgerecht auch gegen ihren Willen dem Kindeswohl entspricht. Auch das alleinige Sorgerecht könne der nichteheliche Vater nur mit Zustimmung der Mutter oder bei einer Kindeswohlgefährdung gem. § 1666 BGB erlangen.

cc) Keine Rechtfertigung der Ungleichbehandlung

Für diese Ungleichbehandlung sah der EGMR keinen objektiven und angemessenen Rechtfertigungsgrund. Zwar hätten die Vertragsstaaten einen Beurteilungsspielraum bei der Rechtfertigung des Umfangs und der Ungleichbehandlung vergleichbarer Sachverhalte. Der Gerichtshof hob unter Hinweis auf seine bisherige Rechtsprechung jedoch hervor, dass nur sehr gewichtige Gründe eine differenzierte Behandlung wegen des Geschlechts oder einer nichtehelichen Geburt rechtfertigen könnten. Dies gelte auch für die Ungleichbehandlung von ehelichen und nichtehelichen Vätern.[640]

Zwar verfolgten die Beschlüsse jeweils ein legitimes Ziel, da der von den Gerichten angewendete § 1626 a BGB den Schutz des Kindeswohls des

---

638 EGMR Urteil v. 3.12.2009, Zaunegger ./. Bundesrepublik Deutschland, Nr. 22028/04, in Originalsprache (englisch) veröffentlicht auf www.echr.coe.int, Rn. 39–41 = FamRZ 2010, 103, 104.

639 EGMR Urteil v. 3.12.2009, Zaunegger ./. Bundesrepublik Deutschland, Nr. 22028/04, in Originalsprache (englisch) veröffentlicht auf www.echr.coe.int, Rn. 48 = FamRZ 2010, 103, 104 f.

640 EGMR Urteil v. 3.12.2009, Zaunegger ./. Bundesrepublik Deutschland, Nr. 22028/04, in Originalsprache (englisch) veröffentlicht auf www.echr.coe.int, Rn. 50, 51 = FamRZ 2010, 103, 105.

nichtehelichen Kindes bezwecke. § 1626 a BGB sei darüber hinaus als ein „Versuch" des deutschen Gesetzgebers, nichteheliche mit verheirateten Eltern im bestimmten Umfang gleichzustellen, durchaus zu würdigen.[641]

Mit Blick auf die heterogenen Verhältnisse, in die Kinder nicht verheirateter Eltern hineingeboren würden, sei die originäre elterliche Sorge der Mutter nicht zu beanstanden.[642] Auch seien Konstellationen denkbar, in denen das Kindeswohl den Ausschluss des nichtehelichen Vaters von der elterlichen Sorge gebiete.[643]

Dies treffe auf den Beschwerdeführer nach den Feststellungen des Gerichtshofs allerdings nicht zu. Gleichwohl hatte er nicht die Möglichkeit, die Alternative eines gemeinsamen Sorgerechts gerichtlich überprüfen und ggf. die Sorgeerklärung der Mutter vom Familiengericht ersetzen zu lassen.[644]

Die Annahme des deutschen Gesetzgebers zu den Gründen für eine ausnahmsweise Weigerung der Mutter, die sich auch das BVerfG in seiner Entscheidung vom 29. 1. 2003 zunutze machte, sei nicht überzeugend. Dies insbesondere auch vor dem Hintergrund, dass brauchbare Erkenntnisse trotz der Beobachtungspflicht des Gesetzgebers immer noch fehlten, die bereits vorhandenen Ergebnisse die Annahme einer ausschließlich am Kindeswohl orientierten Motivation der Mutter jedoch zumindest in Zweifel zögen.[645]

Die Auffassung von einer pauschalen Kindeswohlwidrigkeit eines gemeinsamen Sorgerechts gegen den Willen der Mutter teile der Gerichtshof nicht.[646]

641 EGMR Urteil v. 3.12.2009, Zaunegger ./. Bundesrepublik Deutschland, Nr. 22028/04, in Originalsprache (englisch) veröffentlicht auf www.echr.coe.int, Rn. 52, 53 = FamRZ 2010, 103, 105.

642 EGMR Urteil v. 3.12.2009, Zaunegger ./. Bundesrepublik Deutschland, Nr. 22028/04, in Originalsprache (englisch) veröffentlicht auf www.echr.coe.int, Rn. 54, 55 = FamRZ 2010, 103, 105.

643 EGMR Urteil v. 3.12.2009, Zaunegger ./. Bundesrepublik Deutschland, Nr. 22028/04, in Originalsprache (englisch) veröffentlicht auf www.echr.coe.int, Rn. 56 = FamRZ 2010, 103, 105.

644 EGMR Urteil v. 3.12.2009, Zaunegger ./. Bundesrepublik Deutschland, Nr. 22028/04, in Originalsprache (englisch) veröffentlicht auf www.echr.coe.int, Rn. 57 = FamRZ 2010, 103, 105.

645 EGMR Urteil v. 3.12.2009, Zaunegger ./. Bundesrepublik Deutschland, Nr. 22028/04, in Originalsprache (englisch) veröffentlicht auf www.echr.coe.int, Rn. 58 = FamRZ 2010, 103, 105. Der Gerichtshof spielt hier auf die Ergebnisse der Umfrage bei Jugendämtern und Rechtsanwälten an, BT-Drucks. 16/10047 S. 8, 14.

646 EGMR Urteil v. 3.12.2009, Zaunegger ./. Bundesrepublik Deutschland, Nr. 22028/04, in Originalsprache (englisch) veröffentlicht auf www.echr.coe.int, Rn. 59 = FamRZ 2010, 103, 105.

Die Konvention als lebendiges Instrument sei stets im Lichte der aktuellen gesellschaftlichen Entwicklung zu betrachten. In diesem Zusammenhang sei der wachsende Anteil außerehelich geborener Kindern in Europa zu berücksichtigen. Es gebe insoweit zwar keine europäische Übereinstimmung darüber, ob nichteheliche Väter die elterliche Sorge auch gegen den Willen der Mutter erwerben könnten. Ein weitgehender Konsens unter den Mitgliedstaaten bestünde allerdings darüber, dass sich diese Entscheidung am Kindeswohl zu orientieren habe und im Konfliktfall einer gerichtlichen Klärung bedürfe.[647]

Das Argument der bundesdeutschen Regierung, wonach die Möglichkeit einer gerichtlichen Überprüfung wegen der in solchen Fällen naheliegenden, das Kindeswohl beeinträchtigenden Elternkonflikte zu verwehren sei, könne nach Auffassung des Gerichtshofs nicht tragen. Dies insbesondere auch deshalb, weil den Eltern mit gemeinsamer Sorge entsprechende Möglichkeiten offenstehen und der Gesetzgeber keine hinreichenden Gründe dafür vorgebracht habe, weshalb der Beschwerdeführer anders behandelt werden sollte als ein Vater mit gemeinsamem Sorgerecht nach Trennung oder Scheidung von der Mutter des Kindes. Der pauschale Ausschluss einer Überprüfung der originären Alleinsorge der Mutter erweise sich hinsichtlich des verfolgten Ziels, nämlich des Kindeswohlschutzes, als eine unverhältnismäßige Regelung, die als Verstoß gegen Art. 14 i. V. mit Art. 8 EMRK zu werten sei. Eine Untersuchung, ob zusätzlich Art. 8 EMRK verletzt sei, sei vor diesem Hintergrund nicht erforderlich.[648]

V. Änderung der Rechtsprechung des BVerfG: Urteil vom 21.7.2010

Etwa sieben Monate später, am 21.7.2010, entschied auch das BVerfG – konträr zu seiner Entscheidung vom 29.1.2003 –, dass es das Elternrecht des nichtehelichen Vaters aus Art. 6 Abs. 2 GG verletze, „dass er ohne Zustimmung der Mutter generell von der Sorgetragung für sein Kind ausgeschlossen ist und nicht gerichtlich überprüfen lassen kann, ob es aus Gründen des Kindeswohls angezeigt ist, ihm zusammen mit der Mutter die Sorge für sein Kind einzuräumen oder

---

647 EGMR Urteil v. 3.12.2009, Zaunegger ./. Bundesrepublik Deutschland, Nr. 22028/04, in Originalsprache (englisch) veröffentlicht auf www.echr.coe.int, Rn. 60, 61 = FamRZ 2010, 103, 105 f.

648 EGMR Urteil v. 3.12.2009, Zaunegger ./. Bundesrepublik Deutschland, Nr. 22028/04, in Originalsprache (englisch) veröffentlicht auf www.echr.coe.int, Rn. 62–65 = FamRZ 2010, 106.

ihm anstelle der Mutter die Alleinsorge für das Kind zu übertragen".[649] §§ 1626 a und 1672 BGB wurden demgemäß für verfassungswidrig erklärt.

Die Entscheidung verstünde sich dabei keineswegs allein als Reaktion auf das Urteil des EGMR, sondern vor allem auf die inzwischen vorliegenden Erkenntnisse, dass sich die Prämissen des Gesetzgebers nicht mit der Wirklichkeit decken.[650] Zumindest ein enger zeitlicher Zusammenhang der beiden Entscheidungen wird sich aber nicht leugnen lassen.

Einleitend stellte das BVerfG seine Entscheidung vom 29.1.2003 sowie das Urteil des EGMR vom 3.12.2009 in Grundzügen dar. Neben einem rechtsvergleichenden Rundblick in der EU bemühte das BVerfG auch die Ergebnisse der statistischen Erhebungen sowie Ergebnisse der vom BMJ durchgeführten Umfrage bei den Jugendämtern und Rechtsanwälten.[651]

Die Entscheidung ist von einer außerordentlichen Bedeutung, weil sie – ohne dem Gesetzgeber konkrete Vorgaben zu machen – die wichtigsten verfassungsrechtlichen Eckpunkte der künftigen Neuregelung der Materie vorgibt.

1. Sachverhalt

Der Entscheidung lag die Verfassungsbeschwerde des Vaters eines 1998 nichtehelich geborenen Sohnes zugrunde. Die Trennung der Eltern erfolgte noch während der Schwangerschaft. Die Vaterschaft des Beschwerdeführers wurde durch ein gerichtliches Sachverständigengutachten festgestellt und erst hierauf von dem Beschwerdeführer beim Jugendamt anerkannt. Anfang 2001 ließ er eine notarielle Sorgeerklärung erstellen, die jedoch angesichts der Weigerung der Mutter, ihrerseits eine Sorgeerklärung abzugeben, nicht zur Begründung eines gemeinsamen Sorgerechts führte. Im Jahr 2002 wurde eine klassische Umgangsregelung getroffen, die in den Folgejahren reibungslos umgesetzt wurde. Als Reaktion auf die Pläne der Kindesmutter, im Sommer 2008 innerhalb der Bundesrepublik Deutschland umzuziehen, stellte der Beschwerdeführer im Januar 2008 einen

---

649 Leitsatz der Entscheidung, BVerfG, 1 BvR 420/09, www.bverfg.de/entscheidungen/rs20100721_1bvr042009.html = FamRZ 2010, 1403; wegen des nur unvollständigen Abdrucks in der FamRZ und der Bedeutung der Entscheidung wird nachfolgend auf die im Rahmen des Webauftritts des BVerfG erfolgte Veröffentlichung unter Angabe von Absatznummern zitiert.

650 Hohmann-Dennhardt, FF 2011, 181, 187, die bis zu ihrem Ausscheiden im Jahr 2010 Richterin am BVerfG war und sowohl an der Entscheidung vom 29.1.2003 als auch an der Entscheidung vom 21.7.2010 mitwirkte.

651 BVerfG, 1 BvR 420/09, www.bverfg.de/entscheidungen/rs20100721_1bvr042009.html, Absatz-Nr. 12–25.

Antrag beim Familiengericht auf Übertragung des Aufenthaltsbestimmungsrechts auf ihn selbst. Hilfsweise beantragte er, die zur Begründung der gemeinsamen Sorge erforderliche Sorgeerklärung der Mutter zu ersetzen.[652]

Das Amtsgericht Bad Oeynhausen wies die Anträge unter Hinweis auf die geltende Rechtslage zurück. Weder die gemeinsame Sorge noch eine Alleinsorge des Vaters könnten ohne das Einverständnis der Mutter begründet werden. Die Schwelle des § 1666 BGB sei indessen – auch unter Berücksichtigung des Willens des Kindes, künftig bei seinem Vater zu leben – nicht erreicht.

Bei seiner Entscheidung über die hiergegen gerichtete Beschwerde ging das OLG Hamm noch weiter und verneinte die Beschwerdebefugnis des Beschwerdeführers: die unmittelbare Betroffenheit seiner Rechte könne erst dann bejaht werden, wenn der Mutter gem. §§ 1666, 1666 a, 1680 BGB das Sorgerecht entzogen wurde, weil sich erst dann die Frage nach dem Beschwerdeführer als einem potenziellen Sorgerechtsträger stelle.[653]

Hiergegen wandte sich der Beschwerdeführer mit seiner Verfassungsbeschwerde und rügte eine Verletzung von Art. 2 Abs. 1, 3 Abs. 1 und 2, Art. 6 Abs. 2, Art. 20 Abs. 3 GG sowie Art. 6 Abs. 2 GG i. V. mit Art. 1, Art. 6, Art. 8 und Art. 14 EMRK.

Der Beschwerdeführer hielt die den Entscheidungen des AG und des OLG zugrundeliegenden Normen für verfassungswidrig, soweit danach ein Einverständnis der Mutter oder ein Entzug der mütterlichen Sorge Voraussetzung für die Begründung des gemeinsamen oder alleinigen Sorgerechts des Vaters ist. Verfassungsrechtlich erforderlich sei vielmehr eine automatische elterliche Sorge des Vaters, sobald er die Vaterschaft für sein nichteheliches Kind anerkennt. Zumindest müsse eine Möglichkeit der gerichtlichen Überprüfung eröffnet sein, ob im Einzelfall ein Sorgerecht des Vaters auch gegen den Willen der Mutter dem Kindeswohl dient.[654]

2. Stellungnahme der Bundesregierung und des DFGT

Das BMJ ging im Rahmen seiner Stellungnahme für die Bundesregierung davon aus, dass nach den bisher vorliegenden Erkenntnissen die Weigerung der Mütter, den Vater ihres nichtehelichen Kindes nicht am Sorgerecht teilhaben zu lassen,

---

652 BVerfG, 1 BvR 420/09, www.bverfg.de/entscheidungen/rs20100721_1bvr042009. html, Absatz-Nr. 26–28.

653 BVerfG, 1 BvR 420/09, www.bverfg.de/entscheidungen/rs20100721_1bvr042009. html, Absatz-Nr. 28.

654 BVerfG, 1 BvR 420/09, www.bverfg.de/entscheidungen/rs20100721_1bvr042009. html, Absatz-Nr. 29.

mehrheitlich nicht am Kindeswohl motiviert sei. Mit Blick darauf und auf das Urteil des EGMR vom 3.12.2010 nähere man sich deshalb gedanklich einem Gesetzesentwurf zur Änderung der Rechtslage.[655]

Der Deutsche Familiengerichtstag e. V. (DFGT) bezog Stellung im Sinne der Verfassungswidrigkeit der §§ 1626 a, 1672 und 1680 Abs. 3, 2 S. 2 i. V. mit § 1666 BGB. Diese Regelungen würden gegen Art. 6 Abs. 2 GG verstoßen, soweit sie bei Weigerung der Mutter keine gerichtliche Prüfung vorsehen. Insbesondere sei die Absenkung der Schwelle des § 1666 BGB keine geeignete Lösung, um den nichtehelichen Vätern einen Zugang zum Sorgerecht zu eröffnen, weil dadurch die Abgrenzung zwischen Elternverantwortung und dem staatlichen Wächteramt verwischt werden würde.[656]

3. Entscheidungsgründe

Das BVerfG entschied, dass das Elternrecht eines nichtehelichen Vaters weder durch die originäre sorgerechtliche Zuordnung seines Kindes zur Mutter noch durch die fehlende Koppelung der Vaterschaftsanerkennung an ein automatisches Sorgerecht des Vaters beeinträchtigt sei. Art. 6 Abs. 2 GG sahen die Verfassungsrichter allerdings dadurch verletzt, dass die geltenden Regelungen dem nichtehelichen Vater eine gerichtliche Überprüfung verwehren, ob ein gemeinsames/alleiniges Sorgerecht auch gegen den Willen der Mutter dem Kindeswohl entspricht.[657]

a) Originäre elterliche Sorge der Mutter nach wie vor nicht zu beanstanden
Im Einklang mit der bisherigen Rechtsprechung des BVerfG und der Entscheidung des EGMR sei die originäre elterliche Sorge der Mutter verfassungsrechtlich nach wie vor nicht zu beanstanden. Das Kindeswohl verlange eine – auch rechtlich – sichere Bezugsperson von der Geburt an. Durch das breite Spektrum der Verhältnisse, in die nichteheliche Kinder hineingeboren würden, verfolgte

---

655 BVerfG, 1 BvR 420/09, www.bverfg.de/entscheidungen/rs20100721_1bvr042009. html, Absatz-Nr. 31.
656 BVerfG, 1 BvR 420/09, www.bverfg.de/entscheidungen/rs20100721_1bvr042009. html, Absatz-Nr. 32.
657 BVerfG, 1 BvR 420/09, www.bverfg.de/entscheidungen/rs20100721_1bvr042009. html, Absatz-Nr. 35–36 unter Hinweis auf die Entscheidung des BVerfG vom 29.1.2003 und die des EGMR vom 3.12.2009.

der Gesetzgeber mit dem KindRG ein legitimes Ziel, als er das Sorgerecht der Mutter zuwies und den Vater zunächst ausschloss.[658]

Hieran habe sich seitdem nichts geändert. Zwar sei der Anteil der nichtehelich geborenen Kinder auf über 30 % angestiegen. Für ca. die Hälfte dieser Kinder würden Sorgeerklärungen abgegeben. Allerdings sei den bemühten Statistiken des Statistischen Bundesamtes nicht der Zeitpunkt der jeweiligen Sorgeerklärung zu entnehmen. Unwiderlegt sei deshalb eine Studie, wonach zwar 80 % der nichtehelichen Väter die Vaterschaft anerkennen, dies jedoch zu zwei Dritteln erst nach der Geburt des Kindes tun würden.[659]

b) Automatisches Sorgerecht der Väter kraft Anerkennung der Vaterschaft verfassungsrechtlich nicht geboten

Das Elternrecht aus Art. 6 Abs. 2 GG gebiete auch kein automatisches Sorgerecht für nichteheliche Väter kraft wirksamer Vaterschaftsanerkennung gem. §§ 1594 ff. BGB. Eine derartige Lösung wäre zwar verfassungsrechtlich unbedenklich, sofern gleichzeitig für beide Elternteile eine Überprüfungsmöglichkeit vorgesehen wird, ob die gesetzlich begründete gemeinsame Sorge dem Kindeswohl wirklich entspricht. Der Gesetzgeber habe jedoch auch gute Gründe, sich gegen eine solche Regelung zu entscheiden.[660]

So könne aus einer Vaterschaftsanerkennung nicht automatisch die Bereitschaft eines Vaters, gemeinsam mit der Mutter tatsächliche Verantwortung für das Kind zu tragen, gefolgert werden. Ebenso sei die pauschale Schlussfolgerung unzulässig, das die Eltern aufgrund ihrer Übereinstimmung hinsichtlich der Vaterschaftsanerkennung willens und in der Lage sind, die elterliche Sorge für ihr Kind gemeinsam auszuüben. Die statistisch belegte Tatsache, dass die gemeinsame Sorge nur in ca. 50 % der Fälle begründet wird, spreche ebenfalls gegen die Annahme, dass der elterliche Konsens hinsichtlich der Vaterschaftsanerkennung den übereinstimmenden Willen zur gemeinsamen Ausübung des Sorgerechts beinhaltet. Ein genereller Wille des Vaters zur Sorgetragung lasse sich hieraus genauso wenig ableiten wie die Annahme, dass die

---

658 BVerfG, 1 BvR 420/09, www.bverfg.de/entscheidungen/rs20100721_1bvr042009. html, Absatz-Nr. 38, 40.

659 BVerfG, 1 BvR 420/09, www.bverfg.de/entscheidungen/rs20100721_1bvr042009. html, unter B I 1, Absatz-Nr. 39 unter Hinweis auf Erhebungen des Statistischen Bundesamtes für das Jahr 2008 sowie auf Vascovics u.a., Lebenslage nichtehelicher Kinder, 1997, S. 160 f.

660 BVerfG, 1 BvR 420/09, www.bverfg.de/entscheidungen/rs20100721_1bvr042009. html, unter B I 2, Absatz-Nr. 41–42.

gemeinsame Sorge ausschließlich wegen des Widerstandes der Mutter nicht begründet werde.[661]

Dies hindere den Gesetzgeber allerdings keineswegs, den Vater eines nichtehelichen Kindes mit wirksamer Vaterschaftsanerkennung kraft Gesetzes an der elterlichen Sorge zu beteiligen. Dadurch würde nicht nur seinem Elternrecht aus Art. 6 Abs. 2 GG Rechnung getragen werden, sondern ihm zugleich auch die erzieherische Verpflichtung auferlegt werden. Dies erscheine nicht zuletzt deshalb ein gangbarer Weg, weil nach den vorliegenden Erkenntnissen in einer großen Anzahl der Fälle die Begründung der gemeinsamen Sorge an nicht ausreichender Information der Eltern scheitere.[662] Allerdings dürfe der Gesetzgeber nicht generell von einer tragfähigen Beziehung zwischen den Eltern ausgehen, die eine konfliktfreie Ausübung der gemeinsamen elterlichen Sorge ermögliche. Zur Wahrung der Interessen des Kindes sei deshalb unabdingbar eine Möglichkeit für jeden Elternteil erforderlich, gerichtlich überprüfen zu lassen, ob die gemeinsame Sorge tatsächlich dem Kindeswohl entspreche oder wieder zugunsten der Alleinsorge der Mutter oder des Vaters aufzuheben sei.[663]

Andererseits sei zu besorgen, dass die Koppelung der elterlichen Sorge an die Vaterschaftsanerkennung den Rückgang von freiwilligen Anerkennungen als unerwünschte Nebenwirkung nach sich ziehen könnte. Dies wiederum könnte zu einem Anstieg der gerichtlichen Vaterschaftsfeststellungsverfahren führen, von denen die Gefahr der Verstärkung von elterlichen, das Kindeswohl tangierenden Konflikten ausgehe. Schließlich würde die automatische gemeinsame Sorge auch Fälle umfassen, in denen das Kindeswohl aufgrund von massiven Konflikten zwischen den Eltern zumindest bis zu einer gerichtlichen Entscheidung leiden würde.[664]

---

661 BVerfG, 1 BvR 420/09, www.bverfg.de/entscheidungen/rs20100721_1bvr042009. html, unter B I 2 a, Absatz-Nr. 43.

662 BVerfG, 1 BvR 420/09, www.bverfg.de/entscheidungen/rs20100721_1bvr042009. html, unter B I 2 b, Absatz-Nr. 44 unter Hinweis auf die Ergebnisse der Umfrage bei Jungenämtern und Rechtsanwälten, BT-Drucks. 16/10047, S. 14.

663 BVerfG, 1 BvR 420/09, www.bverfg.de/entscheidungen/rs20100721_1bvr042009. html, unter B I 2 b, Absatz-Nr. 44.

664 BVerfG, 1 BvR 420/09, www.bverfg.de/entscheidungen/rs20100721_1bvr042009. html, unter B I 2 c, Absatz-Nr. 45.

c) Verstoß gegen Art. 6 Abs. 2 GG durch fehlende Möglichkeit
   einer gerichtlichen Überprüfung

Das Elternrecht des Vaters aus Art. 6 Abs. 2 GG sei allerdings dadurch verletzt, dass ihm nach §§ 1626 a, 1672 BGB keine Möglichkeit einer gerichtlichen Überprüfung eingeräumt werde, ob es das Kindeswohl gebiete, ihm auch gegen den Willen der Mutter ein gemeinsames oder sogar alleiniges Sorgerecht zu übertragen.[665] Eine derartige Regelung überschreite die Grenzen der gesetzgeberischen Freiheit bei der Ausgestaltung des Elternrechts und sei als ein Eingriff in Art. 6 Abs. 2 GG zu werten.[666]

An dieser Wertung ändere auch nichts, dass der Vater unter bestimmten Voraussetzungen bei Erziehungsversagen der Mutter gem. §§ 1680 Abs. 3 S. 2 i. V. mit 1666 BGB das Sorgerecht erlangen könne. Es handele sich hierbei nicht um einen grundsätzlichen Zugang des nichtehelichen Vaters zum Sorgerecht. Das BVerfG hob noch einmal hervor, dass der Sinn und Zweck des § 1666 BGB nicht in der Zuordnung der Elternrechte im Innenverhältnis der Eltern, sondern in der Klärung der staatlichen Eingriffsbefugnis betreffend das Elternrecht zu sehen sei.[667]

Der Gesetzgeber verfolge zwar mit dem Erfordernis des elterlichen Konsenses als Voraussetzung für die Beteiligung des Vaters am Sorgerecht grundsätzlich ein legitimes Ziel. Die gemeinsame Ausübung der elterlichen Verantwortung setze ein Mindestmaß an Übereinstimmung voraus. Eine fehlende Einigkeit der Eltern über die Begründung der gemeinsamen Sorge könne durchaus auf kindeswohlabträgliche Konflikte schließen lassen.[668]

Die Regelungen der §§ 1626 a, 1672 BGB, die den Zugang des Vaters zur elterlichen Sorge von der Zustimmung der Mutter abhängig machen, seien auch grundsätzlich zur Abwendung einer Kindeswohlgefährdung geeignet. Zwar können hierdurch Konflikte zwischen den Eltern nicht generell verhindert werden, immerhin würden den Kindern jedoch gerichtliche Verfahren erspart.[669]

---

665 BVerfG, 1 BvR 420/09, www.bverfg.de/entscheidungen/rs20100721_1bvr042009. html, unter B II, Absatz-Nr. 46.

666 BVerfG, 1 BvR 420/09, www.bverfg.de/entscheidungen/rs20100721_1bvr042009. html, unter B II 1, Absatz-Nr. 47.

667 BVerfG, 1 BvR 420/09, www.bverfg.de/entscheidungen/rs20100721_1bvr042009. html, unter B II 2, Absatz-Nr. 48 unter Hinweis auf die Entscheidung vom 29.1.2003.

668 BVerfG, 1 BvR 420/09, www.bverfg.de/entscheidungen/rs20100721_1bvr042009. html, unter B II 3, 3a, Absatz-Nr. 49–51.

669 BVerfG, 1 BvR 420/09, www.bverfg.de/entscheidungen/rs20100721_1bvr042009. html, unter B II 4, Absatz-Nr. 53.

In dem generellen, nicht überprüfbaren Ausschluss des Vaters vom Sorgerecht bei Zustimmungsverweigerung der Mutter sei allerdings ein unverhältnismäßiger Eingriff in das Elternrecht aus Art. 6 Abs. 2 GG zu sehen. Die hieraus resultierende Verletzung des Elternrechts eines nichtehelichen Vaters ergebe sich daraus, dass sein Ausschluss vom Sorgerecht nicht einer Einzelfallprüfung am Maßstab des Kindeswohls unterzogen werden kann.[670]

aa) Verfassungswidrigkeit des § 1626 a BGB
Der Vater würde einerseits zur Zahlung von Kindesunterhalt und – bei Leistungsfähigkeit – auch zur Zahlung von Betreuungsunterhalt für die Mutter des Kindes herangezogen, auf der anderen Seite würde ihm jegliche Einflussnahme auf die Pflege und Erziehung seines Kindes ohne das Einverständnis der Mutter versagt.

Demgegenüber würde der Mutter nicht nur originär die elterliche Sorge zugeordnet, sondern ihr darüber hinaus auch gem. § 1626 a BGB die Kompetenz übertragen, über die Beteiligung des Vaters an der Erziehungsverantwortung allein zu entscheiden – ohne Rücksicht auf die Qualität ihrer Gründe im Lichte des Kindeswohls. Hierdurch setzt der Gesetzgeber nach Auffassung des BVerfG das Elternrecht des Vaters unverhältnismäßig hinter das der Mutter zurück, ohne dass es durch das Kindeswohl gerechtfertigt wäre. Zwar könne ein gerichtliches Verfahren zeitweise das Kindeswohl touchieren, die Klärung der Sorgerechtsverhältnisse sei jedoch insgesamt gerade durch das Kindeswohl im hohen Maße geboten.[671]

Die Prämisse des Gesetzgebers, die Uneinigkeit der Eltern hinsichtlich der Begründung des gemeinsamen Sorgerechts gehe stets mit schweren, das Kindeswohl beeinträchtigenden, unbedingt zu vermeidenden Konflikten einher und sei darüber hinaus inkonsequent im Konzept des Sorgerechts für nichteheliche Eltern umgesetzt worden. Bei getrenntlebenden Eltern mit einem gemeinsamen Sorgerecht biete § 1671 BGB ja eine Möglichkeit der Modifizierung der Sorgerechtslage durch das Familiengericht. Dabei wird hier keineswegs bereits aus dem Antrag eines Elternteils auf fehlende Voraussetzungen einer gemeinsamen Sorgerechtsausübung geschlossen, vielmehr ist die optimale Lösung vom Gericht am Maßstab des Kindeswohls zu ermitteln. Für eine anderweitige Behandlung

---

670 BVerfG, 1 BvR 420/09, www.bverfg.de/entscheidungen/rs20100721_1bvr042009. html, unter B II 5, Absatz-Nr. 54.

671 BVerfG, 1 BvR 420/09, www.bverfg.de/entscheidungen/rs20100721_1bvr042009. html, unter B II 5 a, Absatz-Nr. 54–56.

bei Neubegründung der elterlichen Sorge seien nach Auffassung des BVerfG keine Gründe ersichtlich.[672]

Vor allem jedoch würde die Annahme des Gesetzgebers, dass die Mütter nur ausnahmsweise und ausschließlich aus kindeswohlbezogenen Gründen ihre Zustimmung zur Begründung des gemeinsamen Sorgerechts verweigern, durch neueste empirische Erkenntnisse gerade nicht bestätigt. Vielmehr sei davon auszugehen, dass die Mehrzahl der Mütter ihr angestammtes Recht aufgrund von persönlichen Befindlichkeiten nicht aufgeben wolle. Dann aber sei das Elternrecht des von dem Willen der Mutter abhängigen Vaters in einer empfindlichen und nicht gerechtfertigten Weise verletzt, solange ihm nicht die Möglichkeit einer gerichtlichen Überprüfung zur Verfügung steht.[673]

bb) Verfassungswidrigkeit des § 1672 BGB

Auch § 1672 BGB arbeite mit der Zustimmung der Mutter als Voraussetzung für die Übertragung des alleinigen Sorgerechts. Stimmt die Mutter nicht zu, so hat der Vater eines nichtehelichen Kindes keine Möglichkeit, gerichtlich überprüfen zu lassen, ob seine Alleinsorge dem Kindeswohl zuträglicher wäre als die der Mutter. Auch diese Regelung stelle einen schwerwiegenden und nicht gerechtfertigten Eingriff in das Elternrecht des Vaters aus Art. 6 Abs. 2 GG dar.[674]

Der Ausschluss des Vaters sei auch nicht durch die potenzielle, durch die Uneinigkeit der Eltern hinsichtlich des Sorgerechts implizierte, fehlende Kooperationsfähigkeit zu rechtfertigen. Denn nach dem Willen des Gesetzgebers, der in § 1671 BGB Niederschlag fand, sei eine Kooperationsunfähigkeit der Eltern gerade ein wichtiger Grund, das Sorgerecht auf einen Elternteil zu übertragen, um das Kind vor Konflikten zu schützen.[675]

Auch die Sorge des Gesetzgebers, die Ängste der nichtehelichen Mutter vor Entzug des Sorgerechts und Übertragung auf den Kindesvater würden das

---

672 BVerfG, 1 BvR 420/09, www.bverfg.de/entscheidungen/rs20100721_1bvr042009.
     html, unter B II 5 a (1), Absatz-Nr. 57–58; insoweit schließt sich das BVerfG ausdrücklich der Argumentation des EGMR in der Entscheidung vom 3.12.2009 an, Zaunegger ./. Bundesrepublik Deutschland, Ziff. 61 f.

673 BVerfG, 1 BvR 420/09, www.bverfg.de/entscheidungen/rs20100721_1bvr042009.
     html, unter B II 5 a (2), Absatz-Nr. 59–62 unter Hinweis auf die Ergebnisse der Umfrage bei Jungendämtern und Rechtsanwälten, BT-Drucks. 16/10047, S. 12 ff.

674 BVerfG, 1 BvR 420/09, www.bverfg.de/entscheidungen/rs20100721_1bvr042009.
     html, unter B II 5 b, Absatz-Nr. 63.

675 BVerfG, 1 BvR 420/09, www.bverfg.de/entscheidungen/rs20100721_1bvr042009.
     html, unter B II 5 b (1), Absatz-Nr. 64.

Mutter-Kind-Verhältnis in einer abträglichen Weise belasten, rechtfertige die Regelung des § 1672 BGB nicht.[676]

Es sei hier allerdings zu beachten, dass die Eröffnung der Möglichkeit einer Übertragung der Alleinsorge auf den Vater einen schwerwiegenden Eingriff in das Elternrecht der Mutter darstelle. Es sei in diesem Zusammenhang von Bedeutung, dass der Mutter die elterliche Sorge und die damit einhergehenden Pflichten ab der Geburt des Kindes zugewiesen werden. Im Gegensatz zum Vater habe die Mutter überdies nicht die Wahl, sich für oder gegen die rechtliche Verantwortung für ihr Kind zu entscheiden. Der Entzug ihrer vollen elterlichen Sorge unterhalb der Schwelle eines Erziehungsversagens wiege deshalb sehr schwer. Zu berücksichtigen sei weiter, dass ein Sorgerechtswechsel zumeist auch einen Umgebungswechsel für das Kind zur Folge hat, was wiederum mit dem Kontinuitäts- und Stabilitätsbedürfnis des Kindes kollidiere.[677]

Nach einer umfassenden Berücksichtigung und Abwägung der verfassungsrechtlich geschützten Interessen aller Beteiligten könne der Mutter das Sorgerecht deshalb nur dann entzogen werden, wenn es zur Wahrung des väterlichen Elternrechts keine anderen Möglichkeiten gibt und wenn gewichtige Gründe des Kindeswohls für einen Sorgerechtswechsel von der Mutter auf Vater den sprechen. Als ein weniger gewichtiger Eingriff in das mütterliche Elternrecht würde regelmäßig die gemeinsame Sorge beider Elternteile zu betrachten sein. Deshalb sei vom Familiengericht bei einem entsprechenden Antrag des Vaters stets zu prüfen, ob auch eine gemeinsame elterliche Sorge mit dem Kindeswohl vereinbar wäre, und die Übertragung der Alleinsorge auf den Vater zu unterlassen, sofern dies bejaht wird.[678]

4. Übergangslösung des BVerfG

Da die angegriffenen Regelungen bereits gegen Art. 6 Abs. 2 GG verstießen und deshalb verfassungswidrig seien, könne eine Überprüfung der Verletzung weiterer Grundrechte unterbleiben. Das BVerfG ließ den Gesetzgeber jedoch nicht darüber im Unklaren, dass bei einer Neuregelung der Materie auch Art. 3 Abs. 1, 2 und Art. 6 Abs. 5 GG gewahrt bleiben müssen. Dies gelte insbesondere auch für die Frage, ob nicht auch Müttern eine gerichtliche Überprüfungsmöglichkeit

---

676 BVerfG, 1 BvR 420/09, www.bverfg.de/entscheidungen/rs20100721_1bvr042009. html, unter B II 5 b (2), Absatz-Nr. 65.

677 BVerfG, 1 BvR 420/09, www.bverfg.de/entscheidungen/rs20100721_1bvr042009. html, unter B II 5 b (2), Absatz-Nr. 66.

678 BVerfG, 1 BvR 420/09, www.bverfg.de/entscheidungen/rs20100721_1bvr042009. html, unter B II 5 b (4), Absatz-Nr. 68.

eröffnet werden muss, wenn sich der Vater weigert, die gemeinsame oder alleinige elterliche Sorge für sein nichteheliches Kind zu begründen.[679]

Obwohl §§ 1626 a, 1672 BGB für verfassungswidrig befunden wurden, waren sie nicht für nichtig zu erklären, weil dadurch der Zugang zum gemeinsamen Sorgerecht auch bei Konsens der Eltern bis zum Inkrafttreten einer Neuregelung verwehrt bliebe und damit der verfassungswidrige Zustand noch vertieft werden würde. Auch die Unanwendbarkeit helfe aus den gleichen Gründen nicht weiter. Schließlich seien die angegriffenen Normen aber auch nicht für weiter anwendbar zu erklären, weil hierdurch der verfassungswidrige Zustand nur verfestigt werden würde.[680] Die Lösung sah das BVerfG deshalb in einer Übergangsregelung, die bis zum Inkrafttreten einer gesetzlichen Neuregelung gilt.

a) Übergangslösung für § 1626 a BGB
Ergänzend zur Regelung des § 1626 a BGB wurde deswegen bis zum Inkrafttreten des Reformgesetzes angeordnet, „dass das Familiengericht den Eltern auf Antrag eines Elternteils die elterliche Sorge oder einen Teil der elterlichen Sorge gemeinsam überträgt, soweit zu erwarten ist, dass dies dem Kindeswohl entspricht".[681]

b) Übergangslösung für § 1672 BGB
Bei Anträgen von Vätern auf Übertragung der alleinigen Sorge seien die Ausführungen des BVerfG zu den Voraussetzungen für den Eingriff in das Elternrecht der Mutter zu berücksichtigen. Es erscheine deshalb bis zum Inkrafttreten einer gesetzlichen Neuregelung eine Anlehnung an § 1671 BGB sinnvoll. In diesem Sinne wurde vom BVerfG angeordnet, dass „das Familiengericht dem Vater auf Antrag eines Elternteils die elterliche Sorge oder einen Teil der elterlichen Sorge überträgt, soweit eine gemeinsame elterliche Sorge nicht in Betracht kommt und zu erwarten ist, dass dies dem Kindeswohl am besten entspricht".[682]

---

679 BVerfG, 1 BvR 420/09, www.bverfg.de/entscheidungen/rs20100721_1bvr042009. html, unter B II 6, Absatz-Nr. 69.

680 BVerfG, 1 BvR 420/09, www.bverfg.de/entscheidungen/rs20100721_1bvr042009. html, unter C I-II, Absatz-Nr. 71–74.

681 BVerfG, 1 BvR 420/09, www.bverfg.de/entscheidungen/rs20100721_1bvr042009. html, unter C III, Absatz-Nr. 75.

682 BVerfG, 1 BvR 420/09, www.bverfg.de/entscheidungen/rs20100721_1bvr042009. html, unter C III, Absatz-Nr. 76.

5. Vergleich mit der Entscheidung des EGMR vom 3.12.2009 und Konsequenzen für den Gesetzgeber

Sowohl das Urteil des EGMR vom 3.12.2009 als auch die Entscheidung des BVerfG sind für den Gesetzgeber von richtungweisender Bedeutung. Insbesondere stellten die deutschen Verfassungsrichter über den erforderlichen Entscheidungsinhalt hinaus wichtige Überlegungen zu einer möglichen Neuregelung an. Hieraus ergeben sich wesentliche Eckpunkte, die bei der Erarbeitung einer gesetzlichen Neukonzeption zu beachten sind:

So gehen beide Gerichte davon aus, dass die originäre Zuweisung der elterlichen Sorge zur Mutter eines nichtehelichen Kindes sowohl im Lichte der EMRK als auch des GG nicht zu beanstanden sei.

Sowohl der EGMR als auch das BVerfG sind sich jedoch darüber einig, dass dem Vater die Möglichkeit eröffnet werden müsse, gerichtlich überprüfen zu lassen, ob ein gemeinsames/alleiniges Sorgerecht auch gegen den Willen der Mutter begründet werden kann und dass sich diese Überprüfung am Kindeswohl als Maßstab zu richten habe.

Das BVerfG hob weiter ausführlich hervor, dass es zwar möglich, verfassungsrechtlich aber nicht erforderlich sei, das Sorgerecht des Vaters eines nichtehelichen Kindes an die Vaterschaftsanerkennung zu koppeln.

Die deutschen Verfassungsrichter stellten darüber hinaus klar, dass bei der gesetzlichen Neuregelung auch dem Elternrecht und den weiteren Grundrechten der Mutter hinreichend Rechnung getragen werden müsse. Zunächst offen gelassen wurde die Frage, ob nicht auch ihr das Recht zustehen müsse, die Frage des gemeinsamen oder alleinigen Sorgerechts des Vaters gerichtlich klären zu lassen, wenn der Vater zur Übernahme seiner elterlichen Verantwortung nicht bereit ist.

Einen diesbezüglich deutlichen Hinweis enthält jedoch die vom BVerfG geschaffene Übergangsregelung, im Rahmen deren sowohl bei § 1626 a BGB als auch bei § 1672 BGB nicht nur der Vater, sondern beide Elternteile einen Antrag beim Familiengericht stellen können.

Das Elternrecht der Mutter sei nach Auffassung des BVerfG darüber hinaus verstärkt bei einem Antrag des Vaters auf Übertragung des alleinigen Sorgerechts zu berücksichtigen. Dieser Prämisse wurde im Rahmen der Übergangsregelung zu § 1672 BGB dadurch Rechnung getragen, dass das alleinige Sorgerecht ausschließlich dann auf den Vater übertragen werden darf, wenn eine gemeinsame elterliche Sorge als milderer Eingriff in das Elternrecht der Mutter nicht in Frage kommt und ein Sorgerechtswechsel dem Kindeswohl am besten entspricht.

An diesen Vorgaben des BVerfG wird sich die gesetzliche Neuregelung messen lassen müssen. Der gesetzgeberische Gestaltungsspielraum ist jedoch insoweit nicht eingeschränkt, als er – unter Berücksichtigung der angeführten Vorgaben – zwischen dem bisherigen Konzept der Sorgerechtszuweisung und der Kopplung an die Vaterschaftsanerkennung wählen kann.[683]

C. Aktuelles Gesetzgebungsverfahren und diskutierte Reformmodelle

Die im aktuellen Gesetzgebungsverfahren bisher diskutierten Modelle gehen gedanklich sowohl von einer Ergänzung der bisherigen Konzeption als auch von einem originären Sorgerecht beider Elternteile aus.

I. Antrag einiger Bundestagsabgeordneter und der Fraktion BÜNDNIS 90/DIE GRÜNEN vom 6.10.2011

Den Ausgangspunkt des aktuellen Gesetzgebungsverfahrens bildet der Antrag einiger Abgeordneter und der Fraktion BÜNDNIS 90/DIE GRÜNEN vom 6.10.2010.[684]

Darin wird die Bundesregierung aufgefordert, einen Gesetzesentwurf zur Neuregelung des Sorgerechts für nicht miteinander verheiratete Eltern vorzulegen, der im Wesentlichen auf folgenden Eckpunkten basiert:

Vätern nichtehelich geborener Kinder soll die Möglichkeit eines Antrages auf Begründung des gemeinsamen Sorgerechts beim zuständigen Jugendamt eingeräumt werden. Das Jugendamt habe dann die Aufgabe, die Mutter über den Antrag des Vaters zu informieren und ihr eine Widerspruchsfrist von acht Wochen zu setzen. Die Frist beginne mit der Kenntnisnahme vom Antrag des Vaters an zu laufen, sei jedoch während der Mutterschutzfrist (sechs Wochen vor und acht nach der Geburt) gehemmt.

Dem Antrag des Vaters werde stattgegeben, sofern die Mutter nicht binnen acht Wochen widerspricht und das Jugendamt keine Kenntnis von einer offensichtlichen Kindeswohlgefährdung durch den Vater habe.

Für den Fall des Widerspruchs der Mutter sei der Vater berechtigt – so der Vorschlag – einen Antrag beim Familiengericht zu stellen. Der Antrag solle vom Familiengericht bereits dann positiv entschieden werden, wenn die gemeinsame elterliche Sorge dem Kindeswohl *nicht widerspricht*.

---

683   So auch Hohmann-Dennhardt, FF 2011, 181, 190.

684   Antrag der Abgeordneten Katja Dörner, Ingrid Hönlinger, Monika Lazar, Ekin Deligöz, Josef Philip Winkler, Volker Beck (Köln), Kai Gehring, Priska Hinz (Herborn), Tabea Rößner, Krista Sager, Wolfgang Wieland und der Fraktion BÜNDNIS 90/DIE GRÜNEN vom 6.10.2010, „Gemeinsames elterliches Sorgerecht für nicht miteinander verheiratete Eltern", BT-Drucks. 17/3219.

Mit den gleichen Befugnissen (Antrag beim Jugendamt und ggf. beim Familiengericht) soll auch die Mutter ausgestattet werden.

Der Vater eines nichtehelichen Kindes soll daneben auch die Möglichkeit haben, die Alleinsorge beim Familiengericht zu beantragen. Der Gesetzesentwurf solle sich hier an der Übergangslösung des BVerfG orientieren und den Sorgerechtswechsel vorsehen, wenn eine gemeinsame Sorge nicht in Frage kommt und die Alleinsorge des Vaters dem Kindeswohl am besten entspricht.[685]

II. Diskutierte Modelle

Auch wenn das BVerfG mit der geschaffenen Übergangslösung zunächst verhinderte, dass die Bundesrepublik Deutschland in weiteren Einzelfällen mit Entschädigungszahlungen überzogen wird,[686] tut der deutsche Gesetzgeber gut daran, schnell für eine Neuregelung zu sorgen. Gem. Art. 46 EMRK sind die Vertragsstaaten verpflichtet, endgültige Urteile des Gerichtshofs zu befolgen.[687] Liegt eine Verletzung der Konvention in der Existenz einer gesetzlichen Norm, ist der betreffende Mitgliedstaat verpflichtet, die betreffende Regelung zu ändern.[688] Eine Frist hierfür ist zwar nicht vorgesehen, das Gesetzesvorhaben muss jedoch unverzüglich in Angriff genommen werden.[689]

Das BMJ arbeitet nach eigenen Angaben seit der Veröffentlichung des Urteils des EGMR vom 3.12.2009 mit Hochdruck an einer neuen gesetzlichen Lösung.[690] Die Neugestaltung soll dabei immer dann zum gemeinsamen Sorgerecht führen, wenn das Kindeswohl nicht entgegensteht.[691] Zwei ursprünglich in der Diskussion berücksichtigte Modelle wurden im weiteren Verlauf von einer dritten Variante abgelöst, die sich als eine Mischform der ersten beiden Modelle erweist.[692] Die Einzelheiten der Modelle sind nach wie vor hoch streitig.[693]

---

685 BT-Drucks. 17/3219, S. 1–2.
686 Vgl. Hohmann-Dennhardt, FF 2011, 181, 190.
687 Zum Wortlaut des Art. 46 EMRK vgl. oben S. 122, Fn. 622.
688 Frowein in: Frowein/Peukert, Art. 46 Rn. 7, 12.
689 Coester, NJW 2010, 482, 483; vgl. auch Huber/Möll, FamRZ 2011, 765, 770.
690 Pressemitteilung dem BMJ v. 3.12.2009, abrufbar unter www.bmj.de.
691 Pressemitteilung dem BMJ v. 19.8.2010, abrufbar unter www.bmj.de.
692 Vgl. Fragen-Antworten-Katalog des BMJ v. 13.1.2011, abrufbar unter www.bmj.de/SharedDocs/Downloads/DE/pdfs/Fragen_und_Antworten_zum_Sorgerecht_nicht_miteinander_verheirateter_Eltern.pdf?_blob=publicationFile.
693 Peschel-Gutzeit, FF 2011, 105, 109.

1. Antragsmodell

Die sog. Antragslösung, auch als „kleine Lösung"[694] bezeichnet, geht zunächst vom alleinigen Sorgerecht der Mutter aus. Sie sieht für den Vater – wie auch schon nach der bisherigen Rechtslage – die Möglichkeit vor, eine Sorgeerklärung abzugeben. Stimmt die Mutter nicht ausdrücklich zu, kann der Vater eine Entscheidung beim Familiengericht beantragen.[695]

2. Widerspruchsmodell

Das sog. Widerspruchsmodell, auch „automatisches Modell"[696] oder „große Lösung"[697] genannt, sieht demgegenüber vor, dass das mit einer Sorgeerklärung verbundene Vaterschaftsanerkenntnis automatisch zu einer gemeinsamen elterlichen Sorge führt. Widerspricht die Mutter binnen einer bestimmten Frist, entfällt das gemeinsame Sorgerecht nachträglich. Gleichzeitig wird dem Vater die Möglichkeit einer Überprüfung im familiengerichtlichen Verfahren eröffnet.[698]

3. Kompromissvorschlag des BJM

Nach „intensiven Gesprächen", die man sich wohl eher als kontroverse Diskussionen vorstellen darf, wurde vom BMJ ein Mischmodell vorgestellt, das sich als Kompromissvorschlag für einen gemeinsamen Entwurf der Koalitionspartner CDU/CSU und FDP versteht.[699]

Der Kompromissvorschlag sieht zunächst die alleinige elterliche Sorge der Mutter vor. Der Vater hat wie bisher die Möglichkeit, eine Sorgeerklärung abzugeben. Nun muss die Mutter – im Unterschied zu der Antragslösung – binnen einer Frist von acht Wochen widersprechen. Tut sie es nicht, entsteht mit Ablauf der Frist von Gesetzes wegen ein gemeinsames Sorgerecht. Im Fall des

---

694 So bezeichnet von Löhnig, FamRZ 2010, 338, 339.

695 Vgl. Fragen-Antworten-Katalog des BMJ v. 13.1.2011, abrufbar unter www.bmj. de/SharedDocs/Downloads/DE/pdfs/Fragen_und_Antworten_zum_Sorgerecht_ nicht _miteinander_verheirateter_Eltern.pdf?_blob=publicationFile; Peschel-Gut zeit, FF 2011, 105, 108 f.

696 So bezeichnet von Peschel-Gutzeit, FF 2011, 105, 108.

697 So bezeichnet von Löhnig, FamRZ 2010, 338, 340.

698 Vgl. Fragen-Antworten-Katalog des BMJ v. 13.1.2011, abrufbar unter www.bmj. de/SharedDocs/Downloads/DE/pdfs/Fragen_und_Antworten_zum_Sorgerecht_ nicht _miteinander_verheirateter_Eltern.pdf?_blob=publicationFile; Peschel-Gut zeit, FF 2011, 105, 108 f.

699 Vgl. Fragen-Antworten-Katalog des BMJ v. 13.1.2011, abrufbar unter www.bmj. de/SharedDocs/Downloads/DE/pdfs/Fragen_und_Antworten_zum_Sorgerecht_ nicht _miteinander_verheirateter_Eltern.pdf?_blob=publicationFile.

Widerspruchs der Mutter kann der Vater das Familiengericht anrufen und prüfen lassen, ob die gemeinsame Sorge dem Kindeswohl „widerspricht oder nicht".[700] In einer Presseerklärung vom 3.2.2011 lautete der Wortlaut demgegenüber „... dem Kindeswohl *entspricht* oder nicht".[701] Auf den tatsächlichen Wortlaut in der endgültigen Entwurfsfassung darf man angesichts der erheblich divergierenden Anforderungen gespannt sein.

4. Kritik in der Literatur

Sowohl das Antrags- als auch das Widerspruchsmodell sind in der Literatur nicht unerheblicher Kritik begegnet.[702] Eine Umfassende Würdigung soll indessen nicht an dieser Stelle, sondern im Rahmen des nachfolgenden Rechtsvergleiches erfolgen. Lediglich die wichtigsten Kritikpunkte seien bereits genannt:

Dem Antragsmodell wird entgegen gesetzt, dass es als Minimallösung den gesetzgeberischen Spielraum nicht ausnutze. Lediglich die Zustimmung der Mutter werde durch die Entscheidung des Familiengerichts ersetzt.[703] Außerdem setzte diese Variante das negative Leitbild eines desinteressierten, sorgerechtsunwilligen nichtehelichen Vaters fort.[704]

Insbesondere von Peschel-Gutzeit wird das Widerspruchsmodell scharf kritisiert. Sie wirft die Frage auf, ob derart weitgehende Reformwünsche und -pläne von der Entscheidung des BVerfG überhaupt gerechtfertigt seien. Zwar regelt der größere Teil der europäischen Staaten das Sorgerecht für nichteheliche Kinder im Sinne einer weitgehenden oder vollständigen Gleichstellung der Eltern und eines automatischen Sorgerechts beider Elternteile. Die Erfahrungen der betreffenden Länder mit dieser Regelung seien hierzulande jedoch nicht bekannt. Es sei darüber hinaus zu berücksichtigen, dass in Deutschland die Rechtsinhaberschaft der gemeinsamen elterlichen Sorge und ihre Ausübung nicht das Gleiche seien. Nach den Erfahrungen in der Rechtsanwendung seit dem Inkrafttreten des KindRG wirkten sich die Konflikte jedoch nicht auf der Ebene der Inhaberschaft, sondern bei der Ausübung der elterlichen Sorge aus. Häufig habe darüber

700 Pressemitteilung des BMJ v. 3.2.2011, abrufbar unter www.bmj.de.
701 Vgl. Fragen-Antworten-Katalog des BMJ v. 13.1.2011, abrufbar unter www.bmj. de/SharedDocs/Downloads/DE/pdfs/Fragen_und_Antworten_zum_Sorgerecht_ nicht _miteinander_verheirateter_Eltern.pdf?_blob=publicationFile; Pressemitteilung des BMJ v. 3.2.2011, abrufbar unter www.bmj.de.
702 Vgl. Überblick bei Huber/Möll, FamRZ 2011, 765 ff.
703 Luthin, Anm. zu BVerfG, FamRZ 2010, 1403, 1411.
704 Rauscher, JZ 2010, 1010, 1012.

hinaus der Wunsch nach der gemeinsamen Sorge weniger mit dem Kind selbst als mit den Machtverhältnissen zwischen den Eltern zu tun.[705]

Gegen das Widerspruchsmodell werden daneben Vorbehalte rechtspolitischer Natur ins Feld geführt. Die an das Vaterschaftsanerkenntnis gekoppelte, automatische Sorgerechtsstellung des Vaters könne zur Folge haben, dass die Mütter die unerwünschte Mitsorge des Vaters bereits auf der Abstammungsebene blockieren.[706]

Daneben zwinge das Widerspruchsmodell die Mutter, die das Sorgerecht nicht mit dem Vater ihres Kindes teilen will, „in einer emotional schwierigen Phase unmittelbar nach der Geburt aktiv zu werden".[707] Die Befristung der Widerspruchsfrist könne sich zudem als Druckmittel erweisen, so dass die Mütter ggf. vorsorglich widersprechen. Schließlich könne keineswegs grundsätzlich von einer tragfähigen Beziehung zwischen den Eltern ausgegangen werden, genauso wenig davon, dass der Vater immer gewillt ist, die elterliche Verantwortung zu übernehmen.[708]

Gegen den Kompromissvorschlag des BMJ lassen sich freilich ebenfalls mehrere Kritikpunkte entgegen setzen, die bereits gegenüber den beiden Grundmodellen geäußert wurden.[709]

III. Bundestagsdebatte vom 28.1.2011

Entgegen den Erwartungen fiel die Bundestagsdebatte am 28.1.2011 zum Antrag vom 6.10.2010 nicht besonders kontrovers aus. Dies war zum einen dem Umstand geschuldet, dass innerhalb fast aller Parteien bis dahin noch nicht die Einigung auf eine einheitliche Position zum Thema erfolgen konnte.[710] Zum anderen zeichnete sich eine gewisse Sympathie für den Kompromissvorschlag des BMJ auf Seiten der Antragsteller ab. Schließlich lag aber auch noch kein Gesetzesentwurf des BMJ vor, an dem die unterschiedlichen Positionen hätten hitzig diskutiert werden können. Es verblieb deshalb zunächst beim Austausch mehr oder weniger allgemeiner Erwägungen, der Kritik an dem Vorschlag der Antragsteller

---

705 Peschel-Gutzeit, NJW 2010, 2990, 2992.

706 Coester, FamRZ 2007, 1137, 1140.

707 So Bär, Familienpolitische Sprecherin der Union, laut „Welt" v. 4.8.2010, „Mehr Rechte für unverheiratete Väter", abrufbar unter www.welt.de/die -welt/politik/article8807891/Mehr-Rechte-fuer-unverheiratete-Vaeter.html.

708 Luthin, FamRZ 2010, 1403, 1411; zusammenfassend zur Kritik vgl. auch Huber/Möll, FamRZ 2011, 765, 771.

709 Siehe auch auch Huber/Möll, FamRZ 2011, 765, 771.

710 Plenarprotokoll 17/88, 9940 C und 9943 A.

oder dem Kompromissvorschlag des BMJ. Lediglich die CDU/CSU stellte ein weiteres Modell, das sog. Optionsmodell, vor. Dieses sieht vor, dass sich ein Vater direkt nach der Geburt des Kindes mit einem Sorgerechtsantrag an das Familiengericht wenden darf, wenn er davon ausgeht, dass die Mutter ihre Zustimmung zum gemeinsamen Sorgerecht verweigern wird. Hierbei sei eine Karenzzeit zu wahren, solange sich die Mutter im Mutterschutz befinde. Daneben – eben als Option – soll der Vater die Möglichkeit haben, einen Antrag beim Jugendamt zu stellen. Der Antrag soll dann der Mutter zugestellt werden. Auch hier seien Schutzfristen zu beachten. Die zeitliche Ausdehnung des Schutzes wie auch eine ganze Reihe weiterer Punkte seien jedoch noch unklar. Das Schweigen der Mutter auf den Antrag des Vaters soll im Rahmen des Optionsmodells bedeuten, dass der Weg zu einer gerichtlichen Klärung der Sorgerechtsfrage eröffnet sein soll.[711]

Die Abgeordnete Granold räumte jedoch ein, dass es derzeit noch Abstimmungsschwierigkeiten mit dem Koalitionspartner FDP gebe, welches sorgerechtliche Modell vorrangig in den Gesetzesentwurf einfließen soll.[712]

Am Schluss der Sitzung wurde die Vorlage an den Rechtsausschuss sowie den Ausschuss für Familie, Senioren, Frauen und Jugend überwiesen.[713]

IV. Stellungnahme des VAMV e.V. vom 9.9.2010 und Formulierungsvorschlag für eine gesetzlichen Neuregelung vom 4.11.2010

Der Verband alleinerziehender Mütter und Väter, Bundesverband e. V. (im Folgenden: VAMV), gab zunächst am 9.9.2010 seine Position im Zusammenhang mit der Neuregelung der elterlichen Sorge bekannt[714] und veröffentlichte kurze Zeit später, am 4.11.2010, einen Formulierungsvorschlag für die präferierte Neuregelung.[715]

Der VAMV stellt sich in seinen Stellungnahmen auf den Standpunkt, dass die gemeinsame Sorge ausschließlich durch übereinstimmende Sorgeerklärungen,

---

711 Plenarprotokoll 17/88, 9939 A – B.

712 Plenarprotokoll 17/88, 9938 B.

713 Plenarprotokoll 17/88, 9943 C.

714 Im Internet abrufbar unter: http://www.vamv.de/fileadmin/user_upload/bund/dokumente/Stellungnahmen/VAMV_Position_Elterliche_Sorge_9.10.pdf.

715 Im Internet abrufbar unter: http://www.vamv.de/fileadmin/user_upload/bund/dokumente/Stellungnahmen/Sorgerecht_Formulierungsvorschlag_des_VAMV_4_11_10.pdf.

nachträgliche Heirat oder eine Gerichtsentscheidung entstehen sollte[716] und spricht sich damit klar für das Antragsmodell aus. Kommt hiernach gemeinsame Sorge mangels Zustimmung der Mutter nicht durch Sorgeerklärungen zustande, bleibt dem sorgewilligen Vater eine Überprüfungsmöglichkeit durch das Familiengericht.[717] Das Gericht überträgt die elterliche Sorge oder Teile hiervon in einer gebundenen Entscheidung auf beide Elternteile, sofern dies dem Kindeswohl entspricht. Insoweit deckt sich der Vorschlag fast wörtlich mit der Übergangslösung des BVerfG.

Der Formulierungsvorschlag für einen neuen § 1626 a BGB enthält darüber hinaus jedoch einen Kriterienkatalog, der das Wesen der elterlichen Sorge als Pflicht zur Wahrnehmung der elterlichen Verantwortung herausstellen soll.[718] Danach hat das Familiengericht u.A. die Prognose zur kindeswohlkonformen Kooperation der Eltern, die Wahrnehmung des Umgangs durch den sorgewilligen Elternteil, die Tragfähigkeit seiner Beziehung zum Kind oder die Erfüllung seiner Unterhaltspflicht dem Kind gegenüber zu berücksichtigen.[719]

Die recht konservative Position des VAMV verwundert kaum vor dem Hintergrund, dass der Verband – die statistischen Verhältnisse widerspiegelnd[720]

---

716 Formulierungsvorschlag des Verbands alleinerziehender Mütter und Väter, Bundesverband e. V. (VAMV) zur gesetzlichen Neuregelung der elterlichen Sorge nicht miteinander verheirateter Eltern, S. 2, im Internet abrufbar unter: http://www.vamv. de/fileadmin/user_upload/bund/dokumente/Stellungnahmen/Sorgerecht_Formu lierungsvorschlag_des_VAMV_4_11_10.pdf.

717 Formulierungsvorschlag des Verbands alleinerziehender Mütter und Väter, Bundesverband e. V. (VAMV) zur gesetzlichen Neuregelung der elterlichen Sorge nicht miteinander verheirateter Eltern, S. 1, im Internet abrufbar unter: http://www.vamv. de/fileadmin/user_upload/bund/dokumente/Stellungnahmen/Sorgerecht_Formu lierungsvorschlag_des_VAMV_4_11_10.pdf.

718 Formulierungsvorschlag des Verbands alleinerziehender Mütter und Väter, Bundesverband e. V. (VAMV) zur gesetzlichen Neuregelung der elterlichen Sorge nicht miteinander verheirateter Eltern, S. 5, im Internet abrufbar unter: http://www.vamv. de/fileadmin/user_upload/bund/dokumente/Stellungnahmen/Sorgerecht_Formu lierungsvorschlag_des_VAMV_4_11_10.pdf.

719 Formulierungsvorschlag des Verbands alleinerziehender Mütter und Väter, Bundesverband e. V. (VAMV) zur gesetzlichen Neuregelung der elterlichen Sorge nicht miteinander verheirateter Eltern, S. 1, im Internet abrufbar unter: http://www.vamv. de/fileadmin/user_upload/bund/dokumente/Stellungnahmen/Sorgerecht_Formu lierungsvorschlag_des_VAMV_4_11_10.pdf.

720 90 % der alleinerziehenden sind Frauen; im Jahr 2009 gab es 1,4 Mill. Alleinerziehende Frauen und 154 000 alleinerziehende Männer; Quelle: Statistisches Bundesamt, Pressekonferenz. „Alleinerziehende in Deutschland – Ergebnisse des

– mehrheitlich die Interessenvertretung der alleinerziehenden Mütter wahrnehmen dürfte. Dies wird nicht zuletzt dadurch deutlich, dass in der Begründung des Formulierungsvorschlags mit dem Mythos der „neuen Väter", also Männer, die sich im Rahmen der Elternschaft einer partnerschaftlichen Aufgabenteilung stellen, rigoros aufgeräumt wird.[721]

V. Stellungnahme der Kinderrechtskommission des DFGT vom 22.2.2011

In der Stellungnahme vom 22.2.2011 setzt sich die multidisziplinäre Kinderrechtskommission des Deutschen Familiengerichtstages (im Folgenden: DFGT) vor allem mit dem Kompromissvorschlag des BMJ auseinander und schlägt einen weiteren Lösungsansatz vor.[722]

Das Modell des BMJ (gemeinsames Sorgerecht nach Sorgeerklärung des Vaters mit fristgebundener Widerspruchsmöglichkeit der Mutter und ggf. Entscheidung des Familiengerichts) wird als „Einfallstor für unerwünschte Bürokratisierung und rechtliche Unsicherheiten" kritisiert.[723] Insbesondere seien bei der fristgebundenen Widerspruchsmöglichkeit der Mutter eine ganze Reihe von Fragen, z. B. hinsichtlich der Form, Begründungspflicht oder Hemmung der Widerspruchsfrist während der Zeit des Mutterschutzes, offen.[724] Daneben vermittele die Frist den Eindruck eines endgültigen gemeinsamen Sorgerechts

---

Mikrozensus 2009" am 29. Juli 2010 in Berlin; im Internet abrufbar unter http://www.destatis.de/jetspeed/portal/cms/Sites/destatis/Internet/DE/Presse/pk/2010/Alleinerziehende/Statement__Egeler__PDF,property=file.pdf.

721 Formulierungsvorschlag des Verbands alleinerziehender Mütter und Väter, Bundesverband e. V. (VAMV) zur gesetzlichen Neuregelung der elterlichen Sorge nicht miteinander verheirateter Eltern, S. 3, im Internet abrufbar unter: http://www.vamv.de/fileadmin/user_upload/bund/dokumente/Stellungnahmen/Sorgerecht_Formulierungsvorschlag_des_VAMV_4_11_10.pdf.

722 Kinderrechtskommission des Deutschen Familiengerichtstags. Stellungnahme zur aktuellen Reformdiskussion „Sorgerecht nicht miteinander verheirateter Eltern" (22.Februar 2011), im Internet abrufbar unter: http://www.dfgt.de/resources/Stellungnahme_BVerfG_2011.pdf.

723 Kinderrechtskommission des Deutschen Familiengerichtstags. Stellungnahme zur aktuellen Reformdiskussion „Sorgerecht nicht miteinander verheirateter Eltern" (22.Februar 2011), S. 4, im Internet abrufbar unter: http://www.dfgt.de/resources/Stellungnahme_BVerfG_2011.pdf.

724 Kinderrechtskommission des Deutschen Familiengerichtstags. Stellungnahme zur aktuellen Reformdiskussion „Sorgerecht nicht miteinander verheirateter Eltern" (22.Februar 2011), S. 3, im Internet abrufbar unter: http://www.dfgt.de/resources/Stellungnahme_BVerfG_2011.pdf.

nach Fristablauf, während in Wahrheit Anträge nach § 1671 BGB stets möglich bleiben.[725] Es müsse jedoch befürchtet werden, dass die Mütter häufig aus Angst vor dem vermeintlich unumkehrbaren Rechtsverlust einen Widerspruch einlegen werden.[726]

Unter der Annahme, dass der Widerspruch der Mutter in den meisten Fällen zu einem gerichtlichen Verfahren führen wird, erweise sich die Widerspruchsmöglichkeit als überflüssiger, für alle Beteiligten belastender Regelungszwischenschritt.[727]

Der DFGT fordert deshalb in seinem Lösungsvorschlag die ersatzlose Streichung der Widerspruchsmöglichkeit zugunsten der Option für die Mutter, direkt einen Antrag beim Familiengericht gem. § 1671 Abs. 2 Nr. 2 BGB stellen zu können.[728] Diese strukturell deutlich einfachere Lösung generiere im Wesentlichen die gleichen Ergebnisse wie das Modell des BMJ, sei jedoch auch für juristische Laien besser verständlich.[729]

Die Kinderrechtskommission des DFGT weist daneben jedoch darauf hin, dass alle Modelle, die von einer Originärsorge der Mutter ausgehen, zwar mit höherrangigem Recht kompatibel seien,[730] jedoch an einer „konzeptionellen

---

725 Kinderrechtskommission des Deutschen Familiengerichtstags. Stellungnahme zur aktuellen Reformdiskussion „Sorgerecht nicht miteinander verheirateter Eltern" (22.Februar 2011), S. 4, im Internet abrufbar unter: http://www.dfgt.de/resources/ Stellungnahme_BVerfG_2011.pdf.

726 Kinderrechtskommission des Deutschen Familiengerichtstags. Stellungnahme zur aktuellen Reformdiskussion „Sorgerecht nicht miteinander verheirateter Eltern" (22.Februar 2011), S. 4, im Internet abrufbar unter: http://www.dfgt.de/resources/ Stellungnahme_BVerfG_2011.pdf.

727 Kinderrechtskommission des Deutschen Familiengerichtstags. Stellungnahme zur aktuellen Reformdiskussion „Sorgerecht nicht miteinander verheirateter Eltern" (22.Februar 2011), S. 4 f., im Internet abrufbar unter: http://www.dfgt.de/resources/ Stellungnahme_BVerfG_2011.pdf.

728 Kinderrechtskommission des Deutschen Familiengerichtstags. Stellungnahme zur aktuellen Reformdiskussion „Sorgerecht nicht miteinander verheirateter Eltern" (22.Februar 2011), S. 5, im Internet abrufbar unter: http://www.dfgt.de/resources/ Stellungnahme_BVerfG_2011.pdf.

729 Kinderrechtskommission des Deutschen Familiengerichtstags. Stellungnahme zur aktuellen Reformdiskussion „Sorgerecht nicht miteinander verheirateter Eltern" (22.Februar 2011), S. 5, im Internet abrufbar unter: http://www.dfgt.de/resources/ Stellungnahme_BVerfG_2011.pdf.

730 Kinderrechtskommission des Deutschen Familiengerichtstags. Stellungnahme zur aktuellen Reformdiskussion „Sorgerecht nicht miteinander verheirateter Eltern"

Schwäche" leiden und deshalb bereits in 10–20 Jahren erneut reformbedürftig sein würden.[731]

Der Fehler des Konzeptes sei darin zu sehen, dass die Bereitschaft des Vaters zu seiner Teilhabe an der elterlichen Sorge als Grundbedingung hingenommen wird, während die Mutter ex lege Sorgerechtsinhaberin wird, ohne dass es auf ihre Bereitschaft ankäme.[732] Diese Schwäche sei nur mit einer ex lege – Beteiligung beider Eltern an der elterlichen Sorge verbunden mit einer „Negativauslese" durch das Familiengericht gem. § 1671 BGB zu lösen, wozu man in Deutschland jedoch – im Unterschied zum europäischen Ausland – wohl noch nicht bereit sei.[733]

(22.Februar 2011), S. 2, im Internet abrufbar unter: http://www.dfgt.de/resources/Stellungnahme_BVerfG_2011.pdf.

731 Kinderrechtskommission des Deutschen Familiengerichtstags. Stellungnahme zur aktuellen Reformdiskussion „Sorgerecht nicht miteinander verheirateter Eltern" (22.Februar 2011), S. 5, im Internet abrufbar unter: http://www.dfgt.de/resources/Stellungnahme_BVerfG_2011.pdf.

732 Kinderrechtskommission des Deutschen Familiengerichtstags. Stellungnahme zur aktuellen Reformdiskussion „Sorgerecht nicht miteinander verheirateter Eltern" (22.Februar 2011), S. 6, im Internet abrufbar unter: http://www.dfgt.de/resources/Stellungnahme_BVerfG_2011.pdf.

733 Kinderrechtskommission des Deutschen Familiengerichtstags. Stellungnahme zur aktuellen Reformdiskussion „Sorgerecht nicht miteinander verheirateter Eltern" (22.Februar 2011), S. 6, im Internet abrufbar unter: http://www.dfgt.de/resources/Stellungnahme_BVerfG_2011.pdf.

Zweiter Teil: Sorgerecht in Polen aus rechtsvergleichender Sicht

Im zweiten Teil der Arbeit wird die Regelung des Sorgerechts der nicht miteinander verheirateten Eltern im polnischen Recht dargestellt. Dabei werden die betreffenden Normen nicht nur mit der (noch) aktuellen Gesetzeslage in Deutschland verglichen, sondern sollen auch im Kontext der aktuell diskutierten Modelle für die erforderliche Neuregelung betrachtet werden. Auch bei der Darstellung des polnischen Rechts soll zunächst ein Abriss der geschichtlichen Entwicklung zu einem tieferen Verständnis der aktuellen Rechtslage beitragen.

1. Abschnitt: Historische Entwicklung des Sorgerechts in Polen

Im gewissen Sinne gegenläufig zu der Geschichte der Deutschen, die erst seit der Gründung des Deutschen Reiches im Jahr 1871 und damit recht spät einen Nationalstaat hatten, ist die Geschichte der Polen zu sehen, deren früh vorhandener Nationalstaat[734] in den Jahren 1772, 1793 und 1795 wiederholt zwischen Preußen, Österreich und Russland aufgeteilt wurde.

A. Spezifische Situation aufgrund der Teilungen des Landes

Die Teilung des Landes dauerte insgesamt 123 Jahre und hatte große Auswirkungen auch auf das auf dem polnischen Gebiet geltende Recht. Die Teilungsmächte sahen in der Rechtsordnung ein wichtiges Instrument für die Integration der annektierten Teile Polens in den jeweiligen Staat.[735] Sie führten in den von ihnen besetzten Gebieten eigene Rechtssysteme ein und ersetzten dadurch nach und nach das bis dahin in der Adelsrepublik Polen geltende Recht.[736]

In der Hoffnung auf die Wiederherstellung ihres Staates schlugen sich die Polen diplomatisch und militärisch auf die Seite des revolutionären Frankreichs,

---

734 Aus seinem Herzogtum, zu dem der Stamm der Polanen gehörte, ging das durch Kaiser und Papst anerkannte und gegen Ende der Epoche der Piasten (960–1386) fest etablierte Königreich Polen hervor, Alexander, Kleine Geschichte Polens, S. 16 ff., 48 ff.

735 Makiła, S. 337 f.

736 Makiła, S. 337 f., 384. In den von Russland besetzten Gebieten erfolgte dies mit einiger Verzögerung erst ab 1840.

um an der Seite von Napoleon gegen die Teilungsmächte zu kämpfen.[737] Im Frieden von Tilsit wurde nach dem Sieg Frankreichs gegen Preußen und Russland jedoch nur eine „Minimallösung" für die Polen ausgehandelt, das Herzogtum Warschau.[738] Auf der Idee Napoleons von einer Vereinigung der zum politischen System Frankreichs gehörenden Länder basierend, wurde im Herzogtum Warschau 1808 das Code Napoleon eingeführt.[739]

Das Herzogtum Warschau ging als Schöpfung Napoleons mit dessen Sturz unter.[740] Das Ergebnis der „Polenfrage" auf dem Wiener Kongress war das im Jahr 1815 proklamierte Königreich Polen (sog. Kongresspolen). Es entstand auf einem Teil der Gebiete des ehemaligen Herzogtums und war in den Herrschaftsbereich des russischen Zaren eingegliedert.[741] Die eigene Verfassung garantierte dem Königreich – wenn auch als Gnadenakt des Zaren und nur auf Zeit verstanden – eigene Grenzen, Staatsbürgerschaft und Institutionen.[742] Im Bereich des Privatrechts galt generell der Code Napoleon weiter, dessen Einführungsteil, 1. Buch („Über die Personen") und Titel V des 3. Buches („Über Verträge oder vertragliche Verpflichtungen im Allgemeinen") allerdings 1825 durch das Zivilgesetzbuch des Königreichs Polen (Kodeks Cywilny Królestwa Polskiego, im Folgenden: KCKP 1825) ersetzt wurden, das in Verbindung mit den übrigen Teilen des Code Napoleon eine Einheit bildete.[743]

Der schlecht vorbereitete Aufstand der Polen gegen die russische Besatzung im November 1830 führte zum Verlust der eigenen Verfassung im Königreich Polen und diverser Rechte der polnischen Bevölkerung sowie zu einer verstärkten Russifizierung.[744] Das Scheitern des Januaraufstandes im Jahr 1863 hatte den

---

737 Alexander, S. 173 f.
738 Alexander, S. 176. Das Herzogtum umfasste eine Fläche von knapp 103 000 qkm und hatte etwa 2,6 Mio. Einwohner, nach dem Sieg Napoleons gegen Österreich wurde es um 50 000 qkm erweitert und die Einwohnerzahl stieg auf 4,3 Mio. an; vor der ersten Teilung hatte Polen etwa 7 Mio. Einwohner und eine Fläche von 527 000 qkm, ders. S. 157.
739 Makiłła, S. 356.
740 Alexander, S. 183.
741 Alexander, S. 181 ff.
742 Alexander, S. 192 f.
743 Kodeks Cywilny Królestwa Polskiego (Zivilgesetzbuch des Königreichs Polen) vom 1.6.1825, Dz. Pr. K. P. Tom X, Nr. 41, S. 3, in Kraft getreten auf dem Gebiet des Kongresspolens am 1.1.1826; Makiłła, S. 362. Bei allen nachfolgenden Übersetzungen aus dem Polnischen handelt es sich um Übersetzungen der Verfasserin.
744 Alexander, S. 199, 206 f.

endgültigen Verlust der ohnehin defizitären Autonomie des Königreichs Polen zur Folge, was jedoch ohne Auswirkungen auf das geltende Privatrecht blieb.[745] Erst das Scheitern der Teilungsmächte im Ersten Weltkrieg brachte Polen im Jahr 1918 die Unabhängigkeit zurück, die im Friedensvertrag von Versailles 1919 im internationalen Rahmen bestätigt wurde.[746] Aus den Überresten der drei Großreiche entstand der Staat Polen 1918/19 als bürgerlich – demokratische „zweite Republik", jedoch in einem Zustand der Gärung befangen und mit vielen Problemen belastet.[747] Insbesondere mussten die Teilungsgebiete in wirtschaftlicher, verkehrspolitischer, rechtlicher und verwaltungstechnischer Hinsicht vereint werden.[748] Die Phase der Souveränität hielt nur bis 1939 an, als Polen von seinen deutschen Nachbarn angegriffen wurde.[749] Die „Befreiung" im Jahr 1944 brachte zugleich den Anfang einer andersartigen Unterdrückung durch das sowjetische Regime, das erst mit dem Zusammenbruch der UdSSR im Jahr 1989 endete.[750] Dann erst konnte Polen als „dritte Republik" in die Gesellschaft der freien Völker Europas zurückkehren, inzwischen ausgesöhnt mit seiner geographischen Lage und in guten Beziehungen zu allen Nachbarländern.[751] Der Beitritt Polens zur Europäischen Union im Zuge der „EU-Osterweiterung" im Mai 2004 lässt sich auch als das Ende der Teilung des europäischen Kontinents verstehen.[752] Am 1.7.2011 hat Polen erstmals die EU-Ratspräsidentschaft übernommen.

Trotz der Souveränität Polens in der Zeit zwischen den Weltkriegen wurden so gut wie keine Reformen auf dem Gebiet des Familienrechts vorgenommen. Eine Neuerung erfuhr lediglich das Eherecht, soweit es um eine Verbesserung der Rechtsstellung der Frau in der Ehe ging.[753]

---

745 Makiłła, S. 380, 382.

746 Alexander, S. 269 f.

747 Alexander, S. 271.

748 Alexander, S. 271.

749 Alexander, S. 271.

750 Alexander, S. 271.

751 Alexander, S. 270 f.

752 So ehemaliger Premier Polens Jerzy Buzek laut „Vienna's weekly european Journal, abrufbar unter http://wieninternational.at/de/content/polen-nach-dem-eu-beitritt-de.

753 Gesetz v. 1.7.1921 „über die Änderung mancher Vorschriften des im Königreich Polen geltenden Zivilrechts die Rechte der Frauen betreffend" (w przedmiocie zmiany niektórych przepisów obowiązujących w b. Królestwie Polskiem prawa cywilnego, dotyczących praw kobiet).

Die Rechtsverhältnisse zwischen Eltern und ihren Kindern sind im polnischen Recht zwischen den Weltkriegen nicht geregelt worden.[754] Die fehlenden Reformen hatten zur Folge, dass die Situation hinsichtlich des im polnischen Staat geltenden Privatrechts im Jahr 1945 weitgehend der nach der 3. Teilung Polens entsprach.[755] Im Familienrecht galt deshalb unter anderem

- das österreichische AGBG von 1811 (1. Teil)
- das Zivilgesetzbuch des Königreichs Polen von 1825 (1. Buch), orientiert am Code Napoleon von 1804
- der russische Svod Zakonov von 1932 (Band X) und
- das deutsche Bürgerliche Gesetzbuch von 1896 (4. Buch).[756]

Alle diese Gesetze waren durch eine schlechte Rechtsposition der Frau und äußerst defizitäre Stellung der nichtehelichen Kinder gekennzeichnet.[757]

B. Zivilgesetzbuch des Königreichs Polen von 1825

Aufmerksamkeit verdient das 1. Buch des Zivilgesetzbuches des Königreichs Polen von 1825 (KCKP 1825), das als eine den polnischen Traditionen angepasste Version der entsprechenden Teile des Code Napoleon – wenn auch nicht originär – polnisches Recht beinhaltete und einige wesentliche Veränderungen brachte, die auch die nachfolgende Rechtsentwicklung prägten.

I. Rechtliche Lage der „natürlichen" Kinder

Insbesondere im Bereich der rechtlichen Behandlung der nichtehelichen Kinder brachte der KCKP 1825 deutliche Verbesserungen.

Grundsätzlich darf die durchaus charmante sprachliche Unterscheidung zwischen den „rechten" Kindern (eheliche Kinder) und den „natürlichen" Kindern (alle unehelichen Kinder)[758] nicht darüber hinwegtäuschen, dass letztere durch beide Kodifizierungen stark diskriminiert wurden. Sowohl im KCKP 1825 als auch im Code Napoleon waren uneheliche Kinder generell weder mit dem Vater noch mit der Mutter verwandt.[759] Beide Rechtsordnungen

---

754 Makiłła, S. 510.
755 Strzebińczyk, S. 21.
756 Strzebińczyk, S. 21.
757 Makiłła, S. 394 f.; Bardach/Leśnodorski/Pietrzak, S. 559 f.
758 Poln. „dzieci naturalne", franz. „enfants naturels".
759 Dies ergibt sich aus der Möglichkeit der Anerkennung des Kindes auch durch die Mutter, zu den jeweiligen Vorschriften wird auf die folgende Fußnote verwiesen.

unterschieden – zusätzlich diskriminierend – zwischen außerehelichen Kindern und solchen, die aus ehebrecherischen oder Inzestbeziehungen stammten. Kinder dieser Gruppen konnten weder von der Mutter oder dem Vater anerkannt noch von den Eltern legitimiert werden und blieben ihr Leben lang rechtlich nicht mit ihren Eltern verwandt.[760] Alle nicht legitimierten Kinder standen bis zu ihrer Volljährigkeit grundsätzlich unter der Vormundschaft des öffentlichen Krankenhauses, in dem sie geboren wurden.[761] Kam ein „natürliches" Kind außerhalb eines öffentlichen Krankenhauses zur Welt oder wurde es auf Veranlassung des Krankenhauses entlassen, so ging die Vormundschaft kraft Gesetzes auf den Elternteil über, der das Kind als seines anerkannt hat. Haben beide Eltern ihr Kind anerkannt, so wurde die Mutter zum Vormund, der Vater nur subsidiär.[762] Waren diese Voraussetzungen nicht erfüllt, und wurde auch kein Vormund von den Eltern bestimmt, so wurde dem Kind ein Betreuer vom staatlichen Vormundschaftsrat bestellt.[763] Diesbezüglich knüpfte das KCPC 1825 an die Regelung im Code Napoleon an, der ausschließlich die staatliche Vormundschaft für illegitime Kinder vorsah.[764]

1. Anerkenntnis – Art. 298 ff KCKP 1825
Die Anerkennung eines außerehelichen Kindes – mit den oben bezeichneten Ausnahmen – konnte entweder bereits in der Geburtsurkunde oder durch einen späteren Verwaltungsakt erfolgen, Art. 298 KCKP 1825. Insoweit erfolgte keine

---

760 Art. 299 (Anerkenntnis), 291 (Legitimation) KCKP 1825, zuvor Art. 335 (Anerkenntnis), 331 (Legitimation) Code Napoleon.

761 Art. 481 KCKP 1825 lautet übersetzt: „Minderjährige unrechte Kinder, die in einem öffentlichen Krankenhaus empfangen wurden, bleiben, was die Personensorge und die Verwaltung ihres Vermögens anbelangt unter der Vormundschaft der Vorgesetzten des Krankenhauses, nach den administrativen Bestimmungen dieses Krankenhauses; gesetzlich werden sie (die Kinder, Anm. d. Verf.) vertreten durch die Person, die von den Vorgesetzten des Krankenhauses in jedem einzelnen Fall bestimmt wird."

762 Art. 485 KCKP 1825 lautet übersetzt: „Illegitime Kinder, die nicht in einem öffentlichen Krankenhaus empfangen oder auf sein (des Krankenhauses, Anm. d. Verf.) Bestreben entlassen werden, bleiben von Gesetzes wegen unter der Vormundschaft des Elternteils, von dem es freiwillig rechtlich anerkannt wurde; und wenn die Anerkennung freiwillig durch beide erfolgte, gehört die Vormundschaft durch das Gesetz zur Mutter, und nach ihrem Tod oder wenn sie Vormund nicht sein kann, zum Vater."

763 Art. 486 KCKP 1825.

764 Art. 405 ff. Code Napoleon.

inhaltliche Änderung der Vorschriften des Code Napoleon.[765] Durch das Anerkenntnis entstand ein Rechtsverhältnis zu den Eltern, nicht jedoch zu deren Verwandten; Im Fall des Anerkenntnisses des Vaters, wenn die Mutter nicht von diesem bezeichnet wurde und ihre Mutterschaft nicht selbst anerkannt hat, nur im Verhältnis zum Vater.[766] Aus dem Inhalt der Regelung kann darauf geschlossen werden, dass die Anerkennung durch die Mutter bei entsprechender Benennung des Vaters auch im Verhältnis zu diesem ihre Wirkung entfalten konnte. Allerdings durfte ein Anerkenntnis nicht nur von beiden Eltern, sondern darüber hinaus von jedem, der ein Interesse daran hatte, im Klagewege verleugnet werden, Art. 304 KCKP 1825.

Art. 302 KCKP 1825 stellte ausdrücklich klar, dass „natürliche", wenn auch anerkannte Kinder nicht die Rechte eines ehelichen Kindes genossen. Die Suche nach dem Vater, also die Vaterschaftsklage und Geltendmachung von Unterhaltsansprüchen, war grundsätzlich verboten, Art. 303 KCKP 1825. Die Mutterschaftsklage war immerhin erlaubt, Art. 306 KCKP 1825. Weder Vaterschafts- noch Mutterschaftsklage waren statthaft, wenn das Kind aus einer ehebrecherischen oder inzestösen Verbindung stammte, Art. 307 KCKP 1825.

Im großen Unterschied zum Code Napoleon sah die polnische Regelung allerdings die Verpflichtung der Eltern vor, für uneheliche Kinder in tatsächlicher Hinsicht zu sorgen, das heißt sie zu ernähren und zu erziehen, Art. 303 KCKP 1825.[767] Diese Verpflichtung erstreckte sich unabhängig vom rechtlichen Status auf alle „natürlichen" Kinder, mithin auch solche aus ehebrecherischen und inzestuösen Beziehungen.[768]

2. Legitimation – Art. 291 ff. KCKP 1825
Eine rechtliche Gleichstellung der unehelichen Kinder mit ehelichen – auch hier sind die vorbezeichneten Ausnahmen zu beachten – konnte im Wege der Legitimation erfolgen. Die Legitimation war zunächst durch die nachfolgende Ehe der

---

765   Art. 334 ff. Code Napoleon.
766   Art. 300 KCKP lautet übersetzt: „Die Anerkennung von Seiten des Vaters ohne Bezeichnung der Mutter und ohne ihre Anerkenntnis entfaltet ihre Wirkungen nur im Verhältnis zum Vater."
767   Art. 303 KCKP 1825 lautet übersetzt: „Die Eltern sind jedoch verpflichtet, ihren natürlichen Kindern ein Leben zu ermöglichen, also sie zu ernähren und zu erziehen."
768   Makiłła, S. 403.

Eltern möglich, sofern sie ihr Kind zuvor oder bei dem Akt der Eheschließung anerkannt haben.[769]

Anders als im Code Napoleon, der lediglich diese Legitimationsform kannte,[770] wurde im KCKP 1825 eine weitere Möglichkeit vorgesehen, die die Legitimation unehelicher Kinder bedeutend erleichterte: Gem. Art. 296 KCKP 1825 konnte die Legitimation auf Antrag der Eltern oder nur des Vaters durch den Beschluss des Königs erfolgen. Die Mutter alleine war nicht antragsberechtigt. Es ergaben sich im Vergleich zu der Legitimation durch nachfolgende Ehe jedoch zwei wichtige Unterschiede:

Zum einen ließ die Legitimation durch Beschluss des Königs zwar ein verwandtschaftliches Verhältnis zu den Eltern bzw. des Vaters entstehen, nicht jedoch zu den Verwandten der Eltern.[771]

Der zweite Unterschied lag darin, dass die auf diese Weise erfolgte Legitimation eine Vormundschaft (nur) des Vaters und nicht die gemeinsame elterliche Gewalt entstehen ließ. Selbst bei einem gemeinsamen Antrag der Eltern konnte die Mutter nur subsidiär Vormund des legitimierten Kindes werden.[772]

Es kann insoweit eine gewisse Parallele zu der in §§ 1723 ff. BGB 1896 geregelten Ehelichkeitserklärung gezogen werden, mit dem Unterschied, dass diese eine vollständige Gleichstellung des legitimierten Kindes mit einem ehelichen nach sich zog, mithin die elterliche Gewalt des Vaters sowie ein Verwandtschaftsverhältnis zu den Verwandten entstehen ließ. Ähnlich wie § 1738 BGB 1896 brachte Art. 297 i. V. mit 359 KCKP 1825 die Verschlechterung der Rechtsposition der

---

769 Art. 291 KCKP 1825 lautet übersetzt: „Kinder, die nicht in einer Ehe geboren wurden, mit Ausnahme der in einer inzestuösen oder ehebrecherischen Verbindung geborenen, können durch die nachfolgende Ehe ihrer Eltern legitimiert werden, wenn diese vor der Heirat das Kind rechtlich anerkannt haben oder dies bei der Eheschließung tun oder sie es in dem Status eines ehelichen Kindes belassen."

770 Art. 331 ff. Code Napoleon.

771 Art. 297 KCKP 1825 lautet übersetzt: „Die Legitimation aufgrund des Beschlusses des Königs verleiht den Kindern alle Rechte ehelicher Kinder im Verhältnis zu beiden Eltern, wenn beide Eltern die Legitimation forderten oder nur im Verhältnis zum Vater, wenn nur er die Legitimation forderte. Auf diese Weise legitimiert erwirbt das Kind jedoch weder familiäre Rechte im Verhältnis zu den Verwandten in gerader Linie noch zu Verwandten in Seitenlinie der Eltern oder nur des Vaters, wenn nur er die Legitimation forderte."

772 Art. 359 KCKP 1825 lautet übersetzt: „Die durch den königlichen Beschluss legitimierten Kinder stehen unter der Vormundschaft des Vaters, der die Legitimation verlangte, und wenn beide Eltern die Legitimation verlangten, ebenfalls des Vaters und nach seinem Tod oder wenn er Vormund nicht sein kann, der Mutter."

unehelichen Mutter, die durch die Legitimation – sofern sie das Kind zuvor an-erkannt hatte – die Vormundschaft an den Vater verlor.

Eine weitere Legitimationsart knüpfte an das im polnischen Recht – in mo-difizierter Form seit 1999 wieder vorhandene – Rechtsinstitut der Trennung von Tisch und Bett, die gerichtlich auf unbegrenzte Zeit ausgesprochen in ihren Rechtsfolgen der Scheidung glich.[773] Wurde ein Kind während einer solchen Se-paration gezeugt, konnte es – analog zu der Legitimation durch nachfolgende Ehe – legitimiert werden, wenn die Trennung gerichtlich wieder aufgehoben wurde und die Eltern das Kind anerkannt haben.[774]

II. Regelung der elterlichen Gewalt bei ehelichen Kindern

Die Regelung der elterlichen Gewalt im KCKP 1825 ist bemerkenswert, weil sie früher als vergleichbare westeuropäische Rechtsordnungen, insbesondere auch das BGB 1896, emanzipatorische Ansätze aufwies, die bei der späteren Verein-heitlichung des polnischen Rechts nach 1945 nicht mehr revidiert und somit zum wichtigen Grundstein der aktuellen Rechtslage wurden. Fortschrittliche Akzente sind dabei sowohl bei der Verteilung der elterlichen Gewalt im Innen-verhältnis der Eltern als auch in der Gestaltung ihres Verhältnisses zum Kind zu finden.

Eine Definition der elterlichen Gewalt ist im KCKP 1825 – genauso wie im Code Napoleon – nicht zu finden. Im Titel IX „Über die elterliche Gewalt" be-stimmte Art. 336 KCKP als erstes, dass ein Kind in jedem Alter seinen Eltern Ehre und Respekt schuldet und bis zur Volljährigkeit oder seiner Mündigkeit[775] unter

---

773 Art. 267 KCKP lautet übersetzt: „Eine Trennung von Tisch und Bett auf unbegrenz-te Zeit ausgesprochen zieht alle zivilrechtlichen Folgen einer Scheidung nach sich."; heute: Art. 61(4) § 1 KRO lautet übersetzt:"Die (gerichtliche, Anm. d. Verf.) Ent-scheidung über die Separation hat solche Folgen wie eine Auflösung der Ehe durch Scheidung, es sei denn, dass das Gesetz etwas anderes bestimmt".

774 Art. 292 KCKP 1825 lautet übersetzt: „Kinder, die während einer für eine unbe-grenzte Dauer ausgesprochenen Trennung von Tisch und Bett gezeugt wurden, können durch eine erneute Verbindung ihrer Eltern legitimiert werden, wenn sie von den Eltern in der Geburtsurkunde oder bei dem Eintrag der Zustimmung des Zivilgerichts zu einer erneuten Verbindung im Standesbuch anerkannt, oder im Status der ehelichen Kinder belassen werden".

775 Durch die Ehe, Art. 467 KCKP, oder durch eine Aussage des sorgeberechtigten Vaters, subsidiär der Mutter vor Gericht, Art. 468 KCKP.

ihrer elterlichen Gewalt bleibt.[776] In Art. 338 KCKP wurde jedenfalls indirekt ein Herausgaberecht der Eltern verankert, die ein Kind, das unerlaubt ihr Haus verließ, suchen und mit staatlicher Hilfe die Herausgabe des Kindes erzwingen konnten.[777] Aus Art. 339 KCKP folgte das Recht der Eltern auf Erziehungsmaßregeln, aus Art. 341 KCKP ergibt sich wiederum, dass die Vermögensverwaltung und die gesetzliche Vertretung zur elterlichen Gewalt gehörten.[778] Ein dem BGB 1896 verwandtes Recht und/oder eine Pflicht der Eltern, für die Person des Kindes zu sorgen, sucht man in diesem Kapitel vergeblich. Man findet eine Regelung stattdessen im Zusammenhang mit den originären aus der Ehe resultierenden Pflichten im Titel V, Teil VI des KCKP: Gem. Art. 237 nahmen die Ehegatten bereits durch die Eheschließung die gemeinsame Verpflichtung zur Ernährung, zum Unterhalt und zur Erziehung gemeinsamer Kinder auf sich.[779]

1. Elterliche Gewalt während der Ehe

Nach der Regelung des Zivilgesetzbuches des Königreichs Polen war die Ehefrau dem Ehemann zum Gehorsam verpflichtet und konnte im Gegenzug erwarten, dass er ihr Schutz gewährt.[780] Der Ehemann verwaltete das Vermögen der Ehefrau; die Früchte standen ihm als dem Haupttragenden der Last der Ehe zu.[781]

Besondere Erwähnung verdient die demgegenüber relativ progressive Regelung im Art. 337 des KCKP 1825, wonach die elterliche Gewalt für ein gemeinsames Kind während der Dauer der Ehe von beiden Eltern gemeinsam ausgeübt

---

776 Art. 336 KCKP 1825 lautet übersetzt: „Ein Kind in jedem Alter schuldet seinem Vater und seiner Mutter Ehrbietung und Respekt und bleibt unter der Gewalt seiner Eltern bis zur Volljährigkeit (Vollendung des 21. Lebensjahres, Art. 345 KCKP, Anm. der Verf.) oder bis zu seiner Mündigkeit.

777 Art. 338 KCKP 1825 lautet übersetzt: „Ein Kind darf das elterliche Haus ohne die Erlaubnis der Eltern nicht verlassen, die das Recht haben, das aus ihrem Haus entlaufene Kind zu suchen und mit Hilfe der Landesregierung die Herausgabe zu veranlassen."

778 Siehe hierzu weiter unten, S. 160 f.

779 Art. 237 KCKP 1825 lautet übersetzt: „Die Ehegatten nehmen allein durch die Eheschließung die gemeinsame Pflicht zur Ernährung, zum Unterhalt und zur Erziehung ihrer Kinder auf sich." Insoweit wurde sowohl die Systematik als auch der exakte Wortlaut des Art. 203 Code Napoleon übernommen.

780 Art. 180 KCKP 1825 lautet übersetzt: „Der Ehemann schuldet seiner Ehefrau Schutz, die Ehefrau Gehorsam gegenüber dem Ehemann."

781 Art. 192 KCKP 1825.

und lediglich bei Meinungsverschiedenheiten der Auffassung des Vaters Vorrang eingeräumt wurde.[782]

Auch wenn der Vater alleiniger Verwalter des Vermögens des Kindes und sein gesetzlicher Vertreter[783] war, handelte es sich um einen deutlichen emanzipatorischen Fortschritt im Vergleich zum Code Napoleon, nach dessen Art. 373 von väterlicher statt elterlicher Gewalt die Rede war und dessen Ausübung während der Ehe konsequenterweise ausschließlich dem Vater zugewiesen wurde.[784] Auch die dem Vater zugebilligte drastische Erziehungsmethode des Wegsperrens des Kindes für bis zu einem Monat (bei Kindern unter 16 Jahren) und bis zu sechs Monaten (bei Kindern über 16 Jahren)[785] fand in die polnische Regelung keinen Eingang. Ganz im Gegenteil enthielt Art. 339 KCKP 1825 einen sanktionsbewährten Hinweis, dass körperliche Erziehungsmaßnahmen nur dann erlaubt seien, wenn sie der Gesundheit und den Lernfortschritten des Kindes nicht schadeten und unter Umständen bereits der erste Verstoß hiergegen zum Entzug der elterlichen Gewalt führen kann.[786] Vor dem Hintergrund des für seine Zeit äußerst progressiven Ansatzes dieser Regelung erstaunt, dass ein vollständiges – zudem wie im deutschen Recht sanktionsloses – Verbot körperlicher Erziehungsstrafen in Polen erst im Jahr 2010 gesetzlich verankert wurde.[787] Eine diesbezügliche

---

782 Art. 337 KCKP 1825 lautet übersetzt: „Während der Dauer der ehelichen Lebensgemeinschaft üben beide Eltern gemeinsam die elterliche Gewalt aus; jedoch überwiegt im Falle von Meinungsverschiedenheiten die Auffassung und der Wille des Vaters."

783 Art. 341 S. 1 KCKP 1825 lautet übersetzt: „Während der Dauer der Ehe ist der Vater der Verwalter des persönlichen Vermögens seiner minderjährigen Kinder. Er soll sie gesetzlich vertreten."

784 Art. 373 Code Napoleon lautet: „Der Vater allein übt eine solche Gewalt während der Ehe aus".

785 Art. 375 ff. Code Napoleon.

786 Art. 339 KCKP 1826 lautet übersetzt: „Eltern, die Gründe haben, mit den Fortschritten ihrer Kinder unzufrieden zu sein, dürfen sie auf eine für die Gesundheit und die Lernfortschritte unschädliche Art maßregeln. Eltern jedoch, die ihre Erziehungsgewalt in einer für die Gesundheit der Kinder schädlichen Art missbrauchen, sollen vor dem Landgericht (Ziviltribunal) hinter verschlossenen Türen ermahnt und auf den Weg eines milderen Umgangs gebracht werden. Nach wiederholten Verstößen oder aber auch bei erschwerenden Umständen und drohender Gefahr bereits beim ersten Verstoß ist ihnen die elterliche Gewalt durch ein Urteil des Gerichts zu entziehen und die Betreuung der Kinder auf Kosten des verstoßenden Vaters oder der Mutter jemand anderem zu übertragen."

787 Art. 96¹ KRO, eingeführt durch das Gesetz zur Änderung des Gesetzes zur Verhinderung von Gewalt in der Familie vom 10.6.2010, Dz. U. Nr. 125, poz. 842.

Bewusstseinsveränderung schreitet in der polnischen Gesellschaft nur langsam voran, weshalb heute noch beispielsweise der beherzte „Klaps auf den Po" auch in der Öffentlichkeit keineswegs zur Seltenheit gehört.

2. Elterliche Gewalt nach Auflösung der Ehe

Bevor eine Darstellung der Regelung der elterlichen Gewalt im Zusammenhang mit der Auflösung der Ehe der Eltern erfolgt, sollte der Vollständigkeit halber die diesbezüglich sehr spezifische Situation skizziert werden.

a) Spezifische Situation durch kanonische Ehe

Der den Polen im Herzogtum Warschau aufoktroyierte Code Napoleon konfrontierte sie mit der bis dahin völlig unbekannten Institution der Zivilehe.[788] Hierzu gehörte neben der Möglichkeit einer Scheidung selbstverständlich auch eine weltliche Gerichtsbarkeit. Dies kollidierte stark mit der polnischen religiös geprägten Tradition und wurde weder von der Bevölkerung noch von der Kirche angenommen. Das Ausmaß der Ablehnung wird beim Blick auf eine überlieferte Statistik deutlich, wonach seit der Einführung des Code Napoleon im Jahr 1806 bis zum Jahr 1818 lediglich drei Ehen ohne das religiöse Sakrament geschlossen und nur sieben ohne die Genehmigung der Kirche geschieden wurden.[789]

So wurde durch das KCKP 1825 die durch den Code Napoleon eingeführte Zivilehe abgeschafft und die religiöse Form der Eheschließung wiederhergestellt.[790] Darüber hinaus wurde eine Regelung eingeführt, wonach Ehesachen (Auflösung wegen Ungültigkeit, Scheidung, Trennung von Tisch und Bett) zwar der weltlichen Gerichtsbarkeit zugeordnet wurden, die Rechtsprechung jedoch nach dem für die Ehegatten jeweils geltenden Kirchenrecht erfolgte.[791] In der Konsequenz bedeutete dies ein Scheidungsverbot für die größte Glaubensgemeinschaft im Königreich Polen, die Katholiken (über 76 % der Gesamtbevölkerung).[792] Darüber hinaus wurde im KCKP 1825 die Beteiligung eines Geistlichen im Scheidungsprozess als Fürsprecher der ehelichen Gesinnung und Kenner des

---

788 Konic, S. 5.
789 Konic, S. 5, der sich hier auf Regierungsstatistiken beruft.
790 Art. 143, 164 ff. KC KP, früher Art. 63 ff., 165 ff. Code Napoleon.
791 Makiłła, S. 398.
792 Załęski, S. 24: daneben lebten im Königreich Polen in den Jahren zwischen 1863 und 1872 0,5 % Russisch-Orthodoxe, 13,5 % Juden, 4,5 % Griechisch-Orthodoxe und 5,5 % Protestanten.

Kirchenrechts vorgesehen. In der Praxis gab es jedoch bedeutende Schwierigkeiten aufgrund einer negativen Einstellung der Geistlichen.[793]

Eine bedeutende Novellierung erfuhr das im Königreich Polen geltende Eherecht im Jahr 1836. Das neue Ehegesetz vertiefte das Prinzip der Ausschließlichkeit der religiösen Form der Eheschließung und präzisierte die formellen Anforderungen des Eheschließungsaktes im Sinne des jeweiligen Glaubens. Gleichzeitig wurde in Ehesachen die klerikale Gerichtsbarkeit eingeführt.[794] Im Jahr 1853 wurde eine allgemeingültige Regel angenommen, wonach die Feststellungen der geistlichen Gerichte die Schuld der Ehegatten betreffend eine Bindungswirkung für die Zivilgerichte entfalteten.[795] Eine weitere Reform des Eherechts im Jahr 1891 betraf die Auflösung der Ehe bei Mischehen, in denen ein Ehegatte katholischen Glaubens war. Das bisherige Verbot einer erneuten Heirat konnte nunmehr durch die Heirat des Katholiken in der Kirche einer anderen christlichen Glaubensgemeinschaft umgangen werden.[796] Die letzte Reform des KCKP 1825 und des Ehegesetzes von 1836 erfolgte im Jahr 1921[797] und brachte den Ehefrauen in rechtlicher Hinsicht im gesamten Gebiet der zweiten Republik Polen eine deutliche Besserstellung. Sie durften von nun an unter anderem über ihr Vermögen auch ohne das Einverständnis des Ehemannes verfügen, der nicht mehr dessen Verwalter und Nutznießer war. Darüber hinaus war es für die Ehefrauen nunmehr möglich, ein eigenes Unternehmen auch ohne die Genehmigung des Ehemannes zu führen. Schließlich wurde ihnen das Recht eingeräumt, vor Gericht aufzutreten.[798]

b) Regelung für den Fall der Auflösung der Ehe

Im KCKP findet sich zunächst eine vorläufige Regelung für die Dauer des Gerichtsverfahrens in Ehesachen: Gem. Art. 257 KCKP fiel die „Verfügung über die Kinder" für diese Zeit automatisch dem Vater zu, es sei denn, dass das Gericht

---

793 Makiłła, S. 398.
794 Makiłła, S. 398 f.
795 Makiłła, S. 399.
796 Makiłła, S. 399.
797 Gesetz v. 1.7.1921 „über die Änderung mancher Vorschriften des im Königreich Polen geltenden Zivilrechts die Rechte der Frauen betreffend" (w przedmiocie zmiany niektórych przepisów obowiązujących w b. Królestwie Polskiem prawa cywilnego, dotyczących praw kobiet).
798 Makiłła, S. 510.

mit Blick auf das Kindeswohl auf Antrag der Mutter, der Familie oder der königlichen Staatsanwaltschaft anders entschied.[799]

Für die Zeit ab Auflösung der Ehe regelten Art. 354 ff. KCKP die Rechtsfolgen hinsichtlich der elterlichen Gewalt und boten eine aus heutiger Sicht ungewöhnliche Lösung: Die elterliche Gewalt wurde nach Auflösung der Ehe kraft Gesetzes zur Vormundschaft. Im Übrigen knüpfte die Vorschrift an die Verschuldensfrage an: War der Vater unschuldig, wurde er Vormund unabhängig davon, ob die Mutter eine Schuld traf oder nicht. War der Vater schuldig und die Mutter unschuldig, erhielt sie kraft Gesetzes die Vormundschaft. Wurden indessen beide Ehegatten für schuldig befunden, entschied der staatliche Familienrat über die Vormundschaft.[800]

Verstarb der Vater, der hiernach Vormund war, oder war er an der Ausübung der Vormundschaft gehindert, ging die Vormundschaft kraft Gesetzes auf die Mutter über, allerdings nur dann, wenn sie unschuldig war, Art. 355 KCKP.[801]

Für den Fall, dass die Ehe für unwirksam erklärt wurde,[802] knüpfte Art. 356 KCKP an den guten Glauben bei der Eheschließung an. Gesetzlicher Vormund wurde derjenige Elternteil, der bei der Eheschließung gutgläubig war. Waren beide Ehegatten gutgläubig, wurde der Vater Vormund, die Mutter auch hier nur

---

799 Art. 257 KCKP lautet übersetzt: „Die vorläufige Verfügung über die Kinder bleibt bei dem Vater, unabhängig davon ob dieser Antragsteller oder Antragsgegner im Verfahren wegen Unwirksamkeit der Ehe, wegen Scheidung oder wegen Trennung ist, es sei denn, dass das Gericht zum größeren Wohl der Kinder auf Verlangen der Mutter, der Familie oder der königlichen Staatsanwaltschaft anders entscheidet."

800 Art. 354 KCKP lautet übersetzt: „Im Fall der Auflösung der Ehe durch Scheidung oder die Trennung der Ehegatten von Tisch und Bett für eine unbegrenzte Zeit wird der Vater, wenn er unschuldig ist, von Gesetzes wegen Vormund der minderjährigen, unmündigen Kinder ohne Rücksicht darauf, ob die Mutter ebenfalls unschuldig oder schuldig ist. Ist der Vater für schuldig befunden und die Mutter für unschuldig, wird die Mutter von Gesetzes wegen Vormund. Sind beide Ehegatten schuldig wird ein Vormund für die minderjährigen Kinder vom Familienrat bestimmt."

801 Art. 355 KCKP lautet übersetzt: „Verstirbt der Vater, der nach der Scheidung oder bei einer Trennung für unbegrenzte Zeit Vormund wurde, oder kann er Vormund nicht sein, wird die Mutter kraft Gesetzes Vormund, wenn sie unschuldig war; andernfalls wird sie kein gesetzlicher Vormund."

802 Klassische Unwirksamkeitsgründe waren gem. Art. 250 KCKP die Mehrehe, Verwandtschaft und Schwägerschaft, Ehe im Adoptionsverhältnis und die Ehe zwischen einem Christen und einem Nichtchristen.

subsidiär. Waren indessen beide bösgläubig, wurde dies streng sanktioniert: die Vormundschaft fiel niemandem von beiden zu.[803]

Für den Fall der Auflösung der Ehe durch Tod bestimmte Art. 349 KCKP unproblematisch die Vormundschaft des jeweils überlebenden Ehegatten. Der Vater konnte jedoch der überlebenden Mutter einen oder mehrere „Berater" zur Seite stellen und ihre Verpflichtung bestimmen, diese in bestimmten Angelegenheiten der Vormundschaft stets zu konsultieren, Art. 350 KCKP.

C. Erste Reformetappe 1945–1946

Naturgemäß waren nach dem Ende des Zweiten Weltkrieges der Fokus und das vorrangige Bestreben des polnischen Gesetzgebers auf die Vereinheitlichung des Rechts gerichtet.[804] Im Bereich des Familienrechts wurden die Arbeiten an einem Gesetzesentwurf bereits in den 20er Jahren aufgenommen. Ausgehend von einem Referentenentwurf aus dem Jahr 1934 wurde bei der Gesetzgebungskommission ein spezieller Ausschuss einberufen, der sich mit dem aus Verwandtschaft und Vormundschaft folgenden Recht befassen sollte. Als Ergebnis der Arbeit des Ausschusses wurden im Jahr 1938 ein Gesetzesentwurf über die Rechtsverhältnisse zwischen Eltern und Kindern sowie ein Entwurf der Vorschriften über die Vormundschaftbehörde vorgelegt.[805] Das Projekt[806] sah unter anderem die Ausübung der elterlichen Rechte ausschließlich im Sinne der Interessen des Kindes sowie eine deutliche Verbesserung der Stellung der nichtehelichen Kinder vor. Genau diese beiden Punkte, nämlich die Rolle der Eltern bei der Ausübung der elterlichen Gewalt sowie die rechtliche Stellung des nichtehelichen Kindes und seiner Mutter waren als Grundsatzfragen sehr umstritten und standen als solche im Zentrum des Öffentlichkeitsinteresses. Die hitzigen Debatten wurden durch den Ausbruch des Zweiten Weltkrieges unterbrochen.[807]

---

803 Art. 356 KCKP lautet übersetzt: „Wurde die Ehe für ungültig erkannt, wird derjenige Elternteil Vormund der minderjährigen, unmündigen Kinder, der die Ehe im guten Glauben geschlossen hat, und wenn beide gutgläubig waren – der Vater; nach seinem Tod indessen oder wenn er Vormund nicht sein kann – die Mutter. Wenn beide im schlechten Glauben waren, wird keiner von beiden gesetzlicher Vormund."

804 Strzebińczyk, S. 21.

805 Markiewicz, S. 119.

806 Unter der Leitung von Prof. S. Gołąb (Familienrecht) und Prof. K. Lutostański (Vormundschaftsrecht), Markiewicz, S. 119.

807 Makiłła, S. 510; Markiewicz, S. 119.

Nach dem Zweiten Weltkrieg musste die Konsolidierung des Rechts in Polen im Einklang mit den tiefgreifenden politischen Veränderungen fortgesetzt werden. Auch das in der Zwischenkriegszeit bereits vereinheitlichte Recht entsprach den im Lichte des neuen Systems betrachteten Anforderungen teilweise nicht mehr und musste ebenfalls erneut angepasst werden.[808]

Die Konsolidierung auf dem Gebiet des Familienrechts wurde durch vier Dekrete erreicht:

- Dekret vom 25.9.1945 (Ehegesetz)[809]
- Dekret vom 22.1.1946 (Familiengesetz)[810]
- Dekret vom 14.5.1946 (Vormundschaftsgesetz)[811] und
- Dekret vom 29.5.1946 (eheliches Güterrechtsgesetz).[812]

Diese Gesetzesakte haben über die Vereinheitlichung des in Polen geltenden Familienrechts hinaus diese Rechtsmaterie formal dauerhaft aus dem normativen Kontext des Zivilrechts herausgelöst.[813] Im Zuge des aktuellen Projektes einer umfassenden Reform des polnischen Zivilgesetzbuches wird auch über die Wiedereingliederung des Familienrechts diskutiert.[814] Das Vorhaben begegnet teilweise heftiger Kritik, weil neben der langen Tradition eines separaten Familiengesetzbuches der Charakter des Familienrechts als lex specialis sowie dessen

---

808 Makiłła, S. 578.

809 Prawo małżeńskie, Dz. U. Nr. 48, poz. 270, in Kraft getreten am. 1.1.1946.

810 Prawo rodzinne, Dz. U. Nr. 6, poz. 52, in Kraft getreten am 1.7.1946.

811 Prawo opiekuńcze, Dz. U. Nr. 20, poz. 135, in Kraft getreten am 1.7.1946.

812 Prawo małżeńskie majatkowe, Dz. U. Nr. 31, poz. 196 ze zm., in Kraft getreten am am 01.10.1946.

813 Strzebińczyk, S. 22.

814 Eine betreffende, unter dem Justizministerium tätige Kodifikationskommission wurde bereits im Jahr 2002 einberufen. Das Ergebnis der Arbeit der Kommission ist in das im Jahr 2006 veröffentlichte sog. „Grüne Buch" (Zielona Księga) eingeflossen, das eine optimale Vision eines Zivilgesetzbuches enthält. Darin ist die Eingliederung des Familien- und Vormundschaftsrechts im Rahmen eines separaten IV. Buches vorgesehen – ähnlich dem deutschen BGB. Gleichzeitig wird vorgeschlagen, bestimmte Bereiche des Abstammungsrechts, Fragen des Vormundschafts- und Betreuungsrechts sowie das Unterhaltsrecht in den Allgemeinen Teil des Zivilgesetzbuches zu verlagern, mit dem Argument, dass es sich hierbei um Bereiche des Zivil- und nicht des Familienrechts handele. Vgl. Übersicht bei Wróbel, MoP 13/2007, im Internet abrufbar unter http://www.monitorprawniczy.pl/index. php?cid=21&id=1954&mod=m_artykuly&p=2; das „Grüne Buch" selbst ist im Internet unter http://www.bip.ms.gov.pl/Data/Files/_public/bip/kkpc/zielona_ksiega. pdf abrufbar.

Wahrnehmung im öffentlichen Bewusstsein als einer Rechtsmaterie von besonderer Bedeutung dagegen sprechen würden.[815]

Ein unbestrittener Nachteil der Reform von 1946 war jedoch die Aufspaltung der Rechtsmaterie in gleich vier unterschiedliche Gesetze. Die zeitgenössischen Kritiker warfen den Gesetzen zusätzlich vor, dass die Projekte der Kodifikationskommission der Zwischenkriegsjahre im Bereich des Eherechts in einem zu großen, mit dem aktuellen politischen System nicht vereinbaren Umfang, Berücksichtigung gefunden hätten.[816]

I. Eherecht: reine Zivilehe

Das Ehegesetz von 1946 (Prawo Małżeńskie, im Folgenden: PM 1946) brachte geradezu revolutionäre Veränderungen im Bereich des Eherechts. Die noch zwischen den Weltkriegen heiß umstrittene Grundsatzfrage der Berücksichtigung der Religion im Eherecht[817] wurde vom sozialistischen Gesetzgeber nunmehr klar zugunsten einer reinen Zivilehe entschieden.[818] Die bis dahin rechtlich gültige Form der religiösen Eheschließung wurde abgeschafft. Gleichzeitig wurde die Gerichtsbarkeit in Ehesachen wieder den Zivilgerichten zugewiesen.[819]

Das Dekret brachte – rund 12 Jahre früher als in der Bundesrepublik Deutschland – die völlige rechtliche Gleichstellung der Ehegatten, für die nunmehr exakt die gleichen Rechte und Pflichten aus der Ehe resultierten.[820]

Das Dekret ging grundsätzlich von dem lebenslangen Charakter des Ehebundes aus und sah eine Möglichkeit der Auflösung der Ehe hauptsächlich durch

---

815 Ignatowicz/Nazar, S. 35, Rn. 47 f.

816 Strzebińczyk, S. 22.

817 Makiłła, S. 506 f.

818 Art. 11 PM 1946 lautet übersetzt: „Die Eheschließung erfolgt öffentlich durch die von den künftigen Ehegatten vor dem Standesbeamten in Anwesenheit von zwei Zeugen abgegebenen übereinstimmenden Willenserklärungen, dass sie in den Ehebund eintreten."
Art. 12 PM 1946 lautet übersetzt: „§ 1. Die Ehe kann nur vor dem Standesamt geschlossen werden, unabhängig vom Wohnort der Eheschließenden. § 2. Nur eine vor dem Standesamt geschlossene Ehe entfaltet rechtliche Wirkungen im Verhältnis zum Staat."

819 Art. 36 PM 1946; vgl. auch Makiłła, S. 581.

820 Art. 14 PM 1946 lautet übersetzt: „Die Ehegatten sind zu einer ehelichen Lebensgemeinschaft, gegenseitiger Treue, Hilfe und Zusammenarbeit im Interesse der durch ihre Verbindung gegründeten Familie verpflichtet." Bis auf die später angefügte ausdrückliche Klarstellung, dass die Rechte und Pflichten der Ehegatten gleich sind, handelt es sich um den Wortlaut des Art. 23 KRO in seiner heutigen Fassung.

den Tod vor.[821] Die Scheidung war als Ausnahme vorgesehen und nur dann zulässig, wenn das Wohl der minderjährigen Kinder nicht entgegenstand.[822]

Es galten weiterhin das Schuldprinzip und der Zwangsverbund von Ehesachen und elterlicher Gewalt.[823] Das im KCKP 1825 vorgesehene Rechtsinstitut der Trennung von Tisch und Bett ist (vorübergehend) abgeschafft worden. Im Bereich des ehelichen Güterrechts wurde im Sinne einer bestmöglichen Verwirklichung der politisch angestrebten Gleichberechtigung die Gütertrennung als gesetzlicher Güterstand konzipiert.[824]

II. Gleichstellung aller Kinder

Zuallererst verdient eine sprachliche Neuerung Erwähnung: die im KCKP 1825 verwendeten Begriffe „natürliche" oder „unrechte" Kinder wichen der bis heute in Polen gebräuchlichen Bezeichnung „außereheliche" Kinder.[825]

Generell wurden alle Kinder rechtlich gleichgestellt.[826] Dies ging allerdings nicht so weit, dass man auf den Ehelichkeitsstatus ganz verzichten konnte. Auch formal wurde die Rechtsstellung der ehelichen und der nichtehelichen Kinder im Familienrechtsgesetz 1946 (Prawo Rodzinne, im Folgenden: PR 1946) noch immer separat behandelt.[827] Hinsichtlich der elterlichen Gewalt im Verhältnis zu außerehelichen Kindern wurde jedoch auf die Regelungen die ehelichen Kinder betreffend verwiesen.[828]

Die Unterhaltspflicht der Eltern für ihre Kinder wurde formal jeweils separat geregelt, materiellrechtlich jedoch – mit Ausnahme des nicht einklagbaren

---

Art. 15 PM 1946 lautet übersetzt: „Jeder Ehegatte ist zur Mitwirkung an der Lastentragung und der Unterhaltung des gemeinsamen Haushalts, zur Kindererziehung sowie der Befriedigung der persönlichen Bedürfnisse des anderen Ehegatten verpflichtet."

821 Makiłła, S. 581.
822 Art. 24 PM 1946 lautet übersetzt: „Auf Antrag eines Ehegatten erkennt das Gericht auf Scheidung der Ehe, sofern nach seiner Überzeugung das Wohl der minderjährigen Kinder dem nicht entgegensteht und es die dauernde Zerrüttung der ehelichen Lebensgemeinschaft feststellt (…)."
823 Art. 31 PM 1946.
824 Art. 14 ff. Eheliches Güterrecht (Prawo małżeńskie majątkowe) von 1946, Makiłła, S. 581 f.
825 Poln. „dzieci pozamałżeńskie".
826 Ignatowicz/Nazar, S. 30, Rn. 28.
827 Teil II: Eheliche Kinder, Teil III: Nichteheliche Kinder.
828 Art. 62 § 3 PR 1946 lautet übersetzt: „Die Vorschriften über die elterliche Gewalt über die ehelichen Kinder werden hier entsprechend angewandt."

Anspruchs der ehelichen Kinder auf Aussteuer – inhaltsgleich ausgestaltet.[829] Allerdings war nur das eheliche, im Familienverband lebende Kind zur Hilfe im Haushalt verpflichtet.[830]

Ein nichteheliches Kind war originär mit seiner Mutter und deren Verwandten verwandt[831] und trug ihren Namen, Art. 51 PR 1946.

Die Vaterschaftsfeststellung war – im Gegensatz zum KCKP 1825 – ausdrücklich erlaubt; aktivlegitimiert waren sowohl die Mutter als auch das außereheliche Kind.[832] Die in Deutschland erst durch das NEhelG von 1969 abgeschaffte Mehrverkehrseinrede hinderte die in Polen nunmehr mögliche Vaterschaftsfeststellung von Anfang an nicht.[833]

Ein außereheliches Kind wurde in bewährter Weise durch die nachfolgende Ehe seiner Eltern legitimiert.[834] Allerdings – und das war ein neuer, progressiver Ansatz – führte bereits die Anerkennung des außerehelichen Kindes durch den Vater ebenfalls zu dessen rechtlicher Gleichstellung mit einem ehelichen.[835] Bei dieser Anerkennung handelte es sich jedoch nach wie vor (noch) nicht um das aus dem deutschen Recht bekannte Vaterschaftsanerkenntnis. Vielmehr ging es darum, das Kind „als seines anzuerkennen", ohne dass an die biologische Abstammung des Kindes vom Anerkennenden angeknüpft wurde.[836] Die Anerkennung konnte zu Protokoll des Vormundschaftsgerichts, vor einem Standesbeamten, einem Notar oder testamentarisch erfolgen.[837] Das fehlende

---

829 Art. 18 f. PR 1946 (eheliche Kinder) und Art. 56 f. (außereheliche Kinder).

830 Art. 18 § 2 PR 1946.

831 Art. 51 PR 1946 lautet übersetzt: „Ein außereheliches Kind hat die aus der Verwandtschaft folgenden Rechte im Verhältnis zur Mutter und ihrer Familie."

832 Art. 46 PR 1946.

833 Art. 48 PR 1946.

834 Art. 63 PR 1946.

835 Art. 68 PR 1946 lautet übersetzt: „Ein durch den Vater anerkanntes Kind hat die Rechtsstellung eines ehelichen Kindes."

836 Art. 64 § 1 PR 1946 lautet übersetzt: „Der Vater kann ein außerehelich geborenes Kind als seines anerkennen." Das Rechtsinstitut des an die biologische angekoppelten Vaterschaftsanerkenntnisses wurde in Polen erst durch das Gesetz über die Änderung des Familien- und Vormundschaftsgesetzbuches sowie einiger anderer Gesetze (Ustawa o zmianie ustawy – Kodeks rodzinny i opiekuńczy oraz niektórych innych ustaw) vom 6.11.2008, Dz. U. Nr. 220, poz. 1431, in Kraft getreten am 13.6.2009, eingeführt; vgl. auch Ignatowicz/Nazar, S. 34, Rn. 46.

837 Art. 64 PR 1946.

Erfordernis einer Einwilligung der Mutter wurde durch dessen zeitlich begrenztes Anfechtungsrecht kompensiert.[838]

Schließlich brachte das PR 1946 das völlig neue Rechtsinstitut der *Gleichstellung*. Außereheliche Kinder, die weder durch die nachfolgende Ehe ihrer Eltern noch durch eine freiwillige Anerkennung durch den Vater in den Genuss der Ehelichkeit kamen, konnten auf Antrag durch einen vom Berufungsgericht bestätigten Beschluss des Vormundschaftsgerichts mit ehelichen Kindern gleichgestellt werden, wenn die Eltern in der Vergangenheit in einer eheähnlichen Lebensgemeinschaft lebten oder die tatsächliche Sorge für das Kind durch beide Eltern gemeinsam erfolgte.[839]

Antragsberechtigt waren sowohl die Mutter als auch das Kind. Bei einer bis dahin noch fehlenden Vaterschaftsfeststellung konnte sie inzident im Verfahren wegen Gleichstellung erfolgen. Die Gleichstellung selbst stand im Ermessen des Vormundschaftsgerichts und konnte aus wichtigen Gründen versagt werden.[840]

III. Regelung der elterlichen Gewalt

Entsprechend der bereits bei den legislativen Arbeiten in der Zeit zwischen den Weltkriegen eingeschlagenen Richtung führte das PR 1946 den gesetzlichen Leitgedanken des Kindeswohls fort. Neben der Gleichstellung der ehelichen und nichtehelichen Kinder wurde ihre rechtliche Position insgesamt verbessert.[841] Der besonders hohe Stellenwert der Kinder als Zukunftsträger im Rahmen der sozialistischen Ideologie mag hier eine gewisse Rolle gespielt haben, ändert jedoch nichts daran, dass die Rechtsposition der Kinder einen positiven Wandel erfuhr.

Die Kinder wurden erstmals als Träger von Rechten anerkannt und die Ausübung der elterlichen Gewalt wurde primär am Maßstab des Kindeswohls

---

838 Art. 66 f. PR 1946; aktivlegitimiert war neben der Mutter auch das Kind.
839 Art. 69 PR 1946 lautet übersetzt: „Durch einen vom Berufungsgericht bestätigten Beschluss des Vormundschaftsgerichts kann ein außereheliches, durch seinen Vater nicht anerkanntes Kind auf Antrag der Mutter oder des Kindes mit einem ehelichen Kind gleichgestellt werden, wenn die Eltern in einer faktischen ehelichen Gemeinschaft lebten oder mit dem Kind wie mit einem ehelichen Kind umgegangen sind."
840 Art. 72 PR 1946 lautet übersetzt: „Das Vormundschaftsgericht kann die Gleichstellung aus wichtigen Gründen versagen, insbesondere wenn sie ein öffentliches Ärgernis auslösen könnte."
841 Ignatowicz/Nazar, S. 30, Rn. 28.

ausgerichtet.[842] Die aus der elterlichen Gewalt resultierenden Pflichten wurden nicht mehr als rein eheliche verstanden und systematisch außerhalb des Ehegesetzes verortet.[843]

1. Inhalt der elterlichen Gewalt

Eine Legaldefinition der elterlichen Gewalt brachte das Familiengesetz zwar noch nicht, immerhin aber eine ganze Reihe von Vorschriften, die ihren Inhalt umschrieben und gegliedert in den Untertiteln „Elterliche Gewalt im Allgemeinen", „Elterliche Gewalt im Verhältnis zum Kind", „Elterliche Gewalt im Verhältnis zum Vermögen des Kindes" sowie „Beschränkung, Ruhen und Entzug der elterlichen Gewalt" zu finden waren.

a) Einführung des Kindeswohlprinzips

Im allgemeinen Teil der Sorgerechtsvorschriften wurden neben der Etablierung des Kindeswohlprinzips Regelungen für den Fall des Todes oder der Scheidung der Eltern getroffen.[844] Daneben enthielt Art. 22 PR 1946 die Klarstellung hinsichtlich der gesetzlichen Vertretung des Kindes durch die Eltern im Rahmen ihrer elterlichen Gewalt, was jedoch das Recht des Kindes, im Rahmen seiner Geschäftsfähigkeit persönlich tätig zu werden, nicht tangierte. Ein staatlicher Schutz der Kindesinteressen wurde für den Fall einer Interessenkollision zwischen Elternteil und Kind oder mehreren Kindern untereinander in Form einer Pflegschaft „zum Schutz der Rechte des Kindes" installiert, die jeweils durch das Vormundschaftsgericht einzurichten war.[845]

Der deutlich gewandelte Begriff der elterlichen Gewalt kam auch in Art. 24 PR 1946 zum Ausdruck, der die Pflicht der Eltern statuierte, das Kind zu erziehen und es im Einklang mit dessen Fähigkeiten und Neigungen auf die Berufsausübung vorzubereiten.[846] Es blieb allerdings bei der gesetzlich normierten Gehorsamspflicht des Kindes sowie dem Recht der Eltern auf körperliche

---

842 Art. 21 § 3 PR 1946 lautet übersetzt: „Die Pflicht der Eltern ist es, die elterliche Gewalt so auszuüben, wie es das Kindeswohl und das Interesse der Gesellschaft erfordert."

843 Im Gegensatz zum Art. 237 KCKP 1825.

844 Art. 21 PR 1946.

845 Art. 22 PR 1946.

846 Art. 24 PR 1946 lautet übersetzt: „Die Eltern leiten die Erziehung des Kindes. Sie sind verpflichtet, es im Rahmen ihrer Möglichkeiten unter Berücksichtigung von dessen physischen und geistigen Eigenschaften und Neigungen auf die Berufsausübung vorzubereiten."

Erziehungsmaßnahmen. Letzteres wurde jedoch im Vergleich zum KCKP 1825 noch weiter eingeschränkt: Neben der erforderlichen Unschädlichkeit für die physische Gesundheit des Kindes kam nun die seelische hinzu. Zusätzlich durfte nur innerhalb „der durch das Erziehungsziel aufgezeigten Grenzen" gemaßregelt werden.[847] Als Rückschritt ist allerdings zu werten, dass der unmittelbare Zusammenhang zwischen Verstößen hiergegen und dem möglichen Entzug der elterlichen Sorge durch das PR 1946 nicht mehr hergestellt wurde.

Art. 26 PR 1946 normierte nunmehr ausdrücklich das aus der elterlichen Gewalt folgende Herausgaberecht der Eltern. Im Bereich der Vermögensfürsorge regelten Art. 27 ff. PR 1946 die Verwaltung des Vermögens des Kindes durch seine (sorgeberechtigten) Eltern sowie deren Verpflichtung, die Erträge aus dem Vermögen vorrangig für den Unterhalt des Kindes zu verwenden.

b) Eingriffe in die elterliche Gewalt

Den staatlichen Eingriffen in die elterliche Gewalt wurde ein separater Untertitel gewidmet. Die betreffenden Vorschriften stellten das Kindeswohl als Maßstab sowie den Entzug der elterlichen Gewalt als ultima ratio heraus. Die Eingriffsgrundlagen knüpften an das Erziehungsversagen der Eltern an. War das Kindeswohl durch Vernachlässigungen oder das Verhalten der Eltern ernsthaft gefährdet, konnte das Vormundschaftsgericht zunächst zur Behebung der Gefährdung erforderliche Anordnungen treffen.[848]

Die elterliche Gewalt konnte den Eltern entzogen werden, wenn sie zur Ausübung nicht in der Lage waren oder die Vernachlässigungen bzw. missbräuchliche Ausübung einen Entzug zwingend machten. Etwas rückständig und unter Umständen politisch motiviert mutet hingegen das Recht des Staates an, bei einer erneuten Heirat des Inhabers der elterlichen Gewalt genau hinzuschauen

---

847 Art. 25 PR 1946 lautet übersetzt: „§ 1. Das Kind schuldet den Eltern gehorsam, solange es unter ihrer Gewalt steht. § 2. Die Eltern dürfen die unter ihrer Gewalt stehenden Kinder maßregeln, allerdings nur ohne Schaden für deren physische und moralische Gesundheit und nur in den durch das Erziehungsziel aufgezeigten Grenzen."

848 Art. 40 PR 1946 lautet übersetzt: „Lassen sich die Eltern bei der Ausübung der elterlichen Gewalt zu Vernachlässigungen oder Taten hinreißen, die das Wohl des Kindes ernsthaft gefährden, kann das Vormundschaftsgericht die zur Beseitigung dieser Missstände erforderlichen Anordnungen erlassen."

und ggf. mit Entzug zu reagieren. In allen Fällen konnte die elterliche Gewalt auf Antrag eines Elternteils wieder auf diesen übertragen werden.[849]

Ein Entzug der gesamten elterlichen Gewalt bei Verfehlungen der Eltern im Bereich der Vermögensfürsorge war indessen nicht vorgesehen. Hier konnte das Vormundschaftsgericht zur Abwendung der Gefahr für das Vermögen des Kindes erforderliche Anordnungen treffen, den Eltern die Vermögensverwaltung ganz oder teilweise versagen und einen Pfleger bestellen, Art. 45 PR1946.

Bei länger andauernden Hindernissen wurde vom Vormundschaftsgericht das Ruhen der elterlichen Sorge beschlossen, Art. 41 PR 1946. Dieser Fall oder der Entzug der elterlichen Sorge hatte die Bestimmung eines Vormunds durch das Vormundschaftsgericht zur Folge, Art. 43 PR 1946.

Art. 44 § 1 PR 1946 stellte klar, dass weder das Ruhen noch der Entzug der elterlichen Sorge die Eltern nicht von ihrer Alimentationspflicht dem Kind gegenüber entbindet. Schließlich konnte den Eltern vom Vormundschaftsgericht trotz der vorbenannten Beschränkungen der elterlichen Gewalt ein Umgangsrecht eingeräumt werden, Art. 44 § 2 PR 1946.

2. Regelung der elterlichen Gewalt bei nichtehelichen Kindern

Das außereheliche Kind wurde auch sorgerechtlich originär zur Mutter zugeordnet, die – deutlich abweichend von den Regelungen des BGB zu dieser Zeit – die elterliche Gewalt grundsätzlich allein und ohne Einschränkungen ausübte.[850]

Allerdings wurden nach einem Anerkenntnis durch den Vater oder einer Gleichstellung die Karten auch sorgerechtlich neu gemischt: Gem. Art. 73 § 1 PR 1946 stand die elterliche Gewalt demjenigen Elternteil zu, auf den sie vom Vormundschaftsgericht übertragen wurde.[851] Man wird im Sinne des

---

849   Art. 42 PR 1946 lautet übersetzt: „Das Vormundschaftsgericht entzieht einem oder beiden Elternteilen die elterliche Gewalt, wenn sie zur Ausübung nicht in der Lage sind oder wenn die missbräuchliche Ausübung oder Vernachlässigung das Belassen der elterlichen Gewalt in ihren Händen nicht erlaubt oder wenn der Elternteil, der die elterliche Gewalt innehat erneut heiratet und besondere Umstände den Entzug seiner elterlichen Sorge notwendig machen."

850   Art. 62 PR 1946 lautet übersetzt: „§ 1. Die elterliche Gewalt für ein außereheliches Kind übt die Mutter aus. § 2. Für die Zeit der Minderjährigkeit der Mutter richtet das Vormundschaftsgericht Vormundschaft für das Kind ein. § 3. Die Vorschriften über die elterliche Gewalt für eheliche Kinder werden hier entsprechend angewandt."

851   Art. 73 § 1 PR 1946 lautet übersetzt: „Die elterliche Gewalt für ein vom Vater anerkanntes oder mit einem ehelichen gleichgestelltes Kind wird von dem Elternteil ausgeübt, dem sie vom Vormundschaftsgericht anvertraut wird."

Kontinuitätsgrundsatzes davon ausgehen dürfen, dass ein Obhutswechsel eher die Ausnahme blieb, das gesetzgeberische Konzept ging jedoch zumindest nicht selbstverständlich vom Vorrang der Mutter als Inhaberin der elterlichen Gewalt aus. Ein gemeinsames Sorgerecht von nichtehelichen Eltern war (noch) nicht vorgesehen.

Immerhin hatte der nicht sorgeberechtigte Elternteil ein Umgangsrecht – auch dies deutlich früher als in Deutschland.[852]

Bei anerkannten oder gleichgestellten Kindern war schließlich kein automatisches subsidiäres Sorgerecht des anderen Elternteils vorgesehen.[853]

3. Regelung der elterlichen Gewalt bei ehelichen Kindern

Die vom Gesetz programmatisch angestrebte Gleichberechtigung von Mann und Frau erstreckte sich – jedenfalls bei verheirateten Eltern – auch auf den sorgerechtlichen Bereich.

a) Während der Ehe

Gem. Art. 20 PR 1946 übten die Eheleute die elterliche Gewalt gemeinsam aus. Das Entscheidungsrecht des Vaters bei Unstimmigkeiten wurde durch die Entscheidung des Vormundschaftsgerichts ersetzt.[854]

b) Nach Auflösung der Ehe

Bei Auflösung der Ehe durch Tod eines Ehegatten fiel die alleinige elterliche Gewalt automatisch dem anderen Elternteil zu. Das Gleiche galt für den Fall des Ruhens oder des Entzugs der elterlichen Gewalt.[855]

---

852 Art. 74 § 1 PR 1946 lautet übersetzt: „Die Übertragung der elterlichen Gewalt auf einen Elternteil nimmt dem anderen nicht das Recht, mit dem Kind persönlich zu verkehren."; in der BRD wurde ein – vom Willen der Mutter unabhängiges – Umgangsrecht des nichtehelichen Vater erst durch das KindRG 1998 eingeführt, vgl. oben S. 74.

853 Art. 75 PR 1946 lautet übersetzt: „In den Fällen des Ruhens oder des Entzugs der elterlichen Gewalt bestellt das Vormundschaftsgericht die Vormundschaft für das Kind, wenn die elterliche Gewalt nicht dem anderen Elternteil übertragen wird."

854 Art. 20 PR 1946 lautet übersetzt: „§ 1. Die Ehegatten üben die elterliche Gewalt gemeinsam aus. § 2. Im Fall von Unstimmigkeiten entscheidet das Vormundschaftsgericht. § 3. Die Eltern sind verpflichtet, die elterliche Gewalt so auszuüben, wie es das Kindeswohl und das Interesse der Gesellschaft verlangt."

855 Art. 21 PR 1946 lautet übersetzt: „ § 1. Im Fall des Todes eines Ehegatten, des Ruhens oder des Entzugs der elterlichen Gewalt wird diese Gewalt vom anderen Ehegatten ausgeübt. § 2. Im Fall der Scheidung oder der Unwirksamkeit der Ehe fällt die

Eine auf die elterliche Gewalt bezogene Zuweisungsvorschrift für den Fall der Trennung der verheirateten Eltern kannte das PR 1946 nicht.

Für den Fall einer Scheidung bestimmte Art. 21 § 1 PR 1946, dass die elterliche Gewalt demjenigen Elternteil zufällt, dem das Kind vom Gericht anvertraut wurde und verwies im Übrigen auf die betreffenden Regelungen des PM 1945.

Bei den maßgeblichen Vorschriften des PM 1945 handelte es sich um die Art. 31 ff. Das gesetzgeberische Konzept hielt an dem Zwangsverbund fest. Obligatorischer Inhalt des Scheidungsurteils war jedoch nicht die elterliche Gewalt selbst, sondern die Zuweisung der tatsächlichen Obhut und die Verwaltung des Kindesvermögens.[856]

Bei der Bestimmung des das Kind in Zukunft betreuenden Elternteils löste sich das PM 1945 von dem im KCKP 1825 konzipierten rigorosen Vorrang des unschuldigen Vaters. Eine abgeschwächte Anknüpfung an die Schuld an der Scheidung wurde jedoch beibehalten: Das Kind war vorrangig dem unschuldigen Ehegatten anzuvertrauen, möglich war jedoch auch die Bestimmung der Betreuung durch einen Dritten, wenn es das Kindeswohl verlangte.[857]

Eine Abänderungsmöglichkeit der kindesbezogenen Entscheidung des Gerichts war bei Veränderung der Umstände nach Art. 32 PM 1945 gegeben.[858]

---

elterliche Gewalt demjenigen Elternteil zu, dem das Kind vom Gericht anvertraut wurde. Der Umfang der Befugnisse des anderen Ehegatten bestimmt das Gericht nach den Vorschriften des Eherechts. § 3. Wurde das Kind vom Gericht, das auf Unwirksamkeit oder Scheidung der Ehe erkannte, einem Dritten anvertraut, wird die elterliche Gewalt der Eltern auf die im Gerichtbeschluss festgelegten Befugnisse beschränkt."

856   Art. 31 PM 1945 lautet übersetzt: „§ 1. Das Gericht auf Scheidung erkennend: 1) vertraut das Kind sowie die Verwaltung dessen Vermögens einem Elternteil bei Vorrang des unschuldigen oder sogar einem Dritten an, wenn es das Interesse des Kindes erfordern sollte; 2) bestimmt die Beteiligung jeden Elternteils an den Lasten des Unterhalts und der Erziehung des Kindes; 3) sichert jedem Elternteil, dem das Kind nicht anvertraut, die elterliche Gewalt jedoch nicht entzogen wurde, Aufsicht über die Erziehung und Ausbildung des Kindes sowie die Möglichkeit der Aufrechterhaltung der persönlichen Kontakte zu; 4) kann ein Umgangsrecht auch demjenigen Ehegatten zusprechen, dem die elterliche Gewalt entzogen wurde." § 2. Das Recht, Vorteile aus dem Vermögen des Kindes zu ziehen, geht auf den Elternteil über, dem das Gericht die Vermögensverwaltung anvertraut hat. Wird das Kind einem Dritten anvertraut, ist kein Elternteil zur Ziehung der Vorteile befugt."

857   Vgl. Wortlaut des Art. 31 § 1 PM 1945, Fn. 856.

858   Art. 32 PM 1945 lautet übersetzt: „Die die Rechtsverhältnisse zwischen den geschiedenen Ehegatten und ihrem Kind normierenden Entscheidungen des Gerichts können entsprechend der Umstände abgeändert werden."

Neu war eine gewisse Vertragsautonomie der Eltern im Bereich der elterlichen Gewalt. Scheidungsfolgenvertragliche Bestimmungen der Eltern waren auch hinsichtlich ihrer Rechte und Pflichten im Verhältnis zum Kind grundsätzlich möglich, allerdings nur dann wirksam, wenn sie vom Gericht im Scheidungsurteil bestätigt wurden.[859]

Eine gemeinsame elterliche Gewalt nach Scheidung war nach wie vor nicht vorgesehen.

D. Familiengesetzbuch von 1950

Die zweite Entwicklungsetappe des neueren polnischen Familienrechts war das Ergebnis eines ungewöhnlichen binationalen Legislativprojektes. Die von Polen und der Tschechoslowakei aufgenommenen Gesetzgebungsarbeiten führten tatsächlich zu einem gemeinsamen Familiengesetzbuch, das in Polen am 1.10.1950 in Kraft trat.[860]

Der unbestrittene Vorteil der Reform lag in der Bündelung der betreffenden Rechtsmaterie in einem Gesetzbuch.[861] Bald jedoch wurden auch die erheblichen Nachteile deutlich: Die Idee einer weitgehend gleichen Regelung in zwei verschiedenen Ländern ließ sich nur hinsichtlich der konsensfähigen Bereiche verwirklichen und bescherte als Nebeneffekt eine deutliche Unterregulierung der Rechtsmaterie.[862] Eine Rolle spielte daneben die Überzeugung, dass das sozialistische Recht im Sinne einer besseren Verständlichkeit bündig sei sollte.[863] Das gesamte Familienrecht wurde in lediglich 93 Vorschriften normiert; viele – zum Teil wichtige – Problembereiche wurden von einer gesetzlichen Regelung ausgenommen. Dies wiederum stärkte in bedeutender Weise die Rolle der Rechtsprechung, die gezwungen war, die vielen Lücken durch komplizierte Interpretationsmanöver zu schließen.[864]

Trotz der problematischen Unterregulierung realisierte das Familiengesetzbuch von 1950 („Kodeks rodzinny", im Folgenden: KR 1950) vollumfänglich die

---

859 Art. 33 PM 1945 lautet übersetzt: "Vereinbarungen über die gegenseitigen Verhältnisse der Ehegatten für den Fall der Scheidung sowie über die aus dem Verhältnis zum Kind resultierenden Rechte und Pflichten sind wirksam, sofern sie im Scheidungsurteil bestätigt wurden."

860 Familiengesetzbuch (Kodeks rodzinny) in Polen als Gesetz vom 27.6.1950, Dz. U. Nr. 34, poz. 308.

861 Strzebińczyk, S. 22.

862 Strzebińczyk, S. 22; Ignatowicz/Nazar, S. 30, Rn. 29.

863 Ignatowicz/Nazar, S. 30, Rn. 29.

864 Ignatowicz/Nazar, S. 30, Rn. 29.

Leitgedanken eines modernen Familienrechts.[865] Es brachte eine bedeutende Weiterentwicklung der Dekrete von 1945/46 und bildete eine wichtige Grundlage des aktuellen Rechts.

Die Gleichstellung der ehelichen und der außerehelichen Kinder wurde durch die Schaffung des allgemeinen Titels „Eltern und Kinder" nunmehr vollständig und auch in formaler Hinsicht vollzogen. In den Teilen „Allgemeine Vorschriften", „Vaterschaftsfeststellung", „Elterliche Gewalt", „Adoption", „Unterhaltspflicht" und „Vormundschaft" wurde die jeweilige Rechtsmaterie für alle Kinder geregelt. Mit Blick auf die einheitlichen Regelungen konnte sogar auf den Gebrauch des Ausdruckes „außereheliche Kinder" im Gesetz vollständig verzichtet werden. Die Rechtsinstitute der Legitimation durch nachfolgende Ehe, durch die Anerkennung und durch die Gleichstellung wurden abgeschafft.

I. Eherecht: erstmals einvernehmliche Scheidung möglich

Das Eherecht erfuhr keine dramatischen Veränderungen. Die Scheidung war nach wie vor als Ausnahme vorgesehen und nur dann möglich, wenn das Wohl der minderjährigen Kinder nicht in Frage stand.[866] Erstmals wurde jedoch ein Verzicht der Ehegatten auf die Feststellung der Schuld und damit auch eine einvernehmliche Scheidung möglich.[867] Für den allein schuldigen Ehegatten führte das KR 1950 eine erschwerende Regelung ein, nach der seine Ehe grundsätzlich nur dann geschieden werden konnte, wenn der andere Ehegatte zustimmt. Nur ausnahmsweise, bei Vorliegen weiterer Voraussetzungen konnte das Gericht auch ohne das Einverständnis des unschuldigen Ehegatten auf Scheidung der Ehe erkennen.[868] Im Bereich des ehelichen Güterrechts wurde nach dem sowjetischen Vorbild die Gütertrennung durch die Gütergemeinschaft als gesetzlicher Güterstand ersetzt.[869]

---

865 Ignatowicz/Nazar, S. 30, Rn. 29.
866 Art. 29 KR 1950 lautet übersetzt: „§ 1. Ist zwischen den Ehegatten aus wichtigen Gründen eine vollständige und dauerhafte Zerrüttung eingetreten, kann jeder Ehegatte verlangen, dass die Ehe vom Gericht durch Scheidung aufgelöst wird. § 2. Die Scheidung ist unzulässig, wenn das Wohl minderjähriger Kinder dadurch leiden sollte."
867 Art. 31 § 2 KR 1950; Makiłła, S. 585.
868 Art. 30 KR 1950.
869 Art. 21 KR 1950; Makiłła, S. 585.

Alle vorstehenden Regelungen haben nahezu wortgleich bis in die heutige Zeit überdauert und stellen die aktuelle Rechtslage dar.[870]

II. Regelung der elterlichen Gewalt

Der Regelungsbereich der elterlichen Gewalt war umso stärker von Veränderungen betroffen. Zum einen wurde der Inhalt der elterlichen Rechte und Pflichten deutlich stärker konturiert. Zum anderen wurde die Gleichstellung der ehelichen und der außerehelichen Kindes auch in diesem Bereich vollendet.

1. Allgemein

Einige Direktiven an die Eltern richtete der Gesetzgeber bereits im Rahmen des Teils „Allgemeine Vorschriften". Hiernach oblag den Eltern die Personen- und Vermögenssorge, verbunden mit der Verpflichtung, sich um die physische und geistige Entwicklung ihrer Kinder zu kümmern. Der Unterhalt und die Erziehung der Kinder sollte von den Eltern in einer Weise gewährleistet werden, die die Kinder entsprechend ihrer Begabungen auf die Arbeit zum Wohl der Gesellschaft vorbereitet.[871]

Daneben lieferte der im Rahmen des Teils „Elterliche Gewalt" angesiedelte Art. 54 KR 1950 weitere inhaltliche Hinweise: „Die elterliche Gewalt umfasst insbesondere das Recht und die Pflicht der Eltern, die Kinder zu führen, zu repräsentieren und deren Vermögen zu verwalten. Sie sollte so ausgeübt werden, wie es das Kindeswohl und das Interesse der Gesellschaft verlangt."

Fast schon selbstverständlich stand die elterliche Gewalt beiden Eltern gemeinsam zu.[872]

---

870 Art. 56 § 2 KRO (Scheidung und Kindeswohl), Art. 56 § 3 KRO (Scheidung auf Antrag des allein schuldigen Ehegatten), Art. 31 KRO (gesetzliches Güterrecht).

871 Art. 35 KR 1950 lautet übersetzt: „Eltern üben die Personen- und Vermögenssorge aus. Sie sind verpflichtet, sich um die physische und geistige Entwicklung der Kinder zu kümmern; sie sollen sich um den Unterhalt und die Erziehung so bemühen, dass die Kinder ordnungsgemäß auf die Arbeit zum Wohl der Gesellschaft entsprechend ihrer Begabungen vorbereitet werden."

872 Art. 56 KR 1950 lautet übersetzt: „§ 1. Die elterliche Gewalt steht beiden Eltern gemeinsam zu. § 2. Ist ein Elternteil tot, nicht bekannt oder ist er nicht uneingeschränkt geschäftsfähig, steht die elterliche Gewalt dem anderen Elternteil zu. Das Gleiche gilt für den Fall, wenn die elterliche Gewalt einem Elternteil entzogen wurde oder ruht. § 3. Im Fall der gerichtlichen Vaterschaftsfeststellung entscheidet das Gericht auch darüber, ob dem Vater die elterliche Gewalt zustehen soll."

Die vorstehenden Regelungen wurden schließlich von Art. 57 § 1 KR 1950 ergänzt, der klarstellte, dass beide Eltern auch gesetzliche Vertreter ihrer Kinder sind.[873]

Die Vorschriften über Beschränkungen und Entzug der elterlichen Gewalt fanden sich ohne größere Veränderungen im KR 1950 wieder. Verfehlungen der Eltern konnte das Familiengericht mit Anordnungen begegnen und bei gravierenden Verstößen mit Entzug der elterlichen Gewalt reagieren. Allerdings wurde hinsichtlich des Umgangsrechts nach dem Entzug der elterlichen Gewalt das Regel-Ausnahme-Verhältnis umgekehrt: Während das PR 1946 grundsätzlich davon ausging, dass die Eltern nach Entzug der elterlichen Gewalt kein Recht auf persönlichen Kontakt mit ihrem Kind haben und ihnen ausnahmsweise auf Antrag ein Umgangsrecht eingeräumt werden konnte,[874] sah das KR 1950 nur dann kein Umgangsrecht vor, wenn das Kindeswohl ein Verbot persönlicher Kontakte erforderte.[875]

2. Außereheliche Kinder: gemeinsame elterliche Gewalt beider Eltern

Die Vorschriften über die elterliche Gewalt bezogen sich auf eheliche und außereheliche Kinder gleichermaßen. In revolutionärer Konsequenz des gesetzgeberischen Konzepts stand auch Eltern außerehelicher Kinder – die Anerkennung des Kindes „als seines" vorausgesetzt – die elterliche Gewalt automatisch gemeinsam zu. Die einzige Ausnahme bestand für den Fall der gerichtlichen Vaterschaftsfeststellung, bei der das Gericht im Rahmen des Vaterschaftsfeststellungsverfahrens darüber mitentschied, ob dem außerehelichen Vater die elterliche Gewalt zustehen soll.[876] Der Regelung lag offensichtlich die Überlegung zugrunde, dass bei einer gegen den Willen des Vaters festgestellten Vaterschaft gesondert überprüft werden muss, inwieweit eine gemeinsame elterliche Gewalt im Sinne des Kindeswohls praktikabel erscheint.[877]

Zwar wurde die elterliche Gewalt nach wie vor originär der Mutter eines außerehelichen Kindes zugeordnet, jedoch nur solange, wie die Abstammungsfrage ungeklärt blieb. Daneben war ein Elternteil alleiniger Inhaber der elterlichen

---

873 Art. 57 § 1 KR 1950 lautet übersetzt: „Jeder Elternteil ist gesetzlicher Vertreter der Kinder, die unter seiner elterlichen Gewalt stehen."

874 Art. 44 § 2 PR 1946.

875 Art. 63 KR 1950 lautet übersetzt: „Wenn es das Kindeswohl erfordert, wird das Vormundschaftsgericht den Eltern, denen die elterliche Gewalt entzogen wurde, persönlichen Kontakt mit dem Kind untersagen."

876 Art. 56 § 3 KR 1950, zum Wortlaut vgl. oben S. 177, Fn. 872.

877 So Gromek, Art. 93, Rn. 3 zum Inhaltsgleichen Art. 93 § 2 KRO 1964.

Gewalt, wenn der andere Elternteil beschränkt geschäftsfähig war, ihm die elterliche Gewalt entzogen wurde oder ruhte.[878]

Der außereheliche Vater wurde also jedenfalls durch die Anerkennung des Kindes automatisch Mitinhaber der elterlichen Gewalt. Die Anerkennung konnte nur noch vor dem Standesamt oder dem Vormundschaftsgericht und nicht mehr auch notariell erfolgen. Im Unterschied zu der Regelung des PR 1946 war die Zustimmung der Mutter erforderlich.[879]

Bedenken begegnen bei dem Konzept des KR 1950 die fehlenden Regelungen der Ausübungskompetenz. Einerseits knüpfte die gemeinsame elterliche Gewalt lediglich an den rechtlichen Status als Elternteil und die volle Geschäftsfähigkeit (siehe Art. 56 § 2 KR 1950) an. Ein Zusammenleben, die Fähigkeit der Eltern, in Kindesbelangen zu kommunizieren, geschweige denn eine tragfähige Beziehung zwischen Vater und Kind waren nicht erforderlich. Auf der anderen Seite waren Regelungen, die den heterogenen Verhältnissen Rechnung tragen und die gemeinsame Gewalt z.B. durch Zuweisung der Ausübungskompetenzen durch das Gericht praktikabel gestalten würden, nicht vorhanden. Es ist zu vermuten, dass die elterliche Gewalt (eines willigen Vaters) häufig präventiv bereits auf der Abstammungsebene verhindert wurde.[880]

3. Regelung der elterlichen Gewalt für den Fall der Scheidung

Die eingangs angesprochene Unterregulierung wird auch im Bereich der Regelung der elterlichen Gewalt für den Fall der Scheidung deutlich. Der Zwangsverbund

---

878 Zum Wortlaut des Art. 56 § 2 PR 1950 vgl. oben S. 177, Fn. 872.

879 Art. 44 KR 1950 lautet übersetzt: „§ 1. Für die Anerkennung des Kindes ist die Zustimmung der Mutter erforderlich, es sei denn die Mutter ist tot, entmündigt oder die Verständigung mit ihr begegnet schwierig zu überwindenden Hindernissen. Allerdings kann die Mutter im letzten Fall binnen 6 Monaten ab Kenntniserlangung die Feststellung der Unwirksamkeit der Anerkennung verlangen, wenn der Mann, der das Kind anerkannt hat, nicht sein Vater ist. § 2. Die Anerkennung des Kindes kann vor dem Standesbeamten oder vor dem Vormundschaftsgericht erfolgen."

880 Diesem Phänomen hat der polnische Gesetzgeber erst sehr viel später einen Riegel vorgeschoben: Nachdem mit Änderungsgesetz vom 17.6.2004 (Ustawa o zmianie ustawy – Kodeks Rodzinny in opieku ńczy oraz niektórych innych ustaw, Dz. U. Nr. 162, poz. 1691) erstmals die Aktivlegitimation des potenziellen biologischen Vaters für ein Vaterschaftsfeststellungsverfahren eingeführt wurde, brachte das Änderungsgesetz vom 6.11.2008 (Ustawa o zmianie ustawy – Kodeks Rodzinny in opiekuńczy oraz niektórych innych ustaw, Dz. U. Nr. 220, poz. 1431) die ex lege Beteiligung des Vaters an der elterlichen Gewalt auch im Fall der Vaterschaftsfeststellung; siehe hierzu auch weiter unten, S. 251 ff.

von Scheidung und elterlicher Gewalt für die gemeinsamen Kinder wurde beibehalten.[881] Eine Festlegung von Kriterien, nach denen die gerichtliche Zuweisung von elterlicher Gewalt oder Ausübungskompetenzen erfolgen sollte, enthielt der KR 1950 jedoch nicht. Auch diese Lücke musste folglich von der Rechtsprechung gefüllt werden. Mit Blick auf die weitere Entwicklung dieses Regelungsbereichs ist jedoch anzunehmen, dass das Verschulden der Ehegatten als fester Anknüpfungspunkt in diesem Zusammenhang aufgegeben wurde.[882]

Eine Regelung für den Fall der Trennung war nach wie vor nicht vorgesehen.

2. Abschnitt: Gegenwärtige Rechtslage in Polen: rechtsvergleichende Darstellung und Wertung

Im zweiten Abschnitt des zweiten Teils der Arbeit wird die aktuelle Rechtslage in Polen aus rechtsvergleichender Sicht beleuchtet. Im Anschluss an die Darstellung der jeweiligen Regelung wird diese – soweit vorhanden – mit ihrem funktionalen Gegenpart im deutschen Recht verglichen. Schließlich wird eine Wertung vorgenommen.

A. Familien- und Vormundschaftsgesetzbuch von 1964 – Begründung der heutigen Rechtslage

Der im ersten Teil der Arbeit dargestellte rechtsgeschichtliche Abriss der Entwicklung des Sorgerechts in Deutschland illustriert eindrucksvoll die Abhängigkeit der gesetzgeberischen Konzepte im Bereich des Familienrechts von der Rezeption der Gleichberechtigung der Geschlechter in der Gesellschaft. Insbesondere auf dem Gebiet des Sorgerechts hat die geschlechtsspezifische Betrachtungsweise – wenn auch inzwischen mehr unter dem Aspekt der Gleichberechtigung des Mannes – auch in den aktuellen Debatten nicht an Gewicht verloren. Der rechtsgeschichtliche Vergleich macht die Unterschiede in der jeweiligen Entwicklung in Deutschland und in Polen deutlich:

Die Emanzipierung der Frau und des Kindes erfolgte im polnischen Familienrecht zu einem deutlich früheren Zeitpunkt, als es in der Bundesrepublik Deutschland der Fall war. Dies wirkte sich insbesondere auch in dem hier

---

881 Art. 32 KR 1950 lautet übersetzt: „Auf Scheidung kann ohne eine Entscheidung über die Rechte und Pflichten beider Ehegatten hinsichtlich der Person und des Vermögens der minderjährigen Kinder nicht erkannt werden."

882 Dies folgert die Verf. daraus, dass auch die nachfolgenden gesetzlichen Regulierungen nicht mehr an das Verschulden an der Scheidung anknüpften.

untersuchten Rechtsbereich aus. Die Gleichstellung der ehelichen und außerehelichen Kinder – in Polen inzwischen noch nicht einmal mehr ausdrücklich verfassungsrechtlich gefordert[883] – war bereits im PR 1946 gesetzgeberischer Leitgedanke und wurde im KR 1950 vollständig umgesetzt. Schon seit 1950 kennt das polnische Recht den bis dahin gebräuchlichen Ausdruck „außereheliche Kinder" nicht mehr. Die nachfolgende Kodifizierung brachte im Jahr 1964 vor allem die notwendige Vervollständigung des Familienrechts – freilich ohne den Leitgedanken der vollständigen Gleichberechtigung der Geschlechter und der Gleichstellung aller Kinder in Frage zu stellen. Die Untersuchung der aktuellen Rechtslage in Polen bedeutet deshalb in Teilen zwangsläufig eine erneute – nunmehr vertiefte – Begegnung mit den bereits erörterten Regelungen. Daneben jedoch erfuhr das polnische Familienrecht seit der Kodifizierung im Jahr 1964 große Veränderungen, die den gewandelten gesellschaftlichen und politischen Verhältnissen Rechnung trugen. Die aus deutscher Sicht berechtigte Frage, ob die an sich vollständige Gleichberechtigung der Eltern im Bereich der elterlichen Sorge dennoch verbessert werden kann, wird positiv beantwortet werden können.

Bemerkenswerterweise – und aus deutscher Sicht wohl eher unverständlich – wird die im Jahr 1950 erfolgte vollständige Gleichstellung der Kinder von den Polen selbst als eine „verhältnismäßig späte Errungenschaft" angesehen.[884] Gleichwohl wird die Gleichberechtigung aller Kinder unabhängig von ihrer Herkunft in der polnischen Gesellschaft trotz der nach wie vor sehr hohen Bedeutung der Ehe mit dem größtmöglichen Maß an Selbstverständlichkeit betrachtet.[885] Diese Selbstverständlichkeit spiegelt sich auch in der juristischen Fachliteratur wider: in den meisten einschlägigen Veröffentlichungen finden die außerehelichen Kinder keine gesonderte Erwähnung.

---

883 In der aktuellen Verfassung (Konstytucja Rzeczypospolitej Polskiej vom 2. 4.1997, in Kraft getreten am 17.10.1997, Dz. Ust. 1997, Nr. 78, poz. 483) gibt es kein Pendant zu dem Art. 67 Ust. 2 der am sowjetischen Vorbild orientierten früheren Verfassung (Konstytucja Polskiej Rzeczypospolitej Ludowej) vom 22.7.1952, der außerehelich geborenen Kindern die gleichen Rechte wie ehelichen verlieh. Es ist jedoch nicht anzunehmen, dass die Väter der aktuellen Verfassung von der Gleichberechtigung aller Kinder Abstand nehmen wollten. Vielmehr ist diese Idee im Bewusstsein der Gesellschaft sehr fest verankert und spiegelt sich darüber hinaus in der Ausgestaltung des einfachen Rechts, Ignatowicz/Nazar, S. 52, Rn. 106. Ein allgemeines Diskriminierungsverbot findet sich derzeit in Art. 32 der polnischen Verfassung.

884 Ingantowicz/Nazar, S. 243, Rn. 576.

885 So auch Ingantowicz/Nazar, S. 52, Rn. 106.

I. Reformbedarf und -ziele

Wie bereits ausgeführt, führte die sehr überschaubare Kodifizierung von 1950 zu einer deutlich gewachsenen Bedeutung der Rechtsprechung, die gezwungen war, die vielfach vorhandenen Lücken zu füllen. Genau diese Rechtsprechung diente als Grundlage für die Vorbereitung eines neuen Gesetzes, das unter dem Namen Familien- und Vormundschaftsgesetzbuch (Kodeks Rodzinny i Opiekuńczy, im Folgenden: KRO)[886] im Jahr 1964 vom Parlament verabschiedet wurde.[887] Das neue Gesetz brachte keine grundsätzlichen Veränderungen; seine Rolle bestand vielmehr hauptsächlich darin, die bestehenden Regelungen auszubauen und hierdurch die Ungenauigkeiten zu beseitigen.[888] Hierbei bediente sich der Gesetzgeber der von der Rechtsprechung des Höchsten Gerichts (Sąd Najwyższy, im Folgenden: SN)[889] herausgearbeiteten Ansichten, denen eine normative Gestalt verliehen wurde.[890]

Die im KRO vorgenommenen Ergänzungen machten sich zuallererst im Umfang des Gesetzes bemerkbar – die Anzahl der Artikel ist auf 184 (vorher: 93) angestiegen. Das Gesetzbuch umfasst in seiner Regulierung alle Familienverhältnisse und besteht aus drei Titeln, deren Überschriften in ihrer heutigen Fassung wie folgt lauten:

- I. Ehe (Art. 1–61⁶)
- II. Verwandtschaft und Schwägerschaft (Art. 61⁷–144¹)
- III. Vormundschaft und Pflegschaft (Art. 145–184)

II. Reformen des KRO seit 1964 bis heute

Seit dem Inkrafttreten des KRO im Jahr 1965 sind bis heute 12 Novellierungen des Gesetzes erfolgt. Sehr wichtige Änderungen im Bereich der elterlichen Gewalt ergaben sich im Zusammenhang mit den Reformen in den Jahren 2004 sowie 2008 und werden im Kontext der jeweiligen Regelungen erläutert. Daneben erscheinen jedoch zwei Änderungen erwähnenswert, auf die im rechtsgeschichtlichen Abriss bereits hingewiesen wurde:

---

886 Kodeks rodzinny i opiekuńczy vom 25.6.1964, Dz. U. Nr. 45, poz. 234, in Kraft getreten am 1.1.1965.
887 Ignatowicz/Nazar, S. 30, Rn. 29.
888 Ignatowicz/Nazar, S. 30, Rn. 29.
889 In Polen oberstes Gericht, Kassationsgericht. Daneben existiert in Polen – ebenso wie in Deutschland – ein Verfassungsgerichtshof (Trybunał Konstytucyjny).
890 Ignatowicz/Nazar, S. 30, Rn. 29.

Im Jahr 1993 wurde zwischen Polen und dem Vatikanstaat ein Konkordat geschlossen, dessen Art. 10 die Eheschließung nach polnischem Recht im Rahmen einer kirchlichen Trauung vorsieht. Nach Ratifikation und Austausch der Ratifikationsdokumente ist das Konkordat im März 1998 in Kraft getreten.[891] Hierauf bezog sich die Reform des KRO vom 24.7.1998,[892] deren Aufgabe hauptsächlich in der Schaffung einer entsprechenden Rechtsgrundlage bestand: Neben der Möglichkeit einer Eheschließung vor dem Standesbeamten entfaltet seitdem gem. Art. 1 § 2 f. KRO bei Vorliegen weiterer Voraussetzungen auch die Trauung vor einem Geistlichen zivilrechtliche Wirkungen. Die durch die lange Unterbrechung ungeschmälert gebliebene Vorliebe der Polen für die kirchliche Form der Eheschließung wird durch die Statistik untermauert: Seit dem Inkrafttreten der Novelle werden ca. 80 % der Ehen als sog. „Konkordatsehen", also kirchlich, geschlossen.[893]

1999 hielt eine weitere – im deutschen Recht ebenfalls unbekannte – Rechtsfigur den Wiedereinzug in das polnische Familienrecht: die institutionelle, vom Gericht beschlossene Trennung der Eheleute (Art. 61^1–61^5 KRO).[894] Nach der Gesetzesbegründung wurde der analog zur Ehescheidung gestalteten Trennung die Rolle einer Alternative zugedacht. Bedeutung erlangt dieses Rechtsinstitut folglich insbesondere in Konstellationen, in denen die Eheleute aus religiösen Gründen eine ablehnende Einstellung zur Scheidung haben. Die betreffenden Vorschriften dienen insofern dem Schutz der religiösen Überzeugungen der

---

891   Dz. U. z. 1998 r. nr. 51, poz. 319; vgl. auch Ignatowicz/Nazar, S. 31, Rn. 33.
892   Gesetz über die Änderung der Gesetze – Familien- und Vormundschaftsgesetzbuch, Zivilprozessrecht, Personenstandsgesetz, Gesetz über das Verhältnis des Staates zur Katholischen Kirche in der Republik Polen sowie einiger anderer Gesetze (Ustawa o zmianie ustaw – Kodeks rodzinny i opiekuńczy, Kodeks postępowania cywilnego, Prawo o aktach stanu cywilnego, ustawy o stosunku Państwa do Kościoła Katolickiego w Rzeczypospolitej Polskiej oraz niektórych innych ustaw) vom 24.7.1998, Dz. U. Nr. 117, poz. 757, in Kraft getreten am 15.11.1998.
893   Wochenzeitung „Przegląd" 31/2005 unter Berufung auf das Statistische Institut der Katholischen Kirche in Polen, im Internet abrufbar unter http://www.przegladtygodnik.pl/pl/artykul/rozwod-koscielny-czyli-slubu-nie-bylo.
894   Gesetz über die Änderung der Gesetze – Familien- und Vormundschaftsgesetzbuch, Zivilgesetzbuch, Zivilprozessgesetzbuch sowie einiger anderer Gesetze (Ustawa o zmianie ustaw – Kodeks rodzinny i opiekuńczy, Kodeks Cywilny, Kodeks postępowania cywilnego oraz niektórych innych ustaw) vom 21.5.1999, Dz. U. Nr. 52, poz. 532 in Kraft getreten am 16.12.1999; zuletzt war die „Separacja" im KCKP 1825 vorgesehen und wurde durch das PM 1945 abgeschafft.

Ehegatten und sollen zur Beseitigung des diesbezüglichen Gewissenskonfliktes beitragen.[895]

III. Verfassungsrechtlicher Schutz der Familie

Die Familie, insbesondere die Kleinfamilie, die nächste Generationen hervorbringt und heranreifen lässt wird in Polen als „fundamentales Element der Gesellschaftsstruktur" erachtet, von dessen Wohlergehen die „Qualität" der künftigen Gesellschaft, die Reife der Bürger und deren moralisches Niveau abhängig ist.[896]

Dieser besonderen Bedeutung der Familie wird durch verfassungsrechtlichen Schutz Rechnung getragen. Art. 18[897] der Verfassung der Volksrepublik Polen (Konstytucja Rzeczypospolitej Polskiej, im Folgenden: KRP)[898] erkennt die Ehe, die Mutterschaft, die Elternschaft und die Familie als Werte um ihrer selbst willen und garantiert Schutz sowohl dem Familienverband als solchen als auch dessen Individuen.[899] Die vom Verfassungsgeber benutzte Formulierung „Mutterschaft" neben dem Wort „Elternschaft" führt zu einer Auslegung dahingehend, dass „Mutterschaft" die schwangere Frau und ihr ungeborenes Kind betrifft, während die „Elternschaft" nach der Geburt des Kindes einsetzt.[900] Diese Interpretation erscheint mit Blick darauf zutreffend,[901] dass die so begriffene Mutterschaft an zwei weiteren Stellen der polnischen Verfassung Schutz erfährt: Gem. Art. 68 Gesetz 3 KRP ist die öffentliche Gewalt verpflichtet, schwangeren Frauen eine besondere medizinische Fürsorge zu garantieren. Daneben hat die Mutter gem. Art. 71 Gesetz 2 KRP vor und nach der Geburt des Kindes Anspruch auf besondere Hilfe des Staates in dem vom Gesetz bestimmten Umfang.

Der Schutz des Art. 18 KRP hinsichtlich der Elternschaft, mithin gleichwertig der Mutter- und Vaterschaft entfaltet eine besondere Bedeutung auch bei der

---

895 Ignaczewski, Art. 61¹, Rn. 1.
896 Smyczyński in: System Prawa Prywatnego. Tom 12. Prawo rodzinne i opiekuńcze Teil I, § 6, Rn. 75, S. 56.
897 Art. 18 KRP lautet übersetzt: „Die Ehe als Verbindung von Mann und Frau, die Familie, die Mutterschaft und die Elternschaft stehen unter dem Schutz und der Fürsorge der Volksrepublik Polen."
898 Vom 2.4.1997, Dz.U. Nr. 78, poz. 483, im Internet abrufbar unter http://www.kons tytucja-polski.pl/img/KonstytucjaRzeczypospolitejPolskiej.pdf.
899 Smyczyński in: System Prawa Prywatnego. Tom 12. Prawo rodzinne i opiekuńcze. Teil I, § 4, Rn. 54, S. 46.
900 Ignatowicz/Nazar, Rn. 101, S. 51.
901 Genauso: Ignatowicz/Nazar, Rn. 101, S. 51.

Interpretation von sorgerechtlichen Vorschriften und steht im Zusammenhang mit Art. 33 Gesetz 1 KRP,[902] der die Gleichberechtigung von Mann und Frau in allen Lebensbereichen vorsieht.[903]

Daneben gibt es in der polnischen Verfassung Vorschriften, die den Schutz der Autonomie der Familie im Verhältnis zum Staat, insbesondere die Unabhängigkeit der Eltern, gewährleisten, Art. 48, 53 Gesetz 3 KRP.[904]

Der Schutz des Kindeswohls wird in der polnischen Verfassung gem. Art. 71, 72 KRP[905] im Sinne des Wohls der Familie deklariert.[906] Schließlich wird gem.

---

902 Art. 33 Gesetz 1 KRP lautet übersetzt: „Frau und Mann haben in der Volksrepublik Polen gleiche Rechte im familiären, politischen, gesellschaftlichen und wirtschaftlichen Leben."

903 Ignatowicz/Nazar, Rn. 102, S. 51.

904 Art. 48 KRP lautet übersetzt: „1. Eltern haben das Recht, die Kinder entsprechend ihrer eigenen Überzeugungen zu erziehen. Die Erziehung sollte den Entwicklungsstand des Kindes sowie dessen Gewissens- und Religionsfreiheit und dessen Überzeugungen berücksichtigen. 2. Die Beschränkung oder der Entzug der Elternrechte kann nur in den vom Gesetz bestimmten Fällen und nur aufgrund einer rechtskräftigen Entscheidung des Gerichts erfolgen."
Art. 53 Gesetz 3 KRP lautet übersetzt: "Eltern haben das Recht, ihren Kindern eine moralische und religiöse Erziehung im Einklang mit ihren Überzeugungen zu bieten. Art. 48 Gesetz 1 wird entsprechend angewandt."

905 Art. 71 KRP lautet übersetzt: „1. Der Staat berücksichtigt in seiner Sozial- und Wirtschaftspolitik das Wohl der Familie. Familien, die sich in einer schwierigen wirtschaftlichen und sozialen Lage befinden, insbesondere kinderreiche und unvollständige Familien, haben das Recht auf eine besondere Hilfe durch die öffentliche Gewalt. 2. Die Mutter hat vor und nach der Geburt des Kindes das Recht auf besondere Hilfe der öffentlichen Gewalt, deren Umfang vom Gesetz bestimmt wird."
Art. 72 KRP lautet übersetzt: „1. Die Volksrepublik Polen garantiert den Schutz der Kinderrechte. Jeder kann von den Organen der öffentlichen Gewalt den Schutz des Kindes vor der Gewalt, Grausamkeit, Ausbeutung und Demoralisierung verlangen. 2. Ein Kind, das nicht unter elterlicher Gewalt steht, hat das Recht auf Fürsorge und Hilfe von der öffentlichen Gewalt. 3. Im Verfahren, in dem die Rechte des Kindes ermittelt werden, sind die Organe der öffentlichen Gewalt und die für das Kind verantwortlichen Personen verpflichtet, das Kind anzuhören und dessen Auffassung im Rahmen der Möglichkeiten zu berücksichtigen. 4. Die Kompetenzen und die Art der Einberufung des Kinderschutzbeauftragten werden durch Gesetz bestimmt."

906 Smyczyński in: System Prawa Prywatnego. Tom 12. Prawo rodzinne i opiekuńcze. Teil I, § 4, Rn. 56, S. 47.

Art. 67 KRP[907] die soziale Sicherheit und gem. Art. 47 KRP die Privatsphäre des Menschen und sein Familienleben geschützt.[908]

Eine mit dem Art. 6 Abs. 5 GG vergleichbarere Weisung des Verfassungsgebers zur Gleichstellung von ehelichen und nichtehelichen Kindern enthält die polnische Verfassung indessen nicht (mehr).[909] Hiermit soll jedoch keine Abkehr von dem Grundsatz der Gleichberechtigung aller Kinder verbunden sein.[910] Vielmehr ist die Gleichstellung zum einen im Bewusstsein der Gesellschaft, zum anderen im Familienrecht verankert.[911] Mit Blick darauf war es ausreichend, auf das allgemeine Diskriminierungsverbot des Art. 32 KRP[912] zurückzugreifen.[913]

B. Begriff der elterlichen Gewalt im KRO

Im Rahmen der rechtsvergleichenden Betrachtung sollen zunächst die beiden zentralen Begriffe „elterliche Gewalt" (KRO) und „elterliche Sorge" (BGB) miteinander verglichen werden. Es soll untersucht werden, ob sich hinter den in sprachlicher Hinsicht differenzierten Bezeichnungen inhaltliche Unterschiede verbergen oder ob von zwei funktional gleichwertigen Rechtsinstituten ausgegangen werden kann.

I. Wertschätzungs- und Beistandspflicht – Art. 87 KRO

Voranstellen und vor die Klammer ziehen lässt sich in diesem Zusammenhang die Regelung des Art. 87 KRO, die als erste der „allgemeinen Vorschriften" über

---

907 Art. 67 KRP lautet übersetzt: „1. Jeder Bürger hat das Recht auf soziale Absicherung für den Fall der Arbeitsunfähigkeit, der Krankheit oder Invalidität sowie für die Zeit ab dem Erreichen der Rentenalters. Den Umfang und die Form der sozialen Absicherung bestimmt das Gesetz. 2. Jeder Bürger, der gegen seinen Willen arbeitslos bleibt, hat das Recht auf soziale Absicherung, deren Umfang und Form durch Gesetz bestimmt werden."

908 Smyczyński in: System Prawa Prywatnego. Tom 12. Prawo rodzinne i opiekuńcze. Teil I, § 4, Rn. 56, S. 47.

909 Noch in der davor geltenden Verfassung stellte Art. 79 Gesetz 4 die Gleichberechtigung von ehelichen und nichtehelichen Kindern klar.

910 Ignatowicz/Nazar, Rn. 106, S. 52.

911 Ignatowicz/Nazar, Rn. 106, S. 52.

912 Art. 32 KRP lautet übersetzt: „1. Alle sind vor dem Gesetz gleich. Alle haben das Recht auf eine gleiche Behandlung durch die Staatsgewalt. 2. Niemand darf im politischen, gesellschaftlichen oder wirtschaftlichen Leben aus irgendeinem Grund diskriminiert werden.

913 Ignatowicz/Nazar, Rn. 106, S. 52.

die Rechtsverhältnisse zwischen Eltern und Kindern eine Pflicht zu gegenseitiger Wertschätzung und zum Beistand statuiert[914] und der wegen seines engen Bezuges zum Komplex der elterlichen Gewalt ebenfalls dargestellt werden soll.

1. Tatbestand

Seinen aktuellen Wortlaut verdankt Art. 87 der Reform des KRO im Jahr 2008,[915] in deren Zuge die bis dahin geschuldete gegenseitige Unterstützung um die Pflicht zur Wertschätzung ergänzt wurde. Die Gesetzesbegründung selbst begnügte sich mit der lapidaren Absichtserklärung, eben diese Ergänzung vorzunehmen.[916] In der Kommentierung wird demgegenüber übereinstimmend angenommen, dass die Neufassung Ausfluss einer verstärkten Achtung der Würde des Kindes und einer angenommenen Gleichwertigkeit der Kindes- und Elterninteressen sei.[917] Es wird dabei ein Vergleich zu Art. 23 KRO gezogen, der die Pflicht der Ehegatten zu einer Lebensgemeinschaft, gegenseitiger Hilfe und Treue sowie zur Zusammenarbeit im Sinne des Wohls der gegründeten Familie statuiert.[918]

Die in Art. 87 KRO auferlegten Pflichten sind unabhängig von der elterlichen Gewalt und nicht auf die Zeit der Minderjährigkeit des Kindes beschränkt. [919]

---

914 Art. 87 KRO lautet übersetzt: „Eltern und Kinder sind einander zur Wertschätzung und zum Beistand verpflichtet."

915 Gesetz über die Änderung des Gesetzes – Familien- und Vormundschaftsgesetzbuch sowie einiger anderer Gesetze (Ustawa o zmianie ustawy – Kodeks rodzinny i opiekuńczy oraz niektórych innych ustaw) vom 6.11.2008, Dz. U. Nr. 220, poz. 1431 in Kraft getreten am 13.6.2009.

916 Begründung zum Entwurf des Gesetzes über die Änderung des Gesetzes – Familien- und Vormundschaftsgesetzbuch sowie einiger anderer Gesetze (Uzasadnienie Ustawy o zmianie ustawy – Kodeks rodzinny i opiekuńczy oraz niektórych innych ustaw), Druk Sejmowy Nr. 888, S. 31, im Internet abrufbar unter http://orka.sejm. gov.pl/projustall6.htm.

917 Z.B. Ignaczewski, Art. 87, Rn.1; Ciepła, Nowelizacje Kodeksu rodzinnego i opiekuńczego dokonane w latach 2008 i 2009 r. z komentarzem, S. 19, im Internet abrufbar unter www.oirp.krakow.pl.888,Download.htm (Internetseite der Bezirksanwaltskammer Krakau).

918 Kosek in: Nowelizacja Prawa rodzinnego na podstawie ustaw z 6 listopada 2008 r. i 10 czerwca 2010 r. Analiza. Wykładnia. Komentarz, Pod redakcją Wandy Stojanowskiej, Art. 87, Nr. 5, S. 197 f.; Ignatowicz in: Kodeks rodzinny i opiekuńczy. Komentarz, Pod redakcją Krzysztofa Pietrzykowskiego, Art. 87, Rn. 2, S. 833.

919 Ignatowicz in: Kodeks rodzinny i opiekuńczy. Komentarz, Pod redakcją Krzysztofa Pietrzykowskiego, Art. 87, Rn. 4.

Mit Blick auf die Sanktionslosigkeit ist freilich von einem deklaratorischen Charakter der Norm auszugehen.[920]

Die Inhalte der Pflicht zum gegenseitigen Beistand werden von der Norm selbst nicht aufgezeigt. Es wird jedoch davon ausgegangen, dass sowohl materielle wie auch persönliche Hilfe erwartet werden darf. Als Beispiele werden erwähnt psychischer und moralischer Beistand bei Leid, Krankheit, Behinderung, intellektuelle und physische Hilfe sowie Hilfe der Eltern im Zusammenhang mit der Verselbständigung des Kindes.[921]

2. Vergleich mit dem BGB

Die Suche nach einer vergleichbaren Norm im deutschen Recht führt zu § 1618 a BGB, der – nahezu gleichlautend – Eltern und ihre Kinder zu gegenseitigem Beistand und zu Rücksicht ermahnt. Die bereits durch das SorgeRG im Jahr 1979 neu eingeführte Regelung sollte dem gesetzgeberischen Leitgedanken vom Kind als Rechtssubjekt Nachdruck verleihen.[922]

Aus der Stellung der Vorschrift vor den §§ 1626 ff. BGB wird deutlich, dass ihr Anwendungsbereich – genauso wie im KRO – nicht auf das Verhältnis zwischen Eltern und ihren ehelichen Kindern beschränkt ist und über die Volljährigkeit der Kinder hinaus fortwirkt.[923]

Ungeachtet der etwas differenzierten Formulierung (KRO: „Wertschätzung und Rücksicht", BGB: „Beistand und Rücksicht") verpflichtet § 1618 a BGB im Rahmen des Beistands ebenfalls die Familienmitglieder zu wechselseitiger Hilfe und Unterstützung in allen Lebenslagen sowie zur Rückstellung der eigenen Wünsche hinter die Belange der Familie oder ihrer Mitglieder.[924]

Genauso wie bei Art. 87 KRO wird darüber hinaus eine Parallele zur ehelichen Beistandspflicht gem. § 1353 BGB gezogen.[925] Schließlich handelt es sich bei § 1618 a BGB – ebenfalls in Übereinstimmung mit Art. 87 KRO – um eine deklaratorische Norm ohne Sanktionscharakter.[926]

---

920   Ignaczewski, Art. 87, Rn. 1; Kosek in: Nowelizacja Prawa rodzinnego na podstawie ustaw z 6 listopada 2008 r. i 10 czerwca 2010 r. Analiza. Wykładnia. Komentarz, Pod redakcją Wandy Stojanowskiej, Art. 87, Nr. 2, S. 196.
921   Ignaczewski, Art. 87, Rn. 2.
922   Gesetzesbegründung, BT-Drucks. 8/2788, S. 36.
923   BT-Drucks. 8/ 2788, S. 43; Pauling in: Schulz/Hauß, § 1618 a Rn. 1.
924   Diederichsen in: Palandt, 72. Aufl. 2013, § 1618 a, Rn. 3 f.
925   Pauling in: Schulz/Hauß, § 1618 a Rn. 1.
926   BT-Drucks. 8/2788, S. 43; Pauling in: Schulz/Hauß, § 1618 a Rn. 1.

3. Wertung

Es sind insoweit hinsichtlich des Tatbestands sowie des Sinn und Zwecks der jeweiligen Norm keine bedeutenden Unterschiede festzustellen. Beide Normen spiegeln die generell in der Gesellschaft geltenden Werte,[927] sollen möglichst zu einer größeren Autonomie der Familie und zum Schutz der Familie als Institution beitragen.[928]

II. Der Begriff: „elterliche Gewalt"

Bevor auf die Inhalte der elterlichen Gewalt im polnischen Recht eingegangen wird, soll zunächst die – nicht unumstrittene – sprachliche Verwendung des Begriffs und dessen Bedeutung erklärt werden.

1. Übersetzung des Rechtsbegriffs „władza rodzicielska" in die deutsche Sprache

Der polnische Begriff „władza" kann wörtlich vor allem mit „Macht" übersetzt werden.[929] Diese direkte Übersetzung korrespondiert jedoch nur unvollkommen mit dem dahinter stehenden Rechtsbegriff. Eine Hilfe bietet hier der in der polnischen Literatur häufig gezogene Vergleich der „władza rodzicielska" mit der „władza ojcowska", also der patria potestas im römischen Recht.[930] Der Rückgriff auf den Ausdruck „patria potestas" führt indessen zweifelsfrei zu der Übersetzung „elterliche Gewalt", der deshalb im Rahmen dieser Arbeit im Zusammenhang mit dem polnischen Recht durchgehend verwendet wird.[931] Gleichwohl ist darauf hinzuweisen, dass der Vergleich wegen der diametralen

---

927 Ignatowicz in: Kodeks rodzinny i opiekuńczy. Komentarz, Pod redakcją Krzysztofa Pietrzykowskiego, Art. 87, Rn. 6; Ciepła in: Kodeks rodzinny i opiekuńczy. Komentarz, Pod redakcją Kazimierza Piaseckiego, Art. 87, Rn. 5.

928 BT-Drucks. 8/2788, S. 43; Ciepła in: Kodeks rodzinny i opiekuńczy. Komentarz, Pod redakcją Kazimierza Piaseckiego Art. 87, Rn. 5.

929 Das deutsche Wort „Gewalt" indessen wird mit „przemoc" übersetzt, ein Wort das im Polnischen ausschließlich im Zusammenhang mit physischer Gewalt benutzt wird.

930 Z.B. Strzebińczyk, S. 278; Ignatowicz/Nazar, S. 309, Rn. 803.

931 Schwierskott-Matheson übersetzt den Begriff „władza rodzicielska" durchgehend mit „elterliche Sorge". Die Verfasserin hält dies nicht nur für ungenau, sondern schlicht falsch und distanziert sich insgesamt ausdrücklich von der vorstehenden Übersetzung.

Unterschiede ebenfalls nicht gut passt und deshalb dem heutigen Verständnis der elterlichen Gewalt schadet.[932]

2. Debatte in Polen über die Änderung des Begriffes in „elterliche Sorge" oder „elterliche Verantwortung"

Über diese sprachliche Bezeichnung ist bereits im Zuge der legislativen Arbeiten am KRO sowie der letzten Reformvorhaben viel diskutiert worden.[933] Forderungen nach einer Umbenennung in „elterliche Sorge" wurden mit unterschiedlichen Begründungen vor allem in der Lehre geäußert.[934] Im Rahmen eines Gesetzgebungsverfahrens hatte sich das Parlament hiermit erstmals im Jahr 1995 zu beschäftigen.[935] Nach den ersten Entwürfen des Änderungsgesetzes vom 6.11.2008 sollte der Begriff „elterliche Gewalt" durch „elterliche Obhut" (piecza rodzicielska) oder sogar „elterliche Verantwortung" (odpowiedzialność rodzicielska) ersetzt werden.[936] Die polnische Verfassung bedient sich wiederum des Ausdrucks „elterliche Sorge"[937] (opieka rodzicielska), Art. 72 Abs. 2 KRP.

a) Argumente des polnischen Gesetzgebers

Schließlich hatte man sich jedoch dagegen entschieden und alles beim Alten belassen. In der Begründung des Gesetzesentwurfs in der vom Parlament angenommenen Fassung wird ausgeführt, dass der Begriff „elterliche Gewalt" in dem gesellschaftlichen Bewusstsein tief verwurzelt und nicht zu beanstanden sei. Die Eltern sollten über „Macht"-Kompetenzen im Verhältnis zum Kind verfügen, das mit Blick auf seinen Entwicklungsstand und mangelnde Erfahrung keine am eigenen Wohl orientierten Entscheidungen für sich treffen könne. Die elterliche Gewalt schließe des Weiteren eine Berücksichtigung der Auffassung des Kindes und dessen Beteiligung an wichtigen, seine Belange betreffenden Entscheidungen nicht aus. Der Gesetzgeber stützte seine Auffassung auch darauf,

---

932 Andrzejewski, S. 142.

933 Übersicht bei Gromek, S. 59 ff. sowie bei Ignatowicz/Nazar, S. 310, Rn. 805.

934 Übersicht bei Strzebińczyk in: System prawa prywatnego, Tom 12, S. 235 f. m.w.N.

935 Entwurf einer Reform der Regulierungen des KRO im Bereich der elterlichen Gewalt vom 15.11.1995, druk sejmowy nr. 1357, im Internet abrufbar unter http://orka.sejm.gov.pl/proc2.nsf/0/0970ACC55BB5BEC5C1257458002190BC?OpenDocument. Das Projekt wurde in juristischen Kreisen insgesamt sehr kritisch betrachtet und bereits in der ersten Lesung vom Parlament verworfen, Ignaczewski/Nazar, S. 310, Rn. 805.

936 Ignaczewski in: Władza rodzicielska i kontakty z dzieckiem, Komentarz, S. 27; Mączyński, FamRZ 2009, 1555, 1558.

937 Der polnische Ausdruck „opieka" kann auch mit „Pflege" übersetzt werden.

dass mit dem Begriff „Gewalt" die Autorität der Eltern akzentuiert würde, worauf in der heutigen Zeit wegen des schnellen gesellschaftlichen Wandels, des Zerfalls der Wertesysteme und des Fehlens moralischer Vorbilder eben nicht verzichtet werden könne. Der vom Europarat empfohlene Ausdruck „elterliche Verantwortung"[938] umfasse zudem alle elterlichen Rechte und Pflichten, mithin auch solche, die nach dem KRO keine Elemente der elterlichen Gewalt darstellen (Unterhaltspflicht, Recht auf Umgang). Schließlich würde der Begriff „elterliche Gewalt" besser die Autonomie der Eltern bei der Ausübung ihrer Rechte und Pflichten widerspiegeln. Die „Macht" sei per se unabhängig, eine „Obhut" nicht unbedingt.[939]

Es wäre wahrscheinlich zu einer Änderung der bestehenden Terminologie im KRO gekommen, wenn es nur um die Semantik ginge.[940] Die Problematik ist jedoch tiefgründiger. Zu der Ablehnung des Begriffes „elterliche Sorge" hat die Überzeugung beigetragen, dass der Streit in Wahrheit den Sinn der Eltern-Kind-Beziehung zum Gegenstand und die These über die Notwendigkeit der Begriffsänderung die Herabsetzung der Rolle und der Autorität der Eltern zum Ziel habe.[941] Unter den Befürwortern einer Änderung fanden sich nämlich nicht wenige, die im unmittelbaren zeitlichen Zusammenhang mit der Ratifikation der UN-Kinderschutzkonvention durch Polen im Jahr 1989 das Postulat nach dem Schutz der Kinderrechte in einer Weise erhoben, die einen Widerspruch dieser Rechte und der Interessen der Eltern suggerierte. Die empfindliche Reaktion vieler Gesellschaftskreise auf diesen Aspekt sei indessen auf die noch frische Erinnerung an die programmatische Verletzung der Elternautonomie durch den Staat im sozialistischen Polen zurückzuführen.[942] Die Beibehaltung des alten Begriffes „elterliche Gewalt" spiegelt folglich zumindest auch die immer noch latent vorhandene Angst in der Gesellschaft vor staatlichen Eingriffen in die Elternautonomie.

---

938 Europarat, Recommendation Nr. R (84) 4, im Internet abrufbar in englischer Sprache unter http://www.coe.int/t/DGHL/STANDARDSETTING/FAMILY/Rec.84.4.%20E. pdf.

939 Begründung zum Entwurf des Gesetzes über die Änderung des Gesetzes – Familien- und Vormundschaftsgesetzbuch sowie einiger anderer Gesetze (Uzasadnienie Ustawy o zmianie ustawy – Kodeks rodzinny i opiekuńczy oraz niektórych innych ustaw), Druk Sejmowy Nr. 888, S. 9 f., im Internet abrufbar unter http://orka.sejm. gov.pl/projustall6.htm.

940 Andrzejewski, S. 142.

941 Andrzejewski, S. 142.

942 Andrzejewski, S. 142; Gromek, S. 60.

b) Vergleich mit der Deutschland

Eine Debatte über den geeigneten Terminus fand seinerzeit auch in Deutschland statt und mündete in der Einführung des Begriffes „elterliche Sorge" durch das SorgeRG 1979.[943] Im Gegensatz zu dem polnischen Gesetzgeber, der mit einer tiefgreifenden Rezeption des bisherigen Begriffes in der Gesellschaft argumentierte, war es dem deutschen Gesetzgeber gerade wichtig, eine möglicherweise missverständliche Auffassung in der Bevölkerung nicht zu perpetuieren.[944] Der Begriff „elterliche Verantwortung" ist indessen – jedenfalls auf parlamentarischer Ebene – in Deutschland bislang nicht diskutiert worden.

c) Wertung

In Bezug auf die letztgenannte Bezeichnung ist darauf hinzuweisen, dass hierzulande „elterliche Verantwortung" – genau wie in Polen – als Oberbegriff fungiert, der die Gesamtheit aller elterlichen Rechte und Pflichten, also neben der elterlichen Sorge auch die Unterhaltspflicht, das Umgangsrecht, die Beistandspflicht usw. einschließt.[945] Obwohl der semantisch positiv besetzte Begriff die Verantwortung für das Kindeswohl, mithin den wesentlichen Inhalt der elterlichen Sorge exponiert und deshalb an sich zu favorisieren wäre, eignet er sich nicht, weil er dem Inhalt der betreffenden Rechtsinstitute sowohl im deutschen als auch im polnischen Recht nicht gerecht werden würde.

Die Entscheidung zwischen den Termini „Gewalt" und „Sorge" ist indessen nicht ganz einfach. Im Grunde erscheinen beide Begriffe ungeeignet, weil sie jeweils sehr einseitig nur einen Teil des dahinter stehenden Inhalts akzentuieren. Der vom polnischen Gesetzgeber angeführte Gedanke der wachsenden Bedeutung der Eltern als Autoritätspersonen und moralische Vorbilder ist nicht von der Hand zu weisen, zumal davon ausgegangen werden kann, dass durch den Begriff „elterliche Gewalt" das partnerschaftliche, am Kindeswohl orientierte Modell der Eltern-Kind-Beziehung als gesellschaftlicher und rechtspolitischer Konsens nicht ernsthaft gefährdet wird. Allerdings geht es tatsächlich nicht nur um sprachliche Kosmetik, sondern – zumindest zum Teil – um sich dahinter verbergende Anschauungen. Die Relation zwischen Eltern und ihren Kindern ist heute nach wie vor Gegenstand von Diskussionen in der Gesellschaft. Die rechtliche Adaptation gründet auf dem Leitgedanken der als Menschenrechte

---

943 Vgl. BT-Drucks. 8/2788, S. 1.
944 BT-Drucks. 8/2788, S 36.
945 Schwab, Familienrecht, Rn. 518.

verstandenen Rechte des Kindes und der damit verbundenen Forderung nach einer Subjektstellung des Kindes sowohl in pädagogischer als auch in rechtlicher Hinsicht.[946] Vor diesem Hintergrund erscheint der mehrdeutige und negativ besetzte Ausdruck „Gewalt" noch weniger als das Wort „Sorge" im Zusammenhang mit elterlichen Rechten und Pflichten geeignet, so dass am Ende letzteres vorzuziehen ist.

C. Inhalte der elterlichen Gewalt im KRO

Vorausgeschickt werden kann die Feststellung, dass der KRO im Gegensatz zu § 1626 Abs. 1 S. 1 BGB keine Legaldefinition der elterlichen Gewalt enthält. Aus der Gesamtheit der Vorschriften ergibt sich jedoch, dass es sich auch hier um eine Reihe von Pflichten und Rechten der Eltern im Verhältnis zum Kind handelt, die eine angemessene Sorge und den Schutz der Interessen des Kindes zum Ziel haben. Die einzelnen Regelungen werden nachfolgend aus rechtsvergleichender Sicht beleuchtet.

I. Personen- und Vermögenssorge, Erziehungsrecht, Kindeswohlprinzip – Art. 95 KRO

Bei Art. 95 KRO handelt es sich neben Art. 96 und 98 § 1 KRO um eine der zentralen Vorschriften im Bereich der elterlichen Gewalt.

1. Tatbestand

Art. 95 KRO gehört zu den Vorschriften, die im Zuge der Reform von 2008 bedeutende Ergänzungen erfuhren. Der Schwerpunkt des Änderungsgesetzes vom 6.11.2008 lag auf der gesetzlichen Verankerung des Modells einer partnerschaftlichen Eltern-Kind-Beziehung bei der Ausübung der elterlichen Gewalt.[947] Im Bereich des Art. 95 KRO ist dieser programmatische Leitgedanke gleich mehrfach zum Ausdruck gekommen.

a) Art. 95 § 1 KRO

Wie bereits ausgeführt, enthält der KRO keine Definition der elterlichen Gewalt. Art. 95 § 1 KRO zeigt jedoch deren wichtigste Elemente auf. Hierzu zählen die Pflicht und das Recht der Eltern zur

---

946 So auch Andrzejewski, S. 141.
947 Ignaczewski, Pochodzenie dziecka i władza rodzicielska po nowelizacji, Art. 61⁹–113⁶ KRO, Komentarz., Art. 95, S. 161, Rn. 7.

1. Personensorge,
2. Vermögenssorge und
3. Erziehung des Kindes,

die jedoch eigentlich bereits Inhalt einer weit verstandenen Personensorge sein dürfte.[948]

Aus dem Wortlaut der Norm („insbesondere") ergibt sich zugleich, dass die vorgenommene Aufzählung der Inhalte keinen erschöpfenden Charakter hat.[949]

Die vom Gesetzgeber gesondert benannte Erziehung des Kindes führte zu einer anhaltenden Diskussion über den Inhalt der Personensorge. Die Frage, ob die Erziehung des Kindes als eines der Elemente der Personensorge zu verstehen oder separat zu betrachten ist, wird in der polnischen Literatur unterschiedlich beantwortet:

Zum einen wird angenommen, dass die Erziehung des Kindes kein Bestandteil der Personensorge sei.[950] Überzeugender erscheint jedoch die Auffassung, wonach in der Erziehung ein Element der Personensorge zu sehen sei. Hierfür wird zunächst mit der Definition der Personensorge argumentiert, die als Sorge um die Person des Kindes insbesondere Sorge um ein Aufwachsen in einer gedeihlichen Atmosphäre, in Verhältnissen, die eine Befriedigung vernünftig verstandener Interessen des Kindes ermöglichen, sowie die Sorge um eine ordnungsgemäße Erziehung und um die Unversehrtheit des Kindes bedeute. Die *Sorge* für eine Erziehung sei mit dem Begriff „Erziehung" schon deshalb nicht identisch, weil letzterer die aktive Teilnahme am Erziehungsprozess bedeute, während im Rahmen der Sorge für eine adäquate Erziehung diese auch Dritten anvertraut werden könne, also keine persönliche Leistung zwingend sei. Die

---

948 So auch Gromek, Art. 95, S. 112, Rn. 2.
949 Art. 95 KRO lautet übersetzt: „§ 1. Die elterliche Gewalt umfasst insbesondere die Pflicht und das Recht der Eltern zur Ausübung der Sorge über die Person und das Vermögen des Kindes unter Achtung dessen Würde und dessen Rechte. § 2. Ein unter der elterlichen Gewalt stehendes Kind schuldet den Eltern Gehorsam, und in Angelegenheiten, in denen es selbständig Entscheidungen treffen und Willenserklärungen abgeben kann, sollte es die im Sinne seines Wohls formulierten Ansichten und Empfehlungen der Eltern anhören. § 3. Die elterliche Gewalt sollte so ausgeübt werden, wie es das Kindeswohl und das Interesse der Gesellschaft erfordert. § 4. Die Eltern sollten das Kind vor wichtigeren, seine Person oder sein Vermögens betreffenden Entscheidungen anhören, wenn die geistige Entwicklung, der Gesundheitszustand und der Reifegrad des Kindes es erlauben, sowie im Rahmen der Möglichkeiten dessen vernünftige Wünsche berücksichtigen."
950 Haak, S. 54 f.

Erziehung sei deshalb als Konkretisierung der Sorge um eine ordnungsgemäße Erziehung von der Personensorge mit umfasst.[951]

In Art. 95 § 1 KRO wurde den Eltern durch das Änderungsgesetz von 2008 ergänzend die Achtung der Würde und der Rechte des Kindes im Rahmen der Ausübung der elterlichen Gewalt auferlegt. Der Gesetzgeber verfolgte hier das Ziel, den vorstehenden Pflichten über einen appellativen und pädagogischen Wert hinaus auch einen normativen Charakter zu verleihen. Wenn auch nicht unmittelbar sanktionsfähig, soll die Einhaltung der Vorschrift nach dem Willen des Gesetzgebers als eines der Kriterien im Rahmen der qualitativen Beurteilung der Ausübung der elterlichen Gewalt fungieren.[952]

b) Art. 95 § 2 KRO

Gem. Art. 95 § 2 KRO wird die Gehorsamspflicht des Kindes gegenüber den die elterliche Gewalt ausübenden Eltern statuiert. Sie wurde 2008 durch das Reformgesetz im Sinne einer Verpflichtung des Kindes, die Auffassung der Eltern zu berücksichtigen, konkretisiert und soll eine ordnungsgemäße Ausübung der elterlichen Gewalt durch die Eltern gewährleisten.[953] Zur Rechtsnatur der Gehorsamspflicht werden in der Lehre zwei Auffassungen vertreten:

Nach der ersten Meinung handelt es sich um eine programmatische Deklaration des Gesetzgebers, ohne dass hiermit eine Unterordnung des Kindes im Verhältnis zu seinen Eltern einherginge.[954]

Die Anhänger der zweiten Auffassung gehen indessen davon aus, dass die Pflicht zum Gehorsam einen normativen Charakter hat, ihre Grenzen jedoch in der Verletzung der Persönlichkeitsrechte zu sehen seien.[955]

---

951 Gromek, § 96, Rn. 3, S. 131.

952 Begründung zum Entwurf des Gesetzes über die Änderung des Gesetzes – Familien- und Vormundschaftsgesetzbuch sowie einiger anderer Gesetze (Uzasadnienie Ustawy o zmianie ustawy – Kodeks rodzinny i opiekuńczy oraz niektórych innych ustaw), Druk Sejmowy Nr. 888, S. 11 u. 35, im Internet abrufbar unter http://orka. sejm.gov.pl/projustall6.htm.

953 Gromek, § 95, Rn. 4, S. 112.

954 Strzebińczyk in: System Prawa Prywatnego. Tom 12. Prawo rodzinne i opiekuńcze, S. 251.

955 Gromek, Kodeks rodzinny i opiekuńczy, Warszawa 2006, S. 1181; die Autorin geht hier davon aus, dass „das Gehorsam des Kindes gegenüber seinen Eltern eine aus der elterlichen Gewalt resultierende Pflicht des Kindes" sei; ebenso im Sinne eines normativen Charatkers Golec-Grzymek, Uwagi do nowelizacji Kodeksu rodzinnego i opiekuńczego z 6.11.2008 r. MoP 19/2009, im Internet entgeltlich abrufbar unter http://www.monitorprawniczy.pl/index.php?mod=m_artykuly&cid=20&id=2524,

Das Reformgesetz von 2008 hat es bei der Pflicht des Kindes zum Gehorsam belassen, gleichzeitig jedoch auch die Berechtigung des Kindes zur selbständigen Entscheidungsfindung und Abgabe von Willenserklärungen[956] akzentuiert.

Das Gegenstück zu der Pflicht des Kindes, die Auffassung seiner Eltern zu berücksichtigen, findet sich in dem nachfolgend dargestellten Art. 95 § 4 KRO.

c) Art. 95 § 3 KRO

Art. 95 § 3 KRO bestimmt die übergeordneten Prinzipien bei der Ausübung der elterlichen Gewalt: das Kindeswohl und das Interesse der Gesellschaft. Beide Begriffe sind im KRO nicht definiert.

aa) Kindeswohl

Der Inhalt des Begriffes des Kindeswohls im polnischen Recht entspricht in Umrissen dem übergeordneten Interesse des Kindes, wie es in der UN-Kinderrechtskonvention (im Folgenden: KRK)[957] skizziert wird. Die Bestimmungen der

---

S. 8; wohl auch Ignatowicz/Nazar, S. 315, Rn. 815, die die Gehorsamspflicht für ein „notwendiges Gegenstück zu den Pflichten und Rechten der Eltern im Bereich der Personensorge" halten.

956 Minderjährige Kinder sind in Polen gem. Art. 15 KC (Kodeks Cywilny = Zivilgesetzbuch) erst mit Vollendung des 13. Lebensjahres beschränkt geschäftsfähig (in der BRD bereits mit 7. Jahren, § 106 BGB).

957 Übereinkommen über die Rechte des Kindes (Convention on the Rights of the Child, CRC), von der UN-Generalversammlung angenommen am 2.9.1990, in Kraft getreten am 2.9.1990; von Deutschland am 5.4.1992 (BGBl. 1992 II, S. 990), von Polen am 7.7.1991 ratifiziert, in beiden Ländern allerdings mit Einschränkungen und eigener Interpretation einiger Bestimmungen: Entgegen dem Wortlaut der Konvention hat ein adoptiertes Kind in Polen kein Recht auf Kenntnis seiner biologischen Abstammung. Der zweite Vorbehalt gilt hinsichtlich des Mindestalters von Kindern beim Militärdienst (nach der Konvention nur 15 Jahre), das abweichend von der Konvention nach polnischem Recht geregelt werden soll. In den nachfolgenden Deklarationen wurde darüber hinaus unter Bezugnahme auf einige zentrale Bestimmungen der Konvention (u.A. Berücksichtigung des Kindeswillens, Schutz der Privatsphäre und Ehre) der Respekt vor der elterlichen Gewalt und den polnischen Traditionen betont. Schließlich stellt sich Polen auf den Standpunkt, dass die Beratung hinsichtlich der Familienplanung stets „im Einklang mit den Regeln der Moral" erfolgen soll, Dz. Ust. Z 1991 r. Nr. 120, poz. 526, S. 1692, im Internet abrufbar unter http://isap.sejm.gov.pl/DetailsServlet?id=WDU19911200526. Die in der deutschen Ratifikationserklärung (BGBl. 1992 II S. 990) festgehaltenen Vorbehalte galten bis Juli 2010 und bezogen sich bezeichnenderweise vor allem auf die Gleichstellung der ehelichen und der nichtehelichen Kinder im Bereich der elterlichen

Konvention werden deshalb zur Präzisierung des Kindeswohlbegriffes herangezogen.[958]

Von besonderer Bedeutung werden in diesem Zusammenhang die Formulierungen aus der Präambel der KRK erachtet, wonach das Kind für eine bestmögliche und harmonische Entfaltung seiner Persönlichkeit in einem familiären Umfeld und „umgeben von Glück, Liebe und Verständnis aufwachsen", „umfassend auf ein individuelles Leben in der Gesellschaft vorbereitet" sowie „im Geist des Friedens, der Würde, der Toleranz, der Freiheit, der Gleichheit und der Solidarität erzogen" werden sollte, wobei die „Bedeutung der Traditionen und kulturellen Werte jedes Volkes für den Schutz und die harmonische Entwicklung des Kindes" eine „gebührende Beachtung" verdient. Schließlich ergebe sich für die Interpretation des Kindeswohls im KRO aus Art. 5 der KRK, dass eine ordnungsgemäße Führung des Kindes nur in einer dem Entwicklungstand und den Begabungen des Kindes entsprechenden Weise bei gleichzeitiger Gewährleistung angemessener Bedingungen für das Leben und die Entwicklung des Kindes erfolgen könne.[959]

In der Rechtsprechung des SN wird darüber hinaus die Bedeutung des Art. 3 KRK als einer generellen Direktive bei der Entscheidung von Elternkonflikten im Bereich der Betreuung des Kindes, hervorgehoben.[960] Der SN betont in seiner Rechtsprechung unter Bezugnahme auf Art. 3 KRK, dass sich die Gerichte in allen ein Kind betreffenden Entscheidungen vom Interesse des Kindes als

---

Sorge sowie auf die Aufenthaltsbedingungen ausländischer Kinder. Im Ergebnis nahm Deutschland für sich in Anspruch, die entsprechenden Rechtsbereiche des nationalen Rechts nicht mit der Konvention in Einklang bringen zu müssen; hierzu detailliert Peter, Eine schier unendliche Geschichte, Die deutsche Ratifikationserklärung zur UN-Kinderrechtskonvention im Diskurs, Dokumentation der rechtspolitischen Kontroverse um eine Rücknahme der deutschen Ratifikationserklärung, im Internet abrufbar unter http://www.kindernothilfe.de/multimedia/KNH/Downloads/Sonstiges/Eine+schier+unendliche+Geschichte.pdf. Die Rücknahme der Vorbehaltserklärung wurde allerdings entsprechend der Absichtserklärungen im aktuellen Koalitionsvertrag (dort S. 70, im Internet abrufbar unter http://www.cdu.de/doc/pdfc/091026-koalitionsvertrag-cducsu-fdp.pdf) am 3.5.2010 vom Bundesrat beschlossen und am 15.7.2010 bei der UN in New York hinterlegt, http://treaties.un.org/doc/Publications/CN/2010/CN.861.2010-Eng.pdf; CN.467.2010-Eng. pdf; vgl. hierzu auch Huber in: MüKo, vor § 1626 Rn. 4 ff.

958   Ignaczewski, Art. 95, Rn. 4, S. 158.

959   Urteil des SN vom 12.6.1992, III CZP 48/92, OSNC 1992, Nr. 10, poz. 179.

960   Ignaczewski, Art. 95, Rn. 4, S. 158 mit zahlreichen Rechtsprechungsnachweisen.

einem übergeordneten Leitgedanken mit normativem Charakter leiten lassen müssen.[961]

Der insgesamt starke Bezug des polnischen Kindschaftsrechts zur UN-Kinderrechtskonvention lässt sich wohl zumindest zum Teil dadurch erklären, dass die Konvention selbst auf polnische Initiative zurückgeht.[962]

Das im Lichte des KRO verstandene Kindeswohl erfordert nicht zuletzt auch ein Wohlverhalten der Eltern gegenüber dem jeweils anderen Elternteil sowie eine Bindungstoleranz. Die Eltern sind hiernach nicht nur verpflichtet, unabhängig von der Qualität der eigenen Beziehung zueinander die Kontakte des Kindes zu dem jeweils anderen Elternteil nicht zu erschweren und keine Abneigung des Kindes zu schüren, sondern darüber hinaus aktiv darauf hinzuwirken, dass das Kind in beständigen Kontakten mit beiden Eltern bleibt. Hierdurch soll die Erhaltung und Vertiefung der emotionalen Bindung des Kindes zu dem jeweils anderen Elternteil gefördert werden.[963]

bb) Interesse der Gesellschaft

Neben dem Kindeswohl statuiert Art. 95 § 3 KRO[964] das Interesse der Gesellschaft als zweiten übergeordneten Leitgedanken, den es bei der Ausübung der elterlichen Gewalt zu berücksichtigen gilt. Daraus wird abgeleitet, dass die Erziehung der Kinder durch die Eltern als Erfüllung ihrer gesellschaftlichen Funktion zu betrachten ist.[965]

Die in diesem Zusammenhang auftretende, wichtige Frage nach dem Verhältnis der Kindesinteressen zu den Interessen der Gesellschaft wird in Polen inzwischen klar im Sinne des Vorrangs des Kindeswohls beantwortet.[966] Während in der früheren Literatur und Rechtsprechung eher die Konvergenz beider

---

961 Ignaczewski, Art. 95, Rn. 4, S. 158f. unter Bezugnahme auf ein unveröffentlichtes Urteil des SN vom 8.6.2000, V CKN 1237/00.

962 Im Jahr 1959 verabschiedete die UN-Generalversammlung zwar einstimmig eine Erklärung der Rechte des Kindes, die jedoch ohne rechtliche Bindung blieb. 1978 hatte die polnische Regierung deshalb der Menschenrechtskommission der UNO den Vorschlag unterbreitet, die Erklärung von 1959 in einen völkerrechtswirksamen Vertrag umzuwandeln und legte hierzu einen Entwurf vor, der später zwar zweifach modifiziert wurde, jedoch Basis für die spätere Konvention blieb, s. hierzu: http://www.kinderpolitik.de/kinderrechte/uebersicht.php?page_id=unk_geschich te und http://pl.wikipedia.org/wiki/Konwencja_o_prawach_dziecka.

963 Ignaczewski, Art. 95, Rn. 4, S. 159.

964 Zum Wortlaut vgl. oben, S. 194, Fn. 949.

965 Ignaczewski, Art. 95, Rn. 5, S. 160.

966 Ignaczewski, Art. 95, Rn. 5, S. 160.

Interessen betont wurde, wird derzeit häufig darauf hingewiesen, dass die auf die Nivellierung der Unterschiede zwischen dem Kindeswohl und dem Interesse der Gesellschaft zielenden Konzepte die Gefahr in sich bergen, das Kindeswohl so zu interpretieren, wie es das Interesse der Gesellschaft erfordert.[967] Unter Bezugnahme auf Art. 3 KRK wird mit dem Vorrang des Kindeswohls als eines originären und übergeordneten Wertes argumentiert. Seine Realisierung erfordere zwar die Einbindung der gesellschaftlichen Interessen, die jedoch nur ein Teilaspekt des Kindeswohls sein könnten. Schließlich sei in einem demokratischen Land von der Priorität des menschlichen Individuums auszugehen; unter diesem Aspekt sei dem Kind eine besondere Fürsorge zu garantieren.[968]

d) Art. 95 § 4 KRO

Art. 95 § 4 KRO ist erst im Jahr 2008 durch das Änderungsgesetz neu eingeführt worden. Wie auch schon die Ergänzungen des § 1 (Ausübung der elterlichen Gewalt unter Achtung der Würde und der Persönlichkeitsrechte des Kindes) und des § 2 (Pflicht des Kindes, die Eltern bei selbständigen Entscheidungen anzuhören) dient § 4 der Akzentuierung des Modells einer „rationalen Partnerschaft der Eltern und Kinder im Rahmen der Ausübung der elterlichen Gewalt".[969] Anders als nach der bis dahin geltenden Rechtslage ist das Kind kein „Untergebener" seiner Eltern mehr, sondern ein aktives, an der Ausübung der elterlichen Gewalt mitwirkendes Rechtssubjekt.[970] Art. 95 § 4 KRO versteht sich dabei als Pendant zu § 2: Auf der einen Seite sollten die Eltern das Kind vor wichtigen, seine Belange betreffenden Entscheidungen anhören, auf der anderen Seite wurde eine analoge Pflicht des Kindes konzipiert. Ergänzt wird das Konzept der Zusammenarbeit durch die dem Kind garantierte Achtung seiner Würde und Rechte sowie die oben dargestellte Beistandspflicht des Art. 87 KRO.[971]

---

967 Ignaczewski, Art. 95, Rn. 5, S. 160.

968 Ignaczewski, Art. 95, Rn. 5, S. 160 unter Bezugnahme auf das Urteil des SN vom 12.6.1992, III CZP 48/92, OSNC 1992, Nr. 10, poz. 179.

969 Begründung zum Entwurf des Gesetzes über die Änderung des Gesetzes – Familien- und Vormundschaftsgesetzbuch sowie einiger anderer Gesetze (Uzasadnienie Ustawy o zmianie ustawy – Kodeks rodzinny i opiekuńczy oraz niektórych innych ustaw), Druk Sejmowy Nr. 888, S. 10 f. u. 35, im Internet abrufbar unter http://orka.sejm.gov.pl/projustall6.htm.

970 Ignaczewski, Art. 95, Rn. 7, S. 161.

971 Begründung zum Entwurf des Gesetzes über die Änderung des Gesetzes – Familien- und Vormundschaftsgesetzbuch sowie einiger anderer Gesetze (Uzasadnienie Ustawy o zmianie ustawy – Kodeks rodzinny i opiekuńczy oraz niektórych innych

2. Vergleich mit dem BGB

a) Art. 95 § 1 KRO – § 1626 Abs. 1 S. 2 BGB

Art. 95 § 1 KRO findet seine – jedenfalls teilweise – Entsprechung in § 1626 Abs. 1 S. 2 BGB. Beide Gesetze bestimmen in diesen Vorschriften den Inhalt der elterlichen Sorge im Sinne von Personen- und Vermögenssorge für das Kind. Die im § 1626 Abs. 1 S. 1 BGB vorangestellte Legaldefinition der elterlichen Sorge enthält der KRO nicht. Bei der Spezifizierung dessen Inhalts findet sich jedoch ebenfalls die Formulierung von „der Pflicht und dem Recht" der Eltern. Die heutige Reihenfolge der Begriffe wurde in Polen mit der Einführung des KRO im Jahr 1964, in Deutschland durch das KindRG 1998 festgelegt – in beiden Ländern war zuvor von „dem Recht und der Pflicht" die Rede.

Daneben wird in Art. 95 § 1 KRO jedoch auch die Erziehung des Kindes als gesondertes Element der elterlichen Gewalt genannt.

Die Ausübung der Personen- und Vermögenssorge hat nach Art. 95 § 1 KRO ausdrücklich „unter Achtung der Würde und der Rechte" des Kindes zu erfolgen. Eine vergleichbare Formulierung enthält das BGB zunächst nicht.

b) Art. 95 § 2 KRO – keine Entsprechung im BGB

Das Gleiche trifft auf die in Art. 95 § 2 KRO statuierte Pflicht des Kindes zum Gehorsam gegenüber seinen sorgeberechtigten Eltern zu. Über die allgemeine Beistandspflicht des § 1618 a BGB sowie die Verpflichtung des Kindes zu Dienstleistungen im Haushalt und Geschäft der Eltern (§ 1619 BGB) ist eine Gehorsamspflicht des Kindes im BGB nicht bekannt. Eine solche lässt sich hinsichtlich erzieherischer Anweisungen der Eltern auch nicht aus den vorstehenden Vorschriften ableiten.[972]

c) Art. 95 § 3 KRO – § 1697 a BGB

Art. 95 § 3 KRO etabliert das Kindeswohl und das Interesse der Gesellschaft als zwei übergeordnete Maximen im Rahmen der Ausübung der elterlichen Gewalt. Während das Kindeswohl im BGB ausdrücklich in § 1697 a BGB zum Leitprinzip erhoben wird, wird das Interesse der Gesellschaft in den Regelungen zum Sorgerecht nicht erwähnt.

---

ustaw), Druk Sejmowy Nr. 888, S. 10 f. u. 35, im Internet abrufbar unter http://orka. sejm.gov.pl/projustall6.htm.

972 Vgl. Diederichsen in: Palandt, 72. Aufl. 2013, Kommentierung zu §§ 1618 a und 1619.

d) Art. 95 § 4 KRO – § 1626 Abs. 2 S. 2 BGB

Das funktionale Gegenstück zu Art. 95 § 4 KRO darf in § 1626 Abs. 2 BGB erblickt werden. Nach beiden Vorschriften werden die Eltern angehalten, im Rahmen der Ausübung der elterlichen Sorge das Kind an ihren Entscheidungen zu beteiligen, soweit es dessen Entwicklungsstand erlaubt. Die Regelung des BGB scheint allerdings ihrem Wortlaut nach etwas weiter zu gehen: Nach § 1626 Abs. 2 S. 1 BGB, der keine Entsprechung im KRO hat, sind die Eltern verpflichtet, generell die wachsende Selbständigkeit des Kindes zu berücksichtigen. Des Weiteren sollen sie mit dem Kind gem. § 1626 Abs. 2 S. 2 BGB – je nach dessen Entwicklungsstand – „die Fragen der elterlichen Sorge" besprechen, während dies nach Art. 95 § 4 KRO lediglich in „wichtigeren Belangen" zu erfolgen hat.

3. Wertung

Trotz der aufgezeigten Unterschiede ist zunächst festzustellen, dass der mit Personen- und Vermögenssorge umschriebene Inhalt des Sorgerechts in beiden Gesetzen gleich ist. Die ohnehin äußerst allgemein gehaltene Definition der elterlichen Sorge in § 1626 Abs. 1 S. 1 BGB scheint im Rahmen des Art. 95 KRO verzichtbar, weil dort auch so ausreichend klargestellt wird, das es sich dem Wesen nach um eine Gesamtheit von Pflichten und Rechte der Eltern im Verhältnis zum Kind handelt.

Die gesonderte Erwähnung der Erziehung als vermeintlich zusätzliches Element der elterlichen Gewalt in Art. 95 § 1 KRO schafft im Ergebnis ebenfalls keine Unterschiede, da nach überwiegender Auffassung im KRO[973] und auch völlig unstreitig im BGB[974] die Erziehung als Bestandteil der Personensorge anzusehen ist.

Es ist auch kaum ernsthaft in Zweifel zu ziehen, dass trotz des im BGB fehlenden expliziten Hinweises auf die im Rahmen der Sorgerechtsausübung erforderliche Achtung der Würde und Rechte des Kindes kein minderer Schutzmaßstab vom Gesetzgeber beabsichtigt wurde. Gleichwohl verfehlt die in Art. 95 § 1 KRO klar und deutlich ausformulierte Direktive keineswegs ihre pädagogische Wirkung und ist deshalb an sich zu begrüßen.

Weniger klar ist indessen die Antwort auf die Frage, ob und ggf. in welchem Umfang das im KRO neben dem Kindeswohl zur Leitmaxime erhobene Interesse

---

973 Siehe hierzu oben S. 194 f.

974 Vgl. Wortlaut § 1631 I BGB; Diederichsen in: Palandt, 72. Aufl. 2013, § 1626 Rn. 8; Huber in: MüKo, § 1626 Rn. 4 („Kernbereich der Personensorge").

der Gesellschaft trotz einer fehlenden Erwähnung in den sorgerechtlichen Vorschriften des BGB auch hierzulande eine Rolle spielt.

Das Interesse der Gesellschaft als bei der Ausübung der elterlichen Sorge zu berücksichtigender Faktor wird in den internationalen Standards, wie sie durch die KRK und die Empfehlung des Europarates Nr. R (84) skizziert werden, nicht hervorgehoben. Möglicherweise verzichtete der deutsche Gesetzgeber deshalb auf eine explizite Erwähnung im Rahmen der Sorgerechtsvorschriften.

Ungeachtet des in beiden Ländern verfassungsrechtlich geschützten Rechts der Eltern auf die Pflege und die Erziehung ihrer Kinder im Einklang mit den eigenen Überzeugungen[975] statuiert die polnische Verfassung an einer anderen Stelle die allgemein gefasste Pflicht der polnischen Staatsbürger zur Sorge für das Gemeinwohl.[976] Eine solche Vorschrift fehlt in Deutschland ebenfalls.

Die besondere Hervorhebung des gesellschaftlichen Interesses im Rahmen der polnischen Regelungen zum Sorgerecht muss wohl im geschichtspolitischen Kontext gesehen werden: Dem sozialistischen Staat lag besonders viel daran, dass die Kinder richtig erzogen werden und ihre geistige und physische Entwicklung eine Garantie für deren gesellschaftlichen Wert darstellt.[977] Mit dieser Aufgabe wurde hauptsächlich die Familie belastet.[978]

Einmal gesetzlich verankert, überdauern Überlegungen des Gesetzgebers häufig erstaunlich lange – auch der Blick auf das deutsche BGB illustriert dies deutlich. Eine unvermittelte Entfernung der Leitmaxime des gesellschaftlichen Interesses aus dem Gesetz könnte zu falschen Schlussfolgerungen in der Gesellschaft verleiten. Dem Zeitgeist und der politischen Neuordnung wird bereits durch das eindeutig vorrangig verstandene Kindeswohl Rechnung getragen.[979]

Bei genauer Betrachtung wird zudem deutlich, dass der hier vermeintlich festgestellte Unterschied zwischen dem polnischen und dem deutschen Recht mitunter

---

975 In Deutschland Art. 6 Abs. 2 GG, in Polen Art. 48 KRP, der übersetzt lautet: „1. Eltern haben das Recht, die Kinder entsprechend ihrer eigenen Überzeugungen zu erziehen. Die Erziehung sollte den Entwicklungsstand des Kindes sowie dessen Gewissens- und Religionsfreiheit und dessen Überzeugungen berücksichtigen. 2. Die Beschränkung oder der Entzug der Elternrechte kann nur in den vom Gesetz bestimmten Fällen und nur aufgrund einer rechtskräftigen Entscheidung des Gerichts erfolgen."

976 Art. 82 KRP lautet übersetzt: „Die Pflicht des polnischen Bürgers ist die Treue zur Volksrepublik Polen und die Sorge um das Gemeinwohl."

977 Walaszek, S.117.

978 Walaszek, S.117.

979 Vgl. hierzu oben, S. 198 f.

kein sehr großer ist: auch wenn das BGB einzig das Kindeswohl als übergeordneten Gedanken nennt, muss sich die kindeswohlorientierte Ausübung der elterlichen Sorge auch immer im Kontext der Erziehung des Kindes im Sinne der sozialen und gesellschaftlichen Regeln messen lassen.[980]

Ähnlich verhält es sich mit dem in § 1626 Abs. 3 BGB als Komponente des Kindeswohls ausdrücklich genannten Umgang des Kindes mit beiden Elternteilen, der weder in Art. 95 KRO noch in anderen sorgerechtlichen Vorschriften im Zusammenhang mit dem Kindeswohl erwähnt wird.

Es ist in diesem Zusammenhang zunächst zu erwähnen, dass diesbezüglich erst durch das Änderungsgesetz von 2008 eine bis dahin im KRO klaffende Lücke geschlossen wurde. Zwar ging der KRO 1964 indirekt grundsätzlich vom Umgangsrecht beider Elternteile unabhängig vom Sorgerechtsstatus aus.[981] Eine Rechtsgrundlage hierfür sah das Gesetz jedoch nicht vor.

Der neu konzipierte Art. 113 § 1 KRO enthält nun eine positive Grundlage für den Rechtsanspruch des Kindes und seiner Eltern auf persönliche Kontakte miteinander, die zusätzlich in Art. 113 § 2 KRO konkretisiert wurden.[982] Die vom polnischen Gesetzgeber im Bereich des Umgangsrechts gewählte Lösung orientierte sich im Wesentlichen am deutschen Modell und der dazugehörigen Rechtsprechung.[983] Die polnische Regelung geht im Grundsatz jedoch insoweit etwas weiter, als – im Gegensatz zu § 1684 Abs. 1 BGB – auch dem Kind nicht nur das Recht, sondern auch die Pflicht zum Umgang mit seinen Eltern auferlegt wird. In expliziter Abgrenzung zum deutschen Recht wurde in der Gesetzesbegründung ausgeführt, dass dem Recht der Eltern vernünftigerweise ein Äquivalent in

---

980 Diederichsen in: Palandt, 72. Aufl. 2013, § 1631 Rn. 2.

981 Dies ergibt sich aus dem Wortlaut des Art. 113 KRO 1964, wonach das Vormundschaftsgericht den persönlichen Umgang ausnahmsweise verbieten konnte, wenn den Eltern die elterliche Gewalt entzogen wurde und das Kindeswohl den Ausschluss des Umgangs erforderte. Das Änderungsgesetz von 1975 brachte eine analoge Begrenzungsmöglichkeit bei Eltern, denen die elterliche Gewalt teilweise entzogen und das Kind fremduntergebracht wurde.

982 Art. 113 KRO lautet übersetzt: „§ 1. Unabhängig von der elterlichen Gewalt haben Eltern und ihr Kind das Recht und die Pflicht, Kontakte zueinander zu pflegen. § 2. Die Kontakte mit dem Kind umfassen insbesondere den persönlichen Umgang mit dem Kind (Besuche, Treffen, das Verbringen des Kindes außerhalb seines gewöhnlichen Aufenthaltsortes) und die direkte Verständigung, das Aufrechterhalten von Korrespondenz, die Nutzung von Ferntelekommunikationsmitteln einschließlich der elektronischen Kommunikation."

983 Ignaczewski, Art. 113, Rn. 5.

Gestalt der Pflicht des Kindes gegenüberstehen müsse. Eine besondere Bedeutung dieser Pflicht sei insbesondere bei älteren Kindern zu sehen.[984]

In den neu eingefügten Art. 113¹–113⁶ KRO wurden die Regeln des Umgangs bei Trennung der Eltern, die Begrenzung bzw. Ausschluss des Umgangsrechts, Abänderung von gerichtlichen Umgangsregelungen sowie der Umgang mit weiteren Bezugspersonen geregelt. Bemerkenswert erscheint in diesem Zusammenhang insbesondere die Befugnis des Vormundschaftsgerichts, den Eltern die Inanspruchnahme (familien-) therapeutischer Hilfe aufzuerlegen und die Durchführung der Therapie zu überwachen.[985] Alle diese Vorschriften haben die explizite Benennung des Kindeswohls als Entscheidungsmaßstab gemeinsam. Hieraus lässt sich wiederum entnehmen, dass der Umgang des Kindes mit beiden Elternteilen als unabdingbares Element des in Art. 95 § 3 KRO zum Leitgedanken erhobenen Kindeswohls angesehen wird. Ein inhaltlicher Unterschied zum deutschen Recht ist damit auch diesbezüglich nicht auszumachen.

Abschließend lassen sich also bislang insgesamt keine bedeutenden Unterschiede in den Inhalten der elterlichen Sorge feststellen. Gleichwohl wird in der polnischen Regelung – bei aller Partnerschaftlichkeit des neu propagierten Eltern-Kind-Verhältnisses – durch die Gehorsamspflicht des Kindes unübersehbar zugleich das traditionelle Familienmodell akzentuiert.

II. Persönliche Ausübung der elterlichen Gewalt durch die Eltern, gesellschaftliches Interesse – Art. 96 § 1 KRO

Der Umfang der Personensorge wird näher von Art. 96 § 1 KRO beschrieben.

1. Tatbestand

Nach dem Inhalt der Norm erziehen die Eltern ihr Kind im Rahmen ihrer elterlichen Gewalt und führen es. Sie sind verpflichtet, sich um die physische und geistige Entwicklung des Kindes zu kümmern und es angemessen auf die Arbeit im Interesse der Gesellschaft unter Berücksichtigung seiner Begabungen

---

984 Begründung zum Entwurf des Gesetzes über die Änderung des Gesetzes – Familien- und Vormundschaftsgesetzbuch sowie einiger anderer Gesetze (Uzasadnienie Ustawy o zmianie ustawy – Kodeks rodzinny i opiekuńczy oraz niektórych innych ustaw), Druk Sejmowy Nr. 888, S. 39, im Internet abrufbar unter http://orka.sejm. gov.pl/projustall6.htm.

985 Art. 113⁴ KRO. In Deutschland ist die Verpflichtung zur Durchführung einer Therapie nicht vorgesehen.

vorzubereiten.[986] Das bereits in Art. 95 § 3 KRO verankerte Interesse der Gesellschaft als zweites übergeordnetes Prinzip im Bereich der elterlichen Gewalt wird im Rahmen des Art. 96 § 1 KRO noch einmal betont. [987]

Die Begriffe „Erziehen" und „Führen"[988] werden nebeneinander verwendet, ohne dass der Gesetzgeber ihre Bedeutung präzisiert hätte. Auch wenn der Erziehung stets auch Elemente des „Führens" immanent sein werden, sind beide Begriffe mit jeweils unterschiedlicher Bedeutung belegt und werden separat verwendet. Unter dem Begriff „Erziehung" wird die Gesamtheit aller Handlungen, die die Bildung eines Menschen in physischer, moralischer, religiöser (aber auch – sofern es dem Willen der Eltern entspricht – unreligiöser) und geistiger Hinsicht sowie seine Vorbereitung auf das Leben in der Gesellschaft zum Ziel haben, verstanden.[989]

Der Begriff „Führung" steht indessen für die Entscheidungsfindung und -umsetzung in wichtigen Kindesbelangen.[990] Nach der Rechtsprechung des SN zählen hierzu unter anderem

- die Namensgebung sowie alle Änderungen in diesem Bereich,
- ein Ferienauslandsaufenthalt,
- die Aufenthaltsbestimmung,
- die Bestimmung der Art der Realisierung von Unterhaltsansprüchen des Kindes gegen einen Elternteil und die Verfügung hierüber durch den anderen Elternteil im Rahmen der ihm zustehenden elterlichen Gewalt, die Sicherung von Unterhaltsansprüchen des Kindes gegen den Elternteil, der ins Ausland auszuwandern beabsichtigt.[991]

---

986 Art. 96 KRO lautet übersetzt: „§ 1. Die Eltern erziehen das unter ihrer elterlichen Gewalt stehende Kind und führen es. Sie sind verpflichtet, sich um die physische und geistige Entwicklung des Kindes zu kümmern und es entsprechend seiner Begabungen ordnungsgemäß auf die Arbeit im Interesse der Gesellschaft vorzubereiten. § 2. Eltern, die nicht voll geschäftsfähig sind, nehmen an der Ausübung der laufenden Personensorge für das Kind und an der Erziehung teil, es sei denn, dass das Vormundschaftsgericht mit Blick auf das Kindeswohl anders entscheidet."

987 Ignaczewski, Pochodzenie dziecka i władza rodzicielska po nowelizacji, Art. 61⁹– 113⁶ KRO, Komentarz, Art. 96, S. 162, Rn. 1.

988 Das polnische Wort „kierować" lässt sich neben der deutschen Bedeutung „führen" auch mit „leiten" und „lenken" übersetzen. Die Verf. verwendet die erste Übersetzung als die inhaltlich treffendste.

989 Andrzejewski, S. 146.

990 Andrzejewski, S. 146.

991 Andrzejewski, S. 146 f. m.w.N.

Daneben werden als wichtige Angelegenheiten die Zustimmung zu einer Heil-behandlung des Kindes, die Zustimmung zur Vaterschaftsanerkennung eines Vaters[992] sowie die Staatsbürgerschaft, die Wahl der Schule und Lehre, die Art der Freizeitaktivitäten des Kindes, die Mitgliedschaft in Vereinen und Organisationen, das Erziehungsmodell usw. erachtet.[993]

Die Führung des Kindes wird letztlich als Mittel einer ordnungsgemäßen Erziehung angesehen und beinhaltet – weit gefasst – die Regulierung des Lebenswandels des Kindes, die Kontrolle, in welcher Gesellschaft es verkehrt und wie es seine Freizeit gestaltet, welche Lektüre es liest sowie die Aufsicht über die Erfüllung seiner Pflichten, zum Beispiel im schulischen Bereich.[994]

2. Vergleich mit dem BGB – § 1631 Abs. 1 BGB

Der die Inhalte der Personensorge präzisierende Art. 96 § 1 KRO findet seine – jedenfalls teilweise – Entsprechung in Art. 1631 Abs. 1 BGB. Danach umfasst die Personensorge insbesondere die Pflicht und das Recht, das Kind zu pflegen, zu erziehen und seinen Aufenthalt zu bestimmen.

Während die Pflege mehr die – nicht minder wichtige – körperliche Seite der Betreuung betrifft, ist mit Erziehung die Sorge für die sittliche, geistige und seelische Entwicklung des Kindes gemeint.[995] Sie wird als die Gesamtheit aller pädagogischen Maßnahmen begriffen, die den Kindern zur Mündigkeit verhelfen sollen, so dass sie „später als Volljährige in der Gesellschaft bestehen können und in der Lage sind, sich in eigener Verantwortung ein lebenswertes Leben zu gestalten"[996], also zur Selbstbestimmung befähigt wird.[997]

Dass es sich bei der Ausübung der Personensorge um das Recht und die Pflicht der Eltern handelt, wird in Art. 96 § 1 KRO nicht erwähnt.

Auch werden in der polnischen Norm die Beaufsichtigung des Kindes und die Aufenthaltsbestimmung als Elemente der Personensorge nicht benannt.

Der Inhalt der Personensorge wird im BGB über die Regelung des § 1631 hinaus in § 1632 BGB konkretisiert. Die darin benannten weiteren Bestandteile Herausgaberecht (§ 1632 Abs. 1 BGB) und die Bestimmung des Umgangs mit

---

992 Gromek, Art. 95, S. 116, Rn. 7 m.w.N.
993 Andrzejewski, S. 147.
994 Ignatowicz/Nazar, S. 314, Rn. 812.
995 Diederichsen in: Palandt, 72. Aufl. 2013, § 1631 Rn. 2; Huber in: MüKo, § 1631 Rn. 3 f.
996 OLG Hamm, FamRZ 1974, 136, 137; Huber in: MüKo, § 1631 Rn. 4.
997 Gernhuber/Coester-Waltjen, V. Abschnitt C § 57 VII Rn. 74, S. 695; Grisebach in: Krenzler/Borth, Kap. 5, Rn. 43, S. 254.

Wirkung für und gegen Dritte (§1632 Abs. 2 BGB) sind in Art. 96 § 1 KRO ebenfalls nicht zu finden.

Jedoch ergibt sich aus der Rechtsprechung, dass dies zum Führen gehört. Die Aufsicht, in § 1631 Abs. 1 BGB genannt, ist ebenfalls untrennbar mit Erziehung und Führung des Kindes verbunden.

Inhalte der Personensorge werden im BGB auch durch eine weitere Norm konkretisiert, § 1632 Abs. 1 (Herausgabe des Kindes) und 2 BGB (Bestimmung des Umgangs mit Dritten).

3. Wertung

Mit der oben dargestellten Definition der Pflege und Erziehung im Sinne des § 1631 Abs. 1 BGB ist zugleich die breite inhaltliche Deckung der deutschen und polnischen Regelung aufgezeigt. Die in Art. 96 § 1 KRO gesondert erwähnte Sorge um die physische und geistige Entwicklung des Kindes geht in der deutschen Definition der Erziehung auf. Auch die in Art. 96 § 1 KRO konzipierte Pflicht der Eltern, das Kind auf die Arbeit im Interesse der Gesellschaft vorzubereiten, spiegelt sich im allgemeinen Verständnis der Erziehung wider, die zu der Fähigkeit des Kindes zum gesellschaftskonformen Leben führen soll. Im Übrigen darf in diesem Zusammenhang auf die obigen Ausführungen zum Interesse der Gesellschaft als sorgerechtlichen Leitgedanken verwiesen werden.[998]

Der in § 1631 Abs. 1 BGB enthaltene, in Art. 96 § 1 KRO jedoch fehlende Hinweis darauf, dass es sich hierbei um das Recht und die Pflicht der Eltern handelt, erscheint überaus verzichtbar, da sich dies bereits aus § 1626 Abs. 1 BGB und Art. 95 § 1 KRO in Bezug auf alle Bestandteile der elterlichen Sorge ergibt.

Der Herausgabeanspruch der sorgeberechtigten Eltern wurde im polnischen Gesetz genau wie im BGB in einer weiteren Norm geregelt und ist als Rechtsgrundlage in Art. 100 KRO zu finden. Es ist insoweit kein Unterschied zwischen den beiden Rechtsordnungen auszumachen.

Offen bleibt folglich lediglich die Frage, ob sich für die Bestimmung des Umgangs mit Dritten sowie die u.a. deliktisch relevante Aufsichtspflicht[999] der Eltern ein funktionales Äquivalent im KRO finden lässt.

Die Bestimmung des Umgangs mit Dritten im Sinne des § 1632 Abs. 2 BGB wird als Teil des Erziehungsrechts verstanden.[1000] Sie gibt den Eltern das Recht, den Umgang des Kindes mit anderen Personen durch Umgangsgebote (z.B.

---

998 Vgl. oben, S. 198 f.
999 Diederichsen in: Palandt, 72. Aufl. 2013, § 1631 Rn. 3; Huber in: MüKo, § 1631, Rn. 6.
1000 Huber in: MüKo, § 1632 Rn. 63.

durch Finanzierung von Musikunterricht, Zustimmung zum Beitritt zu Jugend-
gruppen oder Vereinen), -erlaubnisse und -verbote zu überwachen.[1001] Diese Definition erlaubt es, eine Parallele zu den Inhalten des „Führens" des Kindes im
Sinne des Art. 96 § 1 KRO zu ziehen, die die Regelung des Lebensstils des Kindes,
u.a. also auch die Kontrolle über den Umgang des Kindes mit anderen, dessen
Freizeitaktivitäten usw., umfassen.[1002]

Das Recht und die Pflicht zur Beaufsichtigung des Kindes gem. § 1631 Abs. 1
BGB dient nicht nur dem Schutz Dritter, sondern insbesondere auch dem Schutz
des Kindes,[1003] der als primäre Funktion der elterlichen Gewalt im Sinne des
KRO verstanden wird.[1004] Auch ohne eine explizite Erwähnung im KRO ist deshalb die Beaufsichtigung als selbstverständliches Element der Personensorge zu
begreifen, weil ohne die Beaufsichtigung ein Schutz des Kindes begriffsnotwen-
dig kaum möglich ist. Gleichzeitig wird der lediglich deklaratorische Charakter
der deutschen Regelung deutlich, da auch hier der Schutz des Kindes bereits von
den Inhalten der elterlichen Sorge gedeckt ist.[1005]

III. Gewaltverbot in der Erziehung – Art. 96¹ KRO

Eine gesonderte Beleuchtung verdient die Frage des Gewaltverbots in der Erziehung als inhaltliche Ausgestaltung und Grenze der Personensorge.

1. Tatbestand

Bereits im Rahmen der rechtsgeschichtlichen Darstellung wurde erwähnt, dass
sich der polnische Gesetzgeber trotz früher progressiver Ansätze erst sehr spät
zu einem vollständigen Gewaltverbot in der Erziehung durchringen konnte. Die
betreffende Vorschrift, § 96¹ KRO,[1006] wurde erst im Jahr 2010 eingeführt[1007] und

---

1001 Diederichsen in: Palandt, 72. Aufl. 2013, § 1632 Rn. 8 f.

1002 Ignaczewski, Art. 96, S. 163, Rn. 2.

1003 Diederichsen in: Palandt, 72. Aufl. 2013, § 1631 Rn. 3; Huber in: MüKo, § 1631 Rn. 6.

1004 Ignaczewski, Art. 95, S. 156, Rn. 3.

1005 Diederichsen in: Palandt, 72. Aufl. 2013, § 1626 Rn. 1; Huber in: MüKo, § 1626,
    Rn. 6.

1006 Art. 96¹ KRO lautet übersetzt: „Personen, die die elterliche Gewalt ausüben, sowie
    solchen, die das Kind betreuen oder die Pflegschaft inne haben, wird verboten, kör-
    perliche Strafen anzuwenden."

1007 Durch das Gesetz zur Änderung des Gesetzes zur Verhinderung von Gewalt in der
    Familie („Ustawa o zmianie ustawy o przeciwdziałaniu przemocy w rodzinie") vom
    10.6.2010, Dz. U. Nr. 125, poz. 842.

beendete – wie seinerzeit in Deutschland[1008] – die Diskussion über die Zulässigkeit bzw. „Nützlichkeit" der sog. „Klapse".[1009] Bis dahin war das Verbot, dem Kind in irgendeiner Hinsicht zu schaden, zwar als selbstverständlich vorausgesetzt, jedoch gesetzlich nicht geregelt.[1010] Es handelt sich um eine Vorschrift ohne Sanktionscharakter. Art. 96¹ KRO bildet bei Verletzungen des Gewaltverbots an sich noch keine Grundlage für Eingriffe in die elterliche Gewalt, die jedoch – je nach Art und Intensität der Verletzungen sowie der hierdurch verursachten Schäden – diese Eingriffe nach sich ziehen kann.[1011]

2. Vergleich mit dem BGB

Das ebenfalls verhältnismäßig spät, nämlich nur 10 Jahre früher gesetzlich in § 1631 Abs. 2 BGB verankerte Verbot jedweder körperlicher Bestrafung wurde ausführlich im Zuge der Darstellung der rechtsgeschichtlichen Entwicklung in der BRD beleuchtet; auf die Ausführungen dort darf verwiesen werden.[1012]

Neben den ausdrücklich benannten körperlichen Strafen sind danach auch seelische Verletzungen und andere entwürdigende Maßnahmen verboten.

3. Wertung

Art. 96¹ KRO beschränkt sich – im Gegensatz zum Wortlaut des § 1631 Abs. 2 BGB – auf das Verbot von körperlichen Strafen. Auch wenn jedwedes Unrecht im Verhältnis zum Kind im Sinne des KRO als selbstverständlich verboten gilt,[1013] ist das ausdrückliche Verbot seelischer Verletzungen und entwürdigender Erziehungsmaßnahmen des BGB deutlicher und damit grundsätzlich besser geeignet, in diesem Bereich vorzubeugen.

Trotz der deutlich kategorischer formulierten Norm des KRO handelt es sich bei beiden Vorschriften um auf die Änderung des gesellschaftlichen Bewusstseins zielende Regelungen ohne Sanktionscharakter. Diese Bewusstseinsänderung dürfte in Deutschland deutlich fortgeschrittener sein als in Polen, wo der beherzte „Klaps auf den Po" selbst in der Öffentlichkeit immer noch zum Alltag gehört. Auch im Rahmen von Sorgerechtsverfahren unter polnischer Beteiligung in Deutschland spielt die Frage der Gewalt in der Erziehung nach Erfahrung der Bearbeiterin häufiger eine Rolle.

1008 Vgl. hierzu oben, S. 79 f.
1009 Ignaczewski, Art. 96¹ Rn. 1.
1010 Ignaczewski, Art. 96¹ Rn. 1.
1011 Ignaczewski, Art. 96¹ Rn. 1 u. 2.
1012 S. 85 f.
1013 Ignaczewski, Art. 96¹ Rn. 1.

Dieser Unterschied mag – neben der zeitlich später erfolgten gesetzlichen Verankerung des Gewaltverbots – auch daraus resultieren, dass in Deutschland bereits seit 1979 eine Regelung jedenfalls im Sinne des Verbots von „entwürdigenden Erziehungsmaßnahmen" bestand, die als zu unbestimmt im Jahr 2000 zugunsten der heutigen Gesetzesfassung konkretisiert wurde.

IV. Eltern als gesetzliche Vertreter – Art. 98 KRO

Die Vertretung des Kindes zählt in beiden Rechtsordnungen neben der Personen- und Vermögenssorge zu den Bestandteilen der elterlichen Sorge. Bei der Ausgestaltung selbst sind jedoch bedeutende Unterschiede festzustellen, die überschlägig dargestellt werden sollen.

1. Tatbestand

Gem. Art. 96 KRO[1014] sind Eltern, die die elterliche Gewalt inne haben, gesetzliche Vertreter des Kindes und können als solche jeweils einzeln und selbständig Rechtshandlungen im Namen und mit Wirkung für den Vertretenen vornehmen.[1015] Das Prinzip der Einzelvertretung bedeutet den Verzicht des Gesetzgebers auf die Forderung der Bestätigung des Rechtsgeschäfts durch den anderen Elternteil oder die Mitteilung seiner Akzeptanz auf andere Weise.[1016] Den Eltern wird dadurch eine Handlungsfreiheit eingeräumt, die als Bestätigung der Regel des Vertrauens des Staates in das Handeln der Eltern aufgefasst wird.[1017]

1014 Art. 98 KRO lautet übersetzt: „§ 1. Eltern sind gesetzliche Vertreter des unter ihrer elterlichen Gewalt stehenden Kindes. Wenn das Kind unter der elterlichen Gewalt beider Eltern steht, kann jeder Elternteil selbständig als gesetzlicher Vertreter des Kindes handeln. § 2. Allerdings darf kein Elternteil das Kind vertreten: 1) bei Rechtsgeschäften zwischen unter seiner elterlichen Gewalt stehenden Kindern; 2) bei Rechtsgeschäften zwischen dem Kind und einem Elternteil oder seinem Ehegatten, es sei denn das Rechtsgeschäft besteht in einer unentgeltlichen Zuwendung zugunsten des Kindes oder den vom anderen Elternteil geschuldeten Unterhalt betrifft. § 3. Die Vorschriften des vorstehenden Paragraphen werden im Verfahren vor einem Gericht oder anderen staatlichen Organen entsprechend angewandt."
1015 Art. 95 § 2 KC (Kodeks Cywilny = Bürgerliches Gesetzbuch) lautet übersetzt: „Ein vom Vertreter in den Grenzen seiner Vertretung vorgenommenes Rechtsgeschäft zieht Wirkungen unmittelbar für den Vertretenen nach sich."
1016 Gromek, Art. 98 Rn. 2.
1017 Gromek, Art. 98 Rn. 2.

Bei Ausschluss der Vertretung durch die Eltern in den gesetzlich vorgesehenen Fällen (Art. 98 § 2 KRO) wird für die Wahrnehmung der Kindesinteressen ein Ergänzungspfleger bestellt.[1018]

Der Begriff der Vertretung im Sinne des Art. 98 KRO ist weiter als lediglich die Verwaltung des Vermögens des Kindes zu verstehen. Sie umfasst ebenso nichtvermögensrechtliche Akte, die die Person des Kindes betreffen, z.b. im Bereich der Gesundheitsfürsorge.[1019]

Die Vertretung als Bestandteil der elterlichen Gewalt geht auch weiter als die Vertretung im Sinne des Art. 95 f. KC (Kodeks Cywilny = Zivilgesetzbuch), weil von ihr nicht nur rechtsgeschäftliche, sondern auch faktische und Prozesshandlungen umfasst werden.[1020]

2. Vergleich mit dem BGB

Im Unterschied zu dem Einzelvertretungsprinzip des Art. 98 KRO geht der funktional entsprechende § 1629 BGB von dem Grundsatz der Gesamtvertretung aus. Dies bedeutet konträr zu der polnischen Regelung, dass die Eltern im Umfang ihrer elterlichen Sorge nur gemeinsam vertretungsberechtigt sind. Die Gesamtvertretung soll dem Schutz des Kindes vor Schäden durch gegenläufiges Elternhandeln dienen.[1021] Der Grundsatz der Gesamtvertretung wird allerdings auch dann gewahrt, wenn ein Elternteil zwar allein, aber zugleich in Vertretung des anderen handelt.[1022] Die Einzelvertretung ist bei grundsätzlich fortdauernder Gesamtvertretung nach der deutschen Lösung nur in bestimmten Ausnahmefällen vorgesehen. Zum einen betrifft es die Fälle der passiven Stellvertretung, bei der es ausreicht, die für das Kind bestimmte Willenserklärung gegenüber nur einem Elternteil abzugeben, § 1629 Abs. 1 S. 2 Hs. 1 BGB.

Daneben kommt das Prinzip der Einzelvertretung (hier in Übereinstimmung mit dem KRO[1023]) zum Tragen, wenn die elterliche Sorge von einem Elternteil ausgeübt wird, § 1629 Abs. 1 S. 3 Alt. 1 BGB, sowie im Fall einer Übertragung der Entscheidungsbefugnis gem. 1628 BGB auf einen Elternteil, § 1629 Abs. 1 S. 3 Alt. 2 BGB.

1018 Gromek, Art. 98 Rn. 2.
1019 Ignaczewski, Art. 98, Rn. 1.
1020 Ignaczewski, Art. 98, Rn. 1.
1021 Gernhuber/Coester-Waltjen, V. Abschnitt § 58 III Rn. 29; Huber in: MüKo, § 1629 Rn. 11.
1022 Gernhuber/Coester-Waltjen, V. Abschnitt § 58 III Rn. 30, S. 735; Diederichsen in: Palandt 72. Aufl. 2013, § 1629 Rn. 6; Huber in MüKo, § 1629 Rn. 11.
1023 Ignaczewski, Art. 98 Rn. 3.

Schließlich gilt dies auch für den Fall der Notvertretung, also bei Gefahr im Verzug, § 1629 Abs. 1 S. 4 BGB.

Auch die deutsche Lösung sieht einen gesetzlichen Ausschluss der Vertretungsmacht der Eltern in bestimmten Fällen vor, § 1629 Abs. 2 BGB. Ein Ausschluss kraft Gesetzes erfolgt gem. § 1629 Abs. 2 S. 1 BGB in den gem. § 1795 BGB für den Vormund und sein Mündel genannten Fällen, mit der Rechtsfolge, dass ein Ergänzungspfleger bestellt wird.[1024] Als Ausnahme hierzu versteht sich die Regelung des § 1629 Abs. 2 S. 2 BGB, die einen getrenntlebenden, das Kind betreuenden Elternteil berechtigt, Unterhaltsansprüche gegen den anderen Elternteil geltend zu machen. Diese Regelung wird in § 1629 Abs. 3 BGB dahingehend modifiziert, dass dies bei noch verheirateten Eltern lediglich im eigenen Namen erfolgen kann. Dadurch soll der Zwang des betreuenden Elternteils zur Beseitigung der gemeinsamen Sorge aufgehoben[1025] und das Kind vor Konflikten im Scheidungsverbundverfahren geschützt werden.[1026]

Neben dem gesetzlichen Ausschluss kann den Eltern die Vertretungsbefugnis bei einer erheblichen Interessenkollision auch durch das Gericht entzogen werden, wovon allerdings Vaterschaftsfeststellungen ausgenommen werden, § 1629 Abs. 2 S. 3 BGB, weil diese nach Abschaffung der Amtspflegschaft in das Ermessen der Mutter gestellt wurde.[1027]

Als lex specialis zu den vorstehenden Ausschlussvorschriften ist der Vertretungsausschluss gem. § 1629 Abs. 2 a BGB zu begreifen, wonach im gerichtlichen Verfahren auf Einwilligung in die Klärung der genetischen Abstammung für das minderjährige Kind immer ein Ergänzungspfleger zu bestellen ist.[1028]

3. Wertung

Im Bereich der Vertretung der Kinder durch die sorgeberechtigten Eltern weisen die von den beiden Rechtsordnungen gefundenen Lösungen erhebliche Unterschiede auf.

Von großer praktischer Bedeutung dürfte in erster Linie das jeweils gewählte Prinzip der Gesamtvertretung (Deutschland) sowie der Einzelvertretung (Polen) sein, die den polnischen Eltern vertrauensvoll deutlich mehr Freiheit einräumt.

1024 Diederichsen in: Palandt 72. Aufl. 2013, § 1629 Rn. 14; Gernhuber/Coester-Waltjen, V. Abschnitt § 58 IV Rn. 36, S. 738.

1025 BT-Drucks. 13/4899, S. 96

1026 BT-Drucks. 7/650, S. 176; 10/4514, S. 23.

1027 Diederichsen in: Palandt 72. Aufl. 2013, § 1629 Rn. 21; Gernhuber/Coester-Waltjen, V. Abschnitt § 58 IV Rn. 37–39, S. 739.

1028 Diederichsen in: Palandt 72. Aufl. 2013, § 1629 Rn. 22.

Des Weiteren – das ist bislang nicht angemerkt worden – sieht die polnische Lösung im Gegensatz zu den Regelungen des BGB keine Möglichkeit für das Gericht vor, über die gesetzlichen Vertretungsverbote hinaus die Vertretungsmacht von der grundsätzlich fortbestehenden elterlichen Gewalt abzukoppeln. Auch hierdurch erfährt die Elternautonomie im Vergleich zu der deutschen Lösung eine deutliche Stärkung. Einen Einfluss auf die Vertretungsmacht haben allerdings selbstverständlich gerichtliche Sorgerechtsentscheidungen.[1029]

Hinsichtlich der Geltendmachung von Unterhaltsansprüchen gegenüber dem jeweils anderen Elternteil wurde indessen in beiden Rechtsordnungen eine pragmatische Lösung gewählt, zu der man jeweils über eine doppelte Ausnahme gelangt: Im BGB wurde diese Vertretungsbefugnis als Ausnahme vom Gesamtvertretungsgrundsatz (grundsätzlich nur beide Eltern gemeinsam vertretungsbefugt) und der gesetzlichen Verbote des § 1629 Abs. 2, 1795 BGB (keine Vertretungsmacht bei Rechtsgeschäften zwischen dem Kind und dem anderen Elternteil) konzipiert. Im KRO kommt die gleiche Vertretungsmacht indessen als „Ausnahme von der Ausnahme" daher: Grundsätzlich sind die Eltern jeweils einzeln vertretungsbefugt (Art. 98 § 1 S. 2 KRO), nicht jedoch, wenn es sich um Rechtsgeschäfte des Kindes mit dem anderen Elternteil handelt (Art. 98 § 2 KRO, 1. Ausnahme) es sei denn, es geht um Unterhalt (Art. 98 § 2 KRO, 2. Ausnahme).

V. Staatliche Hilfe und Herausgaberecht der Eltern – Art. 100 KRO

Gem. Art. 100 KRO sind das Vormundschaftsgericht und andere Organe der öffentlichen Gewalt verpflichtet, den Eltern Hilfe zu leisten, wenn sie für die ordnungsgemäße Ausübung der elterlichen Gewalt benötigt wird.[1030] Ein

---

1029 Ignaczewski, Art. 98, Rn. 3.

1030 Art. 100 KRO lautet übersetzt: „§ 1. Das Vormundschaftsgericht und andere Organe der öffentlichen Gewalt sind verpflichtet, den Eltern Hilfe zu leisten, wenn sie zu einer ordnungsgemäßen Ausübung der elterlichen Gewalt erforderlich ist. Insbesondere kann sich jeder Elternteil wegen der Herausgabe des Kindes von einer nicht berechtigten Person an das Vormundschaftsgericht sowie an das Vormundschaftsgericht oder ein anderes zuständiges Organ der öffentlichen Gewalt wegen der Sicherung einer Ersatzobhut für das Kind wenden. § 2. In den Fällen, von denen in § 1 die Rede ist, informiert das Vormundschaftsgericht oder andere Organe der öffentlichen Gewalt die Organisationseinheit der sozialen Hilfe über die Notwendigkeit, der Familie des Kindes entsprechende Hilfe zu leisten. Die Organisationseinheit der sozialen Hilfe ist verpflichtet, das Gericht über die Art der erbrachten Hilfe und deren Ergebnisse zu informieren."

Tätigwerden des Gerichts ist nur auf Antrag und nicht auch von Amts wegen möglich.[1031]

1. Tatbestand

Mit Blick auf die Vielfalt der möglichen Lebenssachverhalte wurde in Art. 100 KRO die Hilfe vom Gericht und den weiteren Staatsorganen nicht definiert, sondern lediglich zwei Beispiele genannt.[1032]

a) Herausgabeanpruch der Eltern

Als eine besondere Form der Hilfe wird in Art. 100 § 1 S. 2 KRO der Anspruch der Eltern auf Herausgabe des Kindes von einer nicht berechtigten Person benannt.[1033] Der Herausgabeanpruch ist auf Konstellationen zugeschnitten, in denen Streit über den Aufenthalt des Kindes besteht und vom Vormundschaftsgericht entschieden werden muss.[1034] Aktivlegitimiert ist jeder Elternteil, sofern ihm die elterliche Gewalt zusteht.[1035] Ausgeschlossen von der Aktivlegitimation sind folglich Eltern, denen die Ausübung der elterlichen Gewalt gem. Art. 58 oder 107 KRO nicht übertragen wurde oder deren elterliche Gewalt in diesem Bereich gem. Art. 109 KRO beschränkt wurde.[1036]

Unberechtigt im Sinne des Art. 100 KRO ist jede Person, die unbegründet die Herausgabe des Kindes verweigert.[1037] Dabei spielt es keine Rolle, ob das Kind von dem anderen Elternteil oder von einem Dritten vorenthalten wird.[1038]

1031 Sokołowski in: Kodeks rodzinny i opiekuńczy. Komentarz. Pod redakcją Henryka Doleckiego, Tomasza Sokołowskiego, Art. 100, S. 604, Nr. 5.

1032 Ignatowicz in: Kodeks rodzinny i opiekuńczy. Komentarz. Pod redakcją Krzysztofa Pietrzykowskiego, Art. 100, Rn. 9.

1033 Sokołowski in: Kodeks rodzinny i opiekuńczy. Komentarz. Pod redakcją Henryka Doleckiego, Tomasza Sokołowskiego, Art. 100, S. 606, Nr. 8.

1034 Ignatowicz in: Kodeks rodzinny i opiekuńczy. Komentarz. Pod redakcją Krzysztofa Pietrzykowskiego, Art. 100, Rn. 13.

1035 Ignatowicz in: Kodeks rodzinny i opiekuńczy. Komentarz. Pod redakcją Krzysztofa Pietrzykowskiego, Art. 100, Rn. 13.

1036 Ignatowicz in: Kodeks rodzinny i opiekuńczy. Komentarz. Pod redakcją Krzysztofa Pietrzykowskiego, Art. 100, Rn. 13; zum Wortlaut und Tatbestandsvoraussetzungen der Vorschriften siehe weiter unten, S. 238 ff. und 288 ff.

1037 Ciepła in: Kodeks rodzinny i opiekuńczy. Komentarz. Pod redakcją Kazimierza Piaseckiego, Art. 100, Rn. 9.

1038 Ignatowicz in: Kodeks rodzinny i opiekuńczy. Komentarz. Pod redakcją Krzysztofa Pietrzykowskiego, Art. 100, Rn. 13.

Das Vormundschaftsgericht ist an den Antrag jedoch dann nicht gebunden, wenn die Herausgabe des Kindes von der unberechtigten an die berechtigte Person dem Kindeswohl nicht entspricht.[1039] In diesen Fällen reicht eine Zurückweisung des Antrags jedoch nicht aus; vielmehr ist eine gerichtliche Verbleibensanordnung verbunden mit einer entsprechenden Beschränkung der elterlichen Gewalt bei dem bislang „berechtigten" Elternteil.[1040]

Die Eltern sind entgegen dem Wortlaut des Art. 100 § 1 S. 2 KRO nicht nur berechtigt, sondern im Rahmen der Ausübung der elterlichen Gewalt auch verpflichtet, die Herausgabe ihres Kindes von einer unberechtigten Person zu verlangen.[1041] Tun sie dies nicht, so kann darin im Einzelfall eine Kindeswohlgefährdung liegen, die von Amts wegen Maßnahmen des Gerichts gem. Art. 109 KRO auslöst oder sogar den Entzug der elterlichen Gewalt gem. 111 KRO[1042] nach sich ziehen kann.[1043]

b) Ersatzobhut für das Kind

Die Organisation einer Ersatzobhut für das Kind wird in Art. 100 § 1 S. 2 KRO als zweites Beispiel für Hilfe benannt, die von den Eltern vom Vormundschaftsgericht oder anderen Organen der öffentlichen Gewalt verlangt werden kann, und wurde durch das Änderungsgesetz vom 6.11.2008 eingefügt.[1044] Auch ohne ausdrückliche Benennung war diese Form von Hilfe bereits davor möglich, weil die Vorschrift von Anfang an einen exemplarischen Charakter hatte.[1045] Der Gesetzgeber hielt es jedoch für sinnvoll, die Unterstützung der Eltern durch Ersatzobhut für das Kind explizit zu benennen, um hierdurch eine bessere Ausnutzung

---

1039 Ciepła in: Kodeks rodzinny i opiekuńczy. Komentarz. Pod redakcją Kazimierza Piaseckiego, Art. 100, Rn. 11.

1040 Ciepła in: Kodeks rodzinny i opiekuńczy. Komentarz. Pod redakcją Kazimierza Piaseckicgo, Art. 100, Rn. 11.

1041 Ignatowicz in: Kodeks rodzinny i opiekuńczy. Komentarz. Pod redakcją Krzysztofa Pietrzykowskiego, Art. 100, Rn. 13.

1042 Zum Wortlaut und Tatbestandsvoraussetzungen siehe weiter unten, S. 240 ff.

1043 Ciepła in: Kodeks rodzinny i opiekuńczy. Komentarz. Pod redakcją Kazimierza Piaseckiego, Art. 100, Rn. 11, S. 774.

1044 Kosek in: Nowelizacja Prawa rodzinnego na podstawie ustaw z 6 listopada 2008 r. i 10 czerwca 2010 r. Analiza. Wykładnia. Komentarz. Pod redakcją Wandy Stojanowskiej, Art. 100, S. 237, Nr. 4.

1045 Ignaczewski in: Pochodzenie dziecka i władza rodzicielska po nowelizacji, Art. 61⁹–113⁶ KRO, Komentarz, Art. 100, Rn. 1, S. 175.

der Möglichkeiten des Art. 100 KRO in der gerichtlichen Praxis zu erreichen.[1046] Des Weiteren sollte die Fremdunterbringung des Kindes als eine wichtige Form der Unterstützung mehr ins Bewusstsein der Eltern rücken und nicht – wie bislang – nur als Eingriff in die elterliche Gewalt wahrgenommen werden.[1047]

Der Begriff der „Ersatzobhut" selbst wird im KRO nicht definiert und ist grundsätzlich in Art. 70 ff. des polnischen Sozialhilfegesetzes[1048] geregelt. Dort werden zwei Formen der Fremdunterbringung des Kindes unterschieden (vorrangig heranzuziehende Pflegefamilien sowie institutionelle Ersatzobhut durch Pflege- und Erziehungsheime) und die Regeln der Familienhilfe festgelegt.[1049]

c) Sonstige Hilfeleistung

Weitere Formen der Unterstützung der Eltern sind in Art. 100 KRO nicht benannt; es besteht Einigkeit dahingehend, dass sich die Art und Weise der Hilfe und deren Umfang stets nach den Umständen des Einzelfalles zu richten hat.[1050] In Art. 70 des polnischen Sozialhilfegesetzes[1051]werden als Beispiele der Familienhilfe neben der Fremdunterbringung des Kindes Familienberatung, Familientherapie und Unterstützung durch Sozialarbeiter genannt. Von Art. 100 KRO nicht umfasst sind materielle Leistungen, weil die Verfügung über die entsprechenden Mittel den administrativen Organen obliegt.[1052]

1046 Begründung zum Entwurf des Gesetzes über die Änderung des Gesetzes – Familien- und Vormundschaftsgesetzbuch sowie einiger anderer Gesetze (Uzasadnienie Ustawy o zmianie ustawy – Kodeks rodzinny i opiekuńczy oraz niektórych innych ustaw), Druk Sejmowy Nr. 888, S. 36, im Internet abrufbar unter http://orka.sejm. gov.pl/projustall6.htm.

1047 Begründung zum Entwurf des Gesetzes über die Änderung des Gesetzes – Familien- und Vormundschaftsgesetzbuch sowie einiger anderer Gesetze (Uzasadnienie Ustawy o zmianie ustawy – Kodeks rodzinny i opiekuńczy oraz niektórych innych ustaw), Druk Sejmowy Nr. 888, S. 36, im Internet abrufbar unter http://orka.sejm. gov.pl/projustall6.htm.

1048 Ustawa o pomocy społecznej (Gesetz über die Sozialhilfe) vom 12.3.2004, Dz. U. Nr. 64, poz. 593.

1049 Kosek in: Nowelizacja Prawa rodzinnego na podstawie ustaw z 6 listopada 2008 r. i 10 czerwca 2010 r. Analiza. Wykładnia. Komentarz. Pod redakcją Wandy Stojanowskiej, Art. 100, S. 237, Nr. 5.

1050 Ignatowicz in: Kodeks rodzinny i opiekuńczy. Komentarz. Pod redakcją Krzysztofa Pietrzykowskiego, Art. 100, Rn. 9.

1051 Ustawa o pomocy społecznej (Gesetz über die Sozialhilfe) vom 12.3.2004, Dz. U. Nr. 64, poz. 593.

1052 Ignatowicz in: Kodeks rodzinny i opiekuńczy. Komentarz. Pod redakcją Krzysztofa Pietrzykowskiego, Art. 100, Rn. 9.

d) Mitteilungspflichten

Wird ein Hilfebedarf der Familie im Sinne des Art. 100 § 1 KRO von den Eltern an das Vormundschaftsgericht oder an ein anderes Organ der öffentlichen Gewalt herangetragen, sind diese gem. Art. 100 § 2 KRO verpflichtet, die zuständige Stelle über die der Familie zu leistende Hilfe zu informieren. Die die Familienhilfe leistende Organisationseinheit hat wiederum dem Vormundschaftsgericht Bericht über die Art der Hilfe und die Ergebnisse zu erstatten. Art. 100 § 2 KRO wurde durch das Änderungsgesetz vom 6.11.2008 neu eingefügt. Da die gegenseitigen Informationspflichten jedoch bereits vorher im Sozialhilfegesetz verankert waren, handelt es sich nicht um eine inhaltliche Erweiterung.[1053]

2. Vergleich mit dem BGB

Die Suche nach dem funktionalen Gegenpart zu dem vorstehend dargestellten Art. 100 KRO führt zu zwei Vorschriften: §§ 1631 Abs. 3 und 1632 Abs. 1, 3–4 BGB.

a) § 1631 Abs. 3 BGB

§ 1631 BGB bestimmt grundsätzlich die Inhalte der Personensorge (Abs. 1) und deren Grenzen (Recht des Kindes auf gewaltfreie Erziehung, Abs. 2).

§ 1631 Abs. 3 BGB statuiert ergänzend die Pflicht des Gerichts („das Familiengericht hat"), die Eltern in geeigneten Fällen zu unterstützen. Im Unterschied zum Wortlaut des Art. 100 KRO bezieht sich die zu leistende Hilfe hier nur auf die Personensorge und nicht auf das gesamte Sorgerecht.

In beiden Rechtsordnungen ist ein Antrag eines sorgeberechtigten Elternteils erforderlich, ein Einschreiten des Gerichts von Amts wegen nach den spezielleren Vorschriften (KRO: Art. 109 ff., BGB: § 1666 f.) jedoch stets dann möglich, wenn die Grenze der Kindeswohlgefährdung überschritten ist.[1054]

In Deutschland läuft die Hilfe des Familiengerichts in der Regel darauf hinaus, dass das zuständige Jungendamt hinzugezogen und am Verfahren beteiligt wird sowie je nach Bedarf Leistungen der Jugendhilfe nach SGB VIII erbringt.[1055]

Beispiele für die Hilfe des Gerichts werden – im Unterschied zur polnischen Lösung – nicht benannt. Als Leistungen der Jugendhilfe kommen jedoch auch die Vollzeitpflege des Kindes oder dessen Unterbringung in einer Erziehungseinrichtung

---

1053 Ignaczewski, Pochodzenie dziecka i władza rodzicielska po nowelizacji, Art. 61⁹–113⁶ KRO, Komentarz, Art. 100, Rn. 1, S. 175.

1054 Diederichsen in: Palandt, 72 Aufl. 2013, § 1631, Rn. 10; Huber in: MüKo, § 1631 Rn. 43; Ignaczewski, Pochodzenie dziecka i władza rodzicielska po nowelizacji. Art. 61⁹–113⁶. Komentarz, Rn. 1, S. 176.

1055 Diederichsen in: Palandt, 72 Aufl. 2013, § 1631, Rn. 10.

(§§ 33, 34 SGB VIII) in Betracht. Daneben sind diverse weitere Formen der Unterstützung wie z. B. Beratung der Eltern, Betreuung und Versorgung des Kindes in Notsituationen oder Erziehungshilfe möglich.[1056] Die vom jeweiligen Staat angestrebten Hilfeangebote für die Eltern dürften deshalb in etwa deckungsgleich sein.

Über die generelle Pflicht zur Beteiligung des Jugendamtes an allen Kindschaftsverfahren (§§ 162 FamFG, 50 SGB VIII) hinaus ist das Gericht gem. § 162 Abs. 2 FamFG verpflichtet, das Jugendamt über alle Entscheidungen in Kindschaftssachen in Kenntnis zu setzen, die vom Jugendamt sogar im Rahmen des eigenen Beschwerderechts angegriffen werden können. Gem. § 50 Abs. 2 SGB VIII trifft das Jugendamt seinerseits die Verpflichtung, das Gericht im Rahmen des laufenden Verfahrens über die Art der angebotenen und erbrachten Leistungen sowie über den Beratungsstand zu informieren. Auch insoweit ist – abgesehen von dem generellen Unterschied, dass in Polen eine dem Jugendamt entsprechende Behörde nicht existiert – im Vergleich zu der polnischen Regelung keine Abweichung festzustellen.

b) § 1632 Abs. 1, 3–4 BGB

Im Unterschied zu der polnischen Regelung wird der Herausgabeanpruch im BGB nicht in direkten Zusammenhang mit staatlicher Hilfe für die Eltern gebracht und ist in einer separaten Vorschrift geregelt. Allgemein wird jedoch angenommen, dass die elterliche Sorge als absolutes Recht im Sinne des § 823 BGB[1057] vor unberechtigten Einwirkungen Dritter geschützt werden muss.[1058] Die Regelung des § 1632 § 1 BGB ist folglich als Ausfluss dieses Schutzgedankens zu begreifen, der mit Hilfe des Gerichts umgesetzt werden kann.

§ 1632 Abs. 1 BGB stellt klar, dass es sich bei dem Herausgabeanpruch um einen Bestandteil der Personensorge handelt. Ein inhaltlicher Unterschied zu Art. 100 § 1 S. 2 KRO ist hierin jedoch nicht zu sehen, da dieser Anspruch auch dort als Konsequenz der Pflicht der Eltern zu persönlicher Erziehung des Kindes aus Art. 95 KRO,[1059] also letztlich ebenfalls als Teil der Personensorge betrachtet wird.

In beiden Kodifizierungen kann eine Herausgabeanordnung nur auf Antrag eines Elternteils erfolgen und nicht auch von Amts wegen.[1060]

1056 Vgl. §§ 16 ff. SGB VIII.

1057 BGH, FamRZ 1990, 966.

1058 Muscheler, Rn. 590; Schwab, Familienrecht, Rn. 684.

1059 Ciepła in: Kodeks rodzinny i opiekuńczy. Komentarz. Pod redakcją Kazimierza Piaseckiego, Art. 100, Nr. 8, S. 772.

1060 § 1632 Abs. 3 BGB, Ciepła in: Kodeks rodzinny i opiekuńczy. Komentarz. Pod redakcją Kazimierza Piaseckiego, Art. 100, Nr. 19, S. 779.

Beide Vorschriften sind nur anwendbar auf Fälle, in denen das Kind von nicht befugter Person vorenthalten wird (Art. 100 § 1 S. 2 KRO: „von einer unberechtigten Person", § 1632 Abs. 1 BGB: „widerrechtlich vorenthält"). Besteht folglich zwischen zwei sorgeberechtigten Eltern Streit über den Aufenthalt des Kindes, so muss zunächst die Frage des Aufenthaltsbestimmungsrechts geklärt werden, bevor in einem zweiten Schritt ein Herausgabebeschluss ergehen kann.[1061]

In beiden Ländern ist schließlich gleichermaßen anerkannt, dass der Antrag auch bei Vorliegen der Voraussetzungen zurückzuweisen ist, wenn bei antragsgemäßer Entscheidung das Kindeswohl gefährdet wäre.[1062]

3. Zusammenfassung und Wertung

Die Vorschriften haben als Ausfluss verfassungsrechtlicher Vorgaben[1063] Eingang in die jeweilige Kodifizierung gefunden. Ihre jeweilige Ausgestaltung in Art. 100 KRO sowie §§ 1631 Abs. 3, 1632 Abs. 1, 3 BGB weist inhaltlich keine nennenswerten Unterschiede auf.[1064] Abgesehen von der Regelung des Herausgabeanpruchs erweisen sich die Regelungen im Übrigen von eher zweifelhafter Praxisrelevanz. Mit Blick auf die in beiden Ländern vorhandene Möglichkeit, sich bei Hilfebedarf direkt an die zuständigen Stellen zu wenden, wird der Weg über das Gericht – nicht zuletzt wegen der Angst der Eltern vor weitergehenden Eingriffen in ihr Sorgerecht – die Ausnahme bleiben.

D. Eingriffe in die elterliche Gewalt

Die durch Art. 48 KRP[1065] verfassungsrechtlich garantierte Autonomie der Familie im Verhältnis zum Staat schließt Möglichkeiten staatlicher Einmischung zur Verhinderung einer für das Kind ungünstigen Situation in seiner Familie nicht

---

1061 Schwab, Familienrecht, Rn. 686; für Polen vgl. Sokołowski in: Kodeks rodzinny i opiekuńczy. Komentarz. Pod redakcją Henryka Doleckiego, Tomasza Sokołowskiego, Art. 100, S. 607 f., Nr. 10.

1062 Knahn in: Grandel/Stockmann, Stichwort Kindesherausgabe, S. 739 f., Rn. 5; Schwab, Familienrecht, Rn. 685, S. 325; Ciepła in: Kodeks rodzinny i opiekuńczy. Komentarz. Pod redakcją Kazimierza Piaseckiego, Art. 100, Rn. 11.

1063 Vgl. Art. 6 Abs. 1 GG, Art. 18 KRP, zum Wortlaut siehe oben S. 199, Rn. 897.

1064 Die in Art. 100 KRO an sich weiter gefasste, weil sich auch auf die Ausübung der Vermögenssorge erstreckende Hilfe kann wegen mangelnder Praxisrelevanz vernachlässigt werden.

1065 Zum Wortlaut vgl. oben, S. 185, Rn. 904.

aus.[1066] Der Staat hat die Pflicht zur Intervention in das Leben der Familie, wenn es zum Schutz des Kindeswohls erforderlich ist.[1067]

I. Tatbestände

Der KRO enthält drei – sehr unterschiedliche – Formen der staatlichen Intervention: das Ruhen, die Begrenzung und den Entzug der elterlichen Gewalt, deren Anwendung von den individuellen Umständen des jeweiligen Falles abhängt.[1068]

1. Beschränkung der elterlichen Gewalt – Art. 109 KRO

Werden bei der Ausübung der elterlichen Gewalt – in der Praxis hauptsächlich im Bereich der Personensorge[1069] – Mängel festgestellt, sieht Art. 109 KRO[1070]

1066 Andrzejewski, S. 150 f.
1067 Art. 20 der Kinderrechtskonvention.
1068 Andrzejewski, S. 151.
1069 Gromek, Art. 109, Rn. 1.
1070 Art. 109 KRO lautet übersetzt: „§ 1. Ist das Kindeswohl gefährdet, wird das Vormundschaftsgericht entsprechende Anordnungen treffen. § 2. Insbesondere kann das Vormundschaftsgericht: 1) die Eltern des Minderjährigen zu einer bestimmten Vorgehensweise verpflichten oder an Einrichtungen oder Spezialisten, die Familientherapie oder Familienberatung anbieten oder den Familien auf andere angemessene Weise Hilfe leisten, überweisen unter gleichzeitiger Bestimmung der Art der Kontrolle der Einhaltung der getroffenen Anordnungen, 2) bestimmen, welche Handlungen von den Eltern nicht ohne die Genehmigung des Gerichts vorgenommen werden können oder die Eltern anderen Begrenzungen unterstellen, welchen der Vormund unterliegt, 3) die Ausübung der elterlichen Gewalt unter die ständige Überwachung des gerichtlichen Kurators stellen, 4) den Minderjährigen an eine zur beruflichen Vorbereitung berufene Organisation oder Institution oder eine andere die teilweise Personensorge über Kinder ausübende Stelle überweisen, 5) die Unterbringung des Minderjährigen in einer Pflegefamilie oder einem Erziehungsheim verfügen. § 3. Das Vormundschaftsgericht kann die Verwaltung des Vermögens des Kindes einem hierfür bestellten Kurator übertragen. § 4. Im Fall, von dem in § 2 Ziffer 5 die Rede ist, informiert das Vormundschaftsgericht die zuständige Stelle der Sozialhilfe, die der Familie des Minderjährigen entsprechende Hilfe leistet und dem Gericht über die familiäre Situation und die erbrachte Hilfe zu den vom Gericht bestimmten Terminen Bericht erstattet und die mit dem gerichtlichen Kurator zusammenarbeitet. Das Vormundschaftsgericht wird mit Blick auf die die Unterbringung des Minderjährigen in einer Pflegefamilie oder einem Erziehungsheim begründenden Umstände die Bestellung eines Kurators für die Überwachung der Ausübung der elterlichen Gewalt erwägen.“; die Möglichkeit des

eine gerichtliche Intervention vor. Voraussetzung für diese Intervention ist die Gefährdung des Kindeswohls, Art. 109 § 1 KRO. Die Norm enthält einen umfassenden Maßnahmenkatalog, der jedoch mit Blick auf den Wortlaut („das Vormundschaftsgericht kann *insbesondere*") keinen abschließenden Charakter hat. Die Tatsache, dass im KRO die Interventionen des Vormundschaftsgerichts auf der Grundlage des Art. 109 KRO nicht als Beschränkungen der elterlichen Gewalt deklariert werden, bedeutet nicht, dass die einzelnen Maßnahmen nicht de facto zum Teilentzug der elterlichen Gewalt führen können.[1071]

Die Ursache der Kindeswohlgefährdung bleibt für den staatlichen Eingriff ohne Bedeutung. Es spielt mithin keine Rolle, ob die Gefährdung durch das falsche Vorgehen der Eltern, ihre Unfähigkeit oder falsche Vorstellungen von dem, was das Kindeswohl erfordert, verursacht wurde.[1072] Es spielt auch keine Rolle, ob das Verhalten der Eltern verschuldet ist.[1073]

Die Maßnahmen nach Art. 109 KRO verstehen sich nicht als Repression im Verhältnis zu den Eltern, sondern ausschließlich als Mittel zum Schutz des gefährdeten Kindeswohls.[1074]

Für die Anwendbarkeit der Norm ist erforderlich, dass die Gefährdung des Kindeswohls im Zusammenhang mit der falschen Ausübung der elterlichen Gewalt durch die Eltern steht. Alle anderen Gefährdungen, bei denen dieser Zusammenhang fehlt, können keine Beschränkung der elterlichen Gewalt auslösen.[1075]

Die Gefährdung des Kindeswohls muss ernsthaft und wahrscheinlich sein, jedoch nicht unbedingt unvermeidbar und unmittelbar.[1076]

Fallen die Gründe für die angeordneten Maßnahmen weg, kann das Vormundschaftsgericht die Anordnungen wieder aufheben und die volle elterliche Gewalt wieder herstellen, muss es jedoch nicht.[1077]

Vormundschaftsgerichts, die Eltern an eine familientherapeutische Einrichtung zu überweisen (§ 2 Ziffer 1) wurde durch das Änderungsgesetz vom 6.11.2008 ergänzt.

1071 Ignaczewski, Art. 109 Rn. 1, S. 218.
1072 Ignaczewski, Art. 109 Rn. 1, S. 218.
1073 Ignaczewski, Art. 109 Rn. 2, S. 218.
1074 Beschluss des SN vom 27.10.1997, III CKN 321/97, unveröffentlicht, zitiert in: Ignaczewski, Art. 109 Rn. 2, S. 219.
1075 Ignaczewski, Art. 109 Rn. 3, S. 220.
1076 Ignaczewski, Art. 109 Rn. 3, S. 220.
1077 Gromek, Art. 109, Rn. 1.

2. Ruhen der elterlichen Gewalt – Art. 110 KRO

Art. 110 KRO[1078] sieht eine einzelne Prämisse für das Ruhen der elterlichen Sorge vor, nämlich ein vorübergehendes Hindernis bei der Ausübung der elterlichen Gewalt. Ein Hindernis ist im Sinne des Art. 110 KRO dann vorübergehend, wenn es sich um einen temporären Zustand handelt, dessen Ende vorhergesehen und bestimmt werden kann.[1079] Aus dem Wortlaut der Norm („das Vormundschaftsgericht *kann*") ist auf ihren fakultativen Charakter zu schließen. Im Gegensatz hierzu ist die Aufhebung des Beschlusses über das Ruhen der elterlichen Gewalt obligatorisch, wenn der Grund wieder entfallen ist.[1080]

Die Grenze zwischen einem vorübergehenden und dauernden Hindernis ist fließend.[1081] Als Richtlinie wird die Prognose hinsichtlich der Veränderung der familiären Verhältnisse herangezogen. In diesem Sinne wird ein Hindernis dann als vorübergehend erachtet, wenn der Elternteil nach dessen Wegfall zur Ausübung der elterlichen Gewalt bei unveränderten familiären Bindungen zurückkehren kann. Kann indessen seine voraussichtliche Rückkehr erst dann erfolgen, wenn die familiären Verhältnisse grundsätzliche Veränderungen erfahren haben – beispielsweise wenn das Kind inzwischen deutlich älter wurde –, wird von einem dauernden Hindernis ausgegangen.[1082]

Zwar bedeutet das Ruhen der elterlichen Gewalt nicht den Entzug derselben, ist in seinen Rechtsfolgen jedoch diesem gleichzusetzen.[1083]

3. Entzug der elterlichen Gewalt – Art. 111 KRO

Art. 111 KRO[1084] benennt vier Gründe für den Entzug der elterlichen Gewalt: ein dauerndes Ausübungshindernis, Missbrauch der elterlichen Gewalt, krasse

---

1078 Art. 110 KRO lautet übersetzt: „§ 1. Im Falle eines vorübergehenden Hindernisses bei der Ausübung der elterlichen Sorge kann das Vormundschaftsgericht deren Ruhen beschließen. § 2. Das Ruhen wird aufgehoben, wenn seine Ursache wegfällt."

1079 Ignaczewski, Art. 110, Rn. 1, S. 232.

1080 Siehe auch hier Wortlaut, „das Ruhen *wird* aufgehoben".

1081 Ignaczewski, Art. 110, Rn. 1, S. 233.

1082 Ignaczewski, Art. 110, Rn. 1, S. 233.

1083 Ignaczewski, Art. 110, Rn. 5, S. 235.

1084 Art. 111 KRO lautet übersetzt: „§ 1. Kann die elterliche Gewalt aufgrund eines dauerhaften Hindernisses nicht ausgeübt werden oder missbrauchen die Eltern die elterliche Gewalt oder vernachlässigen sie ihre Pflichten im Verhältnis zum Kind in einer krassen Weise, wird ihnen das Vormundschaftsgericht die elterliche Gewalt entziehen. Der Entzug der elterlichen Gewalt kann auch nur im Verhältnis zu einem Elternteil erfolgen. § 1 a. Das Gericht kann den Eltern die elterliche Gewalt entziehen, wenn trotz einer erteilten Hilfe die Gründe für die Anwendung des

Vernachlässigung der elterlichen Pflichten sowie ein fehlendes Interesse der Eltern an einem in einer Pflegefamilie oder einem Erziehungsheim untergebrachten Kind. Bei dem ersten Grund ist das Verschulden der Eltern nicht erforderlich, während die übrigen Voraussetzungen für den Entzug der elterlichen Gewalt verschuldensabhängig sind.[1085]

Alle Gründe können einzeln oder kumulativ auftreten und jeweils zum Entzug der elterlichen Gewalt führen.[1086]

Hinsichtlich der Definition eines dauernden Ausübungshindernisses darf auf die Abgrenzungskriterien zwischen einem vorübergehenden und einem dauernden Hindernis im Rahmen des Art. 110 KRO und dessen Darstellung oben verwiesen werden.

Von einem Missbrauch der elterlichen Gewalt wird hauptsächlich bei Anwendung von drastischen Formen körperlicher und seelischer Gewalt ausgegangen.[1087] Im Einzelnen zählt hierzu u.a. das Überschreiten der Grenzen bei Erziehungsmaßnahmen, das Erzwingen von übermäßiger oder ungeeigneter Arbeit, die Anstiftung zu einem unmoralischen Leben (Prostitution, Diebstahl, Betteln o.ä.) sowie missbräuchliche Verwaltung des Kindesvermögens, durch die der Eintritt eines bedeutenden Schadens droht.[1088]

In der Rechtsprechung des SN wurde ein Missbrauch der elterlichen Gewalt auch bejaht bei Erziehung des Kindes in der Atmosphäre des Hasses und der Feindseligkeit dem anderen Elternteil gegenüber sowie in den Fällen der Beraubung eines Kleinkindes der Möglichkeit, in seiner gewohnten familiären Umgebung mit Geschwistern aufzuwachsen und von der Mutter betreut zu werden durch das dauerhafte Verbringen des Kindes ins Ausland.[1089] Anders wurde die rechtliche Lage jedoch in einem Fall bewertet, in dem ein Vater seine an sich mit der Mutter im Ausland lebende siebenjährige Tochter auf Wunsch des Kindes widerrechtlich im Inland festhielt.[1090]

Art. 109 § 2 Ziffer 5 nicht beseitigt wurden, und insbesondere, wenn sich die Eltern dauerhaft nicht für das Kind interessieren. § 2. Ist die Ursache für den Entzug der elterlichen Gewalt beseitigt, kann das Vormundschaftsgericht die elterliche Gewalt wiederherstellen."

1085 Gromek, Art. 111, Rn. 1.
1086 Gromek, Art. 111, Rn. 2.
1087 Gromek, Art. 111, Rn. 7, S. 355.
1088 Strzebińczyk, S. 275.
1089 Beschluss des SN vom 14.10.1970, III CRN 181/70.
1090 Beschluss des SN vom 1.10.1998, I CKN 834/98, OSNC 1999, Nr. 4, Ziff. 72.

Die vierte Voraussetzung, die Vernachlässigung der Elternpflichten, ist zugleich die in der Praxis häufigste Ursache für den Entzug der elterlichen Gewalt.[1091] Es reicht im Sinne des Art. 111 § 1 KRO nicht bereits jedwede Verletzung von Pflichten aus; vielmehr muss es sich um eine ernsthafte und krasse Vernachlässigung handeln, die zu einer Verwahrlosung des Kindes führen kann, wie z.B. das Verlassen des Kindes, das Tolerieren eines schlechten Lebenswandels, unzureichende Nahrungszufuhr und das Fehlen von jeglichen Hygienestandards.[1092]

II. Vergleich mit dem BGB

Im Unterschied zu der kompakten Regelung des polnischen Gesetzgebers sind im BGB deutlich mehr Vorschriften zu finden, die gerichtliche Maßnahmen bei Gefährdung des Kindeswohls und das Ruhen der elterlichen Sorge betreffen.

1. Maßnahmen bei Gefährdung des Kindeswohls

Gerichtliche Maßnahmen bei Gefährdung des Kindeswohls sind im BGB in den §§ 1666, 1666 a und 1667 BGB geregelt. Diese Vorschriften gilt es mit den Inhalten der Art. 109 und 111 KRO zu vergleichen.

a) § 1666 BGB

Die zentrale Norm im Zusammenhang mit dem Wächteramt des Staates bei Kindeswohlgefährdung ist § 1666 BGB. Die Vorschrift wurde durch das KindRG von 1997 neu strukturiert und hat durch das Gesetz zur Erleichterung familiengerichtlicher Maßnahmen bei Kindeswohlgefährdung von 2008 ihre heutige Fassung bekommen.[1093]

Gem. § 1666 Abs. 1 BGB ist das Gericht verpflichtet,[1094] geeignete Maßnahmen zu treffen, wenn

---

1091 Strzebińczyk, S. 275.
1092 Strzebińczyk, S. 275.
1093 Vgl. hierzu oben, S. 83 ff.
1094 Vgl. Wortlaut („so *hat* das Familiengericht"); auch in Polen handelt es sich bei Vorliegen der Voraussetzungen um eine gebundene Entscheidung des Gerichts, vgl. Ciepła in: Kodeks rodzinny i opiekuńczy. Komentarz. Pod redakcją Kazimierza Piaseckiego, Art. 109, S. 803, Nr. 6; Dolecki in: Kodeks rodzinny i opiekuńczy. Komentarz. Pod redakcją Henryka Doleckiego, Tomasza Sokołowskiego, Art. 111, S. 649, Nr. 2; lediglich bei Vorliegen der Voraussetzung des Art. 111 § 1 a KRO (Maßnahmen nach Art. 109 KRO blieben wirkungslos, Eltern zeigen nachhaltig kein Interesse an dem Kind) handelt es sich um eine Ermessensentscheidung des Gerichts (vgl. Wortlaut, „das Gericht kann").

- das körperliche, geistige oder seelische Wohl des Kindes oder sein Vermögen gefährdet ist und
- die Eltern nicht gewillt oder nicht in der Lage sind, die Gefahr abzuwenden.

Die Kindeswohlgefährdung wird – wie schon das Kindeswohl selbst – weder im KRO noch im BGB definiert. Der deutsche Gesetzgeber differenzierte in § 1666 Abs. 1 BGB immerhin nach körperlichem, geistigem oder seelischem Wohl des Kindes sowie dessen Vermögen, um einen sehr umfassenden Schutz des Kindes in allen Bereichen zu signalisieren.[1095] Wie auch aus polnischer Sicht kann die Gefährdung also sowohl alle persönlichen als auch vermögensrechtlichen Interessen des Kindes betreffen.[1096]

Eine Gefährdung wird wiederum – insoweit in beiden Ländern übereinstimmend – angenommen, wenn eine gegenwärtige Gefahr in einem solchen Umfang vorhanden ist, dass sich bei unveränderter Weiterentwicklung eine erhebliche Schädigung mit ziemlicher Sicherheit prognostizieren lässt.[1097] Mit Blick auf den hypothetischen Charakter muss die Gefährdung ernsthaft und real sein, nicht unbedingt jedoch unvermeidbar und unmittelbar.[1098]

Genau wie Art. 109 § 2 KRO enthält § 1666 Abs. 3 BGB einen Maßnahmenkatalog, der mit Blick auf den Wortlaut („insbesondere") auch hier keinen abschließenden Charakter hat.

Im Unterschied zu der polnischen Lösung ist der Entzug der elterlichen Sorge im BGB indessen nicht in einer separaten Norm geregelt, sondern als eine der möglichen Maßnahmen im Rahmen des § 1666 Abs. 3 BGB benannt.

Hiervon abweichend ist für alle in Art. 109 § 2 KRO aufgeführten Maßnahmen charakteristisch, dass sie nie zum vollständigen Verlust der elterlichen Gewalt führen.[1099] Die Einmischung des Gerichts auf der Grundlage des Art. 109 KRO kann auch nicht so weit gehen, dass sie faktisch auf einen Entzug

---

1095 Diederichsen in: Palandt, 72. Aufl. 2013, § 1666, Rn. 7; Gernhuber/Coester-Waltjen, V. Abschnitt, § 57 IX Rn. 104, S. 707 f.

1096 Ciepła in: Kodeks rodzinny i opiekuńczy. Komentarz. Pod redakcją Kazimierza Piaseckiego, Art. 109, S. 802, Nr. 4.

1097 BVerfG, NJW 2010, 2333; FamRZ 2009, 1897, 1898; BGH, FamRZ 2010, 720, 721; FamRZ 1956, 350; OLG Celle, FamRZ 2003, 1490; Diederichsen in: Palandt, 72. Aufl. 2013, § 1666, Rn. 8; Olzen in: MüKo, § 1666 Rn. 48.

1098 Ignaczewski, Pochodzenie dziecka i władza rodzicielska po nowelizacji, Art. 61⁹– 113⁶ KRO, Komentarz, Art. 109, Rn. 3.

1099 Ciepła in: Kodeks rodzinny i opiekuńczy. Komentarz. Pod redakcją Kazimierza Piaseckiego, Art. 109, S. 802, Nr. 3.

der elterlichen Gewalt hinausläuft.[1100] Selbst die drastischste der aufgezählten Maßnahmen, die Fremdunterbringung des Kindes, tangiert deshalb die Sorgerechtslage nicht.[1101]

Der Grund für die formell getrennte Regelung in Polen (Art. 109 KRO – Maßnahmen bei Gefährdung des Kindeswohls, Art. 111 KRO – Entzug der elterlichen Gewalt) ist wohl in den differenzierten Eingriffsvoraussetzungen zu sehen: während die Maßnahmen des Gerichts gem. 109 KRO ein Verschulden der Eltern bei der Kindeswohlgefährdung nicht erfordern,[1102] ist ein Entzug der elterlichen Gewalt gem. Art. 111 KRO – bis auf die Fälle des dauernden Hindernisses – nur möglich, wenn das Verschulden der Eltern feststeht.[1103]

Demgegenüber ist bei der Regelung des § 1666 BGB von gleichen Eingriffsvoraussetzungen für alle Maßnahmen auszugehen: Auch für den vollständigen Entzug der elterlichen Sorge kommt es – im Unterschied zu Polen – auf das Verschulden der Eltern nicht an.[1104]

Während in § 1666 Abs. 1 BGB des Weiteren lediglich die Kindeswohlgefährdung als Voraussetzung für alle Maßnahmen des Gerichts – mithin auch für den Entzug der elterlichen Sorge – genannt wird, werden die Voraussetzungen für den Entzug der elterlichen Gewalt im Art. 111 KRO deutlich genauer geregelt und auf vier mögliche Gründe beschränkt. Die Kindeswohlgefährdung selbst wird in Art. 111 KRO als Voraussetzung für die dort vorgesehenen Maßnahmen zwar nicht genannt, jedoch implizieren die darin aufgeführten drastischen Verfehlungen der Eltern stets eine Gefahr für das Kindeswohl.

Wie bereits ausgeführt, unterscheiden sich die in Art. 109 § 2 KRO und § 1666 Abs. 2 BGB enthaltenen Maßnahmen zunächst dahingehend, dass in Art. 109 KRO ein vollständiger Entzug der elterlichen Gewalt nicht vorgesehen ist. Übereinstimmend werden indessen in beiden Vorschriften gerichtliche Gebote an die Eltern benannt, öffentliche Hilfen verschiedener Art anzunehmen. Im Übrigen sind jedoch durchaus Unterschiede festzustellen, wie beispielsweise

---

1100 Ciepła in: Kodeks rodzinny i opiekuńczy. Komentarz. Pod redakcją Kazimierza Piaseckiego, Art. 109, S. 802, Nr. 3.

1101 Ciepła in: Kodeks rodzinny i opiekuńczy. Komentarz. Pod redakcją Kazimierza Piaseckiego, Art. 109, S. 802, Nr. 3.

1102 Ciepła in: Kodeks rodzinny i opiekuńczy. Komentarz. Pod redakcją Kazimierza Piaseckiego, Art. 109, S. 802, Nr. 2.

1103 Gromek, Art. 111, Rn. 1; Ciepła in: Kodeks rodzinny i opiekuńczy. Komentarz. Pod redakcją Kazimierza Piaseckiego, Art. 111, S. 820, Nr. 3.

1104 Gernhuber/Coester-Waltjen, V. Abschnitt § 57 IX Rn. 104, S. 707 f.; Schwab, Familienrecht, Rn. 735.

die in Art. 109 § 2 Nr. 5 KRO explizit genannte Unterbringung des Kindes in einem Erziehungsheim oder die Kontaktverbote gem. § 1666 Abs. 2 Nr. 4 BGB, die jeweils keine Entsprechung in der anderen Norm finden. Mit Blick auf den Beispielcharakter der enumerativ aufgezählten Maßnahmen ist jedoch im Ergebnis davon auszugehen, dass die Gerichte in beiden Ländern jeweils alle Maßnahmen treffen können, die im konkreten Fall zu der Abwendung der Gefährdung des Kindeswohls erforderlich sind.[1105]

Die in § 1666 Abs. 4 BGB normierte Möglichkeit, in Angelegenheiten der Personensorge Maßnahmen auch mit Wirkung gegen Dritte zu treffen, sieht das KRO nicht vor. Die Gefahr für das Kindeswohl muss in Polen stets im Zusammenhang mit einer falschen Ausübung der elterlichen Gewalt durch die Eltern stehen, während alle anderen Ursachen bei der Anwendung der Art. 109 ff. KRO außer Betracht zu bleiben haben.[1106] Die deutsche Regelung unterscheidet demgegenüber nicht nach der „Quelle" der Kindeswohlgefährdung,[1107] eröffnet damit einen weiteren Anwendungsbereich und erlaubt eine wirksamere Vorgehensweise bei der Beseitigung der Gefährdung.

b) § 1666 a BGB
Nach der Rechtsprechung des BVerfG ist bei der Auswahl der Maßnahmen zur Abwendung der Kindeswohlgefährdung stets der Grundsatz der Verhältnismäßigkeit zu berücksichtigen, d.h. die Schwere des Eingriffs muss in einem angemessenen Verhältnis zum angestrebten Erfolg stehen.[1108] Verdeutlicht wird dies durch die Regelung des § 1666 a BGB, wonach Maßnahmen, die auf eine Trennung des Kindes von seiner Familie hinauslaufen, nur zulässig sind, wenn die Gefahr nicht anders abgewendet werden kann (§ 1666 a Abs. 1 BGB) und der Entzug der gesamten Personensorge nur bei Erfolgs- oder Aussichtslosigkeit anderer Maßnahmen erfolgen darf (§ 1666 a Abs. 2 BGB).

Obwohl eine solche ausdrückliche Klarstellung in den entsprechenden Vorschriften des KRO nicht zu finden ist, wird hier von identischen Voraussetzungen ausgegangen: Mit Blick auf die weitreichenden Auswirkungen eines vollständigen

---

1105 Ignatowicz in: Kodeks rodzinny i opiekuńczy. Komentarz. Pod redakcją Krzysztofa Pietrzykowskiego, Art. 109, Rn. 2; Schwab in Familienrecht, Rn. 738.

1106 Ignaczewski, Art. 109, Rn. 3.

1107 Gernhuber/Coester-Waltjen, V. Abschnitt § 57 IX Rn. 104, S. 707 f.; Schwab, Familienrecht, Rn. 735 f.

1108 BVerfG, FamRZ 2002, 1021, 1023; FamRZ 2008, 492; FamRZ 2010, 713; Schwab, Familienrecht, Rn. 740; Schmid in: Schulz/Hauß, § 1666 Rn. 22 f.; Muscheler, Rn. 601.

Entzugs der elterlichen Gewalt kann dieser vom Gericht nur beschlossen werden, wenn mildere Maßnahmen ohne Erfolg geblieben sind oder aufgrund der drastischen Gesamtumstände des konkreten Falles klar ist, dass die Anwendung von milderen Mitteln nicht zielführend wäre.[1109]

Auch bei den deutlich milderen Maßnahmen des Art. 109 KRO gilt bei deren Auswahl der Grundsatz der größtmöglichen Wirksamkeit bei kleinstmöglichem Eingriff in die Elternrechte[1110] und der Anwendung von drastischen Maßnahmen nur in äußersten Fällen.[1111]

c) § 1667 BGB

Obwohl § 1666 BGB ausdrücklich auch als Eingriffsgrundlage bei Gefährdung des Vermögens des Kindes konzipiert ist, wurden in § 1667 BGB zusätzlich drei Maßnahmen genannt sowie die Frage der Kostentragung beantwortet. Demgegenüber verbleibt es in Polen bei der allgemeinen Regelung des Art. 109 KRO, der sowohl persönliche als auch vermögensrechtliche Interessen des Kindes als Bestandteile des Kindeswohls schützen soll, ohne die Maßnahmen bei Gefährdung des Vermögens des Kindes zu konkretisieren.

2. Ruhen der elterlichen Sorge

Auch das BGB kennt das Ruhen der elterlichen Sorge, das in den §§ 1673 ff. BGB einer Regelung zugeführt wurde. Das Ruhen der elterlichen Sorge ist zunächst in beiden Rechtsordnungen mit gleichen Rechtsfolgen verbunden: Das Sorgerecht wird nicht entzogen, der betreffende Elternteil ist jedoch an der Ausübung gehindert.[1112] Im Unterschied zu der polnischen Regelung wird diese Wirkung des Ruhens sogar in § 1675 BGB ausdrücklich klargestellt. Im BGB handelt es sich um die einzige Trennung zwischen der Rechtsinhaberschaft und der Ausübungskompetenz, während sie im KRO auch bei den Modifizierungen der elterlichen Gewalt anlässlich der Trennung oder Scheidung begegnet.[1113]

1109 Ciepła in: Kodeks rodzinny i opiekuńczy. Komentarz. Pod redakcją Kazimierza Piaseckiego, Art. 111, S. 819, Nr. 1.

1110 Ignatowicz in: Kodeks rodzinny i opiekuńczy. Komentarz. Pod redakcją Krzysztofa Pietrzykowskiego, Art. 109, Rn. 6.

1111 Gromek, Art. 109, Rn. 21.

1112 Für Polen: Ignatowicz in: Kodeks rodzinny i opiekuńczy. Komentarz. Pod redakcją Krzysztofa Pietrzykowskiego, Art. 109, Rn. 1.

1113 Wegen des Sachzusammenhangs wird auf diese Besonderheit vertieft erst weiter unten bei der Vergleichung der Sorgerechtsregelungen für den Fall der Trennung und Scheidung eingegangen, S. 266 ff.

Wichtige Unterschiede ergeben sich auch bei der Frage nach dem Sorgerecht des nicht vom Ruhen der elterlichen Gewalt betroffenen Elternteils. Zwar gehen zunächst noch beide Rechtsordnungen davon aus, dass bei gemeinsamer elterlicher Sorge und deren Ruhen bei einem Elternteil der andere Elternteil allein ausübungsbefugt wird.[1114] Nur in Deutschland besteht jedoch aufgrund der derzeitigen Rechtslage darüber hinaus die Notwendigkeit, die subsidiäre Sorge des bislang nicht sorgeberechtigten Elternteils zu regeln. In den betreffenden Vorschriften, §§ 1678 Abs. 2, 1680 Abs. 2, 3 BGB, wird diesbezüglich nach der Grundlage der bisherigen Alleinsorge (§§ 1626 a Abs. 2, 1671, 1672 BGB) unterschieden.

Übereinstimmend wird des Weiteren bei dem Wegfall des Hindernisses nicht von einem automatischen Aufleben der elterlichen Sorge, sondern von der Erforderlichkeit einer erneuten Überprüfung durch das Gericht ausgegangen.[1115]

Auch hinsichtlich der Voraussetzungen des Ruhens der elterlichen Sorge sind kaum Unterschiede auszumachen.

a) § 1674 BGB

Das deutsche Pendant zu Art. 110 KRO ist in § 1674 BGB zu sehen. Hiernach ruht die elterliche Sorge, sofern vom Familiengericht ein tatsächliches Ausübungshindernis auf längere Zeit festgestellt wird. Die im Unterschied zu der Formulierung des Art. 110 KRO in § 1674 BGB fehlende Klarstellung, dass es sich um ein vorübergehendes Hindernis handeln muss, führt nicht zu einer inhaltlich unterschiedlichen Bewertung: auch nach der deutschen Rechtsprechung ist die Prognose erforderlich, dass das Sorgerecht wieder ausgeübt werden kann.[1116]

Während nach dem Wortlaut der deutschen Vorschrift das tatsächliche Hindernis „auf längere Zeit" bestehen muss, erfolgt eine sinngemäße Klarstellung in Art. 110 KRO nicht. Auch hier ist jedoch im Ergebnis von gleichen Anforderungen auszugehen: Neben der sich expressis verbis ergebenden Voraussetzung des „vorübergehenden Ausübungshindernisses" wird wegen des fakultativen Charakter der Maßnahme („das Gericht kann") von einer weiteren Voraussetzung ausgegangen, nämlich der Zweckmäßigkeit unter Kindeswohlgesichtspunkten.[1117]

1114 Art. 94 S. 2 KRO (zum Wortlaut vgl. weiter unten, S. 266, Fn. 1176); § 1678 Abs. 1, 1. Halbs. BGB.

1115 Für Polen: Ignatowicz in: Kodeks rodzinny i opiekuńczy. Komentarz. Pod redakcją Krzysztofa Pietrzykowskiego, Art. 110, Rn. 7; für Deutschland s. § 1674 Abs. 2 BGB.

1116 OLG Frankfurt, FamRZ 1966, 109.

1117 Ignatowicz in: Kodeks rodzinny i opiekuńczy. Komentarz. Pod redakcją Krzysztofa Pietrzykowskiego, Art. 110, Rn. 2.

Hiernach wird die nach den individuellen Umständen des Einzelfalles zu bestimmende[1118] Zweckmäßigkeit bei einem Hindernis von nur kurzer Dauer regelmäßig zu verneinen sein.[1119]

b) § 1673 BGB

Im Unterschied zu der polnischen Regelung, die das Ruhen der elterlichen Gewalt nur im Fall eines vorübergehenden Ausübungshindernisses vorsieht, kennt das deutsche Recht auch das Ruhen der elterlichen Sorge bei einem rechtlichen Hindernis, § 1673 BGB.

Der Grund für diese Regelung im BGB bzw. deren Fehlen im KRO ist in der grundsätzlich unterschiedlichen Einstellung des jeweiligen Gesetzgebers zur elterlichen Sorge von geschäftsunfähigen und beschränkt geschäftsfähigen Eltern zu sehen. Während sich der deutsche Gesetzgeber für die Rechtsinhaberschaft bei gleichzeitigem Ausübungsverbot,[1120] also für das Ruhen des Sorgerechts, entschieden hat, verneint der polnische Gesetzgeber die Rechtsinhaberschaft.[1121] Dementsprechend kann bei dieser Elterngruppe die elterliche Gewalt auch nicht ruhen, was wiederrum eine entsprechende Regelung entbehrlich macht.

III. Wertung

Bei gerichtlichen Maßnahmen unterhalb der Schwelle des Sorgerechtsentzugs sind keine wesentlichen Unterschiede zwischen den beiden Rechtsordnungen festzustellen. Über den jeweiligen Maßnahmenkatalog hinaus ist sowohl in Polen als auch in Deutschland jede gerichtliche Maßnahme denkbar, die zur Abwendung der Kindeswohlgefährdung geeignet und erforderlich ist. Wie aufgezeigt

---

1118 Ignatowicz in: Kodeks rodzinny i opiekuńczy. Komentarz. Pod redakcją Krzysztofa Pietrzykowskiego, Art. 110, Rn. 6.

1119 So kann die Zweckmäßigkeit auch dann verneint werden, wenn die Eltern für eine gewisse Zeit ins Ausland verreisen, das Kind sich jedoch unter der Obhut einer vertrauenswürdigen Person befindet; generell sei mit dem Ruhen der elterlichen Gewalt zurückhaltend umzugehen, solange nicht konkrete Kindesbelange einer Regelung zugeführt werden müssen, Ignatowicz in: Kodeks rodzinny i opiekuńczy. Komentarz. Pod redakcją Krzysztofa Pietrzykowskiego, Art. 110, Rn. 6.

1120 Mit Ausnahme der Personensorge, die einem beschränkt geschäftsfähigen Elternteil gemeinsam mit seinem gesetzlichen Vertreter zusteht, vgl. § 1673 Abs. 2 S. 2 BGB.

1121 Dies ergibt sich aus Art. 94 KRO. Gem. Art. 96 § 2 KRO wird beschränkt geschäftsfähigen Eltern die tatsächliche Teilhabe an der Pflege und Erziehung des Kindes zugestanden. Diese Problematik und die Besonderheiten in der jeweiligen Rechtsordnung werden umfassend weiter unten im Zusammenhang mit dem Erwerb der elterlichen Sorge erörtert.

wurde, spielt des Weiteren der Grundsatz der Verhältnismäßigkeit – auch ohne einen expliziten Hinweis im KRO – in beiden Ländern eine gleichermaßen wichtige Rolle bei der Auswahl der Maßnahme. Ein Verschulden der Eltern ist in Polen wie in Deutschland nicht erforderlich; durch die Maßnahmen des Gerichts sollen die Eltern in beiden Rechtsordnungen übereinstimmend nicht sanktioniert, sondern zur Zusammenarbeit motiviert werden.

Wichtige Abweichungen sind indessen bei dem vollständigen Entzug der elterlichen Sorge als Maßnahme zur Abwendung einer Kindeswohlgefährdung festzustellen. Im wesentlichen Unterschied zu der Regelung des § 1666 BGB sind die möglichen Gründe für einen Sorgerechtsentzug in Art. 111 KRO abschließend benannt. Der Entzug der elterlichen Gewalt kommt nach der polnischen Regelung nur in Frage, wenn darüber hinaus – im Unterschied zu der verschuldensunabhängigen Regelung im BGB – das Verschulden der Eltern festgestellt werden kann. Diese Unterschiede deuten insgesamt auf einen restriktiveren Umgang mit dem vollständigen Entzug der elterlichen Sorge in der polnischen Rechtsordnung. Dieser Ansatz scheint zumindest für die Vergangenheit von den Motiven des Gesetzgebers bei der Verabschiedung des FamGerMKindwG vom 4.7.2008 bestätigt:[1122] Die exemplarische Auflistung möglicher Maßnahmen sollte nach der Gesetzesbegründung einer unerfreulichen Tendenz in der Rechtsprechung begegnen, bei einer Kindeswohlgefährdung meist mit einem teilweisen oder vollständigen Sorgerechtsentzug zu reagieren.[1123]

Beim Ruhen der elterlichen Gewalt kann zunächst auf die Parallelen hinsichtlich der Rechtsfolgen, gleichzeitig jedoch auch auf die differenzierte Regelung der subsidiären elterlichen Sorge hingewiesen werden. Ein bemerkenswerter Unterschied konnte im Zusammenhang mit dem Ruhen der elterlichen Sorge bei einem rechtlichen Hindernis (§ 1673 BGB) festgestellt werden: ein solches Rechtsinstitut kennt der KRO nicht, weil hier die elterliche Gewalt zwingend an die volle Geschäftsfähigkeit gekoppelt ist.

E. Der Erwerb der elterlichen Gewalt

Nachdem die Inhalte und Grenzen der elterlichen Sorge im BGB und KRO aus rechtvergleichender Sicht beleuchtet wurden, soll im nachfolgenden Kern der Arbeit der Sorgerechtserwerb dargestellt werden. Im Gegensatz zu den Inhalten des Sorgerechts, die in beiden Rechtsordnungen im Wesentlichen gleich

---

1122 Gesetz zur Erleichterung familiengerichtlicher Maßnahmen bei Gefährdung des Kindeswohls, BGBl I S. 1188 (Nr. 28), in Kraft getreten am 12.7.2008.
1123 BT-Drucks. 16/6815, S. 11; vgl. hierzu auch oben, S. 78 f.

aufgefasst werden, sind bei den Modalitäten des Sorgerechtserwerbs im KRO – insbesondere hinsichtlich der nichtehelichen Väter – weitreichende Unterschiede festzustellen.

I. Grundsatz: gemeinsame elterliche Gewalt – Art. 93 § 1 KRO

Seit dem Inkrafttreten des KRO im Jahr 1965 bestimmt dessen Art. 93 § 1 unverändert, dass die elterliche Gewalt beiden Eltern zusteht[1124] und knüpft diesbezüglich an die inhaltsgleiche Regelung in Art. 56 KR 1950 an.[1125]

Steht die elterliche Gewalt beiden Eltern zu, so ist gem. Art. 97 KRO jeder Elternteil zu deren eigenständigen Ausübung verpflichtet und berechtigt. Die Pflicht zur Konsensfindung besteht allerdings in wichtigen Kindesbelangen; können sich die Eltern nicht einigen, besteht die Möglichkeit, das Vormundschaftsgericht anzurufen.[1126]

Die elterliche Gewalt entsteht mit der Geburt des Kindes[1127] und wird grundsätzlich lediglich an die in rechtlicher Hinsicht feststehende Elternschaft gekoppelt. Dies ergibt sich aus den Abstammungsvorschriften sowie aus der Formulierung des Art. 94 § 3 KRO, wonach die elterliche Gewalt „unbekannter Eltern" ausgeschlossen ist.[1128] Eine weitere Voraussetzung, die volle Geschäftsfähigkeit eines Elternteils, ergibt sich aus dem Umkehrschluss des Art. 96 § 2 KRO.[1129] Eine Unterscheidung hinsichtlich der ehelichen oder nichtehelichen Abstammung des Kindes erfolgt weder inhaltlich noch systematisch in der

---

1124 Art. 93 KRO lautet übersetzt: „§ 1. Die elterliche Gewalt steht beiden Eltern zu. § 2. Wenn es das Kindeswohl erfordert, kann das Vormundschaftsgericht in dem die Abstammung des Kindes feststellenden Urteil über das Ruhen, die Beschränkung oder den Entzug der elterlichen Gewalt eines oder beider Elternteile entscheiden. Die Vorschriften Art. 107 und Art. 109–111 werden entsprechend angewandt."

1125 Zum Wortlaut vgl. oben, S. 177, Fn. 872.

1126 Art. 97 KRO lautet übersetzt: „§ 1. Steht die elterliche Gewalt beiden Eltern gemeinsam zu, ist jeder von ihnen verpflichtet und berechtigt, sie auszuüben. § 2. Über bedeutende Angelegenheiten des Kindes entscheiden die Eltern gemeinsam; im Fall des fehlenden Einvernehmens entscheidet das Vormundschaftsgericht." Auch gem. § 1627 BGB sind die Eltern zur eigenverantwortlichen Ausübung der elterlichen Sorge verpflichtet. § 1627 BGB formuliert insoweit etwas weiter, als die Eltern generell zu einer einvernehmlichen Ausübung herangezogen werden. Bei fehlendem Konsens kann allerdings – genau wie in Polen – das Gericht nur bei Angelegenheiten von erheblicher Bedeutung eingeschaltet werden, § 1628 BGB.

1127 Andrzejewski, S. 144.

1128 Strzebińczyk, S. 241.

1129 Zum Wortlaut siehe oben, S. 205, Rn. 986.

Gestalt von separaten Regelungen. Auch bei der folgenden Darstellung wird eine formelle Trennung deshalb nicht vorgenommen. Im Rahmen der Erfassung wird freilich dem Erwerb der elterlichen Gewalt durch nicht verheiratete Eltern besondere Aufmerksamkeit zu widmen sein.

Die Bindung der elterlichen Gewalt an die Abstammungsfrage hat zur Folge, dass diese auf unterschiedliche Weise entstehen kann:

- von Gesetzes wegen (Mutter, Ehemann der Mutter)
- kraft gerichtlicher Entscheidung (bei Adoption) und
- kraft rechtsgeschäftlichen Aktes (bei Anerkennung des Kindes durch seinen Vater).

Von der Darstellung des Erwerbs der elterlichen Gewalt kraft gerichtlicher Entscheidung durch Adoption wird mit Blick auf den Fokus der Arbeit abgesehen. Die übrigen Abstammungsregelungen sollen jedoch jeweils unter dem Blickwinkel der Entstehung der elterlichen Gewalt beleuchtet werden.

1. Rechtliche Mutterschaft als Voraussetzung der elterlichen Gewalt – Art. 61^9 KRO

a) Tatbestand

Mutter des Kindes ist gem. Art. 61^9 KRO[1130] die Frau, die es geboren hat. Die Vorschrift wurde erst durch das Änderungsgesetz vom 6.11.2008 eingeführt und schloss mit der Definition der Mutterschaft eine bis dahin bestehende Lücke im KRO. Der Verzicht auf eine unmittelbare Regelung der Mutterschaft in der Zeit davor resultierte aus der in der Regel bestehenden Sicherheit hinsichtlich dieses Rechtsverhältnisses aufgrund der Geburt (mater semper certa est – die Mutter ist immer sicher).[1131] Diese Sicherheit wurde jedoch nach und nach durch die Möglichkeiten der modernen Medizin erschüttert, was wiederum die Notwendigkeit einer gesetzlichen Regelung nach sich zog.[1132]

1130 Art. 61^9 KRO lautet übersetzt: „Mutter des Kindes ist die Frau, die es geboren hat."

1131 Begründung zum Entwurf des Gesetzes über die Änderung des Gesetzes – Familien- und Vormundschaftsgesetzbuch sowie einiger anderer Gesetze (Uzasadnienie Ustawy o zmianie ustawy – Kodeks rodzinny i opiekuńczy oraz niektórych innych ustaw), Druk Sejmowy Nr. 888, S. 21, im Internet abrufbar unter http://orka.sejm. gov.pl/projustall6.htm.; Ignaczewski, Art. 61^9, Rn. 1, S. 24.

1132 Begründung zum Entwurf des Gesetzes über die Änderung des Gesetzes – Familien- und Vormundschaftsgesetzbuch sowie einiger anderer Gesetze (Uzasadnienie Ustawy o zmianie ustawy – Kodeks rodzinny i opiekuńczy oraz niektórych innych ustaw), Druk Sejmowy Nr. 888, S. 21, im Internet abrufbar unter http://orka.sejm. gov.pl/projustall6.htm.

Das Änderungsgesetz vom 6.11.2008 brachte daneben neue Vorschriften, die die gerichtliche Feststellung und Anfechtung der Mutterschaft regeln:

Wurde in der Geburtsurkunde des Kindes als Mutter eine Frau angegeben, die das Kind nicht geboren hat, sieht Art. 61[12] KRO die Möglichkeit einer gerichtlichen Mutterschaftsanfechtung vor. In der Praxis kommen diese Fälle naturgemäß sehr selten vor. Sie betreffen Ausnahmesituationen, z.B. wenn Eheleute die Adoptionsvorschriften umgehen wollen und bei einem Kind unbekannter Herkunft beim Standesamt die Geburt durch die Ehefrau melden. Eine weitere Fallgruppe bilden falsche Angaben gegenüber dem Standesamt zur Verdeckung der Herkunft von Kindern aus inzestuösen Beziehungen.[1133]

Wurde eine Geburtsurkunde unter Angabe unbekannter Eltern erstellt oder wurde die Mutterschaft der in der Geburtsurkunde angegebenen Mutter angefochten, kann die Feststellung der Mutterschaft verlangt werden, Art. 61[10] KRO.

Sowohl die Möglichkeit einer gerichtlichen Mutterschaftsanfechtung als auch der Mutterschaftsfeststellung wurde jedoch bereits vor der Einführung dieser Vorschriften in Analogie zu der Vaterschaftsanfechtung bzw. -feststellung nicht in Frage gestellt.[1134]

In logischer Konsequenz einer Feststellung des Nichtbestehens einer Mutterschaft wird zugleich – unabhängig von der Art der Zuordnung (Ehe, Anerkennung, gerichtliche Feststellung) – die rechtliche Vaterschaft beseitigt.[1135] Mit der Rechtskraft der gerichtlichen Entscheidung hört ex lege die elterliche Gewalt mit ex nunc Wirkung auf.[1136]

Die rechtlich feststehende Mutterschaft zieht wiederum die elterliche Gewalt ab Geburt des Kindes von Rechts wegen nach sich.[1137] Dies gilt auch für den Fall, dass aufgrund von anfänglichen Zweifeln (z.B. weil die Mutter nicht in die Geburtsurkunde eingetragen oder die Mutterschaft erfolgreich angefochten wurde) die Mutterschaft gerichtlich festgestellt werden muss.[1138] Generell wird angenommen, dass die die Abstammung des Kindes (mithin sowohl die Mutterschaft als auch die Vaterschaft) feststellenden Urteile keinen rechtsgestaltenden, sondern lediglich einen deklaratorischen Charakter haben.[1139] Ihre Rechtswirkungen

---

1133 Ignaczewski, Art. 61[12], Rn. 1.
1134 Ignaczewski, Art. 61[9], Rn. 1, S. 24.
1135 Ignatowicz/Nazar, Rn. 575.
1136 Ignaczewski, Art. 61[12] Rn. 8.
1137 Andrzejewski, S. 144.
1138 Ignatowicz in: Kodeks rodzinny i opiekuńczy. Komentarz. Pod redakcją Krzysztofa Pietrzykowskiego, Art. 93, Rn. 5.
1139 Ignatowicz/Nazar, Rn. 636 (Mutterschaft), 719 (Vaterschaft).

treten mithin rückwirkend ab dem Zeitpunkt der Geburt des Kindes ein. Dies galt allerdings bis zum Änderungsgesetz von 2008 nicht für die elterliche Gewalt des Vaters, die gem. Art. 93 § 2 KRO 1964[1140] durch eine Gerichtsentscheidung statuiert werden musste und eher die Ausnahme war.

b) Vergleich mit dem BGB – § 1591 BGB
Der wortgleiche § 1591 BGB wurde ebenfalls relativ spät, nämlich erst durch das KindRG eingeführt. Die Definition der Mutterschaft war auch hier den modernen Methoden der künstlichen Befruchtung geschuldet.[1141] In beiden Rechtsordnungen sollte durch die Einführung der jeweiligen Vorschrift das Auseinanderfallen der gebärenden und der genetischen Mutter ausgeschlossen werden.[1142]

Auch wenn im BGB explizit nur die Vaterschaftsanfechtung und -feststellung geregelt ist, kann jedoch auch die Frage der Mutterschaft einer gerichtlichen Klärung zugeführt werden. Erforderlich hierfür ist ein Antrag auf Feststellung des Bestehens oder des Nichtbestehens eines Eltern-Kind-Verhältnisses gem. § 169 FamFG (früher § 640 Abs. 2 Nr. 1 ZPO). Es handelt sich hierbei um ein Verfahren sui generis, bei dem ein Rechtschutzinteresse immer zu bejahen ist.[1143] Auch Streitigkeiten über das Bestehen oder Nichtbestehen einer Mutterschaft sind von § 169 FamFG umfasst. Sie betreffen z.B. Fälle, in denen eine rechtliche Mutter die Vertauschung des Kindes im Krankenhaus einwendet.[1144]

Die Verfahren nach § 169 FamFG beziehen sich sowohl auf Fälle, in denen eine rechtliche Mutterschaft besteht und beseitigt werden soll (Anfechtungsfälle des Art. 61[12] KRO) als auch die Fälle, in denen eine rechtliche Mutterschaft bislang nicht besteht und erst festgestellt werden soll (Feststellungsfälle des Art. 61[10] KRO). Es ist somit in beiden Rechtsordnungen gleichermaßen eine gerichtliche Überprüfung der rechtlichen Mutterschaft möglich.

1140 Art. 93 § 2 KRO 1964 lautet übersetzt: „Allerdings steht die elterliche Gewalt im Fall einer gerichtlichen Vaterschaftsfeststellung dem Vater nur dann zu, wenn sie ihm in dem die Vaterschaft festellenden Urteil vom Gericht übertragen wird. Das Vormundschaftsgericht kann dem Vater die elterliche Gewalt auch nach der Vaterschaftsfeststellung übertragen."

1141 Siehe hierzu auch oben, S. 81.

1142 BT-Drucks. 13/4899, S. 51 f.; Begründung zum Entwurf des Gesetzes über die Änderung des Gesetzes – Familien- und Vormundschaftsgesetzbuch sowie einiger anderer Gesetze (Uzasadnienie Ustawy o zmianie ustawy – Kodeks rodzinny i opiekuńczy oraz niektórych innych ustaw), Druk Sejmowy Nr. 888, S. 21, im Internet abrufbar unter http://orka.sejm.gov.pl/projustall6.htm.

1143 BGH, NJW 1973, 51.

1144 Engelhardt in: Keidel, FamFG § 169, Rn. 2.

Sowohl im BGB als auch im KRO lässt die rechtliche Mutterschaft die originäre elterliche Sorge der Mutter ab dem Zeitpunkt der Geburt entstehen.

2. Rechtliche Vaterschaft als Voraussetzung der elterlichen Gewalt

Es wurde bislang aufgezeigt, dass in Polen der Grundsatz der Gleichberechtigung aller Kinder unabhängig von einer ehelichen oder außerehelichen Herkunft bereits durch das KR 1950 vollständig umgesetzt wurde. Auch im KRO findet der Gedanke vollständiger Gleichberechtigung unter anderem in der Regelung des Art. 93 § 1 KRO Niederschlag, wonach das Kind unabhängig von seiner Herkunft unter der elterlichen Gewalt beider Eltern steht. Der – in aller Regel – unproblematisch mit der Geburt des Kindes entstehenden rechtlichen Elternschaft und damit auch elterlichen Gewalt der Mutter wurde der vorstehende Unterteil der Arbeit gewidmet. Unter dem Aspekt der Gleichberechtigung der Eltern im Verhältnis zueinander ist nun von besonderem Interesse, unter welchen Voraussetzungen der Vater den rechtlichen Vaterschaftsstatus und damit die elterliche Gewalt erlangt. Die eingehende Beleuchtung der Abstammungsvorschriften ist unumgänglich für die Überprüfung, ob beispielsweise durch eine „Blockade" durch die Mutter auf der Abstammungsebene die rechtliche Vaterschaft und somit auch die elterliche Gewalt doch verhindert werden kann. Art. 62 ff. KRO bestimmen die Statuierung der rechtlichen Vaterschaft durch

- gesetzliche Vermutung beim mit der Mutter verheirateten Vater, Art. 62 ff. KRO
- Anerkennung der Vaterschaft, Art. 72 ff. KRO und
- gerichtliche Vaterschaftsfeststellung, Art. 84 ff. KRO.

a) Elterliche Gewalt kraft Vaterschaftsvermutung bei bestehender Ehe –
Art. 62 KRO

aa) Tatbestand

Gem. Art. 62 § 1 Alt. 1 KRO wird die Vaterschaft desjenigen Mannes vermutet, der mit der Mutter zum Zeitpunkt der Geburt des Kindes verheiratet war.[1145] Von dem strikten Abstellen auf den Zeitpunkt der Geburt werden jedoch in beide

---

1145 Art. 62 KRO lautet übersetzt: „§ 1. Wurde ein Kind während der Dauer einer Ehe oder vor Ablauf von 300 Tagen ab deren Auflösung oder Aufhebung geboren, so wird vermutet, dass es von dem Ehemann der Mutter abstammt. Die Vermutung greift nicht, wenn das Kind nach Ablauf von 300 Tagen nach Trennungsbeschluss geboren wurde. § 2. Wurde das Kind vor Ablauf von 300 Tagen ab Auflösung oder Aufhebung der Ehe jedoch nach Schließung einer zweiten Ehe durch die Mutter geboren, so wird vermutet, dass es von dem zweiten Ehemann abstammt. § 3. Die

zeitlichen Richtungen mehrere Ausnahmen gemacht. So wird das Kind trotz einer inzwischen nicht mehr (aufgrund des Todes des Ehemannes, rechtskräftiger Scheidung oder Auflösung der Ehe) bestehenden Ehe dem ehemaligen Ehemann der Mutter zugeordnet, wenn es innerhalb von 300 Tagen ab Auflösung oder Aufhebung der Ehe zur Welt kam, Art. 62 § 1 S. 1 KRO.

Wiederum greift die Vaterschaftsvermutung trotz bestehender Ehe dann nicht, wenn das Kind 300 Tage nach Rechtskraft des gerichtlichen Trennungsbeschlusses geboren wurde, Art. 62 § 1 S. 2 KRO. Der Grund für diese Regelung liegt darin, dass einerseits die gerichtlich festgestellte Trennung nicht zur Auflösung der Ehe führt, andererseits jedoch in ihren Wirkungen der Scheidung gleichzustellen ist, Art. 61⁴ § 1 KRO. Genauso wie die Scheidung ist die „separacja", also die rechtliche Trennung, die Folge einer vollständigen Auflösung der ehelichen Lebensgemeinschaft, mithin auch der physischen Bindung zwischen den Eheleuten, weshalb die Grundsatzvermutung des Art. 62 § 1 S. 1 KRO hier nicht greifen soll.[1146]

Die ebenfalls vom Grundsatz abweichende Regelung des Art. 62 § 2 KRO ist wegen der ansonsten zu befürchtenden Kollision der gesetzlichen Vermutungen notwendig: Wird das Kind zwar vor Ablauf von 300 Tagen ab Rechtskraft der Scheidung oder Auflösung der Ehe, jedoch nach einer zweiten Heirat der Mutter geboren, greift die Vaterschaftsvermutung zugunsten des zweiten Ehemannes.

Die gesetzlichen Vermutungen der Abstammung des Kindes vom Ehemann der Mutter in Art. 62 KRO können nur binnen bestimmter Fristen im Wege einer Vaterschaftsanfechtungsklage gem. Art. 63 KRO beseitigt werden. Aktivlegitimiert sind der Ehemann (Art. 63 KRO), die Mutter (Art. 69 KRO) sowie das volljährige Kind (Art. 70 KRO).

Die Rechtslage verkompliziert sich deshalb, wenn bei einer erneuten Heirat der Mutter nicht der zweite, sondern der erste Ehemann biologischer Vater des Kindes ist. Er ist weder aktivlegitimiert hinsichtlich einer Anfechtung der Vaterschaft des zweiten Ehemannes noch kann er angesichts der Vaterschaftsvermutung zugunsten des zweiten Ehemannes die Vaterschaft anerkennen (Art. 72 § 1 KRO). Hat er seine Vaterschaft nicht bereits vor der Geburt des Kindes anerkannt und dadurch die Vermutung des Art. 62 KRO gem. Art. 75 § 2 KRO aufgehoben, kann in der typischen Situation, in der die Mitglieder der neuen rechtlichen Familie kein Vaterschaftsanfechtungsverfahren anstreben, dieses nur noch von der

---

vorstehenden Vermutungen können nur durch eine Vaterschaftsanfechtungsklage widerlegt werden."

1146 Ignaczewski, Art. 62, Rn. 9.

Staatsanwaltschaft eingeleitet werden, Art. 86 KRO. Die Aktivlegitimation der Staatsanwaltschaft unterliegt jedoch dem Ermessen des Vormundschaftsgerichts, das unter anderem berücksichtigt, ob es neben der biologischen Vaterschaft weitere nichtvermögensrechtliche Gründe gibt, die bestehenden Abstammungsverhältnisse zu verändern[1147] sowie ob sich die Mutter, der neue Ehemann und das Kind dem durch einen Dritten gestellten Antrag widersetzen.[1148]

In dieser Abstammungsregelung ist folglich eine Lücke zu sehen, die sich unmittelbar auch bei der (fehlenden) elterlichen Gewalt des ersten Ehemannes auswirkt und somit insgesamt gravierende Rechtsfolgen haben kann. Die gleiche Problematik ist im Übrigen denkbar, wenn nicht der erste Ehemann, sondern ein weiterer Mann biologischer Vater des Kindes ist.

Wird die Vaterschaft des zweiten Ehemannes wirksam angefochten, so wird sie nicht durch eine gesetzliche Vermutung hinsichtlich des ersten Ehemannes „ersetzt". Vielmehr muss dieser die Vaterschaft anerkennen oder gerichtlich feststellen lassen, Art. 72 § 1 KRO.

Für den Fall, dass die Vermutungen des Art. 62 KRO greifen, wird der Ehemann der Mutter als rechtlicher Vater des Kindes ex lege von Geburt des Kindes an der elterlichen Gewalt hälftig beteiligt.[1149]

bb) Vergleich mit dem BGB

Auch im BGB findet sich in § 1592 Nr. 1 der Fall einer gesetzlichen Vaterschaft kraft Ehe mit der Mutter des Kindes. Es spielt hierfür – wie bei der polnischen Regelung – grundsätzlich keine Rolle, ob die Ehe später, nach der Geburt des Kindes, aufgehoben oder aufgelöst wird oder ob die Eheleute zum Zeitpunkt der Geburt bereits seit längerer Zeit getrennt voneinander leben.[1150]

Die polnische Regelung des Art. 62 § 1 KRO zieht die Reichweite der gesetzlichen Vermutung jedoch deutlich weiter, weil auch eine Geburt des Kindes innerhalb von 300 Tagen nach der Auflösung (durch Tod oder Scheidung) oder Aufhebung der Ehe eine Zuordnung des Kindes zum Ehemann der Mutter schafft. Im BGB ist dies – bei gleicher Zeitspanne von 300 Tagen – lediglich bei Auflösung der Ehe durch Tod vorgesehen, § 1593 S. 1 BGB.

Tritt die vorstehende Vermutung ein und heiratet die Mutter rasch ein zweites Mal, so ist in § 1593 S. 3 BGB – genau wie in Art. 62 § 2 KRO – eine gesetzliche Vaterschaftsvermutung zugunsten des zweiten Ehemannes vorgesehen.

1147 Ignaczewski, Art. 62, Rn. 13.
1148 Urteil des SN (7) vom 7.6.1971, III CZP 87/70, OSN 1972, Nr. 3, Ziffer 42.
1149 Vgl. Wortlaut des Art. 93 § 1 KRO.
1150 Brudermüller in: Palandt, 72. Aufl. 2013, § 1592, Rn. 3.

Das oben dargestellte Problem des ersten Ehemannes bzw. Dritten existiert im BGB auf den ersten Blick nicht, weil auch der mutmaßliche biologische Vater gem. § 1600 Abs. 1 Nr. 2 BGB berechtigt ist, die Vaterschaft des Ehemannes bzw. eines Vaters, der die Vaterschaft gem. §§ 1594 ff. BGB anerkannt hat, anzufechten. Allerdings will auch die Regelung des § 1600 Abs. 2 BGB das Kind möglichst in der Struktur der bisherigen rechtlichen Familie belassen: Die Anfechtung setzt neben der biologischen Vaterschaft des Anfechtenden voraus, dass zwischen dem Kind und seinem bisherigen rechtlichen Vater (dessen Vaterschaft kraft gesetzlicher Vermutung oder Anerkennung feststeht) keine sozial-familiäre Bindung besteht.

Im Unterschied zu der polnischen Lösung tritt bei erfolgreicher Anfechtung automatisch die gesetzliche Vaterschaftsvermutung zugunsten des zweiten Ehemannes ein, § 1593 S. 4 BGB.

Der Vollständigkeit halber soll in diesem Zusammenhang die Ausnahme des § 1599 Abs. 2 BGB erwähnt werden, wonach die gesetzliche Vaterschaftsvermutung nicht greift, wenn das Kind nach Anhängigkeit des Scheidungsantrages geboren wird und ein Dritter die Vaterschaft binnen eines Jahres ab Rechtskraft der Scheidung anerkennt. Letzteres ist zugleich eine Ausnahme von dem Grundsatz des § 1594 Abs. 2 BGB, wonach eine Vaterschaftsanerkennung nicht wirksam ist, solange die Vaterschaft eines anderen Mannes besteht.

Eine entsprechende Regelung ist im KRO nicht zu finden; das Kind wird stattdessen nach den allgemeinen Grundsätzen des Art. 62 § 1 KRO dem (Noch-) Ehemann zugeordnet, der neben der Mutter und dem Kind aktivlegitimiert ist für eine Vaterschaftsanfechtungsklage. Der biologische Vater kann sich auch hier nur an die Staatsanwaltschaft wenden und dort eine Einleitung des Anfechtungsverfahrens begehren.

Generell ist jedoch im BGB im großen Unterschied zum KRO nur die Abstammungsebene betroffen; die Frage der elterlichen Sorge des biologischen, nicht (mehr) mit der Mutter verheirateten Vaters, ist hiervon nicht berührt und kann derzeit nur noch über § 1626 a BGB herbeigeführt oder im Sinne der vom BVerfG geschaffenen Übergangslösung[1151] erreicht werden.

Eine bestehende Zuordnung des Kindes gem. § 1592 Nr. 1 BGB zieht automatisch das gemeinsame Sorgerecht der Mutter und des Ehemannes als rechtlich vermuteten Vaters nach sich. Es handelt sich insoweit im fundamentalen Unterschied zum KRO um die einzige ex lege-Beteiligung des Kindesvaters an der elterlichen Sorge.

1151 Siehe hierzu oben S. 138.

b) Elterliche Gewalt kraft Vaterschaftsanerkennung – Art. 72 ff. KRO

Das Änderungsgesetz vom 6.11.2008 brachte bedeutende Neuerungen im Bereich der abstammungsrechtlichen Zuordnung eines Kindes durch Anerkennung. Das bis dahin geltende Konzept der Anerkennung eines außerehelichen Kindes durch einen Willensakt wurde durch die Anerkennung der Vaterschaft ersetzt. Das neue Modell resultiert aus der im Gesetzesentwurf generell angenommenen Prämisse, dass die rechtliche und biologische Elternschaft identisch sein sollte.[1152] Gleichzeitig wurde in dem alten Modell ein zu vermeidender Anreiz zur Umgehung der Adoptionsvorschriften gesehen.[1153] Mit Blick auf die inzwischen jedermann zugänglichen wissenschaftlichen Methoden im Bereich der Klärung der genetischen Abstammung dürfe auf diese Kongruenz – anders als in den sechziger Jahren zum Zeitpunkt des Inkrafttretens des KRO – nicht mehr verzichtet werden.[1154] Zwar schaffe die Freiwilligkeit einer Anerkennung ohnehin die Vermutung, dass – typischerweise – die Übernahme einer Verantwortung für ein außereheliches Kind auf dessen genetischer Abstammung vom anerkennenden Mann basierte. Unter dieser Prämisse sei neben einer gerichtlichen Vaterschaftsfeststellung auch eine freiwillige Anerkennung überhaupt möglich. Dem polnischen Gesetzgeber erschien es jedoch mit Blick auf die Möglichkeiten einer zuverlässigen Überprüfung der genetischen Abstammung zweckmäßig, ein gesetzliches Modell zu etablieren, das – soweit dies ohne routinemäßige Überprüfung möglich ist – die größtmögliche Gewähr dafür bietet, dass die rechtliche Vaterschaft im Einklang mit der biologischen Wirklichkeit statuiert wird.[1155]

1152 BT-Drucks. 13/4899, S. 51 f.; Begründung zum Entwurf des Gesetzes über die Änderung des Gesetzes – Familien- und Vormundschaftsgesetzbuch sowie einiger anderer Gesetze (Uzasadnienie Ustawy o zmianie ustawy – Kodeks rodzinny i opiekuńczy oraz niektórych innych ustaw), Druk Sejmowy Nr. 888, S. 3 f., im Internet abrufbar unter http://orka.sejm.gov.pl/projustall6.htm; Golec-Grzymek, MoP 19/2009, im Internet entgeltlich abrufbar unter http://www.monitorprawniczy.pl/index.php?mod=m_artykuly&cid=20&id=2524, S. 3.

1153 Andrzejewski, S. 129.

1154 BT-Drucks. 13/4899, S. 51 f.; Begründung zum Entwurf des Gesetzes über die Änderung des Gesetzes – Familien- und Vormundschaftsgesetzbuch sowie einiger anderer Gesetze (Uzasadnienie Ustawy o zmianie ustawy – Kodeks rodzinny i opiekuńczy oraz niektórych innych ustaw), Druk Sejmowy Nr. 888, S. 3, im Internet abrufbar unter http://orka.sejm.gov.pl/projustall6.htm.

1155 BT-Drucks. 13/4899, S. 51 f.; Begründung zum Entwurf des Gesetzes über die Änderung des Gesetzes – Familien- und Vormundschaftsgesetzbuch sowie einiger anderer Gesetze (Uzasadnienie Ustawy o zmianie ustawy – Kodeks rodzinny i

Bei der Vaterschaftsanerkennung handelt es sich demnach im Unterschied zu früher[1156] um eine reine Wissenserklärung.[1157] Das Gleiche trifft auf die erforderliche Bestätigung durch die Mutter, deren Erklärung nicht mehr als „Zustimmung" zur Anerkennung, sondern als deren Bestätigung gesehen wird.[1158] In logischer Konsequenz der als reine Wissenserklärung verstandenen Anerkennung wird von deren Unwirksamkeit in den Fällen ausgegangen, in denen keine Deckung zwischen dem Erklärten und der genetischen Wirklichkeit besteht.[1159]

aa) Tatbestand

Gem. Art. 72 KRO kann die rechtliche Vaterschaft eines Kindes im Wege der Anerkennung statuiert werden, sofern die Vaterschaftsvermutung des Art. 62 KRO nicht greift oder die Vaterschaft des Ehemannes wirksam angefochten wurde.[1160]

---

opiekuńczy oraz niektórych innych ustaw), Druk Sejmowy Nr. 888, S. 4, im Internet abrufbar unter http://orka.sejm.gov.pl/projustall6.htm.

1156 Bis zum Inkrafttreten des Gesetzes über die Änderung des Gesetzes – Familien- und Vormundschaftsgesetzbuch sowie einiger anderer Gesetze vom 6.11.2008 war es in der Lehre streitig, welche rechtliche Konstruktion durch die damalige Gesetzesfassung verwirklicht wurde: Ein Teil der Autoren stellte sich mit Blick auf den nicht erforderlichen Nachweis der biologischen Vaterschaft auf den Standpunkt, dass es sich um eine reine Willenserklärung handele. Andere vertraten die Auffassung, dass es sich bei Anerkennung des Kindes um eine Mischform aus Willens- und Wissensakt handele (so T. Smyczyński in System Prawa Prywatnego. T. 12. Prawo rodzinne i opiekuńcze, Warszawa 2003, S. 125; J. Ignatowicz in: Kodeks rodzinny i opiekuńczy. Komentarz, 1975, S. 526; J. Gwiazdomorski, System prawa rodzinnego i opiekuńczego, unter der Redaktion von J. St Piątkowski, Ossolineum 1985, S. 738).

1157 Dies geht – diesmal ohne Interpretationsspielraum – aus der Gesetzesbegründung des Änderungsgesetzes vom 6.11.2008 hervor, vgl. dort S. 4.

1158 Begründung zum Entwurf des Gesetzes über die Änderung des Gesetzes – Familien- und Vormundschaftsgesetzbuch sowie einiger anderer Gesetze (Uzasadnienie Ustawy o zmianie ustawy – Kodeks rodzinny i opiekuńczy oraz niektórych innych ustaw), Druk Sejmowy Nr. 888, S. 4, im Internet abrufbar unter http://orka. sejm.gov.pl/projustall6.htm.

1159 Begründung zum Entwurf des Gesetzes über die Änderung des Gesetzes – Familien- und Vormundschaftsgesetzbuch sowie einiger anderer Gesetze (Uzasadnienie Ustawy o zmianie ustawy – Kodeks rodzinny i opiekuńczy oraz niektórych innych ustaw), Druk Sejmowy Nr. 888, S. 4, im Internet abrufbar unter http://orka.sejm.gov. pl/projustall6.htm

1160 Art. 72 KRO lautet übersetzt: „§ 1. Wenn die Vermutung, dass der Ehemann der Mutter der Vater des Kindes ist, nicht greift, oder wenn eine solche Vermutung widerlegt wurde, kann die Feststellung der Vaterschaft entweder durch Anerkennung der Vaterschaft oder durch gerichtlichen Beschluss erfolgen. § 2. Die Annerkennung

Wie bereits ausgeführt, handelt es sich hierbei um einen Wissensakt beider Elternteile: der Mann erklärt vor dem Leiter des Standesamtes, dass er der Vater des Kindes ist; die Mutter bestätigt gleichzeitig oder binnen drei Monaten ab Datum der Erklärung des Mannes, dass dieser Mann Vater ihres Kindes ist, Art. 73 § 1 KRO.[1161]

Die seinerzeit geltende Regelung, wonach die Erklärung der Mutter – damals als ihr Einverständnis begriffen – unter bestimmten Voraussetzungen ersetzt werden konnte (Art. 77 § 1 S. 2 KRO 1964), wurde im Zuge der letzten Reform nicht übernommen. Hieraus wird geschlossen, dass der potenzielle Vater direkt ein Vaterschaftsfeststellungsverfahren gem. Art. 84 KRO betreiben kann, sofern die Mutter nicht binnen der vorgesehenen drei Monate ihre Bestätigung abgibt.[1162] Die Möglichkeit für die Mutter, die rechtlichen Folgen der Vaterschaft, mithin auch die elterliche Gewalt auf der Abstammungsebene zu blockieren, besteht also nicht.

In der aktuellen Fassung des KRO wurde die Annahme zugrunde gelegt, dass die Vaterschaftsanerkennung nur durch höchstpersönliche Erklärungen des Mannes und der Mutter des Kindes zustande kommen kann, Art. 73 § 1 KRO. Der Gesetzgeber begründete dies mit dem neuen Charakter der Anerkennung als reine Wissenserklärung: Weil die Anerkennung die Darstellung eines

---

der Vaterschaft kann nicht erfolgen, wenn ein Vaterschaftsfeststellungsverfahren anhängig ist."

1161 Art. 73 KRO lautet übersetzt: „§ 1. Die Anerkennung der Vaterschaft erfolgt, wenn der Mann, von dem das Kind abstammt, vor dem Leiter des Standesamtes erklärt, dass er Vater des Kindes ist und die Mutter des Kindes gleichzeitig oder binnen drei Monate ab dem Tag der Erklärung des Mannes bestätigt, dass Vater des Kindes dieser Mann ist. § 2. Der Leiter des Standesamtes erklärt Personen, die die zur Anerkennung der Vaterschaft erforderlichen Erklärungen abgeben wollen, die die aus der Anerkennung resultierenden Rechte und Pflichten regulierenden Vorschriften, die Vorschriften über den Namen des Kindes sowie den Unterschied zwischen der Anerkennung der Vaterschaft und der Annahme an Kindes statt. § 3. Der Leiter des Standesamtes lehnt die Annahme der Erklärung über die Anerkennung der Vaterschaft ab, wenn die Anerkennung unzulässig ist oder wenn er Zweifel hinsichtlich der Abstammung des Kindes hegt. § 4. Die Anerkennung der Vaterschaft kann auch vor dem Vormundschaftsgericht erfolgen und im Ausland auch vor dem polnischen Botschafter oder vor einer zur Ausübung der Funktion eines Botschafters bestimmten Person, wenn die Anerkennung ein Kind betrifft, dessen beide Eltern oder ein Elternteil polnische Staatsbürger sind. Die Vorschriften § 1–3 finden entsprechende Anwendung."

1162 Golec-Grzymek, MoP 19/2009, im Internet entgeltlich abrufbar unter http://www. monitorprawniczy.pl/index.php?mod=m_artykuly&cid=20&id=2524, S. 4.

Faktums zum Inhalt hat, könne sie nur von Personen abgegeben werden, die über Wissen über diese Tatsache verfügen.[1163]

Erforderlich sei in diesem Zusammenhang jedoch eine bestimmte intellektuelle und soziale Reife der Erklärenden, die ein Verständnis der Bedeutung der Vaterschaftsanerkennung als eines Rechtsinstituts von wichtigen Rechtsfolgen garantiere, weshalb das Mindestalter auf 16 Jahre festgelegt wurde.[1164] Auch dürfen gem. Art. 77 § 1 KRO die Voraussetzungen einer vollständigen Entmündigung nicht vorliegen.[1165] Minderjährige und teilweise Entmündigte können die erforderliche Erklärung nur vor dem Vormundschaftsgericht abgeben, Art. 77 § 2 KRO, weil hierfür eine im Bereich der Abstammungsfeststellung besonders erfahrene Stelle für erforderlich erachtet wird.[1166]

Minderjährige Väter unter 16 Jahren und entmündigte Erwachsene können ihr Kind also nicht wirksam anerkennen. Minderjährige über 16 Jahren, deren geistiger Zustand nicht gerade eine Entmündigung begründet, sind indessen nach der Auffassung des polnischen Gesetzgebers typischerweise in der Lage, die

---

1163 Begründung zum Entwurf des Gesetzes über die Änderung des Gesetzes – Familien- und Vormundschaftsgesetzbuch sowie einiger anderer Gesetze (Uzasadnienie Ustawy o zmianie ustawy – Kodeks rodzinny i opiekuńczy oraz niektórych innych ustaw), Druk Sejmowy Nr. 888, S. 5, im Internet abrufbar unter http:// orka.sejm.gov.pl/projustall6.htm; Gromek in MoP 17/2009, im Internet kostenpflichtig abrufbar unter, http://www.monitorprawniczy.pl/index.php?mod=m_ artykuly&cid=20&id=2512, S. 3.

1164 Begründung zum Entwurf des Gesetzes über die Änderung des Gesetzes – Familien- und Vormundschaftsgesetzbuch sowie einiger anderer Gesetze (Uzasadnienie Ustawy o zmianie ustawy – Kodeks rodzinny i opiekuńczy oraz niektórych innych ustaw), Druk Sejmowy Nr. 888, S. 5, im Internet abrufbar unter http:// orka.sejm.gov.pl/projustall6.htm; Gromek in MoP 17/2009, im Internet kostenpflichtig abrufbar unter http://www.monitorprawniczy.pl/index.php?mod=m_ artykuly&cid=20&id=2512, S. 3.

1165 Art. 77 KRO lautet übersetzt: „§ 1. Die für die Anerkennung der Vaterschaft erforderliche Erklärung kann eine Person abgeben, die das sechzehnte Lebensjahr vollendet hat und Voraussetzungen für deren vollständige Entmündigung nicht vorliegen. § 2. Die Person, von der in § 1 die Rede ist, kann, sofern sie nicht voll geschäftsfähig ist, die für die Anerkennung der Vaterschaft erforderliche Erklärung nur vor dem Vormundschaftsgericht abgeben."

1166 Begründung zum Entwurf des Gesetzes über die Änderung des Gesetzes – Familien- und Vormundschaftsgesetzbuch sowie einiger anderer Gesetze (Uzasadnienie Ustawy o zmianie ustawy – Kodeks rodzinny i opiekuńczy oraz niektórych innych ustaw), Druk Sejmowy Nr. 888, S. 16, im Internet abrufbar unter http://orka.sejm. gov.pl/projustall6.htm.

die Vaterschaftsanerkennung betreffende Entscheidung selbständig zu treffen. Eine Vertretung oder Genehmigung durch den gesetzlichen Vertreter des Minderjährigen ist für die Wirksamkeit der Anerkennung nicht erforderlich (eine Vertretung mit Blick auf den höchstpersönlichen Charakter der Anerkennung auch nicht möglich).[1167] Auf die Auswirkungen der Anerkennung durch einen Minderjährigen im Bereich der elterlichen Gewalt wird weiter unten einzugehen sein.

Wegen des Charakters der Anerkennung als Wissens- und nicht als Rechtsakt kann die Bestätigung auch von einer Mutter abgegeben werden, der die elterliche Gewalt nicht zusteht.[1168]

Der Leiter des Standesamtes ist gem. Art. 73 § 2 KRO verpflichtet, vor der Abgabe der erforderlichen Erklärungen über die Rechtsfolgen einer Vaterschaftsanerkennung aufzuklären und ist gem. Art. 73 § 3 KRO gehalten, die Annahme der Erklärungen, bei Zweifeln hinsichtlich der Abstammung des Kindes zu verweigern. In diesem Fall können die Erklärungen gem. Art. 73 § 4 KRO auch vor dem Vormundschaftsgericht abgegeben werden, das dann nach der Gesetzesbegründung de facto die Funktion einer „Rechtsmittelinstanz" haben soll.[1169] Ein negativer Beschluss des Vormundschaftsgerichts entscheidet jedoch noch nicht endgültig über das Schicksal der rechtlichen Vaterschaft, denn sowohl die Mutter des Kindes, das Kind selbst als auch der potenzielle biologische Vater sind aktivlegitimiert hinsichtlich eines Vaterschaftsfeststellungsverfahrens gem. Art. 84 KRO.

Neben dem Leiter des Standesamtes und dem Vormundschaftsgericht sind auch die polnischen Konsulate im Ausland zur Entgegennahme von Vaterschaftsanerkennungen befugt, sofern mindestens ein Elternteil die polnische Staatsangehörigkeit hat, Art. 73 § 4 KRO.

1167 Begründung zum Entwurf des Gesetzes über die Änderung des Gesetzes – Familien- und Vormundschaftsgesetzbuch sowie einiger anderer Gesetze (Uzasadnienie Ustawy o zmianie ustawy – Kodeks rodzinny i opiekuńczy oraz niektórych innych ustaw), Druk Sejmowy Nr. 888, S. 16, im Internet abrufbar unter http://orka.sejm. gov.pl/projustall6.htm.

1168 Ignatowicz/Nazar, Rn. 676, S. 271.

1169 Begründung zum Entwurf des Gesetzes über die Änderung des Gesetzes – Familien- und Vormundschaftsgesetzbuch sowie einiger anderer Gesetze (Uzasadnienie Ustawy o zmianie ustawy – Kodeks rodzinny i opiekuńczy oraz niektórych innych ustaw), Druk Sejmowy Nr. 888, S. 26, im Internet abrufbar unter http://orka.sejm. gov.pl/projustall6.htm.

Im Fall einer unmittelbar drohenden Gefahr für das Leben der Mutter oder des Mannes, von dem das Kind abstammt, kann die Vaterschaftsanerkennung auch vor dem Notar oder zu Protokoll von Personen erfolgen, die amtliche Funktionen wahrnehmen, wie z. B. der Bürgermeister, Art. 74 KRO.

Eine Vaterschaftsanerkennung ist nicht nur dann nicht möglich, wenn eine Vaterschaft bereits feststeht (durch gesetzliche Vermutung beim in der Ehe geborenen Kind oder durch gerichtliche Feststellung), sondern auch während eines laufenden Vaterschaftsfeststellungsverfahrens, Art. 72 § 2 KRO. Die letztbenannte Regelung wurde durch das Änderungsgesetz von 2008 eingeführt mit dem Ziel, Vaterschaftsanerkennungen im bösen Glauben, also solche, die erfolgen, um die gerichtliche Feststellung der wahren genetischen Abstammung des Kindes zu verhindern, zu eliminieren.[1170] Diese Bestimmung begegnet jedoch teilweise heftiger Kritik: Mit Blick auf die Autonomie der Rechtssubjekte und das Fehlen eines unmittelbaren Zwangs durch die staatlichen Organe im Zivilrecht wird die Abschaffung der Norm gefordert.[1171]

Daneben ist die Vaterschaftanerkennung nur bis zum Eintritt der Volljährigkeit des Kindes möglich, Art. 76 § 1 KRO.[1172] Der Tod des Kindes vor dem Erreichen des 18. Lebensjahres hindert eine Vaterschaftsanerkennung – im Rahmen bestimmter Fristen – indessen nicht, Art. 76 § 2 KRO.

Sind alle Voraussetzungen erfüllt, entstehen die Rechtsfolgen der Vaterschaftsanerkennung grundsätzlich ex tunc ab der Geburt des Kindes, weil in diesem Augenblick das Verhältnis der Vaterschaft entsteht – es sei denn, dass sich

---

1170 Begründung zum Entwurf des Gesetzes über die Änderung des Gesetzes – Familien- und Vormundschaftsgesetzbuch sowie einiger anderer Gesetze (Uzasadnienie Ustawy o zmianie ustawy – Kodeks rodzinny i opiekuńczy oraz niektórych innych ustaw), Druk Sejmowy Nr. 888, S. 14, im Internet abrufbar unter http://orka.sejm. gov.pl/projustall6.htm

1171 Ignaczewski, Art. 72, Rn. 2, S. 497; K. Pietrzykowski, Kodeks rodzinny i opiekuńczy. Kommentarz, Warszawa 2010, Art. 72, Rn. 14. Es wird dahingehend argumentiert, dass jedenfalls der am Vaterschaftsfeststellungsverfahren beteiligte potentielle biologische Vater auch während des Verfahrens die Möglichkeit haben muss, die Vaterschaft freiwillig anzuerkennen.

1172 Art. 76 KRO lautet übersetzt: „§ 1. Die Vaterschaftsanerkennung kann nicht nach dem Erreichen der Volljährigkeit durch das Kind erfolgen. § 2. Ist das Kind vor dem Erreichen der Volljährigkeit verstorben, kann die Vaterschaftsanerkennung binnen 6 Monaten von dem Tag an, an dem der die Vaterschaft anerkennende Mann von dem Tod des Kindes erfahren hat, erfolgen, jedoch nicht später als bis zu dem Tag, an dem das Kind die Volljährigkeit erreicht hätte."

aus der Natur der Sache etwas anderes ergibt.[1173] Insbesondere wird eine rück-
wirkende Ausübung der elterlichen Gewalt kaum möglich sein. Es wird jedoch
angenommen, dass Rechtsakte wirksam werden, die der Vater im Namen des
Kindes vor der Vaterschaftsanerkennung im Rahmen eines tatsächlichen Ob-
hutsverhältnisses vorgenommen hat.[1174] Erst recht soll dies für die Genehmigung
von durch ein beschränkt geschäftsfähiges Kind vor der Vaterschaftsanerkennung vorgenommenen Rechtsgeschäften gelten.[1175]

Eine Ausnahme bildet die Anerkennung der Vaterschaft durch einen Minderjährigen. Wie oben bereits aufgezeigt, ist die Vaterschaftsanerkennung gem.
Art. 77 KRO mit der Vollendung des 16. Lebensjahres ohne die Mitwirkung
des gesetzlichen Vertreters möglich. Hinsichtlich der elterlichen Gewalt regelt
Art. 94 § 1 KRO in diesem Fall, dass diese dem anderen, voll geschäftsfähigen
Elternteil zusteht. Sind beide Eltern beschränkt geschäftsfähig, wird eine Vormundschaft durch das Gericht eingerichtet, Art. 94 § 3 KRO.[1176] In diesem Zusammenhang darf jedoch an Art. 96 § 2 KRO erinnert werden, der beschränkt
geschäftsfähigen Eltern eine Teilnahme an der Ausübung der Personensorge und
an der Erziehung des Kindes garantiert, solange vom Vormundschaftsgericht
mit Blick auf das Kindeswohl nicht anders entschieden wird.[1177]

Erfolgt eine Vaterschaftsanerkennung zulässigerweise bereits vor der Geburt
des Kindes, Art. 75 KRO,[1178] so bleibt es bei der allgemeinen Regel, dass die sich
aus der Elternschaft ergebenden Rechtsfolgen (u.a. also die elterliche Gewalt)
zum Zeitpunkt der Geburt des Kindes eintreten.[1179]

Von der Frage nach dem Zeitpunkt der Entfaltung von Rechtsfolgen (grundsätzlich rückwirkend ab der Geburt des Kindes) ist die Frage nach dem Zeitpunkt der Wirksamkeit der Vaterschaftanerkennung zu unterscheiden.

1173 Ignatowicz/Nazar, Rn. 685.
1174 Ignatowicz/Nazar, Rn. 685.
1175 Ignatowicz/Nazar, Rn. 685.
1176 Art. 94 KRO lautet übersetzt: „§ 1. Lebt ein Elternteil nicht mehr oder ist er nicht
     voll geschäftsfähig, steht die elterliche Gewalt dem anderen Elternteil zu. Das Glei-
     che gilt im Fall, wenn einem Elternteil die elterliche Gewalt entzogen wurde oder
     ruht. § 2. (aufgehoben) § 3. Steht die elterliche Gewalt keinem Elternteil zu oder sind
     die Eltern unbekannt, richtet das Gericht Vormundschaft für das Kind ein."
1177 Zum Wortlaut der Norm siehe oben, S. 205, Fn. 986.
1178 Art. 75 KRO lautet übersetzt: „§ 1. Die Vaterschaft kann vor der Geburt eines ge-
     zeugten Kindes anerkannt werden. § Wenn das Kind nach der Heirat der Mutter mit
     einem anderen Mann als der, der die Vaterschaft anerkannt hat, geboren wird, wird
     Art. 62 nicht angewandt."
1179 Ignaczewski, Art. 75, Rn. 1.

Die Frage nach dem Zeitpunkt der Wirksamkeit stellt sich deshalb, weil gem. Art. 73 § 1 KRO zwischen der Erklärung des Vaters und der Bestätigung der Vaterschaft durch die Mutter bis zu drei Monate liegen können.

Werden die Erklärung des Vaters und der Mutter gleichzeitig abgegeben, wird unproblematisch von der sofortigen Wirksamkeit der Vaterschaftsanerkennung ausgegangen.[1180]

Im Übrigen jedoch, also in den Fällen, wenn die Bestätigung der Mutter zu einem späteren Zeitpunkt als die Erklärung des Vaters erfolgt, geht die wohl überwiegende Meinung davon aus, dass die Erklärung des Vaters bis zur Bestätigung durch die Mutter schwebend unwirksam ist.[1181] Die fristgerechte Bestätigung der Mutter führt demnach zur Wirksamkeit der Vaterschaftsanerkennung rückwirkend ab dem Tag, an dem die Erklärung des Vaters abgegeben wurde.[1182]

Mit Blick auf den rechtlichen Charakter der Vaterschaftsanerkennung, die nach dem KRO keinen Rechtsakt, sondern eine reine Wissenserklärung darstellt, zieht die Divergenz zwischen der Erklärung und der biologischen Wahrheit weder eine Nichtigkeit noch eine Anfechtbarkeit der Anerkennung nach sich. Als adäquat zu der Rechtsnatur der Anerkennung wird vielmehr ihre Unwirksamkeit angesehen, wenn das Kind nicht von dem Mann abstammt, der die Vaterschaft anerkannt hat.[1183] Dementsprechend richten sich die entsprechenden

---

1180 Sylwestrzak in: Kodeks rodzinny i opiekuńczy. Komentarz. Pod redakcją Henryka Doleckiego, Tomasza Sokołowskiego, Art. 73, S. 508, Nr. 9.

1181 Pietrzykowski in: Kodeks rodzinny i opiekuńczy. Komentarz. Pod redakcją Krzysztofa Pietrzykowskiego, Art. 73, Rn. 35, S. 740, nach dessen eigener Auffassung hier jedoch nicht die Frage der Wirksamkeit sondern der Nichtigkeit betroffen sei.

1182 Smyczyński, Prawo rodzinne, 2009, S. 194; Haak, Kodeks rodzinny i opiekuńczy. Komentarz do art. 61⁷-91, Toruń 2009, S. 95; a. A. wohl Sylwestrzak in: Kodeks rodzinny i opiekuńczy. Komentarz. Pod redakcją Henryka Doleckiego, Tomasza Sokołowskiego, Art. 73, S. 508, Nr. 9, die diesen Zeitpunkt mit Blick auf den veränderten Rechtscharakter der Anerkennung jedenfalls für diskussionswürdig hält.

1183 Ignatowicz/Nazar, Rn. 699.

Vorschriften des KRO[1184] auf die Feststellung der Unwirksamkeit der Vaterschaftsanerkennung und nicht auf deren Anfechtung.[1185]

Die gerichtliche Feststellung der Unwirksamkeit der Vaterschaftsanerkennung hat einen rein deklaratorischen Charakter und entfaltet ihre Wirkung rückwirkend ab dem Zeitpunkt der Geburt des Kindes. Hinsichtlich der aus der Elternschaft resultierenden Rechte und Pflichten (wie z.B. die elterliche Gewalt, Unterhaltspflicht oder das Recht des Kindes auf den Namen der Eltern) ist demgegenüber eine konstitutive, gestaltende Wirkung anzunehmen. Es besteht Einigkeit darüber, dass die elterliche Gewalt ebenfalls ex tunc ab der Geburt des Kindes wegfällt, jedoch ohne die Unwirksamkeit der im Rahmen der gesetzlichen Vertretung des Kindes vorgenommenen Rechtsakte nach sich zu ziehen.[1186]

bb) Vergleich mit dem BGB und Wertung – § 1592 Nr. 2 BGB

Auch im deutschen Recht ist – neben der gesetzlichen Vaterschaftsvermutung hinsichtlich eines in der Ehe geborenen Kindes – die Statuierung einer rechtlichen Vaterschaft durch deren Anerkennung möglich, §§ 1592 Nr. 2, 1594 ff. BGB. Hier und im Bereich der gerichtlichen Vaterschaftsfeststellung sind die größten und bedeutendsten Abweichungen festzustellen.

Der erste wichtige Unterschied zur polnischen Regelung beruht darauf, dass im BGB – je nach Auffassung – von einer Doppelnatur der Vaterschaftsanerkennung[1187] oder sogar von ihrem Charakter als reine Willenserklärung[1188] ausgegangen wird. Es handelt sich nach der deutschen Lösung also nicht um eine reine Wissenserklärung, sondern zumindest um eine Mischung aus Wissens- und Willenserklärung: Für die Vertreter der erstgenannten Auffassung hat die Erklärung des Mannes, er sei aufgrund der Beiwohnung in der Empfängniszeit Vater der

---

1184 Art. 78 KRO lautet übersetzt: „§ 1. Der Mann, der die Vaterschaft anerkannt hat, kann eine Klage auf Feststellung der Unwirksamkeit der Vaterschaftsfeststellung erheben binnen sechs Monaten vom Tag, an dem er erfahren hat, dass das Kind nicht von ihm abstammt. § 2. Die Vorschriften Art. 64 und 65 (Regelungen betr. Aktivlegitimation, Anm. d. Verf.) werden entsprechend angewandt."
Art. 79 KRO lautet übersetzt: „Die Vorschriften über die Feststellung der Unwirksamkeit der Anerkennung durch den Vater werden entsprechend angewandt auf die Mutter, die die Vaterschaft bestätigte."

1185 Ignatowicz/Nazar, Rn. 699.

1186 Ignatowicz/Nazar, Rn. 706, 659; Strzebińczyk, S. 219.

1187 Muscheler, Rn. 547, S. 310 f.; Brudermüller in: Palandt, 72. Aufl. 2013, § 1594 Rn. 4; wohl auch Schwab, Familienrecht, Rn. 545.

1188 Gernhuber/Coester-Waltjen, V. Abschnitt, § 52 III Rn. 42, S. 607 f.; Wellenhofer in: MüKo, § 1594 Rn. 4; Gaul, FamRZ 1997, 1441, 1449

Kindes – wie im polnischen Recht – den Charakter einer Wissenserklärung.[1189] Daneben wird jedoch von den Vertretern beider Auffassungen übereinstimmend von einer Bekundung des rechtsgeschäftlichen Willens ausgegangen.[1190] Der Charakter der Anerkennung als Willenserklärung wird insbesondere auch daraus hergeleitet, dass selbst eine bewusst wahrheitswidrige Erklärung nicht zu deren Unwirksamkeit führt.[1191]

Hieraus resultieren wiederum weitere bedeutende Unterschiede bei der Erklärung der Mutter, dem Zeitpunkt der Wirksamkeit der Vaterschaftsanerkennung, der Anerkennung durch beschränkt Geschäftsfähige und der Beseitigung des Vaterschaftsverhältnisses:

Gem. § 1595 BGB hat die notwendige Erklärung der Mutter den Charakter einer Zustimmung und nicht wie im KRO einer Bestätigung. Um zustimmen zu können, muss die Mutter Inhaberin der elterlichen Sorge sein – nach Art. 73 § 1 KRO ist dies mit Blick auf das Wesen als reine Wissenserklärung nicht erforderlich. Bei beschränkt Geschäftsfähigen ist gem. § 1596 Abs. 1 S. 1 BGB die Zustimmung des gesetzlichen Vertreters erforderlich, gem. Art. 77 KRO wird mit Blick auf den höchstpersönlichen Charakter der Anerkennung indessen jede gesetzliche Vertretung ausgeschlossen. Es war deshalb notwendig, das für eine Anerkennung durch den Vater bzw. Bestätigung durch die Mutter erforderliche Mindestalter festzulegen, das mit 16 Jahren angenommen wurde.[1192] Es kann also in Polen überhaupt nur anerkennen, wer das 16. Lebensjahr vollendet hat, dann jedoch ohne Zustimmung oder gesetzliche Vertretung. Es lohnt in diesem Zusammenhang auf den bemerkenswerten Unterschied in beiden Rechtsordnungen hinsichtlich der beschränkten Geschäftsfähigkeit hinzuweisen: während in Deutschland gem. § 106 BGB bereits mit der Vollendung des 7. Lebensjahres von einer beschränkten Geschäftsfähigkeit eines Minderjährigen auszugehen ist, wird dies in Polen gem. Art. 15 KC[1193] erst mit der Vollendung des dreizehnten

---

1189 Muscheler, Rn. 547, S. 310 f.

1190 Muscheler, Rn. 547, S. 310 f.; Brudermüller in: Palandt, 72. Aufl. 2013, § 1594 Rn. 4; Gernhuber/Coester-Waltjen, V. Abschnitt, § 52 III Rn. 42, S. 607 f.; Gaul, FamRZ 1997, 1441, 1449; Wellenhofer in: MüKo, § 1594 Rn. 4, Schwab, Familienrecht, Rn. 545.

1191 Brudermüller in: Palandt, 72. Aufl. 2013, § 1594 Rn. 4; § 1598 Rn. 2; Gernhuber/Coester-Waltjen, V. Abschnitt, § 52 III Rn. 42 f., S. 608.

1192 Ignaczewski, Art. 77, Rn. 1 f.

1193 Kodeks Cywilny (=Zivilgesetzbuch). Art. 15 KC lautet übersetzt: „Beschränkt geschäftsfähig sind Minderjährige, die das dreizehnte Lebensjahr vollendet haben sowie teilweise entmündigte Personen."

Lebensjahres angenommen. Die Vaterschaftsanerkennung kann in Deutschland folglich – wenn auch nur mit Zustimmung des gesetzlichen Vertreters – deutlich früher erfolgen.

Für den Fall, dass die Mutter die erforderliche Zustimmung verweigert, steht dem biologischen Vater der Weg über ein Vaterschaftsfeststellungsverfahren gem. § 1600 d BGB offen. Es ist insoweit keine Abweichung zu der polnischen Lösung festzustellen.

Ein weiterer Unterschied ist indessen darin zu sehen, dass im BGB eine dem Art. 76 § 1 KRO[1194] entsprechende Regelung nicht existiert, die Anerkennung der Vaterschaft mithin auch über die Volljährigkeit des Kindes hinaus möglich ist. Dies ergibt sich indirekt aus der Regelung des § 1595 Abs. 2 BGB, wonach zur Anerkennung der Vaterschaft neben der Zustimmung der Mutter auch die Zustimmung des Kindes erforderlich ist, sofern der Mutter das Sorgerecht nicht zusteht. Dies wird wiederum unter anderem im Fall der Volljährigkeit des Kindes angenommen.[1195]

Gem. § 1594 Abs. 1 BGB können – ebenfalls im erheblichen Unterschied zu der polnischen Regelung – die Rechtsfolgen der Anerkennung erst ab dem Zeitpunkt der Wirksamkeit der Vaterschaftsanerkennung, also ex nunc, abgeleitet werden.[1196]

Schließlich wird die Vaterschaftsanerkennung nach dem deutschen Modell auch bei einer fehlenden Übereinstimmung mit der biologischen Vaterschaft wirksam, weshalb eine Korrektur in diesem Fall nicht wie im KRO über die gerichtliche Feststellung der Unwirksamkeit, sondern über eine Vaterschaftsanfechtung gem. §§ 1600 ff. BGB zu erfolgen hat.

Im Übrigen muss die Anerkennung gem. § 1597 Abs. 1 BGB wie im polnischen Recht vor einer öffentlichen Stelle erfolgen, wobei hier neben dem Standesamt

---

1194 Zum Wortlaut der Norm vgl. oben, S. 245, Rn. 1172.
1195 BT Drucks. 13/4899, S. 85; Gernhuber/Coester-Waltjen, V. Abschnitt § 52 III Rn. 50, S. 610; Brudermüller in: Palandt, 72. Aufl. 2013, § 1595, Rn. 4; Muscheler, Rn. 549.
1196 Schwab, Familienrecht, Rn. 553; Knahn in: Grandel/Stockmann, Stichwort Anerkennung der Vaterschaft, Rn. 25; Brudermüller in: Palandt, 72. Aufl. 2013, § 1594 Rn. 5. Zwar wird die Vaterschaftsanerkennung grundsätzlich mit Wirkung ab Geburt wirksam, BayObLG, FamRZ 2001, 1543, 1545; Pauling in: Schulz/Hauß, § 1594 Rn. 2; Knahn in: Grandel/Stockmann, Stichwort Anerkennung der Vaterschaft, Rn. 25; Siede in: Krenzler/Borth, Kap. 3 A, Rn. 56. Hinsichtlich der gesetzlichen Folgen der Vaterschaft greift jedoch eine Rechtsausübungssperre bis zum Zeitpunkt der Wirksamkeit der Vaterschaftsanerkennung, Knahn a.a.O.; Schwab, Familienrecht, Rn. 553; Brudermüller in: Palandt, 72. Aufl. 2013, § 1594 Rn. 5.

auch der Notar, das Amtsgericht, das Jugendamt oder das Gericht, bei dem das Vaterschaftsverfahren anhängig ist, in Frage kommt.[1197] Die Kongruenz zwischen der Vaterschaftsankerkennung und der biologischen Wahrheit wird bei der Beurkundung nicht überprüft,[1198] eine Kompetenz der Beurkundungsstellen zur Ablehnung der Beurkundung bei Zweifeln hinsichtlich der Richtigkeit der Vaterschaftsanerkennung besteht – anders als nach dem KRO – nicht. Dafür ist gem. § 1600 Abs. 1 Nr. 5 BGB auch die nach Landesrecht zu bestimmende „zuständige Behörde" begrenzt aktivlegitimiert für ein Vaterschaftsanfechtungsverfahren, um auf dieser Ebene missbräuchlichen Vaterschaftsanerkennungen vorzubeugen.[1199]

Der wohl bedeutendste Unterschied betrifft jedoch die Rechtfolgenseite, namentlich die Tatsache, dass eine wirksame Vaterschaftsanerkennung gem. §§ 1954 ff. BGB zwar wie im KRO Auswirkungen im Bereich des Namens-, Unterhalts- und Erbrechts auslöst, jedoch für sich genommen nicht zu einer gemeinsamen elterlichen Sorge führt.

Während die Vaterschaftsanerkennung nach dem KRO automatisch die elterliche Gewalt des anerkennenden Vaters nach sich zieht, ist dies nach der gesetzlichen Regelung in Deutschland nicht der Fall – jedenfalls dann nicht, wenn nicht gleichzeitig Sorgeerklärungen abgegeben werden. Die ex lege-Beteiligung des nichtehelichen Vaters an der elterlichen Sorge wird allerdings im Rahmen des aktuellen Reformvorhabens diskutiert (Widerspruchsmodell, Kompromissvorschlag des BMJ), weshalb die polnische Lösung weiter unten noch einmal aufgegriffen und mit den entsprechenden Modellen verglichen werden soll.

c) Elterliche Gewalt kraft gerichtlicher Vaterschaftsfeststellung, Art. 84 KRO
Wenn die Abstammung des Kindes weder aufgrund der Vaterschaftsvermutung des Ehemannes der Mutter noch aufgrund der Vaterschaftsanerkennung rechtlich feststeht, kann eine Feststellung der Vaterschaft durch das Gericht erfolgen. Darunter wird die durch Urteil des Gerichts getroffene Feststellung verstanden, dass ein außerhalb einer Ehe geborenes Kind von einem bestimmten Mann abstammt.[1200]

1197 Siede in: Krenzler/Borth, Kap. 3 A, Rn. 46; Brudermüller in: Palandt, 72. Aufl. 2013, § 1597 Rn 1.

1198 Brudermüller in: Palandt, 72. Aufl. 2013, § 1597 Rn 1; Knahn in: Grandel/Stockmann, Stichwort Anerkennung der Vaterschaft, Rn. 19.

1199 Gernhuber/Coester-Waltjen, V. Abschnitt § 52 V Rn. 111, S. 627; Brudermüller in: Palandt, 72. Aufl. 2013, § 1600 Rn 6.

1200 Ignatowicz/Nazar, Rn. 707.

aa) *Tatbestand*

Aktivlegitimiert für das Vaterschaftsfeststellungsverfahren sind gem. Art. 84 § 1 KRO[1201] das Kind, die Mutter und der vermeintliche biologische Vater. Daneben ist in Polen nach allgemeinen Vorschriften auch die Staatsanwaltschaft für alle Statusverfahren aktivlegitimiert.[1202]

Die Mutter kann die Vaterschaftsfeststellung nicht nur als Klägerin, sondern auch als gesetzliche Vertreterin des Kindes betreiben. Die persönliche Aktivlegitimation der Mutter ist nicht davon abhängig, ob sie die elterliche Gewalt inne hat.[1203]

Die Aktivlegitimation des vermeintlichen Vaters wurde erst im Zuge der Gesetzesreform von 2004[1204] ergänzt. Mit dieser Novelle wurde die Entscheidung

---

1201 Art. 84 KRO lautet übersetzt: „§ 1. Die gerichtliche Feststellung der Vaterschaft kann von dem Kind, der Mutter und dem vermeintlichen Vater verlangt werden. Jedoch kann weder die Mutter, noch der vermeintliche Vater diese Feststellung nach dem Tod des Kindes und nach dessen Volljährigkeit fordern. § 2. Das Kind oder die Mutter klagt auf Feststellung der Vaterschaft gegen den vermeintlichen Vater, und wenn dieser nicht mehr lebt – gegen einen durch das Vormundschaftsgericht bestimmten Kurator. § 3. Der vermeintliche Vater klagt auf Feststellung der Vaterschaft gegen das Kind und die Mutter, und wenn die Mutter nicht mehr lebt – gegen das Kind. § 4. Im Fall des Todes des Kindes, das Kläger in einem Vaterschaftsfeststellungsverfahren war, kann die Feststellung durch die Nachkommen betrieben werden."

1202 Gem. Art. 7 KPC (Kodeks postępowania cywilnego = Zivilprozessgesetzbuch) kann die Staatsanwaltschaft in nichtvermögensrechtlichen Angelegenheiten auf dem Gebiet des Familienrechts nur in den durch das Gesetz benannten Fällen Klage erheben. Art. 61[16] und 86 KRO begründen die Aktivlegitimation der Staatsanwaltschaft für Statusverfahren: Art. 61[16] KRO für die Feststellung und Anfechtung der Mutterschaft, Art. 86 KRO regelt die analog gestaltete Aktivlegitimation für die Feststellung und Anfechtung der Vaterschaft sowie für das Verfahren auf Feststellung der Unwirksamkeit der Vaterschaftanerkennung. Der Staatsanwalt leitet ein Verfahren zur Klärung der Abstammung des Kindes ein, wenn es das Kindeswohl und das Interesse der Gesellschaft erfordert. Bei der Beurteilung, ob die vorstehenden Voraussetzungen erfüllt sind, ist die Staatsanwaltschaft völlig autonom, die Aktivlegitimation der Staatsanwaltschaft an sich liegt jedoch insgesamt im Ermessen des Gerichts (vgl. Ignaczewski in Kodeks rodzinny i opiekuńczy. Komentarz, Art. 86, Rn. 1, S. 531 f.).

1203 Ignaczewski, Art. 84, Rn. 2.

1204 Ustawa z 17.6.2004 o zmianie ustawy – Kodeks rodzinny i opiekuńczy oraz niektórych innych ustaw (Dz. U. Nr. 162, poz. 1691) = Gesetz vom 17.6.2004 über die Änderung des Gesetzes – Familien-und Vormundschaftsgesetzbuch sowie einiger anderer Gesetze; in Kraft seit dem 19.7.2004, im Internet abrufbar unter http://isap. sejm.gov.pl/DetailsServlet?id=WDU20041621691.

des polnischen Verfassungsgerichtshofes[1205] umgesetzt, der zuvor im Sinne einer Verfassungswidrigkeit des Art. 84 KRO entschied, soweit die Aktivlegitimation des biologischen Vaters hinsichtlich eines Vaterschaftsfeststellungsverfahrens ausgeschlossen wurde.[1206] Nach der davor geltenden Rechtslage war der biologische Vater zum einen auf die Zustimmung der Mutter zur Anerkennung des Kindes angewiesen,[1207] zum anderen jedoch – bei fehlender Zustimmung der Mutter – nicht berechtigt, seine Vaterschaft gerichtlich feststellen zu lassen. Damit avancierte die Weigerung der Mutter zu einem effektiven Mittel, die Klärung der Abstammungsverhältnisse generell zu blockieren.[1208] Nach Auffassung des Verfassungsgerichtshofs wurde die fehlende Aktivlegitimation des biologischen Vaters auch nicht durch die der Staatsanwaltschaft kompensiert, weil diese unabhängig über das Vorliegen der Voraussetzungen der eigenen Legitimation entscheiden konnte.[1209]

Die fehlende Aktivlegitimation des biologischen Vaters gab den nichtehelichen Müttern zugleich die Möglichkeit, die elterliche Gewalt auf der Abstammungsebene zu blockieren:

1205 Trybunał Konstytucyjny (im Folgenden: TK), Organ der Verfassungsrechtsprechung in Polen; funktional entspricht der Verfassungsgerichtshof dem BVerfG in Deutschland.

1206 Urteil des TK vom 28.4.2003, K 18/02 (Dz. U. z 2003 r. Nr. 83, poz. 772, im Internet abrufbar unter http://www.trybunal.gov.pl/OTK/teksty/otk/2003/K_18_02.doc.

1207 Art. 77 § 1 KRO 1964 in der bis 2008 geltenden Fassung lautet übersetzt: „ Wenn das Kind minderjährig ist, ist zu seiner Anerkennung die Zustimmung der Mutter erforderlich. Lebt die Mutter nicht mehr oder steht ihr die elterliche Gewalt nicht zu oder stößt die Verständigung mit ihr auf schwer überwindbare Hindernisse, ist statt ihrer Zustimmung die Zustimmung des gesetzlichen Vertreters des Kindes erforderlich." Der Norm lag die erst durch das Änderungsgesetz vom 28.11.2008 geänderte Annahme zugrunde, dass es sich bei der „Anerkennung des Kindes als seines" gem. Art. 72 KRO um eine Mischform aus Willens- und Wissenserklärung handelt, vgl. hierzu auch oben, S. 240 ff.

1208 Urteil des TK vom 28.4.2003, K 18/02, Dz. U. z 2003 r. Nr. 83, poz. 772, im Internet abrufbar unter http://www.trybunal.gov.pl/OTK/teksty/otk/2003/K_18_02.doc, S. 18.

1209 Urteil des TK vom 28.4.2003, K 18/02, Dz. U. z 2003 r. Nr. 83, poz. 772, im Internet abrufbar unter http://www.trybunal.gov.pl/OTK/teksty/otk/2003/K_18_02.doc, S. 18; vgl hierzu auch Bugajski, FamRZ 2008, 1710, 1711; in der zitierten Entscheidung äußerte sich das Verfassungstribunal interessanterweise dahingehend, dass die Feststellung der Abstammung des Kindes nicht zwingend zur elterlichen Gewalt des betreffenden Elternteils führen muss – Urteilsbegründung, unter C, S. 13.

In Art. 93 § 2 KRO 1964[1210] war eine Ausnahme von der Regel des Art. 93 § 1 KRO vorgesehen, wonach die elterliche Gewalt grundsätzlich beiden Eltern gemeinsam zusteht. Im Fall der gerichtlichen Vaterschaftsfeststellung stand die elterliche Gewalt dem Vater nur dann zu, wenn sie ihm vom Gericht in dem die Vaterschaft feststellenden oder in einem späteren Urteil zugesprochen wurde. Die vom Gesetzgeber gewählte Formulierung suggerierte, dass der Ausschluss des Vaters von der ehelichen Gewalt die Regel und seine Beteiligung hieran eher die Ausnahme sein sollte.[1211] Diese Lösung war lange Zeit allgemein akzeptiert und ihre Berechtigung in dem fehlenden Vertrauen in eine ordnungsgemäße Ausübung der elterlichen Gewalt durch einen Mann, dessen Vaterschaft erst durch ein Gericht festgestellt werden musste, gesehen.[1212] Bei dieser Annahme blieb völlig unberücksichtigt, dass der Vater unter Umständen – wegen der mangelnden Zustimmung der Mutter – gar keine Chance hatte, das Kind freiwillig anzuerkennen, genauso wie die diskriminierende Tatsache, dass der Mutter auch bei einer gerichtlichen Mutterschaftsfeststellung die elterliche Gewalt ex lege zustand.[1213]

Die Regelung führte zu einer weit verbreiteten Praxis der nichtehelichen Mütter, zunächst durch ihre Weigerung die Anerkennung zu blockieren, um sodann – um nicht auf den Erzeuger als Zahlvater verzichten zu müssen – selbst eine gerichtliche Vaterschaftsfeststellung zu initiieren.[1214]

Da auf dieses beunruhigende Phänomen immer häufiger in der Literatur hingewiesen wurde,[1215] hat sich der polnische Gesetzgeber der Sache angenommen und der unerfreulichen Tendenz in zwei Schritten einen Riegel vorgeschoben:

Nachdem durch die bereits erwähnte Reform von 2004 die Aktivlegitimation des potenziellen biologischen Vaters eingeführt wurde, er nunmehr also selbst hinsichtlich einer gerichtlichen Vaterschaftsfeststellung aktiv werden und sich dadurch in einem besseren Licht präsentieren konnte, wurde Art. 93 § 2 KRO

1210 Art. 93 § 2 KRO 1964 lautet übersetzt: „Allerdings steht dem Vater im Fall der gerichtlichen Vaterschaftsfeststellung die elterliche Gewalt nur dann zu, wenn sie ihm vom Gericht in dem die Vaterschaft feststellenden Urteil zugesprochen wird. Das Vormundschaftsgericht kann dem Vater die elterliche Gewalt auch nach der Feststellung der Vaterschaft zusprechen."
1211 Strzebińczyk in: Prawo rodzinne, 2. Aufl., Zakamycze 2003, S. 281.
1212 Strzebińczyk in: Prawo rodzinne, 2. Aufl., Zakamycze 2003, S. 281; Gromek, Art. 93, Rn. 3, S. 107; Ignaczewski, Art. 93, Rn. 1.
1213 Ignatowicz/Nazar, Rn. 807, S. 311 f.
1214 Strzebińczyk in: Prawo rodzinne, 2. Aufl., Zakamycze 2003, S. 256.
1215 Strzebińczyk in: Prawo rodzinne, 2. Aufl., Zakamycze 2003, S. 256.

im Zuge der Reform von 2008 geändert. Die heutige Fassung der Norm[1216] geht von dem Erwerb der elterlichen Gewalt von Gesetzes wegen sowohl im Fall der Vaterschaftsfeststellung als auch der Feststellung der Mutterschaft aus.[1217]

Dem Kindeswohl wird durch die Befugnis des über die Abstammung erkennenden Gerichts Rechnung getragen, die ex lege entstehende elterliche Gewalt zu begrenzen, vollständig zu entziehen oder deren Ruhen festzustellen. Die Möglichkeiten des Gerichts wurden durch die Gesetzesänderung von 2008 deutlich erweitert, da nach der bis dahin geltenden Rechtslage lediglich eine „alles-oder-nichts"-Entscheidung hinsichtlich der elterlichen Gewalt des Vaters möglich war. Die aktuelle Regelung soll nun flexible, auf den individuellen Fall zugeschnittene gerichtliche Entscheidungen ermöglichen.[1218] Nach dem Wortlaut der Regelung ist die Möglichkeit der Modifizierung der elterlichen Gewalt nicht auf den vom Abstammungsfeststellungsverfahren unmittelbar betroffenen Elternteil beschränkt, sondern kann ausdrücklich bei einem oder beiden Elternteilen angeordnet werden.[1219] Das Gericht darf sich nicht ausschließlich auf einen Elternteil konzentrieren, sondern muss in einem Vaterschaftsfeststellungsverfahren auch die Qualität der Ausübung der elterlichen Gewalt durch die Mutter ermitteln.[1220] Es hat also de facto die Kompetenz, das Abstammungsverfahren für einen

---

1216 Art. 93 § 2 KRO lautet übersetzt: „Wenn es das Kindeswohl erfordert, kann das Vormundschaftsgericht in dem die Abstammung des Kindes feststellenden Urteil über das Ruhen, die Beschränkung oder den Entzug der elterlichen Gewalt eines oder beider Elternteile entscheiden. Die Vorschriften Art. 107 und Art. 109–111 werden entsprechend angewandt."; zum aktuellen Wortlaut der gesamten Norm vgl. oben, S. 232, Fn. 1124.

1217 Begründung zum Entwurf des Gesetzes über die Änderung des Gesetzes – Familien- und Vormundschaftsgesetzbuch sowie einiger anderer Gesetze (Uzasadnienie Ustawy o zmianie ustawy – Kodeks rodzinny i opiekuńczy oraz niektórych innych ustaw), Druk Sejmowy Nr. 888, S. 12; 35, im Internet abrufbar unter http://orka. sejm.gov.pl/projustall6.htm; Ignatowicz/Nazar, Rn. 808; Strzebińczyk, S. 241.

1218 Begründung zum Entwurf des Gesetzes über die Änderung des Gesetzes – Familien- und Vormundschaftsgesetzbuch sowie einiger anderer Gesetze (Uzasadnienie Ustawy o zmianie ustawy – Kodeks rodzinny i opiekuńczy oraz niektórych innych ustaw), Druk Sejmowy Nr. 888, S. 12, im Internet abrufbar unter http://orka.sejm. gov.pl/projustall6.htm;

1219 Stojanowska in: Nowelizacja Prawa rodzinnego na podstawie ustaw z 6 listopada 2008 r. i 10 czerwca 2010 r. Analiza. Wykładnia. Komentarz. Pod redakcją Wandy Stojanowskiej, Art. 93, Nr. 1.2, S. 223.

1220 Stojanowska in: Nowelizacja Prawa rodzinnego na podstawie ustaw z 6 listopada 2008 r. i 10 czerwca 2010 r. Analiza. Wykładnia. Komentarz. Pod redakcją Wandy Stojanowskiej, Art. 93, Nr. 1.2, S. 223.

sorgerechtlichen „Rundumschlag" zu nutzen: es kann danach auch vorkommen, dass im Rahmen des Vaterschaftsfeststellungsverfahrens Voraussetzungen für den Entzug der elterlichen Sorge nur bei der Mutter bekannt werden.[1221] Jedoch auch unterhalb der Schwelle der Kindeswohlgefährdung kann gem. § 107 KRO[1222] eine Entscheidung zuungunsten der Mutter erfolgen.

Es wird allgemein angenommen, dass es sich bei der Feststellung der Abstammung nicht um ein Gestaltungs-, sondern um ein deklaratorisches Urteil handelt,[1223] das seine Wirkungen ex tunc ab der Geburt und hinsichtlich der erbrechtlichen Rechtsfolgen sogar ab der Zeugung des Kindes entfaltet.[1224] Eine Ausnahme bildet hier die elterliche Gewalt, die zwar ex lege entsteht, vom betreffenden Elternteil jedoch erst mit Rechtskraft des Abstammungsurteils ausgeübt werden kann – sofern sie vom Gericht nicht modifiziert wurde.[1225]

bb) Vergleich mit dem BGB und Wertung – §§ 1592 Nr. 3, 1600 d BGB

Für den Fall, dass keine Vaterschaft kraft Ehe oder Vaterschaftsanerkennung besteht bzw. eine bestehende Vaterschaft wirksam angefochten wurde, ist auch in Deutschland eine gerichtliche Feststellung der Vaterschaftsfeststellung vorgesehen, §§ 1592 Nr. 3, 1600 d BGB, 182 FamFG. Die zuletzt genannte Vorschrift bezieht sich auf Fälle, in denen eine bestehende Vaterschaft durch den Vaterschaftsprätendenten (biologischen Vater) gem. § 1600 Abs. 1 Nr. 2 BGB wirksam angefochten wurde, und ist erforderlich, um eine ansonsten eintretende Vaterlosigkeit des Kindes zu vermeiden.[1226] § 182 FamFG schreibt deshalb vor, dass in dem das Nichtbestehen einer Vaterschaft gem. § 1592 BGB feststellenden Beschluss zwingend zugleich die Vaterschaft des erfolgreich Anfechtenden festgestellt werden muss. Da eine Aktivlegitimation des Vaterschaftsprätendenten im

---

1221 Stojanowska in: Nowelizacja Prawa rodzinnego na podstawie ustaw z 6 listopada 2008 r. i 10 czerwca 2010 r. Analiza. Wykładnia. Komentarz. Pod redakcją Wandy Stojanowskiej, Art. 93, Nr. 1.2, S. 223.

1222 Bei Art. 107 KRO handelt es sich um eine Regelung der elterlichen Gewalt für den Fall der Trennung der Eltern. Sie wird nicht an dieser Stelle, sondern – wegen des Sachzusammenhangs – weiter unten, im gesonderten Kapitel erörtert, s. S. 289 ff.

1223 Ignatowicz/Nazar, Rn. 719, S. 283; Ignaczewski, Art. 84, Rn. 12, S. 524 f; Piasecki in: Kodeks rodzinny i opiekuńczy. Komentarz. Pod redakcją Kazimierza Piaseckiego, Art. 84, S. 702, Nr. 15; a.A. Pietrykowski in: Kodeks rodzinny i opiekuńczy. Komentarz. Pod redakcją Krzysztofa Pietrzykowskiego, Art. 84, Rn. 15, 35, der von einem konstitutiven Charakter des Vaterschaftsfeststellungsurteils ausgeht.

1224 Ignatowicz/Nazar, Rn. 719, S. 283; Ignaczewski, Art. 84, Rn. 12, S. 524 f.

1225 Ignaczewski, Art. 84, Rn. 12, S. 525.

1226 Engelhardt in: Keidel, § 182 Rn. 1 f.

KRO nicht vorgesehen ist,[1227] lässt sich dort konsequenterweise eine dem § 182 FamFG funktional entsprechende Regelung nicht finden.

Im Übrigen lassen sich weitgehende Parallelen bei der rechtlichen Ausgestaltung des Rechtsinstituts der gerichtlichen Vaterschaftsfeststellung aufzeigen: Wie im KRO wird ein Vaterschaftsfeststellungsverfahren nur auf Antrag und nicht von Amts wegen eingeleitet, § 171 Abs. 1 FamFG. Übereinstimmend gehen beide Rechtsordnungen des Weiteren davon aus, dass eine gerichtliche Vaterschaftsfeststellung nur bei Nichtbestehen einer anderweitigen rechtlichen Vaterschaft möglich ist.[1228]

Im Unterschied zu der Regelung des Art. 84 KRO ist die Aktiv- und Passivlegitimation für ein Vaterschaftsfeststellungsverfahren nicht (mehr) ausdrücklich im BGB geregelt. Durch die ersatzlose Streichung des § 1600 e BGB[1229] durch das FGG-RG[1230] war jedoch keine Änderung der bis dahin geltenden Rechtslage beabsichtigt.[1231] Nach wie vor wird daher von einer Antragsbefugnis des Kindes, der Mutter und des genetischen Vaters ausgegangen.[1232] Es bestehen insoweit keine Unterschiede zu der Regelung des Art. 84 KRO, der die Aktivlegitimation für den gleichen Personenkreis vorsieht.

Auch nach dem BGB ist für die persönliche Aktivlegitimation der Mutter nicht erforderlich, dass sie Inhaberin der elterlichen Sorge ist, die allerdings selbstverständlich dann notwendig ist, sofern die Mutter als gesetzliche Vertreterin des Kindes auftreten möchte.[1233]

Ist die Mutter sorgeberechtigt, so wird hieraus in beiden Rechtsordnungen ihre Pflicht abgeleitet, die Klärung der Vaterschaft zu betreiben.[1234] Unterlässt die Mutter die Klärung der Abstammungsverhältnisse pflichtwidrig, besteht nach dem deutschen Recht die Befugnis des Familiengerichts, von Amts wegen

---

1227 Vgl. hierzu oben, S. 237.

1228 Im KRO: Ignatowicz/Nazar, Rn. 707; im BGB vgl. Wortlaut des § 1600 d I BGB; Klinkhammer in: Schnitzler, S. 1265, Rn. 21.

1229 § 1600 e BGB a.F. lautet: „I. Auf Klage des Mannes gegen das Kind oder auf Klage der Mutter oder des Kindes gegen den Mann entscheidet das Familiengericht über die Feststellung oder Anfechtung der Vaterschaft. II. Ist die Person, gegen die die Klage zu richten wäre, verstorben, so entscheidet das Familiengericht auf Antrag der Person, die nach Absatz 1 klagebefugt wäre."

1230 Gesetz zur Reform des Verfahrens in Familiensachen und in den Angelegenheiten der freiwilligen Gerichtsbarkeit vom 17.12.2008, BGBl 2008 I, S. 2586.

1231 Klinkhammer in: Schnitzler, S. 1265, Rn. 22; Löhnig, FamRZ 2009, 1798 f.

1232 Löhnig, FamRZ 2009, 1798, 1799.

1233 Schwab, Familienrecht, Rn. 577.

1234 Im KRO: Ignaczewski, Art. 84, Rn. 2; im BGB: Schwab, Familienrecht, Rn. 555.

einzugreifen, der Mutter den betreffenden Teil der elterlichen Sorge zu entziehen und gem. § 1909 BGB eine Ergänzungspflegschaft mit der Aufgabe der Vaterschaftsfeststellung einzurichten.[1235]

Auch nach dem polnischen Recht kann das Vormundschaftsgericht eingreifen, wobei drei Möglichkeiten zur Verfügung stehen: Es kann den potenziellen Vater über die Notwendigkeit der Einleitung eines Vaterschaftsfeststellungsverfahrens informieren und unter Fristsetzung hierzu auffordern, einen gerichtlichen Kurator (Verfahrenspfleger) bestimmen, der die Vaterschaftsfeststellungsklage im Namen des Kindes erheben soll, oder Entsprechendes bei der Staatsanwaltschaft anregen.[1236]

Beide Rechtsordnungen sehen eine Beteiligung von weiteren potenziellen Vätern am Vaterschaftsfeststellungsverfahren nicht vor.[1237]

Weiter ist weder im KRO noch im BGB eine zeitliche Begrenzung der Vaterschaftsfeststellung vorgesehen.[1238] Die einzigen Beschränkungen ergeben sich in Art. 84 § 1 S. 2 KRO für den Fall der Volljährigkeit des Kindes bzw. dessen Tod. Im ersten Fall erlischt die Aktivlegitimation der Mutter und des Vaterschaftsprätendenten, da dem Kind ab dem Zeitpunkt seiner Volljährigkeit die ausschließliche Entscheidungsbefugnis über die Klärung von Statusfragen zukommt. Der Tod des Kindes schließt indessen die Möglichkeit der Einleitung des Vaterschaftsfeststellungsverfahrens generell aus.[1239] Stirbt das Kind während eines laufenden Vaterschaftsfeststellungsverfahrens, kann es gem. Art. 84 § 4 KRO von seinen etwaigen Nachkommen fortgesetzt werden und wird ansonsten eingestellt.[1240]

In diesem Bereich ist allerdings doch ein bedeutender Unterschied zwischen der polnischen und der deutschen Regelung auszumachen: Wie schon bei der Vaterschaftsanerkennung, die nach dem BGB auch über die Volljährigkeit des Kindes möglich ist, bleibt die Aktivlegitimation der Eltern für die

---

1235 Schwab, Familienrecht, Rn. 577. Zu beachten ist jedoch, dass ein Vaterschaftsfeststellungsverfahren selbst nicht durch das Familiengericht von Amts wegen eingeleitet werden kann, da es sich nach der gesetzlichen Regelung (§ 171 Abs. 1 FamFG) um ein reines Antragsverfahren handelt, vgl. auch Gernhuber/Coester-Waltjen, V. Abschnitt § 52 IV Rn. 75, S. 616; Knahn in: Grandel/Stockmann, Stichwort Feststellung der Vaterschaft, Rn. 17.

1236 Ignaczewski, Art. 84, Rn. 2.

1237 Im KRO: Ignatowicz, Art. 84, Rn. 3; im BGB: Klinkhammer in: Schnitzler, S. 1267, Rn. 27.

1238 Im KRO: Ignatowicz, Art. 84, Rn. 4; im BGB: Muscheler, Rn. 552; Brudermüller in: Palandt, 72. Aufl. 2013, § 1600 d Rn. 4.

1239 Ignaczewski, Art. 84, Rn. 7, S. 521 f.

1240 Ignaczewski, Art. 84, Rn. 7, S. 522.

Vaterschaftsanerkennung – abweichend zur Regelung des Art. 84 § 1 KRO[1241] – auch nach der Volljährigkeit des Kindes bestehen. Dies ergibt sich aus dem Fehlen einer anderweitigen gesetzlichen Bestimmung.[1242]

Auch hinsichtlich der Wirkungen der gerichtlichen Entscheidung sind zunächst keine Unterschiede auszumachen: Genau wie in Polen[1243] entfaltet der rechtskräftige Beschluss gem. Art. 184 Abs. 2 FamFG seine Wirkungen auch gegenüber Dritten, also erga omnes.[1244]

Genau wie in Polen wird hierzulande davon ausgegangen, dass die Rechtsfolgen ex tunc eintreten – rückwirkend ab der Geburt des Kindes.[1245] Die gem. § 1600 d Abs. 4 BGB nach dem sog. Statusprinzip bis zur rechtskräftigen Feststellung der Vaterschaft gesperrte Geltendmachung der Rechtswirkungen der Vaterschaft[1246] findet im KRO keine explizite Entsprechung. Auch ohne eine ausdrückliche Regelung wird jedoch ebenfalls davon ausgegangen, dass die Rechtsfolgen der Statusentscheidung zwar rückwirkend eintreten, jedoch erst ab Rechtskraft des Urteils geltend gemacht werden können.[1247]

1241 Zum Wortlaut der Norm vgl. oben S. 252, Rn. 1201.

1242 Wie bereits oben dargestellt, wurde § 1600 e BGB durch das FGG-RG ersatzlos gestrichen, ohne dass damit eine inhaltliche Änderung beabsichtigt worden wäre. Eine zeitliche Begrenzung der Aktivlegitimation der Beteiligten war weder in § 1600 e BGB vorgesehen noch wurde sie im FamFG verankert.

1243 Piasecki in: Kodeks rodzinny i opiekuńczy. Komentarz. Pod redakcją Kazimierza Piaseckiego, Art. 84, S. 702, Nr. 15; Ignaczewski, Art 84, Rn. 13; Pietrzykowski in: Kodeks rodzinny i opiekuńczy. Komentarz. Pod redakcją Krzysztofa Pietrzykowskiego, Art. 84, Rn. 36.

1244 Muscheler, Rn. 556; Schwab, Familienrecht, Rn. 580; Engelhardt in: Keidel, § 184, Rn. 3; Klinkhammer in: S. 1273, Rn. 47; Brudermüller in: Palandt, 72. Aufl. 2013, § 1600 d Rn. 7.

1245 Muscheler, Rn. 555; Schwab, Familienrecht, Rn. 580; Brudermüller in: Palandt, 72. Aufl. 2013, § 1600 d Rn. 19.

1246 BGH, FamRZ 1999, 716; OLG Hamm, FamRZ 2005, 475; OLG Celle, FamRZ 2005, 747.

1247 Ignaczewski, Art. 84, Rn. 12. Eine Ausnahme in diesem Zusammenhang stellt die Regelung des Art. 143 KRO dar, die dem Kind und dessen Mutter die Geltendmachung von Unterhaltsansprüchen im Vaterschaftsfeststellungsverfahren ermöglicht; in Deutschland ist – beschränkt auf den Mindestunterhalt – die gerichtliche Geltendmachung von Kindesunterhaltsansprüchen ab der Anhängigkeit des Vaterschaftsfeststellungsverfahrens gem. § 237 Abs. 1 FamFG möglich, der so ergangene Beschluss wird erst mit Rechtskraft der Abstammungsentscheidung wirksam, § 237 Abs. 4 FamFG; gem. Art. 248 FamFG können ab Anhängigkeit einstweilige Anordnungen wegen Kindes- oder Betreuungsunterhalt für die Mutter erlassen werden.

Die Rechtskraft der Entscheidung kann in beiden Ländern durch die Wiederaufnahme des Verfahrens beseitigt werden.[1248]

Im Unterschied zu der polnischen Lösung kann gem. § 180 FamFG sowohl die Vaterschaft – auch durch Dritte[1249] – anerkannt werden als auch die erforderliche Zustimmung der Mutter in einem Vaterschaftsfeststellungsverfahren erfolgen und zu Protokoll des Gerichts gegeben werden, während Art. 72 § 2 KRO[1250] eine Anerkennung der Vaterschaft während der Rechtshängigkeit eines Vaterschaftsfeststellungsverfahrens ausdrücklich sperrt. Schon aus Gründen der Prozessökonomie ist die deutsche Lösung vorzuziehen, weil keine triftigen Gründe ersichtlich sind, weshalb jedenfalls der am Verfahren beteiligte Vaterschaftsprätendent nicht wirksam soll anerkennen dürfen. Genau deshalb begegnet die polnische Regelung des Art. 72 § 2 KRO auch in Polen selbst Kritik in der Literatur.[1251]

Der größte Unterschied betrifft jedoch – wie bei der Vaterschaftsanerkennung – die Rechtsfolgen: Die gerichtliche Feststellung der Vaterschaft führt nach der Rechtslage in der BRD nicht zum Sorgerecht des biologischen Vaters. Wird von ihm neben der rechtlichen Klärung der Abstammungsverhältnisse das Sorgerecht begehrt, sind Sorgeerklärungen notwendig. Stimmt die Mutter der Sorgeerklärung nicht zu, kann der vom Gericht festgestellte Vater im Rahmen der vom BVerfG geschaffenen Übergangslösung[1252] ein Verfahren auf Einräumung der gemeinsamen oder sogar alleinigen Sorge einleiten. Die Klärung der sorgerechtlichen Fragen kann nach der derzeitigen Rechtslage nur in einem separaten Verfahren und nicht bereits im Rahmen des Abstammungsverfahrens erfolgen.

Beim Blick auf die anlässlich des aktuellen Reformvorhabens diskutierten Modelle erstaunt, dass keine neue sorgerechtliche Lösung für die Vaterschaftsfeststellung Eingang in die Erörterungen findet. Zumindest dort jedoch, wo von dem „automatischen" als dem vorzugswürdigen Modell ausgegangen wird, also der Variante, bei der Vater mit der Anerkennung der Vaterschaft ex lege Sorgerechtsinhaber wird, müsste geklärt werden, was für den Fall der gerichtlichen

---

1248 Für Polen: Ignaczewski, Art. 84, Rn. 14; in Deutschland: § 185 FamFG: Gem. 185 FamFG ist die Restitution eröffnet, wenn ein neues Abstammungsgutachten vorgelegt wird, das für sich genommen oder in Verbindung mit den bereits erhobenen Beweisen eine andere Entscheidung herbeigeführt hätte; vgl. auch Knahn in: Grandel/Stockmann, Stichwort Feststellung der Vaterschaft, Rn. 19, 21.

1249 Brudermüller in: Palandt, 72. Aufl. 2013, § 1600 d Rn. 5.

1250 Zum Wortlaut siehe oben S. 241, Fn. 1160.

1251 Ignaczewski, Art. 72, Rn. 2, S. 496 f.

1252 BVerfG, FamRZ 2010, 1403, 1410.

Vaterschaftsfeststellung gelten soll. Eine ähnliche Ausgestaltung der sorgerechtlichen Folgen von Vaterschaftsanerkennung und -feststellung erscheint – wie die dargestellte Entwicklung in Polen zeigt – wichtig, um die Blockierung der einen Methode der Abstammungsklärung zugunsten einer anderen, „rechtsfolgengünstigeren", zu verhindern.

II. Ausnahme: Tod oder fehlende Geschäftsfähigkeit eines Elternteils – Art. 94 KRO

In dem vorstehenden Teil der Arbeit wurde dargestellt, dass die elterliche Gewalt nach der Lösung des KRO grundsätzlich – völlig unabhängig vom Ehelichkeitsstatus des Kindes – beiden Eltern gemeinsam zusteht und lediglich an deren rechtlich feststehende Elternschaft sowie die volle Geschäftsfähigkeit des betreffenden Elternteils anknüpft.

Art. 94 KRO[1253] listet die einzigen Ausnahmen von dem in Art. 93 § 1 KRO verankerten Grundsatz der gemeinsamen elterlichen Gewalt der Eltern auf und illustriert zugleich die bereits erwähnte, im polnischen Recht angenommene Trennung der Ausübungskompetenz und der Rechtsinhaberschaft im Bereich der elterlichen Gewalt.

1. Tatbestand

Lebt ein Elternteil nicht mehr, ist er nicht voll geschäftsfähig, wurde ihm die elterliche Gewalt entzogen oder deren Ruhen beschlossen, ist gem. Art. 94 § 1 KRO der andere Elternteil der alleinige Inhaber der elterlichen Gewalt.

Die eingeschränkte Geschäftsfähigkeit kann aus der Minderjährigkeit des Elternteils oder aus seiner teilweisen oder vollständigen Entmündigung resultieren.[1254] Bei Minderjährigen ergibt sich im polnischen Recht eine Besonderheit. Zwar gilt gem. Art. 10 § 1 S. 1 KRO grundsätzlich, dass eine Ehe nur schließen kann, wer das 18. Lebensjahr vollendet hat. Gem. Art. 10 § 1 S. 2 KRO[1255] kann jedoch eine Frau, die das 16. Lebensjahr vollendet hat, unter bestimmten

---

1253 Art. 94 lautet übersetzt: „§ 1. Lebt ein Elternteil nicht mehr oder ist er nicht voll geschäftsfähig, steht die elterliche Gewalt dem anderen Elternteil zu. Das Gleiche gilt im Fall, wenn die elterliche Gewalt einem Elternteil entzogen wurde oder ruht. § 2. (Aufgehoben). § 3. Steht die elterliche Gewalt keinem Elternteil zu oder sind die Eltern unbekannt, wird für das Kind Vormundschaft bestimmt."

1254 Ignaczewski, Art. 94, Rn. 1, S. 562.

1255 Art. 10 § 1 KRO lautet übersetzt: „Es kann die Ehe eine Person nicht schließen, die das achtzehnte Lebensjahr nicht vollendet hat. Jedoch kann das Vormundschaftsgericht aus wichtigen Gründen die Eheschließung einer Frau genehmigen, die das

Voraussetzungen auf Antrag von dem Erfordernis der Volljährigkeit vom Vormundschaftsgericht befreit werden. Diese Befreiung zieht wiederum die (fiktive, rechtliche) Volljährigkeit und mithin auch die volle Geschäftsfähigkeit der an sich beschränkt geschäftsfähigen Minderjährigen nach sich.[1256]

Hieraus resultiert eine Differenzierung im Bereich der elterlichen Gewalt: Während die verheiratete minderjährige Mutter Inhaberin der elterlichen Gewalt ist, trifft dies auf die unverheiratete minderjährige Mutter nicht zu, obwohl sie unter Umständen über eine vergleichbare psychische Reife verfügt.[1257] Zwar wurden im Zuge des Änderungsgesetzes von 2008 die Folgen dieser Differenzierung dadurch etwas abgemildert, dass gem. Art. 96 § 2 KRO[1258] Eltern ohne elterliche Gewalt die Mitwirkung an der Betreuung und Erziehung des Kindes garantiert wird, solange das Vormundschaftsgericht mit Blick auf das Wohl des Kindes nicht anders entscheidet. Es kann sich hierbei jedoch lediglich um rein faktische Bemühungen des Elternteils handeln.[1259]

Bei dem in Art. 94 § 1 KRO genannten Entzug der elterlichen Gewalt handelt es sich um die Maßnahme des Gerichts gem. Art. 111 KRO, während das Ruhen der elterlichen Gewalt in Art. 110 KRO geregelt ist.[1260] Modifizierungen der Ausübungskompetenz der elterlichen Gewalt anlässlich der Trennung und Scheidung werden in Art. 94 KRO nicht genannt. Der Grund ist darin zu sehen, dass es sich hierbei nicht um Entzug der elterlichen Gewalt im formellen Sinne handelt.[1261]

Erst wenn keinem von beiden Elternteilen die elterliche Gewalt zusteht oder die Eltern unbekannt sind, wird für das Kind Vormundschaft angeordnet, Art. 94 § 3 KRO.

---

16. Lebensjahr vollendet hat, und wenn sich aus den Umständen ergibt, dass die Eheschließung im Einklang mit dem Wohl der gegründeten Familie stehen wird."
1256 Art. 10 KC lautet übersetzt: „§ 1. Volljährig ist, wer das achtzehnte Lebensjahr vollendet hat. § 2. Durch die Eheschließung wird der Minderjährige volljährig. Er verliert die Volljährigkeit im Fall der Feststellung der Unwirksamkeit der Ehe nicht."
1257 Strzebińczyk in: Prawo rodzinne, 2. Aufl., Zakamycze 2003, S. 242.
1258 Zum Wortlaut s. oben S. 205, Fn. 986.
1259 Strzebińczyk in: Prawo rodzinne, 2. Aufl., Zakamycze 2003, S. 242.
1260 Siehe hierzu oben, S. 222.
1261 Vgl. z.B. Golec-Grzymek, MoP 19/2009, im Internet entgeltlich abrufbar unter http://www.monitorprawniczy.pl/index.php?mod=m_artykuly&cid=20&id=2524, S. 10;

Art. 94 § 2 KRO 1964[1262] wurde durch das Änderungsgesetz vom 6.11.2008 aufgehoben, weil Auswirkungen des Vaterschaftsfeststellungsurteils auf die elterliche Gewalt in Art. 93 § 2 KRO neu geregelt wurden.[1263]

2. Vergleich mit dem BGB und Wertung

Die Suche nach dem funktionalen Gegenpart zu Art. 94 KRO führt zu §§ 1678 ff. BGB, wobei hier jedoch keine mit der polnischen Norm vergleichbar klare und konzentrierte Regelung zu finden ist. Vielmehr sind die entsprechenden Inhalte auf mehrere Vorschriften verteilt. Sie sollen in der von Art. 94 KRO erfassten Tatbestandsreihenfolge kurz beleuchtet werden:

Bei Tod eines Elternteils bei zuvor gemeinsamer elterlicher Sorge sieht § 1680 BGB das alleinige Sorgerecht des anderen Elternteils vor. Es ist insoweit kein inhaltlicher Unterschied zu der polnischen Regelung festzustellen.

Bei beschränkter Geschäftsfähigkeit eines Elternteils ist zunächst die Kenntnis der Regelung des § 1673 Abs. 2 S. 2 BGB erforderlich, wonach die elterliche Sorge eines beschränkt geschäftsfähigen Elternteils ruht. Gem. § 1673 Abs. 2 S. 2 BGB hat der minderjährige Elternteil neben dem gesetzlichen Vertreter des Kindes, also meist dem anderen Elternteil oder dem Vormund, die tatsächliche Personensorge ohne das Vertretungsrecht inne, während die übrigen Bestandteile der elterlichen Sorge ruhen.[1264] Die Alleinsorgeberechtigung des anderen Elternteils ergibt sich im Fall des Ruhens der elterlichen Sorge wiederum aus § 1678 Abs. 1 BGB. Auch hier ist also auf der Rechtsfolgenseite (die alleinige Ausübung durch den vom Ruhen der elterlichen Sorge nicht betroffenen Elternteil) keine Abweichung auszumachen. Allerdings sollten die bereits festgestellten Unterschiede bei der Qualifizierung der elterlichen Sorge beschränkt geschäftsfähiger Eltern noch einmal festgehalten werden:

1262 Art. 94 § 2 KRO 1964 lautet übersetzt: „Wurde die Vaterschaft nicht festgestellt oder wurde sie gerichtlich festgestellt, ohne dass dem Vater die elterliche Gewalt zugesprochen wurde, steht die elterliche Gewalt der Mutter zu."

1263 Begründung zum Entwurf des Gesetzes über die Änderung des Gesetzes – Familien- und Vormundschaftsgesetzbuch sowie einiger anderer Gesetze (Uzasadnienie Ustawy o zmianie ustawy – Kodeks rodzinny i opiekuńczy oraz niektórych innych ustaw), Druk Sejmowy Nr. 888, S. 35, im Internet abrufbar unter http://orka.sejm. gov.pl/projustall6.htm.

1264 Diederichsen in: Palandt, 72. Aufl. 2013, § 1673 Rn. 3; Hennemann in: MüKo, § 1673 Rn. 2; Schmid in: Schulz/Hauß, § 1673 Rn. 2; in Polen hat der beschränkt geschäftsfähige Elternteil zwar keine elterliche Gewalt, er kann jedoch gem. Art. 96 § 2 KRO ebenfalls an der tatsächlichen Betreuung und Erziehung des Kindes teilnehmen, vgl. hierzu auch oben, S. 261 f.

Während die elterliche Gewalt nach der Lösung des KRO (bis auf die vorher schon gegebene tatsächliche Personensorge) erst mit der Volljährigkeit des Elternteils oder Heirat der Mutter entsteht, ruht nach dem BGB die elterliche Sorge eines minderjährigen Elternteils – ist also schon während der Minderjährigkeit des Elternteils vorhanden, jedoch (auch hier bis auf die tatsächliche Personensorge) an der Ausübung gehindert.

Stand die elterliche Sorge zunächst beiden Eltern gemeinsam zu und wird sie einem Elternteil entzogen, so wird der andere Elternteil gem. § 1680 Abs. 3 BGB alleiniger Sorgeinhaber. Auch hier ergibt sich insoweit keine Abweichung zu Art. 94 KRO.

Zum Ruhen der elterlichen Sorge bei einem tatsächlichen Hindernis gem. § 1674 BGB gelten die vorstehenden Ausführungen entsprechend – gem. § 1678 Abs.1 BGB wird die Sorge in vollständiger Übereinstimmung mit der Regelung des Art. 94 § 1 KRO von dem anderen Elternteil ausgeübt.

In § 1678 Abs. 1 BGB wird zusätzlich der Fall einer tatsächlichen Verhinderung eines Elternteils geregelt.

Die übrigen Regelungen des BGB in diesem Kontext, namentlich §§ 1678 Abs. 2, 1680 Abs. 2, 3 BGB, beziehen sich auf Konstellationen, in denen die Eltern eben nicht gemeinsam die elterliche Sorge ausüben – zum Beispiel im Fall, wenn keine Sorgeerklärungen abgegeben wurden und die Mutter somit gem. § 1626 a BGB alleinige Sorgerechtsinhaberin blieb. Verliert sie nun das Sorgerecht, muss geklärt werden, unter welchen Voraussetzungen der Vater die Sorge erstmals erwerben kann. Es darf diesbezüglich auf die Ausführungen hierzu im deutschen Länderteil verwiesen werden.[1265]

Da die polnische Rechtsordnung vom Grundsatz des gemeinsamen Sorgerechts ausgeht, sind diese Regelungen im KRO nicht erforderlich. Die einzige abweichende regelungsbedürftige Konstellation betrifft Fälle, in denen die elterliche Gewalt aus Anlass der Trennung und Scheidung gerichtliche Modifikationen erfuhr und einem Elternteil zugewiesen wurde. Verliert dieser Elternteil die ihm zugewiesene elterliche Gewalt (durch Tod, Entmündigung oder Gerichtsurteil), so ist anerkannt, dass die elterliche Gewalt des anderen automatisch, von Gesetzes wegen „reaktiviert" und zur vollen und alleinigen elterlichen Gewalt wird.[1266] Das damit zum Ausdruck kommende Vertrauen des Gesetzgebers dürfte in diesen Fällen mit der Rechtsnatur der Art. 58, 107 KRO zusammenhängen: Der

---

1265 Oben, S. 103 ff.
1266 Ignaczewski, Art. 107, Rn. 10, S. 613 f; Art. 58, Rn. 18.

Anwendungsbereich dieser Vorschriften wird durch praktische Erwägungen und nicht wie bei Art. 109 ff. KRO durch eine Kindeswohlgefährdung eröffnet.[1267]

In allen anderen denkbaren Fällen sind entweder beide Eltern Inhaber der elterlichen Gewalt oder es liegt ein Fall vor, für den Art. 94 KRO eine Lösung vorsieht. Diese Vereinfachung dürfte ein unbestrittener Vorteil der automatischen, nur an die rechtlich feststehende Elternschaft geknüpften elterlichen Sorge sein. Auch die Fälle des Art. 93 Abs. 2 KRO, mithin Konstellationen, in denen mit dem Abstammungsurteil die elterliche Gewalt zwar ex lege entstanden ist, gleichzeitig jedoch vom Gericht modifiziert wurde werden genauso behandelt. Dem Wortlaut der Vorschrift nach[1268] sind dann Art. 107 sowie 109–111 KRO anzuwenden. Art. 107 KRO betrifft die Konstellation der Verteilung der Ausübungskompetenzen durch das Gericht, so dass nach dem Vorhergesagten die uneingeschränkte elterliche Gewalt wieder auflebt, wenn der andere Elternteil ausfällt. Wird die elterliche Gewalt indessen nach Art. 111 KRO entzogen oder ruht sie gem. Art. 110 KRO, so gilt zunächst Art. 94 KRO, mit der Folge der Alleininhaberschaft des nicht betroffenen Elternteils. Fällt auch dieser aus, ist gem. Art. 94 § 3 KRO eine Vormundschaft für das Kind einzurichten.

Auch nach dem BGB kann die elterliche Sorge – bis auf die tatsächliche Personensorge – nur ausüben, wer voll geschäftsfähig ist. Dies ergibt sich aus dem Umkehrschluss des § 1673 BGB. Auf die unterschiedliche Qualifizierung bis zur Volljährigkeit (Ruhen der elterlichen Sorge des minderjährigen Elternteils bis zu seiner Volljährigkeit gem. § 1673 Abs. 2 BGB, die Entstehung der elterlichen Gewalt erst mit der Volljährigkeit des Elternteils im KRO) ist bereits hingewiesen worden.

Interessant erscheinen indessen auch die differenzierten sorgerechtlichen Auswirkungen der Heirat eines minderjährigen Elternteils in den beiden Rechtsordnungen. Zwar kann auch hierzulande gem. § 1303 Abs. 2 BGB ein beschränkt Geschäftsfähiger heiraten, sofern er das 16. Lebensjahr vollendet hat und der künftige Ehegatte bereits volljährig ist. Diese Ausnahme von dem Grundsatz des § 1303 Abs. 1 BGB, wonach nur Ehe schließen soll, wer volljährig ist, ist zum einen – anders als nach Art. 10 § 1 KRO – nicht auf Frauen beschränkt. Der weitere – wohl noch wichtigere – Unterschied besteht jedoch darin, dass die ausnahmsweise vom Familiengericht gem. § 1303 Abs. 2 BGB genehmigte Heirat eines beschränkt Geschäftsfähigen nach deutschem Recht nicht zu dessen vollen Geschäftsfähigkeit und damit auch nicht zur vollen Ausübungskompetenz hinsichtlich des Sorgerechts führt.

1267 Andrzejewski, S. 109.
1268 Zum Wortlaut vgl. oben S. 232, Fn. 1124.

Während die geschlechtsspezifische Beschränkung einer ausnahmsweisen Heirat vor Vollendung des 18. Lebensjahres wegen der verzögerten Reifung der Jungen noch begründet sein mag, erscheint die im polnischen Recht vorgenommene Differenzierung zwischen der verheirateten minderjährigen Mutter (fiktive Volljährigkeit, volle Geschäftsfähigkeit, volle elterliche Gewalt) und der unverheirateten (beschränkte Geschäftsfähigkeit, nur tatsächliche Personensorge) nicht gerechtfertigt und damit kritikwürdig.

F. Elterliche Gewalt nach Trennung und Scheidung

In den vorhergehenden Teilen der Arbeit wurde der Erwerb der elterlichen Gewalt nach dem KRO dargestellt und mit den Regelungen des BGB verglichen. Es ist dabei deutlich geworden, dass im KRO eine vollständige Umsetzung des Gleichberechtigungsgrundsatzes sowohl geschlechterspezifisch als auch hinsichtlich der außerehelichen Kinder erreicht werden konnte. Des Weiteren konnte herausgestellt werden, dass der Grundsatz der gemeinsamen elterlichen Sorge beider Eltern nicht nur – wie in Deutschland – gesetzgeberischer Leitgedanke, jedoch nur auf eheliche Kinder zutreffend, sondern tatsächlich übergreifend gesetzliche Realität ist. Weil grundsätzlich beide Eltern Träger der elterlichen Gewalt sind, gewinnt die Frage sehr an Gewicht, welche rechtlichen Instrumente für den Fall der Trennung und Scheidung der Eltern vorgesehen sind, mit denen die sorgerechtlichen Folgen praktikabel gestaltet werden können.

Der Vollständigkeit halber schließt der zweite Teil der Arbeit deshalb mit der Beleuchtung der Art. 58 und 107 KRO sowie deren Vergleich mit der deutschen Rechtslage. Interessanterweise sind auch hier bedeutende Unterschiede beim Schicksal der gemeinsamen elterlichen Sorge nach Trennung und Scheidung festzustellen, insbesondere gehen beide Rechtsordnungen von diametral unterschiedlichen Voraussetzungen für die Beibehaltung des gemeinsamen Sorgerechts aus.

Beide Vorschriften sind auch deswegen von großem Interesse, weil hier das bereits erwähnte „Abstraktionsprinzip" im polnischen Sorgerecht, mithin die Trennung der Rechtsinhaberschaft von der Ausübungskompetenz zum Tragen kommt. Hiernach sind alle typischen Veränderungen der elterlichen Gewalt im Zusammenhang mit der Trennung und Scheidung Modifizierungen der Ausübungskompetenz und tangieren nicht die Rechtsinhaberschaft.[1269] Es wird

---

1269 Vgl. Golec-Grzymek, MoP 19/2009, im Internet entgeltlich abrufbar unter http://www.monitorprawniczy.pl/index.php?mod=m_artykuly&cid=20&id=2524, S. 10; Andrzejewski, S. 109.

nachfolgend zu beleuchten sein, ob dieses Modell möglicherweise dazu geeignet ist, das Konfliktpotenzial zwischen den Elternteilen zu reduzieren.[1270]

Es wird dabei entsprechend der im Zentrum der Untersuchung stehenden nichtehelichen Eltern der Schwerpunkt der Darstellung auf die Regelung für den Fall der Trennung zu legen sein, die als erste erörtert wird.

I. Elterliche Gewalt nach der Trennung der Eltern – Art. 107 KRO

Art. 107 KRO[1271] ist die polnische Regelung für den Fall der Trennung der Eltern und gehört zu den Vorschriften, die im Zuge der Reform von 2008 bedeutende Veränderungen erfahren haben. Der Inhalt des Art. 107 KRO 1964[1272] wurde gleich vierfach modifiziert und ergänzt:

1. Veränderungen durch das Änderungsgesetz vom 06.11.2008

Zum einen wurde auf die Unterscheidung zwischen nicht verheirateten Eltern (Art. 107 § 1 KRO 1964) und verheirateten, aber getrennt lebenden (Art. 107 § 2 KRO 1964) verzichtet. Diese – aus der Perspektive des polnischen Sorgerechts überflüssige – Differenzierung wurde durch einen einzigen Tatbestand,

---

1270 Vgl. hierzu Peschel-Gutzeit, NJW 2010, 2990, 2992, die zu Recht darauf hinweist, dass sich die Konflikte zwischen den Eltern bei der Ausübung und nicht auf der – im Rahmen des Reformvorhabens ausschließlich diskutierten – Ebene der Rechtsinhaberschaft abspielen.

1271 Art. 107 KRO lautet übersetzt: „§ 1. Steht die elterliche Gewalt beiden, in Trennung lebenden Eltern zu, kann das Vormundschaftsgericht mit Blick auf das Kindeswohl die Art und Weise der Ausübung bestimmen. § 2. Das Gericht kann die Ausübung der elterlichen Gewalt einem Elternteil anvertrauen und die elterliche Gewalt des zweiten Elternteils auf bestimmte Pflichten und Rechte im Verhältnis zur Person des Kindes beschränken. Das Gericht kann die elterliche Gewalt bei beiden Elternteilen belassen, wenn sie eine kindeswohlkonforme Einigung über die Art und Weise der Ausübung der elterlichen Gewalt sowie des Umgangs mit dem Kind vorgelegt haben und die begründete Erwartung besteht, dass sie in den Belangen des Kindes kooperieren werden. Geschwister sollten gemeinsam erzogen werden, es sei denn, dass das Kindeswohl eine andere Entscheidung erfordert.“

1272 Art. 107 KRO 1964 lautet übersetzt: „§ 1. Steht die elterliche Gewalt beiden, nicht miteinander verheirateten Eltern zu, kann das Vormundschaftsgericht die Ausübung der elterlichen Gewalt einem von beiden anvertrauen und die elterliche Gewalt des anderen auf bestimmte Pflichten und Rechte im Verhältnis zur Person des Kindes beschränken. § 2. Die vorstehende Vorschrift wird entsprechend angewandt auf Eltern, die verheiratet sind, jedoch getrennt voneinander leben.“

die Trennung der Eltern, ersetzt.[1273] Vergleicht man den Wortlaut der alten und der neuen Fassung der Norm, so fällt auf, dass nunmehr – im Gegensatz zu früher – der Anwendungsbereich des Art. 107 KRO für nicht verheiratete Eltern nur noch im Fall ihrer Trennung eröffnet ist. Lebensnah wird man jedoch davon ausgehen dürfen, dass die Regelung bereits nach der alten Fassung erst nach der Trennung der Eltern praktische Relevanz gehabt haben dürfte.[1274]

Die zweite Veränderung betrifft die Erweiterung der Möglichkeiten der Regelung der elterlichen Gewalt: Neben der bis dahin schon möglichen Übertragung der vollen elterlichen Gewalt auf einen Elternteil bei gleichzeitiger Beschränkung der Rechte und Pflichten des anderen ist nach der aktuellen Fassung unter bestimmten Voraussetzungen auch die Beibehaltung der gemeinsamen elterlichen Gewalt denkbar.

Die dritte Veränderung besteht in der Einführung des sog. Erziehungsplans, also einer von den Eltern ausgehandelten und vom Gericht bestätigten Einigung über die wichtigsten Kindesbelange.

Die vierte Neuerung ist eine gesetzliche Verankerung der in der Rechtsprechung ohnehin geltenden Regel, wonach eine Geschwistertrennung nach Möglichkeit verhindert werden soll.

2. Tatbestand

Der Regelung liegt die Annahme zugrunde, dass eine harmonische Ausübung der elterlichen Gewalt durch beide Eltern gemeinsam in der Regel nur dann möglich ist, wenn sie in einer häuslichen Gemeinschaft als Familie zusammen leben, während die für die gemeinsame Ausübung erforderlichen Mechanismen bei einem Getrenntleben regelmäßig versagen.[1275]

Bei Trennung von Eheleuten oder nicht miteinander verheirateten Elternpaaren kann deshalb auf Antrag eines Elternteils oder aber auch von Amts wegen[1276] eine gerichtliche Regelung der elterlichen Gewalt herbeigeführt werden.

1273 Ignaczewski, Art. 107, Rn. 1; vgl. auch Begründung zum Entwurf des Gesetzes über die Änderung des Gesetzes – Familien- und Vormundschaftsgesetzbuch sowie einiger anderer Gesetze (Uzasadnienie Ustawy o zmianie ustawy – Kodeks rodzinny i opiekuńczy oraz niektórych innych ustaw), Druk Sejmowy Nr. 888, S. 37, im Internet abrufbar unter http://orka.sejm.gov.pl/projustall6.htm;

1274 Hierauf schließt die Verfasserin, weil diese Änderung in der Literatur überhaupt nicht thematisiert wird.

1275 Ignatowicz/Nazar, Rn. 840.

1276 Dies ergibt sich aus den Verfahrensvorschriften des polnischen Zivilverfahrensgesetzbuches (Kodeks postepowania cywilnego, im Folgenden: KPC): Bei den Verfahren

Voraussetzung ist zunächst ein Getrenntleben der Eltern, worunter das Fehlen einer häuslichen Gemeinschaft verstanden wird.[1277] Es wird dabei auf eine faktische, räumliche Trennung abgestellt,[1278] unabhängig davon, ob möglicherweise noch eine geistige Lebensgemeinschaft der Eltern besteht.[1279] Ob zwischen den Eltern eine rechtliche Bindung besteht, spielt indessen keine Rolle,[1280] so dass sowohl verheiratete als auch nicht verheiratete Eltern umfasst sind.

Nach dem Wortlaut der Vorschrift ist der Anwendungsbereich darüber hinaus nur dann eröffnet, wenn beide Eltern Inhaber der elterlichen Gewalt sind.

Die Regelung selbst kann gem. Art. 107 § 2 KRO zunächst auf zwei Wegen erfolgen.

a) Verteilung der Ausübungskompetenzen – Art. 107 § 2 S. 1 KRO

Die erste Möglichkeit besteht in der Verteilung der Ausübungskompetenzen in der Weise, dass einem Elternteil die volle elterliche Gewalt zugesprochen wird, während die elterliche Gewalt des anderen Elternteils auf bestimmte Rechte und Pflichten im Verhältnis zur Person des Kindes beschränkt wird, Art. 107 § 2 S. 1 KRO.

---

nach Art. 107 KRO handelt es sich um sog. „Nichtprozessverfahren" (postępowanie nieprocesowe) im Sinne der §§ 506 ff. KPC, vgl. Ignatowicz, Art. 107, Rn. 7, S. 612. Gem. Art. 506 KPC können diese Verfahren auf Antrag und in den gesetzlich bestimmten Fällen auch von Amts wegen eingeleitet werden. Einen solchen Fall regelt Art. 570 KRO, wonach Vormundschaftsgerichte Verfahren von Amts wegen einleiten können. Eine Ausnahme von diesem Grundsatz ist in Art. 598¹ § 3 KPC lediglich für Verfahren wegen Herausgabe des Kindes gem. Art. 100 § 1 KRO vorgesehen. Da nach dem Wortlaut des Art. 107 § 1 KRO die Zuständigkeit des Vormundschaftsgerichts gegeben ist und keine Ausnahme vorliegt, kann ein Verfahren auf Regelung der elterlichen Gewalt nach Trennung der Eltern auch von Amts wegen eingeleitet werden. Gem. Art. 572 KPC ist jeder, der von Umständen Kenntnis erlangt, die die Einleitung eines Verfahrens von Amts wegen rechtfertigen würden, verpflichtet, diese dem Vormundschaftsgericht mitzuteilen; insbesondere sind von dieser Verpflichtung u.A. Behörden, Polizei, Notare, Schulen, Staatsanwaltschaften, Gerichte, Beratungsstellen und medizinische Einrichtungen betroffen.

1277 Ignatowicz in: Kodeks rodzinny i opiekuńczy. Komentarz. Pod redakcją Krzysztofa Pietrzykowskiego, Art. 107, Rn. 2.

1278 Stojanowska in: Nowelizacja prawa rodzinnego na podstawie ustaw z 6 listopada 2008 r i 10 czerwca 2010 r. Analiza. Wykladnia. Komentarz, Art. 107, S. 247.

1279 Ignatowicz in: Kodeks rodzinny i opiekuńczy. Komentarz. Pod redakcją Krzysztofa Pietrzykowskiego, Art. 107, Rn. 2.

1280 Stojanowska in: Nowelizacja prawa rodzinnego na podstawie ustaw z 6 listopada 2008 r i 10 czerwca 2010 r. Analiza. Wykladnia. Komentarz, Art. 107, S. 247.

aa) Tatbestand

Der Umfang der Beschränkung der elterlichen Gewalt des Elternteils, der nicht die volle elterliche Gewalt ausüben soll, ergibt sich aus der Entscheidung des Gerichts, das verpflichtet ist, die diesem Elternteil verbleibenden Kompetenzen explizit und präzise zu benennen.[1281] Es kann sich dabei beispielsweise um Mit-entscheidungsrechte bei Veränderung des Aufenthalts des Kindes, bei der Organisation und Form der Ferienerholung, bei der Gesundheitsfürsorge, Schul- und Berufswahl, außerschulischen Aktivitäten, Regeln der Erziehung etc. handeln.[1282] Das Gericht kann auch vorbehalten, dass für alle wichtigeren, die Kindesbelange betreffenden Entscheidungen die Zustimmung des anderen Elternteils erforderlich ist.[1283]

Dies bedeutet, dass alles was nicht positiv vom Gericht aufgelistet wurde, nicht (mehr) zu den sorgerechtlichen Ausübungskompetenzen des von der Beschränkung betroffenen Elternteils gehört und er in den nicht erwähnten Bereichen auch nicht gesetzlicher Vertreter des Kindes sein kann.[1284]

Darüber hinaus ist nach dem Wortlaut der Norm („im Verhältnis zur Person des Kindes") klargestellt, dass sich die Rechte und Pflichten des Elternteils, dem nicht die volle Ausübungskompetenz zugesprochen wird, von vornherein nur auf den Bereich der Personensorge beziehen können und die Ausübung der Vermögenssorge dem anderen Elternteil, dem die volle elterliche Gewalt belassen wird, vorbehalten bleibt.[1285] Das gesetzgeberische Modell wird jedoch nicht im Sinne einer ausschließlichen, zwingenden Regelung verstanden, so dass vereinzelt Abweichungen dort möglich sind, wo sie unter dem Aspekt des Kindeswohls erforderlich erscheinen.[1286]

In Bereichen, auf die die elterliche Gewalt des einen Elternteils beschränkt wurde, steht sie beiden Elternteilen gemeinsam zu. Kommt es diesbezüglich zu Konflikten, kann jeder Elternteil gem. Art. 97 § 2 KRO[1287] das Gericht um eine Klärung der Angelegenheit ersuchen.[1288]

1281 Ignaczewski, Art. 107, Rn. 8 f.
1282 Ignaczewski, Art. 107, Rn. 9.
1283 Ignaczewski, Art. 107, Rn. 8.
1284 Ignaczewski, Art. 107, Rn. 7.
1285 Ignaczewski, Art. 107, Rn. 8.
1286 Ignaczewski, Art. 107, Rn. 8.
1287 Zum Wortlaut siehe oben, S. 232, Fn. 1126.
1288 Ignaczewski, Art. 107, Rn. 7, S. 612.

Die Beschränkung der elterlichen Gewalt gem. Art. 107 KRO unterscheidet sich damit wesentlich von der Regelung des Art. 109 KRO,[1289] weil das Gericht auf der Grundlage der zweiten Vorschrift „andersherum" entscheidet und bestimmt, was ein Elternteil nicht darf und nicht – wie nach Art. 107 KRO – was er (noch) darf.[1290]

bb) Rechtsnatur

Es wurde im Rahmen dieser Arbeit bereits mehrfach auf die Besonderheit der Rechtsnatur der Begrenzungen der elterlichen Gewalt aufgrund der Art. 58, 107 KRO hingewiesen. Streitigkeiten der Eltern vor dem Hintergrund der Ausübung der elterlichen Gewalt unterhalb der Schwelle der Kindeswohlgefährdung sind in Polen generell keine Grundlage für den Entzug der elterlichen Gewalt.[1291]

Bei den Modifizierungen gem. Art. 58, 107 KRO handelt es sich formell nicht um eine Beschränkung oder einen Entzug der elterlichen Gewalt als Recht, sondern um eine Ausübungsregulierung angesichts der besonderen Situation, die die Trennung der Eltern nach sich zieht.[1292] Der Grund für die Anwendung der Art. 58, 107 KRO liegt also nicht – wie bei Art. 109 ff. KRO – in einer schlechten Ausübung der elterlichen Gewalt und der damit einhergehenden Kindeswohlgefährdung, sondern ergibt sich aus rein praktischen Erwägungen. Deshalb ist auch anerkannt, dass die nach Trennung oder Scheidung beschränkte elterliche Gewalt automatisch auflebt und zu einer vollen wird, wenn die (bis dahin uneingeschränkte) elterliche Gewalt des anderen Elternteils ausfällt.[1293]

Auch wenn die Rechtsinhaberschaft selbst durch die Umverteilung der Ausübungskompetenzen nicht tangiert wird, darf nicht übersehen werden, dass sie de facto auf einen Teilentzug hinausläuft.[1294] Gleichwohl wird in der Literatur

---

1289 Zum Wortlaut siehe oben S. 220 f., Fn. 1070.

1290 Ignaczewski, Art. 107, Rn. 7, S. 612.

1291 Ignatowicz in: Kodeks rodzinny i opiekuńczy. Komentarz. Pod redakcją Krzysztofa Pietrzykowskiego, Art. 111, Rn. 8.

1292 Andrzejewski, S. 109; Golec-Grzymek, MoP 19/2009, im Internet entgeltlich abrufbar unter http://www.monitorprawniczy.pl/index.php?mod=m_artykuly&cid=20&id=2524, S. 10; vgl. auch Gromek, Art. 93, Rn. 7, wo der Hinweis zu Art. 93 § 2 KRO a.F. dahingehend erfolgt, dass das Gericht lediglich befugt ist, darüber zu entscheiden, ob dem Mann, dessen Vaterschaft festgestellt wurde, das Recht der elterlichen Gewalt zustehen soll oder nicht. Hiervon streng zu unterscheiden sei indessen die Ausübung der elterlichen Gewalt, deren Regelung durch das Gericht von Art. 93 § 2 nicht gedeckt wird.

1293 Ignatowicz/Nazar, Rn. 841, S. 331 f.; Ignaczewski, Art. 107, Rn. 10, S. 613 f.

1294 Ignaczewski, Art. 107, Rn. 7; vgl. hierzu auch Gromek, Art. 107, Rn. 5, S. 242 f.

der Wortlaut der betreffenden Vorschriften als unglücklich kritisiert, weil die dort gebrauchte Formulierung („das Gericht kann (…) die elterliche Gewalt des anderen Elternteils (…) *beschränken“*) den Eltern das falsche Signal vermittle, das Gericht beließe dem einen die volle elterliche Gewalt, während die elterliche Gewalt des anderen geschmälert wird. Diese von den Eltern falsch verstandene Botschaft generiere wiederum Wirkungen, die mit dem Kindeswohl nicht vereinbar seien.[1295]

cc) Kriterien für die Auswahl eines Elternteils

Da die Überlassung der vollen Ausübungskompetenzen einem Elternteil (also insbesondere auch die Entscheidung darüber, welcher Elternteil das Kind nach der Trennung betreuen soll) bei Beschränkung der sorgerechtlichen Kompetenzen des anderen nach wie vor der typische, also häufiger angewendete Tatbestand des Art. 107 KRO ist,[1296] stehen die Vormundschaftsgerichte oft vor der äußerst schwierigen Frage, welchem Elternteil die uneingeschränkte Ausübungskompetenz zu belassen ist. Diese Frage erweist sich deshalb als besonders heikel, weil die Eltern in den meisten Fällen annähernd gleiche Erziehungskompetenzen repräsentieren, niemals zuvor über eingeschränkte Kompetenzen verfügten und sich jeweils ausschließlich eine Entscheidung des Gerichts im Sinne des eigenen Antrags vorstellen können.[1297]

Art. 107 § 1 KRO legt durch seinen unmissverständlichen Wortlaut das Kindeswohl als Maßstab für die Entscheidung des Gerichts und wichtigstes Kriterium fest. Darüber hinaus wurde in der Rechtsprechung eine Reihe von Kriterien herausgebildet, die diese Entscheidung erleichtern sollen.[1298] Im Fall von ähnlichen Qualifikationen der Eltern geht es folglich um die Auswahl des „größeren Wohls“, mithin um die Beantwortung der Frage, in welcher Person die bessere Garantie für eine ordnungsgemäße Ausübung der elterlichen Gewalt zu sehen ist.[1299]

Bei der Auswahl eines Elternteils, dem das Kind anvertraut wird, sollten danach vor allem Umstände der persönlichen Natur, also charakterliche Eigenschaften der Eltern unter dem Aspekt des Kindeswohls berücksichtigt werden.[1300] Im Grundsatz ist also kein Elternteil wegen seines Geschlechts zu

---

1295 Andrzejewski, S. 109.
1296 Ignatowicz/Nazar, Rn. 841, S. 331.
1297 Ignaczewski, Art. 107, Rn. 6.
1298 Ignatowicz/Nazar, Rn. 841, S. 331.
1299 Ignaczewski, Art. 107, Rn. 6.
1300 Urteil des SN vom 30.8.1949, Wa. C. 76/49, PiP 1950/7.

präferieren. In einer weiteren Entscheidung wies der SN jedoch darauf hin, dass die Entscheidung für einen Elternteil auch unter Berücksichtigung des Alters des Kindes erfolgen sollte und es insbesondere im Säuglingsalter und der frühen Kindheit angezeigt sei, das Kind bei der Mutter mit Blick auf deren „psychische Konstitution, höhere Emotionalität und Neigung, die Gefühle nach außen zu tragen, sowie die einer Mutter eigenen Sorge um die Befriedigung der täglichen Bedürfnisse des Kindes" zu belassen.[1301] Diese Überlegungen würden jedoch an Bedeutung verlieren, wenn die Kinder älter werden und das Schulalter erreichen.[1302]

Es handele sich jedoch insoweit um eine Regel, von der Ausnahmen denkbar seien.[1303] Das Gericht sei deshalb gehalten, die jeweiligen Erziehungsqualitäten mit der größtmöglichen Sorgfalt zu untersuchen. Eine gewisse Rolle können auch wirtschaftliche Bedingungen spielen, die jedoch allein nicht entscheidend seien, weil die wirtschaftlich schlechtere Position eines Elternteils unterhaltsrechtlich ausgeglichen werden könne.[1304]

Unter der Prämisse der bestmöglichen Verwirklichung des Kindeswohls dürften schließlich weitere objektive Voraussetzungen nicht vernachlässigt werden, wie z.B. die Möglichkeit der persönlichen Betreuung des Kindes, ein fester Arbeitsplatz und Wohnsitz, die Wohnsituation, der Gesundheitszustand der Eltern und deren Alter sowie nicht zuletzt deren Bindungstoleranz.[1305]

b) Gemeinsame elterliche Gewalt – Art. 107 § 2 S. 2 KRO

Neben der Variante der Modifizierung der Ausübungskompetenzen hat das Gericht gem. Art. 107 § 2 S. 2 KRO die Möglichkeit, die elterliche Gewalt bei beiden Eltern zu belassen. Obwohl explizit erst durch das Änderungsgesetz vom 6.11.2008 aufgezeigt, ist diese Variante nicht neu. Bereits nach der alten Fassung der Art. 58, 107 KRO[1306] nahm man aufgrund des Wortlauts der Vorschriften

---

1301 Urteil des SN vom 21.11.1952, C 1814/52, OSN 1953/3, poz. 92; sehr kritisch hierzu Stojanowska, Władza rodzicielska pozamałżeńskiego i rozwiedzionego ojca, S. 64, die hierin eine Verletzung des Grundsatzes der Gleichberechtigung und die Anmaßung von psychologischer Fachkompetenz durch den SN sieht.

1302 Urteil des SN vom 2.12.1957, I CR 1045/56 OSN 1959, Nr. 3, poz. 76; Ignaczewski, Art. 107, Rn 6, S. 611.

1303 Ignatowicz/Nazar, Rn. 841, S. 331.

1304 Urteil des SN vom 26.4.1958, 3 CR 1229/54, OSN 1957, Nr. II, poz. 35; Ignatowicz/ Nazar, Rn. 841, S. 331.

1305 Ignaczewski, Art. 107, Rn 6, S. 611.

1306 Zum Wortlaut des Art. 107 KRO 1964 vgl. oben S. 267, Fn. 1272.

(„das Gericht kann") an, dass die Verschiebung der Ausübungskompetenzen zwar möglich, jedoch keineswegs obligatorisch sei, so dass auch nach Trennung und Scheidung der sorgerechtliche status quo erhalten bleiben könne.[1307]

Eine größere praktische Bedeutung wird diese Variante freilich nach wie vor im Bereich der Regelung für den Fall der Scheidung haben, weil dort gem. Art. 58 § 1 KRO im Rahmen des Zwangsverbundes eine Entscheidung des Gerichts zur elterlichen Gewalt von Amts wegen immer zu erfolgen hat, was nicht zwingend einen diesbezüglichen Konflikt der Eltern bedeutet. Die demgegenüber meist auf Antrag eines Elternteils veranlasste Befassung des Gerichts mit der Materie nach der Trennung gem. Art. 107 KRO impliziert bereits – zumindest bei einem Elternteil – eine Haltung, die eher nicht auf Voraussetzungen einer weiterhin gemeinsamen Ausübung hindeutet.

Die Richtlinien des SN im Bereich der Anwendung des Art. 58 KRO a.F. sahen – bei gleichzeitiger Betonung der Erforderlichkeit von Einzelfallentscheidungen – vor, dass die Belassung der vollen elterlichen Gewalt bei beiden Eltern nur dann in Frage kommt, wenn „Chancen auf eine konfliktfreie Ausübung der elterlichen Gewalt durch beide Eltern gemeinsam im Einklang mit dem Kindeswohl und dem Interesse der Gesellschaft bestehen".[1308]

In den sehr raren Fachveröffentlichungen zu diesem Thema prognostizierte man seinerzeit, dass es sich langfristig um eine in der Praxis weitgehend ungenutzte Entscheidungsmöglichkeit handeln würde.[1309]

Entgegen dieser Erwartungen gingen die Gerichte jedoch nach einer gewissen Erfahrungsphase bereits in den 70er Jahren dazu über, die elterliche Gewalt immer öfter bei beiden Eltern zu belassen und lediglich den Aufenthalt des Kindes bei einem Elternteil zu bestimmen – meist sogar ohne die Mindestvoraussetzungen der SN-Richtlinien zu berücksichtigen.[1310] Während im Jahr 1965 nur bei 4,7 % aller Scheidungen den Eltern die gemeinsame elterliche Gewalt belassen wurde, waren es im Jahr 1989 bereits 20,6 %, 1995 25,6 %, 2000 29,2 % und 2003 31, 4 %.[1311]

1307 Stojanowska, Władza rodzicielska pozamałżeńskiego i rozwiedzionego ojca, S. 61.

1308 Richtlinien des SN vom 18.3.1968, III CZP 70/66, OSN 1968, Nr. 5. Poz. 77; Stojanowska, Władza rodzicielska pozamałżeńskiego i rozwiedzionego ojca, S. 61.

1309 Stojanowska, Władza rodzicielska pozamałżeńskiego i rozwiedzionego ojca, S. 61 m.w.N.

1310 Stojanowska, Władza rodzicielska pozamałżeńskiego i rozwiedzionego ojca, S. 61.

1311 Stojanowska in: Nowelizacja prawa rodzinnego na podstawie ustaw z 6 listopada 2008 r i 10 czerwca 2010 r. Analiza. Wykladnia. Komentarz, Art. 58, S. 62 unter Bezugnahme auf demografische Jahrgangsbücher mit w.N.

Diese Praxis ist in der Literatur auf Kritik gestoßen, zumal von der Rechtsprechung in der Tenorierung noch nicht einmal zwischen dem Wohnort und dem ständigen Aufenthaltsort unterschieden und somit für zusätzliche, kindeswohlabträgliche Konflikte gesorgt wurde.[1312]

aa) Intention des Gesetzgebers

Der polnische Gesetzgeber nahm diese Kritik schließlich ernst und ergänzte Art. 107 KRO 1964 um die nunmehr benannten Voraussetzungen für die Beibehaltung der gemeinsamen elterlichen Gewalt. Dabei sollte nach der Gesetzesbegründung „die allgemeine Tendenz, den Eltern die gemeinsame elterliche Gewalt zu belassen, ohne die tatsächlichen Möglichkeiten ihrer einvernehmlichen Ausübung zu untersuchen" eingedämmt und sollten „zufällige und vorschnelle die gemeinsame elterliche Gewalt belassende gerichtliche Entscheidungen" ausgeschlossen werden.[1313]

bb) Voraussetzungen

Nach der aktuellen Rechtslage kann die elterliche Gewalt nach der Trennung beiden Eltern gemeinsam (im vollen Umfang, jedoch nach wie vor mit der sich aus der zwangsläufigen Aufenthaltsbestimmung des Kindes ergebenden Abweichung) nur dann belassen werden, wenn kumulativ zwei Voraussetzungen erfüllt werden, nämlich

• die Eltern dem Gericht eine mit dem Kindeswohl im Einklang stehende Einigung über die Art und Weise der Ausübung der elterlichen Gewalt und der Umgangskontakte vorlegen und

---

1312 Stojanowska, Władza rodzicielska pozamałżeńskiego i rozwiedzionego ojca, S. 61 f., die dieses Modell generell scharf kritisierte, die rechtlich volle elterliche Gewalt beider Elternteile für eine kindeswohlschädliche Fiktion hielt und deren Abschaffung forderte und deren Auffassung unter Benennung des Namens schließlich in der Begründung zum Entwurf des Gesetzes über die Änderung des Gesetzes – Familien- und Vormundschaftsgesetzbuch sowie einiger anderer Gesetze (Uzasadnienie Ustawy o zmianie ustawy – Kodeks rodzinny i opiekuńczy oraz niektórych innych ustaw), Druk Sejmowy Nr. 888, S. 14 und 37, im Internet abrufbar unter http://orka. sejm.gov.pl/projustall6.htm, berücksichtigt wurde.

1313 Begründung zum Entwurf des Gesetzes über die Änderung des Gesetzes – Familien- und Vormundschaftsgesetzbuch sowie einiger anderer Gesetze (Uzasadnienie Ustawy o zmianie ustawy – Kodeks rodzinny i opiekuńczy oraz niektórych innych ustaw), Druk Sejmowy Nr. 888, S. 14, 37 im Internet abrufbar unter http:// orka.sejm.gov.pl/projustall6.htm.

- die begründete Erwartung besteht, dass sie in Kindesbelangen kooperieren werden, Art. 107 § 2 S. 2 KRO.

aaa) *Erziehungsplan*

Die erforderliche Einigung der Eltern knüpft nach der Gesetzesbegründung[1314] an das in den USA praktizierte Modell des sog. Erziehungsplans (eigentlich „parenting plan", in einigen US-Staaten obligatorisch, in einigen empfohlen[1315]) an und wird in der Literatur überwiegend so genannt.[1316]

Es handelt sich hierbei nicht um einen Vergleich, der materiellrechtliche Wirkungen entfaltet, sondern lediglich um eine Voraussetzung für die Entscheidung des Gerichts im Sinne der gemeinsamen elterlichen Gewalt.[1317]

Der Gesetzgeber hat deshalb darauf verzichtet, das Zustandekommen des Erziehungsplans formal zu gestalten oder eine bestimmte Form hierfür vorzuschreiben. Die Form ist deshalb beliebig; der Plan kann dem Gericht als Schriftsatz in dem betreffenden Verfahren vorgelegt werden oder – mit einer vorgeschalteten aktiven Beteiligung des Gerichts mit dem Ziel, eine Einigung der Eltern herbeizuführen – zu Protokoll des Gerichts gegeben werden.[1318] Mit Blick darauf, dass der elterliche Erziehungsplan untrennbar mit dem Institut der Mediation verbunden ist, wird angenommen, dass er in der Praxis häufig in Form eines bestimmten Formulars erstellt wird, das dann von beiden Eltern unterschrieben sein muss.[1319]

Hilfe bei der Erstellung des Erziehungsplans leisten in Polen die – von den Gerichten ohnehin häufig bemühten öffentlichen Familienberatungsstellen,[1320] die ihre Unterstützung durch Therapieangebote ergänzen und deren Prognose ein wichtiger Hinweis für das Gericht ist. Wie bereits oben erwähnt, wird in

---

1314 Begründung zum Entwurf des Gesetzes über die Änderung des Gesetzes – Familien- und Vormundschaftsgesetzbuch sowie einiger anderer Gesetze (Uzasadnienie Ustawy o zmianie ustawy – Kodeks rodzinny i opiekuńczy oraz niektórych innych ustaw), Druk Sejmowy Nr. 888, S. 14, im Internet abrufbar unter http://orka.sejm. gov.pl/projustall6.htm.
1315 Ignatowicz/Nazar, Rn. 541, S. 228.
1316 Im Polnischen: „plan wychowawczy"; Ignatowicz/Nazar schlagen abweichend den Ausdruck „plan rodzicielski", also „elterlicher Plan" als zutreffender vor, s. dort, Rn. 539, S. 226.
1317 Ignaczewski, Art. 107, Rn. 5, S. 609.
1318 Ignaczewski, Art. 107, Rn. 5, S. 609.
1319 Ignaczewski, Art. 107, Rn. 5, S. 609.
1320 Im Polnischen „rodzinne ośrodki diagnostyczno-konsultacyjne".

diesem Zusammenhang eine nicht zu unterschätzende Rolle der Mediation ein-geräumt.[1321]

Inhaltlich muss der Erziehungsplan allem voran eine Einigung der Eltern zu dem künftigen Aufenthalt des Kindes enthalten, weil von dieser Frage zwangs-läufig viele weitere Bereiche abhängen. Neben der Aufenthaltsbestimmung muss der Erziehungsplan obligatorisch Feststellungen zu der Regelung der Umgangs-kontakte enthalten.[1322] Die Vereinbarung sollte darüber hinaus genaue Feststel-lungen zu der Ausübung der Personen- und Vermögenssorge enthalten, also beispielsweise neben der Aufenthaltsbestimmung die Regeln der Erziehung, Richtung und Umfang der Ausbildung, Schul- und Berufswahl, Organisation der Ferienerholung, Gesundheitsfürsorge, die Art und Weise der Lösung künftiger Konflikte z.B. durch Mediation festlegen.[1323]

In der Praxis wird jedoch vorgeschlagen, über diesen Mindestinhalt hinaus Vereinbarungen zu diversen weiteren Bereichen der Kindesbelange zu treffen. Ein Beispiel für eine recht detaillierte Einigung der Eltern ist der als Anhang II in deutscher Übersetzung abgedruckte Erziehungsplan des Mediationszentrums Partners Polen.[1324]

Der Erziehungsplan ist für das Gericht nicht bindend und unterliegt der Beur-teilung, ob er als Grundlage für die positive Kooperationsprognose ausreicht.[1325]

Einmal vereinbart kann der Erziehungsplan abgewandelt oder ergänzt wer-den, sei es aufgrund einer veränderten Auffassung der Beteiligten oder wegen

---

1321 Ignaczewski, Art. 107, Rn. 5, 608; die Unterstützung durch die öffentlichen Famili-enberatungsstellen wurde bereits in der Gesetzesbegründung vorgeschlagen, siehe Begründung zum Entwurf des Gesetzes über die Änderung des Gesetzes – Famili-en- und Vormundschaftsgesetzbuch sowie einiger anderer Gesetze (Uzasadnienie Ustawy o zmianie ustawy – Kodeks rodzinny i opiekuńczy oraz niektórych innych ustaw), Druk Sejmowy Nr. 888, S. 14, im Internet abrufbar unter http://orka.sejm. gov.pl/projustall6.htm.

1322 Ignaczewski, Art. 107, Rn. 5, S. 609.

1323 Ciepła, Nowelizacje Kodeksu rodzinnego i opiekuńczego dokonane w latach 2008 i 2009 r. z komentarzem, S. 25, im Internet Abrufbar im Rahmen des Webauf-tritts der Regionalen Kammer Radcow Prawnych in Krakau, www.oirp.krakow. pl.888,downoad.htm.

1324 Rodzicielski Plan Wychowawczy, Centrum Mediacji Partners Polska, Warschau 2009, als gekürzte Version im Internet abrufbar unter http://www.mediacja.org/up load/files/RPW_skrocona_wersja 09.10.12.pdf.

1325 Ignaczewski, Art. 107, Rn. 5, S. S. 608.

Bedenken des Gerichts.[1326] Die Einigung der Eltern ist kein integraler Bestandteil des Gerichtsurteils.[1327]

bbb) Positive Kooperationsprognose

Neben der Vorlage eines Erziehungsplans ist gem. Art. 107 § 2 S. 2 KRO erforderlich, dass die begründete Erwartung einer Kooperation der Eltern in Kindesbelangen besteht.

Wurde kein Erziehungsplan vorgelegt oder ist das Gericht trotz einer vorgelegten Einigung der Eltern nicht zu der Überzeugung gelangt, dass die Eltern in Kindesbelangen im Sinne des Kindeswohls kooperieren werden, ist die Beibehaltung der gemeinsamen elterlichen Gewalt ausgeschlossen.[1328]

Das Gericht entscheidet in diesem Fall auf der Basis der ermittelten Gesamtumstände des Falles, gegebenenfalls unter Berücksichtigung der von den Eltern getroffenen Feststellungen.[1329]

cc) Kritik in der Literatur

Das in der polnischen Rechtsordnung noch recht neue Rechtsinstitut des Erziehungsplans wird in der Literatur überwiegend begrüßt.[1330] Bereits vor dem Inkrafttreten des Änderungsgesetzes vom 06.11.2008 wurde auf die Notwendigkeit einer gesetzlichen Klärung der Voraussetzungen für eine gemeinsame elterliche Gewalt trotz Trennung und Scheidung hingewiesen.[1331]

1326 Ignaczewski, Art. 107, Rn. 5, S. 609.

1327 Ignaczewski, Art. 107, Rn. 5, S. 609.

1328 Vgl. z.B. Gromek, Kodeks rodzinny i opiekuńczy po nowelizacji z 6.11.2008 r, MoP 17/2008, im Internet entgeltlich abrufbar unter http://www.monitorprawniczy. pl/index.php?mod=m_artykuly&cid=20&id=2512, S. 10; Golec-Grzymek, MoP 19/2009, im Internet entgeltlich abrufbar unter http://www.monitorprawniczy.pl/ index.php?mod=m_artykuly&cid=20&id=2524, S. 10.

1329 Ignaczewski, Art. 107, Rn. 5, S. 608.

1330 Z.B. Golec-Grzymek, MoP 19/2009, im Internet entgeltlich abrufbar unter http://www. monitorprawniczy.pl/index.php?mod=m_artykuly&cid=20&id=2524, S. 10; Ciepła, Nowelizacje Kodeksu rodzinnego i opiekuńczego dokonane w latach 2008 i 2009 r. z komentarzem, S. 25, im Internet abrufbar im Rahmen des Webauftritts der Regionalen Kammer Radcow Prawnych in Krakau, www.oirp.krakow.pl.888,downoad.htm; Ignaczewski, Pochodzenie dziecka i władza rodzicielska po nowelizacji. Art. 61⁹–113⁶ KRO. Komentarz, S. IX; Ignaczewski, Art. 58, Rn. 11, S. 370 f.

1331 Stojanowska, Władza rodzicielska pozamałżeńskiego i rozwiedzionego ojca, S. 61 f.

Es wird nunmehr auch positiv hervorgehoben, dass durch die neue Regelung die Eltern durch die Gerichte zu einer aktiveren Teilnahme am gerichtlichen Verfahren betreffend ihr gemeinsames Kind angehalten würden.[1332]

Auf der anderen Seite wird jedoch kritisch auf verschiedene Makel der Lösung hingewiesen. Der Erziehungsplan sei aus praktischer Sicht ein nur unzureichend bestimmtes Rechtsinstitut. Beispielsweise sei durch den Gesetzgeber nicht skizziert worden, wie Verstöße der Eltern gegen den vereinbarten Erziehungsplan sanktioniert werden könnten und wer die Einhaltung der Vereinbarungen überwacht.[1333] Weiter sei unklar, ob überhaupt eine Vollstreckung aus der Vereinbarung möglich sein soll und – falls ja – welche Gerichtszuständigkeit vorgesehen sei. Die Arbeit der Gerichte würde erschwert, die Verfahren würden in die Länge gezogen werden.[1334]

Teilweise wird mit Blick auf die Unbestimmtheit des Erziehungsplans die Ausarbeitung eines Fragebogens durch das Justizministerium für erforderlich gehalten, der die Erstellung eines Erziehungsplans erleichtern würde.[1335]

Andere schlagen hingegen eine klare Zuweisung der Hilfestellung bei der Erstellung von Erziehungsplänen zum Aufgabenbereich ganz bestimmter öffentlicher Stellen vor.[1336]

Schließlich wird – bei grundsätzlicher Zustimmung – darauf hingewiesen, dass die volle Einigkeit der Eltern hinsichtlich der Ausübung der elterlichen Gewalt und der Umgangskontakte eine eher idealistische Annahme sei, da selbst in intakten Familien diesbezügliche Konflikte völlig natürlich seien und ein

---

1332 Ciepła, Nowelizacje Kodeksu rodzinnego i opiekuńczego dokonane w latach 2008 i 2009 r. z komentarzem, S. 25, im Internet abrufbar im Rahmen des Webauftritts der Regionalen Kammer Radcow Prawnych in Krakau, www.oirp.krakow.pl.888, downoad.htm; Ignaczewski, Pochodzenie dziecka i władza rodzicielska po nowelizacji. Art. 61⁹ 113⁶. KRO. Komentarz, S. IX.

1333 Gromek, Kodeks rodzinny i opiekuńczy po nowelizacji z 6.11.2008 r, MoP 17/2008, im Internet entgeltlich abrufbar unter http://www.monitorprawniczy.pl/index. php?mod=m_artykuly&cid=20&id=2512, S. 9.

1334 Gromek, Kodeks rodzinny i opiekuńczy po nowelizacji z 6.11.2008 r, MoP 17/2008, im Internet entgeltlich abrufbar unter http://www.monitorprawniczy.pl/index. php?mod=m_artykuly&cid=20&id=2512; S. 9f.

1335 Ciepła, Nowelizacje Kodeksu rodzinnego i opiekuńczego dokonane w latach 2008 i 2009 r. z komentarzem, S. 25, im Internet Abrufbar im Rahmen des Webauftritts der Regionalen Kammer Radcow Prawnych in Krakau, www.oirp.krakow. pl.888,downoad.htm.

1336 Ignatowicz/Nazar, Rn. 541, S. 227.

Zeichen des persönlichen Engagements der Eltern sein können.[1337] Eine fehlende vollständige Übereinstimmung der Eltern sollte sie deshalb nicht von vornherein für die gemeinsame Ausübung der elterlichen Gewalt disqualifizieren; vielmehr sei das Gericht gehalten, die Motive der jeweils abweichenden Haltung der Eltern zu untersuchen und auf eine Annäherung hinwirken.[1338]

c) Modifizierungen gem. Art. 109–111 KRO
Unabhängig von den in Art. 107 KRO aufgezeigten Regelungsmöglichkeiten kann – im Fall einer Kindeswohlgefährdung – eine abweichende Entscheidung nach den Art. 109 ff. KRO getroffen werden.[1339] Im Einzelnen ist es also unter Umständen denkbar, Maßnahmen nach Art. 109 KRO zu treffen, die elterliche Gewalt einem oder beiden Eltern gem. Art. 111 KRO zu entziehen oder das Ruhen der elterlichen Gewalt gem. Art. 110 KRO festzustellen.[1340]

II. Elterliche Gewalt nach Scheidung der Eltern – Art. 58 KRO

Die zweite wichtige Vorschrift im Kontext von Veränderungen der elterlichen Gewalt ist Art. 58 KRO.[1341] Die hinsichtlich der elterlichen Gewalt parallel zu Art. 107 KRO ausgestaltete Norm bezieht sich ausdrücklich auf den Fall der

---

1337 Ignaczewski, Art. 58, Rn. 11, S. 371.
1338 Ignaczewski, Art. 58, Rn. 11, S. 371 f.
1339 Ignaczewski, Art. 107, Rn. 2, S. 605.
1340 Ignaczewski, Art. 107, Rn. 2, S. 605.
1341 Art. 58 §§ 1–1a KRO lautet übersetzt: „§ 1. In dem auf Scheidung der Ehe erkennenden Urteil entscheidet das Gericht über die elterliche Gewalt für ein gemeinsames minderjähriges Kind beider Ehegatten und über die Umgangskontakte der Eltern mit dem Kind sowie beschließt, in welcher Höhe jeder Ehegatte verpflichtet ist, die Kosten des Unterhalts und der Erziehung des Kindes zu tragen. Das Gericht berücksichtigt eine Einigung der Ehegatten über die Art und Weise der Ausübung der elterlichen Gewalt und der Umgangskontakte, wenn sie mit dem Kindeswohl im Einklang steht. Geschwister sollten gemeinsam erzogen werden, es sei denn, dass das Kindeswohl eine andere Entscheidung erfordert. § 1a. Das Gericht kann die Ausübung der elterlichen Gewalt einem Elternteil anvertrauen und die elterliche Gewalt des zweiten Elternteils auf bestimmte Pflichten und Rechte im Verhältnis zur Person des Kindes beschränken. Das Gericht kann die elterliche Gewalt bei beiden Elternteilen auf ihren gemeinsamen Antrag hin belassen, wenn sie eine Einigung, von der in § 1 die Rede ist, vorgelegt haben und die begründete Erwartung besteht, dass sie in den Belangen des Kindes kooperieren werden." §§ 2–4 betreffen weitere Folgesachen (Ehewohnung, Vermögensauseinandersetzung); von der Übersetzung wird abgesehen.

Scheidung und ist über die Verweise in Art. 21[1342] und 61³ § 1 KRO[1343] entsprechend auf die Aufhebung der Ehe und die gerichtliche Feststellung der Trennung anwendbar.

Danach hat das Gericht in einem Scheidungsurteil obligatorisch über die elterliche Gewalt für ein gemeinsames minderjähriges Kind, die Umgangskontakte sowie über den jeweils zu zahlenden Kindesunterhalt zu entscheiden. Nicht mehr von Amts wegen, sondern auf Antrag kann das Gericht auch über die Nutzung der Ehewohnung entscheiden sowie – allerdings nur dann, wenn es keine übermäßige Verzögerung des Verfahrens verursacht – die Aufteilung des gemeinsamen Vermögens vornehmen, Art. 58 § 2-4 KRO.

1. Neubestimmung durch das Änderungsgesetz vom 06.11.2008

Auch Art. 58 KRO erfuhr im Bereich der elterlichen Gewalt bedeutende Ergänzungen durch das Änderungsgesetz vom 6.11.2008. Die bis dahin geltende Fassung der Norm[1344] wurde zum einen um die obligatorische Entscheidung des Gerichts über die Umgangskontakte ergänzt. Die Autonomie der Eltern wurde verstärkt, indem das Gericht an ihre Vereinbarung zur Ausübung der elterlichen Gewalt und der Umgangskontakte nach der Scheidung gebunden wurde, sofern sie dem Kindeswohl entspricht, Art. 58 § 1 S. 2 KRO. Schließlich wurde Art. 58 § 1 KRO – wie auch Art. 107 KRO – um die Klarstellung ergänzt, dass eine Geschwistertrennung möglichst vermieden werden soll.

Daneben wurde Art. 58 § 1 a KRO neu eingeführt, dessen erster Satz exakt dem Wortlaut des bis dahin geltenden Art. 58 § 1 S. 2 KRO 1964 entspricht, mithin die Regelungsmöglichkeit der Ausübung der elterlichen Gewalt in der Weise

---

1342 Art. 21 KRO lautet übersetzt: „Hinsichtlich der Wirkungen der Feststellung der Unwirksamkeit der Ehe im Bereich des Verhältnisses der Ehegatten zu den gemeinsamen Kindern sowie im Bereich der vermögensrechtlichen Verhältnisse zwischen den Ehegatten werden die Vorschriften über die Scheidung entsprechend angewandt, wobei der Ehegatte, der die Ehe im bösen Glauben geschlossen hat, wie ein an der Zerrüttung der Ehe schuldiger Ehegatte behandelt wird."

1343 Art. 63³ § 1 KRO lautet übersetzt: „Bei dem Trennungsbeschluss werden Art. 57 und 58 angewandt."

1344 Art. 58 § 1 KRO 1964 lautet übersetzt: „In dem auf Scheidung der Ehe erkennenden Urteil entscheidet das Gericht über die elterliche Gewalt für ein gemeinsames minderjähriges Kind beider Ehegatten sowie beschließt, in welcher Höhe jeder Ehegatte verpflichtet ist, die Kosten des Unterhalts und der Erziehung des Kindes zu tragen. Das Gericht kann die Ausübung der elterlichen Gewalt einem Elternteil anvertrauen und die elterliche Gewalt des zweiten Elternteils auf bestimmte Pflichten und Rechte im Verhältnis zur Person des Kindes beschränken."

vorsieht, dass sie einem Elternteil voll zuteil wird, während die elterliche Gewalt des anderen auf bestimmte Rechte und Pflichte beschränkt wird.

Eine bedeutende Erweiterung birgt indessen Art. 58 § 1 a S. 2 KRO, der in analoger Gestaltung zu der Regelung des Art. 107 § 2 S. 2 KRO die Beibehaltung der gemeinsamen elterlichen Gewalt ermöglicht, sofern die Eltern eine kindeswohlkonforme Einigung zur elterlichen Gewalt und zum Umgang vorlegen und die Kooperationsprognose des Gerichts positiv ausfällt.

Beide Vorschriften, Art. 58 § 1 a S. 2 und 107 § 2 S. 2 KRO verbindet der gemeinsame gesetzgeberische Gedanke, dass eine vollständige und ordnungsgemäße Ausübung der elterlichen Gewalt durch beide Eltern gemeinsam nur bei ihrer harmonischen Kooperation im Sinne des Kindeswohls möglich ist und der Umfang der möglicherweise notwendigen Beschränkung der Ausübungskompetenzen bei einem Elternteil davon abhängt, inwiefern diese Kooperation aufgrund der konkreten Lebenssituation nicht als gesichert gelten kann.[1345]

Wegen des weiteren Ansinnens des polnischen Gesetzgebers, einer vorschnellen Belassung der gemeinsamen elterlichen Gewalt in Fällen, in denen die Voraussetzungen für eine gemeinsame Ausübung nicht vorliegen, entgegenzuwirken, kann auf die Ausführungen zu Art. 107 KRO verwiesen werden.[1346]

2. Entscheidungsmöglichkeiten des Gerichts

Wie auch im Fall der Trennung der Eltern hat das Gericht mehrere Möglichkeiten, über die elterliche Gewalt zu entscheiden. Manche davon ergeben sich direkt aus Art. 58 §§ 1, 1 a KRO, während andere – bei Kindeswohlgefährdung – allgemeinen Vorschriften zu entnehmen sind. Die Zuständigkeit des über die Scheidung erkennden Bezirksgerichts,[1347] auch über die elterliche Gewalt zu

---

1345 Ciepła, Nowelizacje Kodeksu rodzinnego i opiekuńczego dokonane w latach 2008 i 2009 r. z komentarzem, S. 4, im Internet abrufbar im Rahmen des Webauftritts der Regionalen Kammer Radcow Prawnych in Krakau, www.oirp.krakow.pl.888,downoad.htm.

1346 Siehe oben, S. 289 ff.; auch: Begründung zum Entwurf des Gesetzes über die Änderung des Gesetzes – Familien- und Vormundschaftsgesetzbuch sowie einiger anderer Gesetze (Uzasadnienie Ustawy o zmianie ustawy – Kodeks rodzinny i opiekuńczy oraz niektórych innych ustaw), Druk Sejmowy Nr. 888, S. 20, wo auf die Begründung zu Art. 107 verwiesen wird, im Internet abrufbar unter http://orka.sejm.gov.pl/projustall6.htm.

1347 Im Polnischen: „Sąd okręgowy".

entscheiden, stellt dabei eine Ausnahme von der ansonsten ausschließlichen Zuständigkeit des Vormundschaftsgerichts als Teil des Amtsgerichts dar.[1348]

a) Art. 58 § 1 S. 2 KRO
Nach dem Wortlaut des Art. 58 § 1 S. 2 KRO wird zunächst nur die Pflicht des Gerichts, von Amts wegen über die elterliche Gewalt mit zu entscheiden sowie die Bindung des Gerichts an eine kindeswohlkonforme Einigung der Eltern statuiert, ohne dass konkrete Hinweise zur möglichen Regelungsmöglichkeit enthalten sind.

Wegen der vom Gesetzgeber gewählten Formulierung („das Gericht berücksichtigt die Einigung der Eltern (…) sofern sie dem Kindeswohl entspricht") wird in der Literatur die Frage thematisiert, ob die Vorlage einer Einigung durch die Eltern einen obligatorischen oder fakultativen Charakter hat.[1349] Es besteht jedoch im Ergebnis Einigkeit darüber, dass die Verständigung nur dann obligatorisch ist, wenn die Eltern die gemeinsame elterliche Gewalt beibehalten wollen.[1350]

b) Art. 58 § 1 a S. 1 KRO
Art. 58 § 1 a S. 1 KRO ist gleichlautend mit Art. 107 § 2 S. 2 KRO und ermöglicht die Verteilung der Ausübungsberechtigung in der Weise, dass sie bei einem Elternteil voll belassen wird und die Ausübungskompetenzen des anderen Elternteils auf einzelne Rechte und Pflichten im Verhältnis zur Person des Kindes beschränkt werden. Mit Blick auf die Deckungsgleichheit der Vorschriften kann hinsichtlich der Einzelheiten des Tatbestandes, der Rechtsnatur sowie der

---

1348 Im Polnischen: „Sąd opiekuńczy (rejonowy)"; Strzebińczyk, Prawo Rodzinne. Zakamycze 2003, S. 189.

1349 Ciepła, Nowelizacje Kodeksu rodzinnego i opiekuńczego dokonane w latach 2008 i 2009 r. z komentarzem, S. 6, im Internet abrufbar im Rahmen des Webauftritts der Regionalen Kammer Radcow Prawnych in Krakau, www.oirp.krakow.pl.888, download.htm; Gromek, Kodeks rodzinny i opiekuńczy po nowelizacji z 6.11.2008 r, MoP 17/2008, im Internet entgeltlich abrufbar unter http://www.monitorprawniczy.pl/index.php?mod=m_artykuly&cid=20&id=2512, S. 10.

1350 Gromek, Kodeks rodzinny i opiekuńczy po nowelizacji z 6.11.2008 r, MoP 17/2008, im Internet entgeltlich abrufbar unter http://www.monitorprawniczy.pl/index.php?mod=m_artykuly&cid=20&id=2512, S. 10; Ciepła, Nowelizacje Kodeksu rodzinnego i opiekuńczego dokonane w latach 2008 i 2009 r. z komentarzem, S. 6, im Internet abrufbar im Rahmen des Webauftritts der Regionalen Kammer Radcow Prawnych in Krakau, www.oirp.krakow.pl.888, download.htm; Ignaczewski/Nazar, Rn. 541, S. 221.

Kriterien, nach denen die Auswahl eines Elternteils zu erfolgen hat, vollumfänglich auf die obigen Ausführungen zu Art. 107 § 2 S. 2 KRO verwiesen werden.[1351]

Die in der Praxis beobachtete Präferenz für diese Möglichkeit der Regelung der elterlichen Gewalt anlässlich der Scheidung sowie die überwiegende Übung der Gerichte, die volle elterliche Gewalt schematisch bei der Mutter zu belassen, führt zu Kritik und zu der Forderung nach einer häufigeren gemeinsamen elterlichen Gewalt der Eltern auch nach der Scheidung.[1352]

c) Art. 58 § 1 a S. 2 KRO

Auch Art. 58 § 1 a S. 2 KRO ist analog zu der inhaltsgleichen Regelung für den Fall der Trennung der Scheidung, Art. 107 § 2 S. 2 KRO, gestaltet. Durch das Änderungsgesetz vom 06.11.2008 wurde die vorher schon mögliche, jedoch nicht näher geregelte gemeinsame Ausübung der elterlichen Gewalt nach der Scheidung unter mehrere Bedingungen gestellt.

Nach dem Wortlaut des Art. 58 1 a S. 2 KRO sind – insoweit abweichend zu der Regelung für den Fall der Trennung – zunächst übereinstimmende Anträge beider Ehegatten erforderlich. Das Fehlen dieser Erfordernis in Art. 107 KRO rechtfertigt sich aus der Natur der Sache: Die elterliche Gewalt steht den Eltern gemeinsam zu; soll es auch nach der Trennung dabei bleiben, wird ein gerichtliches Verfahren erst gar nicht eingeleitet.

Neben den übereinstimmenden Anträgen, die auf Beibehaltung der gemeinsamen elterlichen Gewalt gerichtet sein müssen, bedarf es der Vorlage eines kindeswohlkonformen Erziehungsplans und der begründeten Erwartung, dass die Eltern auch künftig im Sinne des Kindeswohl kooperieren werden. Wegen der Intention des Gesetzgebers, den Voraussetzungen im Einzelnen sowie zu der in der Literatur geäußerten Kritik wird ebenfalls auf die diesbezüglichen Ausführungen zu Art. 107 § 2 S. 2 KRO verwiesen.[1353]

d) Art. 109–111 KRO; keine „Wechselgewalt"

Gem. Art. 112 KRO[1354] kann das Gericht anlässlich der Scheidung, der Aufhebung der Ehe sowie – ergänzt im Zuge der Gesetzesreform von 2008 – der

---

1351 Siehe oben, S. 273 ff.

1352 Strzebińczyk, Prawo Rodzinne. Zakamycze 2003, S. 167; Ignaczewski, Art. 58 Rn. 8, S. 368.

1353 Siehe oben, S. 275 ff.

1354 Art. 112 KRO lautet übersetzt: „Der Entzug oder die Feststellung des Ruhens der elterlichen Gewalt kann auch im auf Scheidung, Trennung oder Aufhebung der Ehe erkennenden Urteil erfolgen."

gerichtlichen Feststellung der Trennung auch im Sinne eines Entzugs der elterlichen Gewalt oder Feststellung deren Ruhens entscheiden. Die Möglichkeit dieser weitgehenden Eingriffe führt zu der Annahme, dass das Gericht erst recht befugt ist, die weniger einschneidenden Maßnahmen auf der Grundlage des Art. 109 KRO anzuordnen (argumentum a maiore ad minus).[1355]

Bei Vorliegen einer Kindeswohlgefährdung ist das Gericht also immer – unabhängig von einer etwaigen Verständigung der Eltern – von Amts wegen befugt, Maßnahmen zur Beseitigung des kindeswohlgefährdenden Zustands zu ergreifen.[1356]

Keine Grundlage im polnischen Recht findet sich indessen für die zwischen den Eltern wechselnde Gewalt,[1357] die darin bestünde, dass sich das Kind zeitweise abwechselnd – z.B. für ein halbes oder ein Jahr – bei dem jeweiligen Elternteil aufhält, der dann die elterliche Gewalt alleine ausübt. In dieser Hinsicht wird in der Praxis konsequent das Prinzip von nur einem Lebensmittelpunkt des Kindes realisiert.[1358] Nach der Rechtsprechung des SN würden durch den periodischen Wechsel der die elterliche Gewalt ausübenden Person nicht nur die natürlichen Bedürfnisse des Kindes unbefriedigt bleiben, sondern es würde auch eine einheitliche Erziehung ausgeschlossen werden, was wiederum einen negativen Einfluss auf die Entwicklung des Kindes mit sich bringe.[1359]

Von der wechselnden elterlichen Gewalt ist die wechselnde tatsächliche Obhut zu unterscheiden, die zwar möglich, jedoch nur dann als kindeswohlkonform erachtet wird, wenn die Eltern in der Lage sind, einträchtig und gemeinsam die elterliche Gewalt auszuüben und gemeinsame Entscheidungen zu treffen – unabhängig davon, bei wem sich das Kind gerade aufhält.[1360]

1355 Strzebińczyk, Prawo Rodzinne. Zakamycze 2003, S. 189.

1356 Vgl. z.B. Andrzejewski, S. 110.

1357 Im Polnischen: „władza naprzemienna".

1358 Ignaczewski, Art. 58, Rn. 9, S. 368.

1359 Beschluss des SN vom 22.4.1952, C 414/52, OSN 1952, Nr. 2, poz. 47; Ignaczewski, Art. 58, Rn. 9, S. 368; Zegadło in: Władza rozdzicielska i kontakty z dzieckiem. Komentarz. Pod redakcją Jacka Ignaczewskiego, S. 52.

1360 Zegadło in: Władza rozdzicielska i kontakty z dzieckiem. Komentarz. Pod redakcją Jacka Ignaczewskiego, S. 52.

e) Abänderungsmöglichkeit – Art. 106 KRO

Gem. Art. 106 KRO[1361] in seiner aktuellen, ebenfalls durch das Änderungsgesetz vom 6.11.2008 geänderten Fassung können Entscheidungen des Gerichts hinsichtlich der elterlichen Gewalt, die anlässlich der Scheidung, der Aufhebung der Ehe, der Feststellung der Trennung oder der Abstammungsfeststellung getroffen wurden, abgeändert werden, wenn es das Kindeswohl erfordert. Im Vergleich zu der bis dahin geltenden Fassung[1362] sind nunmehr zum einen auch die Entscheidungen in Eheaufhebungs-, Trennungs- und Abstammungsurteilen analog abänderbar. Zum anderen wurde auch auf das bis dahin kumulative Erfordernis der veränderten Umstände verzichtet.[1363] Mit der letztgenannten Änderung konnten Fälle ausgeschlossen werden, in denen die getroffene Entscheidung – möglicherweise sogar von Anfang an – nicht mit dem Kindeswohl im Einklang stand, jedoch mangels zusätzlich erforderlicher, veränderter Umstände eine Abänderung der Entscheidung nicht möglich war.[1364]

III. Vergleich der Art. 107 und 58 KRO mit § 1671 BGB und Wertung

Bei der Norm, die in der deutschen Rechtsordnung die Modifizierung des zuvor gemeinsamen Sorgerechts nach Trennung der Eltern ermöglicht, handelt es sich um § 1671 BGB. Danach kann nach Trennung der bislang gemeinsam sorgeberechtigten Eltern die elterliche Sorge ganz oder teilweise auf einen Elternteil übertragen werden. Die Vorschrift und ihre Tatbestandsvoraussetzungen wurden oben im Zusammenhang mit der durch das KindRG geschaffenen Rechtslage umfassend dargestellt; auf die dortigen Ausführungen wird verwiesen.

1361 Art. 106 KRO lautet übersetzt: „Wenn es das Kindeswohl erfordert, kann das Vormundschaftsgericht die in dem auf Scheidung, Trennung oder Aufhebung der Ehe erkennenden oder die Abstammung des Kindes feststellenden Urteil getroffene Entscheidung über die elterliche Gewalt und die Art und Weise von deren Ausübung abändern."

1362 Art. 106 KRO 1964 lautet übersetzt: „Wenn es das Kindeswohl erfordert, kann das Vormundschaftsgericht bei Veränderung der Umstände die in dem Scheidungsurteil getroffene Entscheidung über die elterliche Gewalt und die Art und Weise von deren Ausübung abändern."

1363 Begründung zum Entwurf des Gesetzes über die Änderung des Gesetzes – Familien- und Vormundschaftsgesetzbuch sowie einiger anderer Gesetze (Uzasadnienie Ustawy o zmianie ustawy – Kodeks rodzinny i opiekuńczy oraz niektórych innych ustaw), Druk Sejmowy Nr. 888, S. 37, im Internet abrufbar unter http://orka.sejm. gov.pl/projustall6.htm.

1364 Ignaczewski, Art. 106, Rn. 1, S. 602.

1. Anwendungsbereiche

Der erste, offenkundige Unterschied betrifft die Anwendungsbereiche der hier im Fokus stehenden Vorschriften: Während § 1671 BGB die Modifizierungen des Sorgerechts sowohl für den Fall der Trennung als auch für den Fall der Scheidung umfasst, wird im KRO jeweils eine separate Norm bemüht (Art. 58 – Scheidung, Art. 107 – Trennung). Die bis zum Inkrafttreten des KindRG ebenfalls getrennten Regelungen (§ 1671 BGB 1979 für den Fall der Scheidung sowie § 1672 BGB 1979 für den Fall der Trennung, der auf § 1671 BGB 1979 verwies) unterschieden sich ohnehin nur in verfahrensrechtlicher Hinsicht: Durch den Zwangsverbund von Ehe- und Folgesache Sorgerecht[1365] bedingt entschied das Gericht diesbezüglich von Amts wegen, nach einer Trennung indessen nur auf Antrag. Mit der Abschaffung des Zwangsverbundes durch das KindRG entfiel auch das Bedürfnis für getrennte Regelungen,[1366] da nunmehr auch für den Fall der Scheidung nur noch auf Antrag über die elterliche Sorge entschieden wird.

Die gespaltene Regelung für Trennung und Scheidung in Polen lässt sich wohl vor allem mit der Tatsache erklären, dass nach dem polnischen Recht – anders als im BGB – eine Trennung der Ehegatten als Scheidungsvoraussetzung nicht erforderlich ist.[1367] Die in § 1671 BGB erfolgte Erhebung der Trennung der Eltern zum einzigen Anknüpfungspunkt[1368] ist folglich auf das KRO nicht übertragbar, weil dort die Scheidung auch ohne eine Trennung denkbar ist.

Sieht man von Art. 58 § 1 KRO ab und vergleicht die Anwendungsbereiche von Art. 107 KRO und § 1671 BGB, so lässt sich eine vollständige Übereinstimmung

---

1365 § 623 ZPO 1976, zum Wortlaut siehe oben, S. 91, Fn. 469.

1366 BT-Drucks. 13/4899, S. 98.

1367 Art. 56 KRO lautet übersetzt: „§ 1. Ist zwischen den Ehegatten eine vollständige und dauerhafte Zerrüttung der ehelichen Gemeinschaft eingetreten, so kann jeder der Ehegatten die Auflösung der Ehe durch das Gericht im Wege der Scheidung verlangen. § 2. Allerdings ist die Scheidung trotz der vollständigen und dauerhaften Zerrüttung der ehelichen Gemeinschaft unzulässig, wenn hierdurch das Wohl der gemeinsamen minderjährigen Kinder der Ehegatten leiden sollte oder wenn der Scheidungsausspruch aus anderen Gründen mit den Regeln des gesellschaftlichen Zusammenlebens unvereinbar wäre. § 3. Die Scheidung ist auch dann unzulässig, wenn sie von dem an der Zerrüttung der ehelichen Gemeinschaft allein schuldigen Ehegatten begehrt wird, es sei denn, dass der andere Ehegatte der Scheidung zustimmt oder dass die Verweigerung seiner Zustimmung unter den gegebenen Umständen mit den Regeln des gesellschaftlichen Zusammenlebens unvereinbar ist.“; Ludwig, FamRB international, 2005, S. 54; Ignatowicz, Art. 56, Rn. 6, S. 318.

1368 BT-Drucks. 13/4899, S. 98.

dahingehend feststellen, dass sich beide Vorschriften auf alle Kinder, also unabhängig von einer ehelichen Herkunft, beziehen.

Es ist jedoch ein bemerkenswerter Unterschied verfahrensrechtlicher Art hervorzuheben: während das Verfahren nach Art. 107 KRO auf Antrag eines Elternteils oder aber auch von Amts wegen eingeleitet werden kann, handelt es sich bei dem Verfahren nach § 1671 BGB nach dem Wortlaut der Vorschrift um ein reines Antragsverfahren. Die Möglichkeit der Einleitung des Verfahrens von Amts wegen durch das Vormundschaftsgericht hat weitreichende Konsequenzen, weil sie staatliche Eingriffe in die elterliche Gewalt auch unterhalb der Schwelle der Kindeswohlgefährdung möglich macht. Dies wiederum ist als Verstoß gegen die verfassungsrechtlich garantierte Elternautonomie zu werten und – auch wenn solche Verfahren in der Praxis selten sein dürften – kritisch zu betrachten.

2. Gesetzgeberische Konzepte

Die hier verglichenen Regelungen sind Ausfluss grundlegend unterschiedlicher gesetzgeberischer Konzepte. Neben den diametral unterschiedlichen Modellen im Bereich des Sorgerechtserwerbs durch nichteheliche Väter sind hier die größten Differenzen festzustellen.

a) Zwangsverbund von Ehesache und Sorgerecht

Einer der für seine Zeit revolutionären Ansätze des KindRG von 1997 bestand in dem grundsätzlichen Fortbestand der elterlichen Sorge unabhängig von Scheidung und Trennung. Das Antragsprinzip, das bis dahin bereits für Regelungen der elterlichen Sorge nach Trennung galt, wurde auch für die Sorgerechtsveränderungen anlässlich der Scheidung eingeführt. Der deutsche Gesetzgeber ließ sich dabei primär von der Hoffnung leiten, dass von der Aufhebung des Zwangsverbundes eine konfliktentschärfende Wirkung ausgehen und die gemeinsame Sorge häufiger beibehalten würde.[1369]

Nach der aktuellen Rechtslage in Deutschland ist nur im Sinne einer Zulässigkeitsvoraussetzung im Scheidungsantrag anzugeben, *ob* von den Ehegatten eine Regelung unter anderem zur elterlichen Sorge getroffen wurde, § 133 Abs. 1 Nr. 2 FamFG. Das Familiengericht seinerseits ist in diesem Kontext lediglich verpflichtet, die Eltern „auch zur elterlichen Sorge und zum Umgangsrecht anzuhören und auf bestehende Möglichkeiten der Beratung hinzuweisen", § 128 Abs. 2 FamFG.

1369 BT-Drucks. 13/4899, S. 62.

Im Gegensatz hierzu wird eine obligatorische Sorgerechtsentscheidung des Gerichts im Rahmen der Scheidung von dem polnischen Gesetzgeber nach wie vor für erforderlich gehalten. Gegenläufig zu der deutschen Rechtsentwicklung wurde der Zwangsverbund in Polen durch das Änderungsgesetz vom 6.11.2008 sogar um das Umgangsrecht erweitert. Es wird dadurch das Ansinnen des polnischen Gesetzgebers deutlich, den Scheidungsprozess als ein Verfahren zu begreifen, in dem die Gesamtheit der die Familie betreffenden Belange entschieden werden soll, um künftige Streitigkeiten möglichst zu vermeiden.[1370] Beide Konzepte haben freilich Vor- und Nachteile, die in erster Linie die zeitliche Ebene betreffen.[1371]

b) Verhältnis zu gemeinsamer Sorge nach Trennung und Scheidung

Wichtige Unterschiede bestehen vor allem aber auch hinsichtlich des Verhältnisses des jeweiligen Gesetzgebers zur gemeinsamen Sorge der Eltern nach Trennung und Scheidung.

Das BVerfG entschied in Deutschland am 03.11.1982, dass die Regelung des § 1671 Abs. 4 BGB 1979,[1372] wonach die elterliche Sorge bei einer Scheidung stets auf einen Elternteil zu übertragen war, verfassungswidrig ist. Überall dort, wo die Eltern willens und in der Lage sind, die Verantwortung für ihr Kind auch nach der Scheidung weiterhin gemeinsam auszuüben, bedürfe es „keiner Schlichtung widerstreitender Interessen der Eltern durch den Staat".[1373] Eine Gesetzesgrundlage hielt man zunächst zwar nicht für erforderlich, weil die Entscheidung des BVerfG selbst als ausreichende Grundlage für die Rechtsprechung erachtet wurde.[1374] Da der Gesetzgeber jedoch zwischenzeitlich vom BVerfG aufgefordert wurde, eine Gesetzesgrundlage für die gemeinsame elterliche Sorge nicht miteinander verheirateter Eltern zu schaffen,[1375] hielt man es nun für sinnvoll, in einer gemeinsamen Vorschrift auch das gemeinsame Sorgerecht von geschiedenen Eltern zu regeln.[1376] Seit dem Inkrafttreten der durch das KindRG geschaffenen Regelung ist es umstritten, ob die Beibehaltung der gemeinsamen elterlichen Sorge nach Trennung und Scheidung den normativen Regelfall darstellen soll

---

1370 Ignatowicz/Nazar, Rn. 533, S. 224.
1371 Ignatowicz/Nazar, Rn. 533, S. 223.
1372 Zum Wortlaut vgl. oben S. 44, Fn. 222.
1373 BVerfGE 61, 358 ff. = FamRZ 1982, 1179 ff.
1374 BT-Drucks. 13/4899, S. 60.
1375 BVerfG, FamRZ 913, 917.
1376 BT-Drucks. 13/4899, S. 60.

oder nicht.[1377] Der Gesetzgeber selbst formulierte seinen Willen dahingehend, dass keineswegs ein Regel-Ausnahme-Verhältnis zugunsten der gemeinsamen Sorge geschaffen werden und die Entscheidung hierüber vorrangig den Eltern überlassen werden soll.[1378] Aus der gleichzeitigen Entwertung der alleinigen Sorge an einer anderen Stelle der Gesetzesbegründung[1379] wird jedoch deutlich, dass dem Fortbestand des gemeinsamen Sorgerechts ein hoher sozialpolitischer Wert beigemessen wird. Dies ergibt sich nicht zuletzt auch daraus, dass es im Rahmen der Anwendung des § 1671 BGB bei der gemeinsamen Sorge bleibt, sofern nicht eine Änderung der Sorgerechtslage durch das Kindeswohl angezeigt ist oder sich die Eltern entsprechend geeinigt haben.[1380] Die gemeinsame Sorge bleibt also unter Umständen selbst dann aufrechterhalten, wenn sie von beiden Elternteilen abgelehnt wird, sofern das Gericht nicht zu der Überzeugung gelangen sollte, das eine diesbezügliche Veränderung dem Kindeswohl am besten entspricht.[1381]

Hieraus resultiert wohl wiederum die Entwicklung, dass die gemeinsame Sorge auch nach Trennung und Scheidung in Deutschland seit geraumer Zeit und mit steigender Tendenz den statistischen Regelfall bildet: Während es im Jahr 2000 bei insgesamt 76 % der Scheidungen bei der gemeinsamen Sorge blieb, waren es im Jahr 2010 bereits 95%.[1382]

Demgegenüber positioniert sich der polnische Gesetzgeber nicht nur nicht im Sinne der Gleichwertigkeit beider Modelle, sondern im Zweifel gegen die gemeinsame elterliche Gewalt. Die in Deutschland mögliche gemeinsame Sorge

---

1377 Zum Streitstand vgl. oben, S. 109 ff.

1378 BT-Drucks. 13/4899, S. 61, 63.

1379 BT-Drucks. 13/4899, S. 62.

1380 Diederichsen in: Palandt, 72. Aufl. 2013, § 1671, Rn. 13; Gernhuber/Coester-Waltjen, V. Abschnitt § 65 II Rn. 17; in diesem Sinne auch Schmid in: Schulz/Hauß, § 1671, Rn. 2.

1381 Schwab, FamRZ 1998, 457, 458, der aus Sicht der Verfasserin zutreffend ausführt, dass den „Erfolgschancen eines Antrags auf Alleinsorge nicht geringe Hürden im Wege stehen".

1382 Statistisches Bundesamt, Wie leben Kinder in Deutschland? Begleitmaterial zur Pressekonferenz am 3.August 2011 in Berlin, S. 10, im Internet abrufbar unter http://www.destatis.de/jetspeed/portal/cms/Sites/destatis/Internet/DE/Presse/pk/2011/Mikro__Kinder/pressebroschuere__kinder,property=file.pdf; in 94% der Scheidungen verblieb es bei der gemeinsamen Sorge, weil kein Elternteil einen entsprechenden Antrag gestellt hat. Bei den strittigen Fällen wurde das Sorgerecht zu 71 % auf die Mutter und zu 7 % auf den Vater übertragen. Immerhin zu 20 % beließen es die Familiengerichte trotz entgegengesetzter Anträge, also gegen den Willen zumindest eines Elternteils, bei der gemeinsamen elterlichen Sorge.

auch ohne den übereinstimmenden Willen beider Elternteile ist in Polen überhaupt nicht denkbar. Die durch das Änderungsgesetz vom 06.11.2008 in den Art. 58 § 1, 107 KRO erfolgte Klarstellung, dass die gemeinsame elterliche Sorge nach Trennung und Scheidung nur unter strengen Voraussetzungen (Vorlage eines kindeswohlkonformen Erziehungsplans, günstige Kooperationsprognose) beibehalten werden kann, soll für einen rigideren Umgang der Rechtsprechung mit diesem Thema sorgen.[1383] Zwar wird vom polnischen Gesetzgeber keine direkte Aussage zum Nachrang der geteilten elterlichen Gewalt getroffen. In der Gesetzesbegründung wird jedoch ausgeführt, dass die eingeführten Bedingungen das „zufällige und übereilte" Belassen der gemeinsamen elterlichen Gewalt verhindern sollen.[1384] An einer anderen Stelle wird zudem die „allgemeine Tendenz in der Rechtsprechungspraxis" kritisiert, die elterliche Gewalt nach Trennung und Scheidung ohne „eine eingehende Untersuchung der tatsächlichen Möglichkeiten der einvernehmlichen Ausübung im Sinne des Kindeswohls" unverändert zu belassen.[1385] Angesichts der hohen, recht idealistischen[1386] Voraussetzungen für die Beibehaltung des sorgerechtlichen status quo dürfte das Ansinnen des polnischen Gesetzgebers nicht verfehlt und das bis dahin ohnehin schon bestehende Regel-Ausnahme-Verhältnis[1387] zementiert worden sein.

Die Frage nach den Ursachen für den restriktiven Umgang mit der gemeinsamen elterlichen Sorge nach Trennung und Scheidung in Polen mag – jedenfalls

---

1383 Begründung zum Entwurf des Gesetzes über die Änderung des Gesetzes – Familien- und Vormundschaftsgesetzbuch sowie einiger anderer Gesetze (Uzasadnienie Ustawy o zmianie ustawy – Kodeks rodzinny i opiekuńczy oraz niektórych innych ustaw), Druk Sejmowy Nr. 888, S. 14, 20, 37, im Internet abrufbar unter http://orka.sejm.gov.pl/projustall6.htm.

1384 Begründung zum Entwurf des Gesetzes über die Änderung des Gesetzes – Familien- und Vormundschaftsgesetzbuch sowie einiger anderer Gesetze (Uzasadnienie Ustawy o zmianie ustawy – Kodeks rodzinny i opiekuńczy oraz niektórych innych ustaw), Druk Sejmowy Nr. 888, S. 37, im Internet abrufbar unter http://orka.sejm.gov.pl/projustall6.htm.

1385 Begründung zum Entwurf des Gesetzes über die Änderung des Gesetzes – Familien- und Vormundschaftsgesetzbuch sowie einiger anderer Gesetze (Uzasadnienie Ustawy o zmianie ustawy – Kodeks rodzinny i opiekuńczy oraz niektórych innych ustaw), Druk Sejmowy Nr. 888, S. 14, im Internet abrufbar unter http://orka.sejm.gov.pl/projustall6.htm.

1386 Ignaczewski, Art. 58, Rn. 11, S. 371.

1387 Ignaczewski, Art. 58, Rn. 8, S. 368, der diesen Zustand zugleich kritisiert, da nach seiner Auffassung allein das Kindeswohl und die Gegebenheiten des Einzelfalls entscheidend sein sollten.

zum Teil – mit dem leichten „Zugang" zum Sorgerecht erklärt werden können. Da die Rechtsinhaberschaft bei nichtehelichen Eltern lediglich an die rechtlich feststehende Abstammung sowie die volle Geschäftsfähigkeit geknüpft ist, wird jedenfalls in Konstellationen, in denen die Eltern getrennt leben, ein guter Kontrollmechanismus mit am Kindeswohl ausgerichteten, klaren Maßstäben erforderlich sein. Die hohe Wertstellung des elterlichen Konsenses gepaart mit gerichtlicher Kindeswohlprüfung erscheint plausibel und geeignet. Dass die Bedeutung dieses Einvernehmens der Eltern als Voraussetzung für eine kindeswohlkonforme Ausübung der elterlichen Sorge nach Trennung und Scheidung kaum unterschätzt werden kann, wird durch eine Studie des Statistischen Bundesamtes eindrucksvoll illustriert: Von den 77.000 Scheidungsverfahren im Jahr 2010, in denen eine Sorgeregelung mangels Anträgen der Eltern zunächst unterblieb, musste in 29.400 Fällen nachträglich eine Regelung im isolierten Verfahren herbeigeführt werden.[1388]

3. Regelungsmöglichkeiten

Während in Art. 58 und 107 KRO zwei Regelungsmöglichkeiten benannt werden, nämlich die Übertragung der elterlichen Gewalt auf einen Elternteil bei gleichzeitiger Beschränkung der elterlichen Gewalt des anderen Elternteils auf bestimmte Rechte und Pflichten im Verhältnis zur Person des Kindes und die Belassung der elterlichen Gewalt bei beiden Elternteilen, ist in § 1671 BGB von der vollständigen oder teilweisen Übertragung der elterlichen Sorge auf einen Elternteil die Rede.

Die Übertragung des vollen Sorgerechts auf einen Elternteil bewirkt, dass dem anderen Elternteil sein Anteil an der bisher gemeinsamen Sorge entzogen wird, dem dann noch das Umgangs- und Auskunftsrecht gem. §§ 1684, 1686 BGB verbleibt.[1389]

Die Zuweisung des vollen Sorgerechts kann durch Einigung der Eltern (§ 1671 Abs. 2 Nr. 1 BGB) oder als Ergebnis einer doppelten Kindeswohlprüfung (§ 1671 Abs. 2 Nr. 2 BGB) erreicht werden.

Diese Variante ist im Rahmen der Art. 58, 107 KRO nicht möglich. Weist das Gericht die volle elterliche Gewalt einem Elternteil zu, ist es gleichzeitig

---

1388 Statistisches Bundesamt, Wie leben Kinder in Deutschland? Begleitmaterial zur Pressekonferenz am 3.August 2011 in Berlin, S. 10, im Internet abrufbar unter http://www.destatis.de/jetspeed/portal/cms/Sites/destatis/Internet/DE/Presse/pk/2011/Mikro__Kinder/pressebroschuere__kinder,property=file.pdf.
1389 Hennemann in: MüKo, § 1671, Rn. 16; Diederichsen in: Palandt, 72. Aufl. 2013, § 1671, Rn. 43.

verpflichtet, die elterliche Gewalt auf bestimmte Rechte und Pflichten im Verhältnis zur Person des Kindes zu *beschränken*. Ein „Herunterfahren" dieser Rechte und Pflichten auf null ist indessen unterhalb der Schwelle der Kindeswohlgefährdung nicht vorgesehen. Auch eine Zuweisung der alleinigen elterlichen Gewalt im Wege einer Einigung der Eltern erscheint nicht möglich. Zwar ist das Gericht gem. Art. 58 § 1 KRO verpflichtet, die Einigung der Eltern zu berücksichtigen, allerdings nur dann, wenn sie im Einklang mit dem Kindeswohl steht. Eine völlige „Ausschaltung" des anderen Elternteils wird dieser Anforderung jedoch kaum genügen.

Hinzu kommt, dass es sich auf der Rechtsfolgenseite lediglich um Verschiebungen der Ausübungskompetenz handelt und nicht um Entzug der elterlichen Gewalt im formellen Sinne.

Der Mechanismus einer partiellen Sorgerechtsübertragung gem. § 1671 BGB funktioniert indessen gewissermaßen umgekehrt wie nach dem KRO: Während die Zuweisung der alleinigen Teilsorge bedeutet, dass im Übrigen gemeinsames Sorgerecht bestehen bleibt, erfolgt die Verteilung gem. Art. 58, 107 KRO in der Weise, dass dem Elternteil, der nicht die volle elterliche Gewalt ausüben soll, konkrete Rechte und Pflichten zugewiesen werden und im Übrigen von der alleinigen Ausübungskompetenz des anderen Elternteils auszugehen ist. Auch hier kommt also das jeweilige gesetzgeberische Bestreben zum Ausdruck: Während nach dem BGB ein möglichst großer Teil der Sorge den Eltern gemeinsam verbleiben soll,[1390] wird in Polen die grundsätzliche Zuweisung zu nur einem Elternteil bei kleiner Schnittmenge der noch gemeinsamen Rechte und Pflichten präferiert.

Mögliche Varianten der Einrichtung einer partiellen Alleinsorge gem. § 1671 BGB werden im Gesetz nicht näher beschrieben. Sie reichen jedoch über die Aufteilung in Personen- und Vermögenssorge hinaus. Eine weitere Aufspaltung der Personensorge (z.B. in Aufenthaltsbestimmungsrecht, Erziehungsrecht, Gesundheitsfürsorge usw.) wird zuweilen mit Blick auf das Leben des Kindes als einheitlichen Sachverhalt kritisiert.[1391] Auch wird teilweise zu Recht davor

---

1390 Bei Auftreten von Konflikten sollen die Eltern nicht zu einer „Totalrevision" des Sorgerechts genötigt sein, vgl. Diederichsen in Palandt, 72. Aufl. 2012, § 1671, Rn. 44; kritisch zu den vielfältigen Gestaltungsmöglichkeiten Gernhuber/Coester-Waltjen, V. Abschnitt § 65 II Rn. 22.
1391 Schwab, FamRZ 1998, 457, 459.

gewarnt, in streitigen Fällen die Begründung der teilweisen Alleinsorge vorzuziehen, weil andauernde Konflikte das Kindeswohl tangieren.[1392]

In Polen ist indessen gerade im Bereich der Personensorge – die Vermögenssorge steht dem Elternteil, dessen elterliche Gewalt beschränkt wird, ohnehin
nicht zu – die Tendenz zu einer sehr detaillierten Aufspaltung in bestimmte
Sachgebiete auszumachen. Neben Mitspracherecht beim Wechsel des Wohnor-
tes der Kinder kann dem Elternteil, der nicht die volle elterliche Gewalt ausüben
soll, beispielsweise die Mitgestaltung der Ferien sowie der außerschulischen Aktivitäten des Kindes, die Wahl der Heilbehandlungsmethoden, Mitbestimmung
bei den Regeln der Erziehung sowie Schul- und Berufswahl belassen werden.
Daneben ist das Einverständnis dieses Elternteils ohnehin bei allen wichtigen,
das Kind betreffenden Entscheidungen erforderlich.[1393]

Den so konkret vom Gericht aufgezählten Bereichen wird freilich der Charme
einer leichten Verständlichkeit kaum abzusprechen sein; jedenfalls die Konflikte
der Eltern hinsichtlich der Inhalte der gerichtlichen Entscheidung werden sich
so vermeiden lassen. Demgegenüber ist die in Deutschland übliche Aufspaltung
in große, juristisch umschriebene Teilbereiche wie Aufenthaltsbestimmungs-
oder Erziehungsrecht für juristische Laien bei weitem nicht so verständlich und
kann zu Interpretationskonflikten führen.

Im Zusammenhang mit der Begründung der teilweisen Alleinsorge ist daran zu denken, dass das Sorgerecht in Deutschland nach einer Trennung wegen
§ 1687 BGB ohnehin ein gespaltenes ist, weil der das Kind nach einer Trennung
betreuende Elternteil auch bei gemeinsamer Sorge in allen Angelegenheiten des
täglichen Lebens allein entscheidungs- und vertretungsbefugt ist.[1394]

Eine vergleichbare Regelung ist im KRO nicht zu finden; der Praktikabilität
wird jedoch jedenfalls im Außenverhältnis dadurch Rechnung getragen, dass
gem. Art. 98 KRO jeder Elternteil allein vertretungsbefugt ist (im Gegensatz
hierzu steht die Gesamtvertretung gem. § 1629 Abs. 1 S. 2 BGB).[1395]

Die Regelungsmöglichkeit im Sinne der Beibehaltung der gemeinsamen
Sorge ist im Rahmen des § 1671 BGB nicht ausdrücklich geregelt; sie wird jedoch

1392 Schwab, Familienrecht, Rn. 777; Gernhuber/Coester-Waltjen, V. Abschnitt § 65 II
    Rn. 22; vgl. auch Hennemann in: MüKo, § 1671, Rn. 11.
1393 Urteil des SN vom 18.3.1968, III CZP 70/66, OSNCP 1968, Nr. 5, poz. 77; Gromek
    in: Władza rodzicielska, Art. 107, Rn. 9, S. 250.
1394 Schwab, Familienrecht, Rn. 766, 768; Schmid in: Schulz/Hauß, § 1587, Rn. 1.
1395 Zu dem Wortlaut des Art. 98 KRO vgl. oben S. 210, Fn. 1014; zur Vergleichung der
    beiden Normen vgl. oben S. 211 ff.

allgemein angenommen und ergibt sich inzident aus der Befugnis des Gerichts, den Antrag zurückzuweisen.[1396]

In rechtlicher Hinsicht völlig unangetastet bleibt in Deutschland bei gemeinsamer Sorge nach Trennung und Scheidung die häufig streitige Frage, bei welchem Elternteil das Kind leben soll,[1397] weshalb in der Praxis die Übertragung des alleinigen Aufenthaltsbestimmungsrechts eine sehr wichtige Rolle spielt.[1398]

Anders verhält es sich aktuell im polnischen Recht, wo ohne eine einvernehmliche Antwort der Eltern auf diese Frage im Rahmen des vorzulegenden Erziehungsplans eine gemeinsame elterliche Gewalt überhaupt nicht denkbar ist. Die gemeinsame Entscheidung der Eltern über den gewöhnlichen Aufenthalt des Kindes wird – neben der Vereinbarung zur Ausübung der Umgangskontakte – als wichtigster Bestandteil des Erziehungsplans überhaupt erachtet, ohne die eine Entscheidung des Gerichts im Sinne der gemeinsamen elterlichen Gewalt nicht möglich ist.[1399]

Genau wie in Polen ist das Gericht in Deutschland an die Anträge der Eltern bei einer Kindeswohlgefährdung nicht gebunden, § 1671 Abs. 3 BGB, dem eine stille Verweisung auf die §§ 1666, 1666 a BGB zu entnehmen ist.[1400] Die gegebenenfalls erforderliche Anwendung erfolgt – hier ebenfalls eine Parallele – nicht in einem separaten neuen, sondern in einem einheitlichen Verfahren.[1401]

Auch hierzulande ist eine von vornherein hierauf angelegte, periodisch wechselnde elterliche Sorge nicht bekannt. Das Wechselmodell wird – wie in Polen – gegen den Willen eines Elternteils nicht angeordnet.[1402]

In beiden Ländern sind Möglichkeiten einer Abänderung der sorgerechtlichen Entscheidungen vorgesehen. In § 1696 Abs. 1 BGB wird dabei genau wie in Art. 106 KRO[1403] auf das Erfordernis der veränderten Umstände verzichtet und das Wohl des Kindes zum Maßstab erhoben. Die Schwelle wird jedoch in beiden Rechtsordnungen etwas unterschiedlich gestaltet: Während nach dem Wortlaut

---

1396 Vgl. z.B. Gernhuber/Coester-Waltjen, V. Abschnitt § 65 II Rn. 22, S. 832; Schmid in: Schulz/Hauß, § 1671 Rn. 7; Henemann in: MüKo, § 1671 Rn. 15.

1397 Schwab, FamRZ 1998, 457, 549.

1398 Diederichsen in: Palandt, 72. Aufl. 2013, § 1671 Rn. 44; Hennemann in: MüKo, § 1671 Rn. 18.

1399 Ignaczewski, Art. 107, Rn. 5, S. 609.

1400 BT- Drucks. 13/4899, S. 99 f.

1401 Diederichsen in: Palandt, 72. Aufl. 2013, § 1671 Rn. 42; im KRO ergibt sich dies aus dem Wortlaut des Art. 106, vgl. hierzu S. 286, Fn. 1361.

1402 OLG Koblenz, FamRZ 10, 738.

1403 Zum Wortlaut vgl. oben S. 286, Fn. 1361.

des Art. 106 KRO eine Abänderung des Urteils schon dann möglich ist, wenn es das Kindeswohl erfordert, sind nach § 1696 Abs. 1 BGB „triftige, das Wohl des Kindes nachhaltig berührende Gründe" erforderlich.

Ein wichtiger Unterschied ist des Weiteren im Bereich der sekundären elterlichen Sorge festzuhalten: Während in Polen anerkannt ist, dass die vom Gericht gem. Art. 58, 107 KRO bis auf einzelne Rechte und Pflichten im Verhältnis zur Person des Kindes beschränkte elterliche Gewalt wieder reaktiviert wird und automatisch als eine volle elterliche Gewalt auflebt, wenn der andere Elternteil ausfällt (durch Tod, Entzug oder Ruhen der elterlichen Gewalt),[1404] ist dies nach dem BGB nicht der Fall. Vielmehr ist bei Entscheidungen des Gerichts nach § 1671 BGB und dem Verlust des Sorgerechts durch den bisherigen Sorgerechtsinhaber (durch Tod oder Entzug) eine Entscheidung des Familiengerichts notwendig. Gem. § 1680 Abs. 2 S. 1 BGB hat das Familiengericht in einer gebundenen Entscheidung die elterliche Sorge auf den anderen Elternteil zu übertragen, sofern dies dem Wohl des Kindes *nicht widerspricht.* Gem. § 1678 Abs. 1, 2. Halbs. BGB gilt dies oder gar ein automatisches Sorgerecht des anderen Elternteils für den Fall des Ruhens des Sorgerechts ausdrücklich nicht. Vielmehr muss der andere Elternteil das Sorgerecht im Wege einer Abänderungsentscheidung gem. § 1696 Abs. 1 BGB begehren; eine antragsgemäße Entscheidung des Gerichts ist freilich von einem positiven Ergebnis der Kindeswohlprüfung abhängig.[1405]

4. Rechtsfolgen

Auf die Unterschiede auf der Rechtsfolgenseite ist im Rahmen dieser Arbeit bereits an mehreren Stellen hingewiesen worden.[1406] An dieser Stelle soll deshalb lediglich kurz der Frage nachgegangen werden, ob die große Besonderheit im polnischen Recht, die Differenzierung im Bereich der elterlichen Gewalt zwischen der Rechtsinhaberschaft auf der einen Seite und dem Ausübungsrecht auf der anderen Seite möglicherweise dazu geeignet ist, das Konfliktpotenzial zwischen den getrennt lebenden Eltern zu verringern.

So weist Peschel-Gutzeit darauf hin, dass auch nach deutschem Recht die Rechtsinhaberschaft und die Ausübung der elterlichen Mitsorge nicht identisch seien. Sie erinnert daran, dass sich in der Praxis die meisten Konflikte bei der Ausübung der elterlichen Sorge und nicht auf der Ebene der Rechtsinhaberschaft

---

1404 Ignaczewski, Art. 107, Rn. 10, S. 613 f.
1405 Diederichsen in: Palandt, 72. Aufl. 2013, § 1678, Rn. 8
1406 Vgl. z.B. oben, S. 269 ff.

ergeben und plädiert deshalb dafür, diesen Umstand im Zuge des aktuellen Reformvorhabens zu berücksichtigen.[1407]

Die Trennung der Ausübung des Rechts von der Rechtsinhaberschaft als solchen ist dem deutschen Recht nicht völlig fremd und kommt bei den Wirkungen des Ruhens der elterlichen Sorge gem. § 1675 BGB zur Geltung.

Es ist jedoch sehr zweifelhaft, ob eine generelle Trennung der beiden Ebenen das Konfliktverhalten der Eltern zu beeinflussen vermag. Zwar hat das Sorgerecht an sich große Symbolwirkung und weckt schon deshalb Begehrlichkeiten; bei streitigen Auseinandersetzungen steht es häufig nicht nur dafür, wer nach Trennung und Scheidung die Kinder „bekommt", sondern auch dafür, wer „schuld ist" und wer wen mehr verletzt hat. In den allermeisten Fällen drehen sich die Konflikte jedoch darum, wer im Verhältnis zum Kind welche Rechte ausüben darf, also – in Übereinstimmung mit Peschel-Gutzeit – auf der Ausübungsebene. Das Bewusstsein, Rechtsinhaber zu sein, wird den Umstand, dass das Recht nicht ausgeübt werden darf, weder in emotionaler noch in tatsächlicher Hinsicht kompensieren können.

Auch aus der rechtsvergleichenden Sicht auf Polen ergeben sich keine abweichenden Erkenntnisse. Es wird übereinstimmend davon ausgegangen, dass es sich bei der Beschränkung der Ausübungskompetenz *de facto* um einen Teilsorgerechtsentzug handelt.[1408] Hinzu kommt, dass das Bewusstsein für die rechtliche Differenzierung, derzufolge die Rechtsinhaberschaft von der Beschränkung der Ausübungskompetenz im formellen Sinne nicht tangiert wird, unter juristischen Laien kaum vorhanden sein dürfte. Wesentlich hierzu beitragen dürfte sicherlich auch die durch den polnischen Gesetzgeber in Art. 58 und 107 KRO etwas unglücklich gewählte Formulierung: Während in Art. 58 § 1 a S. 1 und 107 § 2 S. 1 KRO einerseits – insoweit im Einklang mit der juristischen Wirklichkeit – davon die Rede ist, dass das Gericht die *Ausübung* der elterlichen Gewalt anvertrauen kann, wird andererseits davon gesprochen, dass gleichzeitig die elterliche Gewalt des anderen Elternteils beschränkt, also teilweise entzogen, wird.[1409]

1407 Peschel-Gutzeit, NJW 2010, 2990, 2992.

1408 Z.B. Ignaczewski, Art. 107 Rn. 7, S. 611; Gromek, Art. 107, Rn. 5, S. 243.

1409 Auf diese unglückliche Formulierung und deren Folgen weist auch Andrzejewski, S. 109 hin. Im Gegensatz hierzu versucht der deutsche Gesetzgeber bei der Formulierung des § 1671 BGB bewusst sprachlich zu verschleiern, dass es sich bei der „teilweisen Übertragung" der elterlichen Sorge auf einen Elternteil um deren Entzug bei dem anderen Elternteil handelt, vgl. BT-Drucks. 13/4899, S. 99.

5. Voraussetzungen für die Beibehaltung der gemeinsamen Sorge

Wie bereits festgestellt wurde, ist im Zusammenhang mit dem rechtlichen Umgang mit dem gemeinsamen Sorgerechts nach Trennung und Scheidung einer der größten Unterschiede zwischen den beiden Rechtsordnungen auszumachen.

Der Intention des jeweiligen Gesetzgebers folgend, wurde die Beibehaltung der gemeinsamen Sorge an diametral unterschiedliche Voraussetzungen geknüpft.

Wollen die Eltern in diesen Fällen die gemeinsame Sorge beibehalten, so reicht es hierfür in Deutschland aus, dass Anträge auf Übertragung der vollen oder teilweisen alleinigen Sorge unterbleiben. Wird ein Verfahren nach § 1671 BGB eingeleitet, kann es im Ergebnis gleichwohl – auch gegen den Willen eines oder beider Elternteile – bei der gemeinsamen Sorge verbleiben, wenn das Gericht die Voraussetzungen für die Übertragung für nicht gegeben erachtet. Sofern keine Einigung der Eltern gem. § 1671 Abs. 2 Nr. 1 BGB vorliegt, kann gem. § 1671 Abs. 2 Nr. 2 BGB eine teilweise oder vollständige Übertragung der elterlichen Sorge nur dann stattfinden, wenn das Gericht zu der Überzeugung gelangt, dass

- die Aufhebung der gemeinsamen Sorge und
- die Übertragung auf den antragstellenden Elternteil dem Kindeswohl am besten entspricht.

Jedenfalls nach der Auffassung eines Teils der Rechtsprechung entspricht die Aufhebung der gemeinsamen Sorge dem Kindeswohl selbst dann nicht am besten, wenn handfeste Konflikte zwischen den Eltern sowie ihr Bestreben, möglichst gar keinen Kontakt mehr miteinander zu haben, festgestellt werden. Die Eltern seien nach dieser Auffassung nach dem Inkrafttreten des KindRG auch nach ihrer Trennung grundsätzlich „verpflichtet, im Rahmen der elterlichen Sorge Konsens zu suchen und zu finden."[1410] Aus dieser Pflicht könnten die Eltern nicht entlassen werden, „solange ihnen ein gemeinsames Erziehungshandeln zum Wohle der Kinder zumutbar ist und die darauf gerichtete Erwartung nicht unbegründet erscheint".[1411] Den Eltern sei es in diesem Zusammenhang zumutbar, alle Anstrengungen zu unternehmen, um in wichtigen Kindesbelangen ein Einvernehmen zu erzielen.[1412] Die Übertragung der alleinigen Sorge entspreche dem Kindeswohl solange nicht am besten, solange nicht feststehe, dass diese Bemühungen erfolglos geblieben sind.[1413] Daneben sei davon auszugehen, dass

---

1410 OLG Köln, FamRZ 2000, 499.
1411 OLG Köln, FamRZ 2000, 499; OLG Zweibrücken, FamRZ 1999, 40, 41.
1412 OLG München, FamRZ 1999, 1006, 1007; OLG Hamm, FamRZ 1999, 1159, 1160.
1413 OLG München, FamRZ 1999, 1006, 1007.

trennungsbedingte Partnerschaftskonflikte „in der Regel schnell abgebaut werden können und der gemeinsamen Ausübung der elterlichen Sorge nicht grundsätzlich entgegenstehen".[1414] Teilweise wird auch vertreten, dass wegen der in § 1626 Abs. 1 S. 1 BGB gewählten Reihenfolge „die Pflicht und das Recht" eine Sorgerechtsregelung zugunsten eines Elternteils auch gegen dessen entgegenstehenden Willen möglich ist.[1415]

Demgegenüber ist die Beibehaltung der gemeinsamen elterlichen Gewalt in Polen nur dann möglich, wenn die Eltern dem Gericht einen Erziehungsplan vorlegen, dieser dem Kindeswohl entspricht und die begründete Erwartung besteht, dass die Eltern auch künftig im Sinne des Kindeswohls miteinander zusammenarbeiten werden. Zwar ist das Gericht mit Blick auf den Wortlaut des Art. 107 § 1 KRO („das Gericht kann") nicht gezwungen, dem gestellten Antrag zu entsprechen. Erachtet es den Antrag für unbegründet, kann dieser zurückgewiesen werden,[1416] so dass es theoretisch im Ergebnis ebenfalls bei der gemeinsamen elterlichen Gewalt verbleiben könnte. Dies bedeutet jedoch keineswegs eine Beliebigkeit der Entscheidung des Gerichts, das verpflichtet ist, eine Entscheidung im Sinne einer der beiden Alternativen des Art. 107 KRO zu treffen, wenn der Anwendungsbereich eröffnet ist.[1417] Im Ergebnis wird die vorstehende Konstellation also nicht vorkommen, da bereits der Antrag eines Elternteils auf fehlende Übereinstimmung hindeutet.

Der deutsche Gesetzgeber hat sich bewusst gegen das Modell eines Erziehungsplans der Eltern als Voraussetzung für die Erhaltung der gemeinsamen Sorge entschieden.[1418] Im Rahmen der Gesetzgebungsarbeiten wurde auch die Frage diskutiert, ob die Beibehaltung der gemeinsamen elterlichen Sorge nach Scheidung von der Vorlage eines „Sorgeplans", mithin eines Plans zur Art und Weise der gemeinsamen Ausübung des Sorgerechts, abhängig gemacht werden soll.[1419] Der Gesetzgeber hat sich gegen die Pflicht zur Vorlage eines „Sorgeplans" entschieden, weil damit verheiratete Eltern deutlich stärker kontrolliert werden würden als nicht miteinander verheiratete. Dagegen sprach aus der Sicht des Gesetzgebers auch, dass selbst bei einer bis dahin harmonischen gemeinsamen

---

1414 OLG Hamm, FamRZ 1999, 38, 39.

1415 OLG Karlsruhe, FamRZ 1999, 801, 802.

1416 Ciepła in: Kodeks rodzinny i opiekuńczy. Komentarz. Pod redakcją Kazimierza Piaseckiego, Art. 107, Rn. 4, S. 797.

1417 Ciepła in: Kodeks rodzinny i opiekuńczy. Komentarz. Pod redakcją Kazimierza Piasceckiego, Art. 107, Rn. 4, S. 797.

1418 BT-Drucks. 13/4899, S. 64.

1419 BT-Drucks. 13/4899, S. 61.

Ausübung allein die Pflicht zur schriftlichen Niederlegung für Konflikte sorgen könnte.[1420] Insbesondere das erste Argument ist freilich nicht von der Hand zu weisen und trifft auch auf die polnische Regelung zu: Zwar ist die Beibehaltung der gemeinsamen elterlichen Gewalt auch gem. Art. 107 KRO, also bei nicht verheirateten oder getrennt lebenden verheirateten Eltern unter die Bedingung des Erziehungsplans gestellt; Eltern aus dieser Gruppe haben jedoch die Möglichkeit, auf ein gerichtliches Sorgeverfahren zu verzichten und damit ihre Kooperationsfähigkeit gar nicht erst einer gerichtlichen Beurteilung zu unterziehen. Im Gegensatz hierzu sind Eltern, die sich scheiden lassen, in jedem Fall daran gebunden, einen Erziehungsplan vorzulegen, sofern sie die elterliche Gewalt weiterhin gemeinsam ausüben wollen. Hierin ist wiederum eine klare Diskriminierung der zweiten Elterngruppe zu sehen; es ist absehbar, dass der polnische Gesetzgeber hier wird nachbessern müssen. Erstaunlicherweise wird das Problem in der polnischen Literatur derzeit noch nicht thematisiert.

Zusammenfassend kann also festgehalten werden, dass in den beiden Ländern hinsichtlich der Beibehaltung der elterlichen Sorge nach Trennung und Scheidung ein jeweils umgekehrtes Ausnahme-Regel-Verhältnis besteht. Begünstigt wird es von den normativ aufgestellten Anforderungen: Während in Deutschland ein *Mindestmaß* an Kooperationsfähigkeit und -wille ausreichend ist[1421] und in der Rechtsprechung teilweise von einer grundsätzlichen Verpflichtung der getrenntlebenden Eltern zur Konsensfindung ausgegangen wird[1422], wird in Polen – im krassen Gegensatz hierzu – eine *vollständige Übereinstimmung* der Eltern verlangt sowie zusätzlich die begründete Erwartung, dass dies in Zukunft auch so bleibt.

Der polnische Gesetzgeber mag die Schwelle für eine gemeinsame Sorge nach Trennung und Scheidung recht hoch und zudem für verheiratete Eltern diskriminierend gestaltet haben; der gegensätzlichen Auffassung der oben dargelegten deutschen Rechtsprechung kann jedoch entschieden nicht gefolgt werden. Eine Pflicht zur Kooperation lässt sich aus § 1671 Abs. 2 Nr. 2 BGB mit Blick auf Begründung des Gesetzgebers[1423] gerade nicht entnehmen.[1424]

Bei Elternkonflikten, die wesentliche Bereiche der elterlichen Sorge betreffen, ist stets von einer negativen Auswirkung auf das Kindeswohl auszugehen; eine

---

1420 BT-Drucks. 13/4899, S. 64.
1421 Diederichsen in: Palandt, 72. Aufl. 2013, § 1671 Rn. 15.
1422 OLG Hamm, FamRZ 2006, 1058, 1059; OLG Brandenburg, FamRZ 2003, 1952, 1953; OLG Schleswig, FamRZ 2003, 1948; OLG Köln, FamRZ 2003, 1492, 1493.
1423 Vgl. BT-Drucks. 13/4899 S. 63 („Gemeinsamkeit lässt sich nicht verordnen").
1424 So auch: Knittel in: Schnitzler, § 13, Rn. 165.

vom Gericht aufoktroyierte gemeinsame Sorge und ein verordneter Zwang zur Konsensfindung ändern hieran nichts.[1425]

Dass hierdurch jedenfalls teilweise kaum belastbare (Zwischen-) Ergebnisse erzielt werden, belegt nicht zuletzt auch die bereits zitierte Studie des Statistischen Bundesamtes, wonach in nahezu der Hälfte der Fälle, in denen es zunächst bei der gemeinsamen Sorge verblieb, zu einem späterem Zeitpunkt doch noch gerichtlich nachjustiert werden muss.[1426]

Kritik muss in diesem Zusammenhang auch dem sog. „Cochemer Modell"[1427] als einem extremen Auswuchs des Konsenszwangs gelten, das in Kindschaftssachen insbesondere in kleineren Gerichtsbezirken praktiziert wird und im Wesentlichen dazu dient, den Eltern doch noch Einigungsbereitschaft abzuringen.[1428]

IV. Abschließende Wertung

Abschließend ist festzuhalten, dass, so restriktiv die gemeinsame Sorge nach Trennung in Polen auch gehandhabt wird, so unmöglich es auf der anderen Seite ist – jedenfalls unterhalb der Schwelle der Kindeswohlgefährdung – das Sorgerecht ganz zu verlieren. Es verbleiben in praktischer Hinsicht stets noch Rechte und Pflichten, weil nur ein Beschränken der Ausübungskompetenzen möglich ist; in rechtlicher Hinsicht wird die Rechtsinhaberschaft formell nicht tangiert,

---

1425 So auch: Knittel in: Schnitzler, § 13, Rn. 165.

1426 Statistisches Bundesamt, Wie leben Kinder in Deutschland? Begleitmaterial zur Pressekonferenz am 3. August 2011 in Berlin, S. 10, im Internet abrufbar unter http://www.destatis.de/jetspeed/portal/cms/Sites/destatis/Internet/DE/Presse/pk/2011/Mikro__Kinder/pressebroschuere__kinder,property=file.pdf; siehe zu der Statistik auch oben, S. 110 f.

1427 Benannt nach dem AG Cochem; zu den wesentlichen Merkmalen gehört ein reduzierter, auf Standardangaben beschränkter Antragsschriftsatz, Verzicht auf weitere Schriftsätze, erste Terminierung binnen 14 Tagen ab Antragstellung, „Verordnung" der Inanspruchnahme von Beratungsstellen, sofern im ersten Termin noch keine Einigung erzielt werden kann, sowie ein weiterer Termin zur mündlichen Verhandlung in spätestens drei Monaten, in dem die Eltern Rechenschaft über die Beratungserfolge ablegen müssen. Quelle: http://www.ak-cochem.de/veroeffentlichungen/pressemeldungen/70-die-cochem-praxis-cochem-qmodellq-was-steckt-dahinter.html.

1428 Kritisch hierzu u.a. wegen des auf die Eltern seitens des Gerichts, des Jugendamtes und ggf. weiterer Beratungsstellen latent ausgeübten Drucks: Knittel in: Schnitzler, § 13, Rn. 166; Kölner Fachkreis Familie, FF 2006, 215 ff; Schnitzler für den Arbeitskreis Familie Euskirchen, FF 2006, 219 f.

obwohl es freilich *de facto* auf einen teilweisen Entzug hinausläuft. Unabhängig hiervon besteht gem. Art. 113¹ KRO[1429] ein Umgangsrecht des Elternteils, bei dem das Kind nicht lebt.

In Deutschland hingegen ist insgesamt – trotz Bemühungen des Gesetzgebers um diesbezügliche Neutralität – von einer eindeutigen, statistisch belegten Präferenz für die gemeinsame elterliche Sorge auch nach Trennung und Scheidung auszugehen.[1430] Andererseits jedoch ist, anders als in Polen, ein sowohl in rechtlicher als auch in tatsächlicher Hinsicht vollständiger Verlust des Sorgerechts möglich, ohne dass das Kindeswohl gefährdet wäre.

Bei Kindeswohlgefährdung ist das Gericht in beiden Rechtsordnungen nicht an die Anträge / Einigung der Eltern gebunden und kann auf Maßnahmen nach den allgemeinen Vorschriften zurückgreifen.

1429 Art. 113¹ KRO lautet übersetzt: „§ 1. Hält sich das Kind ständig bei einem Elternteil auf, wird die Art und Weise der Umgangskontakte des anderen Elternteils mit dem Kind durch beide Eltern unter Berücksichtigung des Wohls des Kindes und dessen vernünftiger Wünsche bestimmt; für den Fall des fehlenden Einvernehmens entscheidet das Vormundschaftsgericht. § 2. Die Vorschriften des § 1 werden entsprechend angewandt, wenn sich das Kind bei keinem der Elternteile aufhält und die Personensorge von einem Vormund ausgeübt wird oder wenn es in einer Pflegefamilie oder einem Erziehungsheim untergebracht wurde."

1430 Knittel in: Schnitzler, § 13, Rn. 109.

Dritter Teil: Zusammenfassung, Rechtslage in Polen und die aktuell diskutierten Modelle, eigene Lösungsansätze und Ausblick

Nach der Darstellung der Rechtslage in Deutschland und deren Spiegelung an dem Konzept des polnischen Gesetzgebers sollen abschließend die wichtigsten Ergebnisse einer zusammenfassenden Betrachtung zugeführt werden. Die aktuell diskutierten Reformmodelle werden sodann an den aus der Rechtsvergleichung gewonnenen Erkenntnissen zu messen sein. Abgeschlossen wird die Arbeit mit eigenen Überlegungen zu einer gesetzlichen Neuregelung sowie dem Hinweis auf den Stand der Gesetzgebung.

1. Abschnitt: Zusammenfassende vergleichende Würdigung

Bei dem sorgerechtlichen Vergleich der beiden Rechtsordnungen konnten deutliche Unterschiede festgestellt werden, die bereits die rechtsgeschichtliche Entwicklung, vor allem jedoch den Erwerb der elterlichen Sorge durch nicht miteinander verheiratete Eltern sowie die Regelungen für den Fall von Trennung und Scheidung betreffen. Weitgehende Parallelen waren indessen bei den Inhalten des Sorgerechts auszumachen.

A. Rechtsgeschichte Entwicklung der elterlichen Sorge

Die genaue Betrachtung und der Vergleich der rechtsgeschichtlichen Entwicklung im Bereich des Sorgerechts in beiden Ländern führen in mehrfacher Hinsicht zu bemerkenswerten Aufschlüssen.

Durch die Darstellung der rechtsgeschichtlichen Entwicklung des Sorgerechts in Deutschland konnte aufgezeigt werden, dass das Modell der gemeinsamen elterlichen Sorge bei nicht verheirateten Eltern – im Übrigen genauso wie bei getrennt lebenden, verheirateten oder geschiedenen Eltern – nicht nur verhältnismäßig neu ist, sondern rechtspolitisch eine äußerst schwere „Geburt" war. Es wurde dabei auch die immens wichtige Rolle des BVerfG deutlich, das immer wieder auf die unzureichende Umsetzung verfassungsrechtlicher Vorgaben hinwies und den Gesetzgeber zur erneuten Aktivität zwang.

Die Emanzipation der Frau und des nichtehelichen Kindes setzte hierzulande recht spät ein und wurde nur zögerlich vorangetrieben. Die vom BGB 1896 konzipierte Vormachtstellung des Vaters als Oberhaupt der Familie und alleiniger Sorgeinhaber sowie die rechtliche Stigmatisierung des nichtehelichen Kindes und dessen Mutter wurde erst mit dem Inkrafttreten des GG am 23.5.1949[1431] in Frage gestellt, geriet jedoch – zumindest in rechtlicher Hinsicht – noch lange nicht ernsthaft ins Wanken. Die an den Gesetzgeber an sich klar und verbindlich von der Verfassung formulierten Aufträge hinsichtlich der Verwirklichung des Grundsatzes der Gleichberechtigung von Mann und Frau auf der Ebene des einfachen Rechts sowie der Gleichstellung der nichtehelichen Kinder sollten noch eine ganze Weile unerledigt bleiben.

Die Untätigkeit des Gesetzgebers im Bereich des Gleichberechtigungsgrundsatzes führte wegen der Regelung des Art. 117 Abs. 1 GG, wonach das mit Art. 3 Abs. 2 GG kollidierende Recht spätestens zum 31.3.1953 außer Kraft treten würde, zum diesbezüglich gesetzlosen Zustand, der in der Zeit von 01.04.1953 bis zum 30.06.1958 andauerte.

Zwischenzeitlich musste vom BVerfG bestätigt werden, dass es sich bei Art. 3 Abs. 2 GG nicht bloß um einen frommen Wunsch der Verfassung, sondern um einen verbindlichen Auftrag an den Gesetzgeber handelt und mit Ablauf der Frist des Art. 117 Abs. 1 GG Mann und Frau auch im Bereich des Familienrechts gleichberechtigt seien.[1432]

Das schließlich am 18.06.1957 verabschiedete Gleichberechtigungsgesetz[1433] setzte den Auftrag nur halbherzig um und verfehlte ihn im Bereich der elterlichen Sorge vollständig. Hierauf musste trotz offensichtlicher Defizite[1434] erneut das BVerfG hinweisen, das ca. ein Jahr nach dem Inkrafttreten des GleichberG den beibehaltenen Stichentscheid des Vaters bei Meinungsverschiedenheiten der Eltern (§ 1628 BGB 1957) und dessen alleiniges Vertretungsrecht (§ 1629 BGB 1957) für nichtig erklärte.[1435]

1431 Zu diesem Zeitpunkt war in Polen sowohl die Gleichberechtigung der Geschlechter als auch die Gleichstellung der ehelichen und nichtehelichen Kinder nicht nur verfassungsrechtlich verankert (Art. 96 der Verfassung vom 17.3.1921, Art. 7 des Verfassungsgesetzes vom 23.4.1935), sondern bereits seit über drei Jahren auf der Ebene des einfachen Rechts umgesetzt, vgl. oben die Ausführungen zu PM 1945 und PR 1946, S. 183 ff.
1432 Urteil vom 18.12.1953, BVerfGE 3, 225.
1433 Gesetz über die Gleichberechtigung von Mann und Frau auf dem Gebiet des bürgerlichen Rechts, BGBl. I S. 609, in Kraft getreten am 1.7.1958.
1434 Stötzel/Wengeler, S. 465.
1435 BVerfGE 10, 59 = FamRZ 1959, 416.

Die rechtliche Stellung der nichtehelichen Mutter, die zwar im Gegensatz zum Vater[1436] mit ihrem Kind verwandt war,[1437] dies jedoch keineswegs das Sorgerecht zur Folge hatte,[1438] wurde erst durch das Familienrechtsänderungsgesetz von 1961[1439] verbessert. Bis dahin schloss man von ihrem zweifelhaften Lebenswandel messerscharf auf eine ungenügende Erziehungsfähigkeit[1440] und stellte das außerhalb der Ehe gezeugte Kind deshalb unter Amtsvormundschaft.[1441] Mit diesen Vorbehalten räumte das FamRÄndG mitnichten auf; es brachte nach wie vor kein automatisches Sorgerecht für die nichteheliche Mutter, die jetzt jedoch immerhin einen Antrag auf Übertragung der elterlichen Gewalt für ihr Kind bei dem Vormundschaftsgericht stellen[1442] und sich einer eingehenden Überprüfung hinsichtlich der erforderlichen geistigen und charakterlichen Eigenschaften unterziehen konnte.[1443]

Hinsichtlich des aus Art. 6 Abs. 5 GG folgenden Auftrages hatte sich der Gesetzgeber in einer nicht minder hartnäckigen Untätigkeit geübt, so dass es auch hier einer „Erinnerung" und einer Fristsetzung bis zum 19.10.1969 durch das BVerfG[1444] bedurfte. Der seit über 20 Jahren bestehende Verfassungsauftrag wurde schließlich gerade noch fristgerecht mit dem Nichehelichengesetz vom 19.08.1969[1445] umgesetzt. Das Gesetz brachte unter anderem eine weitere Verbesserung der Rechtsposition der nichtehelichen Mutter in Form einer automatischen elterlichen Sorge für ihr Kind,[1446] die allerdings in bestimmten Bereichen

---

1436 § 1589 BGB 1896 bestimmte, dass ein nichteheliches Kind und dessen Vater als nicht miteinander verwandt gelten.

1437 1705 BGB 1896, zum Wortlaut siehe oben S. 12, Fn. 56.

1438 § 1707 BGB 1896, zum Wortlaut siehe oben S. 14, Fn. 62.

1439 Gesetz zur Vereinheitlichung und Änderung familienrechtlicher Vorschriften (Familienrechtsänderungsgesetz – FamRÄndG) vom 11.8.1961, in Kraft getreten am 1.1.1962, BGBl. I 1221.

1440 Lauterbach in Palandt, 28. Aufl. 1969, Einf. vor § 1705, Ziff.1, Ziff. 2, der im Erscheinungsjahr 1969 immerhin einräumt, dass dies wohl nicht mehr zutreffend sein dürfte.

1441 § 1707 BGB 1896, zum Wortlaut siehe oben S. 14, Fn. 62.

1442 § 1707 Abs. 2 BGB 1961, zum Wortlaut vgl. oben, S. 29, Fn. 131.

1443 BayObLG, NJW 1963, 1359; OLG Stuttgart, FamRZ 1963, 303; OLG Hamm, FamRZ 1963, 302, 303; BayObLG, FamRZ 1963, 306.

1444 BVerfGE 8, 210, 216.

1445 Gesetz über die rechtliche Stellung des nichtehelichen Kindes vom 19.8.1969, in Kraft getreten am 1.7.1970, BGBl. I S.1243.

1446 § 1705 BGB 1969, zum Wortlaut vgl. oben S. 37, Fn. 180.

durch eine Amtspflegschaft eingeschränkt war.[1447] Der nichteheliche Vater wurde indessen darauf verwiesen, die Mutter zu heiraten, das Kind für ehelich zu erklären oder zu adoptieren, um Inhaber elterlicher Sorge zu werden.[1448] Die „elterliche" Sorge für ein nichteheliches Kind wurde zu einer rein „mütterlichen".

Auch das Gesetz zur Neuregelung der elterlichen Sorge von 1979[1449] erwies sich als das Ergebnis einer außergewöhnlich langen Gesetzgebungsphase,[1450] ersetzte den bis dahin gebräuchlichen Begriff „elterliche Gewalt" durch „elterliche Sorge" und fixierte Leitgedanken zum partnerschaftlichen Eltern-Kind-Verhältnis.[1451] Die Sorgerechtsverhältnisse bei nichtehelichen Kindern blieben indessen bis auf die sprachliche Korrektur unverändert.[1452]

In der darauffolgenden Zeit hatte sich das BVerfG mehrfach mit der Materie zu beschäftigen, wobei die jeweiligen Entscheidungen deutlich den – wenn auch in kleinen Schritten – vollzogenen Wandel illustrieren:

In der Entscheidung des BVerfG von 1981[1453] wurde noch bei der Frage, ob dem nichtehelichem Vater Elternrechte aus Art. 6 Abs. 2 GG zuzubilligen seien, nach der Qualität seiner Bindung zum Kind unterschieden. Bei dem nichtehelichen Vater, der sich an der Erziehung des Kindes nicht persönlich beteiligt, gingen die Verfassungsrichter klar davon aus, dass er kein Elternrecht aus Art. 6 Abs. 2 GG genieße.[1454] Der verantwortungsbewusste, mit Mutter und Kind in einer häuslichen Gemeinschaft lebende nichteheliche Vater wurde indessen zwar in den Schutzbereich des Art. 6 Abs. 2 GG einbezogen,[1455] ging sorgerechtlich jedoch gleichwohl leer aus: Das Elternrecht des Vaters sah man bereits dadurch verwirklicht, dass er in tatsächlicher Hinsicht neben der Mutter für das Kind sorgen und Verantwortung tragen kann, ohne hieran vom Staat gehindert zu werden. Die (lediglich) in rechtlicher Hinsicht defizitäre Stellung sei indessen eine hinzunehmende Kehrseite seiner Weigerung, die Mutter zu heiraten.[1456]

1447 § 1706 BGB 1969, zum Wortlaut vgl. oben S. 38, Fn. 184.
1448 Odersky, S. 302.
1449 BGBl. 1979 I 1061 ff., in Kraft getreten am 1.1.1980.
1450 Zum Verlauf des Gesetzgebungsverfahrens vgl. Diederichsen, FamRZ 1978, 461; Simon, JuS 1979, 752.
1451 Vgl. hierzu die Ausführungen oben, S. 42 f.
1452 § 1705 BGB 1979, zum Wortlaut vgl. oben S. 44, Fn. 224.
1453 BVerfGE 56, 363 ff. = FamRZ 1981, 429 ff.; bei dieser Entscheidung ging es unter anderem um die Verfassungsmäßigkeit der gem. § 1705 BGB 1979 originär mütterlichen Sorge für ein nichteheliches Kind.
1454 BVerfG, FamRZ 1981, 429, 433.
1455 BVerfG, FamRZ 1981, 429, 433.
1456 BVerfG, FamRZ 1981, 429, 433 f.

Die Entscheidung des BVerfG vom 03.11.1982[1457] brachte eine Revolution im Bereich des Sorgerechts nach der Scheidung, weil sie unter Aufgabe der bis dahin geltenden Überzeugung von der Notwendigkeit einer klaren Zuordnung des Kindes zu nur einem Elternteil erstmals auch eine gemeinsame Sorge der Eltern nach der Scheidung möglich machte.[1458] Das BVerfG stellte jedoch in einem gesonderten Absatz ausdrücklich klar, dass dies nicht auf nichteheliche Lebensgemeinschaften übertragbar sei, weil dort die bewusste Ablehnung der Ehe zu der begründeten Versagung der gemeinsamen elterlichen Sorge führe.[1459]

Für die Änderung dieser Auffassung bedurfte es weiterer neun Jahre: Erst im Jahr 1991[1460] widmete sich das BVerfG der greifbar defizitären Rechtsstellung der nichtehelichen Mutter, die nach wie vor ausnahmslos den Verlust ihrer elterlichen Sorge hinzunehmen hatte, wenn ihr Kind von dessen Vater legitimiert wurde, und sah nunmehr auch hier – jedenfalls bei geordneten Verhältnissen – die Möglichkeit einer gemeinsamen Sorge. Die Entscheidung bedeutete einen echten Meilenstein in der Geschichte des Nichtehelichenrechts, weil sie in Abkehr von der bisherigen Rechtsprechung den ausdrücklichen Hinweis an den Gesetzgeber richtete, dass die Versagung von elterlichen Befugnissen eben keine zulässige Folge der Eheverweigerung sei.[1461]

Es dauerte jedoch noch sieben Jahre, bis die Leitgedanken des BVerfG Gesetz wurden. In der Zwischenzeit erfuhr die Rechtsposition des nichtehelichen Vaters durch eine weitere Entscheidung des BVerfG noch einmal im bedeutenden Ausmaß Stärkung: Im Beschluss vom 07.03.1995[1462] wurde er grundsätzlich als Träger von Elternrechten aus Art. 6 Abs. 2 GG anerkannt; die bisherige Differenzierung nach dem Umfang seiner Beteiligung am Leben des Kindes wurde aufgegeben.

In einem weiteren Schritt wurde dem nichtehelichen Vater durch das KindRG von 1997[1463] sowohl der Zugang zum gemeinsamen Sorgerecht als auch die Begründung der alleinigen Sorge ermöglicht, beides jedoch von dem gerichtlich nicht überprüfbaren Einverständnis der Mutter des Kindes abhängig

---

1457 BVerfGE 61, 358 = FamRZ 1982, 1179 ff.

1458 BVerfG, FamRZ 1982, 1179, 1182.

1459 BVerfG, FamRZ 1982, 1179, 1183.

1460 BVerfGE 84, 168 ff. = FamRZ 1991, 913 ff.

1461 BVerfG, FamRZ 1991, 913, 916 f.

1462 BVerfG, FamRZ 1995, 789 ff.

1463 Gesetz zur Reform des Kindschaftsrechts (KindRG) in Kraft getreten am 1.7.1998, BGBl. I S. 2942.

gemacht.[1464] Hierbei ging der Gesetzgeber zum einen davon aus, dass eine gegen den Willen eines Elternteils erzwungene gemeinsame Sorge regelmäßig mit mehr Nachteilen als Vorteilen für das Kind verbunden sei.[1465] Zum anderen ließ er sich von dem idealistischen Gedanken leiten, dass die nichtehelichen Mütter nur ausnahmsweise und ausschließlich aus am Kindeswohl orientierten Gründen die Beteiligung des Vaters am Sorgerecht verhindern würden.[1466]

Zwei Mal wurde die Verfassungsmäßigkeit der betreffenden Regelungen vom BVerfG bestätigt,[1467] der Gesetzgeber jedoch zur Beobachtung angehalten, ob seine Vorstellungen hinsichtlich der Motivationslage der nichtehelichen Mütter der Wirklichkeit standhalten würden.[1468]

Gesicherte Erkenntnisse aus der wiederum zögerlich betriebenen Begleitforschung lagen noch nicht vor,[1469] als der EGMR am 03.12.2009[1470] entschied, dass die Regelung des § 1626 a BGB nichteheliche Väter ungerechtfertigt sowohl im Verhältnis zu verheirateten Vätern als auch im Verhältnis zu den Müttern diskriminiert und damit gegen Art. 14 i. V. mit Art. 8 EMRK verstößt.

Hierauf folgte wiederum auch die Änderung der Rechtsprechung des BVerfG, das am 21.07.2010[1471] nunmehr im Sinne der Verfassungswidrigkeit der §§ 1626 a, 1672 BGB erkannte, soweit der nichteheliche Vater von der Sorgetragung für sein Kind generell und ohne die Möglichkeit einer gerichtlichen Überprüfung ausgeschlossen wird.[1472] Mit der gleichzeitig geschaffenen Übergangsregelung wurde der Gesetzgebungszwang jedoch deutlich entschleunigt.[1473] Die bevorstehende Reform wird an dem Ziel zu messen sein, die verfassungsmäßigen Elternrechte auf der einen und das Recht des Kindes auf Pflege und Erziehung auf der anderen Seite zu einem rechtlich konsistenten System zu verarbeiten.[1474] Je nachdem, welches der diskutierten Modelle an Durchsetzungskraft gewinnt,

---

1464 Vgl. die Regelungen der §§ 1626 a ff., 1672 BGB.
1465 BT-Drucks. 13/4899, S. 58 ff.; BT-Drucks. 13/8511, S. 66.
1466 BT-Drucks. 13/8511, S. 66.
1467 BVerfG, FamRZ 2003, 285 ff. und FamRZ 2003, 1147.
1468 BVerfG, FamRZ 2003, 285, 290.
1469 Vgl. hierzu die ausführliche Darstellung oben, S. 116 ff.
1470 EGMR Urteil v. 3.12.2009, Zaunegger ./. Bundesrepublik Deutschland, Nr. 22028/04, in Originalsprache (englisch) veröffentlicht auf www.echr.coe.int = Auszüge auf Deutsch in FamRZ 2010, 103.
1471 BVerfG, 1 BvR 420/09 = FamRZ 2010, 1403.
1472 Vgl. Leitsatz der Entscheidung, BVerfG, 1 BvR 420/09 = FamRZ 2010, 1403.
1473 Vgl. Hohmann-Dennhardt, FF 2011, 181, 190.
1474 So schon Lipp, FamRZ 1998, 65, 76, der vom diesbezüglichen Scheitern des KindRG ausging.

wird das Reformvorhaben als der Abschluss der dargestellten Entwicklung oder nur als ein weiterer Zwischenschritt zu betrachten sein.

Demgegenüber erfolgte die sorgerechtliche Entwicklung in Polen in deutlich weniger Schritten. Die Grundsätze der Gleichberechtigung der Geschlechter und der Gleichstellung aller Kinder wurden dort offensichtlich jeweils etwas mutiger zu Ende gedacht und konnten nicht nur sehr viel konsequenter, sondern auch deutlich früher familiengesetzlich verankert werden. Bereits das Zivilgesetzbuch des Königreichs Polen von 1825 löste sich in diesbezüglich wichtigen Fragen von dem ansonsten im Königreich geltenden Code Napoleon zugunsten einer besseren Rechtsstellung der nichtehelichen Kinder.[1475] Eine vollständige Gleichberechtigung der Geschlechter brachte in Polen – etwa 12 Jahre früher als in der Bundesrepublik Deutschland – das Ehegesetz von 1945,[1476] das exakt gleiche, aus der Ehe resultierende Rechte und Pflichten für beide Ehegatten vorsah. Das kurze Zeit später erlassene, ergänzende Familiengesetz[1477] bestätigte die Gleichberechtigung der Eltern durch die gemeinsame elterliche Gewalt sowohl für eheliche[1478] als auch für außereheliche Kinder.[1479] Auch über die elterliche Gewalt hinaus wurden in Polen bereits im Jahr 1946 alle Kinder rechtlich gleichgestellt.[1480] Der sehr progressive Ansatz des PR 1946 ist darüber hinaus darin zu sehen, dass bereits die Anerkennung des außerehelichen Kindes „als seines" durch den Vater zu einer rechtlich vollständigen Gleichstellung mit einem ehelichen Kind führte.[1481]

Das im Rahmen eines etwas sonderbar anmutenden binationalen Projektes von Polen und der Tschechoslowakei entstandene Familiengesetz von 1950 brachte – neben einer sehr problematischen Unterregulierung der Rechtsmaterie – als weiterer Entwicklungsschritt nunmehr auch die Gleichstellung aller Kinder in formeller Hinsicht: Mit der Einführung des allgemeinen Titels „Eltern und Kinder" wurde für immer auf separate Regelungen für eheliche und

---

1475 Z.B. durch die zusätzliche Form der Legitimation der nichtehelichen Kinder, die nach dem KCKP 1825 im Unterschied zum Code Napoleon auch ohne die Heirat der Eltern möglich war oder die Pflicht der Eltern, für ihre nichtehelichen Kinder in tatsächlicher Hinsicht zu sorgen.

1476 Prawo małżeńskie vom 25.9.1945, Dz. U. Nr. 48, poz. 270, in Kraft getreten am. 1.1.1946.

1477 Prawo rodzinne vom 22.1.1946, Dz. U. Nr. 6, poz. 52, in Kraft getreten am 1.7.1946.

1478 Art. 20 PR 1946, zum Wortlaut vgl. oben, S. 173, Fn. 854.

1479 Art. 62 § 3 PR 1946, zum Wortlaut vgl. oben, S. 172, Fn. 850.

1480 Ignatowicz/Nazar, S. 30, Rn. 28.

1481 Art. 68 PR 1946, zum Wortlaut vgl. oben, S. 168, Fn. 835.

nichteheliche Kinder verzichtet[1482] – eine Errungenschaft, die der Bundesrepublik Deutschland erst 47 Jahre später durch das KindRG von 1997 beschert werden sollte.

Da das Familiengesetz von 1950 bereits alle Leitgedanken eines modernen Familienrechts realisierte,[1483] wurde es von der nachfolgenden Kodifikation, dem Familien- und Vormundschaftsgesetzbuch von 1964,[1484] hauptsächlich ergänzt, um die bestehende Unterregulierung zu beseitigen.[1485] Der KRO 1964 ging mithin ebenfalls mit der größten Selbstverständlichkeit sowohl von der Gleichberechtigung der Geschlechter als auch von der Gleichstellung aller Kinder aus. Auch das Modell der ex lege kraft Anerkennung des Kindes eintretenden elterlichen Gewalt des nichtehelichen Vaters wurde beibehalten. Gleichwohl blieb gesetzgeberischer Handlungsbedarf in diesem Bereich vorhanden: In der Ausnahme von dem Grundsatz der automatischen gemeinsamen elterlichen Gewalt bei gerichtlicher Vaterschaftsfeststellung gepaart mit der fehlenden Aktivlegitimation des Vaterschaftsprätendenten im Vaterschaftsfeststellungsverfahren war eine verfassungswidrige Ungleichbehandlung des Vaters angesiedelt,[1486] die zudem für einen weit verbreiteten Missbrauch durch Mütter nichtehelicher Kinder sorgte.[1487] Die durch den KRO 1964 geschaffene Rechtslage ermöglichte ihnen, zunächst durch fehlende Zustimmung die Anerkennung des Kindes (und damit die automatische elterliche Gewalt) zu verhindern sowie anschließend selbst ein Abstammungsfeststellungsverfahren einzuleiten, in dem die Frage der elterlichen Gewalt des Vaters gesondert geprüft und in aller Regel negativ beantwortet wurde.[1488]

Der polnische Gesetzgeber, von Stimmen aus der Literatur immer eindringlicher auf das beunruhigende Phänomen hingewiesen,[1489] sah schließlich das Problem und justierte in zwei Schritten nach: In einem ersten Schritt brachte das

1482 Vgl. hierzu die Ausführungen oben, S. 175 ff.
1483 Ignatowicz/Nazar, S. 30, Rn. 29.
1484 Kodeks rodzinny i opiekuńczy vom 25.6.1964, Dz. U. Nr. 45, poz. 234, in Kraft getreten am 1.1.1965.
1485 Ignatowicz/Nazar, S. 30, Rn. 29.
1486 Urteil des TK vom 28.4.2003, K 18/02 (Dz. U. z 2003 r. Nr. 83, poz. 772, im Internet abrufbar unter http://www.trybunal.gov.pl/OTK/teksty/otk/2003/K_18_02.doc, S. 18.
1487 Strzebińczyk in: Prawo rodzinne, 2. Aufl., Zakamycze 2003, S. 256.
1488 Strzebińczyk in: Prawo rodzinne, 2. Aufl., Zakamycze 2003, S. 256, 281.
1489 Strzebińczyk in: Prawo rodzinne, 2. Aufl., Zakamycze 2003, S. 256.

Reformgesetz von 2004[1490] die Aktivlegitimation des nichtehelichen Vaters für ein Abstammungsverfahren. Da diese Maßnahme jedoch die Rechtsprechungspraxis kaum zu ändern vermochte,[1491] wurde im Rahmen der Reform von 2008 Art. 93 § 2 KRO geändert, der in seiner aktuellen Fassung[1492] von einer ex lege eintretenden elterlichen Gewalt auch bei einer gerichtlichen Vaterschaftsfeststellung ausgeht und der Blockade der gemeinsamen elterlichen Gewalt auf der Abstammungsebene einen Riegel vorschiebt.

Der Gegenüberstellung der beiden rechtsgeschichtlichen Entwicklungen folgt die interessante Erkenntnis, dass die herkunftsunabhängige Gleichstellung aller Kinder untrennbar mit der Emanzipation der Geschlechter zusammenhing. Insbesondere erweist sich die Entwicklung des Sorgerechts für nichteheliche Kinder in Deutschland fest an die Geschichte der Emanzipation der Frau gekoppelt. Die rechtlich starke Position des verheirateten Vaters als Oberhaupt der Familie und alleiniger Sorgerechtsinhaber,[1493] aber auch die des nichtehelichen Vaters, der zwar nicht musste, auf Wunsch jedoch im Wege der Legitimation eine rechtliche Beziehung zu seinem Kind inklusive der (alleinigen) elterlichen Sorge begründen konnte,[1494] kam über die Jahrzehnte immer mehr ins Schwanken. Mehrere, meist durch die Rechtsprechung des BVerfG erzwungene Gesetzesreformen hatten zum Ziel, den verfassungsrechtlichen Auftrag aus Art. 3 Abs. 2 GG umzusetzen; die zum Zeitpunkt des Inkrafttretens des BGB greifbar defizitäre Rechtsposition der Frau wurde Stück für Stück an die des Mannes angeglichen. Der klare Auftrag der Verfassung sowie der unmissverständliche Hinweis des Verfassungsgerichts, dass die Gleichberechtigung der Frau auch die Gleichberechtigung der Mutter bedeutet,[1495] brachte in sorgerechtlicher Hinsicht zunächst die verbesserte Beteiligung der (Ehe-)Frau an der elterlichen Sorge,[1496]

1490 Ustawa z 17.6.2004 o zmianie ustawy – Kodeks rodzinny i opiekuńczy oraz niektórych innych ustaw (Dz. U. Nr. 162, poz. 1691) = Gesetz vom 17.6.2004 über die Änderung des Gesetzes – Familien-und Vormundschaftsgesetzbuch sowie einiger anderer Gesetze; in Kraft seit dem 19.7.2004, im Internet abrufbar unter http://isap.sejm.gov.pl/DetailsServlet?id=WDU20041621691.

1491 Ignatowicz, Art. 93, Rn. 1.

1492 Zum Wortlaut vgl. oben, S. 232, Fn. 1124.

1493 Wagenitz/Barth, FamRZ 1996, 577, 579.

1494 Vgl. hierzu die Ausführungen oben, S. 14 ff.

1495 BVerfGE 10, 59 = FamRZ 1959, 416.

1496 Gesetz über die Gleichberechtigung von Mann und Frau auf dem Gebiet des bürgerlichen Rechts, BGBl. I S. 609, in Kraft getreten am 1.7.1958.

die Beseitigung des Stichentscheids des Vaters,[1497] mittelbar auch den Wegfall der Amtsvormundschaft für das nichteheliche Kind und die elterliche Sorge für die nichteheliche Mutter[1498] sowie schließlich – erst vor 30 Jahren! – keinen Verlust der elterlichen Sorge durch die Mutter bei Ehelicherklärung des nichtehelichen Kindes durch den Vater.[1499] Spätestens mit dem KindRG von 1997 wurde der emanzipatorische Ansatz jedoch mit einer „überschießenden" Tendenz verwirklicht: Die Koppelung des Sorgerechts des nichtehelichen Vaters an das Einverständnis der Mutter des Kindes bei gleichzeitig fehlender Möglichkeit einer gerichtlichen Überprüfung brachte keine Gleichstellung, sondern ein – von Anfang an verfassungsrechtlich bedenkliches[1500] – Vorrecht der Mutter zuungunsten der Rechtsposition des nichtehelichen Vaters.

Mit Blick auf das Ziel der bevorstehenden Reform, die Ungleichbehandlung des nichtehelichen Vaters nicht nur im Verhältnis zu verheirateten Vätern, sondern vor allem im Verhältnis zur Mutter des nichtehelichen Kindes zu beseitigen, wird deutlich, dass die geschlechtergeschichtliche Perspektive – wenn auch inzwischen mit umgekehrten Vorzeichen – bis in die heutige Zeit hinein nicht an Bedeutung verloren hat.

B. Inhalte der elterlichen Sorge

Bevor in der Arbeit auf das eigentliche Kernthema, den Erwerb der elterlichen Sorge durch nichteheliche Eltern, rechtsvergleichend eingegangen werde konnte, war es – nicht zuletzt wegen der unterschiedlichen Begrifflichkeiten – erforderlich, die hinter dem jeweiligen Begriff stehenden Inhalte zu beleuchten und zu

---

1497 BVerfGE 10, 59 = FamRZ 1959, 416. Durch die vom BVerfG erklärte Nichtigkeit der §§ 1628 und 1629 Abs. 1 BGB 1957 trat ein diesbezüglich gesetzloser Zustand ein. Die entstandene Gesetzeslücke war bis zum Eingreifen des Gesetzgebers von der Rechtsprechung zu füllen und wurde erst durch das SorgeRG von 1979 geschlossen.

1498 Gesetz zur Vereinheitlichung und Änderung familienrechtlicher Vorschriften (Familienrechtsänderungsgesetz – FamRÄndG) vom 11.8.1961, in Kraft getreten am 1.1.1962, BGBl. I 1221.

1499 BVerfGE 84, 168 ff. = FamRZ 1991, 913 ff.; Die Verfassungsrichter sahen § 1738 BGB 1979 als verfassungswidrig an, die Norm wurde jedoch mangels Voraussetzungen nicht für nichtig erklärt, sondern war – soweit nicht mit dem GG vereinbar – nicht anzuwenden. Die formelle Aufhebung der Vorschrift erfolgte erst durch das KindRG von 1997.

1500 Vgl. z.B. Schumann, FamRZ 2000, 389, 394, 396; Finger, FamRZ 2000, 1204 ff.; Lipp, FamRZ 1998, 65, 76, der das Veto-Recht der Mutter jedenfalls „fragwürdig" fand und weiter ausführte, dass die verfassungsmäßigen Rechte der Eltern und des Kindes noch nicht zu einem „konsistenten System" verarbeitet wurden.

untersuchen, ob überhaupt von zwei sich funktional entsprechenden Rechtsinstituten ausgegangen werden kann. Der diesbezügliche Vergleich brachte einige wenige Unterschiede und weitgehende Parallelen zutage:

In beiden Ländern wurden gegenseitiger Beistand, Wertschätzung und Rücksicht zum Leitgedanken des Eltern-Kind-Verhältnisses erhoben, gesetzlich fixiert und jeweils bei den allgemeinen Vorschriften verortet.[1501]

Sprachlich stehen sich indessen zwei unterschiedliche Begriffe gegenüber: elterliche „Sorge" in Deutschland und elterliche „Gewalt" in Polen. Während der deutsche Gesetzgeber bereits im Zuge der Reform von 1979[1502] „Gewalt" durch „Sorge" ersetzte, entschied man sich in Polen im Zuge der legislativen Arbeiten an dem Reformgesetz von 2008[1503] ganz bewusst gegen eine – durchaus diskutierte – Änderung des Begriffes, um die wachsende Bedeutung der autonomen und autoritären Stellung der Eltern in der Familie zu akzentuieren.[1504]

Anders als im BGB, in dem § 1626 Abs. 1 S. 1 BGB eine Definition der elterlichen Sorge liefert, sucht man eine Legaldefinition der elterlichen Gewalt im KRO vergeblich. Den in diesem Zusammenhang relevanten Vorschriften ist jedoch zu entnehmen, dass die mit Personen- und Vermögenssorge[1505] sowie gesetzlicher Vertretung des Kindes[1506] umschriebenen Inhalte identisch mit denen der elterlichen Sorge in Deutschland sind und es sich dem Wesen nach ebenfalls um eine Gesamtheit von Rechten und Pflichten im Verhältnis zum Kind handelt.[1507] Im Bereich der gesetzlichen Vertretung des Kindes konnte allerdings ein interessanter Unterschied festgestellt werden: Während gem. Art. § 98 KRO

1501 Art. 87 KRO, § 1618 a BGB, vgl. hierzu die Ausführungen oben, S. 186 ff.

1502 Gesetz zur Neuregelung der elterlichen Sorge vom 18.7.1979, BGBl. 1979 I 1061 ff., in Kraft getreten am 1.1.1980.

1503 Gesetz über die Änderung des Gesetzes – Familien- und Vormundschaftsgesetzbuch sowie einiger anderer Gesetze (Ustawa o zmianie ustawy – Kodeks rodzinny i opiekuńczy oraz niektórych innych ustaw) vom 6.11.2008, Dz. U. Nr. 220, poz. 1431 in Kraft getreten am 13.6.2009.

1504 Begründung zum Entwurf des Gesetzes über die Änderung des Gesetzes – Familien- und Vormundschaftsgesetzbuch sowie einiger anderer Gesetze (Uzasadnienie Ustawy o zmianie ustawy – Kodeks rodzinny i opiekuńczy oraz niektórych innych ustaw), Druk Sejmowy Nr. 888, S. 9 f., im Internet abrufbar unter http://orka.sejm.gov.pl/projustall6.htm; vgl. hierzu auch die Ausführungen oben, S. 190 ff.

1505 Art. 95 KRO, zum Wortlaut vgl. oben S. 194, Fn. 949.

1506 Art. 98 KRO, zum Wortlaut vgl. oben S. 210, Fn. 1014.

1507 Vgl. hierzu oben, S. 201.

jeder Elternteil einzeln vertretungsbefugt ist, geht der funktional entsprechende § 1629 BGB von dem Prinzip der Gesamtvertretung aus.[1508]

Beide Rechtsordnungen haben das Kindeswohl zum übergeordneten Leitgedanken auf dem Gebiet des Rechts der elterlichen Sorge erhoben.[1509] In Polen wurde daneben allerdings auch das Interesse der Gesellschaft als zweiter sorgerechtlicher Grundsatz im Gesetz verankert.[1510] Diese – im KRO mehrfach betonte[1511] – Leitmaxime muss wohl im Kontext der vergangenen politischen Ideologie in Polen begriffen werden;[1512] Der politischen Gegenwart wird indessen durch den klaren Vorrang des Kindeswohls vor dem Interesse der Gesellschaft Rechnung getragen.[1513]

Ähnlich wie in der Bundesrepublik Deutschland die Reformen von 1979[1514] und 1997[1515] waren große Teile des polnischen Reformgesetzes von 2008[1516] darauf gerichtet, ein partnerschaftliches Eltern-Kind-Modell zu etablieren und die Stellung des Kindes als Rechtssubjekt stärker zu betonen.[1517] Bei aller Partnerschaftlichkeit[1518] ist das Kind in Polen – anders als in Deutschland – seinen

---

1508 Vgl. hierzu oben, S. 210 ff.

1509 Art. 95 § 3 KRO, 1697 a BGB, vgl. hierzu auch oben, S. 201 ff.

1510 Art. 95 § 3 KRO, zum Wortlaut vgl. oben S. 194, Fn. 949.

1511 Vgl. auch Art. 96 § 1 KRO, zum Wortlaut siehe oben S. 205, Fn. 986.

1512 Walaszek, S. 117.

1513 Ignaczewski, Art. 95, Rn. 6, S. 160.

1514 Gesetz zur Neuregelung des Rechts der elterlichen Sorge, BGBl. 1979 I 1061 ff., in Kraft getreten am 1.1.1980.

1515 Gesetz zur Reform des Kindschaftsrechts (KindRG) in Kraft getreten am 1.7.1998, BGBl. I S. 2942.

1516 Gesetz über die Änderung des Gesetzes – Familien- und Vormundschaftsgesetzbuch sowie einiger anderer Gesetze (Ustawa o zmianie ustawy – Kodeks rodzinny i opiekuńczy oraz niektórych innych ustaw) vom 6.11.2008, Dz. U. Nr. 220, poz. 1431 in Kraft getreten am 13.6.2009.

1517 Begründung zum Entwurf des Gesetzes über die Änderung des Gesetzes – Familien- und Vormundschaftsgesetzbuch sowie einiger anderer Gesetze (Uzasadnienie Ustawy o zmianie ustawy – Kodeks rodzinny i opiekuńczy oraz niektórych innych ustaw), Druk Sejmowy Nr. 888, S. 1 f., 10, im Internet abrufbar unter http://orka. sejm.gov.pl/projustall6.htm

1518 Vgl. Art. 95 KRO: seit dem Inkrafttreten des Änderungsgesetzes von 2008 ist die elterliche Gewalt gem. § 1 im Einklang mit der Würde und den Rechten des Kindes auszuüben; § 4 verpflichtet die Eltern, das Kind vor wichtigeren Entscheidungen anzuhören und dessen vernünftige Wünsche, soweit möglich, zu berücksichtigen; das Kind selbst soll wiederum gem. § 2 in Angelegenheiten, in denen es selbständige

Eltern nach wie vor gesetzlich zum Gehorsam verpflichtet.[1519] Auch hierbei handelt es sich um eine bewusste wie aktuelle Entscheidung des polnischen Reformgesetzgebers, der in der Gesetzesbegründung die Bedeutung der Tradition im Familienrecht hervorhebt, mit Blick hierauf vor der mechanischen Übernahme fremder Lösungen und international empfohlenen Standards warnt[1520] und damit entgegen der eigenen Deklarationen an sich ein eher konservatives Familienmodell behütet.

In beiden Ländern konnten sich die Gesetzgeber erst vor relativ kurzer Zeit zu einem vollständigen Gewaltverbot in der Erziehung durchringen. Während in Deutschland allerdings jedenfalls das Verbot von „entwürdigen Erziehungsmaßnahmen" bereits durch das SorgeRG von 1979 gesetzlich fixiert,[1521] durch das KindRG von 1997 erweitert[1522] und im Jahr 2000 abschließend im Sinne eines vollständigen Gewaltverbots präzisiert wurde,[1523] hüllte sich der KRO diesbezüglich bis zum Jahr 2010 in Schweigen. Erst durch das Änderungsgesetz vom 10.6.2010[1524] wurde Art. 96¹ KRO[1525] eingeführt, der sich zudem – insoweit im Unterschied zu dem deutlich weiter gefassten § 1631 Abs. 2 BGB – lediglich auf das Verbot von körperlichen Strafen beschränkt. Entsprechend der sehr späten gesetzlichen Verankerung ist der diesbezügliche Bewusstseinswandel in der polnischen Gesellschaft bedauerlicherweise noch nicht so weit fortgeschritten wie in Deutschland.[1526]

Entscheidungen treffen kann, die zu seinem Wohl formulierte Auffassung der Eltern zur Kenntnis zu nehmen.

1519 Art. 95 § 2 KRO.

1520 Begründung zum Entwurf des Gesetzes über die Änderung des Gesetzes – Familien- und Vormundschaftsgesetzbuch sowie einiger anderer Gesetze (Uzasadnienie Ustawy o zmianie ustawy – Kodeks rodzinny i opiekuńczy oraz niektórych innych ustaw), Druk Sejmowy Nr. 888, S. 2, 10, im Internet abrufbar unter http://orka.sejm. gov.pl/projustall6.htm

1521 § 1631 Abs. 2 BGB 1979, zum Wortlaut vgl. oben S. 44, Fn. 218.

1522 § 1631 Abs. 2 BGB 1977, zum Wortlaut vgl. oben S. 79, Fn. 412.

1523 Durch das Gesetz zur Ächtung der Gewalt in der Erziehung und zur Änderung des Unterhaltsrechts vom 2.11.2000, BGBl. I S. 1479, in Kraft getreten am 8.11.2000.

1524 Gesetz zur Änderung des Gesetzes zur Verhinderung von Gewalt in der Familie (Ustawa o zmianie ustawy o przeciwdziałaniu przemocy w rodzinie) vom 10.6.2010, Dz. U. Nr. 125, poz. 842.

1525 Zum Wortlaut vgl. oben, S. 208, Fn. 1006.

1526 Vgl. hierzu die Ausführungen oben, S. 208 f.

In beiden Rechtsordnungen wird davon ausgegangen, dass die jeweils verfassungsrechtlich garantierte Autonomie der Eltern im Verhältnis zum Staat dessen Einschreiten bei einer Gefährdung des Kindeswohls nicht ausschließt.[1527]

Der polnische Gesetzgeber hält diesbezüglich eine kompakte Regelung in den Art. 109 (Maßnahmen bei Gefährdung des Kindeswohls), 110 (Ruhen der elterlichen Gewalt) und 111 KRO (Entzug der elterlichen Gewalt) vor.[1528] Ungeachtet der etwas unterschiedlich akzentuierten, jedoch jeweils nicht abschließenden Maßnahmenkataloge des Art. 109 KRO und des funktional entsprechenden § 1666 BGB ist davon auszugehen, dass die Gerichte in beiden Ländern grundsätzlich alle Maßnahmen ergreifen können, die zur Abwendung der Kindeswohlgefährdung erforderlich sind.[1529] Wichtige Unterschiede ergeben sich jedoch im Zusammenhang mit dem Entzug der elterlichen Sorge: Nach dem polnischen Recht ist dieser nur möglich, wenn einer der vier in Art. 111 KRO genau bezeichneten Gründe vorliegt und ein Verschulden der Eltern festgestellt werden kann.[1530] Demgegenüber kommt es nach der Regelung des § 1666 BGB auf das Verschulden der Eltern nicht an.[1531] Zudem wird in Deutschland nicht nach der „Quelle" der Kindeswohlgefährdung unterschieden,[1532] weshalb auch Maßnahmen gegen Dritte ohne Weiteres möglich sind.[1533] Damit ist der rechtliche Schutz des Kindeswohls in Polen als weniger effektiv zu bewerten, weil Maßnahmen gegen Dritte dort nicht möglich sind und der Entzug der elterlichen Gewalt stets an (unter Umständen schwer feststellbares) verschuldetes Fehlverhalten der Eltern anknüpft.

C. Erwerb der elterlichen Sorge

Der größte, im Rahmen der Rechtsvergleichung herausgearbeitete Unterschied zwischen den beiden Rechtsordnungen war im Bereich des Erwerbs der elterlichen Sorge auszumachen. Er ist spektakulär wie simpel und steckt in dem Wortlaut des Art. 93 § 1 KRO: „Die elterliche Gewalt steht beiden Eltern zu." Dieser kurze, harmlos klingende Satz ist Ausfluss einer konsequent zu Ende gedachten Gleichberechtigung der Geschlechter sowie der Gleichstellung aller Kinder, weil

---

1527 Vgl. hierzu die Ausführungen oben, S. 219 ff.
1528 Zum Wortlaut vgl. oben S. 220 f., Fn. 1070, S. 222, Fn. 1078 und S. 222, Fn. 1084.
1529 Vgl. hierzu die Ausführungen und Literaturnachweise oben, S. 227.
1530 Gromek, Art. 111, Rn, 1; Ciepła in: Kodeks rodzinny i opiekuńczy. Komentarz. Pod redakcją Kazimierza Piaseckiego, Art. 111, S. 820, Nr. 3.
1531 Schwab, Familienrecht, Rn. 735; Olzen in: MüKo, § 1666 Rn. 36.
1532 Gernhuber/Coester-Waltjen, Abschnitt V. § 57 IX Rn. 104, S. 707 f.
1533 Vgl. § 1666 Abs. 4 BGB; Schwab, Familienrecht, Rn. 736.

das Sorgerecht vollständig von der Ehe entkoppelt wurde. Dies wiederum hat zur Folge, dass auf separate Regelungen für eheliche und nichteheliche Kinder sowohl inhaltlich als auch formell verzichtet werden konnte.

Auch für die Eltern hat die polnische Regelung erhebliche Konsequenzen: über die – auch im BGB bekannte – elterliche Sorge des Ehemannes der Mutter[1534] hinaus wird auch der nicht mit der Mutter des Kindes verheiratete Vater ex lege Inhaber der elterlichen Gewalt, sobald die Abstammungsverhältnisse geklärt sind.[1535] Wie in Deutschland entsteht die elterliche Gewalt in Polen mit der Geburt des Kindes,[1536] wird dort jedoch grundsätzlich nur an die rechtlich feststehende Elternschaft und die volle Geschäftsfähigkeit[1537] der Eltern geknüpft. Während der nichteheliche Vater nach der derzeitigen Regelung des § 1626 a BGB die gemeinsame elterliche Sorge nur durch Heirat oder durch Sorgeerklärungen begründen und bei beiden Alternativen an dem fehlenden Einverständnis der Mutter scheitern kann,[1538] wird der nichteheliche Vater in Polen automatisch Inhaber der elterlichen Gewalt, sobald er das Kind anerkennt[1539] oder die Vaterschaft gerichtlich festgestellt wird.[1540] Zwar ist die Wirksamkeit des Vaterschaftsanerkenntnisses von einer fristgebundenen Bestätigung durch die Mutter abhängig, dass es sich bei dem Anerkennenden um den Vater des Kindes handelt; eine erfolgversprechende Blockademöglichkeit ist hierin jedoch nicht zu sehen: Der Vaterschaftsprätendent ist auch in Polen für ein Vaterschaftsfeststellungsverfahren aktivlegitimiert[1541] und kann auf diesem Wege die Klärung der Abstammung und damit die elterliche Gewalt für sein Kind erreichen.[1542] Die erforderliche Kontrolle, ob die gemeinsame Sorge im konkreten Fall nicht nur praktikabel erscheint, sondern auch dem Kindeswohl entspricht, erfolgt in diesem Fall noch im Rahmen des Abstammungsverfahrens: Art. 93 § 2 KRO[1543] verleiht dem Gericht die Kompetenz für einen sorgerechtlichen „Rundumschlag",

---

1534 Vgl. hierzu die Ausführungen oben, S. 238 ff.
1535 Vgl. hierzu die Ausführungen oben, S. 232 f.
1536 Andrzejewski, S. 144.
1537 Dies ergibt sich aus dem Umkehrschluss aus Art. 96 § 2 KRO, zum Wortlaut vgl. oben S. 205, Fn. 986.
1538 Vgl. hierzu die ausführliche Darstellung oben, S. 82 ff.
1539 Gem. Art. 72 ff. KRO, vgl. hierzu auch die Ausführungen oben, S. 240 ff.
1540 Gem. Art. 84 ff. KRO, vgl. hierzu auch die Ausführungen oben, S. 251 ff.
1541 Die Aktivlegitimation des potenziellen biologischen Vaters für ein Vaterschaftsfeststellungsverfahren wurde im KRO im Zuge der Gesetzesreform von 2004 ergänzt, vgl. hierzu die Ausführungen oben, S. 252 f.
1542 Vgl. hierzu auch die Ausführungen oben, S. 252 f.
1543 Zum Wortlaut vgl. oben S. 232, Fn. 1124.

bei dem – im extremen Fall – selbst die elterliche Gewalt der Mutter beschränkt oder entzogen werden kann.[1544]

Durch die vom BVerfG geschaffene Übergangslösung[1545] wurde zwar der grundrechtswidrige Zustand in Deutschland beseitigt; es handelt sich jedoch nach wie vor um zwei diametral unterschiedliche Rechtsmodelle, bei denen sich die Antragslösung auf der einen und ein automatisches Modell (ohne Widerspruchsmöglichkeit!) auf der anderen Seite gegenüber stehen.

Abschließend soll im Rahmen der Zusammenfassung zum Sorgerechtserwerb auf den unterschiedlichen Umgang beider Rechtsordnungen mit minderjährigen (oder aus sonstigen Gründen nicht voll geschäftsfähigen) Eltern aufmerksam gemacht werden: Während in Deutschland ein nicht voll geschäftsfähiger Elternteil Inhaber der elterlichen Sorge ist, diese jedoch gem. § 1673 Abs. 2 S. 2 BGB wegen des rechtlichen Hindernisses ruht, fungiert in Polen die volle Geschäftsfähigkeit als unabdingbare Voraussetzung für den Erwerb der elterlichen Gewalt.[1546] Diese Unterschiede werden jedoch dadurch relativiert, dass die betroffenen Elternteile in beiden Ländern befugt und verpflichtet sind, sich an der tatsächlichen Pflege und Erziehung des Kindes zu beteiligen.[1547]

Eine verfassungsrechtlich bedenkliche Besserstellung hält der KRO für die minderjährige, verheiratete Mutter vor, bei der kraft Ehe die volle Geschäftsfähigkeit fingiert[1548] und ihr damit auch volle elterliche Gewalt zuteilwird. Zwar legt Art. 10 § 1 S. 1 KRO die Heiratsfähigkeit auf das 18. Lebensjahr fest; Mädchen, die das 16. Lebensjahr vollendet haben, können sich jedoch von dem Erfordernis der Volljährigkeit auf Antrag befreien lassen, Art. 10 § 1 S. 2 KRO. Diese Möglichkeit besteht gem. § 1303 BGB auch in Deutschland, jedoch nicht auf Mädchen beschränkt und ohne die fingierte Volljährigkeit als Rechtsfolge.[1549]

1544 Stojanowska in: Nowelizacja Prawa rodzinnego na podstawie ustaw z 6 listopada 2008 r. i 10 czerwca 2010 r. Analiza. Wykładnia. Komentarz. Pod redakcją Wandy Stojanowskiej, Art. 93, Nr. 1.2, S. 223, vgl. hierzu auch oben, S. 255 f.

1545 Im Rahmen derer der nichteheliche Vater bis zum Inkrafttreten einer gesetzlichen Neuregelung bei Weigerung der Mutter einen Antrag bei dem Familiengericht auf Einräumung der gemeinsamen oder alleinigen elterlichen Sorge stellen kann, BVerfG, 1 BvR 420/09, www.bverfg.de/entscheidungen/rs20100721_1bvr042009. html, unter C III, Absatz-Nr. 75 und 76, vgl. hierzu auch die oben, S. 137 f.

1546 Vgl. Art. 94 § 1 KRO, zum Wortlaut siehe S. 261, Fn. 1253.

1547 Vgl. § 1673 Abs. 2 S. 2 BGB, Art. 96 § 2 KRO, zum Wortlaut siehe oben, S. 205, Fn. 986.

1548 Art. 10 KC, zum Wortlaut vgl. oben S. 262, Fn. 1256.

1549 Vgl. hierzu auch oben S. 261, 266.

D. Modifizierungen der elterlichen Sorge nach Scheidung und Trennung

Auch im Bereich der sorgerechtlichen Regelungen für den Fall der Trennung und Scheidung waren weitreichende Unterschiede festzustellen. Da die gemeinsame elterliche Sorge in Polen auch bei nicht verheirateten Eltern nicht nur ein frommer Wunsch, sondern tatsächlich gelebte Realität ist, war der interessanten Frage nachzugehen, welche rechtlichen Lösungen für den Fall der Trennung der Eltern vorgesehen sind.

Die Gegenüberstellung von Art. 107 KRO und § 1671 BGB brachte die Erkenntnis, dass die beiden gesetzgeberischen Konzepte in diesem Bereich kaum unterschiedlicher sein können.

Der erste offenkundige Unterschied konnte bereits beim Anwendungsbereich der beiden Vorschriften ausgemacht werden: während der Tatbestand des § 1671 BGB sowohl die Modifizierungen des Sorgerechts nach einer Trennung als auch nach einer Scheidung erfasst, bedarf es im KRO zweier separater Regelungen.[1550] Der Grund hierfür ist zum einen in dem in Polen nach wie vor bestehenden Zwangsverbund von Ehe- und Sorgerechtssachen zu sehen.[1551] Zum anderen ist dort – anders als in Deutschland[1552] – eine Scheidung auch ohne eine Trennung der Eheleute möglich,[1553] so dass die Trennung als übergreifender Anknüpfungspunkt nach dem Vorbild des § 1671 BGB untauglich ist.

Ein weiterer wichtiger Unterschied betrifft die verfahrensrechtliche Seite: Im Gegensatz zum Verfahren nach § 1671, das ausdrücklich nur auf Antrag eines Elternteils eingeleitet werden kann, ist dies bei einem Verfahren nach Art. 107 KRO auch von Amts wegen möglich.[1554]

1550 Art. 107 KRO (Trennung, zum Wortlaut siehe oben S. 267, Fn. 1271) und Art. 58 KRO (Scheidung, zum Wortlaut siehe oben S. 280, Fn. 1341); vgl. hierzu auch die ausführliche Darstellung oben, S. 267 ff., 280 ff.

1551 Vgl. Art. 58 § 1 KRO.

1552 Mit Ausnahme der Härtefallscheidung gem. §1565 Abs. 2 BGB, die bei Vorliegen der übrigen Voraussetzungen bereits vor Ablauf des Trennungsjahres möglich ist.

1553 Vgl. Art. 56 KRO, zum Wortlaut siehe oben, S. 287 f., Fn. 1367.

1554 Dies ergibt sich aus den Verfahrensvorschriften des polnischen Zivilverfahrensgesetzbuches (Kodeks postępowania cywilnego, im Folgenden: KPC): bei den Verfahren nach Art. 107 KRO handelt es sich um sog. „Nichtprozessverfahren" (postępowanie nieprocesowe) im Sinne der §§ 506 ff. KPC, vgl. Ignatowicz, Art. 107, Rn. 7, S. 612. Gem. Art. 506 KPC können diese Verfahren auf Antrag und in gesetzlich bestimmten Fällen auch von Amts wegen eingeleitet werden. Einen solchen Fall regelt Art. 570 KRO, wonach Vormundschaftsgerichte

Schließlich konnten konträre Einstellungen der jeweiligen Gesetzgeber zur gemeinsamen Sorge nach Trennung und Scheidung festgestellt werden:

In der Bundesrepublik Deutschland entschied das BVerfG bereits im Jahr 1982, dass überall dort, wo die Eltern willens und in der Lage sind, die Sorge für ihr Kind auch nach der Scheidung gemeinsam zu tragen, dies auch möglich sein müsse.[1555] Damit war das Ende der bis dahin starren sorgerechtlichen Zuordnung des Kindes zu nur einem Elternteil besiegelt;[1556] das KindRG von 1997 brachte dann in Gestalt des § 1671 BGB das Konzept der gemeinsamen elterlichen Sorge, die durch Trennung oder Scheidung der Eltern grundsätzlich nicht tangiert wird. Seit dem Inkrafttreten des KindRG ist streitig, ob die Beibehaltung der gemeinsamen Sorge nach Trennung und Scheidung als normativer Regelfall verstanden werden muss.[1557] Zwar betonte der Gesetzgeber an mehreren Stellen der Gesetzesbegründung, dass er keineswegs die gemeinsame Sorge bevorzugt;[1558] seine negative Äußerung über das alleinige Sorgerecht an einer anderen Stelle[1559] macht jedoch deutlich, dass dem Fortbestand der gemeinsamen Sorge ein hoher sozialpolitischer Wert beigemessen wird.[1560]

Demgegenüber ist von einer klaren Positionierung des polnischen Gesetzgebers gegen den Fortbestand der gemeinsamen Sorge nach Trennung und Scheidung auszugehen.[1561] Die bedeutenden Änderungen der Art. 58, 107 KRO im Zuge

---

Verfahren von Amts wegen einleiten können. Eine Ausnahme von diesem Grundsatz ist in Art. 598¹ § 3 KPC lediglich für Verfahren wegen Herausgabe des Kindes gem. Art. 100 § 1 KRO vorgesehen. Da nach dem Wortlaut des Art. 107 § 1 KRO die Zuständigkeit des Vormundschaftsgerichts gegeben ist und keine Ausnahme vorliegt, kann ein Verfahren auf Regelung der elterlichen Gewalt nach Trennung der Eltern auch von Amts wegen eingeleitet werden. Gem. Art. 572 KPC ist jeder, der von Umständen Kenntnis erlangt, die die Einleitung eines Verfahrens von Amts wegen rechtfertigen würden, verpflichtet, diese dem Vormundschaftsgericht mitzuteilen; insbesondere sind von dieser Verpflichtung u. A. Behörden, Polizei, Notare, Schulen, Staatsanwaltschaften, Gerichte, Beratungsstellen und medizinische Einrichtungen betroffen.

1555 BVerfGE 61, 358 ff. = FamRZ 1982, 1179 ff.
1556 Vgl. hierzu oben, S. 51 ff.
1557 Vgl. hierzu die ausführliche Darstellung oben, S. 100 ff., 289 f.
1558 BT-Drucks. 13/4899, S. 61, 63.
1559 BT-Drucks. 13/4899, S. 62.
1560 Diederichsen in: Palandt, 72. Aufl. 2013, § 1671, Rn. 13; Gernhuber/Coester-Waltjen, V. Abschnitt § 65 II Rn. 17; in diesem Sinne auch Schmid in: Schulz/Hauß, § 1671, Rn. 2.
1561 Vgl. hierzu oben, S. 275 ff., 289 ff.

der Gesetzesreform von 2008 sollten ausdrücklich für einen zurückhaltenden Umgang der Rechtsprechung mit der gemeinsamen elterlichen Gewalt nach Trennung und Scheidung sorgen.[1562] In der Gesetzesbegründung wurde hierzu ausgeführt, dass „zufällige und übereilte" Entscheidungen der Gerichte im Sinne der gemeinsamen elterlichen Gewalt verhindert werden sollen.[1563] Schließlich wurde die „allgemeine Tendenz in der Rechtsprechungspraxis" kritisiert, die elterliche Gewalt nach Trennung und Scheidung ohne „eine eingehende Untersuchung der tatsächlichen Möglichkeiten der einvernehmlichen Ausübung im Sinne des Kindeswohls" unverändert beiden Eltern zu belassen.[1564]

Aus den unterschiedlichen Präferenzen der Gesetzgeber resultieren denkbar unterschiedliche Voraussetzungen für die Beibehaltung der elterlichen Sorge:

Nach dem deutschen Konzept bleibt es bei dem Fortbestand, wenn kein Antrag gem. § 1671 BGB gestellt wird. Wird ein gerichtliches Verfahren eingeleitet, stehen dem alleinigen Sorgerecht eines Elternteils allerdings nicht geringe Hürden im Wege.[1565] Ist der andere Elternteil mit der beantragten Veränderung der Sorgerechtslage nicht einverstanden, kann die gemeinsame Sorge nur dann aufgehoben werden, wenn die Aufhebung der gemeinsamen und die Übertragung der alleinigen Sorge auf den Antragsteller dem Kindeswohl am besten entspricht.[1566] Bereits die erste Voraussetzung wird von der Rechtsprechung unter Umständen als nicht erfüllt angesehen, sofern vom Gericht noch ein Minimum an Kommunikationsfähigkeit und Kooperationswillen festgestellt werden kann.[1567] Ein nicht

---

1562 Begründung zum Entwurf des Gesetzes über die Änderung des Gesetzes – Familien- und Vormundschaftsgesetzbuch sowie einiger anderer Gesetze (Uzasadnienie Ustawy o zmianie ustawy – Kodeks rodzinny i opiekuńczy oraz niektórych innych ustaw), Druk Sejmowy Nr. 888, S. 14, 20, 37, im Internet abrufbar unter http://orka. sejm.gov.pl/projustall6.htm.

1563 Begründung zum Entwurf des Gesetzes über die Änderung des Gesetzes – Familien- und Vormundschaftsgesetzbuch sowie einiger anderer Gesetze (Uzasadnienie Ustawy o zmianie ustawy – Kodeks rodzinny i opiekuńczy oraz niektórych innych ustaw), Druk Sejmowy Nr. 888, S. 37, im Internet abrufbar unter http://orka.sejm. gov.pl/projustall6.htm.

1564 Begründung zum Entwurf des Gesetzes über die Änderung des Gesetzes – Familien- und Vormundschaftsgesetzbuch sowie einiger anderer Gesetze (Uzasadnienie Ustawy o zmianie ustawy – Kodeks rodzinny i opiekuńczy oraz niektórych innych ustaw), Druk Sejmowy Nr. 888, S. 14, im Internet abrufbar unter http://orka.sejm. gov.pl/projustall6.htm.

1565 So formuliert es sehr zutreffend Schwab, FamRZ 1998, 457, 458.

1566 Vgl. Wortlaut des § 1671 BGB sowie die umfassende Darstellung oben. S. 93 ff.

1567 Vgl. Diederichsen in: Palandt, 72. Aufl. 2013, § 1671 Rn. 15.

unbedeutender Teil der Rechtsprechung geht noch weiter und will eine den Eltern durch das KindRG auferlegte Pflicht zur Konsensfindung sehen.[1568]

Demgegenüber geht der polnische Gesetzgeber davon aus, dass eine harmonische Ausübung der elterlichen Gewalt in der Regel nur dann möglich ist, wenn die Eltern zusammen leben.[1569] Dementsprechend ist in Polen die gemeinsame Ausübung der elterlichen Gewalt nach der Trennung gegen den Willen eines Elternteils nicht denkbar. In jeglicher Hinsicht gegenläufig zu der deutschen Regelung knüpft der polnische Gesetzgeber den Fortbestand des sorgerechtlichen Status quo nach der Trennung der nichtehelichen Eltern an idealistisch hohe Bedingungen: wurde auf Antrag eines Elternteils oder von Amts wegen ein Verfahren gem. Art. 107 KRO eingeleitet, kann die gemeinsame elterliche Gewalt nur dann fortbestehen, wenn die Eltern eine Einigung hinsichtlich aller wichtigen Kindesbelange erreicht, diese dem Gericht in Form eines Erziehungsplans vorgelegt haben und die begründete Erwartung besteht, dass sie auch künftig in der Lage sein werden, kindeswohlkonform miteinander zu kooperieren.[1570]

Liegen die vorstehenden Voraussetzungen nicht vor, entscheidet das Gericht gem. Art. 107 § 2 S.1 KRO, indem es die Ausübung der elterliche Gewalt einem Elternteil anvertraut und die elterliche Gewalt des anderen Elternteils auf bestimmte Rechte und Pflichten im Verhältnis zur Person des Kindes beschränkt.[1571] Die diesem Elternteil verbleibenden Kompetenzen sind vom Gericht explizit und präzise zu bezeichnen;[1572] in diesen Bereichen wird die elterliche Gewalt weiterhin von beiden Eltern gemeinsam ausgeübt.[1573]

Die übrigen Teile der elterlichen Gewalt werden dem betroffenen Elternteil jedoch nicht formell entzogen, sondern lediglich in der Ausübung gehindert.[1574] Im großen Unterschied zu der deutschen Regelung handelt es sich in Polen bei den Modifizierungen der elterlichen Gewalt nach Trennung und Scheidung

---

1568 OLG Köln, FamRZ 2000, 499; OLG Zweibrücken, FamRZ 1999, 40; OLG München, FamRZ 1999, 1006; OLG Hamm, FamRZ 1999, 38, 39; 1159, 1160; vgl. auch die Ausführungen oben, S. 298 ff.
1569 Ignatowicz/Nazar, Rn. 840.
1570 Vgl. Art. 107 § 2 S. 2 KRO, zum Wortlaut siehe oben S. 267, Fn. 1271.
1571 Vgl. Art. 107 § 2 S. 1 KRO, zum Wortlaut siehe oben S. 267, Fn. 1271, vgl. auch die Ausführungen oben, S. 269 ff.
1572 Ignaczewski, § 107, Rn. 8 f.
1573 Ignaczewski, § 107, Rn. 7, S. 612.
1574 Andrzejewski, S. 109; Golec-Grzymek, MoP 19/2009, im Internet entgeltlich abrufbar unter http://www.monitorprawniczy.pl/index.php?mod=m_artykuly&cid=20&id=2524, S. 10; vgl. hierzu auch oben, S. 280 ff.

lediglich um eine Umverteilung der Ausübungskompetenzen, ohne dass die Rechtsinhaberschaft als solche in Frage gestellt wird; Streitigkeiten der Eltern um die elterliche Gewalt unterhalb der Schwelle der Kindeswohlgefährdung können nicht zum Entzug der elterlichen Gewalt führen.[1575] Der formelle Entzug der elterlichen Gewalt ist nach dem KRO nur möglich, wenn die Schwelle der Kindeswohlgefährdung überschritten ist und der Staat einschreitet.[1576]

Es wurde in diesem Zusammenhang der Frage nachgegangen, ob eine solche Abstrahierung der Rechtsinhaberschaft von der Ausübungskompetenz möglicherweise dazu geeignet ist, das Konfliktpotenzial zwischen getrennt lebenden Eltern zu verringern.[1577] Im Ergebnis muss dies wohl verneint werden, weil die meisten Konflikte erfahrungsgemäß eben die Ausübungsebene, also die konkreten Befugnisse im Verhältnis zum Kind, und nicht die Frage der Rechtsinhaberschaft betreffen.[1578]

Abschließend kann festgehalten werden, dass die in beiden Ländern sehr unterschiedlichen normativen Anforderungen an den Fortbestand der elterlichen Sorge nach Trennung und Scheidung (ein Mindestmaß an elterlicher Übereinstimmung in Deutschland und ein vollständiger Konsens in Polen) ein jeweils umgekehrtes Regel-Ausnahme-Verhältnis nach sich ziehen.

2. Abschnitt: Vergleich der Rechtslage in Polen mit den in Deutschland aktuell diskutierten Reformmodellen und den Ergebnissen der Studie

Die Darstellung der im Zusammenhang mit dem aktuellen Reformvorhaben diskutierten Modelle ist bereits oben erfolgt.[1579] An dieser Stelle soll ergänzend untersucht werden, ob und inwieweit die polnische Lösung von den Reformvorschlägen aufgegriffen wird.

Es wurde des Weiteren bereits darauf hingewiesen, dass das BMJ im Mai 2009 eine Studie zu der sorgerechtlichen Situation bei nichtehelichen Eltern in Auftrag gab,[1580] deren Ergebnisse in einem vorgezogenen Endbericht im November

---

1575 Ignatowicz in: Kodeks rodzinny i opiekuńczy. Komentarz. Pod redakcją Krzysztofa Pietrzykowskiego, Art. 111, Rn. 8.

1576 Vgl. Art. 109 KRO ff.

1577 Siehe oben, S. 296 f.

1578 So auch Peschel-Gutzeit, NJW 2010, 2990, 2992.

1579 Siehe S. 141 ff.

1580 Bundesamt für Justiz, Vergabe eines Forschungsvorhabens zum Thema „Gemeinsames Sorgerecht nicht miteinander verheirateten Eltern v. 8.9.2008, Bundesanzeiger Nr. 143 v. 19.9.2008, S. 4315 f.

2010 vorgelegt wurden.[1581] Es wird deshalb anschließend der Frage nachzugehen sein, zu welcher Empfehlung hinsichtlich der bevorstehenden Neuregelung
das Forschungsprojekt gelangt, ob und ggf. wie diese Ergebnisse in der aktuellen
Diskussion berücksichtigt werden sowie ob hier möglicherweise Parallelen zu
dem Modell in Polen zu finden sind.

A. Diskutierte Reformmodelle und die Rechtslage in Polen

Bei dem Vergleich der in Deutschland diskutierten Regelungsmodelle ist zuerst
festzuhalten, dass es sich bei den bislang vorgeschlagenen Lösungen lediglich um
grobe Modellskizzen handelt, deren Details offensichtlich noch nicht im Sinne
eines Gesetzesentwurfs herausgearbeitet, jedenfalls aber nicht bekannt gegeben
wurden.[1582]

In diesen vereinfachten Kategorien kann die polnische Lösung als ein klassisches automatisches Modell eingestuft werden: Der nicht mit der Mutter
verheiratete Vater wird ex lege Inhaber der elterlichen Gewalt, sobald seine Elternschaft in rechtlicher Hinsicht feststeht. Hierbei stehen ihm zwei bewährte
Möglichkeiten zur Verfügung: die Vaterschaftsanerkennung[1583] und die gerichtliche Abstammungsfeststellungsklage.[1584] In beiden Fällen entsteht die elterliche
Gewalt automatisch und mit ex tunc-Wirkung ab der Geburt des Kindes.[1585] Ein
„Widerspruchsrecht" hinsichtlich der sorgerechtlichen Folge hat die Mutter in
Polen nicht. Sie kann zwar durch ihre fehlende Bestätigung die Vaterschaftsan-
erkennung verhindern,[1586] nicht jedoch die Klärung der Abstammungsver-
hältnisse durch die dann vom Vater eingeleitete Vaterschaftsfeststellungsklage.
Im Rahmen dieses Verfahrens kann sie sich für eine Beschränkung der

---

1581 Jurczyk/Walper, Vorgezogener Endbericht für das Projekt „Gemeinsames Sorgerecht nicht miteinander verheirateter Eltern" vom 30.11.2010, im Internet abrufbar unter http://www.bmj.de/SharedDocs/Downloads/DE/pdfs/Endbericht_Sorge
recht_final.pdf?__blob=publicationFile.
1582 Vgl. hierzu die Darstellung der Modelle oben, S. 141 ff., sowie die Ausführungen
zur letzten Bundestagsdebatte vom 28.1.2011, S. 144 f.
1583 Gem. Art. 72 ff. KRO, vgl. hierzu auch die Ausführungen oben, S. 240 ff.
1584 Gem. Art. 84 ff. KRO, vgl. hierzu auch die Ausführungen oben, S. 251 ff.
1585 Zu Vaterschaftsanerkennung: Ignatowicz/Nazar, Rn. 706, 659; Strzebińczyk, S. 219;
zur gerichtlichen Vaterschaftsfeststellung: Ignatowicz/Nazar, Rn. 719, S. 283; Ignaczewski, Art. 84, Rn. 12, S. 524 f.
1586 Zu der erforderlichen Bestätigung siehe Art. 73 KRO sowie die Ausführungen
oben, S. 241 f.

Ausübungskompetenzen des Vaters stark machen, muss dabei jedoch aufpassen, ihre eigene Erziehungsfähigkeit nicht in Frage zu stellen.[1587]

Die Möglichkeit, gemeinsame elterliche Sorge zu modifizieren, wird – jedenfalls unterhalb der Schwelle der Kindeswohlgefährdung – erst nach der Trennung der Eltern eröffnet.[1588] Die in Deutschland aktuell unter anderem im Fokus der Diskussionen stehende Konstellation, in der nichteheliche Eltern zwar zusammenleben, jedoch trotzdem keine gemeinsame Sorge begründen,[1589] kann es in Polen deshalb nicht geben.[1590]

Hiermit korrespondieren die hierzulande diskutierten Modelle nur in einem geringfügigen Umfang:

I. Antragsmodell

Das Antragsmodell, also die Lösung, die von der originären Alleinsorge der Mutter ausgeht und die die von dem § 1626 a Abs. 1 Nr. 1 BGB vorgegebene Möglichkeit mit der Chance auf eine gerichtliche Überprüfung im Fall der Weigerung der Mutter anreichert,[1591] entspricht der vom BVerfG geschaffenen Übergangslösung[1592] und stellt folglich die aktuelle Rechtslage dar. Mit Blick auf die hier vorausgesetzte Aktivität des Vaters (Abgabe einer Sorgeerklärung sowie ggf. Einleitung des Gerichtsverfahrens) auf der einen und das automatisch eintretende Sorgerecht des Vaters in Polen auf der anderen Seite ist eher von der Gegensätzlichkeit der Modelle als von einer Schnittmenge auszugehen.

1587 Stojanowska in: Nowelizacja Prawa rodzinnego na podstawie ustaw z 6 listopada 2008 r. i 10 czerwca 2010 r. Analiza. Wykładnia. Komentarz. Pod redakcją Wandy Stojanowskiej, Art. 93, Nr. 1.2, S. 223, vgl. hierzu auch die Ausführungen oben, S. 276.

1588 Gem. Art. 107 KRO, zum Wortlaut siehe oben S. 267, Fn. 1271.

1589 Vgl. BVerfG, FamRZ 2003, 285, 290; Bundesamt für Justiz, Vergabe eines Forschungsvorhabens zum Thema „Gemeinsames Sorgerecht nicht miteinander verheirateter Eltern v. 8.9.2008 (Bundesanzeiger Nr. 143 v. 19.9.2008, S. 4315 f.); In der Ausschreibung heißt es: „Es fehlt eine gesicherte Grundlage für die Einschätzung, wie häufig *zusammenlebende Eltern* in der Regel Sorgeerklärungen abgeben und ob und gegebenenfalls welche Auswirkungen auf das Wohl des Kindes beispielsweise die Verweigerung der Abgabe von Sorgeerklärungen durch die Mutter haben kann. Diese Erkenntnislücken sollen durch die Untersuchung geschlossen werden".

1590 Außer in der – praktisch wohl kaum vorkommenden – Konstellation, in der die zusammenlebenden Eltern die Abstammungsverhältnisse rechtlich ungeklärt lassen.

1591 Vgl. hierzu die Ausführungen oben, S. 142.

1592 BVerfG, 1 BvR 420/09, www.bverfg.de/entscheidungen/rs20100721_1bvr042009. html, unter B II 6, Absatz-Nr. 69–76; vgl. hierzu auch die ausführliche Darstellung oben, S. 137 f.

II. Widerspruchsmodell

Hinter dem sog. Widerspruchsmodell[1593] verbirgt sich ein progressiver Lösungsvorschlag, der als einziger von einer ex lege eintretenden elterlichen Sorge des Vaters kraft Vaterschaftsanerkennung ausgeht und deshalb mit der polnischen Lösung am ehesten vergleichbar ist. Im Unterschied zu der Antragslösung sollen hiernach die Sorgeerklärungen entfallen, weil bereits die Vaterschaftsanerkennung automatisch das Sorgerecht des Vaters nach sich zieht. Ein wichtiger Unterschied zur polnischen Rechtslage besteht jedoch in dem fristgebundenen Widerspruchsrecht der Mutter, das rechtzeitig ausgeübt die elterliche Sorge des Vaters wieder entfallen lässt.

III. Kompromissvorschlag des BMJ

In dem Kompromissvorschlag des BMJ[1594] ist nur noch wenig von dem progressiven Ansatz des Widerspruchsmodells zu sehen. Das Sorgerecht des Vaters soll hiernach weder bereits mit der Vaterschaftsanerkennung noch durch die vom Vater abgegebene Sorgeerklärung entstehen, sondern erst – dann jedoch immerhin automatisch – wenn die Mutter die Sorgeerklärung des Vaters unwidersprochen lässt. Macht sie von ihrem fristgebundenen Widerspruchsrecht Gebrauch, bleibt dem Vater – wie bei den beiden anderen Modellen – der Weg zum Familiengericht. Es lassen sich insoweit keine Parallelen zur polnischen Rechtslage aufzeigen.

IV. Lösungsvorschlag des DFGT

Der Lösungsvorschlag des DFGT[1595] entpuppt sich indessen bei genauer Betrachtung als durchaus fortschrittlich: Zwar soll danach nicht bereits die Vaterschaftsanerkennung, jedoch immerhin die vom Vater abgegebene Sorgeerklärung ex lege zu dessen elterlicher Sorge führen.[1596] Die Widerspruchsmöglichkeit der

---

1593 Vgl. hierzu die Ausführungen oben, S. 142.
1594 Vgl. Fragen-Antworten-Katalog des BMJ v. 13.1.2011, abrufbar unter www.bmj. de/SharedDocs/Downloads/DE/pdfs/Fragen_und_Antworten_zum_Sorgerecht_ nicht _miteinander_verheirateter_Eltern.pdf?_blob=publicationFile; Pressemitteilung des BMJ v. 3.2.2011, abrufbar unter www.bmj.de; vgl. hierzu auch oben S. 142 f.
1595 Vgl. hierzu die Ausführungen oben, S. 147 ff.
1596 Kinderrechtskommission des Deutschen Familiengerichtstags. Stellungnahme zur aktuellen Reformdiskussion „Sorgerecht nicht miteinander verheirateter Eltern" (22. Februar 2011), S. 5, im Internet abrufbar unter: http://www.dfgt.de/resources/ Stellungnahme_BVerfG_2011.pdf.

Mutter soll als verwirrender, bürokratischer und damit unnötiger Zwischenschritt entfallen.[1597] Diejenige Mutter, die mit der gemeinsamen Sorge nicht einverstanden ist, wird vom DFGT auf die Einleitung eines Verfahrens gem. § 1671 Abs. 2 Nr. 2 BGB vor dem Familiengericht verwiesen.[1598] Dabei wird nicht thematisiert, dass der Anwendungsbereich des § 1671 Abs. 2 Nr. 2 BGB nur bei einem nicht nur vorübergehenden Getrenntleben der Eltern eröffnet ist[1599] und es somit in allen anderen Konstellationen zunächst bei der gemeinsamen Sorge bleibt.

Damit ist dieses Modell durchaus mit dem polnischen vergleichbar, mit dem Unterschied, dass die gemeinsame Sorge nicht bereits durch die Vaterschaftsanerkennung, sondern durch einen zusätzlichen Akt, die Sorgeerklärung, ex lege entsteht. Genau wie in Polen[1600] sollen sich die Eltern nach dem Vorschlag des DFGT nur dann sorgerechtlich wieder auseinander dividieren dürfen, wenn sie getrennt voneinander leben. Mit Blick auf das unterschiedliche Verhältnis der beiden Gesetzgeber zur gemeinsamen Sorge nach Trennung der Eltern[1601] werden an dieser Stelle wiederum deutlich auseinander fallende Ergebnisse zu erwarten sein.

B. Diskutierte Reformmodelle und die Rechtslage in Polen im Lichte der Ergebnisse des Projekts „Gemeinsames Sorgerecht nicht miteinander verheirateter Eltern"

Nachdem die in Deutschland diskutierten Reformmodelle im Lichte der polnischen Rechtslage betrachtet wurden, soll das Bild nunmehr durch die Darstellung der wichtigsten Ergebnisse des Forschungsprojektes „Gemeinsames Sorgerecht nicht miteinander verheirateter Eltern"[1602] im Kontext der bisherigen Lösungsansätze und des polnischen Modells vervollständigt werden.

1597 Kinderrechtskommission des Deutschen Familiengerichtstags. Stellungnahme zur aktuellen Reformdiskussion „Sorgerecht nicht miteinander verheirateter Eltern" (22. Februar 2011), S. 4 f., im Internet abrufbar unter: http://www.dfgt.de/resources/ Stellungnahme_BVerfG_2011.pdf.

1598 Kinderrechtskommission des Deutschen Familiengerichtstags. Stellungnahme zur aktuellen Reformdiskussion „Sorgerecht nicht miteinander verheirateter Eltern" (22. Februar 2011), S. 5, im Internet abrufbar unter: http://www.dfgt.de/resources/ Stellungnahme_BVerfG_2011.pdf.

1599 Vgl. Wortlaut des § 1671 Abs. 1 S. 1 BGB.

1600 Siehe Art. 107 KRO, zum Wortlaut vgl. oben, S. 267, Fn. 1271.

1601 Vgl. hierzu die zusammenfassenden Ausführungen oben, S. 321 ff.

1602 Jurczyk/Walper, Vorgezogener Endbericht für das Projekt „Gemeinsames Sorgerecht nicht miteinander verheirateter Eltern" vom 30.11.2010, im Internet abrufbar

I. Die wichtigsten Ergebnisse der Studie

Der vorgezogene, Ende November 2010 vorgelegte Endbericht für das im Zeitraum zwischen Mai 2009 und August 2010 durchgeführte Forschungsprojekt will einen Einblick in das Leben der nichtehelichen Eltern gewähren und Aufschluss darüber liefern, wie viele Eltern aus dieser Gruppe tatsächlich gemeinsame Sorge begründen und aus welchen Gründen sie es nicht tun.[1603]

Zu den wichtigsten Ergebnissen[1604] zählt deshalb die Erkenntnis, dass 62 % der nicht miteinander verheirateten Eltern gemeinsame elterliche Sorge durch Sorgeerklärung begründen.[1605] Eine wichtige Rolle spielt dabei – dies wird wohl kaum jemanden überraschen – die Qualität der Bindung zwischen den Eltern: Leben sie bei der Geburt des Kindes in einer nichtehelichen Lebensgemeinschaft, sind zwei Drittel von ihnen zur gemeinsamen Sorge bereit; von den Eltern ohne eine Partnerschaft wagt hingegen nur ein Viertel die gemeinsame Verantwortung.[1606]

Die Befragungen der Eltern bestätigten des Weiteren die brisante Vermutung,[1607] dass kindeswohlrelevante Motive bei Ablehnung der gemeinsamen Sorge durch die Mütter nur eine sehr untergeordnete Rolle spielen.[1608]

---

unter http://www.bmj.de/SharedDocs/Downloads/DE/pdfs/Endbericht_Sorge
recht_final.

1603 Jurczyk/Walper, Vorgezogener Endbericht für das Projekt „Gemeinsames Sorgerecht nicht miteinander verheirateter Eltern" vom 30.11.2010, S. 342, im Internet abrufbar unter http://www.bmj.de/SharedDocs/Downloads/DE/pdfs/Endbericht_Sorgerecht_final.

1604 Eine Zusammenfassung wurde auch vom BMJ zusammengestellt und ist im Internet unter http://www.bmj.de/SharedDocs/Downloads/DE/pdfs/Zusammenfassung_Endbericht_Sorgerecht_final.html abrufbar.

1605 Jurczyk/Walper, Vorgezogener Endbericht für das Projekt „Gemeinsames Sorgerecht nicht miteinander verheirateter Eltern" vom 30.11.2010, S. 345, im Internet abrufbar unter http://www.bmj.de/SharedDocs/Downloads/DE/pdfs/Endbericht_Sorgerecht_final.pdf?__blob=publicationFile.

1606 BMJ, Studie „Gemeinsames Sorgerecht nicht miteinander verheirateter Eltern" – Zusammenfassung der Ergebnisse – S. 2, http://www.bmj.de/SharedDocs/Downloads/DE/pdfs/Zusammenfassung_Endbericht_Sorgerecht_final.html.

1607 In diesem Sinne bereits 2008: Umfrage des Bundesministeriums der Justiz bei Jugendämtern und Rechtsanwälten zur gemeinsamen Sorge nicht miteinander verheirateter Eltern – Zusammenfassung –, BT-Drucks. 16/10047, S. 8, 12 f.

1608 Jurczyk/Walper, Vorgezogener Endbericht für das Projekt „Gemeinsames Sorgerecht nicht miteinander verheirateter Eltern" vom 30.11.2010, S. 346, im Internet abrufbar unter http://www.bmj.de/SharedDocs/Downloads/DE/pdfs/Endbericht_

Bedauerlicherweise war der Fokus in diesem Zusammenhang nur auf die Ablehnungsgründe der Mütter gerichtet, ohne dass zugleich die Motivlage der nichtehelichen, die Teilhabe an der elterlichen Sorge begehrenden Väter ermittelt wurde. Auch hier wären sicherlich spannende Ergebnisse zu erwarten, wie der Blick auf eine im Jahr 2000 in Polen durchgeführte, rechtlich-soziologische Studie[1609] zeigt: von den verheirateten Vätern, die das Aufenthaltsbestimmungsrecht für den Fall der Scheidung begehrten, gaben 29 % andere als unmittelbar kindeswohlbezogene Gründe an.[1610] Hierunter fanden sich Motive wie „ein Gerechtigkeitsgefühl" herstellen zu wollen, der schlichte Wunsch, das Kind selbst zu betreuen, oder religiöse Überzeugungen.[1611] 3 % der Väter aus dieser Gruppe gaben sogar unumwunden an, der Mutter „eines auswischen zu wollen".[1612]

Bei zusammen lebenden Eltern, die keine gemeinsame Sorge begründen, sei nach den Ergebnissen des deutschen Forschungsprojektes ein „Entscheidungsvakuum" zu beobachten.[1613] Die damit gemeinte Situation, in der die Elternteile die Auffassung vertreten, der mit der Begründung der gemeinsamen Sorge verbundene Aufwand fiele in den Zuständigkeitsbereich des jeweils anderen, sei auf eine eher traditionelle Rollenverteilung in der Beziehung zurückzuführen.[1614]

Verstärkt wird das Phänomen durch ein generelles Misstrauen dem Jugendamt gegenüber, das hauptsächlich in seiner Funktion als Wächteramt wahrgenommen wird.[1615] Schließlich wird die auf die Möglichkeit des Scheiterns der Beziehung ausgerichtete Beratung des Jugendamtes im Zusammenhang mit der

---

Sorgerecht_final.pdf?__blob=publicationFile: von nur 13,5 % der Befragten wurden Gründe benannt, die als Risikofaktoren für das Kindeswohl verstanden werden können.

1609 Ergebnisse veröffentlich in: Stojanowska, Władza rodzicielska pozamałżeńskiego i rozwiedzionego ojca. Sudium socjologiczno-prawne, Warszawa 2000.

1610 Stojanowska, Władza rodzicielska pozamałżeńskiego i rozwiedzionego ojca, S. 158 f.

1611 Stojanowska, Władza rodzicielska pozamałżeńskiego i rozwiedzionego ojca, S. 160.

1612 Stojanowska, Władza rodzicielska pozamałżeńskiego i rozwiedzionego ojca, S. 159.

1613 Jurczyk/Walper, Vorgezogener Endbericht für das Projekt „Gemeinsames Sorgerecht nicht miteinander verheirateter Eltern" vom 30.11.2010, S. 348 f., im Internet abrufbar unter http://www.bmj.de/SharedDocs/Downloads/DE/pdfs/Endbericht_Sorgerecht_final.

1614 Jurczyk/Walper, Vorgezogener Endbericht für das Projekt „Gemeinsames Sorgerecht nicht miteinander verheirateter Eltern" vom 30.11.2010, S. 348, im Internet abrufbar unter http://www.bmj.de/SharedDocs/Downloads/DE/pdfs/Endbericht_Sorgerecht_final.

1615 Jurczyk/Walper, Vorgezogener Endbericht für das Projekt „Gemeinsames Sorgerecht nicht miteinander verheirateter Eltern" vom 30.11.2010, S. 350, im Internet

Abgabe der Sorgeerklärungen sowie der unfeierliche Rahmen als befremdlich und negativ empfunden.[1616] Das Forschungsteam empfiehlt deshalb eine Ritualisierung und positive Ausrichtung des behördlichen Prozedere, um den von den Paaren erlebten Widerspruch zu dem eigenen Glück als junge Familie und dadurch zugleich die Hemmschwelle zu beseitigen.[1617]

Zu den wichtigsten Ergebnissen auf der tatsächlichen Ebene zählt aus Sicht der Verfasserin auch die Erkenntnis der Forscherinnen, dass sich die elterliche Sorge der Eltern im Kontext der Verhaltensentwicklung des Kindes als unwichtig erweist und einzig die tatsächliche Kooperation der Eltern und deren Erziehungsverhalten für das Kindeswohl von Bedeutung ist.[1618] Des Weiteren sei „die bessere Kooperation der Eltern eher ein Grund für die Abgabe der Sorgeerklärung als ein Resultat derselben" weshalb die gemeinsame Sorge nicht mit Erwartungen überfrachtet werden dürfe.[1619]

Im Rahmen der juristischen Expertise wurde indessen zunächst konstatiert, dass die gegenwärtigen rechtspolitischen Diskurse an der Lebenssituation der nichtehelichen Kinder und deren Eltern vorbei bzw. über diese hinweggehen, weil sie ihren Fokus lediglich auf die Elternrechte und ganz allgemein das Kindeswohl, nicht jedoch auf die konkreten Probleme der praktischen Ausübung richten.[1620] Das Forschungsteam kommt darüber hinaus zu dem interessanten

---

abrufbar unter http://www.bmj.de/SharedDocs/Downloads/DE/pdfs/Endbericht_Sorgerecht_final.

1616 Jurczyk/Walper, Vorgezogener Endbericht für das Projekt „Gemeinsames Sorgerecht nicht miteinander verheirateter Eltern" vom 30.11.2010, S. 349, im Internet abrufbar unter http://www.bmj.de/SharedDocs/Downloads/DE/pdfs/Endbericht_Sorgerecht_final.

1617 Jurczyk/Walper, Vorgezogener Endbericht für das Projekt „Gemeinsames Sorgerecht nicht miteinander verheirateter Eltern" vom 30.11.2010, S. 354 f., im Internet abrufbar unter http://www.bmj.de/SharedDocs/Downloads/DE/pdfs/Endbericht_Sorgerecht_final.

1618 Jurczyk/Walper, Vorgezogener Endbericht für das Projekt „Gemeinsames Sorgerecht nicht miteinander verheirateter Eltern" vom 30.11.2010, S. 349, im Internet abrufbar unter http://www.bmj.de/SharedDocs/Downloads/DE/pdfs/Endbericht_Sorgerecht_final.

1619 Jurczyk/Walper, Vorgezogener Endbericht für das Projekt „Gemeinsames Sorgerecht nicht miteinander verheirateter Eltern" vom 30.11.2010, S. 352, im Internet abrufbar unter http://www.bmj.de/SharedDocs/Downloads/DE/pdfs/Endbericht_Sorgerecht_final.

1620 Jurczyk/Walper, Vorgezogener Endbericht für das Projekt „Gemeinsames Sorgerecht nicht miteinander verheirateter Eltern" vom 30.11.2010, S. 39, im Internet

wie provokativen Ergebnis, dass die Ausrichtung der elterlichen Sorge am Kindeswohl als einzigem Anknüpfungspunkt aufgrund der Komplexität der familiären Beziehungen und der vielschichtigen Interessengemengelage ihrer Mitglieder unter Umständen untauglich sei.[1621]

Hinsichtlich einer gesetzlichen Neuregelung wird für zusammenlebende Eltern ein automatisches gemeinsames Sorgerecht vorgeschlagen, das ggf. von der Dauer des Zusammenlebens abhängig gemacht werden könnte.[1622] Für diese Paare sei in der ex lege eintretenden Sorge eine Entlastung durch Wegfall des bürokratischen Aufwandes zu sehen.[1623] Für alle anderen Paare sei diese Lösung indessen „weniger zu empfehlen".[1624]

Um die Neigung der Mütter zur Abgabe von Sorgeerklärung zu erhöhen, müsse ihrer Angst, im Konfliktfall nach einer Trennung nicht alleine entscheiden zu können, Rechnung getragen werden.[1625] Zu denken sei in diesem Zusammenhang an die erleichterte Übertragung von Teilbereichen der elterlichen Sorge oder den Ausschluss von Teilbereichen von der gemeinsamen Ausübung.[1626]

---

abrufbar unter http://www.bmj.de/SharedDocs/Downloads/DE/pdfs/Endbericht_Sorgerecht_final.

1621 Jurczyk/Walper, Vorgezogener Endbericht für das Projekt „Gemeinsames Sorgerecht nicht miteinander verheirateter Eltern" vom 30.11.2010, S. 355, im Internet abrufbar unter http://www.bmj.de/SharedDocs/Downloads/DE/pdfs/Endbericht_Sorgerecht_final.

1622 Jurczyk/Walper, Vorgezogener Endbericht für das Projekt „Gemeinsames Sorgerecht nicht miteinander verheirateter Eltern" vom 30.11.2010, S. 352, im Internet abrufbar unter http://www.bmj.de/SharedDocs/Downloads/DE/pdfs/Endbericht_Sorgerecht_final.

1623 Jurczyk/Walper, Vorgezogener Endbericht für das Projekt „Gemeinsames Sorgerecht nicht miteinander verheirateter Eltern" vom 30.11.2010, S. 353, im Internet abrufbar unter http://www.bmj.de/SharedDocs/Downloads/DE/pdfs/Endbericht_Sorgerecht_final.

1624 Jurczyk/Walper, Vorgezogener Endbericht für das Projekt „Gemeinsames Sorgerecht nicht miteinander verheirateter Eltern" vom 30.11.2010, S. 353, im Internet abrufbar unter http://www.bmj.de/SharedDocs/Downloads/DE/pdfs/Endbericht_Sorgerecht_final.

1625 Jurczyk/Walper, Vorgezogener Endbericht für das Projekt „Gemeinsames Sorgerecht nicht miteinander verheirateter Eltern" vom 30.11.2010, S. 353, im Internet abrufbar unter http://www.bmj.de/SharedDocs/Downloads/DE/pdfs/Endbericht_Sorgerecht_final.

1626 Jurczyk/Walper, Vorgezogener Endbericht für das Projekt „Gemeinsames Sorgerecht nicht miteinander verheirateter Eltern" vom 30.11.2010, S. 353, im Internet

II. Die wichtigsten Ergebnisse der Studie und die Rechtslage in Polen

Das in der Studie vorgeschlagene, automatische gemeinsame Sorgerecht für zusammen lebende Eltern deckt sich lediglich teilweise, allerdings in einem sehr wichtigen Bereich mit der polnischen Rechtslage.

Auch das Plädoyer der Forscherinnen für eine verstärkte Orientierung der gesetzlichen Regelung an der tatsächlichen Praktikabilität[1627] sieht man in Polen bereits besser berücksichtigt: Nach der Trennung der Eltern wird dort nicht auf der Ebene der Rechtsinhaberschaft, sondern im Bereich der konkreten Ausübungskompetenzen justiert.[1628] Mit der von den juristischen Zusammenhängen losgelösten, klaren, detaillierten und unmissverständlichen Verteilung der Rechte und Pflichten im Verhältnis zum Kind durch das Gericht[1629] wird dort eher den praktischen Problemen der getrennt lebenden Eltern Rechnung getragen. Auch die erleichterte Übertragung von Ausübungskompetenzen durch hohe Anforderungen an den Fortbestand der gemeinsamen Sorge[1630] dürfte im Sinne der deutschen Gutachterinnen sein.[1631] Nicht zuletzt kann auch davon ausgegangen werden, dass sich der Erziehungsplan als rechtliches Instrument deutlich näher an den tatsächlichen Schwierigkeiten und Konflikten getrennt lebender Eltern orientiert: Auch dort werden Lebens- und keine juristischen Sachverhalte geregelt.[1632]

---

abrufbar unter http://www.bmj.de/SharedDocs/Downloads/DE/pdfs/Endbericht_Sorgerecht_final.

1627 Jurczyk/Walper, Vorgezogener Endbericht für das Projekt „Gemeinsames Sorgerecht nicht miteinander verheirateter Eltern" vom 30.11.2010, S. 39, im Internet abrufbar unter http://www.bmj.de/SharedDocs/Downloads/DE/pdfs/Endbericht_Sorgerecht_final.

1628 Ignatowicz in: Kodeks rodzinny i opiekuńczy. Komentarz. Pod redakcją Krzysztofa Pietrzykowskiego, Art. 111, Rn. 8.

1629 Ignaczewski, Art. 107, Rn. 8 f.

1630 Vgl. hierzu die Ausführungen oben, S. 273 ff.

1631 Vgl. hierzu Jurczyk/Walper, Vorgezogener Endbericht für das Projekt „Gemeinsames Sorgerecht nicht miteinander verheirateter Eltern" vom 30.11.2010, S. 353, im Internet abrufbar unter http://www.bmj.de/SharedDocs/Downloads/DE/pdfs/Endbericht_Sorgerecht_final.

1632 Zum Beispiel wird im Zusammenhang mit der Verteilung der Ausübungskompetenzen im schulischen Bereich zugleich die Frage der Kostentragung für Klassenfahrten erfasst, vgl. hierzu Anhang II.

III. Die wichtigsten Ergebnisse der Studie und die diskutierten Reformmodelle

Werden nun die in Deutschland bislang diskutierten Reformmodelle im Lichte der oben dargestellten Ergebnisse des Forschungsprojektes betrachtet, so ist zunächst den Forscherinnen dahingehend beizupflichten, dass sich die bisherigen Reformdiskussionen auf die rechtliche Ebene und nicht auf die praktischen Probleme der nichtehelichen Eltern konzentrieren.

Der Vorschlag, bei einem automatischen gemeinsamen Sorgerecht danach zu differenzieren, ob und ggf. wie lange die nicht miteinander verheirateten Eltern zusammen leben, findet sich ansonsten in keinem Lösungsmodell wieder und steht insoweit neu in der Diskussion. Teilweise wird dabei dieser – an sich begrüßenswerte Ansatz[1633] – zu Recht dahingehend kritisiert, dass er juristisch kaum umsetzbar sei.[1634]

Da die Empfehlung des Gutachtens nur einen Teil der regelungsbedürftigen Fälle löst (zusammen lebende Eltern), müsste das Konzept im Übrigen durch eines der diskutierten Modelle ergänzt werden;[1635] eine diesbezügliche Präferenz wird von den Forscherinnen jedoch nicht mitgeteilt. Ein Vergleich mit den übrigen Lösungsvorschlägen ist deshalb kaum möglich. Eine gewisse Schnittmenge ist bei dem Widerspruchsmodell festzustellen, das allerdings alle, also auch nicht in einer Lebensgemeinschaft lebenden Eltern erfassen will und die automatisch kraft Vaterschaftsanerkennung entstandene gemeinsame Sorge bei fristgerechtem Widerspruch der Mutter wieder entfallen lässt.[1636]

Eine kleine Deckung ist auch im Vergleich der gutachterlichen Empfehlung mit dem Vorschlag des DFGT zu sehen, der die gemeinsame elterliche Sorge jedoch nicht schon kraft Vaterschaftsanerkennung, sondern kraft Sorgeerklärung

---

1633 So auch Kinderrechtskommission des Deutschen Familiengerichtstags. Stellungnahme zur aktuellen Reformdiskussion „Sorgerecht nicht miteinander verheirateter Eltern" (22. Februar 2011), S. 5, im Internet abrufbar unter: http://www.dfgt.de/resources/Stellungnahme_BVerfG_2011.pdf.

1634 So auch Kinderrechtskommission des Deutschen Familiengerichtstags. Stellungnahme zur aktuellen Reformdiskussion „Sorgerecht nicht miteinander verheirateter Eltern" (22. Februar 2011), S. 5 f., im Internet abrufbar unter: http://www.dfgt.de/resources/Stellungnahme_BVerfG_2011.pdf.

1635 So auch Kinderrechtskommission des Deutschen Familiengerichtstags. Stellungnahme zur aktuellen Reformdiskussion „Sorgerecht nicht miteinander verheirateter Eltern" (22. Februar 2011), S. 5, im Internet abrufbar unter: http://www.dfgt.de/resources/Stellungnahme_BVerfG_2011.pdf.

1636 Vgl. hierzu die Ausführungen oben, S. 142.

automatisch entstehen lassen und – wie das Widerspruchsmodell – alle, also auch getrennt lebende Eltern einbeziehen will.

Etwas überraschend will indessen auch das BMJ sein Kompromissmodell von den Ergebnissen des Forschungsprojektes bestätigt sehen.[1637] Zur Begründung wird im Wesentlichen ausgeführt, dass angesichts der vielfältigen Gründe der Mütter, sich gegen die gemeinsame Verantwortung zu entscheiden, das durch die (unwidersprochene) Sorgeerklärung entstehende gemeinsame Sorgerecht ein unbürokratischer Weg sei.[1638] Gemessen an der tatsächlich kaum vorhandenen Übereinstimmung mit der Empfehlung des Forschungsprojektes dürfte die Selbsteinschätzung des BMJ als recht wohlwollend aufzufassen sein. Zudem wird die vorgeschaltete Widerspruchsmöglichkeit der Mutter zu Recht gerade als sehr bürokratisch kritisiert.[1639]

3. Abschnitt: Abschließende Würdigung und eigene Lösungsansätze: Die polnische Lösung – Modellcharakter auch für Deutschland?

Die Befassung mit dem dieser Arbeit zugrunde liegenden Thema erwies sich nicht nur als eine faszinierende Zeitreise, sondern erlaubte auch einen spannenden Blick auf die Rechtsordnungen zweier europäischen Nachbarländer, in denen hinsichtlich des Sorgerechtserwerbs durch nicht miteinander verheiratete Eltern eine jeweils sehr unterschiedliche Lösung präferiert wird.

Es wurde dabei die diesbezüglich in Polen und in der Bundesrepublik Deutschland differenzierte rechtsgeschichtliche Entwicklung aufgezeigt; außerdem wurden die aktuellen Regelungen zum Inhalt, Erwerb sowie zur Modifizierung der elterlichen Sorge nach Trennung und Scheidung intensiv beleuchtet und miteinander verglichen.

1637 Pressemitteilung des BMJ vom 3.2.2011, Sorgerecht – Kompromissvorschlag und Forschungsergebnisse, im Internet abrufbar unter http://www.bmj.de/Shared Docs/Kurzmeldungen/DE/2011/20110203_Sorgerecht_Kompromissvorschlag. html?nn=1469052.

1638 Pressemitteilung des BMJ vom 3.2.2011, Sorgerecht – Kompromissvorschlag und Forschungsergebnisse, im Internet abrufbar unter http://www.bmj.de/Shared Docs/Kurzmeldungen/DE/2011/20110203_Sorgerecht_Kompromissvorschlag. html?nn=1469052.

1639 Kinderrechtskommission des Deutschen Familiengerichtstags. Stellungnahme zur aktuellen Reformdiskussion „Sorgerecht nicht miteinander verheirateter Eltern" (22. Februar 2011), S. 4 f., im Internet abrufbar unter: http://www.dfgt.de/resources/ Stellungnahme_BVerfG_2011.pdf.

Die im Verlauf der Arbeit erworbene ausführliche Kenntnis der beiden Modelle zwingt vor dem Hintergrund der in Deutschland bevorstehenden Reform und der aktuellen Diskussion dazu, eine Bewertung vorzunehmen und der Frage nach der vorzugswürdigen Lösung nachzugehen.

Nach aktuellen Schätzungen des Verbandes alleinerziehender Mütter und Väter sind etwa 9,2 % aller in Deutschland lebenden Kinder von der aktuellen Reformdiskussion betroffen, weil ihre Eltern weder kraft Ehe noch kraft Sorgeerklärungen gemeinsam sorgeberechtigt sind.[1640]

Der Reformbedarf wurde zunächst jedoch allenfalls bei einem Teil dieser Gruppe gesehen, nämlich den Kindern, die mit ihren nicht verheirateten Eltern in einer häuslichen Gemeinschaft leben: In seiner Entscheidung vom 28.1.2003 verpflichtete das BVerfG den Gesetzgeber, die Entwicklung zu beobachten und ggf. dafür zu sorgen, dass „Vätern nichtehelicher Kinder, die mit der Mutter und dem Kind als Familie zusammenleben, ein Zugang zur gemeinsamen Sorge eröffnet wird (…).“[1641] Dementsprechend bezog sich der Forschungsauftrag des BMJ aus dem Jahr 2008 auf den Personenkreis der nichtehelichen Eltern, die keine gemeinsame Sorge durch Sorgeerklärungen begründen, obwohl sie in einer häuslichen Gemeinschaft leben.[1642]

1640 Pressemitteilung des VAMV e. V. vom 5.8.2011, die Zahl wird unter Berufung auf eigene Grafik und Berechnung auf der Grundlage von Daten aus dem Mikrozensus 2008 (Familienreport 2010 des BMFSFJ S. 22) und Schätzungen, beruhend auf den Daten aus dem vorgezogenen Endbericht des Forschungsprojektes „Gemeinsames Sorgerecht nicht miteinander verheirateter Eltern" benannt: im Ergebnis seien 77 % der Eltern durch Ehe und 13,8 % durch Sorgeerklärungen gemeinsam sorgeberechtigt; die Pressemitteilung ist im Internet abrufbar unter http://www.vamv.de/presse/pressemitteilungen.html; die Statistik selbst kann von dort abgerufen werden.

1641 BVerfG, FamRZ 2003, 285, 291.

1642 Bundesamt für Justiz, Vergabe eines Forschungsvorhabens zum Thema „Gemeinsames Sorgerecht nicht miteinander verheirateter Eltern v. 8.9.2008 (Bundesanzeiger Nr. 143 v. 19.9.2008, S. 4315 f.). In der Ausschreibung heißt es: „Es fehlt eine gesicherte Grundlage für die Einschätzung, wie häufig *zusammenlebende Eltern* in der Regel Sorgeerklärungen abgeben und ob und gegebenenfalls welche Auswirkungen auf das Wohl des Kindes beispielsweise die Verweigerung der Abgabe von Sorgeerklärungen durch die Mutter haben kann. Diese Erkenntnislücken sollen durch die Untersuchung geschlossen werden".

Inzwischen ist jedoch auch diese Sichtweise überholt: Sowohl in dem Urteil des EGMR vom 3.12.2009[1643] als auch in dem des BVerfG vom 21.7.2010[1644] wird nicht mehr nach der Qualität der Bindung zwischen den Eltern differenziert, sondern es werden generell die Elternrechte der nichtehelichen Väter als verletzt angesehen, sofern sie ohne Zustimmung der Mutter von der elterlichen Sorge ausgeschlossen sind.[1645]

Hieraus resultieren sehr hohe Anforderungen an die gesetzliche Neuregelung, die nicht nur den heterogenen Verhältnissen, in die nichteheliche Kinder hineingeboren werden, sondern auch dem Kindeswohl und den aus Art. 6 Abs. 2 GG resultierenden Elternrechten beider Elternteile Rechnung tragen muss.

Die bisher diskutierten Modelle akzentuieren in ihrem Konzept mehrheitlich die heterogenen Verhältnisse und wollen deshalb die Kindeswohlkontrolle möglichst vor ein eventuelles Sorgerecht des Vaters schalten.[1646]

Die Zurückhaltung gegenüber der automatischen, lediglich an die Klärung der Abstammungsverhältnisse gekoppelten elterlichen Sorge des nichtehelichen Vaters verwundert kaum vor dem Hintergrund der bisherigen rechtsgeschichtlichen Entwicklung. Gerade mit Blick auf die bislang unbestritten nur sehr zögerliche Umsetzung verfassungsrechtlicher Grundsätze muss jedoch hinterfragt werden, ob eine derartige Lösung den Leitgedanken eines modernen Familienrechts in einer adäquaten Weise gerecht wird.

Es ist in diesem Zusammenhang an den wichtigen Einwand der Juristen des DFGT zu erinnern, wonach alle Antragsmodelle, mithin die Lösungen, die von einer primären Sorge der Mutter ausgehen, an einer „konzeptionellen Grundschwäche" leiden würden.[1647]

1643 EGMR Urteil v. 3.12.2009, Zaunegger ./. Bundesrepublik Deutschland, Nr. 22028/04, in Originalsprache (englisch) veröffentlicht auf www.echr.coe.int, Rn. 62–65 = FamRZ 2010, 106.

1644 BVerfG, FamRZ 2010, 1403.

1645 BVerfG, FamRZ 2010, 1403, siehe Leitsatz der Entscheidung.

1646 So nicht nur die klassische Antragslösung, sondern auch der Kompromissvorschlag des BMJ, vgl. hierzu oben S. 147 ff. und 336 ff.; der Regelungsvorschlag des DFGT sieht zwar kein Widerspruchsrecht der Mutter vor, geht jedoch ebenfalls von einer erforderlichen Sorgeerklärung des Vaters und damit von einer gewissen „Selbstauslese" aus, vgl. Kinderrechtskommission des Deutschen Familiengerichtstags. Stellungnahme zur aktuellen Reformdiskussion „Sorgerecht nicht miteinander verheirateter Eltern" (22. Februar 2011), S. 5, im Internet abrufbar unter: http://www. dfgt.de/resources/Stellungnahme_BVerfG_2011.pdf.

1647 Kinderrechtskommission des Deutschen Familiengerichtstags. Stellungnahme zur aktuellen Reformdiskussion „Sorgerecht nicht miteinander verheirateter Eltern"

Die Mangelhaftigkeit einer solchen Regelung sei darin zu sehen, dass die Bereitschaft des nichtehelichen Vaters zur Übernahme der sorgerechtlichen Verantwortung als Bedingung für seinen Eintritt in die elterliche Sorge akzeptiert wird, während die Mutter ex lege zur Sorgerechtinhaberin wird, ohne dass es auf ihre Bereitschaft ankäme.[1648]

Auch das BVerfG sah diese Diskrepanz in der Entscheidung vom 21.7.2010 und versuchte, sie auf zwei Wegen zu relativieren: Zum einen sei bei einer eventuellen Alleinsorge des Vaters eine höhere Eingriffsschwelle im Verhältnis zur Mutter zu berücksichtigen, weil ihr die elterliche Sorge von Gesetzes wegen ohne eine Wahlmöglichkeit zugewiesen wird.[1649] Zum anderen sei nach Auffassung des BVerfG zu erwägen, auch die Mutter mit einem Antragsrecht beim Familiengericht auszustatten, den unwilligen Vater zur Übernahme der (alleinigen oder gemeinsamen) Sorgeverantwortung zu zwingen.[1650]

Beide Gedanken fanden Eingang in die vom BVerfG konzipierte Übergangslösung,[1651] was deutlich dafür spricht, dass sich die Verfassungsrichter der Tragweite des Problems bewusst waren.

Das Lösungskonzept der Antragsmodelle wird vom DFGT auch deshalb für kaum nachvollziehbar erachtet, weil das Elternrecht aus Art. 6 Abs. 2 GG ohne einen Unterschied Müttern und Vätern zusteht, dieses Elternrecht ein

(22. Februar 2011), S. 6, im Internet abrufbar unter: http://www.dfgt.de/resources/Stellungnahme_BVerfG_2011.pdf.

1648 Kinderrechtskommission des Deutschen Familiengerichtstags. Stellungnahme zur aktuellen Reformdiskussion „Sorgerecht nicht miteinander verheirateter Eltern" (22. Februar 2011), S. 6, im Internet abrufbar unter: http://www.dfgt.de/resources/Stellungnahme_BVerfG_2011.pdf.

1649 BVerfG, 1 BvR 420/09, www.bverfg.de/entscheidungen/rs20100721_1bvr042009.html, Absatz-Nr. 66; Kinderrechtskommission des Deutschen Familiengerichtstags. Stellungnahme zur aktuellen Reformdiskussion „Sorgerecht nicht miteinander verheirateter Eltern" (22. Februar 2011), S. 6, im Internet abrufbar unter: http://www.dfgt.de/resources/Stellungnahme_BVerfG_2011.pdf; vgl. hierzu auch oben, S. 136 und 147 ff.

1650 BVerfG, 1 BvR 420/09, www.bverfg.de/entscheidungen/rs20100721_1bvr042009.html, Absatz-Nr. 69; Kinderrechtskommission des Deutschen Familiengerichtstags. Stellungnahme zur aktuellen Reformdiskussion „Sorgerecht nicht miteinander verheirateter Eltern" (22. Februar 2011), S. 6, im Internet abrufbar unter: http://www.dfgt.de/resources/Stellungnahme_BVerfG_2011.pdf, hinsichtlich des letzten Arguments unter Bezugnahme auf BVerfG, Urteil vom 1.4.2008.

1651 BVerfG, 1 BvR 420/09, www.bverfg.de/entscheidungen/rs20100721_1bvr042009.html, Absatz-Nr. 75–76; vgl. hierzu auch oben, S. 137 f.

grundsätzlich unverzichtbares Pflichtrecht im Sinne einer unteilbaren elterlichen Verantwortung ist[1652] und mit dieser Verantwortung ein verfassungsrechtlicher Anspruch des Kindes sowohl im Verhältnis zu den Eltern als auch zum Staat korrespondiert.[1653]

Nach alledem ist dem DFGT in seiner Kritik der Antragsmodelle uneingeschränkt zu folgen. Dann jedoch kann es nicht Ziel der bevorstehenden Gesetzesreform sein, eine von vornherein mit dem „Keim einer erneuten Reformbedürftigkeit"[1654] behaftete Regelung hervorzubringen, die von Anfang an nur als eine Zwischenlösung verstanden werden kann. „Mutig und modern" sollte die Devise des deutschen Gesetzgebers lauten; er dürfte die deutsche Gesellschaft deutlich unterschätzen, wenn er mit dem DFGT davon ausgehen sollte, dass der „Empfängerhorizont" der Bevölkerung derzeit zu einer automatischen Lösung wohl noch nicht bereit sei.[1655] Der Blick in die Geschichte zeigt deutlich, dass vermeintliche „Revolutionen" im Bereich des Familienrechts zwar im Vorfeld auf der politischen Ebene heftig diskutiert und äußerst umstritten,[1656] in der Gesellschaft jedoch längst gelebte Realität waren.[1657] Schon immer haben

---

1652 So bereits BVerfG im Urteil vom 29.7.1959, wo es wörtlich heißt: „Da diese Verantwortung unteilbar ist, trifft sie die Eltern in gleicher Weise.", siehe BVerfGE 10, 59, 67.

1653 Kinderrechtskommission des Deutschen Familiengerichtstags. Stellungnahme zur aktuellen Reformdiskussion „Sorgerecht nicht miteinander verheirateter Eltern" (22. Februar 2011), S. 6, im Internet abrufbar unter: http://www.dfgt.de/resources/Stellungnahme_BVerfG_2011.pdf.

1654 Kinderrechtskommission des Deutschen Familiengerichtstags. Stellungnahme zur aktuellen Reformdiskussion „Sorgerecht nicht miteinander verheirateter Eltern" (22. Februar 2011), S. 7, im Internet abrufbar unter: http://www.dfgt.de/resources/Stellungnahme_BVerfG_2011.pdf.

1655 Kinderrechtskommission des Deutschen Familiengerichtstags. Stellungnahme zur aktuellen Reformdiskussion „Sorgerecht nicht miteinander verheirateter Eltern" (22. Februar 2011), S. 7, im Internet abrufbar unter: http://www.dfgt.de/resources/Stellungnahme_BVerfG_2011.pdf.

1656 Man denke z.B. an die Gleichberechtigung der Geschlechter in der Familie, die Gleichstellung aller Kinder oder das automatische Sorgerecht der nichtehelichen Mutter, vgl. hierzu die rechtsgeschichtliche Darstellung oben, S. 6 ff.

1657 Man erinnere z.B. die öffentliche Diskussion und die scharfe Kritik der Massenmedien zum zunächst noch sehr konservativen Referentenentwurf des NEhelG, vgl. exemplarisch Der Spiegel, Nr. 39, 1966, S. 82, siehe hierzu auch oben, S. 33 ff. Nicht zuletzt wird die vorstehende These dadurch bestätigt, dass auch die erhitzten Debatten in der juristischen Fachliteratur nach den in der Fn. zuvor bezeichneten Reformen erstaunlich schnell verstummten.

sich freilich einzelne Interessenverbände dafür stark gemacht, das angestammte Recht nicht aufgeben zu müssen.[1658] Jedweder Fortschritt war indessen entweder den letztlich obsiegenden liberalen Stimmen oder dem BVerfG zu verdanken. Sehr passend erscheinen in diesem Zusammenhang die Worte von Schwab, der bereits im Jahr 1995 konstatierte:

„Sieht man den Ablauf der Gesetzgebung (…) so erscheint es verwunderlich, wie vieler Gesetze und BVerfG-Urteile es bedurft hat, um auf den heutigen Stand zu kommen, da sich fast alles aus der folgerichtigen Verwirklichung von Individualrechten erklärt. (…) Man kann die Vielzahl von Reformgesetzen dann daraus erklären, dass die wahre Tragweite der Frauen-, Kinder- und (in Antwort hierauf) auch der Männerrechte eben nicht sogleich und voll begriffen wurde (…).“[1659]

Dass diese Aussage heute, also 17 Jahre später nichts an Aktualität verloren hat, sollte nachdenklich stimmen und gleichzeitig dazu ermutigen, den verfassungsrechtlichen Grundsatz der gleichen Freiheits- und Persönlichkeitsrechte aller Familienmitglieder[1660] konsequent zu realisieren.

Im Ergebnis ist deshalb die ex lege eintretende, nur an die Klärung der rechtlichen Vaterschaft gekoppelte elterliche Gewalt des nichtehelichen Vaters nicht nur die juristisch vorzugswürdige Lösung, sondern sie würde m.E. auch auf breite Akzeptanz in der Gesellschaft stoßen.

Dabei ist das automatische Sorgerecht des Vaters selbstverständlich nicht nur an das Vaterschaftsanerkenntnis, sondern gleichwertig auch an die gerichtliche Vaterschaftsfeststellung zu koppeln. Nur so kann verhindert werden, dass die Mütter die Abstammungsklärung im Wege der Anerkennung des Kindes durch den Vater zugunsten der rechtsfolgengünstigeren gerichtlichen Klärung der Abstammungsverhältnisse durch ihre fehlende Zustimmung verhindern.[1661] Dem generell erhobenen Einwand, dass die Mütter die rechtliche Klärung der Vaterschaft aus Furcht vor den sorgerechtlichen Folgen gar nicht erst betreiben

---

1658 Hier ist z.B. an den heftigen Protest des Deutschen Instituts für das Vormundschaftswesen im Zusammenhang mit dem diskutierten automatischen Sorgerecht der nichtehelichen Mutter im Vorfeld der Verabschiedung des NEhelG von 1969 zu denken, vgl. hierzu oben, S. 36; aktuell wäre u. A. der VAMV e. V. zu benennen, der als Interessenvertretung überwiegend der alleinerziehenden Mütter alles außer der klassischen Antragslösung scharf kritisiert, vgl. hierzu oben, S. 145 f.

1659 Schwab, FamRZ 1995, 513, 514.

1660 Schwab, FamRZ 1995, 513, 514.

1661 Vgl. siehe polnische Lösung, die dies nach der früheren Rechtslage zuließ und damit genau dieses unerwünschte Phänomen generierte, siehe hierzu oben, S. 252 ff.

würden,[1662] ist entgegen zu halten, dass die Mütter zum einen die sorgerechtliche Obliegenheit trifft, die Klärung der Abstammungsverhältnisse zu betreiben und sie zum anderen meist unterhaltsrechtlich nicht auf den Vater werden verzichten wollen. Die Gefahr einer „Blockade" auf der Abstammungsebene dürfte sich deshalb in sehr engen Grenzen halten. Die im Rahmen dieser Arbeit umfangreich ausgewertete polnische Fachliteratur liefert zu diesem Thema ebenfalls keine Erkenntnisse über abweichende Erfahrungen in Polen.

Es darf zwar nicht übersehen werden, dass das automatische Modell den mit der ggf. erforderlichen Modifizierung der elterlichen Sorge verbundenen Aufwand einseitig zu Lasten der Mütter verschiebt. Unter der Voraussetzung, dass die (Zurück-) Übertragung des Sorgerechts bzw. dessen Teilbereiche erleichtert wird, handelt es sich jedoch um eine hinzunehmende Schwäche dieses Regelungskonzeptes, zumal die Antragsmodelle ebenfalls relativ einseitig die Initiative und Aktivität des Vaters voraussetzen.

Ein derart leichter „Zugang" zur elterlichen Sorge erfordert freilich rechtlich und tatsächlich wirksame Kontrollinstrumente zur Überprüfung, ob die Voraussetzungen für eine gemeinsame Ausübung des Sorgerechts tatsächlich vorliegen. Dies ist nicht zuletzt deshalb von besonderer Bedeutung, weil dann keine positive „Selbstauslese"[1663] der Väter mehr stattfindet, was erst recht dann gilt, wenn die Vaterschaft nicht freiwillig anerkannt wurde, sondern eine gerichtliche Feststellung erfolgen muss. Auch die Tatsache der freiwilligen Anerkennung der Vaterschaft erscheint für sich genommen als Garantie für eine konfliktfreie Ausübung der gemeinsamen elterlichen Sorge sehr zweifelhaft.[1664]

Umso wichtiger ist die Möglichkeit einer schnellen gerichtlichen Überprüfung der Voraussetzungen für eine gemeinsame Verantwortungsübernahme durch die Eltern sowie eine erleichterte Aufhebung der (vollen) gemeinsamen elterlichen Gewalt. Die polnische Regelung des Art. 93 § 2 KRO,[1665] wonach sich das Gericht bei einer Vaterschaftsfeststellung noch im Rahmen dieses Verfahrens mit der Sorgerechtsfrage und den tatsächlichen Möglichkeiten einer

---

1662 Vgl. schon Gesetzesbegründung zum KindRG, BT-Drucks. 13/4899, S. 60.

1663 Der Ausdruck von vom DFGT verwendet, siehe Kinderrechtskommission des Deutschen Familiengerichtstags. Stellungnahme zur aktuellen Reformdiskussion „Sorgerecht nicht miteinander verheirateter Eltern" (22. Februar 2011), S. 5, im Internet abrufbar unter: http://www.dfgt.de/resources/Stellungnahme_BVerfG_2011. pdf.

1664 So auch Stojanowska, Władza rodzicielska pozamałżeńskiego i rozwiedzionego ojca, S. 70.

1665 Zum Wortlaut vgl. oben S. 232, Fn. 1124; vgl. auch die Ausführungen auf S. 254 ff.

gemeinsamen Ausübung von Amts wegen zu beschäftigen hat, zeigt sich in diesem Zusammenhang als angemessen und wirksam.

Aber auch sonst müsste ein wirksamer Kontrollmechanismus greifen; das heutige Regel-Ausnahme-Verhältnis zugunsten der gemeinsamen Sorge[1666] sowie die häufige Praxis der Gerichte, den Eltern die gemeinsame Sorge auch gegen ihren Willen aufzuzwingen,[1667] ist bereits jetzt kritisch zu sehen[1668] und wäre bei einem automatischen Sorgerecht beider Elternteile mit dem Gedanken des Kindeswohls schlicht unvereinbar. Je leichter der Zugang zum Sorgerecht gestaltet wird, desto restriktivere Kontrollmechanismen müssen unter dem Blickwinkel des Kindeswohls zur Überprüfung der Praxistauglichkeit der gemeinsamen elterlichen Sorge zur Verfügung stehen.

Diese Einschätzung deckt sich mit der Empfehlung des Forschungsprojektes „Sorgerecht nicht miteinander verheirateter Eltern", in deren Rahmen die Möglichkeit einer unkomplizierten Rückübertragung zumindest von Teilen des Sorgerechts angeregt wird, um bereits im Vorfeld den Ängsten der Mütter entgegenzuwirken.[1669]

Generell gelangte das Forschungsteam zu der überaus wichtigen Erkenntnis, dass die Frage des Sorgerechts unter dem Aspekt der kindlichen Entwicklung irrelevant sei.[1670] Als viel wichtiger sei in diesem Zusammenhang die Qualität der tatsächlichen Kooperation der Eltern zu erachten, die jedoch keinesfalls Ergebnis der gemeinsamen Sorge, sondern eher als Ursache für die Begründung des gemeinsamen Sorgerechts zu sehen ist.[1671]

1666 Vgl. hierzu oben, S. 100 ff., 289 ff.

1667 Z.B. OLG Köln, FamRZ 2000, 499; OLG Zweibrücken, FamRZ 1999, 40; OLG München, FamRZ 1999, 1006; OLG Hamm, FamRZ 1999, 38, 39; 1159, 1160; vgl. auch die Ausführungen oben, S. 298 ff.

1668 Vgl. hierzu oben, S. 301.

1669 Jurczyk/Walper, Vorgezogener Endbericht für das Projekt „Gemeinsames Sorgerecht nicht miteinander verheirateter Eltern" vom 30.11.2010, S. 353, im Internet abrufbar unter http://www.bmj.de/SharedDocs/Downloads/DE/pdfs/Endbericht_Sorgerecht_final.

1670 Jurczyk/Walper, Vorgezogener Endbericht für das Projekt „Gemeinsames Sorgerecht nicht miteinander verheirateter Eltern" vom 30.11.2010, S. 349, im Internet abrufbar unter http://www.bmj.de/SharedDocs/Downloads/DE/pdfs/Endbericht_Sorgerecht_final.

1671 Jurczyk/Walper, Vorgezogener Endbericht für das Projekt „Gemeinsames Sorgerecht nicht miteinander verheirateter Eltern" vom 30.11.2010, S. 349, im Internet abrufbar unter http://www.bmj.de/SharedDocs/Downloads/DE/pdfs/Endbericht_Sorgerecht_final.

Das gemeinsame Sorgerecht darf deshalb weder überbewertet noch mit Hoffnungen überfrachtet werden.[1672] Vor diesem Hintergrund und der Tatsache, dass es also letztlich im Sinne des Kindeswohls darum geht, die praktische Zusammenarbeit der Eltern zu stärken und möglichst konfliktfrei zu gestalten, ist der in Polen nach dem Vorbild der USA etablierte Erziehungsplan[1673] möglicherweise als effektives und wirksames Rechtsinstrument anzusehen.

Die möglichst detaillierte – ggf. mit Hilfe des Gerichts oder der Mediation – getroffene Vereinbarung der Eltern zu allen wichtigen Belangen der gemeinsamen Kinder kann gleich mehrere Funktionen erfüllen:

Sie kann den Eltern die Regulierung der oft schwierigen Situation nach Trennung oder Scheidung erleichtern, weil sie durch das Erfordernis des Erziehungsplans unter Umständen ermutigt und inspiriert werden, individuelle, an den tatsächlichen Gegebenheiten orientierte Lösungen zu erarbeiten, anstatt eine pauschale, häufig schwer zu verstehende Beschlussformel des Gerichts hinnehmen zu müssen.[1674]

Ein weiterer Vorteil des Erziehungsplans besteht darin, dass ein normativer Rahmen für die individuelle Beteiligung beider Elternteile an der Sorgeverantwortung auch nach der Trennung und Scheidung geschaffen wird.[1675]

Des Weiteren wird in diesem Zusammenhang eine pädagogische Funktion des Erziehungsplans gesehen, weil die Eltern bereits während der Erstellung ihrer Vereinbarung mit ihren Pflichten im Verhältnis zum Kind und dessen besonderen Bedürfnissen nach Trennung oder Scheidung seiner Eltern konfrontiert werden.[1676]

Schließlich wird ein großer Vorteil des Erziehungsplans in dessen präventiver Funktion gesehen: Er soll helfen, auf dem Rücken des Kindes ausgetragene

---

1672 Jurczyk/Walper, Vorgezogener Endbericht für das Projekt „Gemeinsames Sorgerecht nicht miteinander verheirateter Eltern" vom 30.11.2010, S. 349, im Internet abrufbar unter http://www.bmj.de/SharedDocs/Downloads/DE/pdfs/Endbericht_ Sorgerecht_final.

1673 Vgl. hierzu die Ausführungen oben, S. 276 ff.

1674 Stojanowska in: Nowelizacja Prawa rodzinnego na podstawie ustaw z 6 listopada 2008 r. i 10 czerwca 2010 r. Analiza. Wykładnia. Komentarz. Pod redakcją Wandy Stojanowskiej, Art. 58, S. 82 f.

1675 Stojanowska in: Nowelizacja Prawa rodzinnego na podstawie ustaw z 6 listopada 2008 r. i 10 czerwca 2010 r. Analiza. Wykładnia. Komentarz. Pod redakcją Wandy Stojanowskiej, Art. 58, S. 83.

1676 Stojanowska in: Nowelizacja Prawa rodzinnego na podstawie ustaw z 6 listopada 2008 r. i 10 czerwca 2010 r. Analiza. Wykładnia. Komentarz. Pod redakcją Wandy Stojanowskiej, Art. 58, S. 83.

Konflikte der Eltern sowohl im Laufe des gerichtlichen Verfahrens als auch in der Zeit danach zu vermeiden. Eine wichtige Rolle spielt dabei die Herausarbeitung und Analyse potenzieller Konfliktfelder und „Sollbruchstellen" im Zuge der Vorbereitung des Erziehungsplans sowie die bewusste Überlegung, wie künftig mit solchen Interessenkollisionen umgegangen werden soll.[1677]

Nach alledem erscheint es möglich und sinnvoll, das automatische Modell um das Konzept des (vom Gericht unter Kindeswohlaspekten zu überprüfenden) Erziehungsplans der Eltern als pädagogische Maßnahme und rechtliche Bedingung für die gemeinsame elterliche Sorge anzureichern und gesetzlich zu etablieren.

Angesichts der vorstehenden Argumente kann dem seinerzeit vom deutschen Gesetzgeber geäußerten Vorbehalt, die Befassung mit dem Thema würde bei den Eltern mehr Konflikte schüren als Probleme lösen,[1678] nicht gefolgt werden.

Auch seine Bedenken, die Pflicht zur Vorlage eines Erziehungsplans führe zu einer Ungleichbehandlung von verheirateten und unverheirateten Eltern,[1679] können damals wie heute nicht durchgreifen: Weil kein Zwangsverbund von Ehe- und Sorgerechtssachen mehr existiert, über das Sorgerecht folglich immer nur auf Antrag entschieden wird, kann keine der beiden Gruppen durch die Pflicht zur Vorlage eines Erziehungsplans benachteiligt werden.

4. Abschnitt: Stand des Gesetzgebungsverfahrens zum Zeitpunkt des Abschlusses der Arbeit, Ausblick

Trotz der Mitteilung des BMJ vom 3.12.2009, mit Hochdruck an einer neuen gesetzlichen Regelung zum Sorgerecht der nicht miteinander verheirateten Eltern zu arbeiten,[1680] wurde bis zum Abschluss der Dissertation Mitte Januar 2012, also über zwei Jahre später noch kein Regierungsentwurf vorgelegt.

Auf die kleine Anfrage des Abgeordneten Steinmeier und weiterer Abgeordneten der SPD-Fraktion vom 13.7.2011[1681] zum voraussichtlichen Zeitpunkt einer Vorlage des Gesetzesentwurfs antwortete die Bundesregierung am 29.9.2011, dass „die Meinungsbildung innerhalb der Koalition noch nicht abgeschlossen"

1677 Stojanowska in: Nowelizacja Prawa rodzinnego na podstawie ustaw z 6 listopada 2008 r. i 10 czerwca 2010 r. Analiza. Wykładnia. Komentarz. Pod redakcją Wandy Stojanowskiej, Art. 58, S. 83.
1678 BT-Drucks. 13/4899, S. 64; vgl. hierzu auch oben, S. 299 f.
1679 BT-Drucks. 13/4899, S. 64; vgl. hierzu auch oben, S. 299 f.
1680 Pressemitteilung dem BMJ v. 3.12.2009, abrufbar unter www.bmj.de.
1681 BT-Drucks. 17/6592, S. 2, Frage 1. und 2.

sei und es „über dieses äußerst schwierige und sensible Thema (...) bisher noch keine abschließende Verständigung" gäbe.[1682]

Wann das Gesetzgebungsverfahren beendet wird, ist derzeit deshalb nicht absehbar. Einigen Stimmen aus den Fachkreisen zufolge sei sogar anzunehmen, dass dies innerhalb der laufenden Legislaturperiode nicht mehr der Fall sein wird. Es wäre bedauerlich, wenn sich der deutsche Gesetzgeber auch künftig eine zögerliche Umsetzung von verfassungsrechtlichen Grundsätzen vorwerfen lassen müsste. Andererseits ist in einem derartigen Verlauf stets auch eine Chance zu sehen: Es wäre nicht das erste Mal in der Geschichte, dass eine neue politische Mehrheit einer bereits begonnenen Gesetzesreform nicht nur zu einem zügigen Abschluss, sondern auch zu deutlich liberaleren Zügen verhilft.[1683]

1682 BT-Drucks. 17/6713, S. 2.
1683 So z.B. bei dem NEhelG von 1969, siehe hierzu oben, S. 33.

Vierter Teil: Annex: Entwicklung seit Januar 2012

Nach Abgabe und vor der Veröffentlichung des Manuskripts ist das mit Spannung verfolgte Reformvorhaben abgeschlossen worden: Das Gesetz zur Reform der elterlichen Sorge der nicht miteinander verheirateten Eltern[1684] wurde am 16.4.2013 vom Bundestag verabschiedet und ist am 19.5.2013 in Kraft getreten. Dem Aktualitätsanspruch der Arbeit soll daher durch die nachfolgende Ergänzung Rechnung getragen werden, im Rahmen derer zunächst das Gesetzgebungsverfahren und die Inhalte des Gesetzes skizziert werden. In einem weiteren Schritt folgt dann die kritische Auseinandersetzung mit der neuen, durch das Gesetz geschaffenen Rechtslage, die an den bisherigen Ergebnissen der Arbeit zu messen sein wird.

1. Abschnitt: Gesetz zur Reform der elterlichen Sorge der nicht miteinander verheirateten Eltern vom 16.4.2013

Das Gesetz zur Reform der elterlichen Sorge der nicht miteinander verheirateten Eltern vom 16.4.2013 brachte nach über zehn Jahren die durch das Urteil des BVerfG vom 29.1.2003[1685] eingeleitete Wende und beendete eine lange Phase von Reformbestrebungen hinsichtlich der in diesem Bereich durch das KindRG vom 1997[1686] geschaffenen Rechtslage.

1684 BGBl I, S. 795.

1685 BVerfG, FamRZ 2003, 285 ff; in dieser Entscheidung bestätigte das BVerfG zwar die Verfassungsmäßigkeit des Muttervorbehalts des § 1626 a BGB 1997, stellte jedoch gleichzeitig heraus, dass dem Elternrecht des (zunächst nur des mit der Mutter des Kindes in einem Haushalt lebenden) nichtehelichen Vaters nur dann durch § 1626 a Abs. 1 Nr. 1 BGB 1997 ausreichend Rechnung getragen werde, wenn sich die Annahmen über die Gründe einer etwaig fehlenden Zustimmung der Mütter bestätigen (BVerfG, FamRZ 2003, 285, 290) und verpflichtete den Gesetzgeber, entsprechend zu prüfen und zu beobachten; vgl. hierzu auch oben, S. 108 ff. und 116 ff.

1686 Gesetz zur Reform des Kindschaftsrechts (KindRG) vom 16.12.1997, in Kraft getreten am 1.7.1998, BGBl. I S. 2942.

A. Gesetzgebungsverfahren

Die in der Literatur bereits lange Zeit vorher vielfach geforderte,[1687] jedoch letztlich erst durch die Entscheidungen des EGMR[1688] und insbesondere des BVerfG[1689] erzwungene Aktivität des Gesetzgebers beinhaltete neben einigen weiteren Anträgen von Bundestagsabgeordneten und ihrer Fraktionen eine Einigung des Koalitionsausschusses am 4.3.2012,[1690] den Referentenentwurf des BMJ vom 28.3.2012[1691] sowie den Gesetzesentwurf vom 4.7.2012[1692].

I. Weitere Anträge

Neben dem bereits erörterten Antrag einiger Bundestagsabgeordneter und der Fraktion BÜNDNIS 90/DIE GRÜNEN vom 6.10.2011[1693] wurden von den Fraktionen der SPD und der Linken weitere Anträge in den Bundestag eingebracht. Auch wenn sich beide Vorschläge für die Neuregelung des Sorgerechts der nicht miteinander verheirateten Eltern innerhalb der bereits bis dahin diskutierten Modelle bewegten, sind sie erwähnenswert, da sie zumindest teilweise neue, bislang nicht diskutierte Ansätze beinhalteten.

1687 Vgl. z.B. Lipp, FamRZ 1998, 65, 70; Diederichsen, NJW 1998, 1977, 1983; Coester, FamRZ 1995, 1245, 1247, Oelkers; § 1, Rn. 25; Schumann, FamRZ 2000, 389 ff; Finger, FamRZ 2000, 1204 ff.

1688 Urteil v. 3.12.2009, Zaunegger ./. Bundesrepublik Deutschland, Nr. 22028/04, in Originalsprache (englisch) veröffentlicht auf www.echr.coe.int = Auszüge auf Deutsch in FamRZ 2010, 103.

1689 Urteil vom 21.7.2010, BVerfG, 1 BvR 420/09, www.bverfg.de/entscheidungen/rs20100721_1bvr042009.html = FamRZ 2010, 1403.

1690 Stetiges Wachstum, solide Finanzen, starker Zusammenhalt – Ergebnisse des Koalitionsausschusses am 4. März 2012; im Internet abrufbar unter docs.dpaq.de/353-koalitionsrundenergebnisse.pdf.

1691 Referentenentwurf des BMJ (Bearbeitungsstand: 28.03.2012, pdf-Datei, Quelle: BMJ) zur Neuregelung des Sorgerechts von nicht miteinander verheirateten Eltern.

1692 Der Gesetzesentwurf wurde am 4.7.2012 vom Bundeskabinett beschlossen und am 17.10.2012 in den BT eingeführt, BT-Drucks. 17/11048.

1693 Antrag der Abgeordneten Katja Dörner, Ingrid Hönlinger, Monika Lazar, Ekin Deligöz, Josef Philip Winkler, Volker Beck (Köln), Kai Gehring, Priska Hinz (Herborn), Tabea Rößner, Krista Sager, Wolfgang Wieland und der Fraktion BÜNDNIS 90/DIE GRÜNEN „Gemeinsames elterliches Sorgerecht für nicht miteinander verheiratete Eltern", BT-Drucks. 17/3219; vgl. hierzu auch oben, S. 140 f.

1. SPD

Der von der Fraktion der SPD in die Debatte eingebrachte Antrag vom 8.2.2012[1694] enthielt die Aufforderung an die Bundesregierung, einen Gesetzesentwurf vorzulegen, in dem das Jugendamt eine Schlüsselrolle spielen sollte. Ausgehend von der Annahme, dass die gemeinsame elterliche Sorge grundsätzlich dem Wohl des Kindes dient,[1695] sollte nach dem Willen der Fraktion „die Bereitschaft, gemeinsam das Sorgerecht auszuüben, durch staatliche Institutionen gefördert" werden.[1696] Wie schon bei der Übergangslösung des BVerfG[1697] sollte die elterliche Sorge bei Heirat, Abgabe von Sorgeerklärungen und bei gerichtlicher Anordnung beiden Eltern gemeinsam zustehen.[1698] Darüber hinausgehend sah der Vorschlag allerdings auch die Pflicht des Standesbeamten vor, die Eltern bereits bei der Registrierung des Kindes über die gemeinsame elterliche Sorge aufzuklären und auf ein Einvernehmen hinzuwirken sowie die Möglichkeit, das gemeinsame Sorgerecht sogleich vor Ort durch „Vorlage entsprechender Vordrucke" zu begründen.[1699]

Blieb der Standesbeamte erfolglos, müssten sich die Eltern nach dem Entwurf der SPD-Fraktion vor dem Jugendamt verantworten und binnen der gesetzten Frist zur gewünschten Ausgestaltung der Sorgerechtslage äußern. Mündeten auch diese Bemühungen trotz entsprechender Beratung der Eltern nicht in der Abgabe von Sorgeerklärungen, sollte das Jugendamt berechtigt, aber auch verpflichtet sein, einen entsprechenden Antrag beim Familiengericht zu stellen.[1700] Neben den an der Lösung des BVerfG[1701] angelehnten Übergangsregelungen enthielt der Antrag die Pflicht der Bundesregierung, die Auswirkungen der Regelung wissenschaftlich zu überwachen und dem Bundestag in etwa drei Jahren ab dem Inkrafttreten der Regelung Bericht zu erstatten.

Der Antrag wurde in der Bundestagssitzung vom 31.1.2013 entsprechend der Empfehlung des Rechtsausschusses[1702] mit den Stimmen der Koalitionsfraktionen

---

1694 BT-Drucks. 17/8601.
1695 BT-Drucks. 17/8601, S. 1f.
1696 BT-Drucks. 17/8601, S. 2.
1697 Vgl. hierzu oben, S. 137 ff.
1698 BT-Drucks. 17/8601, S. 4.
1699 BT-Drucks. 17/8601, S. 4.
1700 BT-Drucks. 17/8601, S. 5.
1701 Vgl. hierzu oben, S. 137 ff.
1702 BT-Drucks. 17/12198, S. 4.

(CDU, FDP) sowie der Fraktion BÜNDNIS 90/Die GRÜNEN und bei Enthaltung der Linksfraktion abgelehnt.[1703]

Positiv hervorzuheben ist an dem Vorschlag, dass die gemeinsame elterliche Sorge als grundsätzliches Ziel angestrebt wurde. Einzelne Fragen der Umsetzung blieben allerdings unklar, so dass der Lösungsvorschlag insgesamt – zu Recht – kritisch zu sehen war. Angefangen bei der brisanten Frage, ob die Standesämter die erforderliche intensive wie einfühlsame rechtliche Beratung der Eltern überhaupt gewährleisten können, über die bedenkliche Ausweitung der Kompetenzen des Jugendamtes bis hin zu einer zwangsläufigen Flut von Gerichtsverfahren wies der Antrag Schwächen auf, ohne auf der anderen Seite die sorgerechtliche Gleichberechtigung der nicht miteinander verheirateten Eltern wirksam und unbürokratisch gewährleisten zu können.

2. Die Linke

Der automatischen Lösung am weitesten angenähert erwies sich wohl – abgesehen von diversen Unklarheiten – der Antrag einiger Abgeordneter und der Fraktion Die Linke vom 24.4.2012.[1704] Danach war eine gemeinsame elterliche Sorge kraft Vaterschaftsanerkennung vorgesehen, dies allerdings einschränkend nur dann, wenn der anerkennende Vater das Sorgerecht will und dies entsprechend erklärt.[1705] Die Begründung der Alleinsorge eines Elternteils sollte abweichend von der bis dahin geltenden Regelung und der Übergangslösung des BVerfG[1706] im freien Ermessen der Eltern stehen und durch Abgabe von Willenserklärungen gegenüber dem Jugendamt möglich sein.[1707] Als verwirrend vor dem Hintergrund der an sich automatischen gemeinsamen Sorge ist Punkt II 4 des Antrags zu sehen, wonach für den Fall einer fehlenden Einigung der Eltern über das Sorgerechtsmodell ein Mediationsverfahren bei dem Jugendamt durchzuführen bzw. der Rechtsweg eröffnet sei. Bezogen auf die gemeinsame elterliche Sorge sollte dieser Regelungsvorschlag möglicherweise für Konstellationen gelten, in denen der Vater nicht bereits mit der Vaterschaftsanerkennung, sondern zu einem späteren Zeitpunkt den Eintritt in das Sorgerecht wünscht. Sowohl die

---

1703 Deutscher Bundestag – 17. Wahlperiode – 219. Sitzung, Berlin, 31.1.2013, 27199.
1704 BT-Drucks. 17/9402.
1705 BT-Drucks. 17/9402, S. 2.
1706 Vgl. hierzu oben, S. 137 ff.
1707 BT-Drucks. 17/9402, S. 2.

Antragsbegründung[1708] als auch die Anhörung im Rahmen der Bundestagsdebatte vom 31.1.2013[1709] ließen jedoch diesen und diverse weitere Aspekte offen. Als geringfügig abgewandelte automatische Lösung ist der Vorschlag der Fraktion Die Linke als der weitestgehende anzusehen. Bedenklich – insbesondere unter verfassungsrechtlichen Aspekten – ist indessen die für den Kindesvater vorgesehene Option, in die sorgerechtliche Verantwortung einzutreten oder nicht. Da eine derartige Möglichkeit auf Seiten der Mutter nicht gegeben ist, wäre der Regelung somit eine Ungleichbehandlung immanent.[1710]

II. Gang des Gesetzgebungsverfahrens

Die bis dahin beim Thema der gesetzlichen Neuregelung der elterlichen Sorge bei nicht miteinander verheirateten Eltern unter den Koalitionspartnern CDU/CSU und FDP bestehenden Verständigungshürden[1711] konnten schließlich auf der Tagung des Koalitionsausschusses vom 4.3.2012 beseitigt werden.[1712]

Die erzielte Einigung bezog sich auf ein Kompromissmodell, das vom Koalitionsausschuss selbst als „erleichtertes Antragsverfahren" bezeichnet wurde[1713] und das Grundgerüst für die aktuelle Regelung bildete. Der Vorschlag der Regierung sah zunächst die Entscheidungsbefugnis des Kindesvaters vor, ob er die Abgabe von Sorgeerklärungen vor dem Jugendamt oder sogleich eine gerichtliche Klärung anstreben will. Im Fall eines gerichtlichen Verfahrens wurde für die Kindesmutter eine Frist von sechs Wochen vorgesehen, innerhalb derer sie sich zum Antrag des Kindesvaters auf Einräumung der gemeinsamen Sorge positionieren muss. Tat sie dies nicht oder trug sie keine kindeswohlrelevanten Gründe vor, sollte das Gericht in einem beschleunigten schriftlichen Verfahren

---

1708 BT-Drucks. 17/9402, S. 2.

1709 Deutscher Bundestag – 17. Wahlperiode – 219. Sitzung, Berlin, 31.1.2013, Redner: Abgeordneter Jörn Wunderlich, Die Linke; 27199.

1710 Siehe hierzu auch oben, S. 147 ff.; der DFGT hat bereits in seiner Stellungnahme vom 22.2.2011 auf diese „konzeptionelle Schwäche" aller der bis dahin diskutierten Modelle hingewiesen; der Vorschlag der Fraktion Die Linke brachte die Problematik durch das für den Vater optional zu wählende Sorgerecht auf den Punkt.

1711 Siehe hierzu oben, S. 343.

1712 Stetiges Wachstum, solide Finanzen, starker Zusammenhalt – Ergebnisse des Koalitionsausschusses am 4. März 2012; im Internet abrufbar unter docs.dpaq.de/353-koalitionsrundenergebnisse.pdf.

1713 Stetiges Wachstum, solide Finanzen, starker Zusammenhalt – Ergebnisse des Koalitionsausschusses am 4. März 2012, S. 13; im Internet abrufbar unter docs.dpaq.de/353-koalitionsrundenergebnisse.pdf.

zugunsten der gemeinsamen elterlichen Sorge entscheiden.[1714] Die Einigung sah jedoch auch dann die gemeinsame elterliche Sorge vor, wenn dies im Sinne einer negativen Kindeswohlprüfung und einer Beweislastumkehr dem Kindeswohl nicht widerspricht.[1715]

Bereits am 6.3.2012 teilte die FDP auf ihrer Internetseite selbstbewusst wie irreführend mit, dass die Koalitionsparteien „das gemeinsame Sorgerecht nicht verheirateter Eltern neu geregelt und dabei die Rechte der Väter gestärkt" haben.[1716]

Am 2.4.2012 wurde der entsprechende Referentenentwurf des BMJ vom 28.3.2012[1717] an die Länder und Verbände geschickt, die nunmehr Gelegenheit zur Stellungnahme erhielten.[1718]

Am 4.7.2012 wurde vom Bundeskabinett der Gesetzesentwurf beschlossen,[1719] wobei sich im Vergleich zum Referentenentwurf u. a. im Bereich des einvernehmlichen Wechsels der Alleinsorge noch einige Unterschiede ergeben haben.[1720] Die Vorschläge des Bundesrates aus dessen Stellungnahme vom 21.9.2012[1721] blieben allerdings sämtlich unberücksichtigt.[1722] Der Gesetzesentwurf wurde am

---

1714 Stetiges Wachstum, solide Finanzen, starker Zusammenhalt – Ergebnisse des Koalitionsausschusses am 4. März 2012, S. 13; im Internet abrufbar unter docs.dpaq. de/353-koalitionsrundenergebnisse.pdf.

1715 Stetiges Wachstum, solide Finanzen, starker Zusammenhalt – Ergebnisse des Koalitionsausschusses am 4. März 2012, S. 13; im Internet abrufbar unter docs.dpaq. de/353-koalitionsrundenergebnisse.pdf.

1716 FDP-Fraktion / Sorgerecht, Rechte unverheirateter Väter gestärkt, im Internet abrufbar unter www.liberale.de/Rechte-unverheirateter-Vaeter-gestaerkt/9720c15318ilp/ index.

1717 Referentenentwurf des BMJ (Bearbeitungsstand: 28.03.2012, pdf-Datei, Quelle: BMJ) zur Neuregelung des Sorgerechts von nicht miteinander verheirateten Eltern.

1718 Vgl. die Pressemitteilung des BMJ vom 2.4.2012, im Internet abrufbar unter http://www.bmjv.de/SharedDocs/Archiv/DE/Pressemitteilungen/2012/20120402_ Durch_neues_Sorgerecht_unverheirateter_Eltern_einfache_und_unbuerokrati sche_Verfahren_foerdern.html?nn=4795776".

1719 Vgl. die Pressemitteilung des BMJ vom 4.7.2012, im Internet abrufbar unter http:// www.bmjv.de/SharedDocs/Archiv/DE/Pressemitteilungen/2012/20120704_Elterli che_Sorge.html?nn=4795776".

1720 Vgl. Übersicht in der Pressemitteilung des BMJ vom 4.7.2012, im Internet abrufbar unter http://www.bmjv.de/SharedDocs/Archiv/DE/Pressemitteilungen/2012/20120704_ Elterliche_Sorge.html?nn=4795776".

1721 Stellungnahme des Bundesrates, BT-Drucks. 17/11048, S. 27 ff.

1722 Vgl. Gegenäußerung der Bundesregierung, BT-Drucks. 17/11048, S. 30 ff.

17.10.2012 in den Bundestag mit der Bitte um entsprechende Beschlussfassung eingeführt.[1723]

Die erste Beratung im Bundestag fand bereits am 26.10.2012,[1724] die zweite und dritte im Rahmen der Bundestagssitzung vom 31.1.2013[1725] statt. Nur einen Tag zuvor, am 30.1.2013 wurde die Beschlussempfehlung des Rechtsausschusses zu dem Gesetzesentwurf der Bundesregierung sowie zu den Anträgen der Fraktion der SPD, die Linke und BÜNDNIS 90/DIE GRÜNEN veröffentlicht.[1726]

Der Rechtsausschuss hatte nach zwei Beratungen der Vorlagen[1727] beschlossen, eine öffentliche Anhörung durchzuführen, die in seiner 104. Sitzung am 28.11.2012 unter Teilnahme von acht der insgesamt neun Sachverständigen[1728] erfolgte.[1729] Obwohl vier der acht zuvor eingereichten schriftlichen Stellungnahmen der Sachverständigen eine klare Positionierung für die automatische elterliche Sorge enthielten,[1730] empfahl der Rechtsausschuss abschließend die Annahme des Regierungsentwurfs in einer nur geringfügig veränderten Fassung hinsichtlich eines prozessualen Aspektes.[1731]

1723 BT-Drucks. 17/11048.

1724 Plenarprotokoll 17/202, S. 24539 ff.

1725 Plenarprotokoll 17/219, S. 27191 ff.

1726 BT-Drucks. 17/12198.

1727 62. Sitzung vom 19.10.2011 und 98. Sitzung vom 24.10.2012.

1728 Carmen Hensgen, Richterin am Amtsgericht Alzey; Dipl.-Psychologin Mareike Hoese, Bochum, Jörg Kleinwegener Rechtsanwalt, Fachanwalt für Familienrecht, Detmold; Josef Linsler, Bundesvorsitzender Interessenverband Unterhalt und Familienrecht – ISUV/VDU e. V., Nürnberg; Dr. Thomas Meysen, Deutsches Institut für Jugendhilfe und Familienrecht (DIJuF) e. V., Heidelberg; Dr. Sabina Schutter, Deutsches Jugendinstitut e. V., München; Edith Schwab, Bundesvorsitzende des Verbandes alleinerziehender Mütter und Väter Bundesverband e. V. (VAMV), Berlin; Wolfgang Schwackenberg, Rechtsanwalt und Notar, Deutscher Anwaltverein DAV, Berlin; Prof. Siegfried Willutzki, Direktor des Amtsgerichts Brühl a. D.

1729 Alle Dokumente, Stellungnahmen der Sachverständigen und das Wortprotokoll im Internet abrufbar unter http://webarchiv.bundestag.de/cgi/show.php?fileToLoad=2930&id=1223.

1730 Josef Linsler (Bundesvorsitzender Interessenverband Unterhalt und Familienrecht – ISUV/VDU e. V., Nürnberg), Jörg Kleinwegner (Rechtsanwalt, Fachanwalt für Familienrecht, Detmold), Wolfgang Schwackenberg (Rechtsanwalt und Notar, Deutscher Anwaltverein DAV, Berlin), Prof. Siegfried Willutzki (Direktor des Amtsgerichts Brühl a. D.); die übrigen Sachverständigen sprachen sich für die Antragslösung bzw. den Gesetzesentwurf aus.

1731 BT-Drucks. 17/12198, S. 6.

In der Bundestagssitzung vom 31.1.2013 wurde der Gesetzesentwurf[1732] in der Ausschussfassung[1733] mit der Mehrheit der Stimmen der Koalitionsfraktionen und BÜNDNIS 90/DIE GRÜNEN, gegen die Stimmen der SPD und bei Enthaltung der Linksfraktion angenommen. Gleichzeitig wurden die Anträge der Fraktionen der SPD,[1734] die Linke[1735] und BÜNDNIS 90/DIE GRÜNEN[1736] entsprechend den Beschlussempfehlungen des Rechtsausschusses[1737] abgelehnt.

B. Inhalte des Gesetzes

Inhaltlich ist die neue Regelung an die Übergangslösung des BVerfG[1738] angelehnt und als ein Kompromiss zwischen der Antrags- und der automatischen Lösung ausgestaltet,[1739] wobei die gemeinsame elterliche Sorge nunmehr unmissverständlich als das neue gesetzliche Leitbild herausgestellt wurde.[1740]

Die wichtigsten Änderungen betreffen den um eine neue Nr. 3 ergänzten § 1626 a BGB, das in diesem Zusammenhang ebenfalls neu geschaffene Verfahren gem. § 155 a FamFG und den neu gefassten § 1671 BGB.[1741] Daneben sind erforderliche, redaktionelle Änderungen in den §§ 1626 b, 1626 d, 1680, 1696, 1747, 1748 sowie 1751 BGB zu finden.

Die wesentlichen Regelungen des Gesetzes sollen im Folgenden umrissen werden, wobei sowohl der materiellrechtliche Gehalt als auch die neue verfahrensrechtliche Lösung beleuchtet werden.

I. § 1626 a BGB

1. Materielles Recht

Die in der Praxis bedeutendste Neuerung betrifft § 1626 a BGB, dessen Abs. 1 um die Ziffer 3 ergänzt wurde („soweit ihnen das Familiengericht die elterliche

---

1732 BT-Drucks. 17/11048.
1733 BT-Drucks. 17/12198.
1734 BT-Drucks. 17/8601.
1735 BT-Drucks. 17/9402.
1736 BT-Drucks. 17/3219.
1737 BT-Drucks. 17/12198, S. 6.
1738 BVerfG, 1 BvR 420/09, www.bverfg.de/entscheidungen/rs20100721_1bvr042009. html, unter C III, Absatz-Nr. 75 ff; siehe hierzu auch oben S. 137 ff.
1739 Gesetzesbegründung, BT-Drucks. 17/11048, S. 13.
1740 Gesetzesbegründung, BT-Drucks. 17/11048, S. 12.
1741 Vgl. Huber/Antomo, FamRZ 2013, 665.

Sorge gemeinsam überträgt"). Im Vergleich zu der bisherigen Gesetzeslage[1742] entsteht die gemeinsame elterliche Sorge bei nicht miteinander verheirateten Eltern außer durch Abgabe von Sorgeerklärung und Heirat nunmehr auch zusätzlich durch Beschluss des Familiengerichts. Inhaltlich ist also das bisherige Veto-Recht der nichtehelichen Mutter beseitigt und dem Vater die Möglichkeit eingeräumt worden, eine gegebenenfalls fehlende Zustimmung der Kindesmutter gerichtlich überprüfen zu lassen und auch gegen ihren Willen in die gemeinsame elterliche Sorge einzutreten.

Die ex lege eintretende gemeinsame elterliche Sorge wurde nicht Gesetz;[1743] der diesbezügliche Kompromiss ist in § 1626 a Abs. 2 BGB sowie der dazugehörigen verfahrensrechtlichen Regelung enthalten: Zwar ist ein Antrag eines Elternteils erforderlich; gem. § 1626 a Abs. 2 BGB werden die elterliche Sorge oder deren Bestandteile allerdings bereits dann übertragen, wenn dies dem Kindeswohl nicht widerspricht.[1744] Im Vergleich zu der Übergangsregelung des BVerfG[1745] wurde damit die Schwelle für den Zugang zum gemeinsamen Sorgerecht noch einmal herabgesetzt, da nunmehr lediglich eine negative Kindeswohlprüfung stattfindet.[1746]

Im Einklang mit der Übergangslösung des BVerfG steht wiederum das in § 1626 a Abs. 2 BGB verankerte Antragsrecht beider Elternteile, womit auch der nichtehelichen Mutter – jedenfalls formell – die Möglichkeit eingeräumt wird, den gegebenenfalls unwilligen Vater des Kindes in die gemeinsame Verantwortung zu zwingen.[1747] Diese Konstellation dürfte allerdings der Ausnahmefall bleiben, so dass auch in der Gesetzesbegründung durchgehend vom Vater als dem

---

1742 D.h. bis zum Inkrafttreten der Übergangsregelung des BVerfG am 21.7.2010, BVerfG, 1 BvR 420/09, www.bverfg.de/entscheidungen/rs20100721_1bvr042009.html, unter C III, Absatz-Nr. 75 ff; siehe hierzu auch oben S. 137 ff.

1743 Zu den Gründen vgl. Gesetzesbegründung, BT-Drucks. 17/11048, S. 14.

1744 Gesetzesbegründung, BT-Drucks. 17/11048, S. 12.

1745 BVerfG, 1 BvR 420/09, www.bverfg.de/entscheidungen/rs20100721_1bvr042009.html, unter C III, Absatz-Nr. 75 ff; siehe hierzu auch oben S. 137 ff.

1746 Gesetzesbegründung, BT-Drucks. 17/11048, S. 12 im Unterschied zu BVerfG, 1 BvR 420/09, www.bverfg.de/entscheidungen/rs20100721_1bvr042009.html, unter C III, Absatz-Nr. 75 – „entspricht".

1747 In kaum nachvollziehbarer Weise kritisch hierzu Keuter, der es (entgegen der Auffassung des BVerfG, vgl. BVerfG, 1 BvR 420/09, www.bverfg.de/entscheidungen/ rs20100721_1bvr042009.html, Absatz-Nr. 69) bereits für verfassungsrechtlich nicht geboten hält, neben dem Vater auch der Mutter des nichtehelichen Kindes ein Antragsrecht einzuräumen, ZRP 2012, S. 171 ff.

Antragsteller ausgegangen wird.[1748] Dabei wird ihm die Entscheidung überlassen, es zunächst über die Abgabe einer Sorgeerklärung vor dem Jugendamt zu versuchen oder den direkten Weg über das familiengerichtliche Verfahren zu wählen.[1749]

Neben der negativen Kindeswohlprüfung soll die gesetzliche Vermutung des neuen § 1626 a Abs. 2 S. 2 BGB den Zugang zur gemeinsamen elterlichen Sorge erleichtern: Trägt der andere Elternteil keine Gründe vor, die dem gemeinsamen Sorgerecht entgegenstehen können und sind solche Gründe auch sonst nicht ersichtlich, wird vermutet, dass die gemeinsame elterliche Sorge dem Kindeswohl nicht widerspricht. Die gesetzliche Vermutung schränkt den Amtsermittlungsgrundsatz ein und greift immer dann, wenn der andere Elternteil – regelmäßig also die Kindesmutter – nichts oder keine kindeswohlrelevanten Gründe vorträgt.[1750]

In der Praxis muss die Antragsgegnerseite konkrete Anhaltspunkte dafür benennen, dass sich eine gemeinsame Sorge nachteilig auf das Kind auswirken würde.[1751] Die einseitige Ablehnung durch die Kindesmutter ist hierfür nach dem Willen des Gesetzgebers ausdrücklich nicht ausreichend.[1752] Darüber hinaus werden beide Elternteile angesichts der grundsätzlich bevorzugten gemeinsamen Sorge[1753] in der Pflicht gesehen, ihre persönlichen Konflikte zu überwinden, im Sinne des Kindeswohls sachlich und konstruktiv miteinander umzugehen sowie sich – gegebenenfalls unter Inanspruchnahme fachlicher Hilfe – um eine angemessene Kommunikation zu bemühen.[1754] Auch bereits „manifest gewordene Kommunikationsschwierigkeiten" sind angesichts dieser Verpflichtung der Eltern nicht schon für sich genommen dazu geeignet, die gemeinsame Sorge abzulehnen, da sie im Zusammenhang mit einer Trennung häufig auftreten.[1755]

Vielmehr muss die Kommunikationsebene so schwerwiegend und nachhaltig gestört sein, dass eine gemeinsame Entscheidung unmöglich erscheint und hierdurch das Kind erheblich belastet würde.[1756] Ein pauschaler Vortrag der Kindesmutter zur fehlenden Kommunikation undzu unterschiedlichen

---

1748 Z. B. BT-Drucks. 17/11048, S. 12.
1749 Gesetzesbegründung, BT-Drucks. 17/11048, S. 12.
1750 Gesetzesbegründung, BT-Drucks. 17/11048, S. 18.
1751 Gesetzesbegründung, BT-Drucks. 17/11048, S. 17.
1752 Gesetzesbegründung, BT-Drucks. 17/11048, S. 17.
1753 Gesetzesbegründung, BT-Drucks. 17/11048, S. 12, 17, 18.
1754 Gesetzesbegründung, BT-Drucks. 17/11048, S. 17.
1755 Gesetzesbegründung, BT-Drucks. 17/11048, S. 17.
1756 Gesetzesbegründung, BT-Drucks. 17/11048, S. 17.

Wertvorstellungen ist für die Widerlegung der gesetzlichen Vermutung nicht ausreichend, solange nicht konkret dargelegt wird, dass eine tragfähige Basis für die gemeinsame Sorgerechtsausübung nicht besteht und die Eltern mit ihren Bemühungen um eine erfolgreiche Kommunikation gescheitert sind.[1757]

Tritt die Blockadehaltung der Kindesmutter erst im Zusammenhang mit dem Wunsch des Vaters auf, an der elterlichen Sorge beteiligt zu werden, ist auf ihre Motive ein besonderes Augenmerk zu richten; handelt sie hauptsächlich in dem Bestreben, ihre bis dahin exklusive Rechtsposition nicht aufgeben zu müssen, wird gemeinsame Sorge regelmäßig zu begründen sein.[1758]

Auch das Zusammenleben[1759] der Eltern spricht nach der Gesetzesbegründung regelmäßig für eine gelingende Kooperation, so dass es gewichtiger Gründe bedürfe, die gleichwohl gegen eine gemeinsame Sorge sprechen würden.[1760]

2. Verfahrensrecht

Greift die vorstehende Vermutungsregel, so hat dies erhebliche verfahrensrechtliche Folgen: Nach dem eigens hierfür geschaffenen § 155 a FamFG soll in diesem Fall die Entscheidung des Familiengerichts nicht nur im beschleunigten (§§ 155 a Abs. 2 S. 1, 155 Abs. 1 FamFG), sondern auch im vereinfachten Verfahren erfolgen.[1761] Praktisch bedeutet das folgenden Ablauf: Der Kindesvater stellt vor dem gem. § 152 FamFG zuständigen Familiengericht einen Antrag auf Übertragung der gemeinsamen elterlichen Sorge, wobei es sich bei der Angabe des Geburtsdatums und des Geburtsortes des Kindes um echte Zulässigkeitsvoraussetzungen handelt (§ 155 a Abs. 1 S. 2 FamFG). Der Antrag wird der Kindesmutter nach den Regeln der ZPO zugestellt; gleichzeitig wird ihr eine Frist zur Stellungnahme gesetzt, die allerdings frühestens sechs Wochen nach Geburt des Kindes enden darf (§ 155 a Abs. 2 FamFG). Trägt die hierfür darlegungs- und beweisbelastete Kindesmutter keine Gründe vor, die der Übertragung der gemeinsamen elterlichen Sorge entgegenstehen können und sind solche Gründe sonst nicht ersichtlich (§ 1626 a Abs. 2 S. 2 BGB), soll das Familiengericht gem. § 155 a Abs. 3 FamFG im schriftlichen Verfahren ohne die Anhörung des Jugendamtes und ohne die persönliche Anhörung der Eltern entscheiden. Lediglich für das

---

1757 Gesetzesbegründung, BT-Drucks. 17/11048, S. 17.
1758 Gesetzesbegründung, BT-Drucks. 17/11048, S. 17.
1759 Gesetzesbegründung, BT-Drucks. 17/11048, S. 18; abgestellt wird auf ein aktuelles Zusammenleben der Eltern; insofern etwas ungenau Huber/Antomo, FamRZ 2013, 665, 666 – „lebten".
1760 Gesetzesbegründung, BT-Drucks. 17/11048, S. 18.
1761 Gesetzesbegründung, BT-Drucks. 17/11048, S. 13.

über 14 Jahre alte Kind bleibt die persönliche Anhörung gem. § 159 FamFG stets vorgesehen.[1762]

Im Unterschied zu dem ursprünglichen Gesetzesentwurf[1763] wurde dem Familiengericht diesbezüglich jedoch Ermessen eingeräumt, das in der Praxis bei den meisten Fällen im Sinne der Anhörung aller Beteiligten ausgeübt wird.[1764] In seinem Konzept ging der Gesetzgeber jedoch von dem schriftlichen Verfahren als Regelfall aus.[1765] Nur dann, wenn die Beteiligten Gründe vortragen, die gegen eine gemeinsame Sorge sprechen oder wenn dem Familiengericht solche Gründe sonst bekannt werden (vgl. § 1626 a Abs. 2 S. 2 BGB), wird ein normales Verfahren gem. § 155 a Abs. 4 FamFG durchgeführt, für das allerdings ebenfalls das Vorrang- und Beschleunigungsgebot des § 155 FamFG gilt (vgl. § 155 a Abs. 2 FamFG).

II. § 1671 BGB

Die zweite, sehr bedeutende Neuerung ist in der Aufhebung des § 1672 BGB[1766] und der gleichzeitigen Neuregelung in § 1671 BGB zu sehen.

1762 Gesetzesbegründung, BT-Drucks. 17/11048, S. 13.

1763 BT-Drucks. 17/11048, S. 8, „hat das Familiengericht"; genau hierauf bezog sich die einzige abweichende Empfehlung des Rechtsausschusses, siehe dort, BT-Drucks. 17/12198, S. 4.

1764 Die Verfasserin bezieht sich diesbezüglich auf ihre eigenen Erfahrungen, die sie als Rechtsanwältin insbesondere vor den Familiengerichten in Hamburg, Schleswig-Holstein und Mecklenburg-Vorpommern seit dem Inkrafttreten des Gesetzes sammelte. So wurde von etwa 30 auf Antrag eines Vaters eingeleiteten Verfahren in keinem einzigen im schriftlichen Verfahren ohne persönliche Anhörung der Beteiligten entschieden – dies galt selbst dann, wenn die Kindesmutter binnen der vom Gericht gesetzten Frist gar nichts oder evident keine kindeswohlrelevanten Gründe vortrug. Angesichts der klaren Regel-Ausnahme-Ausgestaltung durch den Gesetzgeber muss dies nachdenklich stimmen; die von Huber/Moll, FamRZ 2013, 665, 666 kurz nach dem Inkrafttreten des Gesetzes geäußerte Vermutung, dass „es praktisch wohl eher selten zum normalen Verfahren nach § 155 a Abs. 4 FamFG kommen" wird, scheint sich jedenfalls nicht zu bestätigen.

1765 Vgl. die Bezugnahme in der Beschlussempfehlung und Bericht des Rechtsausschusses, BT-Drucks. 17/12198, S. 9, wo zwar die Änderung des § 155 a Abs. 3 FamFG in eine Soll-Vorschrift empfohlen wird, damit es im Regelfall beim schriftlichen Verfahren bleibt, in „besonders gelagerten Ausnahmefällen" die Durchführung eines zwar beschleunigten, jedoch ansonsten normalen Verfahrens nach § 155 Abs. 4 FamFG möglich ist.

1766 § 1672 BGB a. F. betraf das Getrenntleben der Eltern bei alleiniger elterlicher Sorge der Mutter und lautete: „Leben die Eltern nicht nur vorübergehend getrennt und

Die Regelungen des Abs. 1 und 2 des § 1671 BGB a. F. wurden mit kleinen Formulierungsänderungen zusammengefasst und betreffen nach wie vor – ohne inhaltliche Änderung – die Begründung von Alleinsorge bei dauerhaft getrennt lebenden Eltern und bislang gemeinsamer Sorgerechtstragung.[1767] Durch einen entsprechenden Hinweis im ebenfalls geänderten § 1696 BGB wurde klargestellt, dass § 1671 BGB auch auf Fälle des § 1626 a Abs. 2 BGB anwendbar ist und die Abänderungsmöglichkeit nach § 1696 BGB demgegenüber subsidiär bleibt.[1768]

In dem neuen Abs. 2 wurde nunmehr auch die Begründung der Alleinsorge durch den Vater bei bislang alleiniger elterlicher Sorge der Mutter geregelt. Während die bislang in § 1672 BGB a. F.[1769] vorgesehene Regelung den die elterliche Sorge begehrenden Vater auf das Wohlwollen der Mutter[1770] verwies, ist gem. § 1671 Abs. 2 BGB nunmehr auch ein vollständiger Sorgerechtswechsel ohne die Zustimmung der Mutter möglich.

Gleichwohl wird bei den Voraussetzungen danach unterschieden, ob die Kindesmutter mit dem Übergang auf den Vater einverstanden ist: In der ersten Variante (§ 1671 Abs. 2 Nr. 1 BGB) ist dem Antrag stattzugeben, soweit die Mutter zustimmt und die Übertragung dem Kindeswohl sowie bei einem über 14 Jahre alten Kind auch dessen Willen nicht widerspricht.

Die negative Kindeswohlprüfung wird trotz des elterlichen Konsenses und fehlendem Widerspruch des Kindes für erforderlich gehalten, weil der vollständige Wechsel des Sorgeberechtigten regelmäßig mit einer größeren Veränderung für das Kind einherginge, als dies bei dem Ausscheiden von einem von bisher zwei gemeinsam Sorgeberechtigten der Fall sei.[1771] Daneben sieht der Gesetzgeber in der Einigung der bislang gemeinsam sorgeberechtigten Eltern (§ 1671 Abs. 1 Nr. 1 BGB) eine deutlich verlässlichere Grundlage als in dem Konsens der bis dahin nicht durch die gemeinsame Sorgetragung verbundenen Eltern.[1772]

---

steht die elterliche Sorge nach § 1626 a Abs. 2 der Mutter zu, so kann der Vater mit Zustimmung der Mutter beantragen, dass ihm das Familiengericht die elterliche Sorge oder einen Teil der elterlichen Sorge allein überträgt. Dem Antrag ist stattzugeben, wenn die Übertragung dem Kindeswohl dient."

1767 Vgl. hierzu oben, 89 ff.

1768 Siehe hierzu auch die Gesetzesbegründung, BT-Drucks. 17/11048, S. 22.

1769 Zum Wortlaut vgl. oben, Fn. 1768; siehe auch oben, S. 86 ff.; zur Übergangsregelung des BVerfG siehe oben S. 137.

1770 Wobei die Zustimmung der Mutter sogar als echte Zulässigkeitsvoraussetzung ausgestaltet war, vgl. hierzu auch oben, S. 86 f.

1771 Gesetzesbegründung, BT-Drucks. 17/11048, S. 19.

1772 Gesetzesbegründung, BT-Drucks. 17/11048, S. 19.

In der zweiten Variante (§ 1671 Abs. 2 Nr. 2 BGB) wird der Übergang der elterlichen Sorge auf den bislang nicht sorgeberechtigten Vater trotz fehlender Zustimmung der Mutter geregelt: Dieser kann nach dem Willen des Gesetzgebers in Übereinstimmung mit der Übergangsregelung des BVerfG[1773] nur dann erfolgen, wenn die gemeinsame elterliche Sorge nicht in Betracht kommt und die Übertragung auf den Vater dem Kindeswohl am besten entspricht. Wie schon das BVerfG argumentierte der Gesetzgeber hinsichtlich der hohen Schwelle für den Sorgerechtswechsel mit dem schweren Eingriff in das Elternrecht der Mutter sowie dessen Auswirkung auf die bestehende Mutter-Kind-Beziehung unter Berücksichtigung des Bedürfnisses des Kindes nach Stabilität und Kontinuität.[1774]

2. Abschnitt: Kritik, abschließende Würdigung im Kontext der polnischen Rechtslage und Ausblick

Mit der vorstehend dargestellten Regelung hat sich der Gesetzgeber erwartungsgemäß für eine modifizierte Antragslösung entschieden und nicht den ebenfalls denkbaren Weg einer automatisch entstehenden elterlichen Sorge beschritten. Nachfolgend soll das neue Gesetz kritisch gewertet und im Licht der polnischen Rechtslage gespiegelt werden. Daneben werden erste Tendenzen in der Rechtsprechung sowie die Konsequenzen der gewählten Rechtsgestaltung für die Zukunft aufgezeigt werden.

A. Kritik

Der Gesetzgeber selbst sieht in dem von ihm gewählten Modell „eine ausgewogene Lösung, die dem Kindeswohl am besten Rechnung trägt".[1775] Ob diese selbstbewusste Einschätzung der Realität entspricht, muss indessen kritisch hinterfragt werden. Bereits vor dem Inkrafttreten des Gesetzes wurde – bezeichnenderweise vor allem aus juristischen Fachkreisen – heftige Kritik an der geplanten Novelle geäußert. Nicht wenige Kritiker wandten sich dabei insbesondere auch

---

1773 BVerfG, 1 BvR 420/09, www.bverfg.de/entscheidungen/rs20100721_1bvr042009. html, unter C III, Absatz-Nr. 76; siehe hierzu auch oben S. 137 ff.
1774 Gesetzesbegründung, BT-Drucks. 17/11048, S. 20, siehe auch BVerfG, 1 BvR 420/09, www.bverfg.de/entscheidungen/rs20100721_1bvr042009.html, unter C III, Absatz-Nr. 76 und oben S. 137 ff.
1775 Gesetzesbegründung, BT-Drucks. 17/11048, S. 13.

gegen das Modell als solches und argumentierten im Sinne einer automatischen Lösung.[1776]

Einige Stimmen beschränken sich hingegen auf die Kritik der verfahrensrechtlichen Umsetzung im FamFG.[1777] So werden insbesondere die Stellungnahmefrist für die Mutter, deren Darlegungslast, die gesetzliche Vermutung und das schriftliche Verfahren als deren Konsequenz negativ bewertet.[1778]

I. Kritik der verfahrensrechtlichen Umsetzung

Die sechswöchige Schonfrist für die Mutter wird als zu kurz kritisiert.[1779] Die Mutter dürfe in einer häufig physisch und emotional schwierigen postnatalen Phase nicht gezwungen werden, sich mit dem Antrag des Vaters auseinanderzusetzen und derart gravierende Entscheidungen treffen zu müssen.[1780] Gefordert wurde deshalb, die Stellungnahmefrist erst nach Ablauf des Mutterschutzes,

---

1776 Vgl. z. B. Coester, FamRZ 2012, 1337, 1343 ff.; die vom Rechtsausschuss in der 104. Sitzung am 28.11.2012 angehörten Sachverständigen Josef Linser (Bundesvorsitzender Interessenverband Unterhalt und Familienrecht – ISUV/VDU e. V., Nürnberg), Jörg Kleinwegner (Rechtsanwalt, Fachanwalt für Familienrecht, Detmold), Wolfgang Schwackenberg (Rechtsanwalt und Notar, Deutscher Anwaltverein DAV, Berlin), Prof. Siegfried Willutzki (Direktor des Amtsgerichts Brühl a. D.) – alle Stellungnahmen der Sachverständigen und das Wortprotokoll im Internet abrufbar unter http://webarchiv.bundestag.de/cgi/show. php?fileToLoad=2930&id=1223.; bereits davor für die automatische elterliche Sorge: Löhnig, FamRZ 2010, 338, 340; Scherpe FamRZ 2010, 108; Völker / Clausius, § 1 Rn. 28 f., 44; Kinderrechtskommission des Deutschen Familiengerichtstags. Stellungnahme zur aktuellen Reformdiskussion „Sorgerecht nicht miteinander verheirateter Eltern" (22. Februar 2011), S. 5 f., im Internet abrufbar unter: http://www.dfgt.de/resources/Stellungnahme_BVerfG_2011.pdf = FF 2011, 223, 225 ff.; Horndasch, ZFE 2011, 244 ff.

1777 Z. B. Huber/Antomo, FamRZ 2012, 1257, 1263 ff.; Campbell, NJW-Spezial 2012, 580, 581.

1778 Vgl. z. B. Huber/Antomo, FamRZ 2012, 1257, 1263 ff.; 2013, 665, 668 ff. jeweils m. w. N.

1779 Huber Antomo, FamRZ 2012, 1257, 1263; 2013, 665, 668, jeweils m. w. N.; Meysen, schriftliche Stellungnahme zur Anhörung im Rechtsausschuss des Deutschen Bundestages am 28.11.2012, S. 4; Alle Dokumente, Stellungnahmen der Sachverständigen und das Wortprotokoll im Internet abrufbar unter http://webarchiv.bundestag. de/cgi/show.php?fileToLoad=2930&id=1223.

1780 Huber/Antomo, FamRZ 2012, 1257, 1263; 2013, 665, 668.

also acht Wochen nach der Geburt beginnen zu lassen[1781] oder zumindest eine grundsätzlich großzügige Handhabung durch die Rechtsprechung.[1782]

Bemängelt wird in diesem Zusammenhang auch, dass die Folgen eines Fristversäumnisses ungeklärt geblieben seien, wenn die Mutter zwar nach Fristablauf, aber noch vor der richterlichen Entscheidung relevante Gründe gegen die gemeinsame Sorge vorbringt.[1783]

Auch wird teilweise generell befürchtet, dass die Mütter mit der Notwendigkeit der schriftlichen Artikulation und der Angabe kindeswohlrelevanter Gründe überfordert sein könnten.[1784]

Nahezu einhellig abgelehnt wird insbesondere die Einschränkung des Amtsermittlungsgrundsatzes in § 155 a Abs. 3 S. 1 FamFG, also die darin vorgesehene Entscheidung des Familiengerichts ohne persönliche Anhörung der Beteiligten und des Jugendamtes.[1785]

1781 Stellungnahme des Bundesrates vom 21.9.12, .BR-Drucks. 465/12 = BT-Drucks. 17/11048, S. 27; Stellungnahme des VAMV vom 23.11.2012, S. 9, im Internet abrufbar unter http://www.vamv.de/fileadimin/user_upload/bund/dokuente/Stellung nahmen/VAMV-STellungnahme_GE_Sorgerecht_23112012.pdf; zustimmend Huber / Antomo, FamRZ 2013, 665, 668; 2012, 1257, 1263.

1782 Huber/Antomo, FamRZ 2013, 665, 668 ff.

1783 Huber/Antomo, FamRZ 2013, 665, 668; Stellungnahme des Deutschen Anwaltsvereins (DAV) Nr. 45/2012, S. 8, im Internet abrufbar unter http://anwaltverein.de/ downloads/Stellungnahmen-11/DAV-SN2012-Nr.-45SorgeR-RefE-ohne-Logo.pdf.

1784 Deutscher Verein für öffentliche und private Fürsorge, Stellungnahme vom 8.5.2012, S. 6, im Internet abrufbar unter http://www.google.de/url?url=http://www. deutscher-verein.de/02-presse/05-empfehlungen/empfehlungen_archiv/2012/ DV%252014–12%2520Sorgerecht.pdf&rct=j&frm=1&q=&esrc=s&sa=U&ei=V 72qU_CoKsj8ygPnkoGYDA&ved=0CBQQFjAA&usg=AFQjCNG-7VfW_inEb WOZHgYcnnaqc22WgQ.

1785 Stellungnahme des Bundesrates vom 21.9.12, BR-Drucks. 465/12 = BT-Drucks. 17/11048, S. 27 f.; Coester, FamRZ 2012, 1337, 1341 f.; Huber/Antomo FamRZ 2012, 1257, 1264 f.; 2013, 665, 668 ff; Keuter, FamRZ 2012, 825, 826; Stellungnahme des Deutschen Anwaltsvereins (DAV) Nr. 45/2012, S. 7 f., im Internet abrufbar unter http://anwaltverein.de/downloads/Stellungnahmen-11/DAV-SN2012-Nr.-45SorgeR-RefE-ohne-Logo.pdf; daneben auch einige der im Rahmen der 104. Sitzung des Rechtsausschusses am 28.11.2012 durchgeführten öffentlichen Anhörung befragten Sachverständigen: Carmen Hensgen, Richterin am Amtsgericht Alzey; Josef Linsler, Bundesvorsitzender Interessenverband Unterhalt und Familienrecht – ISUV/VDU e. V., Nürnberg; Edith Schwab, Bundesvorsitzende des Verbandes alleinerziehender Mütter und Väter Bundesverband e. V. (VAMV), Berlin; Wolfgang Schwackenberg, Rechtsanwalt und Notar, Deutscher Anwaltsverein DAV, Berlin;

Es wird in diesem Zusammenhang unter anderem argumentiert, dass die dem vereinfachten Verfahren zugrundeliegende Vermutung, die Begründung der gemeinsamen elterlichen Sorge widerspreche dem Kindeswohl bei fehlender oder nicht relevanter Einlassung der Mutter nicht, sachlich nicht gerechtfertigt sei. Vielmehr seien vielfältige Gründe für die fehlende oder inadäquate Äußerung der Mutter denkbar, so dass auf die persönliche Anhörung der Eltern und die Beteiligung des Jugendamtes nicht verzichtet werden könne.[1786] Grundsätzlich dürfe eine so wesentliche Entscheidung wie die Begründung der gemeinsamen elterlichen Sorge nicht auf einer gesetzlichen Vermutung basieren.[1787]

Auch wird in dieser Regelung ein Wertungswiderspruch zu den §§ 158, 159, 160, 162 FamFG gesehen, die die persönliche Anhörung der Kindeseltern sowie die Beteiligung des Jugendamtes selbst bei deutlich weniger gravierenden Fragen – wie z. B. den Einzelheiten der Ausgestaltung des Umgangsrechts – vorsehen.[1788]

Durch das im Regelfall vorgesehene schriftliche Verfahren würde indessen zum einen weder das Beratungspotenzial des Jugendamtes ausgeschöpft noch habe das Familiengericht die Möglichkeit, auf das Einvernehmen hinzuwirken.[1789]

Es sei schließlich über das ohnehin geltende Vorrang- und Beschleunigungsgebot des § 156 FamFG hinaus keine besondere Dringlichkeit des Verfahrens zu

---

Prof. Siegfried Willutzki, Direktor des Amtsgerichts Brühl a. D. Alle Dokumente, Stellungnahmen der Sachverständigen und das Wortprotokoll im Internet abrufbar unter http://webarchiv.bundestag.de/cgi/show.php?fileToLoad=2930&id=1223; vgl. auch die Zusammenfassung der diesbezüglichen Kritik bei Coester, FamRZ 2012, 1337, 1341 f.

1786 Stellungnahme des Bundesrates vom 21.9.12, BR-Drucks. 465/12 = BT-Drucks. 17/11048, S. 28; Huber/Antomo, FamRZ 2012, 1257, 1264 f.; 2013, 665, 669 f.; Campbell, NJW-Spezial 2012, 580.

1787 Huber/Antomo, FamRZ 2012, 1257, 1263 f.; 2013, 665, 669.

1788 Huber/Antomo, FamRZ 2012, 1257, 1264; 2013, 665, 669 f., vgl. auch Keuter, FamRZ 2012, 825, 826, der insbesondere auf den Wertungswiderspruch zu § 1671 Abs. 2 Nr. 1 BGB a. F. (§ 1671 Abs. 1 Nr. 1 BGB n. F.) hinweist, wo bei einer einvernehmlichen Aufhebung der gemeinsamen Sorge sowohl die persönliche Anhörung der Eltern als auch die Beteiligung des Jugendamtes vorgesehen ist.

1789 Keuter, FamRZ 2012, 825, 826; Stellungnahme des Bundesrates vom 21.9.12, BR-Drucks. 465/12 = BT-Drucks. 17/11048, S. 28; Campbell, NJW-Spezial 2012, 580; Stellungnahme des Deutschen Anwaltvereins (DAV) Nr. 45/2012, S. 8, im Internet abrufbar unter http://anwaltverein.de/downloads/Stellungnahmen-11/DAV SN2012-Nr.-45SorgeR-RefE-ohne-Logo.pdf; zusammenfassend Coester, FamRZ 2012, 1337, 1341 f.

sehen,[1790] da in den ersten Lebensmonaten des Kindes regelmäßig ohnehin keine wichtigen Entscheidungen anstünden.[1791]

Die vorstehend skizzierte Kritik zeigt zwar deutlich die Schwächen des vom Gesetzgeber gewählten Modells als solchem auf. Gleichzeitig vermag sie jedoch kaum zu überzeugen – vor allem dann nicht, wenn man die automatische Lösung als einzige ernsthaft in Betracht kommende Alternative gegenüberstellt. Im Einzelnen:

Die Kritiker des auf einer gesetzlichen Vermutung basierenden Verfahrens übersehen offensichtlich die übergeordnete Überzeugung des Gesetzgebers, wonach die gemeinsame elterliche Sorge grundsätzlich dem Kindeswohl entspricht.[1792] Ausgehend von dieser Prämisse ist es nur folgerichtig, das Verfahren als ein Registrierungsverfahren[1793] zu gestalten – wenn man schon die (angesichts des neuen gesetzgeberischen Leitbildes einzig konsequente) Entscheidung für eine ex lege eintretende gemeinsame Sorge scheut. Der grundlegende gedankliche Fehler der Kritik besteht folglich darin, das vereinfachte Verfahren nach § 155 a FamFG mit den übrigen Kindschaftsverfahren anstatt mit einer ex lege eintretenden elterlichen Sorge zu vergleichen:

So wird insbesondere außer Acht gelassen, dass bei einem automatisch eintretenden Sorgerecht weder eine Anhörung der Beteiligten noch eine Kindeswohlprüfung vorgesehen ist und auch dieses Modell vom BVerfG als verfassungskonform bestätigt wurde.[1794] Angesichts der ausdrücklichen Billigung

---

1790 Huber/Antomo, FamRZ 2012, 1257, 1264; 2013, 665, 669; Stellungnahme des Bundesrates vom 21.9.12, BR-Drucks. 465/12 = BT-Drucks. 17/11048, S. 28.

1791 Keuter, FamRZ 2012, 825, 827; Huber/Antomo, FamRZ 2012, 1257, 1264.

1792 Gesetzesbegründung, BT-Drucks. 17/11048, S. 12.

1793 So bezeichnet von Meysen, schriftliche Stellungnahme zur Anhörung im Rechtsausschuss des Deutschen Bundestages am 28.11.2012, S. 3; Alle Dokumente, Stellungnahmen der Sachverständigen und das Wortprotokoll im Internet abrufbar unter http://webarchiv.bundestag.de/cgi/show.php?fileToLoad=2930&id=1223; vgl. auch Coester, FamRZ 1337, 1342, der das Verfahren zutreffend als einen „Mittelweg zwischen gerichtlicher Registrierung und verantwortlicher gerichtlicher Sachentscheidung" konzipiert sieht.

1794 BVerfG, 1 BvR 420/09, www.bverfg.de/entscheidungen/rs20100721_1bvr042009. html, unter B I 2 b, Absatz-Nr. 44, siehe hierzu auch oben, S. 132 f.; zu Recht weist Schumann, FF 2013, 339, 343, Fn. 51, deshalb auf den Widerspruch in der Argumentation mancher Kritiker hin, die sich zwar grundsätzlich für die ex lege eintretende elterliche Sorge aussprechen, das vereinfachte Verfahren jedoch für verfassungsrechtlich bedenklich halten, so z. B. Schwackenberg, Stellungnahme zur Anhörung im Rechtsausschuss des Deutschen Bundestages am 28.11.2012,

einer automatisch kraft Geburt oder Vaterschaftsanerkennung entstehenden elterlichen Sorge durch das BVerfG dürfte wiederum die Verfassungsmäßigkeit des vereinfachten Verfahrens, das die Anhörungsrechte der Beteiligten deutlich weniger tangiert, kaum in Frage stehen.[1795]

Zu beachten ist auch, dass die Forderung nach einer obligatorischen Anhörung der Kindesmutter und der Beteiligung des Jugendamtes einen „Generalverdacht" gegenüber Vätern beinhaltet in dem Sinne, dass die Zuordnung der gemeinsamen elterlichen Sorge potenziell das Kindeswohl gefährdet und deshalb eine gerichtliche Überprüfung stets notwendig sei.[1796] Dieses pauschale Misstrauen gegen alle mit der Mutter des Kindes nicht verheiratete Väter lässt sich mit dem Kindeswohl jedoch nicht rechtfertigen und kommt einer Überdehnung des staatlichen Wächteramtes gleich.[1797]

Zu Recht weist Meysen[1798] zudem darauf hin, dass der Hinweis mancher Kritiker[1799] hinsichtlich einer vermeintlich für das vereinfachte Verfahren fehlenden Eilbedürftigkeit ohnehin an der Sache vorbei geht, da der Zweck eines vereinfachten Verfahrens in der Vermeidung von unnötigen streitigen Auseinandersetzungen zu sehen ist. Diese können – wie der Vergleich zu der Regelung des § 1598 a BGB zeigt – vermieden werden, wenn ein Elternteil zwar von sich aus nicht gewillt ist, eine Sorgeerklärung abzugeben, er sich jedoch gleichzeitig

---

Protokoll Nr. 104, S. 16 f., im Internet abrufbar unter http://webarchiv.bundestag. de/cgi/show.php?fileToLoad=2930&id=1223.

1795 So auch Meysen, schriftliche Stellungnahme zur Anhörung im Rechtsausschuss des Deutschen Bundestages am 28.11.2012, S. 3; Alle Dokumente, Stellungnahmen der Sachverständigen und das Wortprotokoll im Internet abrufbar unter http://webar chiv.bundestag.de/cgi/show.php?fileToLoad=2930&id=1223.

1796 Meysen, schriftliche Stellungnahme zur Anhörung im Rechtsausschuss des Deutschen Bundestages am 28.11.2012, S. 3; Alle Dokumente, Stellungnahmen der Sachverständigen und das Wortprotokoll im Internet abrufbar unter http://webarchiv. bundestag.de/cgi/show.php?fileToLoad=2930&id=1223.

1797 Meysen, schriftliche Stellungnahme zur Anhörung im Rechtsausschuss des Deutschen Bundestages am 28.11.2012, S. 3; Alle Dokumente, Stellungnahmen der Sachverständigen und das Wortprotokoll im Internet abrufbar unter http://webarchiv. bundestag.de/cgi/show.php?fileToLoad=2930&id=1223.

1798 Meysen, schriftliche Stellungnahme zur Anhörung im Rechtsausschuss des Deutschen Bundestages am 28.11.2012, S. 4; Alle Dokumente, Stellungnahmen der Sachverständigen und das Wortprotokoll im Internet abrufbar unter http://webarchiv. bundestag.de/cgi/show.php?fileToLoad=2930&id=1223.

1799 Z. B. Huber/Antomo, FamRZ 2012, 1257, 1264; 2013, 665, 669; Stellungnahme des Bundesrates vom 21.9.12, BR-Drucks. 465/12 = BT-Drucks. 17/11048, S. 28.

bewusst ist, dass er die gemeinsame Sorge bei einer Antragstellung des anderen Elternteils wird kaum vermeiden können.[1800]

Auch der Hinweis auf die vermeintlich zu kurze Stellungnahmefrist für die Mutter geht an der Sache vorbei. Zum einen können gerade in den ersten sechs Lebenswochen des Kindes einige Entscheidungen von erheblicher Bedeutung im Sinne des § 1687 BGB erforderlich sein, wie z. B. die Namenswahl, die Religionszugehörigkeit, der Wohnort und Eingriffe in die körperliche Integrität.[1801] Völlig zu Recht wurde deshalb teilweise die Abschaffung der Karenzfrist gefordert, da der Vater des Kindes hierdurch ohne ausreichende Gründe von dem gemeinsamen Sorgerecht ausgeschlossen wird, obwohl gerade in diesem Zeitraum maßgebliche Entscheidungen anstehen können.[1802]

Eine überzeugende Begründung für die sechswöchige Schonfrist für die Mutter wird vom Gesetzgeber nicht geliefert.[1803] Vielmehr ist der Gesetzesbegründung in diesem Zusammenhang lediglich der lapidare Hinweis zu entnehmen, dass sich „die Mutter unmittelbar nach der Geburt zu dem Antrag des Vaters nicht soll äußern müssen".[1804] Mit dem vielfach strapazierten Argument der

---

1800 Meysen, schriftliche Stellungnahme zur Anhörung im Rechtsausschuss des Deutschen Bundestages am 28.11.2012, S. 4; Alle Dokumente, Stellungnahmen der Sachverständigen und das Wortprotokoll im Internet abrufbar unter http://webarchiv.bundestag.de/cgi/show.php?fileToLoad=2930&id=1223.

1801 Hengsen, die die Schutzfrist von sechs Wochen zumindest für ausreichend hält, schriftliche Stellungnahme zur Anhörung im Rechtsausschuss des Deutschen Bundestages am 28.11.2012, S. 2 f; Linsler, schriftliche Stellungnahme zur Anhörung im Rechtsausschuss des Deutschen Bundestages am 28.11.2012, S. 5 f. Alle Dokumente, Stellungnahmen der Sachverständigen und das Wortprotokoll im Internet abrufbar unter http://webarchiv.bundestag.de/cgi/show.php?fileToLoad=2930&id=1223.

1802 Linsler, schriftliche Stellungnahme zur Anhörung im Rechtsausschuss des Deutschen Bundestages am 28.11.2012, S. 5 f. Alle Dokumente, Stellungnahmen der Sachverständigen und das Wortprotokoll im Internet abrufbar unter http://webarchiv.bundestag.de/cgi/show.php?fileToLoad=2930&id=1223.

1803 So auch Linsler, schriftliche Stellungnahme zur Anhörung im Rechtsausschuss des Deutschen Bundestages am 28.11.2012, S. 5 f. Alle Dokumente, Stellungnahmen der Sachverständigen und das Wortprotokoll im Internet abrufbar unter http://webarchiv.bundestag.de/cgi/show.php?fileToLoad=2930&id=1223

1804 BT-Drucks. 17/11048, S. 23, wo es zur Frage der Karenzfrist abschließend heißt: „Absatz 2 Satz 2 [§ 155 a FamFG, Anm. der Verf.] trägt weiterhin dem Umstand Rechnung, dass sich die Mutter unmittelbar nach der Geburt zum dem Sorgerechtsantrag des Vaters nicht soll äußern müssen und regelt eine Karenz- bzw. Schutzfrist für die Mutter. Die Schutzfrist, die von der Stellungnahmefrist zu unterscheiden ist, verkürzt sich um den seit der Geburt des Kindes bereits vergangenen Zeitraum.

„physisch und emotional oft schwierigen Phase nach der Geburt"[1805] lässt sich das massive Zurückstehen des Kindes- und Elternrechts aus Art. 6 GG auf frühestmögliche Beteiligung des Vaters an der Elternverantwortung[1806] ebenfalls nicht rechtfertigen[1807]: Zum einen hatten die Eltern – also auch die Mutter – bereits vor der Entbindung ausreichend Zeit, sich über die künftige Sorgerechtslage schlüssig zu werden.[1808] Zum anderen ist die Mutter im Rahmen ihrer alleinigen elterlichen Sorge verpflichtet, spätestens nach der Geburt des Kindes dessen grundlegenden Belange einer schnellen Klärung zuzuführen.[1809] Schließlich ist auch nicht ersichtlich, weshalb die nichteheliche Mutter anders behandelt werden sollte als eine verheiratete: Stellt der Ehemann als Vater direkt nach der Geburt des Kindes einen Antrag gem. § 1671 Abs. 1 Nr. 2 BGB auf Übertragung der alleinigen Sorge, so gilt im Sinne eines effektiven Rechtsschutzes ebenfalls keine pauschale Karenzzeit.[1810]

Es gilt auch zu bedenken, dass die Kritik hinsichtlich einer vermeintlich zu kurzen Frist einen brisanten Zeitraum direkt nach der Geburt des Kindes betrifft, in dem auf der einen Seite anstehende Entscheidungen von erheblicher

---

Eine Verlängerung der Stellungnahmefrist ist nach den allgemeinen Vorschriften möglich (§ 16 Absatz 2 FamFG in Verbindung mit § 224 Absatz 2 der Zivilprozessordnung [ZPO])."

1805 So z. B. Huber/Antomo, FamRZ 2012, 1257, 1264; 2013, 665, 669; Stellungnahme des Bundesrates vom 21.9.12, BR-Drucks. 465/12 = BT-Drucks. 17/11048, S. 27

1806 So Linsler zur Frage der Karenzfrist, schriftliche Stellungnahme zur Anhörung im Rechtsausschuss des Deutschen Bundestages am 28.11.2012, S. 5 f. Alle Dokumente, Stellungnahmen der Sachverständigen und das Wortprotokoll im Internet abrufbar unter http://webarchiv.bundestag.de/cgi/show.php?fileToLoad=2930&id=1223.

1807 So auch Heilmann, NJW 2014, 1473, 1476.

1808 Hengsen, die die Schutzfrist von sechs Wochen zumindest für ausreichend hält, schriftliche Stellungnahme zur Anhörung im Rechtsausschuss des Deutschen Bundestages am 28.11.2012, S. 2; Linsler, schriftliche Stellungnahme zur Anhörung im Rechtsausschuss des Deutschen Bundestages am 28.11.2012, S. 6. Alle Dokumente, Stellungnahmen der Sachverständigen und das Wortprotokoll im Internet abrufbar unter http://webarchiv.bundestag.de/cgi/show.php?fileToLoad=2930&id=1223.

1809 So auch Linsler, schriftliche Stellungnahme zur Anhörung im Rechtsausschuss des Deutschen Bundestages am 28.11.2012, S. 6. Alle Dokumente, Stellungnahmen der Sachverständigen und das Wortprotokoll im Internet abrufbar unter http://webarchiv.bundestag.de/cgi/show.php?fileToLoad=2930&id=1223.

1810 Linsler, schriftliche Stellungnahme zur Anhörung im Rechtsausschuss des Deutschen Bundestages am 28.11.2012, S. 6. Alle Dokumente, Stellungnahmen der Sachverständigen und das Wortprotokoll im Internet abrufbar unter http://webarchiv.bundestag.de/cgi/show.php?fileToLoad=2930&id=1223.

Bedeutung eine besondere Dringlichkeit implizieren, andererseits sich der Vater als verantwortlicher Elternteil bis dahin kaum beweisen konnte und über die Kooperationsfähigkeit der Eltern in der Zukunft allenfalls spekuliert werden kann, so dass die Mutter regelmäßig ohnehin kaum seitenweise relevante, kindbezogene Gründe gegen die gemeinsame Sorge wird vorbringen können.

Nach alledem ist durchaus Kritik an der sechswöchigen Schutzfrist für die Mutter angezeigt, dies allerdings mit umgekehrten Vorzeichen, weil sie erheblichen Zeitverlust für den mitsorgewilligen Vater bedeutet sowie den angestrebten Vereinfachungs- und Beschleunigungseffekt des Verfahrens deutlich relativiert und dessen Effizienz mindert,[1811] die jedoch mit Blick auf den gewählten Registrierungscharakter des Verfahrens erforderlich wäre.

Zusammenfassend kann auf die treffende Formulierung von Meysen[1812] verwiesen werden, der die durchaus heftige Kritik an dem vom Gesetzgeber eingeführten, bislang unbekannten verfahrensrechtlichen Instrumentarium hauptsächlich mit einem gewissen „Irritationsgehalt des Neuen" erklärt, die Kritik selbst jedoch für überwiegend unzutreffend hält.

II. Kritik am Modell selbst

Gewichtig und aktuell bleiben indessen die Argumente gegen die Antragslösung als solche. Zum Teil kann daher auf die diesbezüglichen Ausführungen oben[1813] verwiesen werden. Daneben sollen die Einwände jedoch wie folgt präzisiert und abschließend zusammengefasst werden:

Alle im Zuge des Reformvorhabens diskutierten Lösungen wie auch das vom Gesetzgeber gewählte modifizierte Antragsmodell heben das Kindeswohl als entscheidendes Kriterium hervor. Diesem Anspruch wird das Lösungskonzept der Antragsmodelle (unter anderem) wegen der sachfremden Anknüpfung der elterlichen Sorge jedoch gerade nicht gerecht:

Nach den Vorgaben des BVerfG steht das Elternrecht aus Art. 6 Abs. 2 GG ohne einen Unterschied beiden Elternteilen zu. Darüber hinaus handelt es sich bei dem Elternrecht um ein grundsätzlich unverzichtbares Pflichtrecht im Sinne einer unteilbaren elterlichen Verantwortung mit dem ein verfassungsrechtlicher

---

1811 So auch Coester, FamRZ 2012, 1337, 1342.

1812 Meysen, schriftliche Stellungnahme zur Anhörung im Rechtsausschuss des Deutschen Bundestages am 28.11.2012, S. 2; Alle Dokumente, Stellungnahmen der Sachverständigen und das Wortprotokoll im Internet abrufbar unter http://webarchiv. bundestag.de/cgi/show.php?fileToLoad=2930&id=1223.

1813 S. 336 ff.

Anspruch des Kindes sowohl im Verhältnis zu den Eltern als auch zum Staat korrespondiert.[1814]

Die Antragsmodelle verfehlen diesen Anspruch des Kindes, denn die Frage, ob es in den Genuss der gemeinsamen elterlichen Verantwortung kommt hängt nicht von seiner Geburt, sondern im Wesentlichen davon ab, ob seine Eltern miteinander verheiratet sind, Sorgeerklärungen abgeben oder ein entsprechendes Verfahren vor dem Familiengericht eingeleitet wird und dem Antrag entsprochen wird. Damit knüpft das Gesetz an Sachverhalte an, die mit der Verantwortung für die Entstehung und Geburt eines Kindes nichts zu tun haben.[1815]

Hieran wird auch deutlich, dass das Gesetz aus der Position der Eltern und nicht der des Kindes argumentiert, da es aus der Perspektive des Kindeswohls regelmäßig keine Rolle spielt, ob die Eltern miteinander verheiratet sind oder nicht.[1816]

Es widerspricht auch ganz offenkundig jedweder Logik, die Verantwortung für ein Kind von unabhängigen, persönlichen Entscheidungen der Eltern wie Heirat, Abgabe von Sorgeerklärungen oder Antrag beim Familiengericht abhängig zu machen.[1817]

Dem vom Gesetzgeber gewählten Modell ist zugleich eine verfassungsrechtlich bedenkliche Ungleichbehandlung der ehelichen und nichtehelichen Kinder immanent, da der Anspruch des Kindes aus Art. 6 Abs. 2 GG auf paritätische Verantwortungsübernahme durch beide Elternteile[1818] nur bei Kindern verheirateter Eltern selbstverständlich ist und von Geburt an erfüllt wird. Das Gesetz vom 16.4.2013 ist damit keineswegs ein weiterer Schritt auf dem Weg zur Umsetzung

---

1814 Kinderrechtskommission des Deutschen Familiengerichtstags. Stellungnahme zur aktuellen Reformdiskussion „Sorgerecht nicht miteinander verheirateter Eltern" (22. Februar 2011), S. 7, im Internet abrufbar unter: http://www.dfgt.de/resources/Stellungnahme_BVerfG_2011.pdf = FF 2011, 223, 226 unter Bezugnahme auf die Leitsatzentscheidung des BVerfG vom 1.4.2008, im Internet abrufbar unter http://www.bverfg.de/entscheidungen/rs20080401_1bvr162004.html; vgl. hierzu auch oben, S. 337 f.

1815 Horndasch, ZFE 2011, 244, der in Anlehnung an die Regelung in einigen europäischen Ländern wie z. B. Belgien für die Anknüpfung der elterlichen Sorge an die biologische Elternschaft plädiert.

1816 So auch Schwackenberg in der Pressemitteilung des DAV vom 4.7.2012, im Internet abrufbar unter http://www.anwaltverein.de/interessenvertretung/pressemitteilungen/pm-1412.

1817 Horndasch, ZFE 2011, 244.

1818 Vgl. BVerfG, Urteil vom 1.4.2008, 1. Leitsatz, im Internet abrufbar unter http://www.bverfg.de/entscheidungen/rs20080401_1bvr162004.html.

der Vorgabe aus Art. 6 Abs. 5 GG, sondern perpetuiert die Ungleichbehandlung, da bei nichtehelichen Kindern jedenfalls bis zur – gegebenenfalls gerichtlichen – Klärung der Sorgerechtslage die Beteiligung des Vaters infrage steht.

Der DFGT hat darüber hinaus bereits in seiner Stellungnahme vom 22.1.2011[1819] zu Recht auf die verfassungsrechtlich ebenso brisante „konzeptionelle Schwäche" aller Antragslösungen hingewiesen, die darin zu sehen ist, dass die Bereitschaft des nichtehelichen Vaters zur Übernahme der sorgerechtlichen Verantwortung als Bedingung für seinen Eintritt in die elterliche Sorge akzeptiert wird, während die Mutter ex lege zur Sorgerechtsinhaberin wird, ohne dass es auf ihre Bereitschaft ankäme.[1820]

Coester bringt das Problem noch plastischer auf den Punkt, indem er ausführt, dass „die sorgerechtliche Inpflichtnahme der Mutter vom Moment der Geburt an ex lege und ohne Korrekturmöglichkeit unterhalb der Gefährdungsschwelle des § 1666 BGB erfolgt, während es dem biologischen Vater grundsätzlich freisteht zu entscheiden, ob er Vaterschaftsverantwortung übernehmen will oder nicht".[1821]

Diese Ungleichbehandlung der nicht miteinander verheirateten Mütter und Väter untereinander sah auch das BVerfG in seiner Entscheidung vom 21.7.2010 und versuchte, sie auf zwei Wegen zu relativieren: Zum einen war nach Auffassung der Verfassungsrichter zu erwägen, auch die Mutter mit einem Antragsrecht beim Familiengericht auszustatten, um den unwilligen Vater gegebenenfalls zur Übernahme der alleinigen oder gemeinsamen Sorgeverantwortung zu zwingen.[1822] Zum anderen wurde vorgeschlagen, bei einem Antrag des Vaters

---

1819 Kinderrechtskommission des Deutschen Familiengerichtstags. Stellungnahme zur aktuellen Reformdiskussion „Sorgerecht nicht miteinander verheirateter Eltern" (22.Februar 2011), im Internet abrufbar unter: http://www.dfgt.de/resources/Stellungnahme_BVerfG_2011.pdf = FF 2011, 223 ff; vgl. hierzu auch oben, S. 147 ff und 336 f.

1820 Kinderrechtskommission des Deutschen Familiengerichtstags. Stellungnahme zur aktuellen Reformdiskussion „Sorgerecht nicht miteinander verheirateter Eltern" (22. Februar 2011), S. 6, im Internet abrufbar unter: http://www.dfgt.de/resources/Stellungnahme_BVerfG_2011.pdf = FF 2011, 223, 226.

1821 Coester, Reformen im Kindschaftsrecht, Brühler Schriften zum Familienrecht, Zwanzigster Deutscher Familiengerichtstag vom 18. bis zum 21. September 2013 in Brühl, S. 43, 46 f.

1822 BVerfG, 1 BvR 420/09, www.bverfg.de/entscheidungen/rs20100721_1bvr042009. html, Absatz-Nr. 69; Kinderrechtskommission des Deutschen Familiengerichtstags. Stellungnahme zur aktuellen Reformdiskussion „Sorgerecht nicht miteinander verheirateter Eltern" (22. Februar 2011), S. 6, im Internet abrufbar unter: http://www.

auf Übertragung der Alleinsorge eine höhere Eingriffsschwelle im Verhältnis zur Mutter zu konzipieren, weil ihr die elterliche Sorge von Gesetzes wegen ohne eine Wahlmöglichkeit zugewiesen wird.[1823] Im offensichtlichen Bewusstsein der verfassungsrechtlichen Tragweite wurden die vorstehenden Überlegungen zunächst Teil der vom BVerfG konzipierten Übergangslösung[1824] und später auch Gesetz.

Angesichts der grundsätzlichen Verantwortung beider Elternteile von der Geburt an[1825] vermag die gesetzliche Lösung jedoch kaum zu überzeugen, weil es letztlich einem verfassungsrechtlich Verpflichteten überlassen wird, ob dieser seiner Pflicht und Verantwortung nachkommt oder nicht.[1826]

Das Antragsrecht der Mutter kann diesen Widerspruch nicht beseitigen, da zum einen mit solchen Anträgen in der Praxis kaum gerechnet werden kann und zum anderen ein gegen den Vater erfolgreicher Antrag sicherlich nicht zu einer Besserung des Verhältnisses der Eltern untereinander beitragen wird.[1827]

Auch der verstärkte Bestandsschutz des Sorgerechts der Mutter, die es nach der gesetzlichen Regelung unterhalb der Schwelle des § 1666 BGB gem. § 1671 Abs. 2 Nr. 2 BGB gegen ihren Willen nur dann verlieren soll, wenn die gemeinsame elterliche Sorge nicht in Betracht kommt und die Übertragung auf den

---

dfgt.de/resources/Stellungnahme_BVerfG_2011.pdf, hinsichtlich des letzten Arguments unter Bezugnahme auf BVerfG, Urteil vom 1.4.2008.

1823 BVerfG, 1 BvR 420/09, www.bverfg.de/entscheidungen/rs20100721_1bvr042009. html, Absatz-Nr. 66; Kinderrechtskommission des Deutschen Familiengerichtstags. Stellungnahme zur aktuellen Reformdiskussion „Sorgerecht nicht miteinander verheirateter Eltern" (22. Februar 2011), S. 6, im Internet abrufbar unter: http:// www.dfgt.de/resources/Stellungnahme_BVerfG_2011.pdf; vgl. hierzu auch oben, S. 136 f. und 147 ff.

1824 BVerfG, 1 BvR 420/09, www.bverfg.de/entscheidungen/rs20100721_1bvr042009. html, Absatz-Nr. 75-76; vgl. hierzu auch oben, S. 137 f.

1825 Vgl. BVerfG, Urteil vom 1.4.2008, 1. Leitsatz, im Internet abrufbar unter http:// www.bverfg.de/entscheidungen/rs20080401_1bvr162004.html.

1826 Coester, Reformen im Kindschaftsrecht, Brühler Schriften zum Familienrecht, Zwanzigster Deutscher Familiengerichtstag vom 18. bis zum 21. September 2013 in Brühl, S. 43, 46 f.

1827 Coester, Reformen im Kindschaftsrecht, Brühler Schriften zum Familienrecht, Zwanzigster Deutscher Familiengerichtstag vom 18. bis zum 21. September 2013 in Brühl, S. 43, 46 f; in diesem Sinne auch Kinderrechtskommission des Deutschen Familiengerichtstags. Stellungnahme zur aktuellen Reformdiskussion „Sorgerecht nicht miteinander verheirateter Eltern" (22. Februar 2011), S. 7, im Internet abrufbar unter: http://www.dfgt.de/resources/Stellungnahme_BVerfG_2011.pdf = FF 2011, 223, 226.

Vater dem Wohl des Kindes am besten entspricht, ist der falsche Ansatz für die Abmilderung der Ungleichbehandlung. Kaum nachvollziehbar wird hierdurch im Ergebnis die gemeinsame elterliche Sorge gewissermaßen als Trostpreis für die automatische Inanspruchnahme der Mutter missbraucht, während die verfassungsrechtlichen Vorgaben hinsichtlich der Begründung des gemeinsamen Sorgerechts unmissverständlich von einer Ausrichtung am Kindeswohl unter Berücksichtigung grundsätzlich gleicher Verpflichtung beider Elternteile ausgehen.[1828]

Damit bleibt die gesetzliche Regelung insbesondere wegen der offensichtlichen Diskrepanz zwischen automatischer mütterlicher Inanspruchnahme und der Wahlfreiheit des Vaters mit dem „Keim einer erneuten Reformbedürftigkeit"[1829] behaftet, so dass sie von Anfang an nur als eine Zwischenlösung verstanden werden kann.

Auch unter dem Aspekt der Einfachheit und Transparenz kann die gesetzliche Neuregelung nicht überzeugen. Gerade im Bereich der elterlichen Sorge kann die Bedeutung einfacher Lösungen für die Verwirklichung des Kindeswohls kaum unterschätzt werden.[1830]

Stattdessen stößt die neue Regelung aus der Sicht der Praxis auf diverse Schwierigkeiten:

So handelt es sich bei der negativen Kindeswohlprüfung zwar theoretisch um ein wohlklingendes Zugeständnis an die Väter und ein vermeintlich wirksames Instrument zur Umsetzung des neuen gesetzgeberischen Leitbilds von einer grundsätzlich gemeinsamen elterlichen Sorge[1831]. In der Praxis verpufft es jedoch weitgehend, weil das Tatbestandsmerkmal „dem Kindeswohl *nicht widerspricht*" beziehungsweise die Abgrenzung zwischen „*entspricht*" und „*nicht widerspricht*" zumindest für juristische Laien – wozu in aller Regel nicht nur die Eltern, sondern auch die Mitarbeiter des Jugendamtes und die in den

---

1828 Coester, Reformen im Kindschaftsrecht, Brühler Schriften zum Familienrecht, Zwanzigster Deutscher Familiengerichtstag vom 18. bis zum 21. September 2013 in Brühl, S. 43, 47.

1829 Kinderrechtskommission des Deutschen Familiengerichtstags. Stellungnahme zur aktuellen Reformdiskussion „Sorgerecht nicht miteinander verheirateter Eltern" (22. Februar 2011), S. 7, im Internet abrufbar unter: http://www.dfgt.de/resources/ Stellungnahme_BVerfG_2011.pdf = FF 2011, 223, 226.

1830 In diese Sinne auch Horndasch, ZFE 2011, 224, 225.

1831 Vgl. hierzu die Gesetzesbegründung, BT-Drucks. 17/11048, S. 17 und S. 14, wo von „erheblichen verfahrensrechtlichen Erleichterungen für den antragstellenden Vater" die Rede ist.

Verfahren gegebenenfalls beauftragten Sachverständigen gehören – schlicht nicht greifbar ist. Aber auch in der Rechtsprechung sind Schwierigkeiten vorprogrammiert, weil letztlich unklar ist, wo genau die Grenze zwischen „entspricht" und „nicht widerspricht" verläuft. So läuft es fast immer auf eine intuitive Entscheidung hinaus, die wohl im Zweifel eher zu Lasten des Kindesvaters ausfallen dürfte. Gerade in so einem wichtigen und verfassungsrechtlich relevanten Bereich wie der elterlichen Sorge sollte es jedoch möglichst wenig Raum für Bauchentscheidungen geben.

Auch ist letztlich unklar, welche Einwände genau zu den Gründen, „die der Übertragung der gemeinsamen elterlichen Sorge entgegen stehen könnten" im Sinne des § 1626 a Abs. 2 S. 2 BGB gehören. Der Gesetzgeber bemüht sich diesbezüglich nur unzureichend um Klarheit, indem er präzisiert, dass es sich um Einwände mit Relevanz für das Kindeswohl handeln muss.[1832] Welche Argumente kindeswohlbezogen sind, bleibt jedoch auch nach der aufmerksamen Lektüre der Gesetzesbegründung unklar.[1833] Zwar werden vom Gesetzgeber an einer anderen Stelle eine tragfähige soziale Bindung und ein Mindestmaß an Übereinstimmung als Voraussetzungen der gemeinsamen elterlichen Sorge positiv formuliert;[1834] Zeitverzögerung durch Rechtsstreite und heterogene Kasuistik scheinen dennoch vorprogrammiert,[1835] da gleichzeitig nur exemplarisch dafür und dagegen sprechende Tatsachen genannt werden,[1836] ohne klare Vorgaben zu liefern.

Deutlich wird dieses Problem bereits an der bisher veröffentlichten Rechtsprechung der Oberlandesgerichte:[1837] Während sich beispielsweise die Entscheidungen

---

1832 Gesetzesbegründung, BT-Drucks. 17/11048, S. 18.

1833 So auch Coester, FamRZ 2012, 1337, 1342.

1834 Gesetzesbegründung, BT-Drucks. 17/11048, S. 17.

1835 Coester, FamRZ 2012, 1337, 1342.

1836 Gesetzesbegründung, BT-Drucks. 17/11048, S. 17; vgl. auch Übersicht bei Heilmann, NJW 2013, 1473, 1474.

1837 OLG Koblenz, Beschluss vom 3.6.2013 – 13 UF 246/13, BeckRS 2014, 03802; OLG Karlsruhe, Beschluss vom 20.6.2013 – 18 UF 38/13, BeckRS 2014, 06047; OLG München, Beschluss vom 26.8.2013 – 16 UF 983/13, FamRZ 2013, 1747; OLG Brandenburg, Beschluss vom 19.9.2013 – 9 UF 96/11 – juris; OLG Nürnberg, Beschluss vom 9.12.2013 – 7 UF 1195/13, FamRZ 2014, 571 ff = FF 2014, 201 ff.; OLG Celle, Beschluss vom 17.1.2014 – 10 UF 80/13, FamRZ 2014, 857; vgl. auch Übersicht bei Wanitzek, FamRZ 2014, 808, 811 f.

der Oberlandesgerichte Nürnberg[1838] und Koblenz[1839] vollständig an der Gesetzesbegründung orientieren und das neue Leitbild der grundsätzlich gemeinsamen elterlichen Sorge betonen, wird in der Entscheidung des OLG Karlsruhe eine Kindeswohlprüfung im Rahmen der zu § 1671 Abs. 2 Nr. 2 BGB a. F entwickelten Maßstäbe vorgenommen.[1840]

Entgegen einigen zustimmenden Äußerungen[1841] ist der Rückgriff auf die von der Rechtsprechung zu § 1671 Abs. 2 Nr. 2 BGB a. F. herausgearbeiteten Kriterien schon deshalb als sehr problematisch zu werten, weil dem Kindschaftsreformgesetz von 1997[1842] und dem aktuellen Gesetz zur Reform der elterlichen Sorge der nicht miteinander verheirateten Eltern[1843] jeweils völlig unterschiedliche gesetzgeberische Leitbilder zugrunde lagen: So ist der Gesetzgeber bei dem KindRG nicht von einer grundsätzlich gemeinsamen Sorge nach Trennung und Scheidung ausgegangen und hat an mehreren Stellen der amtlichen Gesetzesbegründung klargestellt, dass mit der damaligen Reform eine Entscheidung für oder gegen die gemeinsame Sorge gerade nicht getroffen werden soll, kein Regel-Ausnahme-Verhältnis besteht und keineswegs der Schluss gezogen werden darf, dass der gemeinsamen Sorge Vorrang einzuräumen sei.[1844]

1838 OLG Nürnberg, Beschluss vom 9.12.2013 – 7 UF 1195/13, FamRZ 2014, 571 ff. = FF 2014, 201 ff.; vgl. auch Anmerkung hierzu von Clausius, FF 2014, 206 ff.

1839 OLG Koblenz, Beschluss vom 3.6.2013 – 13 UF 246/13, BeckRS 2014, 03802; vgl. auch Umfassende Darstellung bei Preisner, NZFam 2014, 389 ff.

1840 OLG Karlsruhe, Beschluss vom 20.6.2013 – 18 UF 38/13, BeckRS 2014, 06047; vgl. auch Umfassende Darstellung bei Preisner, NZFam 2014, 389 ff.

1841 Z. B. Preisner, NZFam 2014, 389, 393; Clausius, FF 2014, 206.

1842 Gesetz zur Reform des Kindschaftsrechts (KindRG) in Kraft getreten am 1.7.1998, BGBl. I S. 2942; vgl. hierzu auch oben, S. 72 ff.

1843 BGBl I, S. 795.

1844 BT-Drucks. 13/4899, S. 61: „Die künftige Regelung soll keine Festlegung dahingehend enthalten, dass die gemeinsame Sorge der Regelfall, die Alleinsorge eines Elternteils dagegen die Ausnahme sei. Welche Form der elterlichen Sorge in Zukunft statistisch Übergewicht haben wird, wird in erster Linie vom Verhalten der Eltern abhängen" u. S. 63: „Daraus darf aber kein Schluss gezogen werden, dass der gemeinsamen Sorge künftig ein Vorrang vor der Alleinsorge eines Elternteils eingeräumt werden soll. Es soll auch keine gesetzliche Vermutung bestehen, wonach die gemeinsame Sorge im Zweifel die für das Kind beste Form der Wahrnehmung elterlicher Verantwortung sei."; vgl. hierzu auch oben, S. 100 ff.

Demgegenüber geht der Gesetzgeber bei der aktuellen Reform von einem völlig veränderten Leitbild aus in dem Sinne, dass „möglichst eine gemeinsame Sorgetragung erfolgen soll".[1845]

Mit Blick auf die völlig unterschiedlichen Gesetzesziele dürfen die von der Rechtsprechung zu § 1671 Abs. 2 Nr. 2 BGB a. F. entwickelten Kriterien nicht nur nicht ohne Weiteres im Rahmen des neuen § 1626 a BGB herangezogen werden, sondern sind grundsätzlich zu evaluieren und an den neuen Vorgaben des Gesetzgebers auszurichten.

Da der Vorrang der gemeinsamen Sorge im Rahmen des § 1626 a BGB Gesetz geworden ist, kann an der diesbezüglich neutralen Ausrichtung des § 1671 BGB a. F. kaum festgehalten werden, ohne einen Wertungswiderspruch hinzunehmen. Es bleibt daher auch die Entwicklung der Rechtsprechung zu § 1671 BGB mit Spannung abzuwarten.

In der Gesetzesbegründung wird für die Ablehnung des automatischen Modells ein einziges Argument angeführt, wonach „eine automatische gemeinsame Sorge ohne weitere Voraussetzungen den Nachteil hätte, dass Eltern eine gemeinsame Sorge u. a. auch dann aufgenötigt würde, wenn ihre Bereitschaft zur gemeinsamen Sorgetragung und auch das erforderliche „Mindestmaß an Übereinstimmung zwischen ihnen" (BVerfGE 107, 150, 169) fehlt."[1846] Angesichts der massiven Proteste der Fachwelt und der von ihr gelieferten Argumente vermag dieser lapidare Erklärungsversuch nicht zu überzeugen.[1847] Auf der einen Seite betrifft die vom Gesetzgeber befürchtete Situation auch verheiratete, aber zerstrittene oder voneinander getrennt lebende Eltern,[1848] womit eine nicht gerechtfertigte Ungleichbehandlung perpetuiert wird. Zum anderen ist in der Regelung des § 1671 BGB ein wirksames Korrekturinstrument zu sehen,[1849] mit dem sich die tatsächlich nicht kindeswohlkonformen Ergebnisse unproblematisch – in besonders dringenden Fällen im Rahmen eines einstweiligen Anordnungsverfahrens[1850] – beseitigen lassen.

Damit überzeugt auch das von den Gegnern der automatischen Lösung betonte und unermüdlich ins Feld geführte Argument der heterogenen

---

1845 Gesetzesbegründung, BT-Drucks. 17/11048, S. 12.
1846 Gesetzesbegründung, BT-Drucks. 17/11048, S. 14.
1847 So auch Keuter, FamRZ 2012, 825, 826.
1848 Keuter, FamRZ 2012, 825, 826.
1849 So auch Stellungnahme des Deutschen Anwaltsvereins (DAV) Nr. 45/2012, S. 4, im Internet abrufbar unter http://anwaltverein.de/downloads/Stellungnahmen-11/ DAV-SN2012-Nr.-45SorgeR-RefE-ohne-Logo.pdf
1850 So auch Coester, FamRZ 2012, 1337, 1343.

Verhältnisse nicht, da sich Ausnahmesachverhalte entweder bereits jetzt im Rahmen des § 1671 BGB oder zumindest durch Ergänzung des Gesetzes ohne Weiteres lösen lassen. Zu denken wäre beispielsweise an eine entsprechende Regelung im § 1626 a BGB für den Fall des durch sexuelle Fremdbestimmung gezeugten Kindes[1851] oder die Schaffung eines speziellen Tatbestandes für den Fall einer völlig fehlenden sozialen Beziehung zwischen Mutter und Vater, womit das seltene wie auch vielstrapazierte Beispiel des im Zuge eines One-night-stands gezeugten Kindes erfasst wäre.

Schon die letztgenannte Regelung wäre jedoch angesichts der verfassungsrechtlichen Vorgaben kritisch zu betrachten, da immerhin zwei Menschen ein Kind gezeugt haben, dies Rechte und Pflichten gegenüber dem Kind auslöst und es aus der Perspektive des Kindes völlig gleichgültig ist, in welcher Beziehung seine Eltern zueinander stehen. Auch kann eine entsprechende Gesinnung und Kooperationsbasis auf Elternebene durch die automatische gemeinsame Sorge gefördert und im Ergebnis geschaffen werden, weil hierdurch das Bewusstsein einer gemeinsamen Verpflichtung dem Kind gegenüber vermittelt wird.[1852]

Angesichts des verfassungsrechtlichen Anspruchs und unverletzlichen Rechts des Kindes auf Verantwortungsübernahme und Sorge durch beide Eltern steht der von Gesetzes wegen eintretenden gemeinsamen Sorge auch keineswegs entgegen, dass diese Regelung zunächst auch sorgeunwillige Väter erfassen kann.[1853]

In der Gesamtbetrachtung dürfte es sich jedoch um nur wenige tatsächlich korrekturbedürftige Fälle handeln:

Insgesamt potenziell betroffen sind etwa 33 % aller zur Welt kommenden Kinder, deren Eltern nicht miteinander verheiratet sind.[1854] Zu den wichtigen Ergebnissen des von der Bundesregierung beauftragten Forschungsprojekts „Gemeinsames Sorgerecht nicht miteinander verheirateter Eltern"[1855] zählte

---

1851 Umfassend zu möglichen Regelungsvarianten Horndasch, ZFE 2011, 244, 246 f.

1852 Siehe hierzu weiter unten, S. 378 f.

1853 Linsler, schriftliche Stellungnahme zur Anhörung im Rechtsausschuss des Deutschen Bundestages am 28.11.2012, S. 4; Alle Dokumente, Stellungnahmen der Sachverständigen und das Wortprotokoll im Internet abrufbar unter http://webarchiv. bundestag.de/cgi/show.php?fileToLoad=2930&id=1223.

1854 Jurczyk/Walper, Vorgezogener Endbericht für das Projekt „Gemeinsames Sorgerecht nicht miteinander verheirateter Eltern" vom 30.11.2010, S. 12, im Internet abrufbar unter http://www.bmj.de/SharedDocs/Downloads/DE/pdfs/Endbericht_ Sorgerecht_final.pdf?__blob=publicationFile

1855 Jurczyk/Walper, Vorgezogener Endbericht für das Projekt „Gemeinsames Sorgerecht nicht miteinander verheirateter Eltern" vom 30.11.2010, im Internet abrufbar unter

allerdings die statistische Erkenntnis, dass inzwischen – wohl mit weiterhin steigender Tendenz – 62 % der nicht miteinander verheirateten Elternpaare die gemeinsame elterliche Sorge durch Sorgeerklärungen begründen.[1856] Darüber hinaus wurde herausgefunden, dass die meisten außerehelichen Kinder (über 80 %) in die Lebensgemeinschaft ihrer Eltern hineingeboren werden.[1857] Schon bei dieser Ausgangslage ist davon auszugehen, dass die ganz überwiegende Mehrheit der nichtehelichen Väter als sorgegeeignet zu betrachten ist.[1858] Hinzuzuaddieren sind nach Coester die kraft späterer Heirat sorgeberechtigten, die sorgewilligen und -geeigneten, aber von der Mutter abgeblockten, die von vornherein resignierenden und die nicht sorgeberechtigten, aber in einem Familienverband mit Mutter und Kind lebenden Väter.[1859]

Ausgehend von diesen tatsächlichen Verhältnissen entspricht die gemeinsame Sorge in der ganz überwiegenden Mehrheit der Fälle dem Kindeswohl am besten, so dass auch verfassungsrechtlich ein automatisches Sorgerecht des Vaters geboten wäre.[1860] Andersherum verbietet es sich bei dieser Ausgangslage, zunächst alle nichtehelichen Väter von der elterlichen Sorge auszuschließen, um im Nachhinein die meisten von ihnen wieder zuzulassen, weil das Gesetz

http://www.bmj.de/SharedDocs/Downloads/DE/pdfs/Endbericht_Sorgerecht_final; vgl. hierzu auch oben, S. 328 ff.

1856 Jurczyk/Walper, Vorgezogener Endbericht für das Projekt „Gemeinsames Sorgerecht nicht miteinander verheirateter Eltern" vom 30.11.2010, S. 345 im Internet abrufbar unter http://www.bmj.de/SharedDocs/Downloads/DE/pdfs/Endbericht_ Sorgerecht_final.

1857 Jurczyk/Walper, Vorgezogener Endbericht für das Projekt „Gemeinsames Sorgerecht nicht miteinander verheirateter Eltern" vom 30.11.2010, S. 184 f., im Internet abrufbar unter http://www.bmj.de/SharedDocs/Downloads/DE/pdfs/Endbericht_ Sorgerecht_final.

1858 Vgl. Coester, FamRZ, 2012, 1337, 1343, der von grundsätzlicher Sorgeeignung bei mindestens 70 % aller nichtehelichen Väter ausgeht; Linsler, schriftliche Stellungnahme zur Anhörung im Rechtsausschuss des Deutschen Bundestages am 28.11.2012, S. 3; Willutzki, schriftliche Stellungnahme zur Anhörung im Rechtsausschuss des Deutschen Bundestages am 28.11.2012, S. 7; Alle Dokumente, Stellungnahmen der Sachverständigen und das Wortprotokoll im Internet abrufbar unter http://webarchiv.bundestag.de/cgi/show.php?fileToLoad=2930&id=1223.

1859 Coester, FamRZ, 2012, 1337, 1343.

1860 Linsler, schriftliche Stellungnahme zur Anhörung im Rechtsausschuss des Deutschen Bundestages am 28.11.2012, S. 3; Alle Dokumente, Stellungnahmen der Sachverständigen und das Wortprotokoll im Internet abrufbar unter http://webarchiv.bundestag.de/cgi/show.php?fileToLoad=2930&id=1223; Coester, FamRZ 2012, 1337, 1343.

das tatsächliche Ausnahme-Regel-Verhältnis widerspiegeln muss.[1861] Stattdessen wurde durch die gesetzliche Regelung ungerechtfertigt eine Verwaltungshürde für die Mehrheit geschaffen, obwohl die Vorbehalte des Gesetzgebers nur auf eine kleine Minderheit der Väter zutreffen.[1862]

Dieses Ergebnis erscheint umso weniger plausibel, als die sorgerechtliche Eignung nur bei nichtehelichen Vätern positiv etabliert werden muss,[1863] während der Zugang zur elterlichen Sorge weder bei Müttern noch bei verheirateten Eltern reglementiert wird.[1864]

Zu Recht weist schließlich Kleinwegner auf einen weiteren Wertungswiderspruch hin, wonach die gemeinsame elterliche Sorge – ohne jegliche Reglementierung – auch dann automatisch eintritt, wenn bislang nicht miteinander verheiratete Eltern heiraten, ohne dass sich ein Unterschied zu nicht verheirateten Eltern ausmachen lässt.[1865]

Vor der Reform wurde unter anderem auch das Argument ins Feld geführt, dass die deutsche Gesellschaft für ein automatisches Sorgerecht wohl noch nicht bereit wäre.[1866] Auch dieser Einwand überzeugt nicht. Vielmehr ist davon auszugehen, dass die Rezeption eines automatischen Sorgerechts mit Blick auf die bereits vollzogenen gesellschaftlichen Entwicklungen[1867] unproblematisch erfolgen würde. Zu berücksichtigen ist in diesem Zusammenhang, dass der Gesetzgeber

---

1861 Coester, FamRZ, 2012, 1337, 1343.

1862 Willutzki, schriftliche Stellungnahme zur Anhörung im Rechtsausschuss des Deutschen Bundestages am 28.11.2012, S. 7; Alle Dokumente, Stellungnahmen der Sachverständigen und das Wortprotokoll im Internet abrufbar unter http://webarchiv. bundestag.de/cgi/show.php?fileToLoad=2930&id=1223.

1863 Wohl diesbezüglich kritisch Huber/Antomo, FamRZ 2012, 1257, 1263.

1864 Coester, FamRZ, 2012, 1337, 1343.

1865 Kleinwegner, schriftliche Stellungnahme zur Anhörung im Rechtsausschuss des Deutschen Bundestages am 28.11.2012, S. 4; Alle Dokumente, Stellungnahmen der Sachverständigen und das Wortprotokoll im Internet abrufbar unter http://webar chiv.bundestag.de/cgi/show.php?fileToLoad=2930&id=1223.

1866 Vgl. z. B. Bedenken des DFGT, Stellungnahme der Kinderrechtekommisson des Deutschen Familiengerichtstags vom 22.2.2011, FF 2011, 223, 226.

1867 Vgl. hierzu Willutzki, schriftliche Stellungnahme zur Anhörung im Rechtsausschuss des Deutschen Bundestages am 28.11.2012, S. 4, der ausführt, dass das männliche Bewusstsein bei der Geburt eines nichtehelichen Kindes deutliche Veränderungen erfahren hat und immer mehr in Richtung einer echten Vaterrolle tendiert; Alle Dokumente, Stellungnahmen der Sachverständigen und das Wortprotokoll im Internet abrufbar unter http://webarchiv.bundestag.de/cgi/show. php?fileToLoad=2930&id=1223.

bislang gerade im Bereich des Nichtehelichenrechts stets immer nur deutlich verzögert auf den gesellschaftlichen Wandel reagierte und selbst diese Reaktionen jedes Mal vom BVerfG erzwungen werden mussten.[1868] Die Gefahr, dass die Gesellschaft in diesem Bereich ausnahmsweise mit einer zu progressiven gesetzlichen Regelung überrumpelt wird, kann daher als eher gering eingeschätzt werden. Zutreffend führen die Sachverständigen Willutzki und Linsler in diesem Zusammenhang das Beispiel des KindRG an, bei dem im Vorfeld ebenfalls erhebliche Kritik geübt wurde, die Beibehaltung der gemeinsamen elterlichen Sorge bei der absoluten Mehrzahl (inzwischen in 94 % der Fälle)[1869] aller Scheidungen jedoch alle Erwartungen übertroffen habe.[1870]

Durch die jetzige Regelung wird indessen weiterhin die Vorstellung der Mütter gepflegt, dass es sich bei der elterlichen Sorge um eine exklusive Rechtsposition handelt, deren Teilverlust an den Kindesvater möglichst zu vermeiden sei. Zu Recht weist Coester darauf hin, dass das bisherige Fallmaterial den Eindruck erweckt, dass viele Elternkonflikte von Müttern ausgehen, strategisch zum Ziel haben, die Mitsorge des Vaters abwehren zu wollen und sich meistens durch eine automatisch eintretende gemeinsame Sorge vermeiden ließen.[1871]

1868 Vgl. hierzu oben die Darstellung der historischen Entwicklung des Sorgerechts in Deutschland, S. 6 ff. sowie die Abschließende Würdigung S. 334 ff.; genauso Linsler, schriftliche Stellungnahme zur Anhörung im Rechtsausschuss des Deutschen Bundestages am 28.11.2012, S. 7; Alle Dokumente, Stellungnahmen der Sachverständigen und das Wortprotokoll im Internet abrufbar unter http://webarchiv.bundestag. de/cgi/show.php?fileToLoad=2930&id=1223.

1869 Statistisches Bundesamt, Wie leben Kinder in Deutschland? Begleitmaterial zur Pressekonferenz am 3.August 2011 in Berlin, S. 10, im Internet abrufbar unter http://www.destatis.de/jetspeed/portal/cms/Sites/destatis/Internet/DE/Presse/ pk/2011/Mikro__Kinder/pressebroschuere__kinder,property=file.pdf; in 94% der Scheidungen verblieb es bei der gemeinsamen Sorge, weil kein Elternteil einen entsprechenden Antrag gestellt hat.

1870 Willutzki, schriftliche Stellungnahme zur Anhörung im Rechtsausschuss des Deutschen Bundestages am 28.11.2012, S. 4; Linsler, schriftliche Stellungnahme zur Anhörung im Rechtsausschuss des Deutschen Bundestages am 28.11.2012, S. 4. Alle Dokumente, Stellungnahmen der Sachverständigen und das Wortprotokoll im Internet abrufbar unter http://webarchiv.bundestag.de/cgi/show. php?fileToLoad=2930&id=1223.

1871 Coester, FamRZ 1337, 1343 bezogen auf das Fallmaterial zur Übergangslösung des BVerfG; die Beobachtung deckt sich mit der Einschätzung und den Erfahrungen der Verfasserin.

Das zuletzt genannte Argument berührt zugleich einen in der Diskussion bedauerlicherweise kaum thematisierten Bereich, den man als gemeinsamkeitsstiftenden Aspekt der automatischen gemeinsamen elterlichen Sorge bezeichnen könnte. Die Auswirkungen rechtlicher Vorgaben auf die Ausgestaltung menschlicher Beziehungen dürfen nicht unterschätzt werden.[1872] So beinhaltet die ex lege eintretende gemeinsame Sorge einen klaren gesellschaftlichen Appell an die nichtehelichen Väter, sich über Unterhaltszahlungen hinaus aktiv familiär einzubringen.[1873] Die hiervon ausgehende Botschaft stärkt aber nicht nur das Verantwortungsbewusstsein der Väter, aktiviert ihre Ressourcen[1874] und stärkt die Bindung zwischen Vater und Kind,[1875] sondern es werden darüber hinaus beide Elternteile aufs Selbstverständlichste aufgerufen, die Verantwortung für ihr Kind gemeinsam zu übernehmen.

Es ist folglich gar nicht zwingend erforderlich, dass die allseits geforderte Kooperationsfähigkeit der Eltern von Anfang an vorhanden ist. Vielmehr kann das Elternbewusstsein durch das Modell der von Gesetzes wegen eintretenden elterlichen Sorge durch die hieraus resultierende Kooperationsnotwendigkeit positiv beeinflusst werden, so dass die Eltern zu der erforderlichen und von ihnen erwarteten Verständigung in Kindesbelangen keine ernstzunehmenden Alternativen sehen.

1872 Willutzki, schriftliche Stellungnahme zur Anhörung im Rechtsausschuss des Deutschen Bundestages am 28.11.2012, S. 4 unter Hinweis auf die Ergebnisse der Untersuchungen zur Auswirkung der durch das KindRG geschaffenen Rechtslage auf die Beibehaltung der gemeinsamen elterlichen Sorge nach Trennung und Scheidung; Alle Dokumente, Stellungnahmen der Sachverständigen und das Wortprotokoll im Internet abrufbar unter http://webarchiv.bundestag.de/cgi/show.php?fileToLoad=2930&id=1223.

1873 Willutzki, schriftliche Stellungnahme zur Anhörung im Rechtsausschuss des Deutschen Bundestages am 28.11.2012, S. 4 bezogen auf die Väter, die hierdurch aufgerufen seien, sich nicht auf die Rolle als Zahlvater zu beschränken, sondern familiäre Verpflichtungen zu übernehmen; Alle Dokumente, Stellungnahmen der Sachverständigen und das Wortprotokoll im Internet abrufbar unter http://webarchiv.bundestag.de/cgi/show.php?fileToLoad=2930&id=1223.

1874 Linsler, schriftliche Stellungnahme zur Anhörung im Rechtsausschuss des Deutschen Bundestages am 28.11.2012, S. 4; Alle Dokumente, Stellungnahmen der Sachverständigen und das Wortprotokoll im Internet abrufbar unter http://webarchiv.bundestag.de/cgi/show.php?fileToLoad=2930&id=1223.

1875 Willutzki, schriftliche Stellungnahme zur Anhörung im Rechtsausschuss des Deutschen Bundestages am 28.11.2012, S. 4; Alle Dokumente, Stellungnahmen der Sachverständigen und das Wortprotokoll im Internet abrufbar unter http://webarchiv.bundestag.de/cgi/show.php?fileToLoad=2930&id=1223.

Dieser Effekt lässt sich rechtsvergleichend belegen[1876] und wäre in Deutschland erst recht zu erwarten, weil die hierzulande in § 1687 BGB vorgenommene Unterscheidung zwischen Alltagsangelegenheiten und Kindesbelangen von erheblicher Bedeutung für eine zusätzliche Minderung des Konfliktpotenzials sorgt.[1877]

Nach alledem kann die vom Gesetzgeber geschaffene Rechtslage gegenüber einer automatisch eintretenden elterlichen Sorge nicht bestehen. Der Gesetzgeber hätte insoweit gut daran getan, den Stimmen namhafter Familienrechtler zu folgen und den vorgelegten Gesetzesentwurf noch einmal zu überarbeiten.

B. Das Gesetz zur Reform der elterlichen Sorge nicht miteinander verheirateter Eltern vom 16.4.2013 und die Rechtslage in Polen

Die seinerzeit diskutierten Regelungsmodelle wurden bereits eingehend mit der Rechtslage in Polen verglichen, so dass zunächst hierauf verwiesen werden kann.[1878] Die polnische Lösung als ein klassisches automatisches Modell ohne ein Widerspruchsrecht der Mutter illustriert deutlich, dass eine derartige Regelung unproblematisch funktionieren kann. Demgegenüber steht nun das deutsche modifizierte Antragsmodell, das – bei allen verfahrensrechtlichen Erleichterungen – unzeitgemäß von der Erforderlichkeit der positiven Etablierung der Sorgeeignung des Vaters ausgeht und seine diesbezügliche Aktivität erfordert, ohne den Verfassungsrechten von Vater und Kind ausreichend Rechnung zu tragen.[1879]

1876 Vgl. Scherpe, FamRZ 2010, 108, der auf eine englische Studie hinweist, nach deren Ergebnissen sich die Beteiligung der Väter an der elterlichen Sorge durch Schaffung klarer Verhältnisse als konfliktmindernd erweist; daneben macht Willutzki auf Erfahrungen in Belgien aufmerksam, wo entgegen aller Befürchtungen Sorgerechtsstreitigkeiten nach Einführung der automatischen elterlichen Sorge deutlich abgenommen haben, schriftliche Stellungnahme zur Anhörung im Rechtsausschuss des Deutschen Bundestages am 28.11.2012, S. 5; Alle Dokumente, Stellungnahmen der Sachverständigen und das Wortprotokoll im Internet abrufbar unter http://webarchiv.bundestag.de/cgi/show.php?fileToLoad=2930&id=1223.

1877 Willutzki, schriftliche Stellungnahme zur Anhörung im Rechtsausschuss des Deutschen Bundestages am 28.11.2012, S. 4; Alle Dokumente, Stellungnahmen der Sachverständigen und das Wortprotokoll im Internet abrufbar unter http://webarchiv.bundestag.de/cgi/show.php?fileToLoad=2930&id=1223.

1878 Siehe oben, S. 324 ff.

1879 Siehe hierzu oben, S. 366 ff.

Durch die Eröffnung der Möglichkeit für nichteheliche Väter, die elterliche Sorge für ihr Kind auch gegen den Willen der Kindesmutter zu erlangen, die Verankerung des gesetzlichen Leitbildes einer grundsätzlich gemeinsamen Sorge und durch die Ausgestaltung des dazugehörigen Verfahrens als ein gerichtliches Registrierungsverfahren kann zwar eine gewisse Annäherung der deutschen Rechtslage an die polnische Regelung konstatiert werden. Angesichts der verbleibenden – fundamentalen und verfassungsrelevanten – Unterschiede[1880] zwischen den beiden Modellen wird man allerdings nach wie vor eher von deren Gegensätzlichkeit als von einer Übereinstimmung ausgehen müssen.

Bemerkenswert unterschiedlich bleibt auch die Einstellung beider Gesetzgeber zu der gemeinsamen elterlichen Sorge nach Trennung und Scheidung.[1881] Hierzu konnte im Bereich des polnischen Rechts eine klare Positionierung des Gesetzgebers gegen den Fortbestand nach Trennung und Scheidung herausgearbeitet werden, während in Deutschland das KindRG von 1997 ein Konzept der gemeinsamen elterlichen Sorge brachte, die durch Trennung und Scheidung grundsätzlich nicht tangiert wird, sofern die Eltern auch nur ein Mindestmaß an Kooperationsfähigkeit und -willen aufweisen.[1882]

Zwar betrifft in Polen die sorgerechtliche Umgestaltung nach Trennung und Scheidung lediglich die Ausübungsebene, während die rechtliche Ebene, also die elterliche Sorge als solche unterhalb der Schwelle der Kindeswohlgefährdung zwingend unangetastet bleibt.[1883] Gleichwohl läuft es faktisch in aller Regel auf einen zumindest teilweisen Sorgerechtsentzug hinaus, da die Ausübungsbefugnisse bei zumindest einem Elternteil beschnitten werden.[1884]

Dieser Unterschied wird durch das Gesetz zur Reform der elterlichen Sorge nicht miteinander verheirateter Eltern weiter vertieft, da die Etablierung des neuen Leitbildes einer gemeinsamen Sorge als Regelfall kaum nur § 1626 a BGB

1880 Vgl. hierzu oben S. 325 und die Kritik der deutschen Regelung; S. 366 ff.
1881 Vgl. hierzu oben S. 275 ff., 289 ff. und die Zusammenfassung auf S. 319 ff.
1882 Vgl. hierzu die ausführliche Darstellung oben, S. 100 ff., 289 ff., und die Zusammenfassung S. 319 ff.; siehe in diesem Zusammenhang auch Coester, FamRZ 2012, 1337, 1344, der ebenso eine Ausübungs- statt Rechtsbeschränkung im Sinne einer zusätzlichen Konfliktvermeidung fordert. Diese Einschätzung deckt sich allerdings nicht mit den von der Verfasserin gewonnenen Erkenntnissen zur polnischen Rechtslage, da sich die meisten Elternkonflikte gerade auf der Ausübungsebene abspielen und konkrete Befugnisse betreffen, siehe hierzu oben, S. 296 f.
1883 Vgl. hierzu oben, S. 271 f.
1884 Ignaczewski, Art. 107, Rn. 7; vgl. hierzu auch Gromek, Art. 107, Rn. 5, S. 242 f.; vgl. hierzu auch oben, S. 271 f.

betreffen, sondern zwingend auch die Rechtsprechung zum § 1671 BGB prägen wird.[1885]

Mit Blick auf die im Rahmen dieser Arbeit gewonnenen Erkenntnisse zur polnischen Rechtslage hinsichtlich der elterlichen Sorge drängt sich indessen insgesamt die Frage auf, weshalb rechtsvergleichende Aspekte und die gesamteuropäische Entwicklung in diesem Bereich bei der Ausgestaltung der neuen Regelung nicht berücksichtigt wurden.

Stattdessen ließ sich der deutsche Gesetzgeber von diversen Hinweisen aus der Fachwelt,[1886] dass das automatische Modell in 2/3 aller europäischen Länder gut funktioniere, nicht beeindrucken. Die im EU-Raum überwiegend abweichende Rechtslage wurde zwar in der Gesetzesbegründung am Rande thematisiert,[1887] jedoch nicht zum Anlass genommen, eine Auswertung vorzunehmen und sich die Erkenntnisse aus der Rechtsvergleichung zu Nutze zu machen. Damit wurde unverständlicherweise eine große Chance verpasst, die Erfahrungen der europäischen Nachbarn mit den jeweiligen Modellen bei der Rechtsgestaltung aufzugreifen und entsprechend hiervon zu profitieren.

Wie bereits festgestellt werden konnte, ist ein bedeutender Wert der Rechtsvergleichung in der Verbesserung des nationalen Rechts durch Nachahmung fremder Modelle zu sehen.[1888] Es ist darüber hinaus anzunehmen, dass die Entwicklung des nationalen Rechts durch die Rechtsvergleichung beschleunigt wird, weil diese die Zirkulation der Modelle beschleunigt.[1889]

Diese Grundsätze gelten vorliegend verstärkt, da im vereinten und weiter zusammenwachsenden europäischen Raum nicht mehr – wie früher – von unterschiedlichen Gesellschaftsordnungen ausgegangen werden muss und deshalb

---

1885 Vgl. hierzu auch oben, S. 372 f.

1886 Z. B. BVerfG, Beschluss vom 21.7.2010, im Internet abrufbar unter www.bverfg.de/entscheidungen/rs20100721_1bvr042009.html, unter A III, Absatz-Nr. 23; Jurczyk/Walper, Vorgezogener Endbericht für das Projekt „Gemeinsames Sorgerecht nicht miteinander verheirateter Eltern" vom 30.11.2010, S. 68 ff, im Internet abrufbar unter http://www.bmj.de/SharedDocs/Downloads/DE/pdfs/Endbericht_Sorgerecht_final.pdf?__blob=publicationFile. BVerfG, 1 BvR 420/09; Schumann, FF 2013, 339, 349 m. w. N.; Willutzki, schriftliche Stellungnahme zur Anhörung im Rechtsausschuss des Deutschen Bundestages am 28.11.2012, S. 4; Alle Dokumente, Stellungnahmen der Sachverständigen und das Wortprotokoll im Internet abrufbar unter http://webarchiv.bundestag.de/cgi/show.php?fileToLoad=2930&id=1223.

1887 Im wirklich marginalen Umfang, vgl. Gesetzesbegründung, BT-Drucks. 17/11048, S. 12.

1888 Sacco, S. 25, Rn. 21; siehe hierzu auch oben, S. 3.

1889 Sacco, S. 25, Rn. 21; siehe hierzu auch oben, S. 3.

insbesondere die Erfahrungen der verschiedenen Rechtsordnungen mit dem automatischen Modell ohne Weiteres hätten herangezogen werden können. Angesichts der bislang im Bereich des Nichtehelichenrechts und der elterlichen Sorge auffällig verzögerten Entwicklung[1890] hätte der deutsche Gesetzgeber deshalb gut daran getan, sich der Rechtsvergleichung als Hilfestellung auf dem Weg zu einer neuen, modernen Regelung zu bedienen.

Im Ergebnis wurde jedoch bedauerlicherweise die europäische Entwicklung außer Acht gelassen, die Chance auf ein modernes Gesetz verpasst und Deutschland wieder zum „Schlusslicht" bei der Ausgestaltung der elterlichen Sorge nicht miteinander verheirateter Eltern im europäischen Vergleich degradiert.[1891]

C. Schlussfazit und Ausblick

Bei aller Kritik verdient der Gesetzgeber durchaus auch Lob und Anerkennung für die Etablierung des neuen Leitbildes einer grundsätzlich gemeinsamen elterlichen Sorge unabhängig vom rechtlichen Status der Eltern.[1892]

Insbesondere in diesem letzten Teil der Arbeit konnte jedoch aufgezeigt werden, dass nicht nur diesem Leitbild, sondern auch den Vorgaben der Verfassung und nicht zuletzt den tatsächlichen Verhältnissen nur eine kraft Gesetzes automatisch eintretende elterliche Sorge vollständig entsprochen hätte.[1893]

Auf der anderen Seite hat die rechtsvergleichende Untersuchung und vertiefte Auseinandersetzung mit der neuen gesetzlichen Regelung gezeigt, dass das Antragsmodell verfassungsrechtlichen, rechtspolitischen, gesellschaftspolitischen,

---

1890 Vgl. hierzu die zusammenfassende Darstellung oben, S. 303 ff.

1891 In diesem Sinne auch Coester, FamRZ 2012, 1337, 1343; Willutzki, schriftliche Stellungnahme zur Anhörung im Rechtsausschuss des Deutschen Bundestages am 28.11.2012, S. 4; Linsler, schriftliche Stellungnahme zur Anhörung im Rechtsausschuss des Deutschen Bundestages am 28.11.2012, S. 6; Alle Dokumente, Stellungnahmen der Sachverständigen und das Wortprotokoll im Internet abrufbar unter http://webarchiv.bundestag.de/cgi/show.php?fileToLoad=2930&id=1223; wohl auch Schumann, FF 2013, 339, 349.

1892 So auch Willutzki, schriftliche Stellungnahme zur Anhörung im Rechtsausschuss des Deutschen Bundestages am 28.11.2012, S. 1.

1893 Z. B. Willutzki, schriftliche Stellungnahme zur Anhörung im Rechtsausschuss des Deutschen Bundestages am 28.11.2012; Linsler, schriftliche Stellungnahme zur Anhörung im Rechtsausschuss des Deutschen Bundestages am 28.11.2012, Alle Dokumente, Stellungnahmen der Sachverständigen und das Wortprotokoll im Internet abrufbar unter http://webarchiv.bundestag.de/cgi/show.php?fileToLoad=2930&id=1223; vgl. hierzu auch oben, S. 366 ff.

und rechtsvergleichenden Bedenken begegnet,[1894] die sich durch die vom Gesetzgeber angeführten Überlegungen nicht ausräumen lassen.

Es ist deshalb sicherlich kein Zufall, dass gerade namhafte Familienrechtler im Rahmen der Reformarbeiten leidenschaftlich für die Einführung der automatischen Lösung plädiert haben.[1895]

So wird man dem Gesetzgeber am Ende dieser Untersuchung auch bei seiner Selbsteinschätzung hinsichtlich der geschaffenen Rechtslage[1896] widersprechen müssen: Wegen diverser Schwächen handelt sich eben nicht um eine Regelung, die dem Kindeswohl am besten Rechnung trägt.

Letztlich kann das Ergebnis der Reform deshalb wieder nur als ein „kleiner, zögerlicher Zwischenschritt"[1897] bezeichnet werden, das zudem von vornherein mit dem „Keim der erneuten Reformbedürftigkeit" in 10 oder 20 Jahren behaftet ist,[1898] weil die tatsächliche Tragweite der aus der Verfassung resultierenden Rechte der einzelnen Familienmitglieder offensichtlich wieder verkannt wurde.[1899]

Die weitere Entwicklung auf diesem Rechtsgebiet darf also mit Spannung erwartet werden. Mit Blick auf die in Art. 6 des Gesetzes festgelegte Evaluierung und dem vom BMJ in diesem Zusammenhang fünf Jahre nach Inkrafttreten – also im Mai 2018 – dem Deutschen Bundestag vorzulegenden Bericht ist schon in weniger als vier Jahren mit einer erneuten Diskussion zu diesem Thema zu rechnen.

1894 So auch Linsler, schriftliche Stellungnahme zur Anhörung im Rechtsausschuss des Deutschen Bundestages am 28.11.2012 S. 2. Alle Dokumente, Stellungnahmen der Sachverständigen und das Wortprotokoll im Internet abrufbar unter http://webarchiv.bundestag.de/cgi/show.php?fileToLoad=2930&id=1223; vgl. hierzu auch oben, S. 366 ff.

1895 Bezeichnenderweise haben sich z. B. drei von vier der vor dem Rechtsausschuss des Deutschen Bundestages am 28.11.2012 zur Sache angehörten juristischen Sachverständigen für die automatische Lösung ausgesprochen. Alle Dokumente, Stellungnahmen der Sachverständigen und das Wortprotokoll im Internet abrufbar unter http://webarchiv.bundestag.de/cgi/show.php?fileToLoad=2930&id=1223.

1896 Vgl. Gesetzesbegründung, BT-Drucks. 17/11048, S. 13.

1897 So Coester, FamRZ 2012, 1337, 1343.

1898 Coester, FamRZ 2012, 1337, 1343 unter Hinweis auf Principle 3: 8 der „Principles of European Family Law Regarding Parental Responsibility" (PEFL), die ein automatisches Sorgerecht auch für nicht miteinander verheiratete Eltern vorsehen; in diesem Sinne auch schon als Vorsitzender der Kinderrechtekommission des DFGT, Stellungnahme der Kinderrechtekommisson des Deutschen Familiengerichtstags vom 22.2.2011, FF 2011, 223, 226.

1899 In diesem Sinne zur Ursache für die vielen Zwischenschritte und die verzögerte Entwicklung im Bereich der elterlichen Sorge schon vor 18 Jahren Schwab, FamRZ 1995, 513, 514; vgl. hierzu auch oben, S. 339.

Fünfter Teil: Anhang I: Relevante Normen des KRO in deutscher Übersetzung

Anhang I

Aufstellung relevanter Vorschriften des KRO in der Fassung des Gesetzes über die Änderung des Gesetzes – Familien- und Vormundschaftsgesetzbuch sowie einiger anderer Gesetze (Ustawa o zmianie ustawy – Kodeks rodzinny i opiekuńczy oraz niektórych innych ustaw) vom 6.11.2008 in deutscher Übersetzung[1900]

Art. 10

§ 1. Es kann die Ehe eine Person nicht schließen, die das achtzehnte Lebensjahr nicht vollendet hat. Jedoch kann das Vormundschaftsgericht aus wichtigen Gründen die Eheschließung einer Frau genehmigen, die das 16. Lebensjahr vollendet hat und wenn sich aus den Umständen ergibt, dass die Eheschließung im Einklang mit dem Wohl der gegründeten Familie stehen wird.

Art. 21

Hinsichtlich der Wirkungen der Feststellung der Unwirksamkeit der Ehe im Bereich des Verhältnisses der Ehegatten zu den gemeinsamen Kindern sowie im Bereich der vermögensrechtlichen Verhältnisse zwischen der Ehegatten werden die Vorschriften über die Scheidung entsprechend angewandt, wobei der Ehegatte, der die Ehe im bösen Glauben geschlossen hat, wie ein an der Zerrüttung der Ehe schuldiger Ehegatte behandelt wird.

Art. 56

§ 1. Ist zwischen den Ehegatten eine vollständige und dauerhafte Zerrüttung der ehelichen Gemeinschaft eingetreten, so kann jeder der Ehegatten die Auflösung der Ehe durch das Gericht im Wege der Scheidung verlangen.

§ 2. Allerdings ist die Scheidung trotz der vollständigen und dauerhaften Zerrüttung der ehelichen Gemeinschaft unzulässig, wenn hierdurch das Wohl der gemeinsamen minderjährigen Kinder der Ehegatten leiden sollte oder wenn der Scheidungsausspruch aus anderen Gründen mit den Regeln des gesellschaftlichen Zusammenlebens unvereinbar wäre.

1900 Übersetzung der Verfasserin.

§ 3. Die Scheidung ist auch dann unzulässig, wenn sie von dem an der Zerrüttung der ehelichen Gemeinschaft allein schuldigen Ehegatten begehrt wird, es sei denn, dass der andere Ehegatte der Scheidung zustimmt oder dass die Verweigerung seiner Zustimmung unter den gegebenen Umständen mit den Regeln des gesellschaftlichen Zusammenlebens unvereinbar ist.

Art. 58

§ 1. In dem auf Scheidung der Ehe erkennenden Urteil entscheidet das Gericht über die elterliche Gewalt für ein gemeinsames minderjähriges Kind beider Ehegatten und über die Umgangskontakte der Eltern mit dem Kind sowie beschließt, in welcher Höhe jeder Ehegatte verpflichtet ist, die Kosten des Unterhalts und der Erziehung des Kindes zu tragen. Das Gericht berücksichtigt eine Einigung der Ehegatten über die Art und Weise der Ausübung der elterlichen Gewalt und der Umgangskontakte, wenn sie mit dem Kindeswohl im Einklang steht. Geschwister sollten gemeinsam erzogen werden, es sei denn, dass das Kindeswohl eine andere Entscheidung erfordert.

§ 1a. Das Gericht kann die Ausübung der elterlichen Gewalt einem Elternteil anvertrauen und die elterliche Gewalt des zweiten Elternteils auf bestimmte Pflichten und Rechte im Verhältnis zur Person des Kindes beschränken. Das Gericht kann die elterliche Gewalt bei beiden Elternteilen auf ihren gemeinsamen Antrag hin belassen, wenn sie eine Einigung, von der in § 1 die Rede ist, vorgelegt haben und die begründete Erwartung besteht, dass sie in den Belangen des Kindes kooperieren werden.

Art. 61[9]

Mutter eines Kindes ist die Frau, die es geboren hat.

Art. 62

§ 1. Wurde ein Kind während der Dauer einer Ehe oder vor Ablauf von 300 Tagen ab deren Auflösung oder Aufhebung geboren, so wird vermutet, dass es von dem Ehemann der Mutter abstammt. Die Vermutung greift nicht, wenn das Kind nach Ablauf von 300 Tagen nach Trennungsbeschluss geboren wurde.

§ 2. Wurde das Kind vor Ablauf von 300 Tagen ab Auflösung oder Aufhebung der Ehe jedoch nach Schließung einer zweiten Ehe durch die Mutter geboren, so wird vermutet, dass es von dem zweiten Ehemann abstammt.

§ 3. Die vorstehenden Vermutungen können nur durch eine Vaterschaftsanfechtungsklage widerlegt werden.

Art. 63³

§ 1. Bei dem Trennungsbeschluss werden Art. 57 und 58 angewandt.

Art. 72

§ 1. Wenn die Vermutung, dass der Ehemann der Mutter der Vater des Kindes ist, nicht greift, oder wenn eine solche Vermutung widerlegt wurde, kann die Feststellung der Vaterschaft entweder durch Anerkennung der Vaterschaft oder durch gerichtlichen Beschluss erfolgen.

§ 2. Die Anerkennung der Vaterschaft kann nicht erfolgen, wenn ein Vaterschaftsfeststellungsverfahren anhängig ist.

Art. 73

§ 1. Die Anerkennung der Vaterschaft erfolgt, wenn der Mann, von dem das Kind abstammt, vor dem Leiter des Standesamtes erklärt, dass er Vater des Kindes ist und die Mutter des Kindes gleichzeitig oder binnen drei Monate ab dem Tag der Erklärung des Mannes bestätigt, dass Vater des Kindes dieser Mann ist.

§ 2. Der Leiter des Standesamtes erklärt Personen, die die zur Anerkennung der Vaterschaft erforderlichen Erklärungen abgeben wollen, die aus der Anerkennung resultierenden Rechte und Pflichten regulierenden Vorschriften, die Vorschriften über den Namen des Kindes sowie den Unterschied zwischen der Anerkennung der Vaterschaft und der Annahme an Kindes statt.

§ 3. Der Leiter des Standesamtes lehnt die Annahme der Erklärung über die Anerkennung der Vaterschaft ab, wenn die Anerkennung unzulässig ist oder wenn er Zweifel hinsichtlich der Abstammung des Kindes hegt.

§ 4. Die Anerkennung der Vaterschaft kann auch vor dem Vormundschaftsgericht erfolgen und im Ausland auch vor dem polnischen Botschafter oder vor einer zur Ausübung der Funktion eines Botschafters bestimmten Person, wenn die Anerkennung ein Kind betrifft, dessen beide Eltern oder ein Elternteil polnische Staatsbürger sind. Die Vorschriften § 1–3 finden entsprechende Anwendung.

Art. 76

§ 1. Die Vaterschaftsanerkennung kann nicht nach dem Erreichen der Volljährigkeit durch das Kind erfolgen.

§ 2. Ist das Kind vor dem Erreichen der Volljährigkeit verstorben, kann die Vaterschaftsanerkennung binnen 6 Monaten von dem Tag an, an dem der die Vaterschaft anerkennende Mann von dem Tod des Kindes erfahren hat, erfolgen, jedoch nicht später als bis zu dem Tag, an dem das Kind die Volljährigkeit erreicht hätte

Art. 77

§ 1. Die für die Anerkennung der Vaterschaft erforderliche Erklärung kann eine Person abgeben, die das sechzehnte Lebensjahr vollendet hat und Voraussetzungen für deren vollständige Entmündigung nicht vorliegen.

§ 2. Die Person, von der in § 1 die Rede ist, kann, sofern sie nicht voll geschäftsfähig ist, die für die Anerkennung der Vaterschaft erforderliche Erklärung nur vor dem Vormundschaftsgericht abgeben.

Art. 78

§ 1. Der Mann, der die Vaterschaft anerkannt hat, kann eine Klage auf Feststellung der Unwirksamkeit der Vaterschaftsfeststellung erheben binnen sechs Monaten vom Tag, an dem er erfahren hat, dass das Kind nicht von ihm abstammt.

§ 2. Die Vorschriften Art. 64 und 65 (Regelungen betr. Aktivlegitimation, Anm. d. Verf.) werden entsprechend angewandt.

Art. 79

Die Vorschriften über die Feststellung der Unwirksamkeit der Anerkennung durch den Vater werden entsprechend angewandt auf die Mutter, die die Vaterschaft bestätigte.

Art. 84

§ 1. Die gerichtliche Feststellung der Vaterschaft kann von dem Kind, der Mutter und dem vermeintlichen Vater verlangt werden. Jedoch kann weder die Mutter, noch der vermeintliche Vater diese Feststellung nach dem Tod des Kindes und nach dessen Volljährigkeit fordern.

§ 2. Das Kind oder die Mutter klagt auf Feststellung der Vaterschaft gegen den vermeintlichen Vater, und wenn dieser nicht mehr lebt – gegen einen durch das Vormundschaftsgericht bestimmten Kurator.

§ 3. Der vermeintliche Vater klagt auf Feststellung der Vaterschaft gegen das Kind und die Mutter, und wenn die Mutter nicht mehr lebt – gegen das Kind.

§ 4. Im Fall des Todes des Kindes, das Kläger in einem Vaterschaftsfeststellungsverfahren war, kann die Feststellung durch die Nachkommen betrieben werden.

Art. 87

Eltern und Kinder sind zur gegenseitigen Wertschätzung und zum Beistand verpflichtet.

Art. 93

§ 1. Die elterliche Gewalt steht beiden Eltern zu.

§ 2. Wenn es das Kindeswohl erfordert, kann das Vormundschaftsgericht in dem die Abstammung des Kindes feststellenden Urteil über das Ruhen, die Beschränkung oder den Entzug der elterlichen Gewalt eines oder beider Elternteile entscheiden. Die Vorschriften Art. 107 und Art. 109–111 werden entsprechend angewandt.

Art. 94

§ 1. Lebt ein Elternteil nicht mehr oder ist er nicht voll geschäftsfähig, steht die elterliche Gewalt dem anderen Elternteil zu. Das Gleiche gilt im Fall, wenn einem Elternteil die elterliche Gewalt entzogen wurde oder ruht.

§ 2. (aufgehoben)

§ 3. Steht die elterliche Gewalt keinem Elternteil zu oder sind die Eltern unbekannt, richtet das Gericht Vormundschaft für das Kind ein.

Art. 95

§ 1. Die elterliche Gewalt umfasst insbesondere die Pflicht und das Recht der Eltern zur Ausübung der Sorge über die Person und das Vermögen des Kindes unter Achtung dessen Würde und dessen Rechte.

§ 2. Ein unter der elterlichen Gewalt stehendes Kind schuldet den Eltern Gehorsam, und in Angelegenheiten, in denen es selbständig Entscheidungen treffen und Willenserklärungen abgeben kann, sollte es die im Sinne seines Wohls formulierten Ansichten und Empfehlungen der Eltern anhören.

§ 3. Die elterliche Gewalt sollte so ausgeübt werden, wie es das Kindeswohl und das Interesse der Gesellschaft erfordert.

§ 4. Die Eltern sollten das Kind vor wichtigeren, seine Person oder sein Vermögens betreffenden Entscheidungen anhören, wenn die geistige Entwicklung, der Gesundheitszustand und der Reifegrad des Kindes es erlauben sowie im Rahmen der Möglichkeiten dessen vernünftige Wünsche berücksichtigen.

Art. 96

§ 1. Die Eltern erziehen das unter ihrer elterlichen Gewalt stehende Kind und führen es. Sie sind verpflichtet, sich um die physische und geistige Entwicklung des Kindes zu kümmern und es entsprechend seiner Begabungen ordnungsgemäß auf die Arbeit im Interesse der Gesellschaft vorzubereiten.

§ 2. Eltern, die nicht voll geschäftsfähig sind, nehmen an der Ausübung der laufenden Personensorge für das Kind und an der Erziehung teil, es sei denn, dass das Vormundschaftsgericht mit Blick auf das Kindeswohl anders entscheidet.

Art. 96[1]

Personen, die die elterliche Gewalt ausüben, sowie solchen, die das Kind betreuen oder die Pflegschaft inne haben, wird verboten, körperliche Strafen anzuwenden.

Art. 97

§ 1. Steht die elterliche Gewalt beiden Eltern gemeinsam zu, ist jeder von ihnen verpflichtet und berechtigt, sie auszuüben.

§ 2. Über bedeutende Angelegenheiten des Kindes entscheiden die Eltern gemeinsam; im Fall des fehlenden Einvernehmens entscheidet das Vormundschaftsgericht.

Art. 98

§ 1. Eltern sind gesetzliche Vertreter des unter ihrer elterlichen Gewalt stehenden Kindes. Wenn das Kind unter der elterlichen Gewalt beider Eltern steht, kann jeder Elternteil selbständig als gesetzlicher Vertreter des Kindes handeln.

§ 2. Allerdings darf kein Elternteil das Kind vertreten:

1) bei Rechtsgeschäften zwischen unter seiner elterlichen Gewalt stehenden Kindern;
2) bei Rechtsgeschäften zwischen dem Kind und einem Elternteil oder seinem Ehegatten, es sei denn das Rechtgeschäft besteht in einer unentgeltlichen Zuwendung zugunsten des Kindes oder den vom anderen Elternteil geschuldeten Unterhalt betrifft.

§ 3. Die Vorschriften des vorstehenden Paragraphen werden im Verfahren vor einem Gericht oder anderen staatlichen Organen entsprechend angewandt.

Art. 100

§ 1. Das Vormundschaftsgericht und andere Organe der öffentlichen Gewalt sind verpflichtet, den Eltern Hilfe zu leisten, wenn sie zu einer ordnungsgemäßen Ausübung der elterlichen Gewalt erforderlich ist. Insbesondere kann sich jeder Elternteil wegen der Herausgabe des Kindes von einer nicht berechtigten Person an das Vormundschaftsgericht sowie an das Vormundschaftsgericht oder ein anderes zuständiges Organ der öffentlichen Gewalt wegen der Sicherung einer Ersatzobhut für das Kind wenden.

§ 2. In den Fällen, von denen in § 1 die Rede ist, informiert das Vormundschaftsgericht oder andere Organe der öffentlichen Gewalt die Organisationseinheit der sozialen Hilfe über die Notwendigkeit, der Familie des Kindes entsprechende Hilfe zu leisten. Die Organisationseinheit der sozialen Hilfe ist verpflichtet, das Gericht über die Art der erbrachten Hilfe und deren Ergebnisse zu informieren.

Art. 106

Wenn es das Kindeswohl erfordert, kann das Vormundschaftsgericht die in dem auf Scheidung, Trennung oder Aufhebung der Ehe erkennenden oder die Abstammung des Kindes feststellenden Urteil getroffene Entscheidung über die elterliche Gewalt und die Art und Weise von deren Ausübung abändern.

Art. 107

§ 1. Steht die elterliche Gewalt beiden, in Trennung lebenden Eltern zu, kann das Vormundschaftsgericht mit Blick auf das Kindeswohl die Art und Weise der Ausübung bestimmen.

§ 2. Das Gericht kann die Ausübung der elterlichen Gewalt einem Elternteil anvertrauen und die elterliche Gewalt des zweiten Elternteils auf bestimmte Pflichten und Rechte im Verhältnis zur Person des Kindes beschränken. Das Gericht kann die elterliche Gewalt bei beiden Elternteilen belassen, wenn sie eine kindeswohlkonforme Einigung über die Art und Weise der Ausübung der elterlichen Gewalt sowie des Umgangs mit dem Kind vorgelegt haben und die begründete Erwartung besteht, dass sie in den Belangen des Kindes kooperieren werden. Geschwister sollten gemeinsam erzogen werden, es sei denn, dass das Kindeswohl eine andere Entscheidung erfordert.

Art. 109

§ 1. Ist das Kindeswohl gefährdet, wird das Vormundschaftsgericht entsprechende Anordnungen treffen.

§ 2. Insbesondere kann das Vormundschaftsgericht:

1) die Eltern des Minderjährigen zu einer bestimmten Vorgehensweise verpflichten oder an Einrichtungen oder Spezialisten, die Familientherapie oder Familienberatung anbieten oder den Familien auf andere angemessene Weise Hilfe leisten, überweisen unter gleichzeitiger Bestimmung der Art der Kontrolle der Einhaltung der getroffenen Anordnungen,

2) bestimmen, welche Handlungen von den Eltern nicht ohne die Genehmigung des Gerichts vorgenommen werden können oder die Eltern anderen Begrenzungen unterstellen, welchen der Vormund unterliegt,

3) die Ausübung der elterlichen Gewalt unter die ständige Überwachung des gerichtlichen Kurators stellen,

4) den Minderjährigen an eine zur beruflichen Vorbereitung berufene Organisation oder Institution oder eine andere die teilweise Personensorge über Kinder ausübende Stelle überweisen,

5) die Unterbringung des Minderjährigen in einer Pflegefamilie oder einem Erziehungsheim verfügen.

§ 3. Das Vormundschaftsgericht kann die Verwaltung des Vermögens des Kindes einem hierfür bestellten Kurator übertragen.

§ 4. Im Fall, von dem in § 2 Ziffer 5 die Rede ist, informiert das Vormundschaftsgericht die zuständige Stelle der Sozialhilfe, die der Familie des Minderjährigen entsprechende Hilfe leistet und dem Gericht über die familiäre Situation und die erbrachte Hilfe zu den vom Gericht bestimmten Terminen Bericht erstattet und die mit dem gerichtlichen Kurator zusammenarbeitet. Das Vormundschaftsgericht wird mit Blick auf die die Unterbringung des Minderjährigen in einer Pflegefamilie oder einem Erziehungsheim begründenden Umstände die Bestellung eines Kurators für die Überwachung der Ausübung der elterlichen Gewalt erwägen.

Art. 110
§ 1. Im Falle eines vorübergehenden Hindernisses bei der Ausübung der elterlichen Sorge kann das Vormundschaftsgericht deren Ruhen beschließen.

§ 2. Das Ruhen wird aufgehoben, wenn seine Ursache wegfällt.

Art. 111
§ 1. Kann die elterliche Gewalt aufgrund eines dauerhaften Hindernisses nicht ausgeübt werden oder missbrauchen die Eltern die elterliche Gewalt oder vernachlässigen sie ihre Pflichten im Verhältnis zum Kind in einer krassen Weise,

wird ihnen das Vormundschaftsgericht die elterliche Gewalt entziehen. Der Entzug der elterlichen Gewalt kann auch nur im Verhältnis zu einem Elternteil erfolgen.

§ 1a. Das Gericht kann den Eltern die elterliche Gewalt entziehen, wenn trotz einer erteilten Hilfe die Gründe für die Anwendung des Art. 109 § 2 Ziffer 5 nicht beseitigt wurden, und insbesondere, wenn sich die Eltern dauerhaft nicht für das Kind interessieren.

§ 2. Ist die Ursache für den Entzug der elterlichen Gewalt beseitigt, kann das Vormundschaftsgericht die elterliche Gewalt wiederherstellen.

Art. 112
Der Entzug oder die Feststellung des Ruhens der elterlichen Gewalt kann auch im auf Scheidung, Trennung oder Aufhebung der Ehe erkennenden Urteil erfolgen.

Art. 113
§ 1. Unabhängig von der elterlichen Gewalt haben Eltern und ihr Kind das Recht und die Pflicht, Kontakte zueinander zu pflegen.

§ 2. Die Kontakte mit dem Kind umfassen insbesondere den persönlichen Umgang mit dem Kind (Besuche, Treffen, das Verbringen des Kindes außerhalb seines gewöhnlichen Aufenthaltsortes) und die direkte Verständigung, das Aufrechterhalten von Korrespondenz, die Nutzung von Ferntelekommunikationsmitteln einschließlich der elektronischen Kommunikation.

Art. 113[1] KRO
§ 1. Hält sich das Kind ständig bei einem Elternteil auf, wird die Art und Weise der Umgangskontakte des anderen Elternteils mit dem Kind durch beide Eltern unter Berücksichtigung des Wohls des Kindes und dessen vernünftiger Wünsche bestimmt; für den Fall des fehlenden Einvernehmens entscheidet das Vormundschaftsgericht.

§ 2. Die Vorschriften des § 1 werden entsprechend angewandt, wenn sich das Kind bei keinem der Elternteile aufhält und die Personensorge von einem Vormund ausgeübt wird oder wenn es in einer Pflegefamilie oder einem Erziehungsheim untergebracht wurde."

Sechster Teil: Anhang II: Fragebogen zur Erstellung eines Erziehungsplans

Anhang II

Fragebogen zur Erstellung eines Elterlichen Erziehungsplans des Mediationszentrums Partners Polen (Centrum Mediacji Polska) Warszawa 2009 in deutscher Übersetzung[1901]

Elterlicher Erziehungsplan

Verständigung der sich trennenden Eltern hinsichtlich der Ausübung der elterlichen Gewalt und der Aufrechterhaltung der Kontakte mit den Kindern nach der Scheidung

Centrum Mediacji Partners Polska
Warszawa 2009

Inhalt des Erziehungsplans

Ort und Datum:

Eltern:

Mutter	Vater
geboren	geboren
wohnhaft	wohnhaft

legen gemeinsam nachfolgendes fest:

I. Hauptbestimmungen
Die Verständigung betrifft die Kinder

Name	Geburtsdatum
Name	Geburtsdatum

1901 Es handelt sich um eine Übersetzung der Verfasserin.

Name   Geburtsdatum

Name   Geburtsdatum

1. Elterliche Gewalt (Welche Anträge werden die Eltern im Rahmen des gerichtlichen Verfahrens stellen?)
2. Kontakte (In welcher Weise werden die Kontakte der Kinder mit beiden Elternteilen erfolgen – allgemeine Regeln)
3. Finanzangelegenheiten (In welcher Höhe werden die Eltern jeweils die Kosten des Unterhalts und der Erziehung der Kinder tragen – allgemeine Informationen):

II. Kontakte

1. Wo werden die Kinder wohnen?
2. Wann und wo (Zeit und Ort) werden die Kinder Zeit mit euch verbringen?

Mit der Mutter
Mit dem Vater

3. Wenn die Kinder für den Umgang mit einem Elternteil transportiert werden müssen, wie wird dieser Transport erfolgen?
4. Wer wird die Kosten des Transports tragen?
5. In welcher Weise werden dem anderen Elternteil und den Kindern Informationen über eine eventuelle Absage des Umgangs übermittelt?
6. Werden die Kinder den aktuell nicht anwesenden Elternteil kontaktieren mit Hilfe von

Telefon?
Mobiltelefon?
Internet?

7. Wenn die Nutzung der vorstehenden Möglichkeiten mit finanziellen Ausgaben verbunden sein sollte, wer wird für diese Kosten aufkommen?
8. Werden die Kinder eigene Mobiltelefone haben?

Wann?
Wer wird dafür aufkommen?
Wer wird Zugang zu ihren Telefonnummern haben?

9. Werden die Kinder einen eigenen Email-Account haben?

Wann?

Wer wird Zugang zu diesem Account haben?

10. Weitere Bestimmungen hinsichtlich der Umgangskontakte mit den Kindern:

III. Kontakte der Kinder mit anderen Personen

1. Mit wem aus der Familie und der gegenwärtigen Bekannten werden die Kinder Umgang haben und auf welche Weise?

    Mit wem?
    In welcher Weise?

2. Dürfen die Kinder von Dritten betreut werden? (Unter anderem Familie, neue Partner, Nachbarn, bezahlte Betreuung usw.?)

    Wer?
    In welchem Umfang?

3. Wer wird für den Transport der Kinder zu diesen Personen aufkommen?

4. Wen könntet ihr im Fall einer plötzlichen Notsituation anrufen und um die Betreuung des Kindes bitten?

5. Andere Bestimmungen hinsichtlich der Kontakte weiterer Personen mit den Kindern:

IV. Ferien

1. Wann und wo (Zeit und Ort) werden die Kinder mit jedem von euch ihre Ferien verbringen?

    Mit der Mutter
    Mit dem Vater

2. In welchem Umfang und auf welche Weise werden die Kinder ihre Ferien mit anderen nahestehenden Personen (Großeltern, anderen Familienmitgliedern, Freunden usw.), und wann Zeit im Rahmen organisierter Ferienaufenthalte verbringen?

    Mit der Familie der Mutter
    Mit der Familie des Vaters
    Mit anderen Verwandten (mit wem?)
    Im Rahmen organisierter Ferienaufenthalte

3. Wie werden die Fragen der Reise gelöst, wer wird hierfür aufkommen?

4. In welcher Weise darf jeder Elternteil die Kinder ins Ausland mitnehmen?

5. In wessen Besitz werden sich die Ausweise und die Pässe der Kinder befinden?

6. Andere Bestimmungen hinsichtlich der Ferien:

V. Feiertage
1. Welche Feiertage werden die Kinder feiern und wie?
2. Wann und wo (Zeit und Ort) werden die Kinder mit jedem von euch während der Feiertage Zeit verbringen?
   Mit der Mutter
   Mit dem Vater

3. Wo werden sich die Kinder aufhalten während der übrigen Schulfreien Tage?
4. Gibt es weitere Tage in eurer Familie oder Freundeskreis, die eine vorherige Vereinbarung erfordern? Wenn ja, welche?
5. Andere Bestimmungen hinsichtlich der Feiertage:

VI. Kulturelle Identität
1. Wenn eure Kinder einer bestimmten Religion angehören, in welcher Weise soll ihre weitere Entwicklung in diesem Bereich gestaltet werden?
2. In welcher Weise werdet ihr an religiösen Zeremonien teilnehmen, an denen eure Kinder beteiligt sind?
3. Wenn eure Muttersprachen verschieden sind, in welcher Weise sollen die Kinder diese lernen?
4. Wenn hierfür Sprachkurse erforderlich sind, wer wird für die Kosten aufkommen?
5. In welcher Weise wird der Transport zu diesem Unterricht erfolgen?
6. Gibt es im Zusammenhang mit der Kultur oder Tradition in der die Kinder erzogen werden bestimmte Zeremonien hinsichtlich deren im Vorfeld Vereinbarungen erforderlich sind?
7. Andere Bestimmungen im Zusammenhang mit der Kultur, Religion und Tradition, in der die Kinder erzogen werden:

VII. Bildung
1. Schule
   a. In welcher Weise werden die Entscheidungen hinsichtlich der weiteren Schulbildung sowie der Berufswahl eurer Kinder erfolgen?
   b. In welcher Weise soll die Schulauswahl für eure Kinder erfolgen?
   c. In welcher Weise wird jeder von euch:

      Mit der Schule in Kontakt bleiben?
      Informationen der Schule über das Kind erhalten?
      Informationen hinsichtlich verschiedener schulischer Veranstaltungen erhalten?

d. Werdet ihr die schulischen Veranstaltungen gemeinsam oder getrennt voneinander besuchen?

Elternabende
Sportwettbewerbe
Andere schulische Veranstaltungen

e. Wie wollt ihr die Schule über die veränderte Situation der Kinder informieren?

In welcher Weise?
Wer?

f. In welcher Weise werdet ihr den Kauf von Büchern und Schulzubehör finanzieren?

g. In welcher Weise werdet ihr Entscheidungen über die Teilnahme eurer Kinder an Klassenreisen (auch ins Ausland) treffen?

h. Wer wird für die Kosten der Klassenreisen aufkommen?

i. Andere Bestimmungen hinsichtlich der Schule

2. Außerschulischer Unterricht

a. In welcher Weise werden die Entscheidungen hinsichtlich der Auswahl von außerschulischen Aktivitäten (z. B. Sport, Musik, Theater, Kunst, Führerscheinunterricht und andere) getroffen?

b. Wer wird für die Kosten dieser außerschulischen Aktivitäten aufkommen?

c. In welcher Weise wird der Transport der Kinder zu den außerschulischen Aktivitäten erfolgen?

d. Gibt es noch etwas, was ihr vereinbaren solltet, damit die Kinder nach wie vor ihren bisherigen außerschulischen Aktivitäten nachgehen können?

VIII. Gesundheit

1. In welcher Weise wird die Entscheidung über die Auswahl eines Arztes und die Art der Behandlung im Fall einer Krankheit der Kinder getroffen?

2. Wer wird verantwortlich sein für :

a. routinemäßige medizinische und zahnmedizinische Untersuchungen, Impfungen?

b. regelmäßige Einnahme von Medikamenten?

c. medizinische, im Alltag erforderliche Geräte?

d. Therapien, die das Kind zu Hause absolviert?

e. alle anderen Therapien und ärztliche Besuche?

f. spezielle Diät und andere gesundheitliche Bedürfnisse des Kindes?

3. In wessen Besitz wird sich der Gesundheitspass des Kindes befinden?

   a. Wo und wie wird dieser aufbewahrt?

   b. Wie häufig sollen die Aktualisierungen erfolgen?

   c. Wer wird dies machen?

4. In welcher Weise werdet ihr euch gegenseitig über alle gesundheitlichen Belange des Kindes informieren?

5. Sollte das Kind einer sofortigen medizinischen Hilde bedürfen, in welcher Weise werdet ihr euch informieren?

6. In welcher Weise werdet ihr die Betreuung des Kindes während einer Krankheit eines von euch gewährleisten?

7. Wenn eines der Kinder unter einer chronischen Krankheit leidet, sind irgendwelche Bestimmungen notwendig, die für die Inanspruchnahme der erforderlichen Therapie hilfreich wären?

8. Gibt es irgendwelche Beschränkungen hinsichtlich des Rauchens von Zigaretten in Gegenwart eurer Kinder?

9. Andere Bestimmungen hinsichtlich der Gesundheit der Kinder:

IX. Finanzielle Fragen

1. Wird einer von euch dem anderen Elternteil Kindesunterhalt zahlen?

Wer?

In welcher Weise?

Wann?

Wie viel?

2. Wer wird für Sportausrüstung (Kleidung, Schuhe, Geräte usw.) aufkommen?

3. Wer wird die im Zusammenhang mit dem Kauf eines Computers, eines Fahrrads, Musikinstrumente sowie des Führerscheins entstehenden Kosten tragen?

4. Wie werdet ihr die Frage des Taschengeldes für die Kinder lösen?

5. Andere Bestimmungen hinsichtlich der finanziellen Fragen:

X. Andere

1. In welcher Weise werdet ihr darüber entscheiden, ob eure Kinder Haustiere haben dürfen?

2. Wenn ja, wie soll die Pflege der Haustiere aussehen?

3. Werden die Kinder während der Wochenenden oder Schulferien arbeiten dürfen?

Wenn ja in welchem Alter?
In welcher Weise?
Wird ihnen dabei jemand helfen?

4. Andere Fragen:

XI. Art und Weise der Kommunikation zwischen den Elternteilen

1. Wann habt ihr vor, den aktuellen Plan zu verifizieren und eventuelle Veränderungen einzuführen?
2. Welche Art von Ereignissen können die Erforderlichkeit von Veränderungen der derzeitigen Bestimmungen nach sich ziehen?
3. In welcher Weise werdet ihr euch über die Erforderlichkeit von Gesprächen und Einführung von Veränderungen informieren?
4. In welcher Weise werden eure Kinder an der Planung von Veränderungen des Plans beteiligt?

XII. Unterschriften

Die vorstehenden Bestimmungen wurden von uns als Eltern getroffen und mit unseren Kindern besprochen. Wir unterschreiben sie, um unsere Bereitschaft zur Einhaltung der getroffenen Vereinbarungen zu bekräftigen. In Anbetracht der Veränderungen, die sich mit Ablauf der Zeit ergeben werden, hoffen wir, dass weitere Vereinbarungen analog getroffen und jeweils mit den Kindern besprochen werden können, wenn wir es für geeignet halten.

Wir bestätigen, dass uns bewusst ist, dass wir beide Eltern bleiben und gemeinsam verantwortlich für die Existenz und die Entwicklung unserer Kinder sind. Wir sind verantwortlich für ihre alltägliche Betreuung und Aufsicht, wenn sie sich bei uns befinden.

Mutter   Vater

Unterschrift   Unterschrift

Datum   Datum

Literaturverzeichnis

Alexander, Manfred: Kleine Geschichte Polens, Stuttgart 2003.

Andrzejewski, Marek: Prawo rodzinne i opiekuńcze. (Familien- und Vormundschaftsrecht), 3. Wydanie, Warszawa 2010.

Bardach, Juliusz / Leśnodorski, Bogusław / Pietrzak, Michał: Historia ustroju i prawa polskiego, (Die Geschichte des politischen Systems und des Rechts in Polen), Wydanie drugie, Warszawa 1994.

Baur, Fritz: Zivilprozessuale Fragen zum Gleichberechtigungs- und zum Familienrechtsänderungsgesetz 1961, FamRZ 1962, S. 508–514.

Bechthold, Ilse / Kopf, Richard: „Der Magd Sohn". Kritische Gedanken zur Reform des Nichtehelichenrechts, FamRZ 1969, S. 256–259.

Boehmer, Gustav: Welche Anforderungen sind an eine Reform des Rechts des unehelichen Kindes zu stellen? Gutachten für den 44. Deutschen Juristentag, Verhandlungen des vierundvierzigsten Deutschen Juristentages, Hannover 1962, Band I (Gutachten), 1. Teil, Heft A, Tübingen 1962.

Bosch, Friedrich Wilhelm: Welche Anforderungen sind an eine Reform des Rechts des unehelichen Kindes zu stellen? Gutachten für den 44. Deutschen Juristentag, Verhandlungen des vierundvierzigsten Deutschen Juristentages, Hannover 1962, Band I (Gutachten), 1. Teil, Heft B, Tübingen 1962.

—: Die Neuordnung des Eherechts ab 1. Juli 1977. Eine grundsätzliche Betrachtung, FamRZ 1977, S. 569–582.

—: Zur Rechtstellung der mit beiden Eltern zusammenlebenden nichtehelichen Kinder – Bemerkungen aus Anlass des Beschlusses des Bundesverfassungsgerichts vom 7.5.1991 (FamRZ 1991, 913 ff.) – Denkbare Lösungen: Ehelicherklärung neuen Typs? Richterliche Zuteilung des Sorgerechts an beide Eltern? „Annahme als Kind" durch beide Eltern? Weitere Reformen im Bereich des „Nichtehelichenrechts"? FamRZ 1991, S. 1121–1131.

—: Gleichberechtigung im Bereich der elterlichen Gewalt, SJZ 1950, S. 626–646.

Braun, Oliver: Die elterliche Sorge nach Auflösung der ehelichen Gemeinschaft gem. §§ 1671, 1672 des Bürgerlichen Gesetzbuches. Dissertation Universität Potsdam 1998, Neuried 1999.

Brötel, Achim: Das alleinige Sorgerecht der Mutter für ihr nichteheliches Kind – ein grundrechtswidriges Dogma? NJW 1991, S. 3119–3124.

Bugla, Martin: Das Sorge- und Umgangsrecht bei nicht bzw. nicht mehr miteinander verheirateten Eltern und dessen Neuregelung durch die Kindschaftsrechtsreform. Dissertation Universität Würzburg 1998, Würzburg 1998.

Buske, Sybille: „Fräulein Mutter" vor dem Richterstuhl, in Werkstatt*Geschichte* 27, Hamburg 2000, S. 48–67.

Campbell, Claudia: Mehr Rechte für Väter von nichtehelichen Kindern, NJW-Spezial, S. 580–581.

Ciepła, Helena: Nowelizacje Kodeksu rodzinnego i opiekuńczego dokonane w latach 2008 i 2009 r. z komentarzem. (In den Jahren 2008 und 2009 vorgenommene Reformen des Familien- und Vormundschaftsgesetzbuches mit Kommentar, veröffentlicht im Internet auf der Internetseite der Bezirksanwaltskammer Krakau unter www.oirp.krakow.pl.888,Download.htm.)

Clausius, Monika: Anmerkung zum Beschluss des OLG Nürnberg vom 9.12.2013 – 7 UF 1195/13, FF 2014, 206–208.

Coester, Michael: Reform des Kindschaftsrechts, JZ 1992, S. 809–816.

—: Elternrecht des nichtehelichen Vaters und Adoption – Zur Entscheidung des Bundesverfassungsgerichts vom 7.3.1995, FamRZ 1995, S. 1245–1251.

—: Anmerkung zu BVerfG – GG Art. 6; BGB § 1626a II, § 1666, § 1672 I S. 1, FamRZ 2004, 87–88.

—: Nichteheliche Elternschaft und Sorgerecht, FamRZ 2007, S. 1137–1145.

—: Sorgerechtliche Impulse aus Straßburg, NJW 2010, S. 482–485.

—: Sorge nicht miteinander verheirateter Eltern, FamRZ 2012, S. 1337–1424.

—: Reformen im Kindschaftsrecht, Brühler Schriften zum Familienrecht, Zwanzigster deutscher Familiengerichtstag vom 18. bis zum 21. September 2013 in Brühl, S. 43–59, Bielefeld 2014.

Dieckmann, Albrecht: Bemerkungen zum Beschluss des Bundesverfassungsgerichts vom 29.1.1969, 1 BvR 26/66, FamRZ 1969, 196, betreffend die Neuordnung des Unehelichenrechts, FamRZ 1969, S. 297–304.

Diederichsen, Uwe: Die Einführung der Familiengerichte durch das 1. EheRG, NJW 1977, S. 601–608.

—: Zur Reform des Eltern-Kind-Verhältnisses, FamRZ 1978, S. 461–474.

Dolecki, Henryk / Sokołowski, Tomasz: Kodeks rodzinny i opiekuńczy. Komentarz. Pod redakcją Henryka Doleckiego, Tomasza Sokołowskiego (Familien- und

Vormundschaftsgesetzbuch. Kommentar. Unter der Redaktion von Henryk Dolecki, Tomasz Sokołowski), Warszawa 2010.

Dölle, Hans: Familienrecht. Band II, Karlsruhe 1965.

—: Die Gleichberechtigung von Mann und Frau im Familienrecht (Eine rechtspolitische Skizze auf rechtsvergleichender Grundlage) in: Festgabe für Erich Kaufmann, Stuttgart und Köln 1950, S. 19–46.

—: Die Gleichberechtigung von Mann und Frau im Familienrecht, JZ 1953, S. 353–362.

Dombois, Adolf / Schumann, Karl Friedrich: Familienrechtsreform, Witten-Ruhr 1955.

Dürig, Günter: Art. 3 II GG – vom verfassungsrechtlichen Standpunkt gesehen, FamRZ 1954, S. 2–5.

Evans-von Krbek, Franziska-Sophie: Gemeinsame elterliche Sorge über das Kind nach der Scheidung. Verfassungskonforme Auslegung, Rechtsfortbildung durch Analogie oder Verfassungswidrigkeit des § 1671 BGB? FamRZ 1977, S. 371–373.

Fehmel, Hans-Werner: Gemeinsames elterliches Sorgerecht nach der Scheidung? FamRZ 1979, S. 380–381.

—: Ist das Verbot des gemeinsamen elterlichen Sorgerechts nach der Scheidung (§ 1671 abs. IV S. 1 BG) verfassungswidrig? FamRZ 1980, S. 758–761.

—: Nochmals: Gemeinsames Sorgerecht nach der Scheidung? FamRZ 1981, S. 116–117.

—: Bericht über die Tagung des Deutschen Familienrechtsforums, FamRZ 1981, S. 645–648.

Finger, Peter: Vaterschaftsanfechtung nach § 1600 Abs. 1 Nr. 2, Abs. 2 BGB – EuGHMR No 17080/07 (Schneider ./. Deutschland) v. 15.09.2011, FuR 2011, 649–652.

—: §§ 1626 a ff, 1672 BGB – verfassungswidrig? FamRZ 2000, S. 1204–1207.

Finke: Das Rechtsverhältnis zwischen Eltern und Kindern unter dem Grundsatz von Gleichberechtigung von Mann und Frau, NJW 1953, S. 606–614.

Finke, Fritz / Garbe, Roland: Familienrecht in der anwaltlichen Praxis. 3. Auflage, Bonn 1999.

Frowein, Jochen / Peukert, Wolfgang: Europäische Menschenrechtskonvention: EMRK-Kommentar, 3. Auflage, Berlin 2009.

Gaul, Hans Friedhelm: Die Neuregelung des Abstammungsrechts durch das Kindschaftsreformgesetz, FamRZ 1997, S. 1441–1466.

Gerlach, Irene: Familienpolitik, 2. Auflage, Wiesbaden 2010.

Gernhuber, Joachim / Coester-Waltjen, Dagmar: Familienrecht, 6. Auflage, München 2010.

Golec-Grzymek, Aleksandra: Uwagi do nowelizacji Kodeksu rodzinnego i opiekuńczego z 6.11.2008 r. (Anmerkungen zu der Reform des Familien- und Vormundschaftsgesetzbuches vom 6.11.2008), MoP 19/2009.

Göppinger, Horst: Die Reform des Rechts der nichtehelichen Kinder (zum Gesetz vom 19.8.1969, BGBl. I, 1243), JR 1969, S. 401–409.

—: Elterliche Gewalt über nichteheliche Kinder, FamRZ 1970, S. 57–69.

Grandel, Mathias / Stockmann Roland: Stichwortkommentar Familienrecht. Alphabetische Gesamtdarstellung. Materielles Recht / Verfahrensrecht, 1. Auflage, Baden-Baden 2012.

Gromek, Krystyna: Władza rodzicielska. Komentarz (Elterliche Gewalt. Kommentar.), Warszawa 2008.

—: Władza rodzicielska. Komentarz (Elterliche Gewalt. Kommentar.), 2. Wydanie, Warszawa 2006.

—: Kodeks rodzinny i opiekuńczy po nowelizacji z 6.11.2008 r. (Das Familien- und Vormundschaftsgesetzbuch nach der Reform vom 6.11.2008), MoP 17/2008.

Haak, Henryk: Władza rodzicielska – Komentarz. (Elterliche Gewalt – Kommentar), Toruń 1995.

—: Kodeks rodzinny i opiekuńczy. Komentarz do art. 61^7- 91 KRO (Familien- und Vormundschaftsgesetzbuch. Kommentar zu den Art. 61^7- 91 KRO), Toruń 2009.

Hahnzog, Klaus: Inhaber des Elternrechts aus Art. 6 Abs. II GG, FamRZ 1971, S. 334–340.

Haibach Ulrike / Haibach, Rudolf: Das neue Kindschaftsrecht in der anwaltlichen Praxis, Bonn 1998.

Heilmann, Stefan: Die Reform des Sorgerechts nicht miteinander verheirateter Eltern – Das Ende eines Irrwegs?, NJW 2013, 1473–1478.

Hohmann-Dennhardt, Christine: Eltern-Recht(s)-Ansichten, FF 2011, S. 181–192.

Horndasch, K.- Peter: Die Begründung gemeinsamer elterlicher Sorge – Zu den Voraussetzungen und Grenzen gemeinsamer elterlicher Sorge nicht miteinander verheirateter Eltern, ZFE 2011, S. 244–247.

Huber, Peter / Möll, Lisa: Die elterliche Sorge nicht miteinander verheirateter Eltern, FamRZ 2011, S. 765–772.

Huber, Peter / Antomo, Jenifer: Die Neuregelung der elterlichen Sorge nicht miteinander verheirateter Eltern, FamRZ 2012, S. 1257–1336.

—: Zum Inkrafttreten der Neuregelung der elterlichen Sorge nicht miteinander verheirateter Eltern, FamRZ 2013, S. 665–740.

Ignaczewski, Jacek: Kodeks rodzinny i opiekuńczy. Kommentarz. (Familien- und Vormundschaftsgesetzbuch. Kommentar.), Warszawa 2010.

—: Pochodzenie dziecka i władza rodzicielska po nowelizacji. Art. 61⁹-113⁶ KRO. Kommentarz. (Die Abstammung des Kindes und die elterliche Gewalt nach der Reform. Art. 61⁹-113⁶ KRO. Kommentar.), Warszawa 2009.

—: Władza rodzicielska i kontakty z dzieckiem. Komentarz. Pod redakcją Jacka Ignaczewskiego (Elterliche Gewalt und Umgangskontakte mit dem Kind. Kommentar. Unter der Redaktion von Jacek Ignaczewski), Warszawa 2010.

Ignatowicz, Jerzy / Nazar, Mirosław: Prawo rodzinne (Familienrecht), Wydanie 3, Warszawa 2010.

Jansen, Ludwig / Knöpfel, Gottfried: Das neue Unehelichengesetz. Die Gesetzesvorlage der Bundesregierung, Frankfurt/M., Berlin 1967.

Jurczyk, Karin / Walper, Sabine: Vorgezogener Endbericht für das Projekt „Gemeinsames Sorgerecht nicht miteinander verheirateter Eltern", München, 30.11.2010.

Keidel, Theodor: FamFG. Kommentar zum Gesetz über das Verfahren in Familiensachen und die Angelegenheiten der freiwilligen Gerichtsbarkeit, 16. Auflage, München 2009.

Keuter, Wolfgang: Erzwungene Gemeinsamkeit? Elterliche Sorge nicht verheirateter Eltern, ZRP 6/2012, S. 171–174.

—: Vereinfachtes Verfahren zur Übertragung der gemeinsamen elterlichen Sorge – ein Fremdkörper in kindschaftssachen – Anmerkung zum Referentenentwurf zur Reform des Sorgerechts nicht miteinander verheirateter Eltern – , FamRZ 2012, 825–827.

Klußmann, Rudolf: Der Verfassungsgemäße Ausschluss des gemeinsamen Sorgerechts geschiedener Eltern (§ 1671 IV S. 1 BGB), FamRZ 1982, S. 118–122.

Knur, Alexander: Zur Reform des Unehelichenrechts. Eine Stellungnahme zum Referentenentwurf eines Gesetzes über die rechtliche Stellung der unehelichen Kinder (Unehelichengesetz), FamRZ 1967, S. 245–258.

Konic, Henryk, Dzieje prawa małżeńskiego w Królestwie Polskim (1818–1836). (Geschichte des Eherechts im Königreich Polen), Kraków 1903.

Krenzler, Michael / Borth, Helmut: Anwaltshandbuch Familienrecht, 2. Auflage, Köln 2012.

Lipp, Martin: Das elterliche Sorgerecht für das nichteheliche Kind nach dem Kindschaftsrechtsreformgesetz (KindRG), FamRZ 1998, S. 65–76.

Lochner, Daniel: Das uneheliche Kind im Rheinischen Recht. Dissertation Universität Bonn 2005, Baden Baden 2006.

Löhnig, Martin: Konsequenzen aus der Entscheidung des Europäischen Gerichtshofs für Menschenrechte zum Sorgerecht des nicht mit der Kindesmutter verheirateten Vaters, FamRZ 2010, S. 338–341.

—: Probleme des neuen Verfahrens in Abstammungssachen nach §§ 169 ff. FamFG, FamRZ 2009, S. 1798–1800.

Ludwig, Ingo: Grundzüge des polnischen Scheidungs- und Scheidungsfolgerechts, FamRB international 2005, S. 54–63.

Luthin, Horst: Anmerkung zum Beschluss des BVerfG vom 21.7.2010, FamRZ 2010, S. 1410–1412.

Makiłła, Dariusz: Historia prawa w Polsce (Die Geschichte des Rechts in Polen), Warszawa 2008.

Markiewicz, Jerzy: Kształtowanie się polskiego systemu prawa sądowego i jego twórcy w okresie międzywojennym 1919–1939 (Wybrane zagadnienia) – Die Gestaltung des polnischen Rechtsystems in der Zwischenkriegszeit 1919–1939 (Ausgewählte Fragen), veröffentlich auf der Internetseite der Katholischen Universität in Lublin unter http://www.pan-d.lublin.pl/wydawnictwa/tpraw3/Markiewicz.pdf.

Mączyński, Andrzej: Die Modernisierung des polnischen Familien- und Vormundschaftsgesetzbuches, FamRZ 2009, S. 1555–1559.

Motzer, Stefan: Die gerichtliche Praxis der Sorgerechtsentscheidung seit der Neufassung des § 1671 BGB, FamRZ 1999, S. 1101–1106.

Münchener Kommentar zum Bürgerlichen Gesetzbuch, Band 8, Familienrecht II (§§ 1589–1921), SGB VIII, 6. Auflage, München 2012.

Muscheler, Karlheinz: Familienrecht, 2. Auflage, München 2012.

Neuhaus, Paul Heinrich: Drei Thesen zur Reform des Unehelichenrechts, FamRZ 1963, S. 326–328.

Neumann-Duesberg: Die Abstammungs-Feststellungsklage, NJW 1950, S. 14–17.

Niepmann, Birgit: Die Reform des Kindschaftsrechts – Die wichtigsten Neuerungen in der Praxis –, MDR 1998, S. 565–570.

Oelkers, Harald: Sorge- und Umgangsrecht in der Praxis, Bonn 2000.

—: Das neue Sorgerecht in der Praxis – Teil 1 –, FuR 1999, S. 349–355.

Odersky, Felix: Nichtehelichen-Gesetz. Gesetz über die rechtliche Stellung der nichtehelichen Kinder – NeG, 3. Auflage, Bielefeld 1973.

Palandt, Otto: Bürgerliches Gesetzbuch, 11. Auflage, München und Berlin 1953.

—: Bürgerliches Gesetzbuch, 15. Auflage, München und Berlin 1956.

—: Bürgerliches Gesetzbuch, 28. Auflage, München 1969.

—: Bürgerliches Gesetzbuch, 41. Auflage, München 1982.

—: Bürgerliches Gesetzbuch, 72. Auflage, München 2013.

Peschel-Gutzeit, Lore Maria: Gemeinsame Elterliche Sorge bei nicht Verheirateten, FF 2011, 105–109.

—: Die Sorgerechtsstellung des nicht mit der Mutter des Kindes verheirateten Vaters, NJW 2010, S. 2990–2992.

Peter, Erich: Eine schier unendliche Geschichte. Die deutsche Ratifikationserklärung zur UN-Kinderrechtskonvention im Diskurs. Dokumentation der rechtspolitischen Kontroverse um eine Rücknahme der deutschen Ratifikationserklärung. Veröffentlicht im Internet unter: http://www.kindernothilfe. de/multimedia/KNH/Downloads/Sonstiges/Eine+schier+unendliche+Gesch ichte.pdf.

Piasecki, Kazimierz: Kodeks rodzinny i opiekuńczy. Komentarz. Pod redakcją Kazimierza Piaseckiego (Familien- und Vormundschaftsgesetzbuch. Kommentar. Unter der Redaktion von Kazimierz Piasecki), Wydanie 4, Warszawa 2009.

Pietrzykowski, Krzysztof: Kodeks rodzinny i opiekuńczy. Komentarz. Pod redakcją Krzysztofa Pietrzykowskiego (Familien- und Vormundschaftsgesetzbuch. Kommentar. Unter der Redaktion von Krzysztof Pietrzykowski), 2. Wydanie, Warszawa 2010.

Preisner, Mareike: Materiell-rechtliche Einordnung der Neuregelung der gemeinsamen elterlichen Sorge nicht miteinander verheirateter Eltern. Besprechung von OLG Karlsruhe, Beschl. v. 20.6.2013 – 13 UF 38/13, BeckRS 2014, 06047 sowie OLG Koblenz, Beschl. v. 3.6.2013 – 13 UF 146/13, BeckRS 2014, 03802, NZFam 2014, 389–394.

Rauscher, Thomas: Anmerkung zu BverfG, Beschluss v. 21.7.2010 – 1 BvR 420/09, JZ 2010, S. 1010–1013.

Reitz, Kristina: Die Behandlung des Sorge(rechts)konfliktes nach elterlicher Trennung oder Scheidung aus systemischer Sicht. Dissertation Universität Gießen 2003, Gießen 2003.

Sacco, Rodolfo: Einführung in die Rechtsvergleichung, 2. Auflage, Baden-Baden 2011.

Scherpe, Jens M: Anmerkung zur Entscheidung des EGMR vom 3.12.2009, FamRZ 2010, S. 108.

Schlosser, Peter: Welche Anforderungen sind an eine Reform des Rechts des unehelichen Kindes zu stellen? Gleichzeitig eine Besprechung der für den 44. Deutschen Juristentag erstatteten Gutachten von Gustav Boehmer und Friedrich Wilhelm Bosch, FamRZ 1963, S. 14–20.

Schnitzerling, Manfred: Das Recht des nichtehelichen Kindes ab 1.7.1970. Nach dem Gesetz über die rechtliche Stellung der nichtehelichen Kinder vom 19.8.1969 – Text mit Erläuterungen, Darmstadt 1970.

Schnitzler, Klaus: Münchener Anwalts Handbuch Familienrecht, 3. Auflage, München 2010.

—: Anmerkung des Arbeitskreises Familie Euskirchen zum Cochemer Modell, FF 2006, S. 219–220.

Schubert, Werner: Die Reform des Nichtehelichenrechts (1961–1969). Entstehung und Quellen des Gesetzes über die Rechtstellung der nichtehelichen Kinder vom 19.8.1969, Paderborn, München, Wien, Zürich 2003.

Schulz, Günther: Blick in die Zeit, MDR 1968, S. 112–114.

Schulz, Werner / Hauß Jörn: Familienrecht. Handkommentar, 2. Auflage, Baden-Baden 2012.

Schumann, Eva: Erfüllt das neue Kindschaftsrecht die verfassungsrechtlichen Anforderungen an die Ausgestaltung des nichtehelichen Vater-Kind-Verhältnisses? FamRZ 2000, S. 389–396.

—: Elterliche Sorge nicht miteinander verheirateter Eltern auf dem Prüfstand, FF 2010, S. 222–231.

—: Das Verfahren zur Übertragung der gemeinsamen elterlichen Sorge nach § 155 a FamFG, FF 2013, 339–349.

Schwab, Dieter: Familienrecht, 20. Auflage, München 2012.

—: Elterliche Sorge bei Trennung und Scheidung der Eltern – Die Neuregelung des Kindschaftsreformgesetzes. FamRZ 1998, S. 457–472.

—: Familienrecht im Umbruch, FamRZ 1995, S. 513–518.

—: Eheschließungsrecht und nichteheliche Lebensgemeinschaft – Eine rechtliche Skizze –, FamRZ 1981, S. 1151–1156.

—: Handbuch des Scheidungsrechts. 1. Auflage, München 1977.

Schwab, Dieter / Wagenitz, Thomas: Einführung in das neue Kindschaftsrecht, FamRZ 1997, S. 1377–1383.

Schwarzhaupt, Elisabeth: Das Familienrechtsänderungsgesetz von 1961. Teil I: Änderungen des Bürgerlichen Rechts, FamRZ 1961, S. 329–332.

Schwenzer, Ingeborg: Die Rechtstellung des nichtehelichen Kindes, FamRZ 1992, S. 121–128.

Schwierskott-Matheson, Ewa: Familien- und Vormundschaftsgesetzbuch. Kodeks rodzinny i opiekuńczy. Tłumaczenie, 2. Wydanie, Warszawa 2009.

Siebert, Wolfgang: Elterliche Gewalt und Gleichberechtigung, NJW 1955, S. 1–6.

Simon, Dietrich V.: Das neue elterliche Sorgerecht, JuS 1979, S. 752–754.

Smyczyński, Tadeusz: System Prawa Prywatnego. Tom 11. Prawo rodzinne i opiekuńcze. Pod redakcją Tadeusza Smyczyńskiego (Das Privatrechtssystem. Band 11. Familien- und Vormundschaftsrecht. Unter der Redaktion von Tadeusz Smyczyński), Warszawa 2009.

—: System Prawa Prywatnego. Tom 12. Prawo rodzinne i opiekuńcze. (Das Privatrechtssystem Band 12. Familien- und Vormundschaftsrecht.) Warszawa 2009.

—: Prawo rodzinne i opiekuńcze (Familien- und Vormundschaftsrecht), 5. Wydanie, Warszawa 2009.

Staudinger, Julius von: J. von Staudingers Kommentar zum Bürgerlichen Gesetzbuch. Mit Einführungsgesetz und Nebengesetzen. Band IV, §§ 1626–1665, 10./11. Auflage, München 1980.

Stojanowska, Wanda: Nowelizacja prawa rodzinnego na podstawie ustaw z 6 listopada 2008 r. i 10 czerwca 2010 r. Analiza. Wykładnia. Komentarz. Pod redakcją Wandy Stojanowskiej (Reformen des Familienrechts auf der

Grundlage der Gesetze vom 6. November 2008 und 10. Juni 2010. Analyse. Auslegung. Kommentar. Unter der Redaktion von Wanda Stojanowska) Wydanie 1, Warszawa 2011.

—: Władza rodzicielska pozamałżeńskiego i rozwiedzionego ojca. Studium socjologiczno-prawne (Die elterliche Gewalt des außerehelichen und geschiedenen Vaters. Eine soziologisch-rechtliche Studie), Warszawa 2000.

Stötzel, Georg / Wengeler, Martin: Kontroverse Begriffe. Geschichte des öffentlichen Sprachgebrauchs in der Bundesrepublik Deutschland, Berlin, New York 1995.

Strauss, Walter: Der Entwurf des Familienrechtsgesetzes, JZ 1952, S. 449–461.

Strzebińczyk, Jerzy: Prawo rodzinne (Familienrecht), 2. Wydanie, Zakamycze 2003.

—: Prawo rodzinne (Familienrecht), 3. Wydanie, Warszawa 2010.

Völker Mallory / Clausius Monika: Sorge- und Umgangsrecht, 4. Auflage, Bonn 2010.

Wagenitz, Thomas / Barth, Thomas: Die Änderung der Familie als Aufgabe für den Gesetzgeber, FamRZ 1996, S. 577–587.

Walaszek, Bronisław: Zarys prawa rodzinnego i opiekuńczego (Skizze des Familien- und Vormundschafsrechts), Warszawa 1971.

Wanitzek, Ulrike: Rechtsprechungsübersicht zum Recht der elterlichen Sorgeund des Umgangs, FamRZ 2014, 808–818.

Wesel, Uwe: Geschichte des Rechts. Von den Frühformen bis zur Gegenwart, 3. Auflage, München 2006.

Winkler von Mohrenfels, Peter : Die gemeinsame elterliche Sorge im Spannungsfeld zwischen Kindeswohl und Elternrecht, Księga pamiątkowa ku czci Profesora Leopolda Steckiego (Festschrift zu Ehren von Professor Leopold Stecki), Toruń 1997, S. 359–374.

Załęski, Witold: Statystyka porównawcza Królestwa Polskiego – Ludność i Ekonomia (Vergleichende Statistik des Königreichs Polen – Bevölkerung und Ökonomie), Warszawa 1876.

Zweigert, Konrad: Zur Reform des Unehelichenrechts, JuS 1967, S. 241–248.

—: Gleichberechtigung und Entscheidungsmechanismus, JZ 1951, S. 90–91.

Zweigert, Konrad / Kötz, Hein: Einführung in die Rechtsvergleichung, 3. Auflage, Tübingen 1996.